10г

Für Malke und Rosa,
für Rita und Leon,
für Annie,
für Ruth

Erschienen bei S. FISCHER
3. Auflage November 2018

Die Originalausgabe ist 2016 unter dem Titel »East West Street.
On the Origins of Genocide and Crimes Against Humanity«
bei Weidenfeld & Nicolson, London, erschienen.

© Philippe Sands 2016

Für die deutschsprachige Ausgabe:
© 2018 S. Fischer Verlag GmbH,
Hedderichstr. 114, D-60596 Frankfurt am Main

Karten bearbeitet von Peter Palm, Berlin
Satz: Dörlemann Satz, Lemförde
Druck und Bindung: CPI books GmbH, Leck
Printed in Germany
ISBN 978-3-10-397302-0

Philippe Sands

RÜCKKEHR
NACH
LEMBERG

Über die Ursprünge von Genozid und
Verbrechen gegen die Menschlichkeit.
Eine persönliche Geschichte

Aus dem Englischen von
Reinhild Böhnke

S. FISCHER

Die kleine Stadt liegt mitten im Flachland ... Sie fängt mit kleinen Hütten an und hört mit ihnen auf. Die Häuser lösen die Hütten ab. Da beginnen die Straßen. Eine läuft von Süden nach Norden, die andere von Osten nach Westen.

Joseph Roth,
Juden auf Wanderschaft, 1927

Nicht die Gestorbenen sind es, die uns heimsuchen, sondern die Lücken, die aufgrund von Geheimnissen anderer in uns zurückgeblieben sind.

Nicolas Abraham,
Aufzeichnungen über das Phantom, 1975

Inhalt

Mitteilung an den Leser 15
Hauptpersonen 17

Prolog **Eine Einladung** 19

I **Leon** 33
II **Lauterpacht** 99
III **Miss Tilney aus Norwich** 173
IV **Lemkin** 199
V **Der Mann mit der Fliege** 267
VI **Frank** 285
VII **Das Kind, das allein dasteht** 353
VIII **Nürnberg** 365
IX **Das Mädchen, das sich nicht erinnern wollte** 415
X **Urteil** 429

Epilog **In die Wälder** 491

Dank 509
Quellen 516
Anmerkungen 522
Bildnachweise 564
Register 565

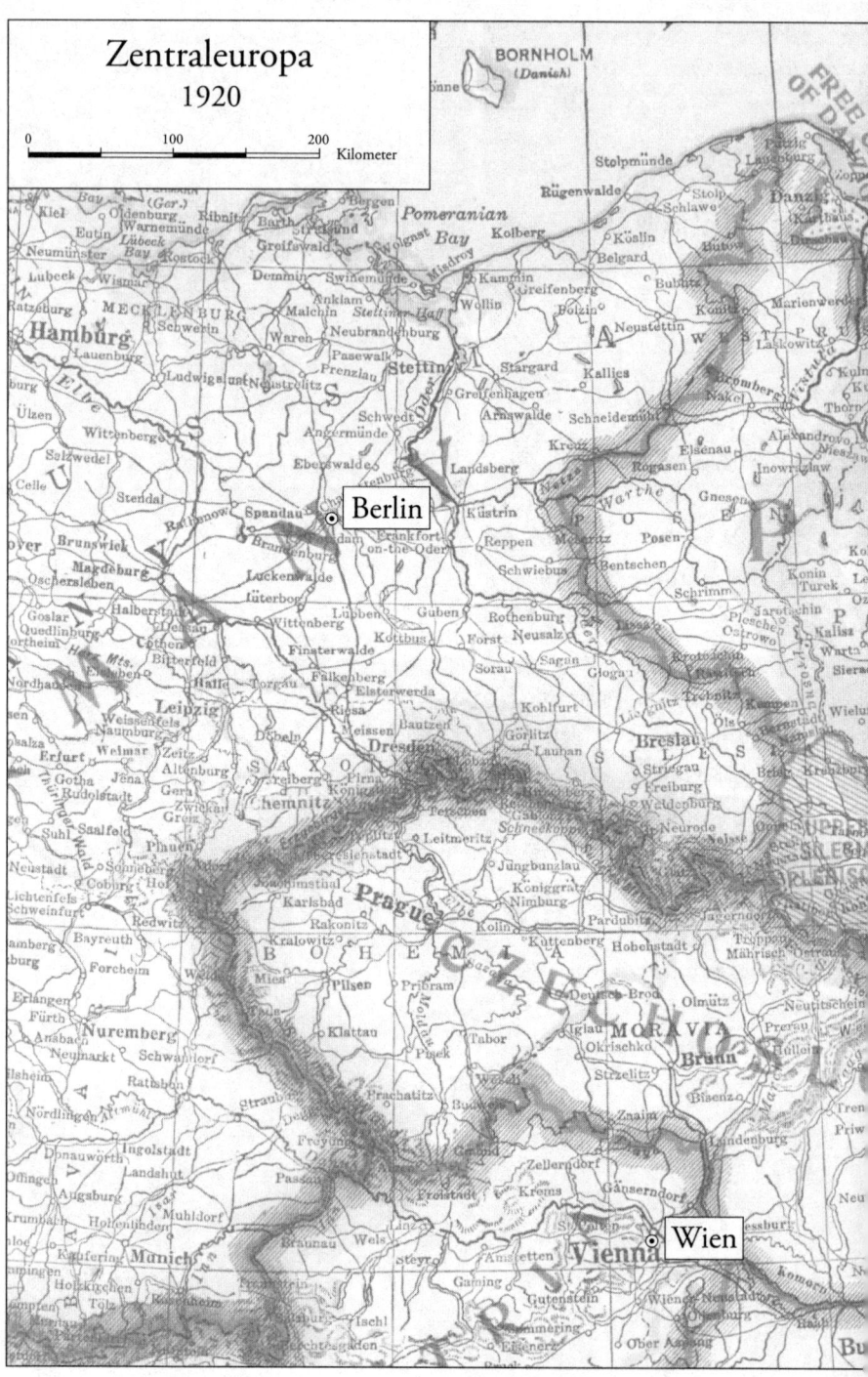

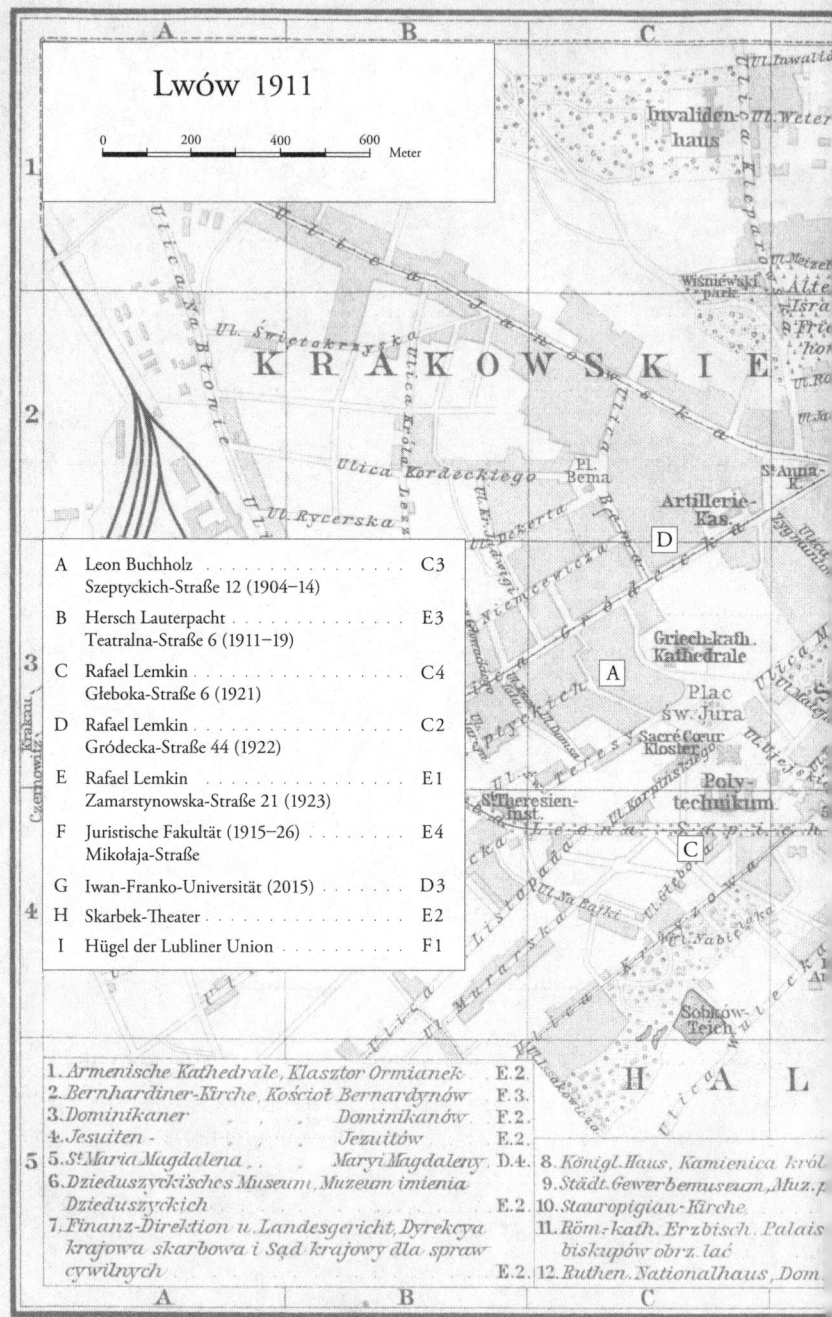

Lwów 1911

0　200　400　600 Meter

A	Leon Buchholz Szeptyckich-Straße 12 (1904–14)	C3
B	Hersch Lauterpacht Teatralna-Straße 6 (1911–19)	E3
C	Rafael Lemkin Głeboka-Straße 6 (1921)	C4
D	Rafael Lemkin Gródecka-Straße 44 (1922)	C2
E	Rafael Lemkin Zamarstynowska-Straße 21 (1923)	E1
F	Juristische Fakultät (1915–26) Mikołaja-Straße	E4
G	Iwan-Franko-Universität (2015)	D3
H	Skarbek-Theater	E2
I	Hügel der Lubliner Union	F1

Mitteilung an den Leser

Die Stadt Lwiw nimmt in dieser Geschichte einen wichtigen Platz ein. Während des 19. Jahrhunderts war sie als Lemberg bekannt und lag am östlichen Rand der Österreichisch-Ungarischen Monarchie. Kurz nach dem Ersten Weltkrieg wurde sie Teil des unabhängig gewordenen Polens und hieß Lwów, bis sie nach Ausbruch des Zweiten Weltkriegs von den Sowjets besetzt und in Lwow umbenannt wurde. Im Juli 1941 eroberten die Deutschen die Stadt, die sie wieder Lemberg nannten und zur Hauptstadt des Distrikts Galizien im Generalgouvernement machten. Nachdem die Rote Armee im Sommer 1944 die Nazis vertrieben hatte, wurde die Stadt Teil der Ukraine und trägt seitdem den Namen Lwiw.

Lemberg, Lwiw, Lwow und Lwów sind derselbe Ort. Der Name änderte sich wie die Zusammensetzung und Nationalität seiner Bewohner, doch seine Lage und seine Gebäude blieben dieselben. Und das, obwohl die Stadt zwischen 1914 und 1945 nicht weniger als achtmal den Besitzer wechselte. Wie die Stadt auf den Seiten dieses Buches genannt werden sollte, war eine schwierige Frage. Daher habe ich mich an den jeweiligen Namen gehalten, den diejenigen benutzten, die sie zu der Zeit beherrschten, über die ich schreibe. (Entsprechend verfahre ich mit anderen Orten: Das nahe gelegene Żółkiew heißt jetzt Schowkwa, während es von 1951 bis 1991 zu Ehren eines russischen Helden aus dem Ersten Weltkrieg, des ersten Piloten, der einen Looping geflogen ist, Nesterow genannt wurde.)

Ich habe daran gedacht, sie durchgängig Lemberg zu nennen, aufgrund der historischen Anklänge des Wortes und auch weil es der

Name der Stadt ist, in der mein Großvater seine Kindheit verbracht hat. Doch hätte eine solche Entscheidung leicht als ein falsches Signal aufgefasst werden können, zumal in einer Zeit, in der die Ukraine in kriegerische Auseinandersetzungen mit Russland um ihr eigenes Territorium verwickelt ist. Das Gleiche traf auch auf Lwów zu, wie die Stadt zwei Jahrzehnte lang genannt wurde, und ebenso auf Lviv, ihren kurzlebigen Namen während einiger turbulenter Tage im November 1918. Italien hat die Stadt nie beherrscht, aber wenn das der Fall gewesen wäre, dann wäre sie Leopolis genannt worden, die Stadt der Löwen.

Hauptpersonen

Hersch Lauterpacht, Professor für Internationales Recht, geboren im August 1897 in der Kleinstadt Żółkiew, wenige Kilometer von Lemberg entfernt, wohin die Familie 1911 zog. Sohn von Aron und Deborah (geb. Turkenkopf); er war das zweite von drei Kindern, zwischen seinem Bruder David und seiner Schwester Sabina. 1923 heiratete er in Wien Rachel Steinberg, ihr Sohn Elihu wurde in Cricklewood, London, geboren.

Hans Frank, Rechtsanwalt und Reichsminister, geboren im Mai 1900 in Karlsruhe. Er hatte einen älteren Bruder und eine jüngere Schwester. 1925 heiratete er Brigitte Herbst, sie hatten zwei Töchter und drei Söhne, deren jüngster Niklas genannt wurde. Im August 1942 verbrachte er zwei Tage in Lemberg, wo er mehrere Reden hielt.

Raphael Lemkin, Staats- und Rechtsanwalt, geboren im Juni 1900 in Ozerisko bei Białystok. Sohn von Josef und Bella, er hatte zwei Brüder (der ältere hieß Elias und der jüngere Samuel). 1921 zog er nach Lwów. Er heiratete nie und hatte keine Kinder.

Leon Buchholz, mein Großvater, geboren im Mai 1904 in Lemberg. Sohn von Pinkas, einem Spirituosenfabrikanten und späteren Gastwirt, und Malke (geb. Flaschner); er war das jüngste von vier Geschwistern, nach seinem älteren Bruder Emil und zwei Schwestern, Gusta und Laura. Er heiratete 1937 in Wien Regina »Rita« Landes, ein Jahr später wurde ihre Tochter Ruth, meine Mutter, dort geboren.

Prolog
Eine Einladung

Dienstag, 1. Oktober 1946,
Justizpalast in Nürnberg

Kurz nach 15 Uhr öffnete sich die Holztür hinter der Anklagebank, und Hans Frank betrat den Gerichtssaal 600. Er trug einen grauen Anzug, dessen Farbe sich vom Weiß der Helme zweier ernst blickender Militärpolizisten abhob, die ihn begleiteten. Die Gerichtsverhandlungen hatten ihren Tribut gefordert von dem Mann, der Adolf Hitlers persönlicher Anwalt und dann sein Statthalter im von Deutschland besetzten Polen gewesen war, einem Mann mit rosigen Wangen, einer scharfen kleinen Nase und straff zurückgekämmtem Haar. Frank war nicht mehr der fesche, schlanke Minister, als den ihn sein Freund Richard Strauss gefeiert hatte. Tatsächlich befand er sich in einem Zustand beträchtlicher Verwirrung, und zwar so sehr, dass er sich nach Betreten des Raumes in die falsche Richtung drehte und den Richtern den Rücken zuwandte.

In dem vollen Gerichtssaal saß an diesem Tag ein Professor für Internationales Recht an der Universität Cambridge. Hersch Lauterpacht, mit schütterem Haar und Brille, hockte rund wie eine Eule am Ende eines langen Holztisches, eingerahmt von angesehenen Kollegen aus dem Team der britischen Anklagevertretung. Lauterpacht, der in seinem schwarzen Anzug nur wenige Schritt von Frank entfernt saß, war derjenige, der die Idee gehabt hatte, den Begriff »Verbrechen gegen die Menschlichkeit« in das Nürnberger Statut einzubringen, vier Wörter, um die Ermordung von vier Millionen Juden

Prolog

und Polen auf polnischem Territorium zu beschreiben. Lauterpacht sollte später einmal als der bedeutendste Völkerrechtler des 20. Jahrhunderts und als ein Vater der modernen Menschenrechtsbewegung gelten, doch sein Interesse an Frank war nicht nur beruflicher Natur. Fünf Jahre lang war Frank Gouverneur eines Gebiets gewesen, zu dem auch Lemberg gehörte, die Heimat von Lauterpachts großer Familie, darunter seine Eltern, ein Bruder, eine Schwester und deren Kinder. Als der Prozess ein Jahr zuvor eröffnet worden war, war über ihr Schicksal im Reich des Hans Frank nichts bekannt.

Ein anderer Mann, der sich für den Prozess interessierte, war an diesem Tag nicht anwesend. Raphael Lemkin lag in einem amerikanischen Militärkrankenhaus in Paris im Bett und hörte sich das Urteil im Radio an. Er war Staatsanwalt und Rechtsanwalt in Warschau gewesen, 1939 bei Ausbruch des Krieges aus Polen geflohen und schließlich in Amerika gelandet. Dort arbeitete er für die amerikanische Anklagevertretung des Prozesses, Seite an Seite mit den Briten. Auf seiner langen Flucht führte er eine Reihe von Handkoffern mit sich, vollgestopft mit Dokumenten, darunter viele von Frank unterzeichnete Erlasse. Beim Studium dieser Unterlagen entdeckte Lemkin ein Verhaltensmuster, das er mit einem Etikett versah, um das Verbrechen zu beschreiben, dessen Frank angeklagt werden konnte. Er nannte es »Genozid«. Während Lauterpacht sich auf »Verbrechen gegen die Menschlichkeit« konzentrierte, und somit auf den Schutz von Individuen, ging es ihm um den Schutz ganzer Bevölkerungsgruppen. Er hatte unermüdlich dafür gearbeitet, Frank des Genozids anklagen zu können, aber an diesem letzten Prozesstag war er zu krank, um dabei zu sein. Auch er hatte ein persönliches Interesse an Frank: Er hatte jahrelang in Lwów gewohnt, und seine Eltern und sein Bruder waren von den Verbrechen betroffen, die auf Franks Gebiet begangen worden sein sollten.

»Angeklagter Hans Frank«, verkündete der Gerichtspräsident. Frank sollte nun erfahren, ob er zu Weihnachten noch am Leben und in der Lage sein würde, das Versprechen einzulösen, das er kürzlich seinem siebenjährigen Sohn gegeben hatte: dass alles gut war und er zum Fest zu Hause sein würde.

> Donnerstag, 16. Oktober 2014,
> Justizpalast in Nürnberg

Achtundsechzig Jahre später besuchte ich den Gerichtssaal 600 in Begleitung von Hans Franks Sohn Niklas, der ein kleiner Junge gewesen war, als sein Vater ihm dieses Versprechen gegeben hatte.

Niklas und ich begannen unseren Besuch in dem trostlosen, leeren Flügel des nicht mehr genutzten Gefängnisses hinter dem Justizpalast, dem einzigen der vier Flügel, der noch stand. Wir saßen gemeinsam in einer kleinen Zelle, ähnlich der, in der sein Vater fast ein Jahr verbracht hatte. Zum letzten Mal war Niklas im September 1946 in diesem Gebäudeteil gewesen. »Es ist der einzige Raum auf der Welt, wo ich meinem Vater ein klein wenig näher bin«, sagte er zu mir, »wenn ich hier sitze und an ihn denke, wie er ungefähr ein Jahr lang hier drinnen gewesen ist, mit einer offenen Toilette, einem kleinen Tisch und Bett und sonst nichts.« Die Zelle war gnadenlos, und das war auch Niklas im Hinblick auf die Taten seines Vaters. »Mein Vater war Rechtsanwalt; er wusste, was er tat.«

Der Gerichtssaal 600, der immer noch benutzt wird, hatte sich seit der Zeit des Prozesses nicht wesentlich verändert. Damals im Jahr 1946 musste jeder der einundzwanzig Angeklagten auf dem Weg von den Zellen in den Gerichtssaal einen engen Fahrstuhl benutzen, eine Vorrichtung, die Niklas und ich sehen wollten. Sie war noch vorhanden, hinter der Bank, auf der die Angeklagten saßen. Man betrat den Fahrstuhl durch eine alte Holztür, die sich so geräuschlos wie je öffnete. »Auf, zu, auf, zu«, schrieb R. W. Cooper von *The Times*, London, der frühere Tennisreporter, der täglich über den Prozess berichtete. Niklas ließ die Tür aufgleiten, betrat den engen Raum und schloss dann die Tür hinter sich.

Prolog

Als er wieder herauskam, ging er zu dem Platz, auf dem sein Vater während des Prozesses gesessen hatte, in dem er wegen Verbrechen gegen die Menschlichkeit und Genozids angeklagt worden war. Niklas setzte sich und stützte sich vorn auf das Holzgeländer. Er sah mich an, blickte sich im Saal um und seufzte dann. Ich hatte mir oft Gedanken gemacht über den Augenblick, als sein Vater das letzte Mal durch die Tür des Aufzugs getreten und zur Anklagebank gegangen war. Es existiert kein Filmmaterial, denn am letzten Nachmittag des Prozesses, am Dienstag, dem 1. Oktober 1946, durfte nicht gefilmt werden. Das geschah, um die Würde der Angeklagten zu wahren.

Niklas' Stimme unterbrach meine Gedanken. Er sprach leise und bestimmt: »Das ist ein glücklicher Raum, für mich und für die Welt.«

Dass Niklas und ich uns gemeinsam im Gerichtssaal 600 befanden, verdankte sich einer überraschenden Einladung, die ich einige Jahre zuvor erhalten hatte. Sie stammte von der juristischen Fakultät der Universität jener Stadt, die heute unter dem Namen Lwiw bekannt ist. Man lud mich ein, einen öffentlichen Vortrag über meine Arbeit zu halten, die sich um Verbrechen gegen die Menschlichkeit und Genozid dreht. Die Fakultät bat mich, über die Fälle zu berichten, an denen ich beteiligt gewesen war, sowie über meine Forschungen zum Nürnberger Kriegsverbrecherprozess und dessen Folgen für unsere heutige Welt.

Mich hatten der Prozess und der Mythos von Nürnberg seit langem fasziniert als der Moment, der als die Geburtsstunde unserer modernen internationalen Gerichtsbarkeit gilt. Ich war gebannt von den seltsamen Details, die man in den umfangreichen Protokollen finden konnte, und von den grauenhaften Beweisen, mich interessierten die vielen Bücher, Lebenserinnerungen und Tagebücher, die in forensischer Genauigkeit die Zeugenaussagen vor Gericht wiedergaben. Mich fesselten die Bilder, Fotos, Wochenschauen und Filme wie *Judgment at Nuremberg* (Das Urteil von Nürnberg), der 1962 den Oscar gewann und durch sein Thema und durch Spencer Tracys Flirt mit Marlene Dietrich unvergesslich blieb. Ein praktischer Grund für mein Interesse war, dass der Prozess nachhaltigen Einfluss auf meine Arbeit gehabt hatte: Denn der Urteilsspruch von Nürnberg verschaffte der aufkeimenden Menschenrechtsbewegung kräftigen Auftrieb. Ja, es gab einen starken Beigeschmack von »Siegerjustiz«, doch hatte der Fall zweifellos eine katalytische Wirkung, weil er erstmals die Möglichkeit eröffnete, den Führern eines Landes vor einem internationalen Gerichtshof den Prozess zu machen.

Sehr wahrscheinlich hatte ich die Einladung aus Lwiw eher meiner Arbeit als Anwalt zu verdanken als meinen Büchern. Im Sommer 1998 war ich am Rande an den Verhandlungen in Rom beteiligt, die zur Schaffung des Internationalen Strafgerichtshofes (IStGH) führten, und einige Monate später arbeitete ich am Pinochet-Fall in London mit. Der frühere Präsident Chiles, der von einem spanischen Staatsanwalt wegen Genozids und Verbrechen gegen die Menschlichkeit angeklagt worden war, hatte sich vor britischen Gerichten auf Immunität berufen und war gescheitert. In den Jahren danach sorgten andere Fälle dafür, dass sich die Pforten der internationalen Strafjustiz nach einer Periode des Stillstands während des Kalten Krieges, der auf den Nürnberger Prozess folgte, allmählich wieder öffneten.

Fälle aus dem früheren Jugoslawien und aus Ruanda landeten bald auf meinem Schreibtisch in London. Es folgten Fälle aus dem Kongo, aus Libyen, Afghanistan und Tschetschenien, aus dem Iran, Syrien und dem Libanon, aus Sierra Leone, Guantánamo und dem Irak. Die lange, traurige Liste zeigte deutlich, dass die guten Absichten aus dem Gerichtssaal 600 in Nürnberg erfolglos geblieben waren.

Ich bekam es mit mehreren Fällen von Massenmord zu tun. Einige wurden als Verbrechen gegen die Menschlichkeit – die Tötung einzelner Menschen im großen Maßstab – behandelt, und andere führten zur Anklage wegen Genozids – der gezielten Vernichtung von nationalen, ethnischen, rassischen oder religiösen Bevölkerungsgruppen. Diese zwei unterschiedlichen Straftatbestände, mit ihren jeweiligen

Prolog

Schwerpunkten auf dem Individuum und der Gruppe, entwickelten sich parallel, doch im Laufe der Zeit erschien vielen Menschen der Genozid als das Verbrechen aller Verbrechen. Ganz so, als gäbe es eine interne Rangfolge und als wäre es weniger schrecklich, eine große Anzahl von Individuen zu töten. Gelegentlich erhielt ich Hinweise auf die Herkunft und den Zweck der beiden Begriffe sowie auf ihren Zusammenhang mit den Verhandlungen im Gerichtssaal 600. Doch stellte ich nie allzu gründliche Nachforschungen darüber an, was in Nürnberg geschehen war. Ich wusste, wie diese neuen Straftatbestände entstanden waren und wie sie sich später entwickelt hatten, doch ich wusste wenig über die damit verbundenen persönlichen Geschichten oder wie es dazu kam, dass die beiden Verbrechen im Strafverfahren gegen Hans Frank zur Anklage kamen. Auch über die persönlichen Umstände, unter denen Hersch Lauterpacht und Raphael Lemkin ihre unterschiedlichen Ideen entwickelten, wusste ich nichts.

Die Einladung aus Lwiw bot eine Chance, diese Geschichte zu erforschen.

Ich ergriff sie aus noch einem anderen Grund: Mein Großvater Leon Buchholz wurde dort geboren. Ich kannte den Vater meiner Mutter viele Jahre lang – er starb 1997 in Paris, einer Stadt, die er liebte und Heimat nannte –, doch ich wusste wenig über die Jahre vor 1945, weil er nicht über sie sprechen wollte. Sein Leben umspannte das gesamte 20. Jahrhundert, und als ich ihn kennenlernte, war seine einstmals große Familie zusammengeschrumpft. Das begriff ich, aber nicht in welchem Ausmaß oder unter welchen Umständen. Eine Reise nach Lwiw bot die Möglichkeit, mehr über jene schmerzlichen Jahre zu erfahren.

Ein paar wenige Informationen hatte er preisgegeben, doch zum größten Teil hatte Leon die erste Hälfte seines Lebens in einer Gruft verschlossen. Die damaligen Ereignisse mussten in den Nachkriegsjahren große Auswirkungen auf meine Mutter gehabt haben, doch sie waren auch für mich wichtig, hatten sie doch folgenreiche Spuren und viele unbeantwortete Fragen hinterlassen. Warum hatte ich mich für eine juristische Laufbahn entschieden? Und warum für ein juristisches Gebiet, das offenbar mit einer unausgesprochenen Familiengeschichte verbunden war? »Nicht die Gestorbenen sind es, die uns heimsuchen, sondern die Lücken, die aufgrund von Geheimnissen anderer in uns zurückgeblieben sind«, schrieb der Psychoanalytiker Nicolas Abraham über die Beziehung zwischen Enkeln und Großeltern. Die Einladung nach Lwiw war eine Möglichkeit, diese verstörenden Lücken zu erkunden. Ich nahm sie an und brachte dann einen Sommer damit zu, den Vortrag zu verfassen.

Eine Karte zeigte Lwiw genau in der Mitte Europas; die von London aus nicht leicht zu erreichende Stadt lag am Schnittpunkt gedachter Linien, die Riga mit Athen verbanden, Prag mit Kiew, Moskau mit Venedig. Hier kreuzten sich die Verwerfungslinien, die den Osten vom Westen und den Norden vom Süden trennen.

Einen Sommer lang vertiefte ich mich in die Literatur über Lwiw. In Bücher, Karten, Fotos, Wochenschauen, Gedichte, Lieder – eigentlich alles, was ich über die Stadt der »verwischten Grenzen«, wie Joseph Roth sie nannte, finden konnte. Mich interessierten besonders die ersten Jahre des 20. Jahrhunderts, als Leon in dieser Stadt der »polyglotten Farbigkeit« lebte, dem »Rot-Weiß, Blau-Gelb und einem bißchen Schwarz-Gelb« des polnischen, ukrainischen und österreichischen Einflusses. Ich entdeckte eine Stadt der Mythen, einen Ort tiefer intellektueller Traditionen, wo die vielfältigen Kulturen, Religionen und Sprachen der Völker, die im großen Haus der Österreichisch-Ungarischen Monarchie zusammenlebten, aufeinanderprallten. Der Erste Weltkrieg brachte das Haus zum Einstürzen, zerstörte ein Reich und setzte gefährliche Kräfte frei: Rechnungen wurden beglichen, und es kam zu großem Blutvergießen. Der Versailler Vertrag, die Okkupation durch die Nazis und die Sowjetherrschaft folgten einander in kurzem Abstand und richteten gemeinsam Unheil an. Das »Rot-Weiß« und das »Schwarz-Gelb« verblassten und ließen

Prolog

das moderne Lwiw mit einer überwiegend ukrainischen Bevölkerung zurück, als eine nun von »Blau-Gelb« beherrschte Stadt.

Zwischen September 1914 und Juli 1944 wechselte die Herrschaft über die Stadt achtmal. Nachdem sie lange Zeit die Hauptstadt des »Königreichs Galizien und Lodomerien mit dem Großherzogtum Krakau und den Herzogtümern Auschwitz und Zator« innerhalb der Österreichisch-Ungarischen Monarchie gewesen war – ja, es ist *das* Auschwitz –, fiel die Stadt zunächst an Russland, dann zurück an Österreich, dann kurz an die Westukraine, dann an Polen, dann an die Sowjetunion, dann an Deutschland, dann erneut an die Sowjetunion und schließlich an die Ukraine, zu der es noch heute gehört. Im Königreich Galizien, auf dessen Straßen Leon als kleiner Junge herumlief, lebten einst Polen, Ukrainer, Juden und viele andere. Doch als Hans Frank am letzten Tag des Nürnberger Prozesses den Gerichtssaal 600 betrat – weniger als dreißig Jahre später –, war die gesamte jüdische Volksgruppe ausgelöscht, die Polen waren vertrieben worden.

Die Straßen von Lwiw sind ein Mikrokosmos des turbulenten 20. Jahrhunderts in Europa, der Mittelpunkt blutiger Konflikte, die Kulturen auseinandergerissen haben. Inzwischen liebe ich die Landkarten jener Jahre, mit Straßen, deren Namen oft wechselten, obwohl ihr Verlauf unverändert blieb. Eine Parkbank, ein schönes Jugendstilrelikt aus der österreichisch-ungarischen Zeit, wurde mir mit der Zeit zu einem vertrauten Freund. Von hier aus konnte ich die Welt vorüberziehen sehen, sie war ein guter Aussichtspunkt auf die wechselvolle Stadtgeschichte.

1914 befand sich die Bank im Stadtpark, gegenüber des großartigen Landtagsgebäudes, des Parlaments von Galizien in der östlichsten Provinz der Österreichisch-Ungarischen Monarchie. Ein Jahrzehnt später hatte sich die Bank nicht wegbewegt, aber sie stand nun in einem anderen Land, in Polen, im Kościuszko-Park. Das Parlament war verschwunden, aber nicht das Gebäude, das jetzt die Jan-Kazimierz-Universität beherbergte. Im Sommer 1941, als Hans Franks

Prolog

Galizischer Landtag in Lemberg

Generalgouvernement die Macht in der Stadt übernahm, wurde die Bank germanisiert, sie befand sich jetzt im Jesuitengarten gegenüber einem früheren Universitätsgebäude, das seiner polnischen Identität beraubt worden war.

Diese Zwischenkriegsjahre sind der Gegenstand einer beträchtlichen Literatur, aber kein Werk beschreibt plastischer, was verlorengegangen ist, als *Mój Lwów* (Mein Lemberg). »Wo seid ihr, Lemberger Parkbänke, geschwärzt von Alter und Regen, rauh und gesprungen wie die Borke mittelalterlicher Ölbäume?«, fragte der polnische Dichter Józef Wittlin 1946.

Als ich nun, sechs Jahrzehnte später, bei der Bank ankam, auf der mein Großvater vor einem Jahrhundert gesessen haben könnte, befand ich mich im Iwan-Franko-Park, benannt zu Ehren eines ukrainischen Schriftstellers, der Gedichte und sozialkritische Romane schrieb und dessen Name nun das Universitätsgebäude zierte.

Wittlins Hommage an Lemberg wurde in seinen spanischen und deutschen Übersetzungen mein Begleiter, ein Führer durch die alte

27

Stadt mit ihren Gebäuden und Straßen, die gezeichnet waren von den im November 1918 ausgebrochenen Kämpfen. Dieser brutale Konflikt zwischen der polnischen und der ukrainischen Bevölkerung, bei dem die Juden zwischen allen Stühlen saßen oder zur Zielscheibe wurden, war besorgniserregend genug gewesen, dass in der *New York Times* darüber berichtet wurde. Er hatte den Präsidenten der USA Woodrow Wilson veranlasst, eine Untersuchungskommission einzusetzen. »Ich will keine Wunden am lebendigen Leibe dieser Erinnerungen berühren und spreche deshalb nicht vom Jahr 1918«, schrieb Wittlin und tat dann genau das. Er erinnerte an die »brudermörderischen polnisch-ukrainischen Kämpfe«, deren Frontlinien sich quer durch die Stadt zogen, wodurch viele zwischen den kriegführenden Parteien festsaßen. Doch waren auch die Grundregeln der Höflichkeit noch immer befolgt worden, etwa als ein ukrainischer Schulfreund das Kampfgeschehen in der Nähe der Bank, auf der ich nun saß, kurz unterbrochen hatte, damit der junge Wittlin nach Hause gelangen konnte.

»Unter meinen Kollegen herrschte Harmonie, obgleich viele von ihnen zu verschiedenen, miteinander verfeindeten Nationen gehörten und abweichende Glaubenslehren und Anschauungen bekannten«, schrieb Wittlin. Hier war die mythische Welt Galiziens, wo Nationaldemokraten Juden liebten, Sozialisten mit Konservativen Tango tanzten, Altruthenen und Russophile mit ukrainischen Nationalisten weinten. »Spielen wir die Idylle«, schrieb Wittlin, indem er »das Wesen des Lembergertums« heraufbeschwor. Er schilderte eine Stadt, die erhaben und gaunerhaft war, weise und idiotisch, poetisch und mittelmäßig. »Herb ist der Geschmack des Lembergertums«, schloss er wehmütig, wie der Geschmack einer ungewöhnlichen Frucht, der *czeremcha*, einer wilden Kirsche, die nur in der Vorstadt Kleparów gedieh. Wittlin nannte die Frucht eine *cerenda*, bitter und süß. »Das Heimweh verfälscht gern auch den Geschmack, indem es uns heute nur Lembergs Süße zu empfinden heißt. Doch kenne ich Menschen, für die Lemberg eine Schale voll Bitterkeit war.«

Prolog

Die Bitterkeit schwärte nach dem Ersten Weltkrieg weiter, der in Versailles ausgesetzt, doch nicht beigelegt worden war. Periodisch flammte sie mit voller Kraft auf, zum Beispiel, als die Sowjets im September 1939 auf weißen Pferden in die Stadt galoppierten, und noch einmal zwei Jahre später mit der Ankunft der Deutschen in ihren Panzern. »Im zeitigen August 1942 kam Generalgouverneur Dr. Frank in Lwow an«, berichtete ein jüdischer Einwohner in einem der seltenen erhaltenen Tagebücher. »Wir wussten, dass sein Besuch nichts Gutes bedeutete.« In jenem Monat stieg Hans Frank, Hitlers persönlicher Anwalt und nun Generalgouverneur des besetzten Polens, die Marmortreppe des Universitätsgebäudes hoch, um in der Aula einen Vortrag zu halten, in dem er die Vernichtung der jüdischen Einwohner ankündigte.

Ich kam im Herbst 2010 nach Lwiw, um meinen Vortrag zu halten. Inzwischen hatte ich eine merkwürdige und bisher offensichtlich unbemerkte Tatsache entdeckt: Die beiden Männer, die die Straftatbestände des Verbrechens gegen die Menschlichkeit und des Genozids in den Nürnberger Prozess einführten, Hersch Lauterpacht und Raphael Lemkin, waren in der Zeit, von der Wittlin schrieb, Einwohner der Stadt gewesen. Beide studierten an der Universität und durchlebten jene bitteren Jahre.

Das sollte nicht der letzte von vielen Zufällen sein, die mir auf den Schreibtisch kamen, aber es blieb der einschneidendste. War es nicht erstaunlich, dass ich bei der Vorbereitung meiner Reise nach Lwiw, wo ich über die Entstehung des Völkerstrafrechts sprechen sollte, erfuhr, dass die Stadt selbst eng mit dessen Entstehung verknüpft war? Es schien mehr als ein bloßer Zufall zu sein, dass die beiden Männer, die mehr als jeder andere zu unserem modernen System der internationalen Strafgerichtsbarkeit beigetragen hatten, aus ebendieser Stadt stammten. Ebenso bemerkenswert war, dass niemand, den ich im Lauf dieses ersten Besuchs an der Universität oder irgendwo in Lwiw traf, etwas über die Rolle der Stadt dabei wusste.

Prolog

Die Fragen nach dem Vortrag bezogen sich meist auf das Leben der beiden Männer. In welchen Straßen hatten sie gewohnt? Welche Kurse hatten sie an der Universität belegt und wer waren ihre Lehrer gewesen? Waren sie sich begegnet, oder hatten sie sich gekannt? Was war in den Jahren nach ihrem Weggang aus der Stadt geschehen? Warum sprach heute niemand an der juristischen Fakultät von ihnen? Warum konzentrierte der eine von ihnen sich auf den Schutz von Individuen und der andere auf den Schutz von Gruppen? Wie kam es, dass sie beim Nürnberger Prozess mitwirkten? Was geschah mit ihren Familien?

Ich hatte keine Antworten auf diese Fragen zu Lauterpacht und Lemkin.

Dann stellte jemand eine Frage, die ich beantworten konnte:

»Was ist der Unterschied zwischen Verbrechen gegen die Menschlichkeit und Genozid?«

»Stellen Sie sich die Ermordung von 100 000 Menschen vor, die derselben Bevölkerungsgruppe angehören«, erklärte ich, »Juden oder Polen in der Stadt Lwiw. Für Lauterpacht wäre die Ermordung von Individuen, wenn sie Teil eines systematischen Plans ist, ein Verbrechen gegen die Menschlichkeit. Für Lemkin lag der Fokus auf Genozid, der Ermordung vieler Menschen mit der Absicht, die Gruppe auszulöschen, zu der sie gehören. Für einen heutigen Ankläger besteht der Unterschied zwischen beiden Straftatbeständen hauptsächlich darin, ob eine Absicht beweisbar ist: Um Genozid zu beweisen, muss man belegen, dass die Mordtaten in der Absicht begangen wurden, die Gruppe zu vernichten, während dies für Verbrechen gegen die Menschlichkeit nicht nötig ist.« Ich erklärte, dass es notorisch schwierig sei, eine entsprechende Absicht nachzuweisen, da die Beteiligten an solchen Morden nicht dazu neigten, Spuren in Gestalt von relevanten Unterlagen zu hinterlassen.

Ob denn die Unterscheidung überhaupt eine Rolle spiele, fragte ein anderer. Spielt es eine Rolle, ob das Gesetz dich schützen will, weil du ein Individuum bist oder weil du zufällig zu einer Gruppe gehörst? Diese Frage stand im Raum und hat mich seither nicht losgelassen.

Später am Abend trat eine Studentin an mich heran. »Können wir privat miteinander sprechen, außer Hörweite der anderen?«, flüsterte sie. »Es ist etwas Persönliches.« Wir begaben uns in eine Ecke. Keiner in der Stadt kenne Lauterpacht und Lemkin oder mache sich etwas aus ihnen, sagte sie, weil sie Juden waren. Ihre Identität sei ihr Makel.

Mag sein, antwortete ich, da ich nicht wusste, worauf sie hinauswollte.

Sie sagte: »Ich wollte, dass Sie wissen, wie wichtig Ihre Vorlesung für mich gewesen ist, persönlich wichtig.«

Ich verstand, was sie mir mitteilen wollte und dass sie mir einen Hinweis auf ihre eigenen Wurzeln gab. Ob Polin oder Jüdin, darüber konnte man nicht offen sprechen. Fragen der individuellen Identität und Gruppenzugehörigkeit waren in Lwiw heikel.

»Ich habe Ihr Interesse an Lauterpacht und Lemkin verstanden«, fuhr sie fort, »aber ist nicht Ihr Großvater derjenige, dessen Spuren Sie verfolgen sollten? Ist er Ihrem Herzen nicht am nächsten?«

Teil I

LEON

1

Meine früheste Erinnerung an Leon geht zurück auf die 1960er Jahre, als er mit seiner Frau Rita, meiner Großmutter, in Paris lebte. Ihre Wohnung hatte zwei Schlafzimmer und eine winzige Küche und befand sich in der dritten Etage eines leicht heruntergekommenen Hauses aus dem 19. Jahrhundert in der Mitte der Rue de Maubeuge. Ein muffiger Geruch sowie der Lärm der Züge von der nahen Gare du Nord beherrschten ihr Zuhause.

Hier sind einige Dinge, an die ich mich erinnern kann: Es gab ein Bad mit rosafarbenen und schwarzen Kacheln. Dort verbrachte Leon viel Zeit ganz allein hinter einem Plastikvorhang in einem kleinen Abteil sitzend. Das war für mich und meinen neugierigeren jüngeren Bruder eine verbotene Zone. Gelegentlich, wenn Leon und Rita einkaufen waren, schlichen wir uns an den verbotenen Ort. Mit der Zeit wurden wir mutiger und untersuchten die Gegenstände auf dem Holztisch, der ihm in seinem Badezimmerwinkel als Schreibtisch diente, unentzifferbare Schriftstücke in Französisch oder noch fremderen Sprachen (Leons Handschrift unterschied sich von allen, die wir je gesehen hatten, spinnenbeinige Wörter krochen über die Seite). Der Tisch war auch übersät mit alten und kaputten Uhren, was unseren Glauben nährte, dass unser Großvater ein Schmuggler von Chronometern war.

Ab und zu kamen Besucher, ältere Damen mit seltsamen Namen und Gesichtern. Madame Scheinmann war besonders bemerkenswert, schwarzgekleidet mit einer braunen Pelzstola, die ihr von der Schulter hing, einem winzigen weißgepuderten Gesicht und verschmiertem roten Lippenstift. Sie sprach im Flüsterton mit einem seltsamen Akzent und meist von der Vergangenheit. Ich kannte die Sprache nicht (es war Polnisch, wie ich später erfuhr).

Auch erinnere ich mich, dass es keine Fotos gab, außer einem gerahmten Schwarzweißfoto, das stolz über dem unbenutzten Kamin stand, Leon und Rita an ihrem Hochzeitstag 1937. Rita lächelte auf dem Foto nicht, und auch später nicht, als ich sie kannte. Das war etwas, was ich früh wahrnahm und nie vergaß. Es schien keine Alben zu geben, keine Fotos von Eltern oder Geschwistern (längst verstorben, wurde mir gesagt) und keine zur Schau gestellten Familienerinnerungen. Es gab einen Schwarzweißfernseher, einzelne Exemplare des *Paris Match*, die Rita gern las, aber keine Musik.

Die Vergangenheit hing wie eine dunkle Wolke über Leon und Rita, eine Zeit vor Paris, über die in meiner Gegenwart nicht gesprochen werden durfte oder nicht in einer Sprache, die ich verstand. Heute, vierzig Jahre später, stelle ich mit einem gewissen Schamgefühl fest, dass ich Leon und Rita nie nach ihrer Kindheit gefragt habe. Doch selbst wenn ich Neugier empfunden hätte, hätte ich ihr nicht nachgehen dürfen.

In der Wohnung herrschte Schweigen. Leon war umgänglicher als Rita, die einen auf Distanz zu halten schien. Sie verbrachte viel Zeit in der Küche, wo sie oft mein Lieblingsessen, Wiener Schnitzel mit Kartoffelbrei, zubereitete. Leon wischte seinen Teller gern mit einem Stück Brot so sauber, dass man ihn nicht mehr abwaschen musste.

Es herrschte eine Atmosphäre von Ordnung und Würde, und von Stolz. Ein Freund der Familie, der Leon seit den 1950er Jahren kannte, erinnerte sich an meinen Großvater als einen zurückhaltenden Mann. »Immer im Anzug, elegant gekleidet, diskret, er wollte sich nie aufdrängen.«

Leon ermutigte mich zum Jurastudium. 1983, als ich meinen Universitätsabschluss machte, schenkte er mir ein englisch-französisches juristisches Wörterbuch. »Für deinen Eintritt ins Berufsleben«, kritzelte er auf das Vorsatzblatt. Ein Jahr später sandte er mir einen Brief mit einem Ausschnitt aus *Le Figaro*, eine Stellenanzeige für einen englischsprachigen internationalen Rechtsanwalt in Paris. »Mon fils«, pflegte er zu sagen, wie wär's damit? »Mein Sohn« – so nannte er mich.

Erst jetzt, viele Jahre später, habe ich begriffen, wie schrecklich die Ereignisse waren, die Leon vor dieser Zeit durchlebt hatte und aus denen er mit intakter Würde, mit menschlicher Wärme und einem Lächeln hervorgegangen war. Er war ein großzügiger, leidenschaftlicher Mann mit hitzigem Temperament, das manchmal unerwartet und brutal hervorbrach, ein lebenslanger Sozialist, der den französischen Premierminister Léon Blum bewunderte und Fußball liebte, ein praktizierender Jude, für den die Religion Privatsache war, die anderen nicht aufgedrängt werden durfte. Er interessierte sich nicht für Materielles und wollte keinem zur Last fallen. Drei Dinge waren für ihn wichtig: Familie, Essen und sein Zuhause.

Ich habe viele glückliche Erinnerungen, und doch wirkte Leons und Ritas Zuhause auf mich nie wie ein Ort der Freude. Selbst als kleiner Junge spürte ich die Spannung aus düsterer Vorahnung und Schweigen, die schwer auf den Räumen lastete. Ich kam einmal im Jahr zu Besuch, und ich erinnere mich immer noch, dass dort nie jemand lachte. Es wurde Französisch gesprochen, doch wenn es um Privates ging, wechselten die Großeltern zu Deutsch, der Sprache des Verschweigens und der Geschichte. Leon schien keine Arbeit zu haben, oder keine, die einen Aufbruch früh am Morgen erforderte. Rita arbeitete nicht. Sie sorgte für Ordnung im Haus, der Teppich im Wohnzimmer lag immer gerade. Wie sie ihren Lebensunterhalt bestritten, war ein Rätsel. »Wir dachten, dass er im Krieg Uhren geschmuggelt hat«, erzählte mir die Cousine meiner Mutter.

Was wusste ich sonst noch?

Dass Leon in einem weitentfernten Ort namens Lemberg geboren worden und als Junge nach Wien gezogen war. Das war eine Zeit, über die er nicht sprach, nicht mit mir. »C'est compliqué, c'est le passé, pas important.« Mehr sagte er nicht: Es ist kompliziert, es ist die Vergangenheit, nicht wichtig. Es war besser, keine Neugier zu zeigen, sagte mir ein schützender Instinkt. Über seine Eltern, den Bruder und die beiden Schwestern herrschte völliges und undurchdringliches Schweigen.

Was noch? Er heiratete Rita 1937 in Wien. Ihre Tochter Ruth, meine Mutter, kam ein Jahr später zur Welt, ein paar Wochen nachdem die Deutschen in Wien erschienen waren, um Österreich zu annektieren und den Anschluss zu vollziehen. 1939 ging er nach Paris. Nach dem Krieg hatten er und Rita ein zweites Kind, einen Sohn, den sie Jean-Pierre nannten, ein französischer Name.

Rita starb 1986, als ich fünfundzwanzig war.

Jean-Pierre starb vier Jahre danach bei einem Autounfall mit seinen beiden Kindern, meinen einzigen Cousins.

Leon kam 1993 zu meiner Hochzeit nach New York und starb vier Jahre später mit vierundneunzig Jahren. Er nahm Lemberg mit ins Grab, zusammen mit einem Schal, den ihm seine Mutter im Januar 1939 geschenkt hatte. Es war ein Geschenk bei seiner Abreise aus Wien, erzählte mir meine Mutter, als wir uns von ihm verabschiedeten.

Das war so ungefähr alles, was ich wusste, als ich die Einladung aus Lwiw bekam.

2 Ein paar Wochen vor der Reise nach Lwiw saß ich mit meiner Mutter in ihrem hellen Wohnzimmer in Nord-London, vor uns zwei alte Aktenmappen. Sie waren vollgestopft mit Leons Fotos und Papieren, Zeitungsausschnitten, Telegrammen, Pässen, Ausweisen, Briefen, Notizen. Vieles ging auf Wien zurück, doch einige Dokumente waren noch älter und stammten aus Lemberger Zeiten. Ich untersuchte alles sorgfältig, als Enkel, doch auch als Rechtsanwalt, der gern in Beweisstücken herumstöbert. Leon musste gewisse Dinge aus gutem Grund aufgehoben haben. Diese Erinnerungsstücke schienen geheime Informationen zu enthalten, verschlüsselt durch Sprache und Kontext.

Ich legte ein paar Dinge, die von besonderem Interesse waren, zur Seite. Da war Leons Geburtsurkunde, die seine Geburt am 10. Mai 1904 in Lemberg bestätigte. Das Dokument enthielt auch eine

Adresse. In der Familie war bekannt, dass sein Vater (mein Urgroßvater) Gastwirt war und Pinkas genannt wurde, was man als Philip oder Philippe übersetzen kann. Leons Mutter, meine Urgroßmutter, hieß Amalie, genannt Malke. Sie wurde 1870 in Żółkiew, ungefähr 25 Kilometer nördlich von Lemberg, geboren. Ihr Vater Isaac Flaschner war Getreidehändler.

Andere Dokumente kamen zu dem Stapel.

Ein abgegriffener polnischer Pass, alt und verblichen, hellbraun, mit einem gekrönten Adler auf dem Einband. Er wurde im Juni 1923 in Lwów an Leon ausgehändigt und wies ihn als Einwohner der Stadt aus. Ich war überrascht, hatte ich ihn doch für einen Österreicher gehalten.

Der Anblick eines anderen Passes, diesmal dunkelgrau, versetzte mir einen Schock. Er war im Dezember 1938 in Wien vom Deutschen Reich ausgestellt und hatte einen anderen Adler auf dem Einband: einen, der auf einem goldenen Hakenkreuz hockte. Es war ein Fremdenpass, ein Reisedokument, das Leon benötigte, weil er seiner polnischen Identität, seiner Staatsbürgerschaft und der damit verbundenen Rechte beraubt worden war – weil er nun staatenlos war. Es existierten drei solche Pässe unter Leons Papieren: ein zweiter wurde im Dezember 1938 für meine Mutter ausgestellt, als sie sechs Monate alt war, und ein dritter drei Jahre später, im Herbst 1941, für meine Großmutter Rita in Wien.

Ich legte weitere Dinge zu dem Stapel.

Einen kleinen Zettel aus dünnem gelben Papier, einmal gefaltet. Die eine Seite war leer; die andere enthielt einen Namen und eine Adresse, in einer eckigen Schrift energisch mit dem Bleistift niedergeschrieben. »Miss E. M. Tilney, Norwich, Angleterre.«

Drei kleine Fotos, die alle den gleichen Mann in förmlicher Pose zeigten. Er hatte schwarzes Haar, kräftige Augenbrauen und eine leicht verschmitzte Miene, trug einen Nadelstreifenanzug und hatte eine Vorliebe für Fliegen und Einstecktücher. Auf der Rückseite hatte offenbar immer dieselbe Hand ein jeweils anderes Datum notiert: 1949, 1951, 1954. Ein Name stand nicht dabei.

Meine Mutter sagte mir, dass sie nicht wisse, wer Miss Tilney sei, und auch die Identität des Mannes mit der Fliege nicht kenne.

Ich fügte zu dem Stapel noch ein viertes Foto, ein größeres, ebenfalls in Schwarzweiß. Es zeigt eine Gruppe Männer, einige davon in Uniform, die zwischen Bäumen und großen weißen Blumen einherschreiten. Einige blicken in die Kamera; andere wirken verstohlener, und einen erkannte ich sofort, den großen Mann direkt in der Bildmitte, einen Anführer in einer Militäruniform, die ich mir grün vorstelle, und einem engen schwarzen Gürtel um die Taille. Ich kenne diesen Mann und den, der hinter ihm steht, mit dem undeutlichen Gesicht meines Großvaters Leon. Hinten auf das Foto schrieb Leon »de Gaulle, 1944«.

Ich nahm diese Dokumente mit nach Hause. Miss Tilney und ihre Adresse hingen an der Wand über meinem Schreibtisch, daneben das Foto von 1949, der Mann mit der Fliege. De Gaulle ehrte ich mit einem Rahmen.

3 Im späten Oktober machte ich mich von London aus auf die Reise nach Lwiw. Ich nutzte eine Lücke in meinem Terminplan nach einer Gerichtsverhandlung in Den Haag – ein Fall von Rassendiskriminierung, den Georgien gegen Russland vorgebracht hatte. Georgien, mein Mandant, erklärte, dass ethnische Georgier in Abchasien und Südossetien schlecht behandelt würden, was die Verletzung einer entsprechenden internationalen Konvention darstellte. Einen großen Teil der ersten Flugetappe von London nach Wien verbrachte ich damit, die Schriftsätze in einem anderen Fall noch einmal durchzugehen – er war von Kroatien gegen Serbien vorgebracht worden –, in dem mit dem Begriff des Genozid argumentiert wurde. Die Anschuldigungen bezogen sich auf die Morde von Vukovar 1991, die zu einem der größten Massengräber in Europa seit 1945 geführt hatten.

Ich reiste mit meiner Mutter (skeptisch, ängstlich), meiner verwitweten Tante Annie, die mit dem Bruder meiner Mutter verheiratet gewesen war (ruhig), und meinem fünfzehnjährigen Sohn (neugierig). In Wien bestiegen wir ein kleineres Flugzeug für die 650-Kilometer-Reise nach Osten, hinweg über die unsichtbare Linie, die einst den Eisernen Vorhang markiert hatte. Nördlich von Budapest ging das Flugzeug bei wolkenlosem Himmel über dem ukrainischen Kurort Truskawez weiter nach unten, so dass wir die Karpaten und in der Ferne Rumänien sehen konnten. Die Landschaft um Lwiw – das »blutgetränkte Land«, wie es ein Historiker in seinem Buch über die Schrecken der Hitler- und Stalinzeit nannte – war flach, bewaldet und wurde landwirtschaftlich genutzt, die verstreuten Felder waren gesprenkelt mit Dörfern und Gehöften, menschliche Behausungen in Rot, Braun und Weiß. Vielleicht flogen wir gerade direkt über die Kleinstadt Schowkwa, als Lwiw in Sicht kam, der ferne städtische Ballungsraum einer ehemaligen sowjetischen Metropole, und dann das Stadtzentrum, die Türme und Kuppeln, die nacheinander »aus dem gewellten Grün hervorsprangen«, die Türme von Gebäuden, die Wittlin so am Herzen lagen und die ich nun kennenlernen würde: St. Georg, St. Elisabeth, das Rathaus, die Kathedrale St. Bernhard und der Kornjakt-Palast. Ich erblickte, ohne sie zu kennen, die Kuppeln der Dominikanerkirche und des Stadttheaters, den Hügel der Lubliner Union und den kahlen, sandigen Piaskowa-Hügel, den während der deutschen Okkupation »das Blut Tausender von Märtyrern« getränkt hatte. Mit allen diesen Orten würde ich vertraut werden.

Das Flugzeug rollte bis vor ein flaches Gebäude und hielt dort. Es wäre in einem *Tim und Struppi*-Band nicht fehl am Platz gewesen, ganz so, als befänden wir uns im Jahr 1923, als sich der Flughafen des sinnträchtigen Namens Sknyliw erfreute. Ich entdeckte eine bemerkenswerte Parallele: Der kaiserliche Bahnhof der Stadt wurde 1904 eröffnet, Leons Geburtsjahr; der Sknyliw-Flughafen ging 1923 in Betrieb, im Jahr seiner Abreise; und nun, 2010, im Jahr der Rückkehr seiner Nachkommen, war ein neues Terminal im Entstehen.

Der alte Flughafen hatte sich in den vergangenen neunzig Jahren kaum verändert, mit seiner Marmorhalle, den großen Holztüren und den übereifrigen jungen Beamten, die grün gekleidet waren wie im *Zauberer von Oz* und ohne Weisungsbefugnis Befehle bellten. Wir Passagiere standen in einer langen Schlange, die sich hinzog bis zu den hölzernen Kabinen, in denen grimmig blickende Grenzbeamte saßen, jeder von ihnen unter einer riesigen, schlechtsitzenden grünen Mütze.

»Grund der Einreise?«, fragte der Beamte.

»Lecture«, antwortete ich.

Er starrte mich verständnislos an. Dann wiederholte er das Wort, nicht einmal, sondern dreimal.

»Lecture? Lecture? Lecture?«

»University, university, university«, erwiderte ich. Das zeitigte ein Grinsen, einen Stempel und eine Einreiseerlaubnis. Wir gingen durch den Zoll, vorbei an rauchenden dunkelhaarigen Männern in glänzenden schwarzen Ledermänteln.

Mit einem Taxi fuhren wir zum alten Stadtzentrum, kamen an verfallenen Gebäuden aus dem 19. Jahrhundert im Wiener Stil vorbei, an der großen ukrainisch-katholischen St.-Georgs-Kathedrale und am alten galizischen Parlament und gelangten in die Hauptdurchgangsstraße, die auf das Opernhaus und ein eindrucksvolles Denkmal des Dichters Adam Mickiewicz zulief. Unser Hotel befand sich nah am mittelalterlichen Zentrum auf der Teatralna-Straße, die von den Polen Ulica Rutowskiego und von den Deutschen Lange Gasse genannt wurde. Um mir die verschiedenen Namen einzuprägen und eine historische Orientierung zu bekommen, gewöhnte ich mir an, mit drei Karten herumzulaufen: einer modernen ukrainischen (2010), einer alten polnischen (1930) und einer noch älteren österreichischen (1911).

An unserem ersten Abend suchten wir nach Leons Haus. Ich hatte die Adresse von seiner Geburtsurkunde beziehungsweise einer englischen Übersetzung davon, die 1938 von einem Bolesław Czuruk aus Lwów angefertigt worden war. Professor Czuruk hatte, wie viele in der Stadt, ein kompliziertes Leben: Vor dem Zweiten Weltkrieg lehrte er slawische Literatur an der Universität, dann diente er der polnischen Republik als Übersetzer und half während der deutschen Besatzung Hunderten von Juden, an falsche Papiere zu kommen. Zum Lohn dafür steckten ihn die Sowjets nach dem Krieg für eine Zeitlang ins Gefängnis. Laut seiner Übersetzung war Leon in der Szeptyckich-Straße 12 geboren und von der Hebamme Mathilde Agid auf die Welt gebracht worden.

Heute heißt die Szeptyckich-Straße Scheptyz'kyj-Straße. Um dorthin zu gelangen, umrundeten wir den Rynok-Platz, bewunderten Kaufmannshäuser aus dem 15. Jahrhundert, kamen am Rathaus und der Jesuitenkirche vorbei (die während der Sowjetära als Archiv und Buchlager genutzt worden war), dann auf einen namenlosen Platz vor St. Georg, wo der Nazi-Gouverneur Galiziens, Dr. Otto von Wächter, Mitglieder der »Galizischen Division« der Waffen SS rekrutiert hatte.

Scheptyz'kyj-Straße, Lwiw, April 2015

Von hier aus war es nur ein kurzer Weg bis zur Scheptyz'kyj-Straße, die zu Ehren von Andrej Scheptyzkyj benannt ist, dem berühmten Erzbischof von Lemberg und Metropoliten der ukrainischen griechisch-katholischen Kirche, der im November 1942 einen Hirtenbrief mit dem Titel »Du sollst nicht töten« verfasste. Nr. 12 war ein zweistöckiges Gebäude aus dem späten 19. Jahrhundert, mit fünf großen Fenstern im ersten Stock. Auf die Wand des Gebäudes nebenan war ein großer Davidstern gesprayt.

Im städtischen Archiv von Lwiw erhielt ich später eine Kopie der Baupläne und -genehmigungen. Ich erfuhr, dass das Gebäude 1878 errichtet worden war, dass es in sechs Wohnungen unterteilt war, dass es vier Gemeinschaftstoiletten gab und dass sich eine Gaststätte im Erdgeschoss befand (vielleicht die von Leons Vater Pinkas Buchholz geführte, obwohl ein städtisches Adressbuch von 1913 ihn als Eigentümer eines Restaurants ein paar Häuser weiter, in Nr. 18, aufführte).

Wir gingen in das Haus. Im ersten Stock öffnete ein älterer Mann auf unser Klopfen die Tür – Jewgen Tymchyschn, der 1943, während der deutschen Herrschaft, hier geboren worden war, wie er uns erzählte. Die Juden seien fort gewesen, fügte er hinzu, die Wohnung habe leergestanden.

Er bat uns herein, und seine freundliche, doch schüchterne Frau führte uns stolz durch das eine geräumige Zimmer, das das Zuhause des Paares war. Wir tranken schwarzen Tee, bewunderten die Bilder an den Wänden und sprachen über die Herausforderungen der modernen Ukraine. Hinter der winzigen Küche befand sich auf der Rückseite des Hauses ein kleiner Balkon, wo Jewgen und ich standen. Er trug eine alte Militärmütze. Jewgen und ich lächelten, die Sonne schien, und die St.-Georgs-Kathedrale ragte hoch über uns auf, nicht anders als im Mai 1904.

Leon

4   Leon wurde in diesem Haus geboren. Die Wurzeln der Familie führten ins nahe Schowkwa, das 1870, als seine Mutter Malke dort zur Welt kam, Żółkiew hieß. Unser Reiseführer Alex Dunai fuhr uns durch eine neblige, friedliche ländliche Gegend mit niedrigen braunen Hügeln und verstreuten Wäldern, Städten und Dörfern, die vor langer Zeit für ihren Käse, ihre Wurst oder ihr Brot berühmt waren. Leon musste vor einem Jahrhundert dieselbe Straße genommen haben, wenn er seine Verwandten besuchte, wobei er Pferd und Wagen benutzte oder vielleicht den Zug vom neuen Bahnhof aus. Ich machte einen alten Eisenbahnfahrplan von Cook ausfindig, der die Strecke von Lemberg nach Żółkiew enthielt. Sie endete in einem Ort namens Bełzec, in dem später das erste dauerhafte Vernichtungslager errichtet wurde, in dem man Gas für massenhafte Tötungen einsetzte.

Aus der Zeit von Leons Kindheit habe ich nur ein einziges Familienfoto gefunden, ein Studioporträt vor einem gemalten Hintergrund. Leon musste damals ungefähr neun Jahre alt gewesen sein und war vor seinem Bruder und seinen beiden Schwestern platziert, zwischen seinen Eltern.

Alle blicken ernst, besonders Pinkas, der Gastwirt, mit seinem schwarzen Bart und der Kleidung eines frommen Juden, der fragend in die Kamera starrt. Malke wirkt angespannt und förmlich, eine vollbusige und gutfrisierte Dame in einem spitzenbesetzten Kleid und mit schwerer Kette. Ein offenes Buch liegt in ihrem Schoß, eine Anspielung auf die Welt der Ideen. Emil war das älteste Kind, 1893 geboren, mit militärischem Kragen und Uniform, kurz davor, in den Krieg und in seinen Tod zu ziehen, was er damals noch nicht wusste. Neben ihm steht die vier Jahre jüngere Gusta, elegant und etwas größer als ihr Bruder. Vor ihm hält sich Laura, seine jüngere, 1899 geborene Schwester, an einer Stuhllehne fest. Mein Großvater sitzt ganz vorn, ein kleiner Junge im Matrosenanzug, mit weitgeöffneten Augen und abstehenden Ohren. Nur er lächelte, als die Kamera klickte, als habe er nicht gewusst, wie die anderen sich verhielten.

In einem Warschauer Archiv entdeckte ich die Geburtsurkunden der vier Kinder. Alle wurden in demselben Lemberger Haus geboren, jedes von ihnen mit Hilfe der Hebamme Mathilde Agid. Pinkas hatte Emils Geburtsurkunde unterschrieben, die besagte, dass der Vater 1862 in Cieszanów geboren worden war, einer Kleinstadt nordwestlich von Lemberg. Das Warschauer Archiv förderte außerdem eine Heiratsurkunde von Pinkas und Malke zutage. Die zivile Eheschließung hatte im Jahre 1900 in Lemberg stattgefunden, nur Leon war ehelich geboren.

Das Archivmaterial wies auf Zółkiew als Familienmittelpunkt hin. Malke und ihre Eltern wurden dort geboren, sie als erstes von fünf Kindern und einziges Mädchen. So erfuhr ich von Leons vier Onkeln – Josel (1872 geboren), Leibus (1875), Nathan (1877) und Ahron (1879) –, alle verheiratet und mit Kindern, was bedeutete, dass Leon eine große Verwandtschaft in Zółkiew gehabt hatte. Malkes

Familie Buchholz, Lemberg, ca. 1913
(von links: Pinkas, Gusta, Emil, Laura und Malke, vorne Leon)

Onkel Meijer hatte auch viele Kinder, was Leon eine Menge Cousinen und Cousins zweiten und dritten Grades verschaffte. Vorsichtig geschätzt zählte Leons Familie in Żółkiew, die Flaschners, mehr als siebzig Mitglieder – ein Prozent der dortigen Bevölkerung. Leon erwähnte in all den Jahren, die ich ihn kannte, mir gegenüber keinen dieser Menschen. Er erweckte immer den Eindruck eines Mannes, der allein dastand.

Unter den Habsburgern blühte Żółkiew. Noch zu Malkes Zeiten war es ein bedeutendes Zentrum des Handels, der Kultur und der Gelehrsamkeit. Gegründet fünf Jahrhunderte früher durch Stanisław Żółkiewski, einen berühmten polnischen Heerführer, wurde es von einem Schloss aus dem 16. Jahrhundert mit einem schönen italienischen Garten dominiert, die beide noch in heruntergekommenem Zustand existierten. Die zahlreichen Gotteshäuser der Stadt spiegelten deren vielfältige Einwohnerschaft wieder: das Dominikanerkloster, mehrere römisch-katholische sowie eine griechisch-katholische Kirche und direkt im Zentrum eine Synagoge aus dem 17. Jahrhundert, die letzte Erinnerung daran, dass Żółkiew einstmals der einzige Ort in Polen war, an dem jüdische Bücher gedruckt wurden. 1674 wurde das große Schloss zur Residenz des polnischen Königs Jan III. Sobieski, der die Türken 1683 in der Schlacht von Wien schlug und damit die unmittelbare Bedrohung des Heiligen Römischen Reichs durch die Osmanen beendete.

Als Leon die Familie seiner Mutter besuchte, hatte Żółkiew ungefähr 6000 Einwohner, eine Mischung von Polen, Juden und Ukrainern. Alex Dunai gab mir die Kopie eines hervorragenden von Hand gezeichneten Stadtplans aus dem Jahr 1854. Die Palette von Grün-, Creme- und Rottönen sowie das Schwarz der Namen und Zahlen erinnerten an ein Gemälde von Egon Schiele: *Die Frau des Künstlers*. Die Exaktheit im Detail war beeindruckend: Jeder Garten und Baum waren bezeichnet, jedes Gebäude nummeriert, angefangen mit dem königlichen Schloss im Zentrum (Nr. 1) bis zu den weniger wichtigen Gebäuden in den Außenbezirken (Nr. 810).

Zółkiew, Lembergerstraße, 1890

Joseph Roth beschrieb den Grundriss einer solchen Stadt. Typischerweise lag sie »mitten im Flachland, von keinem Berg, von keinem Wald, keinem Fluss begrenzt«, und fing einfach mit »kleinen Hütten« an, dann kamen ein paar Häuser, die sich gewöhnlich um zwei Hauptstraßen gruppierten, die eine lief »von Süden nach Norden, die andere von Osten nach Westen«. Wo sich die beiden Straßen kreuzten, lag der Marktplatz, während sich der Bahnhof stets »am äußersten Ende der Nord-Süd-Straße« befand. Das beschreibt Zółkiew perfekt. Aus einem Katasterplan von 1879 erfuhr ich, dass Malkes Familie das Haus Nr. 40 in der Parzelle 762 von Zółkiew bewohnte, ein Holzbau, in dem sie höchstwahrscheinlich auch geboren wurde. Es stand an der westlichen Stadtgrenze in der Ost-West-Straße.

Zu Leons Zeit war dies die Lembergerstraße. Wir kamen von Osten her in die Stadt und fuhren an einer großen Holzkirche vorüber, die auf der 1854 mit großer Sorgfalt hergestellten Karte als die »Heilige Dreyfaltigkeit« bezeichnet wurde. Nach dem Dominikanerkloster zu unserer Rechten erreichten wir den Ringplatz, den Hauptplatz.

Das Schloss war nun zu sehen, nah an der St.-Laurentius-Kathedrale, der Grabstätte von Stanisław Żółkiewski und einigen weniger bedeutenden Sobieskis. Ein Stück weiter lag das Basiliuskloster, das einen Platz krönte, der einmal prächtig gewesen sein musste. An einem kalten Herbstmorgen wirkten der Platz und die Stadt schwermütig und grau: Ein kultureller Mikrokosmos war zu einem Ort voller Schlaglöcher und umherlaufender Hühner geworden.

5 Im Januar 1913 verließ Leons ältere Schwester Gusta Lemberg, um in Wien Max Gruber, einen Branntweinverschleißer (Spirituosenhändler), zu heiraten. Pinkas war bei der Zeremonie zugegen und unterschrieb die Heiratsurkunde. Die Zeiten waren unruhig: Auf dem Balkan hatte Serbien sich mit Bulgarien und Montenegro verbündet und führte, unterstützt von Russland, Krieg gegen das Osmanische Reich. Im Mai 1913 wurde in London ein Friedensvertrag unterschrieben, der neue Grenzen vorsah. Doch nur einen Monat später wandte sich Bulgarien gegen Serbien und Griechenland, seine früheren Verbündeten, und löste den zweiten Balkankrieg aus, der bis August 1913 dauerte. Das war ein Vorbote der noch viel schwerwiegenderen Umwälzungen, die bald über die Region hereinbrechen sollten. Denn Bulgarien unterlag den Serben, die neue Territorien in Mazedonien erwarben, was wiederum von der übermächtigen Österreichisch-Ungarischen Monarchie als Bedrohung angesehen wurde.

In Wien entwarf man den Plan eines Präventivkrieges gegen Serbien, um Russland und die Slawen im Zaum zu halten. Am 28. Juni 1914 ermordete Gavrilo Princip den Erzherzog Franz Ferdinand in Sarajewo. Innerhalb eines Monats hatte Wien Serbien angegriffen und einen Flächenbrand ausgelöst: Die Deutschen marschierten in Belgien, Frankreich und Luxemburg ein, während Russland an der Seite Serbiens in den Krieg eingetreten war, gegen Wien und die österreichisch-ungarische Armee. Ende Juli überschritten russische Truppen die galizische Grenze. Im September 1914 berichtete die

New York Times, dass Lemberg und Żółkiew nach einer »gigantischen Schlacht« mit über anderthalb Millionen Teilnehmern von den Russen besetzt worden waren. Die Zeitung schrieb von der »tausendfachen, kosmischen Zerstörung und Vernichtung von Menschenleben, dem abscheulichsten Inferno, das die Menschheit je erlebt hat«. Eins der Opfer war Leons Bruder Emil, der noch vor seinem einundzwanzigsten Geburtstag in der Schlacht fiel. »Was galt da ein einzelner Mord noch viel«, fragte Stefan Zweig, »innerhalb der tausendfältigen und kosmischen« Schuld, »dieser fulminantesten Massenzerstörung und Massenvernichtung menschlichen Lebens, die bisher die Geschichte gekannt?«

Pinkas Buchholz versank in Verzweiflung und starb nur wenige Wochen später an gebrochenem Herzen, überwältigt von Schuld, weil er seinen Sohn Emil ein Jahr zuvor daran gehindert hatte, nach Amerika auszuwandern. Trotz meiner Bemühungen fand ich keine weiteren Informationen über den Tod von Pinkas und Emil, auch keine Gräber, nur die Bestätigung in einem Wiener Archiv, dass Pinkas am 16. Dezember 1914 in Lemberg gestorben war. Ich konnte nicht herausfinden, wo Emil gefallen war. Das Kriegsarchiv in Wien erklärte knapp, dass »keine persönlichen Unterlagen verfügbar« seien. Das war eine Laune der Geschichte: Als die Österreichisch-Ungarische Monarchie zerfiel, bestimmte der Vertrag von Saint-Germain 1919, dass alle galizischen Akten in den verschiedenen Nachfolgestaaten verbleiben sollten. Die meisten gingen verloren.

Innerhalb von drei Monaten hatte Leon Vater und Bruder verloren. Mit zehn Jahren war er das einzige verbliebene männliche Mitglied der Familie. Er ging mit seiner Mutter und der Schwester Laura nach Wien, als der Krieg die Familie nach Westen trieb.

6 In Wien zogen sie zu Gusta und ihrem Mann Max Gruber. Im September 1914 kam Leon in die örtliche Volksschule in der Gerhardusgasse in Wiens 20. Bezirk. Seine Zeugnisse vermerkten seine mosaische (jüdische) Herkunft und bescheidene schulische Leistungen. In diesem Monat bekamen Gusta und Max ihr erstes Kind, Leons Nichte Therese, genannt Daisy. Leon wohnte bei den Grubers in der Klosterneuburger Straße, nahe der Schule, in einer Wohnung im ersten Stock eines großen Gebäudes, das Max und Gusta später mit Hilfe einer Hypothek erwarben.

Leons Familie war eine von zehntausenden, die in einer großen Wanderungsbewegung von »Ostjuden« aus Galizien nach Wien übersiedelten. Es war der Krieg, der viele jüdische Flüchtlinge dazu trieb, in Wien eine neue Heimat zu suchen. Joseph Roth schrieb über den Nordbahnhof, wo »sie alle angekommen sind«, über seine hohen Hallen, erfüllt vom »Aroma der Heimat«. Die neuen Einwohner von Wien zogen in die jüdischen Bezirke Leopoldstadt und Brigittenau.

1916 kam Leon mit zwölf Jahren in die nahe gelegene Franz-Joseph-Realschule. Sein ganzes Leben lang bewahrte er die am 19. Dezember ausgestellte Schülerausweiskarte auf. Mit verblasster Tinte waren die Worte »Franz Joseph« durchgestrichen, um den Tod des Kaisers vor ein paar Wochen anzudeuten. Das Foto zeigt einen dünnen Jungen in einem dunklen, zugeknöpften Kittel. Mit seinen abstehenden Ohren und verschränkten Armen macht er einen herausfordernden Eindruck.

Die Realschule, deren Schwerpunkte Mathematik und Physik waren, befand sich in der Karajangasse 14, nicht weit vom Haus der Familie. Heute befindet sich hier das Brigittenauer Gymnasium, und als ich es mit meiner Tochter besuchte, bemerkte sie die kleine Plakette an der Wand beim Eingang. Darauf stand, dass das Souterrain 1938 als Gestapo-Gefängnis genutzt wurde und dort Bruno Kreisky inhaftiert gewesen war, der 1970 österreichischer Bundeskanzler wurde. Die jetzige Schuldirektorin Margaret Witek fand die Klassenbücher von 1917 und 1919. Diese zeigten, dass Leon in den naturwissenschaftlichen Fächern besser als in den künstlerischen gewesen war, dass er Deutsch »befriedigend« beherrschte und dass sein Französisch »gut« war.

Malke kehrte nach dem Ersten Weltkrieg zurück nach Lwów und wohnte in der Szeptyckich-Straße in einem Haus, in dem Pinkas einst ein Restaurant betrieben hatte. Leon ließ sie in Wien in der Obhut von Gusta, die bald zwei weitere Mädchen zur Welt brachte, 1920 Herta und 1923 Edith. Leon lebte etliche Jahre bei ihnen, doch er sprach nie von seinen beiden kleinen Nichten, wenigstens nicht mir gegenüber. Inzwischen heiratete Laura, die andere Schwester, Bernard Rosenblum, einen Schausteller. Daraufhin kehrte Malke von Lwów nach Wien zurück.

Meine Wissenslücken über Leons Familie, ihr Leben in Lemberg, Żółkiew und Wien wurden allmählich kleiner. Aus Familienurkunden und staatlichen Archiven kannte ich nun Namen, Geburtsdaten, Orte und sogar Berufe. Als diese Einzelheiten nach und nach auftauchten, erfuhr ich, dass die Familie größer war, als ich gewusst hatte.

Max Gruber vor seiner Spirituosenhandlung in der Klosterneuburger Straße in Wien, ca. 1937

7   1923 studierte Leon Elektrotechnik, half seinem Schwager Max im Spirituosengeschäft und hoffte, in die Fußstapfen seines Vaters treten zu können. In seinem Album entdeckte ich unter anderem das Foto eines Mannes, der ein Lehrer zu sein schien. Er wirkte distinguiert, dieser Mann mit Schnauzbart, der in einem Garten stand, vor sich einen kleinen Holztisch, auf dem sich Destillationsgeräte befanden, Brenner, Flaschen und Röhren. Vielleicht begann der Lehrer mit einer Flüssigkeit aus fermentiertem Getreide, die Äthanol enthielt. Diese Flüssigkeit wurde während der Destillation gereinigt, um daraus Schnaps zu gewinnen.

Der Reinigungsprozess stand im Kontrast zum Leben in Wien. Zu den wirtschaftlich schwierigen Zeiten mit galoppierender Inflation und starken Spannungen kamen neue Flüchtlinge aus dem Osten in großer Zahl. Die politischen Parteien rangen darum, funktionsfähige Regierungen zu bilden, während die Verhältnisse nationalistischen und fremdenfeindlichen Stimmungen Auftrieb gaben, begleitet von einer anschwellenden Woge des Antisemitismus. Die örtliche Nationalsozialistische Deutsche Arbeiterpartei, die sich 1918 in Österreich gebildet hatte, vereinigte sich mit ihrem deutschen Pendant. Ihr gemeinsamer Führer war ein charismatischer Österreicher namens Adolf Hitler.

Im Sommer 1923, zwei Wochen nachdem er an der Hochzeit seiner Schwester Laura mit Bernard Rosenblum teilgenommen hatte, kehrte Leon nach Lwów zurück, um sich einen Pass zu besorgen. Er hatte festgestellt, dass er selbst nach einem Jahrzehnt in Wien nicht die österreichische Staatsbürgerschaft besaß. Ein schwerverständliches Abkommen, das im Juni 1919 am gleichen Tag wie der Versailler Vertrag unterschrieben worden war, der Polnische Minderheitenvertrag, machte Leon zum polnischen Staatsbürger.

Dieses Abkommen war Polen aufgezwungen worden und verpflichtete den Staat zum Schutz von Minderheiten. Als früher Vorläufer der modernen Menschenrechtskonventionen garantierte der Artikel 4 jedem, der vor der Unterzeichnung des Vertrages 1919 in

Lwów geboren worden war, die polnische Staatsbürgerschaft. Dafür mussten keine Formalitäten erledigt und keine Anträge gestellt werden, alles geschah »rechtmäßig und ohne Förmlichkeit«, wie es im Vertragstext hieß. Und so wurden Leon und Hunderttausende andere Einwohner von Lwów und Zółkiew und anderen Orten polnische Staatsbürger. Diese juristische Merkwürdigkeit war ebenso überraschend wie ärgerlich für Leon, doch sie würde später sein Leben und das meiner Mutter retten. Meine eigene Existenz verdankt sich bis zu einem gewissen Grad dem Artikel 4 dieses Minderheitenvertrags.

Leon war am Vorabend des Ersten Weltkriegs aus dem österreichischen Lemberg weggegangen, bevor es in einem mörderischen Konflikt zwischen Polen, Ukrainern und Juden versank. Als er zwecks Abholung seines Passes zurückkehrte, war die Stadt eine blühende polnische Metropole, erfüllt vom kreischenden Geräusch der Straßenbahnen und den »Düften der Lemberger Konditoreien, Obst- und Kolonialwaren-Handlungen, der Tee- und Kaffeegeschäfte von Edmund Riedl und Julius Meinl«. Die Stadt erlebte nach dem Ende der Kriege gegen die Sowjets und die Litauer eine Periode relativer Stabilität. Am 23. Juni 1923 stellte die Polizeidirektion von Lwów Leons neuen polnischen Pass aus. Er beschrieb einen jungen Mann mit blondem Haar und blauen Augen, obwohl das Foto ihn mit Brille und dunklem Haar zeigte. Er war schick gekleidet mit dunklem Jackett, weißem Hemd und einem erstaunlich modernen Schlips mit breiten Querstreifen. Obwohl er neunzehn war, wurde sein Beruf mit *écolier*, Schüler, angegeben.

Er blieb den Rest des Sommers in Lwów, bei Freunden und Verwandten, zu denen auch seine Mutter gehörte, die noch in der Szeptyckich-Straße wohnte. In Zółkiew besuchte er sicher seinen Onkel Leibus und die große Familie in der Piłsudski-Straße, in einem Holzhaus ein wenig nördlich der großen Synagoge (Jahrzehnte später waren die Straße ein Schlammweg, das Haus längst verschwunden). Leon konnte Ausflüge in die Hügel rund um die Stadt machen, bei denen er durch schöne Eichen- und Birkenwälder am östlichen

Passfoto von Leon, 1923

Stadtrand kam, die als *borek* bekannt waren. Dort, auf der weiten bewaldeten Ebene zwischen niedrigen Hügeln, an der Hauptstraße nach Lwów, spielten oft die Kinder von Żółkiew.

Im August suchte Leon das österreichische Konsulat im ersten Stock der Brajerowska-Straße 14, nahe der Universität, auf. In diesen gemieteten Räumen, einer letzten Bastion österreichischer Amtsgewalt, bekam er den Stempel, der eine einmalige Rückreise nach Österreich gestattete. Das tschechoslowakische Konsulat in der Nähe der juristischen Fakultät stellte ihm ein Transitvisum aus. Inmitten des städtischen Trubels hätte Leon auf der Straße zwei jungen Männern begegnen können, die später einmal eine bedeutende

Rolle bei den Nürnberger Prozessen spielen würden, jetzt aber noch ganz am Anfang ihrer Laufbahn standen: Hersch Lauterpacht hatte die Stadt 1919 verlassen, um in Wien zu studieren, und hätte zurückgekommen sein können, um die Familie zu besuchen und seine Bewerbung um die Professur für Völkerrecht an der Universität von Lwów voranzutreiben; Raphael Lemkin, Student an der juristischen Fakultät der Universität, wohnte in der Nähe von Malke, im Schatten der St.-Georgs-Kathedrale. Es waren die prägenden Jahre, in denen sich – beeinflusst vom Geschehen in der Stadt und in Galizien – die Vorstellungen davon herausbildeten, welche Rolle das Recht bei der Bekämpfung von massenhaften Gräueltaten spielen sollte.

Leon verließ Lwów Ende August. Er fuhr mit dem Zug zehn Stunden nach Krakau, dann weiter nach Prag und zur tschechisch-österreichischen Grenze in Břeclav. Am Morgen des 25. August 1923 fuhr der Zug im Wiener Nordwestbahnhof ein. Von dort lief Leon die kurze Strecke bis zu Gustas Haus auf der Klosterneuburger Straße. Er kehrte nie wieder nach Lwów oder Żółkiew zurück und sah, soweit ich weiß, keinen seiner dortigen Verwandten wieder.

8 Fünf Jahre später war Leon ein Spirituosenbrenner mit eigenem Geschäft in der Rauscherstraße 15, in Wiens 20. Bezirk. Er hob ein im März 1928 aufgenommenes Foto aus dieser Zeit auf, die von einer neuen Wirtschaftskrise und von Hyperinflation geprägt war. Es zeigt ihn und seinen Schwager Max Gruber beim Jahrestreffen des Vereins der Wiener Spirituosenhändler. In der Gesellschaft älterer Männer saß er, dessen Karriere im Aufwind war, in einem holzgetäfelten Saal unter einem Messingkronleuchter mit siebenundzwanzig Glühbirnen, der jüngste Mann in einem Raum ohne Frauen, ein ganz normaler Typ, vierundzwanzig Jahre alt. Auf seinem Gesicht lag ein leichtes Lächeln. Dass die Zeiten beunruhigend waren, sah man ihm nicht an. Leon hob die Quittung auf, die er vom Verein am

Tag seiner Aufnahme, am 27. April 1926, ausgestellt bekam. Für acht Schilling trat er der Organisation bei.

Achtzig Jahre danach besuchte ich mit meiner Tochter die Rauscherstraße 15. Wir schauten durch die Fenster und erblickten Räume, die gerade renoviert wurden. Das Lokal sollte in einen Club umgewandelt werden. Eine neue eichene Eingangstür wurde eingebaut, auf der Zeilen aus dem Led-Zeppelin-Song *Stairway to Heaven* eingraviert waren: »There's a feeling I get when I look to the west«, heißt es im Lied, »as my spirit is crying for leaving.«

Leon blieb etliche Jahre in der Rauscherstraße 15, während in Österreich und den umliegenden Ländern die politischen und wirtschaftlichen Spannungen zunahmen. In seinem Fotoalbum fand ich Bilder, die auf eine sorgenfreie Zeit des Glücks und der Assimilation hindeuteten. Es gab Fotos von Tanten, Onkeln und Nichten, weiteren unbekannten Familienmitgliedern sowie Bilder von Wanderferien mit Freunden. Etliche zeigten Leon mit seinem engsten Freund Max Kupferman. Zwei elegante junge Männer, lachend, oft in Anzug und Schlips, die ihre Sommer gemeinsam in den Bergen und an den Seen Österreichs verbrachten.

Die beiden machten Ausflüge auf den nahen Leopoldsberg, nördlich von Wien, und zur Leopoldskirche auf dem Berggipfel, von wo man eine schöne Aussicht über die Stadt hat. Ich folgte ihnen auf diesen Berg hinauf, um mir selbst ein Bild zu machen. Es war eine anspruchsvolle Wanderung. Manchmal wagten sie sich weiter nach Norden, zur Kleinstadt Klosterneuburg an der Donau, einem Ort mit einem Augustiner-Chorherrenstift, oder nach Westen zum Dorf Pressbaum. Die Fotos wirkten modern und vertraut, junge Männer und Frauen in Badeanzügen, mit untergehakten Armen, ungezwungen, sorglos.

Ich entdeckte Bilder von Familienferien weiter weg, in Bodensdorf am Ossiacher See. Daneben ein paar Fotos von Max und Leon beim Fußballspielen; sein Freund war der bessere Spieler und trat für den Whiskey-Boys-Fußballclub an, ein Amateurteam, über dessen Spiele die *Österreichische Spirituosenzeitung* berichtete.

Leon

Das waren Bilder aus einem geregelten Leben, die davon zeugten, dass Leon seine Herkunft hinter sich gelassen hatte. »Es gibt kein schwereres Los als das eines fremden Ostjuden in Wien«, schrieb Joseph Roth über die Zwischenkriegsjahre, doch Leon schuf sich ein Leben unter den Juden, die »im ersten Bezirk in den Redaktionen sitzen«, denjenigen, die »›schon‹ Wiener waren«. Er war augenscheinlich wirtschaftlich auf einem guten Weg und befand sich irgendwo zwischen denen an den Schreibtischen des ersten Bezirks und den »Ostjuden«, war politisch aktiv, las die *Neue Freie Presse* und unterstützte die fortschrittlichen Sozialdemokraten, eine Partei, die im bewussten Gegensatz stand zu den Christlichsozialen und den Deutschnationalen, bei denen Identität, Antisemitismus und die Reinigung des Volkskörpers im Mittelpunkt ihrer politischen Programme standen.

9 Ende Januar 1933 ernannte Reichspräsident Paul von Hindenburg Adolf Hitler zum Kanzler des Deutschen Reiches. Leon besaß nun ein größeres Geschäft in der Taborstraße 72, im Herzen der Leopoldstadt. Während das Spirituosengeschäft florierte, muss er die Ereignisse im benachbarten Deutschland mit Sorge betrachtet haben. In Berlin brannte der Reichstag, die Nazis bekamen bei der Reichstagswahl die meisten Stimmen, und die österreichischen Nazis erhielten immer mehr Zulauf. In der Leopoldstadt fanden häufig Demonstrationen statt, bei denen es zu gewaltsamen Ausschreitungen kam.

Vier Monate später, am Sonnabend, dem 13. Mai 1933, statteten Vertreter der neuen deutschen Regierung Österreich einen ersten Besuch ab. Ein dreimotoriges deutsches Regierungsflugzeug landete auf dem Aspern-Flugplatz, nicht weit von Leons Geschäft. Es hatte einige Nazi-Minister an Bord, angeführt von Dr. Hans Frank, dem neuernannten bayerischen Justizminister, Hitlers früherem Rechtsanwalt und Vertrauten.

Leon und Max Kupferman, Wien, 1929

Franks Ankunft brachte Massen von Anhängern auf die Straße, von denen viele weiße Kniestrümpfe trugen, die ihre Unterstützung für die Nazis signalisierten. Der österreichische Bundeskanzler Engelbert Dollfuß verbot bald darauf die österreichische Nazi-Partei, und weitere Maßnahmen folgten. Doch ein knappes Jahr nach Franks Besuch war Dollfuß tot, er wurde im Juli 1934 von einer Gruppe österreichischer Nationalsozialisten unter Führung von Otto von Wächter ermordet, einem Rechtsanwalt, der zehn Jahre später als Gouverneur in Lemberg die Galizische Division der Waffen-SS aufstellen sollte.

Über Leons Leben in diesen turbulenten Tagen fand ich kaum etwas heraus. Er war unverheiratet, und obschon das eine oder andere Dokument in seinen Papieren bruchstückhaft Auskunft über seine

Leon

Hans Frank (im Auto stehend) bei seiner Ankunft in Wien im Mai 1933

Familie gab, fand ich keine Briefe oder andere Belege, keine Einzelheiten über politische oder andere Aktivitäten. Immerhin gab es mehrere Fotos, die später ziemlich wahllos in ein Album eingefügt wurden. Leon hatte bei einigen ein paar Worte auf die Rückseite geschrieben, ein Datum oder eine Ortsangabe. Ich ordnete die Bilder chronologisch, so gut ich konnte. Das früheste Foto seines Freundes Max Kupferman stammte von 1924. Die meisten waren in den 1930er Jahren entstanden, nach 1938 wurden es weniger.

Etliche Fotos standen in Zusammenhang mit seiner Arbeit. Eine Zusammenkunft, auf der alle Herren einen schwarzen Schlips trugen, Männer mit ihren Gattinnen, aufgenommen im Dezember 1930, mit Namen und Unterschriften auf der Rückseite: Lea Sochi, Max Kupferman, Bertl Fink, Hilda Eichner, Grete Zentner, ein Metzl und ein Roth. Ein anderes Foto zeigte Leon vor dem Spirituosengeschäft seines Schwagers Max Gruber auf der Klosterneuburger Straße. Auf anderen waren Familienmitglieder zu sehen. Seine Nichten Herta und Edith Gruber vor dem Geschäft ihres Vaters, auf dem Schulweg. Seine Schwester Gusta, elegant in einem schwarzen Mantel auf einer Wiener Straße. Eine Widmung von seiner Nichte Daisy, aus dem Urlaub in Bodensdorf: »Für meinen lieben Onkel ...« Drei Fotos von Malke, schwarzgekleidet, eine Witwe mit gefurchter Stirn. Malke auf einer Straße, Malke in einer Wohnung, Malke, die mit ihrem Sohn auf dem Leopoldsberg spazieren geht. Ich fand nur dies eine Bild von Leon mit seiner Mutter, aufgenommen 1938, im Hintergrund niedrige Bäume.

Mehrere Bilder zeigten Leon mit Freunden, viele davon in den 1930er Jahren in Klosterneuburg. Männer und Frauen in Badeanzügen, die lachen, sich berühren, posieren. Leon mit einer nicht benannten Frau, doch ohne Hinweis auf die Art ihrer Beziehung.

Max. Die Jahre hindurch, von 1924 bis 1938, mindestens ein Foto pro Jahr von seinem besten Freund, eine ununterbrochene Folge. Er war eine Konstante. Leon und Max am Ufer der Donau in Kritzendorf, nördlich von Wien. Leon, Max und eine junge Frau mit einem Fußball zu ihren Füßen. Leon und Max in der Wachau wandernd. Leon und Max vor einem glänzenden schwarzen Auto. Leon und Max mit einem Fußball herumalbernd. Max stehend. Max im Porträt. Max lachend und lächelnd.

Mir fiel auf, wie elegant und gutgekleidet Leon stets war, adrett und würdevoll. Auf einer Wiener Straße mit einer »Kreissäge«, einem flachen, runden Strohhut. Im Anzug auf einem Bahnhof, oder vielleicht war es ein Marktplatz. Er sah glücklich aus, meist lächelte er, viel mehr als in späteren Jahren. Auf meiner Hochzeit in New York, als er neunzig war, sah ich ihn allein in nachdenklicher Stimmung sitzen, als blicke er über ein Jahrhundert hinweg zurück.

Das letzte Foto aus Leons Junggesellenzeit zeigt zwei attraktive junge Frauen auf der Straße. Sie tragen Pelzmäntel, hinter ihnen droht eine herannahende Gewitterwolke.

Malke und Leon, Wien, 1938

10 1937 wurde die Situation noch bedrohlicher. Hitler kündigte verschiedene Abkommen über den Schutz von Minderheiten, befreite Deutschland von den Geboten des Völkerrechts und ermöglichte es dem Reich, seine Minderheiten nach Gutdünken zu behandeln. Doch in Wien gingen das tägliche Leben und die Liebe weiter. In diesem Moment, als Europa auf einen Krieg zutorkelte, entschloss sich Leon zu heiraten.

Seine Braut war Regina Landes, die Hochzeit wurde am 23. Mai

1937 im Leopoldstädter Tempel gefeiert, einer schönen Synagoge im maurischen Stil in der Tempelgasse, dem größten jüdischen Gotteshaus in Wien. Meine Großmutter Rita tauchte aus dem Nichts auf. Das erste Foto von ihr zeigt sie in einem weißen Brautkleid.

Dieses Foto kannte ich gut, sie in einem langen Hochzeitskleid mit weißen Blumen, er mit schwarzer Fliege. Keiner der beiden lächelte an diesem glücklichen Tag. Es war das einzige Foto, das in ihrer Pariser Wohnung hing und das ich als Kind oft anstarrte.

Die Braut war siebenundzwanzig, Wienerin und Österreicherin, Tochter von Rosa Landes, einer Witwe, mit der sie in der Habichergasse im 16. Bezirk wohnte. Trauzeugen waren Leons Schwager Max und Ritas älterer Bruder Wilhelm, ein Zahnarzt. Malke nahm mit Gusta und Laura sowie deren Ehemännern und Leons vier Nichten teil. Rita wurde von ihrer Mutter und ihren drei Brüdern begleitet: Wilhelm mit seiner Frau Antonia und ihrem kleinen Sohn Emil, Bernhard mit seiner Frau Pearl (genannt Fini) und Susanne sowie Julius. Das war Leons neue Wiener Familie.

Die Lemberger und Zółkiewer konnten nicht nach Wien reisen, doch sie schickten Telegramme. Ich fand zwei. »Wir wünschen dir viel Glück«, schrieb Onkel Leibus aus Zółkiew. Ein weiteres kam von Onkel Rubin aus Lwów.

Leon hob diese Glückwunschtelegramme auf. Sie waren ein Beleg für die sichere, bürgerliche Gemeinschaft, der das neue Paar angehörte. Eine Welt der Ärzte und Rechtsanwälte, Ladeninhaber und Pelzhändler, Ingenieure und Buchhalter, eine Welt von gestern, kurz vor ihrem Verschwinden.

11 Am Morgen des 12. März 1938 marschierte die deutsche Wehrmacht in Österreich und Wien ein, begrüßt von einer gewaltigen und begeisterten Menschenmenge. Am Tag, als Österreich ein Teil des Großdeutschen Reichs wurde, war Rita im fünften Monat schwanger. Der Anschluss folgte auf einen Staatsstreich der öster-

Leon

Rita und Leon, Wien, Mai 1937

reichischen Nazi-Partei, der ein Referendum zur Unabhängigkeit des Landes von Deutschland verhinderte. Die »erste große Verletzung des Friedens«, notierte der deutsche Schriftsteller Friedrich Reck verzweifelt am 20. März 1938 in seinem Tagebuch. Es war ein Tag, an dem »der Verbrecher ungestraft davonkam und damit mächtiger erschien, als er ist«.

Drei Tage danach kam Hitler nach Wien, um zu einer großen Menschenmenge auf dem Heldenplatz zu sprechen. Er stand neben Arthur Seyß-Inquart, dem frisch ernannten Gouverneur, hinter ihnen Otto von Wächter, der eben aus dem deutschen Exil zurückgekehrt war. Innerhalb weniger Tage wurden der Anschluss durch einen Volksentscheid ratifiziert und die deutschen Gesetze in Österreich angewandt. Ein erster Transport von 151 österreichischen Gegnern der Nazis wurde von Wien aus ins Dachauer Konzentrationslager bei München gebracht. Juden wurden drangsaliert und dazu gezwungen, die Straßen zu schrubben. Neue Gesetze verbannten sie von den Universitäten und verboten ihnen die Ausübung akademischer Berufe. Innerhalb von Wochen mussten die Juden ihr Vermögen, ihr Eigentum und ihre Geschäfte registrieren lassen. Die Totenglocke für die Spirituosengeschäfte von Leon und seinem Schwager Max hatte geläutet.

Während die Geschäfte entschädigungslos konfisziert wurden, betraute Arthur Seyß-Inquarts neue Regierung Adolf Eichmann mit der Leitung der Zentralstelle für jüdische Auswanderung, einer Organisation, die für die »Lösung der Judenfrage« verantwortlich war. Verfolgung wurde zum Mittel der Politik, neben »freiwilliger« Emigration und Deportation. Eine Vermögensverkehrsstelle übertrug jüdisches Eigentum an Nichtjuden. Eine andere Kommission, geleitet von Otto von Wächter, überwachte die Entfernung von Juden aus öffentlichen Positionen.

Viele Juden emigrierten oder versuchten es, unter ihnen Leon und die Brüder Ritas. Bernhard Landes ging im April 1939, vorher hatten schon seine Frau und Tochter das Land verlassen. Wilhelms Familie folgte im September 1938. Sie bekamen Touristenvisa für Australien, kamen jedoch nur bis London, wo sie blieben. Wilhelms Sohn Emil war sechs. »Ich erinnere mich, dass ich nachts in der Wohnung deiner Großeltern in der Taborstraße war«, erzählte er. »Ich erinnere mich an marschierende Stiefel vor dem Haus und eine allgemeine Atmosphäre der Angst und Erregung um mich herum.« Er erinnerte sich auch an die Septembernacht, in der seine Familie Wien vom Westbahnhof aus verließ. »Ich schaute aus dem Zugabteilfenster, das hoch oben war, hinunter und sah die sorgenvollen und weinenden Gesichter, wahrscheinlich stand da die Mutter meines Vaters [Rosa], wahrscheinlich stand da deine Großmutter [Rita]. Eine Menge weinender Erwachsener waren da. Sie standen einfach da und weinten.«

Die Brüder taten, was sie konnten, um ein Visum für ihre Mutter Rosa zu bekommen, aber es kam nie ein Visum in Wien an. Drei von Leons Nichten, den Töchtern von Gusta und Max, gelang die Ausreise. Die fünfundzwanzigjährige Daisy ging zum Studium nach London (später emigrierte sie nach Palästina). Herta (die achtzehn war) und Edith (fünfzehn) gingen zusammen nach Italien und dann nach Palästina. Ihre Eltern Gusta und Max blieben in Wien.

Ich machte das Formular ausfindig, das Leon bei der Israelitischen Kultusgemeinde Wien ausgefüllt hatte. Dies war eine Voraussetzung für die Emigration. Er gab an, ein Hersteller von »Schnaps und Spirituosen« zu sein, der für elektrische und Radioreparaturen ausgebildet war und Polnisch und Deutsch sprach. Er war bereit, nach Australien, Palästina oder Amerika zu gehen (der einzig angegebene Verwandte in Übersee war ein »Cousin« von Rita, ein gewisser P. Weichselbaum in Brooklyn, New York, ein Name, den ich noch nie gehört hatte). Er beantragte auch für seine zwei finanziell abhängigen Verwandten, Rita (die schwanger war) und Malke, die Erlaubnis zu emigrieren. In der Rubrik, in der er seine finanziellen und anderen Mittel angeben sollte, stand ein einziges Wort: »Keine«. Das Geschäft in der Taborstraße war verloren, zusammen mit dem Warenbestand. Leon war mittellos.

Am 19. Juli 1938 gebar Rita eine Tochter, Ruth, meine Mutter. Vier Monate später wurde ein Sekretär der deutschen Botschaft in Paris ermordet, was als Vorwand für die »Kristallnacht« und die Zerstörung jüdischen Besitzes und jüdischer Geschäfte diente. In jener Nacht, am 9. November, wurde der Leopoldstädter Tempel, wo Rita und Leon geheiratet hatten, niedergebrannt und Tausende Juden wurden zusammengetrieben. Unter den Hunderten, die verhaftet wurden oder »verschwanden«, waren zwei Schwäger von Leon. Max Gruber wurde am 12. November verhaftet und verbrachte acht Tage im Gefängnis, ehe er entlassen wurde. Er wurde gezwungen, sein Geschäft und das Haus, das er gemeinsam mit Gusta besaß, zu verkaufen, und zwar unter Wert. Ritas jüngster Bruder Julius Landes hatte weniger Glück: Er verschwand ein paar Tage nach der »Kristallnacht«, und man hörte nie wieder von ihm. Die einzige Spur, die sich von ihm finden ließ, war ein einzelnes Dokument, dem zufolge er ein Jahr später, am 26. Oktober 1939, nach Osten in ein Lager in der Nähe der Stadt Nisko, zwischen Krakau und Lemberg, abtransportiert wurde. Siebzig Jahre danach gilt er immer noch als vermisst.

Leon und Rita saßen in der Falle. Binnen einer Woche nach der »Kristallnacht« wurde Rita gezwungen, ihren Namen und die Geburts- und Heiratsurkunden zu ändern: »Sara« wurde hinzugefügt, um ihre jüdische Herkunft anzuzeigen. Aus nicht bekannten Gründen blieben Leon und ihrer Tochter diese Demütigung erspart. Am 25. November wurde Leon aufs Amt bestellt. Der Wiener Polizeipräsident Otto Steinhaus gab den Ausweisungsbefehl:

Leons Ausweisungsbefehl vom 25. November 1938

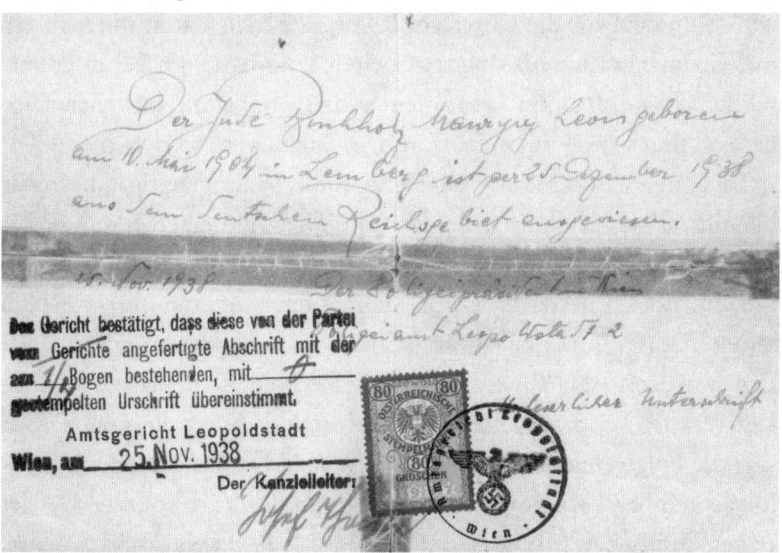

Leon

> Der Jude Buchholz, Maurycy Leon, geboren am 10. Mai 1904 in Lemberg, ist per 25. Dezember 1938 aus dem deutschen Reichsgebiet ausgewiesen.

Leon hob eine Kopie des Befehls auf, doch ich sah sie erst, als meine Mutter mir in Vorbereitung meiner Reise nach Lwiw seine Papiere aushändigte. Er hatte das Dokument in der Mitte gefaltet und es zusammen mit einem Führungszeugnis aufbewahrt, das vom Vorsitzenden der örtlichen jüdischen Gemeinde ausgestellt worden war. Bei genauer Betrachtung entdeckte ich, dass die Ausweisung juristisch bestätigt worden war von der Kanzlei des Amtsgerichts Leopoldstadt.

12 Die genauen Umstände von Leons Abreise aus Wien waren immer ein Geheimnis, doch ich hatte angenommen, dass er zusammen mit Frau und Kind nach Paris gereist war.

Pass Nr. 3814 für seine Tochter Ruth wurde am 23. Dezember 1938 ausgestellt, was vermuten ließ, dass sie mit ihrem Vater ausreisen würde. In dem für die Unterschrift vorgesehenen Raum unter ihrem mit einem Hakenkreuz überstempelten Foto hatte ein Beamter vermerkt: »Pass-Inhaberin kann nicht schreiben.« Ruth war sechs Monate alt und wurde mit »klein« und »staatenlos« beschrieben.

Pass Nr. 3816 wurde am selben Tag für Leon ausgefertigt, und zwar im Auftrag des Polizeipräsidenten von Wien, desselben Mannes, der seine Ausweisung angeordnet hatte. Leon unterschrieb mit einem großen, stolzen, festen *B*. Die Dokumente gestatteten ihm wie auch seiner Tochter, innerhalb und außerhalb des Landes zu reisen. Laut Pass war Leon »staatenlos«. Er hatte seine polnische Staatsangehörigkeit verloren – genauso plötzlich, wie er sie 1919 erhalten hatte. Das war die Folge einer Rede des polnischen Außenministers Józef Beck im September 1934 vor der Versammlung des Völkerbundes, in der er den Polnischen Minderheitenvertrag von 1919 aufgekündigt hatte.

Der Verlust sollte jedoch einen unbeabsichtigten Vorteil haben: Als Staatenlosem konnte Leon ein Fremdenpass ausgestellt werden, der nicht mit einem großen roten *J*, dem Zeichen für Juden, gestempelt werden musste. Weder Leons Pass noch der seiner Tochter trug ein rotes *J*.

Der dritte Pass wäre Nr. 3815 auf Ritas Namen gewesen, doch er fehlte. Der Pass, der sich unter Leons Papieren befand und Ritas Namen trug, wurde viel später, im August 1941, ausgestellt, drei Jahre nach den anderen. Er hatte eine andere Nummer. Rita blieb zurück, um sich um ihre Mutter Rosa zu kümmern, wenigstens wurde mir das erzählt. Ich hatte angenommen, die Zeit der Trennung sei kurz gewesen, doch nun erfuhr ich, dass sie sich über drei Jahre erstreckte. Wie schaffte es Rita, spät im Jahr 1941 Wien zu verlassen? Ruths Cousin Emil, der im September 1938 aus Wien fortging, war überrascht. »Es war ein Rätsel, und es ist immer ein Rätsel gewesen«, sagte er ruhig. Ob er gewusst habe, dass Leon und Rita nicht zusammen aus Wien abgereist waren? »Nein, war das so?«, fragte er. Ob er gewusst habe, dass Rita bis Ende 1941 in Wien geblieben war? »Nein.«

Ich versuchte herauszufinden, was mit dem Pass Nr. 3815 passiert war, doch ohne Erfolg. Höchstwahrscheinlich war er für Rita ausgestellt, nicht benutzt und dann entsorgt worden. Ein freundlicher Jurist des Auswärtigen Amts der Bundesrepublik Deutschland recherchierte in dieser Angelegenheit im Bundesarchiv, fand jedoch nichts. »Es erscheint nahezu unwahrscheinlich, dass diese Akte in öffentlichen deutschen Archiven erhalten ist«, schrieb er.

Die Pässe 3814 und 3816 hielten eine weitere Überraschung bereit: Sie offenbarten, dass Leon ohne seine Tochter abgereist war. Der einzige Stempel in Leons Pass, vom Währungsamt in Wien, datierte vom 2. Januar 1939. Sonst war er leer, nichts, was darauf hindeutete, wann er abgereist war oder welche Route er genommen hatte. Der Pass seiner Tochter trug dagegen einen Stempel, der zeigte, dass sie Österreich viel später verlassen hatte, am 22. Juli 1939, und am folgenden

Tag nach Frankreich eingereist war. Weil sie nicht mit ihrem Vater gereist war, stellte sich die Frage, wer das Kleinkind begleitet hatte.

»Ich habe absolut keine Ahnung, wie es dein Großvater geschafft hat, aus Wien herauszukommen«, sagte mir Ruths Cousin Emil. »Und ich weiß auch nicht, wie dein Großvater seine Tochter aus Wien herausbekam oder wie deine Großmutter aus Wien geflohen ist.«

13 Leon war Ende 1939 vierunddreißig Jahre alt, als er allein in Paris ankam, einem sicheren Ort, selbst als die Regierung von Ministerpräsident Édouard Daladier sich den politischen Realitäten stellte, mit Hitler verhandelte und sich darauf vorbereitete, Francos Regierung in Spanien anzuerkennen. Leon kam mit einem Pass an, einer Kopie des Ausweisungsbefehls aus dem Reich und zwei Bescheinigungen, von denen die eine ihm einen guten Charakter bestätigte und die andere die Tatsache, dass er von 1926 bis 1938 ein Spirituosengeschäft in Wien betrieben hatte. Er war mittellos.

Ich hatte mir oft Leons Flucht aus Wien nach Paris vorgestellt, ohne die Einzelheiten zu kennen. Nachdem ich in Wien an einer Konferenz über den Unfall im Atomkraftwerk von Tschernobyl teilgenommen hatte, führte mich ein spontaner Entschluss zum wiederaufgebauten Wiener Westbahnhof, wo ich eine einfache Fahrkarte für den Nachtzug nach Paris kaufte. Ich saß in dem Abteil zusammen mit einer jungen Deutschen. Wir unterhielten uns über die Kriegsjahre, ihre Auswirkungen auf unsere Familien und wie sehr wir uns mit dieser Vergangenheit verbunden fühlten. Es war ein intimer Moment des Bekenntnisses und der Erinnerung, und wir tauschten nicht einmal unsere Namen aus.

In Paris begab ich mich zu dem Gebäude, in dem Leon wohnte, als er ankam, 11 Rue du Malte, ein vierstöckiges Haus hinter dem Cirque d'Hiver, nicht weit vom Place de la République. Von hier aus bemühte er sich wiederholt um ein Bleiberecht in Frankreich. Er hob die vielen Ablehnungsbescheide auf, die er von der Préfecture de

Police erhielt, kleine, mit blauer Tinte beschriebene Zettel. Darauf wurden ihm jeweils fünf Tage zum Verlassen des Landes eingeräumt. Ein ganzes Jahr lang, Monat für Monat, focht er jede einzelne dieser Entscheidungen an. Schließlich erhielt er die Bleibeerlaubnis.

Im Juli 1939 kam seine kleine Tochter nach Paris. Wo sie wohnten und wie er überlebte, wusste ich nicht. Im August mietete er ein Zimmer in 29 Rue de la Lune, einem hohen und schmalen Haus in einer engen Straße, wo er wohnte, als Deutschland am 1. September in Polen einfiel. Wenige Tage danach erklärten Frankreich und Großbritannien Deutschland den Krieg, was die Verbindung zu Rita schwierig machte, da Wien nun im Feindesland lag. Es existieren

Ruth, Paris, 1939

keine Briefe mehr, nur ein Foto ihrer Tochter, das er im Oktober an Rita sandte. »Ruthi läuft in eine bessere Zukunft«, schrieb Leon auf die Rückseite. Er fügte ein paar liebevolle Worte für andere Familienmitglieder hinzu, da er nicht wusste, dass sie inzwischen nach England ausgereist waren.

Leon vertraute seine Tochter der Fürsorge anderer an und trat dann in die französische Armee ein, um sich am Kampf gegen Deutschland zu beteiligen. Das französische Militär stellte ihm einen Ausweis aus, der ihn als »Elektriker« bezeichnete. Im März 1940 schloss er sich dem Troisième Régiment de Marche de Volontaires Étrangers

Leon (links), Barcarès, 1940

an, dem Dritten Marschregiment der Ausländischen Freiwilligen, einem Zweig der Fremdenlegion. Etliche Tage später wurde er in ein Lager an der Südwestküste verlegt, in der Nähe der Pyrenäen und der spanischen Grenze. Das Lager Barcarès befand sich auf einem schmalen Sandstreifen, der eine große Lagune vom Mittelmeer trennt. Die Siebente Kompanie, zu der er gehörte, bestand aus mehreren Tausend Männern aus ganz Europa. Darunter waren spanische Republikaner und Kommunisten sowie Juden aus Ungarn, der Tschechoslowakei und Polen. Er bewahrte ein paar Fotos auf, auf denen er dandyhaft aussieht mit seinem breitrandigen Hut, in Kniehosen und Militärmantel.

Nach einem Monat wurde er ausgemustert, da er mit fünfunddreißig als zu alt für den Kriegsdienst galt. Ein paar Wochen danach marschierte Deutschland in den Niederlanden, Belgien und Frankreich ein, und Leons früheres Regiment wurde in Dreiundzwanzigstes Regiment umbenannt und nach Norden in den Kampf gegen die Deutschen bei Soissons und Pont-sur-Yonne geschickt. Die Kampfhandlungen endeten am 22. Juni mit einem Waffenstillstand. Das Regiment wurde aufgelöst.

Leon war wieder in Paris, als die Deutschen am 14. Juni 1940 dort einmarschierten und viele Pariser in die Flucht trieben. Innerhalb weniger Wochen waren die Straßen außerhalb von Paris verlassen, und eine »Atmosphäre der Korruption« lag über der Hauptstadt, während die deutschen Soldaten die Restaurants auf den Champs-Élysées übernahmen und Jugendliche der Gardes Françaises (das französische Äquivalent zur Hitlerjugend) Exemplare von *Au Pilori* verkauften, einem wütend antisemitischen und antifreimaurerischen Wochenblatt, das zum Lynchmord an Léon Blum und Édouard Daladier aufrief.

Leon arbeitete an einer Sprachschule, der École Saint-Lazare in 102 Rue Saint-Lazare, wo er seine Deutschkenntnisse nutzen konnte. Unter seinen Papieren fand ich eine Notiz des Schuldirektors, Monsieur Edmond Melfi, die seine Tätigkeit als Lehrer bestätigte. Ruth wurde ins nahe gelegene Meudon außerhalb von Paris gebracht. Sie war zwei Jahre alt, konnte laufen, aber nicht sprechen und wurde in einer *pouponnière* versteckt, einem privaten Kindergarten mit dem Namen *L'Aube de la Vie*, Morgen des Lebens. Es war das erste von mehreren Verstecken, an die sie allesamt nicht die geringste Spur einer Erinnerung mehr hat. Die nächsten vier Jahre lebte meine Mutter versteckt, getrennt von ihrem Vater und unter dem falschen Namen Jocelyne Tévé.

14 Leon hob nur ein Dokument auf, das eine Information über die *pouponnière* bot, eine Postkarte von einer jungen Frau mit einem breiten Lächeln. Sie trug eine Nadelstreifenjacke und eine weiße Bluse mit einer großen schwarzen Fliege. Sie hatte hinter dem Kopf zusammengenommenes dunkles Haar und war hübsch. Auf der Rückseite der Karte hatte sie einige wenige Worte geschrieben: »Für Ruths Vater, in aller Freundschaft, S. Mangin, Leiterin der Pouponnière *L'Aube de la Vie*, Meudon (Saône et Oise).«

Das Rathaus in Meudon verwies mich an die Stadtarchivarin, die die Akte des Kindergartens ausfindig machte. Zwischen 1939 und 1944 kümmerte sich Mademoiselle Mangin um einige kleine Kinder in ihren Räumen in 3 Rue Lavoisier, einem kleinen freistehenden Haus mit einem Vorgarten in der Stadtmitte. »Wir haben keinen Hinweis auf Ruth Buchholz im Verzeichnis der Kinder gefunden, das von dieser *nourrice* [Tagesmutter] geführt wurde«, erklärte mir Madame Greuillet. »Vielleicht ist sie der Gemeinde unter einem anderen Namen gemeldet worden«, was oft passierte. Sie schickte mir die Namen von allen Kindern, die in dem Kindergarten zwischen September 1938 (das erste war Jean-Pierre Sommaire) und August 1942 (das letzte war Alain Rouzet) gemeldet waren. Von den fünfundzwanzig Kindern waren acht Mädchen. Wenn Ruth gemeldet war, dann unter einem weiteren falschen Namen. Wahrscheinlicher war, dass man sie gar nicht offiziell angemeldet hatte.

15 In Schowkwa, 1600 Kilometer östlich von Paris, berichtete mir eine Frau, die in der Straße wohnte, in der Malke geboren worden war, über die Geschehnisse im Jahr 1939. Die neunzig Jahre alte Olga, die sechzehn gewesen war, als die Deutschen im September 1939 kamen, erzählte anschaulich und aus erster Hand von der Besetzung Polens. Sie tat das, während sie vor einem großen Kessel mit kochendem Kohl stand. Vor der herbstlichen Kühle hatte sie sich mit etlichen dicht um den Hals geschlungenen bunten Tüchern geschützt.

»Ich erzähle Ihnen die Wahrheit«, sagte Olga. »Es gab vielleicht zehntausend Menschen in Żółkiew, zur Hälfte Juden, die übrigen Ukrainer und Polen. Die Juden waren unsere Nachbarn; wir waren befreundet. Da war ein angesehener Arzt, zu dem wir gingen. Da war ein Uhrmacher. Es waren ehrliche Leute, sie alle.«

Olgas Vater kam gut mit den Juden aus. Als Polen 1919 unabhängig wurde, wurde er verhaftet, weil seine erste Frau – nicht Olgas Mutter – eine aktive Unterstützerin der kurzlebigen Westukrainischen Volksrepublik gewesen war, die im November 1918 weniger als einen Monat lang existiert hatte (wir sprachen miteinander, kurz bevor Russland 2014 die Krim annektierte, was, wie andere meiner Gesprächspartner in der Ukraine andeuteten, zum Wiedererstehen einer westukrainischen Republik führen könnte). »Als mein Vater im Gefängnis war, brachte ihm der Jude Gelberg, sein Nachbar, Geld und Essen dorthin, weil er allein war. Mein Vater verstand sich also gut mit den Juden.«

Während unser Gespräch abschweifte, trank Olga Tee, kümmerte sich um den Kohl und erinnerte sich an den Krieg.

»Zuerst kamen die Deutschen, was den Juden Angst machte. Die Deutschen blieben eine Woche lang in Żółkiew, taten nicht viel, zogen dann ab, wieder nach Westen. Dann kamen die Russen.«

Olga war in der Schule, als die Sowjets in der Stadt einmarschierten.

»Zuerst kam eine Frau, eine schöne Soldatin auf einem großen

Schimmel, die die Sowjets in die Stadt führte. Dann kamen die Soldaten, dann die großen Kanonen.«

Sie interessierte sich für die Artillerie, aber die Frau auf dem Pferd hinterließ mehr Eindruck.

»Sie war schön, und sie hatte ein großes Gewehr.«

Achtzehn Monate lang war Zółkiew unter sowjetischer Kontrolle, eine kommunistisch geführte Stadt, in der Privatunternehmen abgeschafft wurden. Andere Teile von Polen wurden von Nazi-Deutschland besetzt und ein Großteil davon dem Generalgouvernement unter der Herrschaft Hans Franks zugeschlagen. Die Teilung wurde in einem geheimen Zusatzprotokoll zu dem von Hitler und Stalin geschlossenen Nichtangriffspakt, auch Molotow-Ribbentrop-Abkommen genannt, vereinbart. Darin wurde Polen durch eine westlich von Lemberg und Zółkiew gezogene Linie geteilt, wodurch Leons Familie auf der sowjetischen Seite in Sicherheit blieb. Im Juni 1941 brach Deutschland den Pakt und startete das Unternehmen Barbarossa. Seine Streitkräfte rückten mit großer Geschwindigkeit nach Osten vor, so dass Ende Juli Zółkiew und Lemberg unter deutscher Kontrolle waren.

Die Rückkehr der Deutschen löste Angst unter den Juden aus. Olga erinnerte sich, dass die jüdische Bevölkerung Restriktionen unterworfen wurde, an die Einrichtung des Ghettos und das Niederbrennen der Synagoge. Sie hatte die Flaschners, Malkes Familie, nicht persönlich gekannt, doch der Name sagte ihr etwas. »Der eine war Gastwirt«, meinte sie plötzlich und erinnerte sich, dass es viele mit diesem Namen gegeben hatte. »Sie kamen ins städtische Ghetto, wie alle Juden«, sagte sie über Leons Onkel Leibus, die Tanten und Cousins, alle Verwandten und die 3500 anderen Juden der Stadt. Im fernen Paris erfuhr Leon nichts von diesen Geschehnissen.

16 In Wien war die Lage für Rita im Sommer 1941 nicht weniger schwierig. Seit drei Jahren von Leon und ihrer Tochter getrennt, wohnte sie zusammen mit ihrer Mutter Rosa und ihrer Schwiegermutter Malke. Unter Leons Papieren war nichts, was ein Licht auf jene Jahre warf, über die Rita nie sprach, nicht mit ihrer Tochter, nicht mit mir. Auf anderen Wegen konnte ich jedoch einiges herausfinden.

Im September wurde eine Verordnung erlassen, die allen Juden in Wien das Tragen des gelben Sterns befahl. Die Benutzung öffentlicher Verkehrsmittel wurde beschränkt, und sie durften ihr Wohngebiet nicht ohne Erlaubnis verlassen. Das Stadtarchiv von Wien lieferte weitere Details. Nach Leons Abreise wurde Rita gezwungen, die Wohnung in der Taborstraße zu verlassen. Sie zog zu Malke; sie wohnten zuerst in der Franz-Hochedlinger-Gasse, dann in der Oberen Donaustraße, beide in der Leopoldstadt, wo viele Juden lebten. Malke musste ihre Wohnung in der Romanogasse räumen, in der sie seit einem Vierteljahrhundert gelebt hatte, und wurde in eine »Gemeinschaftswohnung« in der Denisgasse eingewiesen. Im Oktober 1939 waren die Deportationen nach Osten gestoppt worden, doch im Sommer 1941 verbreiteten sich unter der Herrschaft Baldur von Schirachs, des neuen Wiener Gauleiters, Gerüchte über eine neue Deportationswelle.

Am 14. August erhielt Rita einen für ein Jahr gültigen Fremdenpass, der ihr das Reisen im Reich und die Ausreise gestattete. Er trug keinen roten *J*-Stempel, obwohl sie als Jüdin registriert war. Zwei Monate später, am 10. Oktober, gestattete ihr die Wiener Polizei die einmalige Ausreise über Falck-Hargarten im Saarland an der deutschen Grenze zu Frankreich. Die Erlaubnis galt bis zum 9. November. Auf dem Passbild wirkt Rita auffällig traurig, mit geschürzten Lippen und Augen voller Vorahnung.

Ich entdeckte einen Abzug dieses Fotos, den sie von Wien nach Paris geschickt hatte, in Leons Papieren. Auf der Rückseite hatte sie geschrieben: »Für mein innig geliebtes Kind, für mein Goldkind.«

Ich war überrascht, dass man Rita, einer registrierten Jüdin, so spät ein Dokument ausgestellt hatte, das ihr zu reisen erlaubte. Ein Archivar im Holocaust Memorial Museum in Washington nannte die Reise »unwahrscheinlich« und zählte die vielen Schritte auf, die sie hatte unternehmen müssen, um einen Fremdenpass zu erhalten – Hindernisse, für die Adolf Eichmann verantwortlich war. Der Archivar führte mich zu einem großen Diagramm mit dem Titel *Die jüdische Wanderung aus der Ostmark, 1938–1939*, das von Eichmann konzipiert worden war. Eine staatenlose Person wie Rita, die ihre

Ritas Pass, 1941

österreichische Staatsbürgerschaft durch ihre Heirat mit einem nun staatenlosen Juden nach dem Anschluss verloren hatte, musste sogar noch mehr Schritte unternehmen als andere.

Um Wien verlassen zu können, musste Rita Hilfe von einer Person mit guten Verbindungen gehabt haben. Im Oktober 1941 erließen Eichmann und sein Stellvertreter Alois Brunner, der bald nach Paris kommen sollte, eine Fülle von Befehlen für großangelegte Deportationen. In jenem Monat wurden ungefähr 50 000 Juden aus Wien deportiert. Unter ihnen waren Leons Schwester Laura und ihre Tochter, seine dreizehnjährige Nichte Herta Rosenblum. Die beiden wurden am 23. Oktober nach Litzmannstadt (Łódź) abtransportiert.

Rita entging der Deportation. Sie verließ Wien am 9. November. Unmittelbar am nächsten Tag wurden die Grenzen des Deutschen Reichs für Flüchtlinge geschlossen, eine Emigration war nicht mehr möglich, alle Ausreiserouten waren blockiert. Rita war in der letzten Minute herausgekommen. Ihre Flucht war entweder einem äußerst glücklichen Umstand oder der Hilfe von jemandem mit Insiderwissen zu verdanken. Ich weiß nicht, wann Rita in Paris ankam oder wie sie es bis dorthin schaffte. Der Fremdenpass trug keine Stempel oder andere Hinweise. Andere Dokumente bestätigten, dass sie Anfang 1942 in Paris war, wieder vereint mit ihrem Mann.

Malke war nun das letzte Mitglied von Leons Familie in Wien. Da ihre Kinder und Enkelkinder die Stadt verlassen hatten, war ihre einzige Gefährtin Rosa Landes, Ritas Mutter. Die durch das Schweigen der Familie über die Geschehnisse jener Zeit geschaffenen Lücken konnte ich durch Dokumente schließen, die in verschiedenen Archiven zu finden waren und die die entsetzlichen Einzelheiten dessen, was folgte, schwarz auf weiß offenbarten. Doch zuvor wollte ich sehen, wo sich diese Geschehnisse abgespielt hatten.

17 Ich reise mit meiner fünfzehnjährigen Tochter nach Wien, um die Adressen aufzusuchen, die die Archive preisgegeben hatten. Angeregt durch den Geschichtsunterricht in der Schule, wollte sie ein »Museum des Anschlusses« besuchen, doch eine solche Institution gab es nicht. Wir begnügten uns mit der Wand eines einzigen Raumes im kleinen, privaten und wunderbaren Dritte-Mann-Museum, einer Huldigung an den Film von Orson Welles, der einer der Lieblingsfilme von Rita und von mir war. Der Raum veranschaulichte die unheilvollen Ereignisse von 1938 bis 1945 durch Fotos, Zeitungen und Briefe. Auf einem Exemplar des Wahlzettels für die Volksabstimmung, die auf den Anschluss folgte, erklärte die katholische Kirche ihre Unterstützung, deutlich und unmissverständlich.

Später liefen wir durch Wien zur Klosterneuburger Straße 69, dem Haus, in dem Leon gewohnt hat, als er 1914 aus Lemberg hierhergekommen war. Einst war es das Zuhause seiner Schwester Gusta und des Schwagers Max gewesen. Ihr Spirituosengeschäft war jetzt ein Lebensmittelladen. In der Nähe befand sich Leons Schule, die Realschule in der Karajangasse, und sein erstes Geschäft in der Rauscherstraße. Wir liefen zur Taborstraße, wo Leons und Ritas erste gemeinsame Wohnung lag, in der auch meine Mutter geboren wurde. Die Straße war elegant, aber das Haus Nr. 72 war im Krieg zerstört worden. Später standen wir vor der Rembrandtstraße 34, Malkes letzter Wiener Unterkunft, einer »Wohngemeinschaft« mit anderen betagten Juden. Es war nicht allzu schwer, sich den letzten Tag vorzustellen, der früh am Morgen des 14. Juli 1942 damit begann, dass die Straße von der SS abgeriegelt wurde, um eine Flucht zu verhindern. »Sie nehmen die ganze Straße mit, alle, die Juden sind«, erinnerte sich die Bewohnerin einer benachbarten Straße an ihre Panik in dem Moment, als ein SS-Mann mit einem Ochsenziemer herummarschierte und brüllte: »Alles raus, alles raus!«

Der zweiundsiebzigjährigen Malke erlaubte man, einen einzigen Koffer auf die Reise nach Osten mitzunehmen. Sie und andere wurden zum Aspangbahnhof hinter dem Schloss Belvedere eskortiert und unterwegs von Zuschauern, die die Vertreibung mit Gejohle begrüßten, bespuckt und beschimpft. Ein Trost war, dass sie nicht ganz allein war, Ritas Mutter Rosa war bei ihr. Es war ein verstörendes Bild, zwei alte Damen auf einem Bahnsteig im Aspangbahnhof, jede ein Köfferchen umklammernd, zwei von 994 alten Wiener Juden, die nach Osten abtransportiert wurden.

Sie fuhren mit dem Transport Nr. IV/4, in einem gewöhnlichen Zug mit Sitzplätzen in einem normalen Abteil, versorgt mit Brotdosen und Erfrischungen, eine trügerisch komfortable »Evakuierung«. Die Reise dauerte vierundzwanzig Stunden und ging nach Theresienstadt, 60 Kilometer nördlich von Prag. Bei ihrer Ankunft wurden sie durchsucht. Die ersten Stunden waren traumatisch und voller Ungewissheit. Nach langem Warten wurden sie schließlich in ihre Unterkunft gebracht, einen einzigen Raum, der bis auf ein paar alte Matratzen auf dem Boden leer war.

Rosa überlebte einige Wochen. Laut Totenschein starb sie am 16. September an Perikolitis, einer Entzündung des Darms. Der Schein war unterschrieben von Dr. Siegfried Streim, einem Zahnarzt aus Hamburg, der noch zwei Jahre in Theresienstadt zubrachte, ehe er nach Auschwitz deportiert wurde, wo er im Herbst 1944 starb.

Eine Woche nach Rosas Tod wurde Malke mit dem Transport Bq 402 aus Theresienstadt deportiert. Mit dem Zug ging es tausend Kilometer nach Osten, über Warschau hinaus, in das Gebiet des Hans Frank. Sie war vierundzwanzig Stunden in einem Viehwaggon mit achtzig anderen gebrechlichen alten »Untermenschen« eingesperrt. Unter ihren 1985 Leidensgenossen auf dem Transport waren drei Schwestern Sigmund Freuds: die achtundsiebzigjährige Pauline (Pauli), die einundachtzigjährige Maria (Mitzi) und die zweiundachtzigjährige Regina (Rosa).

Der Zug hielt bei einem Lager, zweieinhalb Kilometer von der Bahnstation der Kleinstadt Treblinka entfernt. Die nun folgenden Abläufe unter der persönlichen Leitung von Kommandant Franz Stangl waren gut eingespielt. Unmittelbar nach der Ankunft musste

Malke zusammen mit den Freud-Schwestern aus dem Zug klettern. Man befahl den Angekommenen, sich auf dem Bahnsteig in einer Reihe aufzustellen, Frauen und Männer in getrennten Gruppen. Unter der Drohung von Peitschenhieben wurden sie gezwungen, sich nackt auszuziehen. Jüdische Arbeiter sammelten ihre abgelegten Kleider ein und trugen sie zu den Baracken. Die dazu in der Lage waren, liefen nackt in das Lager, auf der »Himmelfahrtstraße«. Den Frauen wurde von Friseuren das Haar geschoren, um in Bündeln für die Herstellung von Matratzen abgepackt zu werden.

Als ich einen Bericht über diesen Vorgang las, musste ich an eine Szene in Claude Lanzmanns Film *Shoah* denken. Der Friseur Abraham Bomba, einer der wenigen Überlebenden von Treblinka, wurde interviewt, während er einem Mann das Haar schnitt. Lanzmann drängte ihn, die Aufgabe, die er gehabt hatte, detailliert zu schildern, was er ganz offensichtlich nicht tun wollte. Bomba verweigerte die Antwort, aber Lanzmann ließ nicht locker. Schließlich brach der Friseur zusammen und weinte, als er seine Tätigkeit schilderte, das Scheren der Haare von Frauen.

»Ich war besessen von den letzten Momenten der Verurteilten«, schrieb Lanzmann über seinen Besuch in Treblinka, »oder, was in den meisten Fällen dasselbe war, von den ersten Momenten der Ankunft in einem Todeslager.« Diese Augenblicke waren tabu. Das Scheren der Haare, der nackte Gang, das Gas.

Malkes Leben war innerhalb von fünfzehn Minuten, nachdem sie aus dem Zug gestiegen war, vorbei.

18 Malke wurde am 23. September 1942 im Wald von Treblinka ermordet, ein Detail, von dem Leon erst viele Jahre später erfuhr. Sechs Monate später waren ihr Bruder Leibus und die gesamte Flaschner-Familie in Żółkiew ebenfalls tot. Während die genauen Umstände ihrer Vernichtung nicht zu rekonstruieren waren, erfuhr ich Näheres über das Schicksal von Żółkiews Juden von einer der

Brama Glińska, Żółkiew, Juli 1941

wenigen überlebenden jüdischen Einwohnerinnen, Clara Kramer, die jetzt in Elizabeth, New Jersey, wohnte.

Auf Clara stieß ich durch Zufall, angeregt durch ein einzelnes Foto in Schowkwas winzigem Museum. Es lag im Erdgeschoss eines Flügels von Stanisław Żółkiewskis zerbröckelndem Schloss und bestand aus einer Reihe düsterer Räume. An der Wand des Museums hingen ein paar kleine und undeutliche Schwarzweißfotos, drei oder vier grobkörnige, unscharfe Bilder, aufgenommen in den frühen Tagen der deutschen Besatzung im Sommer 1941. Sie zeigten gepanzerte Fahrzeuge, grinsende Soldaten sowie die brennende Synagoge aus dem 17. Jahrhundert. Da war auch ein Bild von einem der Stadttore, durch das ich gegangen war, das Brama Glińska, kurz nach der Ankunft der Deutschen.

Oben an dem eindrucksvollen Steintor hingen drei Spruchbänder, die den Neuankömmlingen auf Ukrainisch einen Willkommensgruß entboten: HEIL HITLER! *Ruhm sei Hitler! Ruhm sei Bandera! Lang lebe der Unabhängige Vereinigte Ukrainische Staat! Lang lebe der Führer Stepan Bandera!*

Es verlangte Mut von einer Museumskuratorin, ein solches Foto auszustellen, das von der hiesigen ukrainischen Unterstützung für die Deutschen zeugte. Es gelang mir, die Kuratorin ausfindig zu machen, eine städtische Angestellte namens Lyudmyla Baybula, die in einem anderen Flügel des Schlosses arbeitete. Luda, wie sie von mir genannt werden wollte, war in den Vierzigern, eine starke, attraktive Frau mit pechschwarzem Haar, einem stolzen, offenen Gesicht und wahrhaft erstaunlichen blauen Augen. Sie, die in einem Ort ohne Juden aufgewachsen war, in dem über die Vergangenheit geschwiegen wurde, hatte sich der Erforschung der vergessenen Kriegsjahre ihrer Stadt gewidmet. Eine der wenigen überlebenden Jüdinnen war eine Freundin ihrer Großmutter, eine alte Dame, deren Geschichten aus ihrer Kindheit Ludas Interesse an dem, was verlorengegangen war, geweckt hatten. Luda fing an, Informationen zusammenzutragen, und entschied sich dann, einige der Fundstücke im Museum zu zeigen. Während eines unserer Gespräche, bei Mixed Pickles und Borschtsch, fragte sie mich, ob ich *Clara's War* gelesen habe, ein Buch über ein junges Mädchen aus Żółkiew, das die deutsche Besatzung überlebt hatte. Sie erzählte mir, Clara Kramer sei eine von achtzehn Juden gewesen, die zwei Jahre unter den Dielen eines von einem polnischen Ehepaar, Herrn und Frau Valentin Beck, und ihrer Tochter bewohnten Hauses versteckt zugebracht hatten. Im Juli 1944, als die Russen von Osten her kamen, wurde sie befreit.

Ich kaufte Claras Buch und las es in einem Zug. Merkwürdigerweise war einer von den achtzehn versteckten Juden ein junger Mann namens Gedalo Lauterpacht, der sich als entfernter Verwandter von Hersch entpuppte. Ich besuchte Clara in New Jersey, weil ich mehr erfahren wollte, und fand eine einnehmende und mitteilsame Zweiundneunzigjährige vor. Sie war in guter körperlicher Verfassung, hatte ein ausgezeichnetes Gedächtnis, war aber traurig, weil ihr Mann vor ein paar Wochen gestorben war.

»Żółkiew in den 1930ern war hübsch«, erinnerte sie sich, mit seinem schönen Rathaus mit einem hohen Turm und dem Balkon ganz oben ringsherum. »Jeden Tag spielte mittags ein Polizist Chopin auf einer Trompete«, sagte sie lächelnd. »Er lief um alle vier Seiten des Balkons und spielte einfach Trompete, immer Chopin.« Sie summte das Stück, konnte sich jedoch nicht an den Namen erinnern.

Als Kind ging Clara zu Fuß zur Schule, am Lemberg-Tor und dem Stadttheater vorbei. Sie machte Tagesausflüge nach Lwów. »Ungefähr dreimal am Tag fuhr ein Zug, aber keiner benutzte ihn«, erklärte sie, »der Bus fuhr pünktlich jede Stunde, also haben wir immer den genommen.« Zwischen den verschiedenen Bevölkerungsgruppen habe es keine wirkliche Spannung gegeben. »Wir waren jüdisch, die Polen waren polnisch, und die Ukrainer wussten, dass sie ukrainisch waren. Alle waren religiös.« Sie hatte polnische und ukrainische Freunde und zu Weihnachten besuchte ihre Familie polnische Bekannte, um die geschmückten Bäume zu bewundern. Im Sommer wurden Ausflüge in andere Teile Polens unternommen, an Orte mit wunderschönen Wäldern, wo es anders als in Galizien zuging. Dort, erinnerte sie sich, hatten die Juden weniger Möglichkeiten, Handel zu treiben und zu reisen. Dort erlebte sie zum ersten Mal, dass sie beschimpft wurde.

Sie sprach liebevoll von der alten Holzkirche in der Ost-West-Straße – »das war gleich neben unserem Wohngebiet«. Einer ihrer Nachbarn war ein alter Lauterpacht, Herschs Onkel David, wie sich herausstellte, der sie jeden Morgen auf der Straße grüßte. Sie erinnerte sich an den Namen Flaschner und Leons Onkel Leibus, nicht aber an sein Gesicht. Ob er eine Gaststätte gehabt habe, erkundigte sie sich. Sie kannte die Straße, wo die Flaschners mit ihren Kindern gewohnt hatten. Sie hieß damals Piłsudski-Straße und lag zwischen ihrem Haus und dem Hauptplatz.

Die Deutschen erschienen, aber verschwanden plötzlich wieder, genau wie es Olga beschrieben hatte. »Es war eine Erleichterung, dass die Sowjets kamen; wir hatten solche Angst vor den Deutschen.« Sie hatten im Radio und von einigen wenigen Wiener Flüchtlingen, die 1938 hierherkamen, vom Anschluss gehört. Ein Wiener Ehepaar war ihnen zugeteilt worden, die Rosenbergs, ein Arzt und seine Frau. Sie kamen jeden Mittwoch zum Abendessen. Anfangs glaubten Clara und ihre Eltern deren Erzählungen vom Leben in Wien nicht.

Als die Deutschen im Juni 1941 zurückkehrten, wurde das Leben schwieriger. Schulfreunde ignorierten sie auf der Straße, wandten sich ab, wenn sie näher kam. »Ich trug die weiße Armbinde«, erklärte sie. Ein Jahr später begaben sie sich ins Versteck unter den Beck'schen Dielen, gegenüber von der alten Holzkirche – sie waren achtzehn, darunter Gedalo Lauterpacht und Herr und Frau Melman, ebenfalls Verwandte von Hersch Lauterpacht.

Clara erinnerte sich lebhaft an einen Tag im März 1943, als sie von Schritten vor dem Haus geweckt wurde, von Weinen und Heulen. »Wir wussten, dass auch unser Tag in Żółkiew kommen würde. Es war vielleicht drei Uhr morgens. Ich wurde von dem Lärm und dann einigen Schüssen geweckt. Sie wurden in den Wald gebracht; das war der einzige Ort, wo man ein Grab ausheben konnte.« Sie kannte diesen Wald, den *borek*, wo die Kinder spielten. »Es war ein schöner Wald. Wir hatten Spaß dort. Jetzt konnten wir nichts machen. Wir hätten höchstens aus unserem Versteck kommen und uns ihnen anschließen können. Mindestens drei- oder viermal waren wir sicher, dass das Ende da war. Ich wusste, das war es jetzt.«

Das war am 25. März. Die Juden von Żółkiew wurden in den Wald geführt, auf eine Lichtung und zu den Sandgruben. Sie wurden in einer Reihe aufgestellt, zwei Kilometer vom Zentrum ihrer kleinen Stadt entfernt, und dann erschossen.

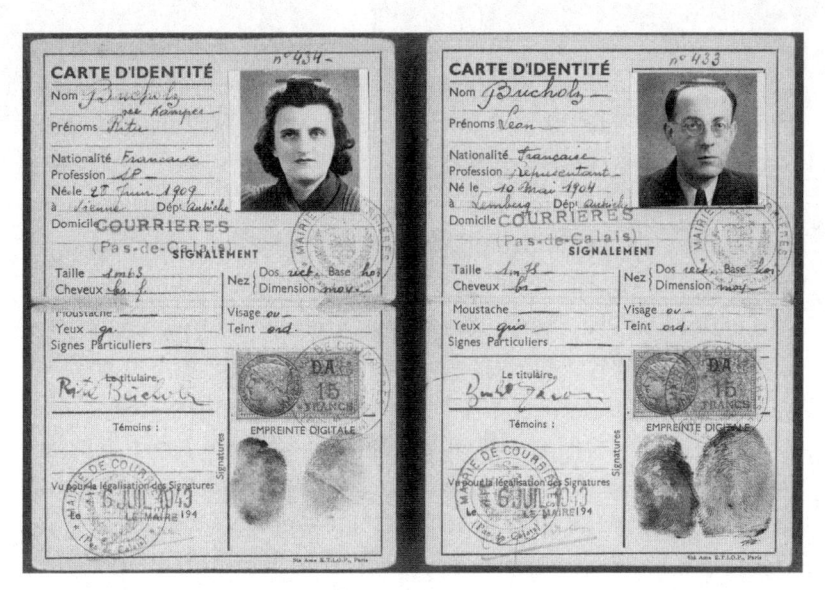

Ausweispapiere von Rita und Leon, 1943

19 Leon wusste nichts von den Geschehnissen in Żółkiew, Lemberg und Wien. Rita war seit einem Jahr bei ihm in Paris, doch ihre Lage war gefährlich und sie mussten sich vorsehen, um den regelmäßigen Festnahmen von Juden zu entgehen, den *rafles*. Ein Jahr zuvor, im Juli 1942, waren 13 000 Pariser Juden im Vélodrome d'Hiver interniert und dann nach Auschwitz deportiert worden.

In jenem Sommer erhielten Leon und Rita offizielle Dokumente. Zwei winzige Ausweise, ausgestellt am 6. Juli 1943 in Courrières, einer Kleinstadt im nordwestlichen Frankreich, wo vierzig Jahre zuvor das schlimmste Bergwerksunglück Europas stattgefunden hatte. Die Ausweise befanden sich unter Leons Papieren, beide mit einem winzigen Foto und je zwei Fingerabdrücken, einer für jede Hand. Leons Ausweis trug die Nummer 433, nannte Lemberg als Geburtsort, im Départment »Autriche«; Rita hatte Ausweis Nr. 434, ihr Mädchenname war fälschlicherweise mit Kamper angegeben (nicht

Landes, wie es korrekt gewesen wäre) und trug eine offensichtlich gefälschte Unterschrift. Beide Ausweise gaben ihre Nationalität mit Französisch an (falsch) und buchstabierten ihren Nachnamen falsch als Bucholz (ein *h* auslassend).

Die Ausweise konnten zusammengeklappt werden, sie bestanden aus dünnem blauen, billigen Karton. Als ich die Mairie in Courrières kontaktierte, wurde mir gesagt, dass die SS im Mai 1940 das Rathaus in der Rue Jean Jaurès zerstört und Dutzende Einwohner exekutiert habe, die Widerstand gegen den deutschen Vormarsch geleistet hatten. Monsieur Louis Bétrémieux, ein Lokalhistoriker, sagte mir, dass die Ausweise nicht echt sein könnten; sie seien fast sicher Fälschungen. Weil die Stadt ein Zentrum des französischen Widerstands gewesen sei, wurden dort viele gefälschte Ausweise ausgegeben. So konnte ich Leon nun erstmals mit einem Leben im Untergrund in Verbindung bringen.

20 Über Leons Leben in der schwierigen Periode vor der Befreiung von Paris durch amerikanische Truppen im August 1944 fand ich nur wenig heraus. Seine Karriere als Lehrer war vorbei, und er arbeitete in irgendeiner Eigenschaft für eine jüdische Organisation. Darüber gaben die Papiere, die meine Mutter aufbewahrte, keinen Aufschluss, aber als ich meine Tante Annie (die Witwe von Leons und Ritas Sohn Jean-Pierre, der nach dem Krieg geboren wurde) fragte, ob Leon diese Periode jemals erwähnt habe, holte sie ein Bündel Dokumente, die Leon ihr vor seinem Tod gegeben hatte. Sie befanden sich in einer Plastiktüte.

Die Dokumente überraschten mich. Der größte Teil bestand aus Kopien eines primitiv gedruckten Rundschreibens, des *Bulletin de l'Union Générale des Israélites de France* (UGIF), der Union Französischer Juden. Die Organisation wurde während der Nazi-Besatzung als jüdische Zwangsvereinigung gegründet, und das Bulletin kam jeden Freitag heraus. Leon besaß eine fast vollständige Sammlung, von

Ausgabe 1 (veröffentlicht im Januar 1942) bis zur Ausgabe 119 (Mai 1944). Das *Bulletin* war nie umfangreicher als vier Seiten, gedruckt auf billigem Papier, mit Artikeln über jüdische Themen, Werbung (Restaurants im 4. Arrondissement, ein Bestattungsunternehmen) und Todesanzeigen. Als die Zahl der Deportationen wuchs, lieferte das *Bulletin* Einzelheiten über Briefe, die nicht zugestellt werden konnten, da die Adressaten in ferne »Arbeitslager« im Osten verschickt worden waren.

Das *Bulletin* diente als Plattform für Verordnungen der Nazis und warnte davor, sie nicht zu beachten. Es wirkte wie eine Momentaufnahme des Lebens im besetzten Paris. Eine frühe Verordnung untersagte Juden, ihr Zuhause zwischen acht Uhr abends und sechs Uhr morgens zu verlassen (Februar 1942). Einen Monat später verbot eine neue Vorschrift die Beschäftigung von Juden. Ab Mai 1942 musste jeder Jude auf der linken Brustseite einen Davidstern tragen (erhältlich im Hauptbüro der UGIF in 19 Rue de Téhéran, dem eleganten Gebäude aus dem 19. Jahrhundert, in dem Leon arbeitete). Im Juli wurde es Juden untersagt, Theater oder andere öffentliche Veranstaltungsorte zu besuchen. Ab Oktober durften sie nur eine Stunde täglich einkaufen gehen und kein Telefon besitzen, dann verlangte man von ihnen, in der Métro stets im letzten Wagen des Zuges zu fahren. Im darauffolgenden Jahr, im August 1943, wurden spezielle Ausweise ausgestellt.

Während die Zahl der Deportationen stieg, wurden der UGIF immer mehr Restriktionen auferlegt, besonders nachdem ihre Leitung sich geweigert hatte, einem Befehl, den ausländischen jüdischen Angestellten zu kündigen, Folge zu leisten. Im Februar 1943 führte der örtliche Gestapochef Klaus Barbie persönlich eine Razzia im Hauptgebäude durch, bei der über achtzig Angestellte und Mitglieder verhaftet wurden. Einen Monat später, am 17. und 18. März, wurden frühere Angestellte des UGIF verhaftet (ich stellte fest, dass die Ausgabe 61 des Bulletins, die in dieser Woche herauskam, in Leons Sammlung fehlte). Später in diesem Sommer befahl Alois Brunner die Verhaftung einiger UGIF-Leiter, die nach Drancy und dann nach Auschwitz deportiert wurden.

Als polnischer Jude war Leon besonders gefährdet, doch auf irgendeine Weise konnte er sich der Verhaftung entziehen. Meine Tante erinnerte sich, dass er ihr erzählt hatte, wie bei einer Gelegenheit im Sommer 1943 Brunner persönlich in den Büros der 19 Rue de Téhéran erschienen war, um die Verhaftungen zu überwachen. Leon entkam ihm, indem er sich hinter einer Tür versteckte.

Die Plastiktüte enthielt weitere Hinweise auf seine Aktivitäten, darunter unbenutzte Briefbögen des American Jewish Joint Distribution Committee, des Mouvement National des Prisonniers de Guerre et Déportés und des Comité d'Unité et de Défense des Juifs de France. Jede dieser Organisationen, für die er gearbeitet haben muss, hatte Büros in 19 Rue de Téhéran.

Unter den Papieren waren zwei persönliche Aussagen, die beide detailreich schilderten, welche Behandlung den in den Osten Deportierten widerfuhr. Eine war im April 1944 in Paris aufgezeichnet worden und bezeugte, dass in Auschwitz »grundlos zum Klang von Musik aufgehängt wird«. Die andere war kurz nach Kriegsende abgefasst: »In Birkenau arbeiteten wir im Dreck, in Auschwitz starben wir sauber und ordentlich.« Sie endete mit der Bemerkung: »Kurz gefasst bestätigt dieser junge Mann alles, was im Radio und in den Zeitungen über das Thema Konzentrationslager berichtet wird.«

Leon bewahrte Quittungen von Postsendungen auf, die er in Lager und Ghettos im Generalgouvernement sandte. Im Sommer 1942 begab er sich vierundzwanzigmal zum Postamt auf dem Boulevard Malesherbes, um Pakete an Lina Marx aufzugeben, eine Frau im Ghetto von Piaski bei Lublin (das Ghetto wurde im folgenden Sommer liquidiert, und Lina Marx war nicht unter den wenigen Überlebenden).

Zwei Postkarten sprangen mir ins Auge, abgeschickt in der Kleinstadt Sandomierz im besetzten Polen von einem Dr. Ernst Walter Ulmann, der im Februar 1941 aus Wien deportiert worden war. Auf der ersten Karte vom März 1942 erklärte Dr. Ulmann, dass er ein betagter Wiener Rechtsanwalt im Ruhestand sei. »Bitte helfen Sie mir.« Die zweite Karte kam vier Monate später, im Juli, persönlich an Leon an die 19 Rue de Téhéran adressiert. Dr. Ulmann dankte ihm für ein Paket mit Wurst, Dosentomaten und etwas Zucker. Als Leon die Karte erhielt, war der höfliche Dr. Ulmann bereits tot: Das Ghetto, aus dem die Karte kam, war in diesem Monat geschlossen und seine Bewohner in das Konzentrationslager Belzec deportiert worden, das ein Stück weiter die Bahnlinie hinunter lag, die Lemberg mit Żółkiew verband.

Ganz unten in der Tüte fand ich ein Bündel gelber Stoffflecken, kleine, in Vierecke geschnittene Stücke mit ausgefransten Rändern. Jedes davon trug einen aufgedruckten schwarzen Davidstern mit dem Wort »Juif« in der Mitte. Es waren dreiundvierzig Sterne, jeder davon in tadellosem Zustand, unbenutzt, bereit, verteilt und getragen zu werden.

21 Leon und Rita waren während ihrer ersten Jahre in Paris von ihrer Tochter getrennt, obwohl sie offenbar hin und wieder etwas Zeit mit ihr verbrachten. Ein paar Fotos haben überdauert – winzige viereckige Bilder, schwarzweiß, nicht mehr als zwei Dutzend. Sie sind undatiert und zeigen ein kleines Mädchen mit seinen Eltern, ein Kleinkind, zwei oder drei Jahre alt. Sie trägt eine weiße Schleife im Haar, während Rita mit ängstlichem Gesicht in ihrer Nähe steht. Ein Foto zeigt meine Mutter mit einem älteren Jungen. Auf einem anderen ist sie zusammen mit ihren schick gekleideten Eltern in einem Café in einem Park zu sehen, in Gesellschaft eines älteren Paares, auf dem Kopf der Frau thront ein schachtelähnlicher Hut. Eine dritte Fotoserie zeigt die fünf- oder sechsjährige Ruth mit ihrer Mutter in Paris, vielleicht gegen Ende der Okkupation.

Auf keinem der Fotos lächelte Rita.

Leon und Rita wohnten jetzt in der Rue Brongniart, der kürzesten

Straße von Paris, in der Nähe ihrer Freunde Monsieur und Madame Boussard, die nicht jüdisch waren und ein Auge auf sie hatten. Später erzählte Leon seiner Tochter, dass Monsieur Boussard ihn vor Festnahmen warnte und ihm sagte, wann er sich nicht draußen auf der Straße beziehungsweise wann er sich nicht in der Wohnung aufhalten sollte. Doch in Leons Unterlagen war nichts über die Boussards zu finden und sie wurden auch anderswo nicht erwähnt. Leon und Rita blieben den Boussards nach dem Krieg eng verbunden, meine Mutter jedoch verlor den Kontakt zu ihnen, nachdem sie sich geweigert hatten, an ihrer Hochzeit mit einem Engländer, meinem Vater, teilzunehmen. Die Engländer seien ein noch verabscheuungswürdigeres Pack als die Deutschen, erklärten sie. Das war 1956. Ich lachte laut heraus, als mir meine Mutter das erzählte, doch sie sagte, es sei nicht zum Lachen gewesen und dass es die Freundschaft zwischen den älteren Paaren belastete und dass sie Monsieur Boussard nie wiedersah. Viele Jahre später, als sie mit Madame Boussard in La Coupole, dem berühmten Café auf dem Boulevard du Montparnasse, Tee trank, erzählte ihr die Dame, dass Rita ihren Sohn Jean-Pierre stets mehr als ihre Tochter geliebt habe. Meine Mutter traf sich nie mehr mit ihr.

Am 25. August 1944 feierten Leon und Rita mit den Boussards die Befreiung von Paris. Sie schlossen sich den Menschenmassen auf den Champs-Élysées an, begrüßten die amerikanischen Truppen und fragten sich, wie sie ihre Tochter in Meudon abholen sollten. Leon hielt einen amerikanischen Armeelaster voller junger GIs an, von denen einer Polnisch sprach.

»Springt auf«, sagte der GI, »wir nehmen euch nach Meudon mit.« Eine Stunde später setzten die Soldaten das Paar wieder im Stadtzentrum ab. Noch ein »Alles Gute« auf Polnisch, dann waren sie fort.

In dieser Nacht schlief die Familie vereint in ihrem Zuhause in der Rue Brongniart Nr. 2, einer winzigen Zweizimmerwohnung im vierten Stock. Es war das erste Mal seit fünf Jahren, dass sie unter demselben Dach schliefen.

Leon

Charles de Gaulle auf dem Friedhof von Ivry, 1944

22   Ich wandte mich wieder einem Foto in Leons Unterlagen zu, das ich im Wohnzimmer meiner Mutter gesehen hatte, bevor ich zum ersten Mal nach Lwiw gereist war.

Ich schickte das Bild einer Archivarin in der Fondation Charles de Gaulle in Paris. Sie sagte mir, dass es am 1. November 1944 auf dem Friedhof von Ivry-sur-Seine, unmittelbar vor Paris, aufgenommen worden sei. De Gaulle hatte das Carré des Fusillés besucht, ein Denkmal für die ausländischen Widerstandskämpfer, die während der Okkupation von den Deutschen hingerichtet wurden.

»Die Person mit dem Schnurrbart ist Adrien Tixier, den General de Gaulle im September 1944 zum Innenminister in der provisorischen Regierung der Französischen Republik ernannt hatte«, erklärte die Archivarin. »Hinter ihm sind der Chef der Polizei in Paris, [Charles] Luizet« (links im Bild, mit Uniformmütze) und der Präfekt der Seine, Marcel Flouret (rechts, mit weißem Schal). »Hinter Flouret mit dem

Schnurrbart ist Gaston Palewski«, ein Name, der mir bekannt war: Palewski war Direktor von de Gaulles Kabinett, Nancy Mitfords Geliebter, den sie später als Fabrice, Duc de Sauveterre, in ihrem Roman *Love in a Cold Climate* verewigte.

Was tat Leon in solcher Gesellschaft?

Ein Hinweis ergab sich durch die Identität der auf dem Carré des Fusillés Begrabenen. Unter den Hingerichteten waren dreiundzwanzig Widerstandskämpfer, Mitglieder der Franc-Tireurs et Partisans de la Main d'Oeuvre Immigrée, zumeist Ausländer, die in Paris lebten. Der Gruppe gehörten acht Polen an, fünf Italiener, drei Ungarn, ein Spanier, drei Franzosen und zwei Armenier, von denen einer Missak Manouchian war, der Anführer der Gruppe. Die einzige Frau war eine Rumänin. Die Hälfte der Gruppe waren Juden.

Die dreiundzwanzig Widerstandskämpfer waren im November 1943 verhaftet worden. Drei Monate später tauchten in der ganzen Stadt und in anderen Teilen Frankreichs leuchtend rote Plakate mit ihren Namen und Gesichtern auf, unter einer fetten Überschrift: »L'armée du crime« (Die kriminelle Armee). Das war *L'affiche rouge*, das berühmte rote Plakat, das die Pariser dazu aufrief, solche Ausländer aufzuspüren, ehe sie Frankreich und seine Frauen und Kinder vernichteten. »Es sind immer Ausländer, die solche Aktionen anführen, immer die Arbeitslosen und Berufsverbrecher, die sie ausführen, und immer die Juden, die sie anregen«, hieß es auf der Rückseite des Plakats.

Ein paar Wochen später, im Februar, wurden alle Mitglieder der Gruppe bis auf eines von einem Exekutionskommando im Fort Mont-Valérien hingerichtet. Sie wurden auf dem Friedhof in Ivry begraben, und de Gaulle besuchte ihre Gräber, begleitet von Leon. Lediglich Olga Bancic, die einzige Frau der Gruppe, blieb zunächst verschont. Sie wurde ein paar Wochen später, an ihrem zweiunddreißigsten Geburtstag, in Stuttgart geköpft.

Louis Aragon erinnerte in *Strophes pour se souvenir* an die Hinrichtungen. Das 1955 verfasste Gedicht stützte sich auf Manouchians letzten Brief an seine Frau Mélinée und inspirierte später den Sänger Léo Ferré zu dem Chanson *L'affiche rouge*, das mir von Kindheit an vertraut war, vielleicht durch Leon:

> Glück für alle, Glück für die, die überleben werden,
> Ich sterbe ohne Hass auf das deutsche Volk,
> Adieu Schmerz und Unglück.

Als de Gaulle die Gräber besuchte, war Leon unter der Entourage. Kannte er die dreiundzwanzig? Eine Person auf dem Plakat war mir vertraut, Maurice Fingercwejg, ein polnischer Jude, der bei seiner Hinrichtung zwanzig Jahre alt war. Ich kannte den Namen: Lucette, eine Kindheitsfreundin meiner Mutter, die sie nach dem Ende der Besatzung jeden Morgen zur Schule brachte, hatte später Lucien Fingercweig, einen Cousin des hingerichteten jungen Mannes, geheiratet. Lucettes Mann erzählte mir später, dass Leon in Verbindung mit der Gruppe gestanden habe, konnte aber nichts Näheres dazu sagen. »Deshalb war er weit vorn in der Prozession auf dem Friedhof Ivry«, fügte Lucien hinzu.

23 Nach der Befreiung von Paris hatte Leon keine Informationen über das Schicksal von Malke, Gusta, Laura oder irgendeinem Familienmitglied in Lemberg und Żółkiew. Die Zeitungen berichteten von Massenmorden in den Konzentrationslagern, und Namen von Städten wie Treblinka und Auschwitz tauchten in der Presse auf. Leon musste das Schlimmste befürchtet, doch auf Besseres gehofft haben.

Neue Organisationen bildeten sich heraus. Im März 1945 gründete das American Jewish Joint Distribution Committee das Comité Juif d'Action Sociale et de Reconstruction (Jüdisches Komitee für soziale Unterstützung und Wiederaufbau). Leon arbeitete im Comité Juif im Zentrum von Paris im Hôtel de Lutèce, dem ehemaligen Gestapo-Hauptquartier, als er die Nachricht von Hitlers Selbstmord am 30. April 1945 hörte. Eine Woche später unterzeichnete General Alfred Jodl die bedingungslose Kapitulation. Im Juli wurde Leon zum *chef de service* ernannt, obwohl aus dem einen Dokument, das er in seinen Unterlagen aufbewahrte, einem verblassten grauen Ausweis, nicht hervorging, welcher Abteilung er vorstand. Er sprach nie mit mir über diese Organisation, die dem Hörensagen nach aus der französischen Résistance hervorgegangen sein musste und sich darum bemühte, Flüchtlinge und Überlebende der Konzentrationslager in das Nachkriegsleben wiedereinzugliedern. Meine Mutter erinnerte sich nur mehr an gelegentliche Besucher bei ihnen zu Hause in der Rue Brongniart, mittellose Männer und Frauen, die man zu einem Essen und einem Gespräch eingeladen hatte. Mehr als einer von ihnen beging Selbstmord.

Immerhin eine ermutigende Nachricht erhielt Leon. Sechs Jahre lang war er von seinem Freund Max getrennt gewesen, als er im April eine Adresse in New York ausfindig machte, an die er schrieb. Im Juli kam eine Antwort, geprägt von der Freude über den erneuerten Kontakt und getrübt von Ängsten um verschwundene Familienmitglieder. »Solange ich keine schlechten Nachrichten habe«, schrieb Max an Leon, »werde ich die Hoffnung nicht verlieren.« Was es Neues von Leons Familie gebe, erkundigte sich Max. Dann führte er diejenigen auf, über die er Informationen suchte, darunter seine vermissten Brüder. Der Brief schloss mit liebevollen Worten, der Ermutigung, nach Amerika zu übersiedeln, und dem Angebot, die Familie bei der Visa-Beschaffung zu unterstützen. Im Januar 1946 meldeten sich Leon und Rita beim amerikanischen Konsulat in Paris, um die Einwanderung zu beantragen, Rita als Österreicherin, Leon als Pole.

24 Ungefähr um diese Zeit berichteten *Le Monde* und andere Zeitungen, dass die Alliierten daran dachten, ein internationales Tribunal einzurichten, um die führenden Nationalsozialisten zur Verantwortung zu ziehen. Spekulationen wurden zu Fakten: Das

Tribunal würde acht Richter haben, darunter zwei Franzosen. Leon hätte einen davon, wenigstens dem Namen nach, kennen können, Robert Falco, ein früherer Richter am Berufungsgericht in Paris.

Im Oktober 1945 wurde Anklage gegen zweiundzwanzig Personen vor dem Tribunal erhoben. *Le Monde* zählte die Verbrechen auf, deren sie angeklagt werden sollten, und hob ein neues hervor, das »Genozid« hieß. Was bedeutete dieser Begriff, fragte die Zeitung, und woher stammte er? Die Frage wurde in einem Interview mit dem Mann, der das Wort erfunden haben sollte, Raphael Lemkin, einem amerikanischen Professor, beantwortet. Als Lemkin nach den praktischen Konsequenzen gefragt wurde, verwies er die Journalisten auf Ereignisse, die sich an Orten abgespielt hatten, mit denen Leon eng verbunden war, Wien und Polen. »Wenn ein Staat in der Zukunft auf eine Weise handelt, die darauf abzielt, eine nationale oder rassische Minderheit innerhalb der Bevölkerung zu vernichten«, sagte Lemkin französischen Lesern, »dann kann jeder Täter verhaftet werden, wenn er das Land verlässt.«

Falls Leon den Artikel gelesen hat, so hätte ihn der Hinweis auf die Geschehnisse in Wien und Polen wohl erneut an seine Familie erinnert, von der er keine Nachrichten besaß. Sein Vater Pinkas und sein Bruder Emil waren beide seit Ende 1914 tot, doch was war mit denen, die in Wien, Lemberg und Żółkiew geblieben waren?

1945 verfügte Leon über keinerlei Informationen, im Gegensatz zu mir jetzt. Er hatte mir nie gesagt, dass jede einzelne Person aus seiner Kindheit, jedes einzelne Mitglied der großen galizischen Familien Buchholz und Flaschner ermordet worden war. Von den siebzig oder mehr Familienmitgliedern aus Lemberg und Żółkiew hatte nur Leon überlebt, der lächelnde Junge mit den großen Ohren.

Leon sprach mir gegenüber nie von dieser Zeit und erwähnte auch keinen dieser Familienangehörigen. Erst jetzt, als eine Folge der Einladung nach Lwiw, konnte ich allmählich das Ausmaß des Verlustes begreifen, den er für den Rest seines Lebens zu tragen hatte, eines Lebens, das bis zum Ende des 20. Jahrhunderts dauerte. Der Mann, den ich erst in seiner zweiten Lebenshälfte kennenlernte, war der letzte Überlebende jener galizischen Jahre. Das war der Grund für das Schweigen, das ich als Kind erlebt hatte, das Schweigen, das die kleine Wohnung beherrschte, in der er mit Rita lebte.

Aus den wenigen Dokumenten und Fotos konnte ich die Umrisse einer verschwundenen Welt rekonstruieren. Lücken gab es zahlreiche, und nicht nur solche, die von Individuen hinterlassen worden waren. Mir fiel auf, dass in Leons Unterlagen keine liebevollen brieflichen Äußerungen der Ehepartner zu finden waren. An ihr »goldenes Kind« sandte Rita ihre herzliche Liebe, aber wenn sie Leon mit ähnlichen Gefühlen geschrieben hatte, so war davon keine Spur mehr vorhanden. Das Gleiche galt andersherum.

Ich hatte das Gefühl, dass etwas vorgefallen sein musste, bevor sie sich im Januar 1939 trennten. Warum war Leon allein aus Wien abgereist? Wie gelangte seine kleine Tochter nach Paris? Warum blieb Rita zurück? Ich wandte mich wieder den Dokumenten zu und suchte Hinweise in dem Zettel mit Miss Tilneys Adresse und den drei Fotos von dem Mann mit der Fliege.

Das führte zu nichts, deshalb wandte ich mich einem anderen Ort zu, der mit seinem frühen Leben verbunden war, der Kleinstadt Żółkiew. Das war der Geburtsort von Leons Mutter Malke und auch der von Hersch Lauterpacht, dem Mann, der den Begriff »Verbrechen gegen die Menschlichkeit« in den Nürnberger Prozess einführte.

Teil II

LAUTERPACHT

Der einzelne Mensch … ist die ultimative Einheit allen Gesetzes.

Hersch Lauterpacht, 1943

25 An einem warmen Sommertag 1945, ein paar Wochen nachdem der Krieg in Europa zu Ende gegangen war, erwartete ein Juraprofessor, der in Żółkiew geboren worden war und jetzt in Cambridge, England, lebte, Gäste zum Essen. Ich stellte ihn mir in seinem Arbeitszimmer im Obergeschoss einer soliden Doppelhaushälfte in der Cranmer Road vor, an seinem großen Mahagoni-Schreibtisch sitzend und aus dem Fenster schauend, während auf dem Grammophon Bachs *Matthäus-Passion* lief. Der achtundvierzigjährige Hersch Lauterpacht wartete ungeduldig auf den amerikanischen Richter am Obersten Gerichtshof, Robert Jackson, der von Präsident Truman zum Hauptankläger der deutschen Kriegsverbrecher beim Internationalen Militärgerichtshof in Nürnberg ernannt worden war.

Jackson war unterwegs nach Cambridge mit einem speziellen Problem, für das er Lauterpachts »guten Rat und seine Expertise« suchte. Insbesondere musste er die Sowjets und die Franzosen von den Anklagepunkten überzeugen, die gegen die wegen internationaler Verbrechen in Nürnberg vor Gericht stehenden führenden Nationalsozialisten vorgebracht werden sollten. Die Beziehung zwischen Jackson und Lauterpacht war vertrauensvoll und bestand schon einige Jahre. Sie würden sich über die Auflistung der Straftatbestände, die Rolle der Ankläger und der Richter, die Behandlung von Beweisen und begriffliche Fragen austauschen.

Worüber sie allerdings nicht reden würden, war Lauterpachts Familie – wie Leon und Millionen andere wartete er auf Nachricht über seine Eltern und Geschwister, Onkel und Tanten, Cousins und Neffen, die große Familie aus Lemberg und Żółkiew, über die sich ein Mantel des Schweigens gebreitet hatte.

Darüber wollte er mit Robert Jackson nicht sprechen.

26 Lauterpacht wurde am 16. August 1897 in Żółkiew geboren. Eine Geburtsurkunde, ausgegraben in einem Warschauer Archiv, bestätigte, dass seine Eltern Aron Lauterpacht, ein Geschäftsmann, und Deborah Turkenkopf waren. Die Geburt wurde beglaubigt von Barich Orlander, einem Gastwirt, der zufälligerweise ein entfernter Verwandter von Leons Mutter war.

Aron war im Ölgeschäft tätig und betrieb eine Sägemühle. Deborah kümmerte sich um die Familie, Lauterpachts älteren Bruder David (Dunek) und eine jüngere Schwester Sabina (Sabka), drei Jahre nach Hersch geboren. Ein viertes Kind war tot zur Welt gekommen. Lauterpachts Familie gehörte zur Mittelschicht, war gebildet und streng religiös (Deborah führte einen koscheren Haushalt, kleidete sich bescheiden und befolgte die Tradition, eine Perücke zu tragen). Ein Familienfoto zeigt Lauterpacht mit fünf Jahren, die Fußspitzen nach außen gedreht, sich am Arm eines Vaters von solider Erscheinung festhaltend.

Lauterpachts Schwester, das kleine auf einem Hocker platzierte Mädchen, würde einmal eine Tochter namens Inka haben. Als ich sie traf, beschrieb sie Aron und Deborah als wunderbare Großeltern, freundliche und liebevolle Menschen, die hart arbeiteten, großzügig waren und für ihre Kinder das Beste wollten. Inka erinnerte sich an ein Zuhause voller Leben, das geprägt war von Musik und Büchern, Gesprächen über Ideen und Politik. Der Zukunft blickte man optimistisch entgegen. Die Familie sprach Jiddisch, doch die Eltern wechselten zu Polnisch, wenn sie nicht wollten, dass die Kinder sie verstanden.

Das Katasterarchiv von Żółkiew offenbarte, dass die Familie Lauterpacht im Haus Nr. 158 auf dem Grundstück 488 gewohnt hatte. Das lag am östlichen Ende derselben Ost-West-Straße, in der meine Urgroßmutter Malke Buchholz (Flaschner) auf der anderen Seite der Stadt aufgewachsen war.

Lyudmyla Baybula, Żółkiews großartige und freundliche Historikerin, ermittelte den genauen Ort, der jetzt asphaltiert ist, am öst-

Familie Lauterpacht, Zółkiew, 1902 (links Hersch)

lichen Stadtrand, an der Straße, auf der ich von Lwiw kommend die Stadt erreicht hatte.

»Ein guter Platz, um eine Statue aufzustellen«, bemerkte Lyudmyla trocken, und wir waren uns einig, dass das eines Tages geschehen würde. Der Ort liegt in der Nähe des Alten Friedhofs und der alten Holzkirche von der Heiligen Dreifaltigkeit, in die mich Lyudmyla

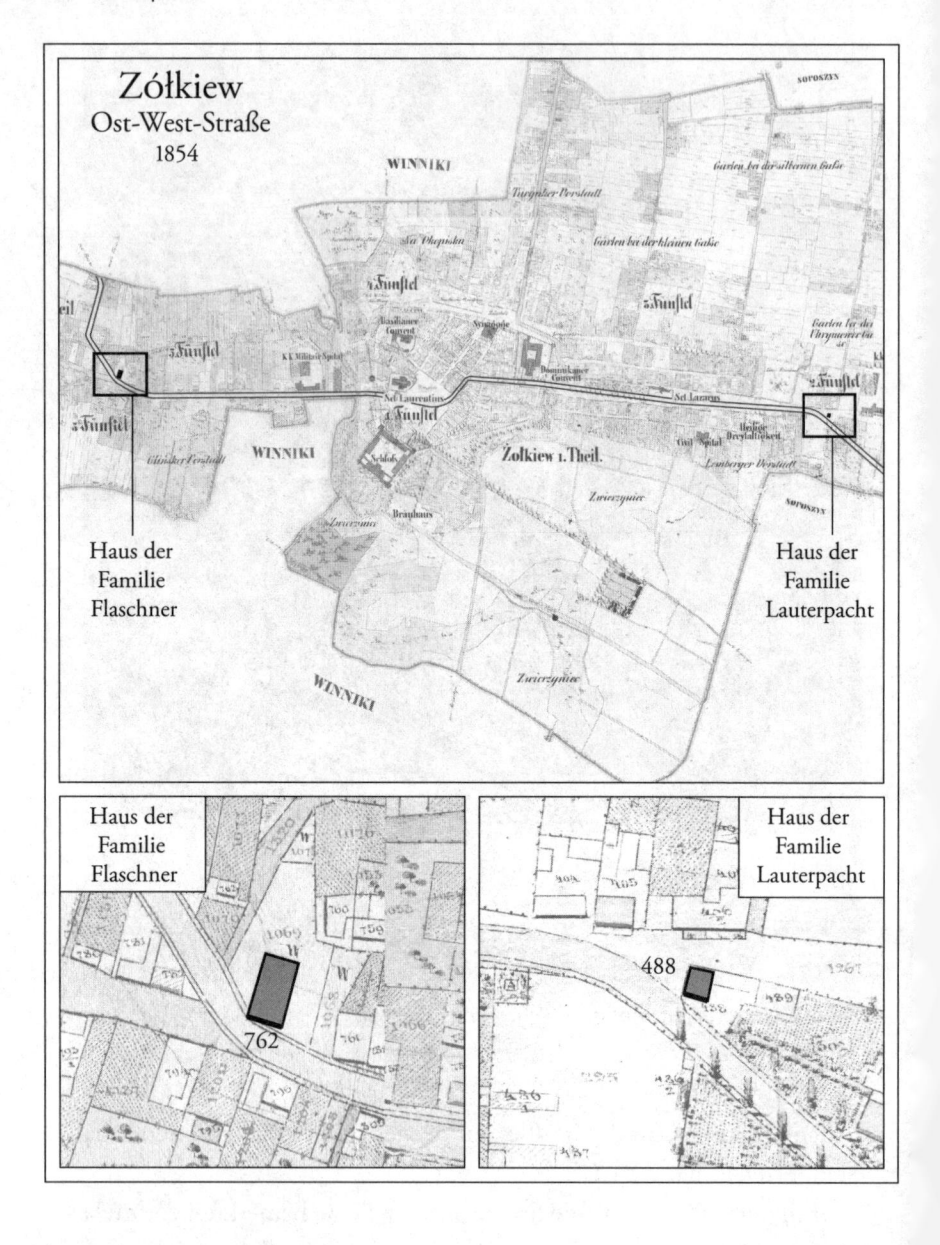

Lauterpacht

Zółkiew
Ost-West-Straße
1854

Haus der Familie Flaschner

Haus der Familie Lauterpacht

Haus der Familie Flaschner

762

Haus der Familie Lauterpacht

488

mitnahm. Das Äußere der Kirche bestand aus verwitterten braunen Schindeln, ihr Inneres war erfüllt von anheimelnden Gerüchen nach Holz und Gewürzen. Es gab eine beeindruckende Ikonostase, und der ganze Raum strahlte mit seinen goldenen Verzierungen und den dunklen Rot- und Blautönen Wärme und Sicherheit aus, er schien seit hundert Jahren unverändert. Lauterpachts Onkel David habe genau gegenüber gewohnt, sagte Lyudmyla, in einem Haus, das schon lange nicht mehr existierte. Dann wies sie mich auf ein anderes Haus in der Nähe hin, das wir besuchen sollten. Sie klopfte energisch an der Haustür, die schließlich vom Eigentümer geöffnet wurde, einem runden und fröhlichen Mann mit breitem Lächeln. »Kommt herein«, sagte er und führte uns dann in das vordere Schlafzimmer mit Blick auf die Holzkirche, wo er sich in einem schmalen Zwischenraum zwischen Bett und Wand auf die Knie niederließ. Er stemmte ein Parkettstück hoch und legte ein unregelmäßiges Loch im Boden frei, das gerade groß genug war, dass ein Erwachsener hindurchpasste. In diesem dunklen Raum hatten sich Clara Kramer und siebzehn andere Juden fast zwei Jahre lang versteckt. Darunter waren verschiedene Mitglieder der Familie Lauterpacht gewesen, nicht mehr als einen Steinwurf vom Geburtshaus Hersch Lauterpachts entfernt.

27 Lauterpacht verließ Żółkiew mit seinen Eltern und Geschwistern 1910, im zweiundsechzigsten Jahr der liberalen Herrschaft von Kaiser Franz Joseph. Wegen der besseren Schulen zog die Familie nach Lemberg. In jenem Jahr gewann ein Pferd namens Lemberg das Epsom Derby; es gehörte dem englischen Junggesellen Alfie Cox, der aber keine offensichtliche Verbindung zu der Stadt hatte.

Während Aron eine Sägemühle am Rand von Lemberg betrieb, besuchte sein Sohn – schon ein herausragender und redegewandter Junge – das Humanistische Gymnasium. Er war ein leidenschaftlicher Leser, selbstsicher, politisch engagiert und nicht geneigt, einen religiösen Weg einzuschlagen. Die Gleichaltrigen anerkannten ihn als

Anführer, ein Junge, der gebildet und willensstark war, »einen sehr scharfen Verstand« und ein Gewissen hatte. Soziale Ungleichheit prägte Lembergs Straßen, gegründet auf Fremdenfeindlichkeit, Rassismus, Gruppenidentitäten und -konflikte. Diese Themen berührten ihn von einem frühen Alter an.

In Zółkiew hatte Lauterpacht Spannungen zwischen verschiedenen Gruppen erlebt, er kannte die Trennlinien zwischen Religionen und politischen Ansichten, die das alltägliche Leben prägten. In Lemberg verschärfte sich das Bild, es war eine Stadt am Schnittpunkt nationalistischer und imperialistischer Bestrebungen, wie auch Leon erfahren hatte. Doch selbst als orthodox-jüdische Familie, die zwischen der römisch-katholischen und der griechisch-orthodoxen Zivilisation eingeklemmt war, glaubten die Lauterpachts, dass sie in einer Metropole lebten, die das Epizentrum der liberalen Zivilisation war, ein Zentrum erfindungsreicher Mathematiker und furchtloser Rechtsanwälte, geprägt von Cafés voller Wissenschaftler, von Dichtern und Musikern, eine Stadt mit einem schönen neuen Bahnhof und einem großartigen Opernhaus, ein Ort, den wenige Jahre zuvor Buffalo Bill Cody mit seiner Wildwestshow besucht hatte.

Es war auch eine Stadt der Geräusche und Gerüche. »Ich höre die Lemberger Glocken läuten; jede läutet anders«, schrieb Józef Wittlin. »Ich höre die Fontänen auf dem Ringplatz plätschern und die duftenden Bäume rauschen, von denen der Frühlingsregen den Staub abgespült hat.« Der junge Lauterpacht könnte in denselben Cafés verkehrt haben wie Wittlin, Cafés, die jetzt alle verschwunden sind: das »Europejska« an der Ecke Jagiellońska- und Trzeciego-Maja-Straße (wo »das Erscheinen eines Frauenzimmers eine beunruhigende Seltenheit war«), das »Sztuka« in der Andriolli-Passage (»wo man das Stimmung erzeugende Licht dämpfte, sobald der langhaarige Geiger Wasserman die *Träumerei* von Schumann spielte«) und das »Renaissance« an der Ecke Trzeciego-Maja- und Kościuszki-Straße (wo Kellner aus anderen Cafés in »herausfordernd hellen Jacketts und bunten Krawatten« auftauchten und sich von ihren Kollegen bedienen ließen).

Der Krieg kam vier Jahre nach der Ankunft der Familie nach Lemberg. Lauterpacht war in der Stadt, als sie im September 1914 von den Russen besetzt wurde. Zar Nikolaus erhielt die Nachricht, dass die Österreicher restlos besiegt waren und »völlig ungeordnet den Rückzug antraten«. Das bezog sich auf die große Schlacht, in der vermutlich Leons älterer Bruder Emil gefallen war. Die *New York Times* berichtete, dass die russischen »Invasoren« »Freundlichkeit« bewiesen hätten und die Kirchen und die »kleinen Gebetsräume am Wegesrand« respektierten, wodurch Lemberg inmitten des blutigen Kriegschaos so friedlich und geschäftig wirke wie London.

Im Juni 1915 eroberte die österreichisch-ungarische Armee mit Hilfe deutscher Truppen die Stadt zurück, was »einen wilden Freudentaumel in ganz Österreich und Deutschland« auslöste. Einen Monat später wurde Lauterpacht in die österreichische Armee eingezogen, wobei er offenbar die meiste Zeit in der Sägemühle seines Vaters einquartiert war. Ein Freund beobachtete ihn dort im Maschinenraum, »taub« für den Lärm der Maschinen und des Krieges in Bücher vertieft, sich selbst Französisch und Englisch beibringend. Lauterpacht führte ein gründliches Notizbuch, das sich jetzt im Besitz seines Sohnes befindet. Darin trug er die Bücher ein, in denen er sich quer durch ein breites Themenspektrum las, darunter Krieg und Ökonomie, Religion und Psychologie, Adam Smiths *Der Wohlstand der Nationen* (Wealth of Nations) und eine Abhandlung über den Marxismus. Die Musik bot ihm eine weitere Möglichkeit, der Realität zu entfliehen, besonders Bach und Beethoven, die ein Leben lang tiefe Gefühle in ihm auslösen und ihm Trost bieten würden. Man sagte ihm ein »phänomenal gutes Gehör und musikalisches Gedächtnis« nach, doch sein eigenes Spiel ging nicht über eine dilettantisch ausgeführte *Kreutzer-Sonate* hinaus.

Als es so weit war, dass er sich für ein Studium entscheiden sollte, überredeten ihn seine Eltern, in die Fußstapfen seines Bruders zu treten. Im Herbst 1915 schrieb er sich an der juristischen Fakultät der Lemberger Universität ein.

28 Die Veröffentlichungen über Lauterpachts Leben verrieten wenig über seine Universitätszeit, was er studiert oder wo er gewohnt hatte, daher entschloss ich mich, im Archiv von Lwiw nachzuforschen. Da ich weder Polnisch noch Ukrainisch beherrsche, verließ ich mich auf Ihor und Iwan, tüchtige Studenten an derselben juristischen Fakultät, an der Lauterpacht ein Jahrhundert früher studiert hatte. (Iwans Doktorarbeit über den sowjetischen Marinestützpunkt in Sewastopol auf der Krim kam, wie sich herausstellte, genau zur rechten Zeit, da sie mit einem neuerlichen territorialen Übergriff Russlands zusammenfiel, der dieses Mal in der gesetzwidrigen Okkupation der Krim bestand.) Iwan brachte mich auf eine Spur, die zu dem ausgedehnten Gebäude führte, in dem sich das Staatsarchiv der Oblast Lwiw befand.

Der Muzeina-Platz, nördlich vom Rathaus, war mir vertraut, er beherbergte einen Flohmarkt, eine Freiluftbibliothek mit Postkarten, Zeitungen und Büchern, die einen vollständigen Überblick über das qualvolle 20. Jahrhundert der Stadt bot. Mein Sohn kaufte eine sowjetische Kuckucksuhr (blau und rot, aus Metall), während ich nach Überbleibseln aus der österreichisch-ungarischen Zeit forschte, polnische Postkarten, ein paar jüdische und jiddische Objekte. Die wertvollsten Stücke – dem Preis nach zu urteilen – stammten aus den drei Jahren der Nazi-Herrschaft: Ich entdeckte die unverwechselbare Silhouette eines dunkelgrünen Stahlhelms mit einem Hakenkreuz auf der einen Seite und einem SS-Symbol auf der anderen, doch der Verkäufer scheuchte mich fort, als ich zu nahe herankam.

Das Staatsarchiv war in einem heruntergekommenen Gebäude aus dem 18. Jahrhundert untergebracht, das an ein ehemaliges Dominikanerkloster und die Barockkirche »Zum Heiligen Abendmahl« grenzte. In der sowjetischen Ära diente sie als Museum für Religion und Atheismus; jetzt war sie eine ukrainische griechisch-katholische Kirche. Eine Babuschka mit Kopftuch bewachte den Eingang. »Was wollen Sie hier?«, schrie sie. Iwan brachte das Passwort »Archiv« mit ausreichender Autorität vor, so dass uns der Eintritt gestattet wurde.

Das Geheimnis bestand darin, weiterzugehen und nicht stehen zu bleiben.

Der Zugang zum Lesesaal führte durch einen verwilderten Rosengarten und eine Metalltreppe hinauf, über die man einen regendurchtränkten Läufer gebreitet hatte. In der ersten Etage betraten Iwan und ich einen unbeleuchteten Korridor ohne Hinweisschilder, an dessen Wänden die Reste der Lembergiana lagerten. Dokumente reihten sich dort aneinander: der endgültige Abzug der österreichisch-ungarischen Armee im November 1918; die Ausrufung der unabhängigen, doch kurzlebigen Westukrainischen Volksrepublik zum gleichen Zeitpunkt; die deutsche Einkesselung des sowjetischen Lwiw im Juni 1941; Gouverneur Hans Franks Befehl, Galizien in das Territorium seines Generalgouvernements einzugliedern, im August 1941; eine andere Anordnung vom September 1941, der zufolge alle Lemberger Schulen und Universitäten geschlossen werden sollten.

Am Ende des Korridors flackerte ein Licht über dem Eingang zum Lesesaal. Hier nahm der Archivar unsere Bestellungen entgegen, im Beisein von fünf Lesern, darunter eine Nonne und zwei Schlafende.

Alles war ruhig, bis der Strom ausfiel, ein kurzes, täglich wiederkehrendes Ereignis, das ein mildes Durcheinander verursachte. Doch bei einer solchen Gelegenheit bemerkte ich, dass es der Nonne gelang, trotz der ganzen Unruhe durchzuschlafen. »Kommen Sie morgen um zehn wieder«, sagte der Archivar, »dann bekommen Sie die Akten.« Am nächsten Tag wartete ein Stapel dickleibiger Bände auf uns, ordentlich auf Holztischen aufgebaute drei Türme aus Staub, Leder und zerbröckelndem Papier. Das waren die Studentenakten der juristischen Fakultät von 1915 bis 1919.

Wir fingen mit dem Herbst 1915 an und arbeiteten uns durch Hunderte mit Hand ausgefüllter Formulare. Die Seiten waren alphabetisch nach den Namen der Studenten geordnet, die jeweils als Pole oder mosaisch (Jude) gekennzeichnet waren, mit nur wenigen Ukrainern darunter. Es war eine mühsame Arbeit. Neben den Namen waren die belegten Kurse, die Seminarstunden und die Namen

Lemberg 1917: Juristische Fakultät (links, zweites Foto von oben); Bahnhof (rechts, zweites Foto von oben); Hotel George (rechts, viertes Foto von oben)

der Professoren aufgeführt. Die Rückseite jedes Formulars war unterschrieben und mit Datum versehen.

Dank der Vorarbeit seines Freundes Ihor entdeckte Iwan ein erstes Lauterpacht-Dokument, datiert auf den Herbst 1915, kurz nach dem Abzug der Russen. Wir fanden eine nahezu lückenlose Reihe von Dokumenten aus sieben Studiensemestern von 1915 bis 1919, Lauterpachts prägenden Jahren. Es war auch seine Adresse angegeben, Ulica Rutowskiego 6, jetzt Teatralna-Straße, nur wenige Häuser von meinem Hotel entfernt. Ich war an dem Haus vorbeigegangen, hatte sogar die schönen Metalltüren mit den beiden großen, in runde Metallrahmen eingeschweißten *Ls* in der Mitte bemerkt. Lauterpacht? Lemberg? Lwów?

Ich erfuhr, dass Lauterpachts Studium mit dem römischen Recht und dem deutschen öffentlichen Recht begonnen hatte, gefolgt von einem Kurs über Seele und Körper und einem anderen über Optimismus und Pessimismus. Von den frühen Lehrern hatte nur einer einen bekannten Namen, Professor Oswald Balzer, ein Experte für polnische und österreichische Rechtsgeschichte. Balzer war ein praktizierender Advokat, der abseitige Fälle für die Regierungen von Österreich und Galizien erörterte. Beim bemerkenswertesten Fall, auf den ich im Zusammenhang mit meiner eigenen Arbeit über Grenzstreitigkeiten gestoßen war, ging es um einen Streit im 19. Jahrhundert über den Besitz von zwei Seen im Tatra-Gebirge. Balzer war ein pragmatischer Mann gewesen, was Lauterpacht beeinflusst hatte.

Das zweite Studienjahr ab September 1916 wurde vom Krieg beherrscht sowie vom Tod Kaiser Franz Josephs nach einer rekordträchtigen Regierungszeit von über achtundsechzig Jahren. Wandel lag in der Luft, während um die Stadt herum Kämpfe tobten, doch die Seminare wurden weiter durchgeführt. Bemerkenswert fand ich die vielen religiösen Themen (katholisches Kirchenrecht, dann die Geschichte und Kultur Israels) sowie die tägliche Vorlesung über Pragmatismus und Instinktivismus. Das waren die zwei Pole, zwischen denen Lauterpachts intellektuelle Entwicklung oszillierte wie ein starker elektrischer Strom. Im April 1917 absolvierte er ein Staatsexamen in Geschichts- und Rechtswissenschaft mit der besten Note (»gut«).

Sein drittes Jahr begann im September 1917, als Österreichs Kontrolle über die Stadt schwächer wurde. Lauterpacht belegte ein erstes Seminar über Strafrecht bei Professor Dr. Juliusz Makarewicz, einer bekannten Kapazität auf dem Gebiet des österreichischen Strafrechts.

Es schloss sich ein zweites Seminar bei demselben Lehrer über das Gefängniswesen an. Ein drittes Seminar über österreichische Streitverfahren wurde von Professor Dr. Maurycy Allerhand geleitet. Ich erwähne diese Namen, weil sie wieder auftauchen werden.

Sein viertes und letztes Studienjahr begann Lauterpacht auf der Schwelle zu dramatischen Veränderungen, für Lemberg, Europa und die Welt. Als im November 1918 der Erste Weltkrieg zu Ende ging – und die Österreichisch-Ungarische Monarchie zusammenbrach –, wechselte die Kontrolle über Lemberg mit jeder neuen Woche.

29 Lauterpachts Leben wurde durch einen geheimen Entschluss des Erzherzogs Wilhelm von Habsburg aus der Bahn geworfen, des dreiundzwanzigjährigen »Roten Prinzen«, der einen blutigen Konflikt zwischen Polen und Ukrainern in Lemberg auslöste. Es war im November 1918, vier Jahre nach Leons Weggang nach Wien, als Wilhelm polnischen Einheiten der österreichisch-ungarischen Armee den Rückzug aus Lemberg befahl und sie durch zwei ukrainische Regimenter der Sitscher Schützen ersetzte. Am 1. November übernahmen die Ukrainer die Kontrolle und erklärten Lwiw zur Hauptstadt der Westukrainischen Volksrepublik, eines neuen Staates.

Zwischen Polen und Ukrainern brachen daraufhin heftige Kämpfe aus. Die Juden standen zwischen den Fronten, und weil sie Angst hatten, sich auf die falsche, nämlich die Verliererseite zu schlagen, bemühten sie sich um Neutralität. Der Konflikt ging auch nach dem Waffenstillstand weiter, der von Deutschland und den Alliierten am 11. November unterzeichnet wurde, dem Tag, an dem Polen seine Unabhängigkeit erklärte. Die blutigen Unruhen erreichten die Teatralna-Straße, wo die Lauterpachts wohnten, deren Eigentum schwer beschädigt wurde. Lauterpachts Schulfreund Joseph Roth (ein Namensvetter des im nahen Brody geborenen Autors) schilderte die folgenden Tage voller »Spannungen und Konflikte«, während die österreichisch-ungarische Monarchie zerfiel. »Um die jüdische Bevölkerung zu schützen, wurde eine freiwillige jüdische Bürgerwehr organisiert«, erklärte Roth. Auch Lauterpacht gehörte ihr an und patrouillierte »bei Tag und bei Nacht« durch die jüdischen Viertel.

Innerhalb einer Woche hatten die Ukrainer die Kontrolle an die Polen verloren, und man einigte sich auf ein Abkommen zur Beendigung der Kämpfe. Während Lwiw zu Lwów wurde, kam es in den Straßen zu Plünderungen und Mord.

Ich entdeckte ein Foto von einer Barrikade in der Straße, in der die Familie Lauterpacht später wohnen sollte. Alles war von einem frühen Schneefall überpudert. Mit diesem Foto war es leichter, sich die Ereignisse während jener drei Tage vorzustellen, die die *New York Times* unter der Schlagzeile zusammenfasste: »1100 Juden in Lemberger Pogromen ermordet«. Angesichts dieses Artikels geriet Präsident Woodrow Wilson massiv unter Druck, dem Blutvergießen Einhalt zu gebieten.

Barrikade auf der Sykstuska-Straße, Lemberg, November 1918

Lauterpacht studierte stur weiter, während die blutigen Ereignisse die Gefahr unterstrichen, in der Minderheiten lebten. Als Anführer der Organisation Zionistischer Akademiker in Galizien war Lauterpacht konfrontiert mit der bitteren Realität von Zehntausenden Individuen, die sich in einem Kampf zwischen zwei Gruppen gefangen sahen. Daher gründete er ein jüdisches Gymnasium und organisierte einen Boykott polnischer Schulen. Jüdische Jugendliche konnten nicht »gemeinsam mit denen, die an den Pogromen gegen Juden teilgenommen hatten, auf der Schulbank sitzen«, erklärte einer seiner Freunde.

Der Zusammenbruch der etablierten Obrigkeit entfesselte einen gewalttätigen Nationalismus, während zugleich die Möglichkeit eines neuen polnischen oder ukrainischen Staates ins Blickfeld geriet. In der jüdischen Bevölkerung gab es unterschiedliche Reaktionen. Während die antinationalistische Gemeinde der orthodoxen Juden auf ein ruhiges Leben neben den Polen und den Ukrainern hoffte, argumentierten einige für die Schaffung eines unabhängigen jüdischen Staates irgendwo in der ehemaligen Österreichisch-Ungarischen Monarchie. Andere wollten eine größere Autonomie für Juden im seit kurzem unabhängigen Polen, während die Zionisten nichts weniger als einen eigenen jüdischen Staat in Palästina forderten.

Derartige Fragen der Gruppenidentität und Autonomie, das Erstarken des Nationalismus und die Herausbildung neuer Staaten nach dem Ende des Ersten Weltkriegs sorgten dafür, dass das Recht in den Mittelpunkt der Politik rückte. Das war dem Umfang und der Tragweite nach eine neue Entwicklung. Wie konnte das Recht Minderheiten schützen?, lautete die Frage. Welche Sprachen durften sie sprechen? Würden sie ihre Kinder in spezielle Schulen schicken können? Solche Fragen spielen auch heute noch auf der ganzen Welt eine Rolle, damals aber gab es keine internationalen Regeln, an denen man sich orientieren konnte. Jedem Staat, ob alt oder jung, stand es frei, die innerhalb seiner Grenzen lebenden Menschen nach Gutdünken zu behandeln. Das Völkerrecht legte der Bevölkerungsmehrheit wenige Beschränkungen im Umgang mit Minderheiten auf und enthielt keinerlei Rechte für den Einzelnen.

Lauterpachts intellektuelle Entwicklung fiel mit diesem entscheidenden Moment zusammen. Er war zwar in der zionistischen Bewegung aktiv, dennoch fürchtete er den Nationalismus. Der Philosoph Martin Buber, der in Lemberg lebte und lehrte, beeinflusste ihn stark. Buber lehnte den Zionismus als eine Form abstoßenden Nationalismus ab und war der Ansicht, dass ein jüdischer Staat in Palästina unweigerlich die arabischen Einwohner unterdrücken würde. Lauterpacht besuchte Bubers Vorlesungen und wurde von solchen Ideen angezogen. Er betrachtete sich als Schüler Bubers. Es zeigt sich hier ein frühes Aufflackern von Skepsis in Bezug auf die Macht des Staates.

Inzwischen gingen die Lehrveranstaltungen an der juristischen Fakultät weiter. Lauterpacht vertiefte sich in Professor Roman Longchamps de Bériers Seminar über österreichisches Privatrecht, während Österreich selbst zusammengeschrumpft war. Professor Makarewicz hielt eine tägliche Vorlesung über österreichisches Strafrecht, obschon dieses Recht im polnischen Lwów keine Gültigkeit mehr besaß, was der Veranstaltung eine surreale Atmosphäre verlieh. Lauterpacht belegte auch ein erstes Seminar über Völkerrecht, das im Herbst 1918 von Dr. Józef Buzek angeboten wurde, der in Wien politisch aktiv war und Mitglied des neuen polnischen Parlaments werden sollte. Angesichts der weitverbreiteten Diskriminierung an der Universität, an der einzelne Professoren entscheiden konnten, ob Ukrainer und Juden ihre Lehrveranstaltungen besuchen durften, müssen diese Seminare wie ein Beleg für die Bedeutungslosigkeit des Faches gewirkt haben.

Lauterpacht erwog einen Ortswechsel, vielleicht inspiriert von einem der Bücher, die er als gelesen in seinem Notizbuch vermerkt hatte. *Ghetto Comedies* von Israel Zangwill, dessen Konterfei bald auf dem Titelblatt des *Time-Magazine* erscheinen würde, war eine Sammlung von Erzählungen, die die Pracht und Herrlichkeit der »Anglisierung« behandelten. In *The Model of Sorrows* erzählte Zangwill von einem Gastwirt, der wegen der »unerträglichen« Situation von Russland nach England ausgewandert war. Eine andere Geschichte *(Holy Wedlock)* stellte eine Frage: »Würdest du nicht gern Wien besuchen?«

30 1919 war Wien die Hauptstadt eines Rumpfstaates, das letzte verbliebene Territorium einer Monarchie, die fast tausend Jahre bestanden hatte. Es war ein Ort mit heruntergekommenen Gebäuden, voll von demobilisierten Soldaten und heimkehrenden Kriegsgefangenen, mit galoppierender Inflation und österreichischen Kronen, die »wie Gallert unter den Fingern zerflossen«. Stefan Zweig beschrieb den erschütternden Gang durch eine österreichische Stadt, wo er »einer Hungersnot in die gelben und gefährlichen Augen« sah. »Das Brot krümelte sich schwarz und schmeckte nach Pech und Leim«, die Kartoffeln waren erfroren, Männer liefen in abgenutzten Uniformen und aus alten Säcken genähten Hosen herum, und es gab einen »allgemeinen Niederbruch der Moral«. Doch Wien bot noch Hoffnung für Leon und seine Familie, die bereits seit fünf Jahren dort lebten. Für jemanden wie Lauterpacht war die Anziehungskraft einer liberalen Kultur, von Literatur und Musik, von Cafés und Universitäten, die offen für alle waren, ganz sicher stark.

Im Sommer 1919 verließ Lauterpacht nach Ende seiner Lehrveranstaltungen Lwów. Europas Grenzen wurden neu gezogen, und es war unklar, an wen die Kontrolle über Lwów fallen würde. Im Januar 1918 hatte der amerikanische Präsident Woodrow Wilson eine Rede vor dem Kongress gehalten und seine Vierzehn Punkte dargelegt, Gedanken über die »autonome Entwicklung der Völker von Österreich-Ungarn«. Darin wurde auch das Streben nach einem neuen Staat berücksichtigt, in dem »unbestreitbar polnische Bevölkerungen« leben würden. Wilsons Vorschläge hatten eine unbeabsichtigte Konsequenz: Die modernen Menschenrechtsgesetze wurden auf dem Amboss von Lwów und seiner Umgebung geschmiedet.

Im April 1919, als die Versailler Verhandlungen sich auf ihr Ende zubewegten, zog eine zwischenstaatliche Kommission für polnische Angelegenheiten eine Linie, um die polnische Ostgrenze festzulegen. Sie wurde nach dem britischen Außenminister Curzon-Linie genannt, und Lauterpacht spielte als Dolmetscher eine kleine Rolle bei ihrer Vorbereitung (obwohl er darüber nie geschrieben hat). Er kannte das Territorium und beherrschte die Sprachen. »Hersch, damals 21 Jahre alt, wurde als Dolmetscher ausgewählt und erfüllte seine Aufgabe zufriedenstellend«, berichtete ein Freund. Inzwischen sprach Lauterpacht Französisch, Italienisch, Polnisch und Ukrainisch und hatte Kenntnisse in Hebräisch, Jiddisch und Deutsch. Er konnte sogar ein wenig Englisch. Die Curzon-Linie verlief östlich von Lwów, wodurch die Stadt und ihre Umgebung einschließlich Żółkiew an Polen fielen statt an Russland.

Diese Entwicklungen wurden begleitet von Angriffen auf Juden in ganz Polen, was in den Vereinigten Staaten und anderswo Besorgnis darüber hervorrief, ob das seit kurzem unabhängige Land in der Lage sein würde, seine deutschen und jüdischen Minderheiten zu schützen. Im Schatten von Versailles wurde eine Gegenleistung gefordert: Polen würde seine Unabhängigkeit erhalten, sofern es die Rechte seiner Minderheiten schützte. Auf Weisung von Präsident Wilson berichtete der Harvard-Historiker Archibald Coolidge über die Bedingungen in Lwów und Galizien und forderte, dass den Minderheiten der grundlegende Schutz von »Leben, Freiheit und Streben nach Glück« zugesichert würde.

Präsident Wilson schlug einen Sondervertrag vor, der Polens Mitgliedschaft im Völkerbund mit der Verpflichtung verband, rassischen und nationalen Minderheiten gleiche Behandlung angedeihen zu lassen. Wilson wurde von Frankreich unterstützt, doch Großbritannien legte Widerspruch ein, da es befürchtete, dass ähnliche Rechte dann auch anderen Gruppen wie den »amerikanischen Negern, den Südiren, den Flamen und Katalanen« eingeräumt würden. Der neue Völkerbund dürfe sich nicht schützend vor sämtliche Minderheiten weltweit stellen, beschwerte sich ein britischer Beamter, sonst hätte er »das Recht, die Chinesen in Liverpool, die Römisch-Katholischen in Frankreich, die Franzosen in Kanada zu schützen, ganz abgesehen von schwerwiegenderen Problemen wie dem der Iren«. Großbritannien sprach sich gegen jede Einschränkung der Souveränität – des Rechts, andere nach Belieben zu behandeln – oder internationale Kontrolle aus, auch wenn der Preis dafür mehr »Ungerechtigkeit und Unterdrückung« war.

Das war der Hintergrund, vor dem prozionistische und nationaljüdische Delegationen im März 1919 in Paris eintrafen. Neben größerer Autonomie sowie sprachlichen und kulturellen Rechten forderten sie auch Selbstverwaltung und angemessene politische Repräsentation ein. Während darüber debattiert wurde, kursierte ein Bericht über ein Massaker in Pinsk, 350 Kilometer nördlich von Lwów, bei dem eine Gruppe polnischer Soldaten fünfunddreißig jüdische Zivilisten ermordet hatte. Unter diesem Eindruck verständigte man sich in Versailles schließlich auf einen Vertragsentwurf zum Schutz der polnischen Minderheiten. Am 21. Mai wurde der polnischen Delegation in Versailles ein Exemplar des Entwurfs überreicht, der Präsident Wilsons Forderung nach »strengem Schutz« von Minderheiten widerspiegelte. Das wurde von der neuen polnischen Regierung als unrechtmäßige Einmischung in ihre inneren Angelegenheiten betrachtet. Ignacy Paderewski, der klassische Pianist und Leiter der polnischen Delegation, wandte sich direkt an den britischen Premierminister David Lloyd George und verlangte, dieser solle sämtliche Klauseln des Vertragsentwurfs zurückweisen. Man solle kein »jüdisches Problem« schaffen, warnte er, weder in Polen noch anderswo. Da Lloyd George befürchtete, Warschau könnte den Vertrag nicht unterschreiben, versprach er Zugeständnisse.

Einen Monat später wurde der Versailler Vertrag unterzeichnet. Artikel 93 verlangte von Polen die Unterschrift unter einen zweiten Vertrag, der Einwohner, die sich durch Rasse, Sprache oder Religion von der Bevölkerungsmehrheit unterschieden, schützte. Die Alliierten würden berechtigt sein, zugunsten dieser Minderheiten zu intervenieren, was in den Augen der Polen eine weitere Demütigung darstellte, zumal ihnen einseitige Verpflichtungen auferlegt wurden – einigen Gruppen, aber nicht allen, wurden Rechte verliehen, und die siegreichen Mächte kamen um vergleichbare Verpflichtungen gegenüber ihren eigenen Minderheiten herum.

Polen wurde im Grunde gezwungen, das Dokument zu unterschreiben, das als Kleiner Vertrag von Versailles bekannt wurde. Artikel 4 übertrug die polnische Staatsbürgerschaft auf jeden, der in und um Lwów geboren worden war, darunter Lauterpacht und Leon. Von Polen wurde verlangt, dass es Schritte unternahm, um alle seine Einwohner zu schützen, »ohne Unterschied der Geburt, Nationalität, Sprache, Rasse oder Religion«. Minderheiten durften ihre eigenen Schulen sowie ihre eigenen religiösen und sozialen Einrichtungen betreiben, dazu wurden ihnen das Recht auf ihre Sprache und religiöse Freiheit garantiert. Doch der Polnische Minderheitenvertrag ging noch weiter: Er erklärte die Rechte der betroffenen Minderheiten zu »Verpflichtungen von internationalem Interesse«, die vom Völkerbund verteidigt werden sollten. Jede Streitigkeit konnte vor den in Den Haag neugegründeten Ständigen Internationalen Gerichtshof kommen.

Diese revolutionären Verpflichtungen verliehen einigen Minderheiten in Polen das Recht auf internationalen Schutz, nicht aber der polnischen Mehrheit. Das provozierte eine Gegenreaktion – ein kleiner Vertrag, eine kleine Zeitbombe, die unbeabsichtigte Folge gutgemeinter internationaler Diplomatie. Wenige Tage nach Unterzeichnung des Minderheitenvertrags setzte Präsident Wilson eine Kommission ein, die die Situation der Juden in Polen untersuchen sollte, vermutlich auf Bitte von Ministerpräsident Paderewski. Henry Morgenthau, der frühere amerikanische Botschafter im Osmanischen Reich, sollte ihr vorstehen. Marschall Józef Piłsudski, Oberhaupt des neuen polnischen Staates, beklagte sich bitter über den Minderheitenvertrag. »Warum vertraut man nicht auf Polens Ehre?«, fragte er Morgenthau.

»Jede Fraktion in Polen hat zugestimmt, den Juden Gerechtigkeit widerfahren zu lassen, und doch beleidigt uns die Friedenskonferenz, auf Betreiben Amerikas, indem sie uns *befiehlt*, Gerechtigkeit zu üben.«

Die Kommission besuchte am 30. August 1919 Lwów. Ihre Mitglieder lobten die »außerordentlich hübsche und modern wirkende« Stadt, die die Ereignisse des vorherigen Novembers weitgehend unbeschädigt überstanden hatte, abgesehen vom jüdischen Viertel, das »niedergebrannt« worden war. Die Kommission stellte fest, dass trotz einiger »Exzesse« nur vierundsechzig Menschen getötet worden waren, viel weniger als die von der *New York Times* berichteten tausend Toten. Sie fand auch heraus, dass die dafür Verantwortlichen Soldaten und nicht Zivilisten gewesen waren und es daher »unfair wäre, die polnische Nation insgesamt« für die Gewalttätigkeit einiger Truppenteile oder eines örtlichen Mobs verantwortlich zu machen.

Kurz vor der Abreise bestieg der junge Rechtsberater der Kommission, Arthur Goodhart, gemeinsam mit Dr. Fiedler, dem Präsidenten des Polytechnikums in Lwów, den großen Berg Wysokyi Zamok im Norden, von dem aus man die Stadt überblicken konnte. Ärger braue sich zusammen, erzählte Dr. Fiedler Goodhart, wegen der separaten Schulen, die die Juden verlangt hätten. Wer sich nicht assimilierte, hatte sich auf Schwierigkeiten gefasst zu machen.

31 Fast ein Jahrhundert später stieg ich denselben Pfad hinauf, den Fiedler und Goodhart zum Gipfel des Berges gegangen waren, und schaute auf die Stadt hinunter, die damals, 1919, an der Schwelle zu großen Veränderungen gestanden hatte. »Ich war nicht in der Lage, mein Abschlussexamen abzulegen«, beschwerte sich Lauterpacht, »weil die Universität die Juden Ostgaliziens aussperrte.« Er folgte dem Wink des Schriftstellers Israel Zangwill und machte sich auf den Weg nach Wien.

Ich besuchte das Haus, in dem er gewohnt hatte, ein graues vierstöckiges neoklassisches Gebäude in der Teatralna-Straße, das heute ein »Kosakenhotel« beherbergt und weitgehend unversehrt ist. Ein Foto aus der damaligen Zeit zeigt das Gebäude eingerahmt von zwei Kirchen und mit dem imposanten Turm des Rathauses dahinter. Eine Plakette im Eingangsbereich nannte den Namen des Architekten (Ingenieur A. Piller, 1911), der einen mächtigen Treppenhausschacht geschaffen hatte, den oben ein Dachfenster abschloss. Die Wohnung im ersten Stock hatte einen Balkon, der einen schönen Blick über die Stadt bot.

Ich stellte mir vor, wie Lauterpacht sich von diesem Blick verabschiedete und zum Bahnhof aufbrach. Unterwegs umfing ihn noch einmal das pulsierende Leben der Stadt, wie es Karl Emil Franzos beschrieben hat, vorbei an Husarenoffizieren und eleganten Herren, moldawischen Bojaren mit »schwarzen verschmitzten Gesichtern« und »schweren Goldringen«, dunkeläugigen Frauen in »schweren Seidenkleidern und schmutzigen Unterröcken«, langbärtigen ruthenischen Popen und »abgebrühten Cocotten, die nach Bukarest und Jassy gehen, um ›ihr Glück zu machen‹.« Franzos hätte auch einigen »zivilisierten Reisenden« begegnet sein können, emanzipierten polnischen Juden, die wie Lauterpacht nach Westen strebten.

Lauterpacht kam auf dem Nordwestbahnhof von Wien an, der Stadt von Freud, Klimt und Mahler. Nach dem traumatischen Untergang der Habsburger Monarchie herrschten wirtschaftlich schwierige Zeiten. Lauterpacht fand sich im »Roten Wien« wieder – einer Stadt mit einem sozialdemokratischen Bürgermeister, in der es von Flüchtlingen aus Galizien wimmelte und Inflation und Armut herrschten. Die russische Revolution versetzte die einen in Aufregung, während sie bei anderen Hoffnungen weckte. Österreich war in die Knie gegangen, ein Reich hatte sich aufgelöst. Das Land war bei der Kohleversorgung nun von Tschechen und Polen abhängig, beim Getreide vom Banat. Es verfügte über keinen Zugang zum Meer, da es den größten Teil des früheren Territoriums verloren hatte, darunter das deutschsprachige Sudetenland und Südtirol, Ungarn, die Tschechoslowakei und Polen, ebenso Slowenien, Kroatien, die Bukowina sowie

Bosnien und Herzegowina. Dem Land war die Bildung einer Union mit Deutschland untersagt, und es durfte sich nicht einmal Deutschösterreich nennen.

Das Gefühl, gedemütigt worden zu sein und unterdrückt zu werden, verlieh nationalistischen Stimmungen weiter Auftrieb. Die vielen »Ostjuden« aus Galizien – junge Männer wie Lauterpacht und Leon – wurden zu Sündenböcken. Ungefähr zu der Zeit, als Lauterpacht in Wien ankam, versammelten sich 5000 Demonstranten im Rathaus, um die Ausweisung aller Juden aus der Stadt zu fordern. Zwei Jahre später, im März 1921, waren es bereits 40000, die an einer Demonstration des Antisemitenbundes teilnahmen und der Forderung des Burgtheaterdirektors Hofrat Millenkovich nach strenger Begrenzung von Arbeitsstellen für Juden applaudierten.

Der Journalist Hugo Bettauer veröffentlichte 1922 den Bestseller-Roman *Die Stadt ohne Juden*. »Wenn ich in der Lage war, aus dem brennenden Lemberger Ghetto herauszukommen und Wien zu erreichen«, erklärte einer von Bettauers Charakteren, »wer' ich auch aus Wien wieder irgendwohin kommen.« In dem Roman zerfällt die Stadt ohne ihre Juden, worauf man den Fehler erkennt und sie zur Rückkehr einlädt. Bettauer bezahlte einen Preis für dieses Gedankenspiel – er wurde 1925 von Otto Rothstock, einem jungen Nationalsozialisten, ermordet, der vor Gericht gestellt, doch aufgrund von Unzurechnungsfähigkeit freigesprochen wurde (er wurde später Zahnarzt). Die nationalistische *Wiener Morgenzeitung* warnte, Bettauers Ermordung sei eine Botschaft an »jeden Intellektuellen, der für eine Sache schreibt«.

Solche Ereignisse beeinflussten Lauterpachts Leben in Wien. Er war jetzt an der juristischen Fakultät der Universität eingeschrieben, und sein Lehrer war der angesehene juristische Philosoph Hans Kelsen, ein Freund und Universitätskollege von Sigmund Freud. Kelsen verband Wissenschaft und Praxis, denn er war während des Krieges Rechtsberater des österreichischen Kriegsministers gewesen. Er half bei der Ausarbeitung von Österreichs revolutionärer neuer Verfassung, die Vorbild für andere europäische Staaten wurde. Österreich war das erste europäische Land mit einem unabhängigen Verfassungsgericht, das die Macht hatte, die Verfassung zu interpretieren und anzuwenden, und zwar auf Ersuchen einzelner Staatsbürger.

1919 war Kelsen Richter am Verfassungsgericht geworden und brachte so Lauterpacht in direkten Kontakt mit einer in Europa – wenn auch nicht in Amerika – neuen Idee: Einzelpersonen besaßen unveräußerliche verfassungsmäßige Rechte, und sie konnten vor Gericht ziehen, um sie durchzusetzen. Das war ein anderes Modell als der Minderheitenschutz etwa in Polen. Die beiden wichtigsten Unterschiede – zwischen Gruppen und Individuen, zwischen nationaler und internationaler Durchsetzung – beeinflussten Lauterpachts Denken. In Österreich wurde der einzelne Mensch in den Mittelpunkt der Rechtsordnung gestellt.

In der exklusiven, konservativen Welt des Völkerrechts – wo die Vorstellung herrschte, das Recht habe dem Souverän zu dienen –, war dagegen die Idee, dass ein Einzelner über Rechte verfügte, die er gegen den Staat durchsetzen konnte, unvorstellbar. Der Staat musste frei sein, nach Belieben zu handeln, wenn er sich nicht selbst Regeln auferlegte (oder ihm solche oktroyiert wurden wie im Falle Polens und des Minderheitenvertrags). Kurz gesagt konnte der Staat mit seinen Staatsbürgern tun und lassen, was er wollte. Er konnte sie diskriminieren, foltern oder töten. Artikel 93 des Versailler Vertrags mochte ebenso wie der Polnische Minderheitenvertrag, der dafür verantwortlich war, dass meinem Großvater 1938 seine polnische Staatsbürgerschaft entzogen wurde, etlichen Minderheiten in etlichen Ländern Schutz bieten, aber er bot keinen generellen Schutz für den Einzelnen.

Lauterpacht fiel seinem Professor auf. Kelsen bemerkte die »außergewöhnlichen intellektuellen Fähigkeiten« des jungen Mannes aus Lemberg, diesem »wahrhaft wissenschaftlichen Geist«. Er nahm auch das mit einem »nicht zu verleugnenden Akzent seiner Herkunft« gesprochene Deutsch wahr, denn der Schüler war ein »Ostjude«, was im Wien der 1920er Jahre ein »ernsthaftes Handicap« bedeutete. Das war vermutlich der Grund, warum die ihm verliehene Note im Juni 1921 nur ein »Bestanden«, nicht ein »Ausgezeichnet« war.

Lauterpacht vertiefte sich in das Studium des Völkerrechts und in eine Doktorarbeit über den neuen Völkerbund. Er arbeitete unter zwei Betreuern: Professor Leo Strisower, der Jude war, und Professor Alexander Hold-Ferneck, der kein Jude war. Im Juli 1922 wurde ihm der Doktortitel in Politikwissenschaft mit der Note »Hervorragend« verliehen. Die Note überraschte Kelsen, der Hold-Ferneck als strammen Antisemiten kannte (fünfzehn Jahre später, nach dem »Anschluss«, würde Hold-Ferneck seinen Universitätskollegen Eric Voegelin öffentlich – und fälschlicherweise – bezichtigen, Jude zu sein, was den hervorragenden Philosophen zur Flucht nach Amerika veranlasste).

In einer Umgebung, die von Gustav Mahler verlangte, sich römisch-katholisch taufen zu lassen, um Dirigent der Wiener Staatsoper zu werden, sah sich Lauterpacht erneut mit der Realität ethnischer und religiöser Diskriminierung konfrontiert. Das trieb ihn hin zu einer neuen Idee, nämlich der »zwingenden Notwendigkeit« individueller Rechte. Da es ihm nicht an Selbstbewusstsein mangelte, sah er sich als intellektuellen Führer. Zeitgenossen erkannten in ihm einen hervorragenden Rechtsanwalt, einen jungen Wissenschaftler mit einem »beißenden« Sinn für Humor, angetrieben von einem Verlangen nach Gerechtigkeit. Lauterpacht – dunkelhaarig und mit Brille, mit energischem Gesicht und festem Blick – war ein zurückhaltender Mann, der in »einer eigenen Welt« lebte, sich aber auch politisch engagierte und aktiv am jüdischen Studentenleben teilnahm. Er wurde Präsident des Hochschulausschusses, des Koordinationskomitees für jüdische Studentenorganisationen, und 1922 zum Vorsitzenden des Weltbundes Jüdischer Studenten gewählt, bei dem Albert Einstein Ehrenpräsident war.

Nebenbei kümmerte er sich auch um profanere Dinge und half

bei der Leitung eines jüdischen Studentenwohnheims. Als es darum ging, eine Haushälterin einzustellen, fiel die Wahl auf eine junge Frau namens Paula Hitler – ohne zu wissen, dass ihr Bruder der Führer der schnell wachsenden Nationalsozialistischen Deutschen Arbeiterpartei war. Adolf Hitler tauchte 1921 unerwartet in Wien auf, ein »vom Himmel gefallener Besucher« – wie es seine Schwester ausdrückte –, der damals noch weitgehend unbekannt war.

32 Lauterpacht, der als Redner gefragt war, wurde auf einer Universitätsveranstaltung Rachel Steinberg vorgestellt, einer intelligenten, willensstarken, attraktiven Musikstudentin aus Palästina. Sie war sehr beeindruckt von dem jungen Jurastudenten, »so ruhig, so freundlich – keine Handbewegung – so ganz anders als die Studenten aus Osteuropa sonst«. Ihr gefiel seine emotionale Zurückhaltung, und beide waren bald verliebt. Bei ihrem ersten Rendezvous spielte sie eine frühe Klaviersonate von Beethoven, die ihr Lehrer für sie bearbeitet hatte. In einem späteren Brief wurde die Sonate als »sehr schön, doch nicht leicht zu spielen« beschrieben (vielleicht war es die Sonate Nr. 8, die *Pathétique*?). Lauterpacht lud Rachel zu einem Konzert in das Wiener Konzerthaus ein, bei dem auch Beethovens Siebente Sinfonie aufgeführt wurde, vielleicht dirigiert von Wilhelm Furtwängler. Sie war entzückt von der Musik und von ihrem Begleiter, der höflich und korrekt war und einen ausgeprägten Sinn für Humor hatte. Zudem kleidete er sich gut.

Als Lauterpacht sie einlud, ihn nach Berlin zu begleiten, nahm sie an. Sie waren getrennt untergebracht, sie im Hotel Excelsior, er in einer Pension im Bezirk Charlottenburg. Am Abend des 17. Dezember 1922 – einen Tag nach der Ermordung des polnischen Präsidenten Gabriel Narutowicz durch einen nationalistischen Kunstkritiker – wagte Lauterpacht, ihre Hand zu nehmen, sie auf den Mund zu küssen und ihr seine Liebe zu erklären. Da er ihren Wunsch kannte, am Royal College of Music zu studieren, schlug er ihr eine schnelle

Verlobungsfoto von Hersch und Rachel, Berlin,
18. Dezember 1922

Verlobung, Heirat und den Umzug nach London vor. Sie antwortete, sie wolle es sich überlegen, da sie sich fragte, ob er es ernst meinte.

Er meinte es ernst. Am nächsten Morgen erschien er im Excelsior mit einem Telegramm seiner Eltern, das ihre Freude über die Verlobung bekundete. Lauterpacht war überrascht und vielleicht irritiert, dass sie nicht ebenfalls an ihre Eltern geschrieben hatte. Sie willigte in die Verlobung ein.

Einen Monat später gaben auch Rachels Eltern in Palästina ihr Einverständnis zu der Heirat. Lauterpacht schrieb aus Berlin, um ihnen von ganzem Herzen zu danken. Im Februar 1923 kehrte das Paar nach Wien zurück, wo sie am Dienstag, dem 20. März, heirateten. Zwei Wochen danach reisten sie per Zug durch Deutschland und dann mit dem Schiff nach England.

33 Die Neuvermählten gingen am 5. April 1923 im Fischereihafen Grimsby im Nordosten Englands an Land. Lauterpacht reiste mit einem polnischen Pass, Rachel mit einem von der britischen Mandatsregierung in Palästina ausgestellten Dokument. Er schrieb sich an der London School of Economics and Political Science (LSE) ein, sie am Royal College of Music. Während der ersten Monate in London lebten sie an verschiedenen Orten in der City, unter anderem in einer Wohnung am Regent Square und einer anderen in der Nähe der Caledonian Road. Die LSE stand damals unter dem Einfluss von Sidney und Beatrice Webb, fortschrittlichen Sozialisten, und war ein angesagter Campus in der Houghton Street, gegenüber dem Gebäude, das später das Bush House der BBC werden sollte.

Lauterpachts Lehrveranstaltungen begannen im Oktober, nachdem es ihm nicht gelungen war, eine Professur für Völkerrecht in Lwów zu bekommen. An der LSE studierte er bei Arnold McNair, einem Dozenten für Völkerrecht, der aus einer angesehenen schottischen Intellektuellenfamilie stammte. McNair war ganz an der Praxis orientiert und hatte kein großes Interesse für die Theorie oder Philosophie des Rechts. Er machte Lauterpacht mit der angelsächsischen Methode bekannt, die den Schwerpunkt auf Präzedenzfälle und Pragmatismus legt. McNair hielt seinen Schüler für einen Ausnahmeintellektuellen, wenngleich er in der Gesellschaft von Fremden etwas introvertiert wirkte. Menschen, die ihn nicht näher kannten, wüssten »seine wahren Qualitäten« vielleicht nicht zu schätzen, erklärte McNair. Doch er und seine Frau Marjorie wurden »enge und treue« Freunde, wie

Rachel sich erinnerte, und »große Bewunderer von mir«. Die Kinder und Enkel der McNairs nannten sie »Tante Rachel«.

McNairs pragmatische Herangehensweise spiegelte sich in seinen Schriften, die heute noch als wichtige Referenzwerke zu Verträgen und Krieg gelten. Er war ein Mann des Ausgleichs, der Mäßigung und der Unabhängigkeit, Charakterzüge, die Lauterpacht als britisch schätzte und die sich deutlich unterschieden von den Leidenschaften Lwóws und Wiens.

Als Lauterpacht in London ankam, war sein Englisch so schlecht, dass er kaum zu verstehen war, selbst wenn er nur nach dem Weg fragte. Er hatte wohl englische Texte gelesen, ehe er nach London kam, aber er hatte offensichtlich nie jemanden Englisch sprechen hören. »Bei unserem ersten Treffen konnten wir uns kaum unterhalten«, erinnerte sich McNair, das gesprochene Englisch seines Schülers war »kaum verständlich«. Doch nach vierzehn Tagen war McNair »verblüfft« von Lauterpachts fließender Sprachbeherrschung, von den gutgebauten englischen Sätzen, die ein Merkmal seiner Texte wurden. Er verdankte diesen Erfolg unzähligen Unterrichtsstunden, bis zu acht täglich, um seinen Wortschatz und ein Ohr für die Aussprache zu entwickeln. Die Abende verbrachten Hersch und Rachel »ohne Ende im Kino«, obwohl nicht ganz klar ist, inwieweit das beim Spracherwerb half – die großen Filme des Jahres, Harold Lloyds *Ausgerechnet Wolkenkratzer!* (Safety Last!) und James Cruze' Meilenstein-Western *Die Karawane* (The Covered Wagon), waren Stummfilme.

Mehrere Leute, die ihn gekannt hatten, erzählten mir, dass Lauterpacht eine weiche und kehlige Stimme besaß und nie seinen deutlichen Akzent verlor. Erst viel später, nachdem er einen Vortrag für die BBC aufgenommen hatte, wurde ihm bewusst, wie er klang. Er war »erstaunt«, als er sich die Aufzeichnung anhörte, und bestürzt über den »starken europäischen Akzent«. Er soll das Radio ausgeschaltet, sich einen großzügig bemessenen Whisky eingegossen und geschworen haben, sich nie wieder aufnehmen zu lassen. Entsprechend sind keine Aufnahmen von seiner Stimme bekannt.

34   Nach einigen Jahren fühlte sich Lauterpacht in London zu Hause, weit weg vom andauernden Aufruhr in Mitteleuropa. Er wohnte mit Rachel in einem kleinen Haus in Cricklewood, in 103 Walm Lane, einem grünen Vorort in Nordwest-London, nicht weit von meinem heutigen Zuhause. Als ich mir das Haus ansah, stellte ich fest, dass die Eingangsfliesen verschwunden waren, aber die Holzverzierungen um den Hauseingang waren noch da und jetzt grün gestrichen. Bei gelegentlichen finanziellen Engpässen hatte McNair mit einem kleinen Darlehen ausgeholfen.

Der Sommer 1928 war ereignisreich. Zunächst reiste Lauterpacht als Mitglied der britischen Sektion nach Warschau zu einer Konferenz der International Law Association. Von dort fuhr er nach Lwów, um seine Familie zu besuchen. Sein Bruder David war mit Ninsia, einer Jurastudentin, verheiratet, und die beiden hatten eine kleine Tochter, Erica. Seine Schwester Sabina war ebenfalls verheiratet, mit Marcele Gelbard (ihr einziges Kind, ein Mädchen namens Inka, wurde zwei Jahre später, 1930, geboren). Auf der Reise traf er alte Freunde und überraschte neue Bekannte mit seinem fließenden Polnisch, der ersten Sprache, die er in seiner Kindheit in Żółkiew und Lemberg gelernt hatte. Ein hohes Mitglied des polnischen Richterstandes erkundigte sich, wieso er ein »so gutes Polnisch« spreche, worauf er bissig »dank Ihres Numerus Clausus« entgegnete (ein Verweis auf die Regelungen, die ihm ein weiteres Studium in Lwów unmöglich gemacht hatten).

Lauterpacht hatte inzwischen einen dritten Doktorgrad erworben, diesmal betreut von McNair. Der Titel seiner Dissertation, *Private Law Sources and Analogies of International Law,* klingt vielleicht etwas sperrig, doch es war ein Werk von großer Bedeutung. Lauterpacht ging darin dem Einfluss nationaler Gesetze auf die Entwicklung des Völkerrechts nach und hielt Ausschau nach Brücken zwischen den beiden Systemen, in der Hoffnung, auf diese Weise die Lücken innerhalb der internationalen Gesetzgebung schließen zu können. Er war noch immer beeinflusst von Kelsen, der an die Macht der Verfassungsmäßigkeitsprüfung glaubte, und vielleicht auch von den Ideen Sigmund Freuds, die Licht auf die Bedeutung des Individuums und dessen Beziehung zur Gruppe warfen. Lauterpacht verfolgte dieses Thema weiter und konzentrierte sich auf den Einzelnen unter den vielen.

Ein Anstoß für seine Arbeit war die Einrichtung des ersten globalen Gerichtshofes, ein Produkt des Versailler Vertrags. Der Ständige Internationale Gerichtshof mit Sitz in Den Haag öffnete seine Türen 1922 und sollte dazu dienen, zwischenstaatliche Streitigkeiten beizulegen. Unter den Quellen des internationalen Rechts, das er anwandte – hauptsächlich waren es Verträge und Gewohnheitsrecht –, waren »allgemeine Rechtsprinzipien, die von zivilisierten Nationen anerkannt werden«. Diese waren in nationalen Rechtssystemen zu finden, so dass der Inhalt des internationalen Rechts sich auf die besser verankerten Gesetze des nationalen Rechts stützen konnte. Lauterpacht erkannte, dass diese Verbindung zwischen dem nationalen und dem internationalen Recht eine »revolutionäre« Möglichkeit bot, die Gesetze so zu entwickeln, dass sie der vermeintlich »ewigen und unveräußerlichen« Macht des Staates strengere Grenzen setzten.

Pragmatisch und instinktiv, wie er war, geprägt von seinem Leben und den Jurastudien in Lemberg, glaubte Lauterpacht fest daran, dass die Macht des Staates beschränkt werden könne. Dazu waren aber keine hehren Absichten, sei es von Schriftstellern oder Pazifisten, vonnöten, sondern präzise und tief verwurzelte Ideen, wie man Gerechtigkeit schaffen und zum »internationalen Fortschritt« beitragen konnte. Zu diesem Zweck strebte Lauterpacht ein internationales Recht an, das weniger isoliert und elitär war, offener für »Einfluss von außen«. Seine Doktorarbeit – über die Nutzung allgemeiner Prinzipien des nationalen Rechts zur Stärkung internationaler Verpflichtungen – wurde im Mai 1927 publiziert und fand großen Beifall in Wissenschaftskreisen. Heute, fast ein Jahrhundert später, gilt die Dissertation weiterhin als ein Werk von fundamentaler Bedeutung.

Das Buch brachte Lauterpacht breite Anerkennung ein und im September 1928 eine Anstellung als Dozent mit Lehrauftrag an der juristischen Fakultät der LSE. McNair meinte, dass er es bei seiner Wahl des Landes gut getroffen hatte. »Ich glaube nicht, dass es hier, ausgenommen in Sportlerkreisen und bei den Börsianern, viel negative Gefühle gegen einzelne Ausländer gibt«, erklärte er, vielleicht etwas zu optimistisch, auch wenn es »eine Menge ausländerfeindliche Gefühle« im Parlament und in der Presse gebe. Es sei ein »Glück für uns«, so McNair, dass Lauterpacht sich für Großbritannien entschieden habe. Dennoch zog er ihn wegen seiner europäischen Anmaßungen auf. Warum solle man das Wort »Normen« benutzen, fragte er, das sei doch viel zu »hochgestochen« für die banausischen Briten. Der praktische McNair ermunterte Lauterpacht, Barrister (Prozessanwalt) zu werden und damit Teil des Londoner juristischen Lebens und des Establishments. Das gelang ihm auch, aber nur bis zu einem gewissen Punkt. (1954 traf Lauterpacht als Kandidat für den britischen Richterposten am Internationalen Gerichtshof auf Widerstand, der jedoch erfolglos blieb, wie sich herausstellte. Er kam von Kronanwalt Sir Lionel Heald, M. P., mit der Begründung, dass der »Vertreter« Großbritanniens am Haager Gerichtshof »durch und durch britisch sein und auch so gesehen werden soll, wogegen Lauterpacht die Tatsache nicht leugnen kann, dass er in dieser Hinsicht weder durch Geburt noch durch Namen oder Bildung qualifiziert ist«.)

McNair beschrieb seinen Protegé als einen Mann, der nicht die »Spur eines politischen Agitators« an sich hatte, jedoch eine »Leidenschaft für Gerechtigkeit« und »die Linderung von Leiden« besaß. McNair glaubte, dass die Ereignisse, deren Zeuge er von 1914 bis 1922 in Lemberg und Wien geworden war, Lauterpacht in seiner Überzeugung von der »unbedingten Notwendigkeit«, die Menschenrechte zu schützen, bestärkt hatten. Individuen sollten »internationale Rechte besitzen«, was damals eine innovative und revolutionäre Idee war und es in vielen Gegenden noch heute ist.

Falls Lauterpacht Lwów vermisste, dann wegen der Familie, nicht wegen des Ortes. Seine Sorgen wurden durch die Briefe seiner Mutter kaum geringer, die schrieb, dass die Dinge »zu Hause nicht besonders gut« stünden, ein Hinweis auf wirtschaftliche Probleme. 1928 unternahm sie eine erste Reise nach London, um ihren neuen Enkel Elihu zu sehen, der in diesem Jahr geboren worden war. Ihr Sohn hieß sie willkommen, schimpfte aber über ihre Aufmachung, verbat sich ihre »lackierten Nägel« und zwang sie, den Nagellack zu entfernen.

Gleichen Widerstand setzte er den Bestrebungen seiner Mutter entgegen, Rachel zu beeinflussen, die sich eine modische Bobfrisur mit Pony à la Louise Brooks zulegte. Lauterpacht »platzte vor Wut«, als er die neue Frisur sah, und bestand darauf, dass sie zum Dutt zurückkehrte, was einen größeren Streit zwischen den Eheleuten auslöste – und Rachels Drohung, ihn zu verlassen: »Ich kann und muss mein harmloses Privatleben haben, ohne dass du mich tyrannisierst.« Am Ende gab Rachel jedoch nach: Der Dutt war noch da, als ich sie über fünfzig Jahre später traf.

Individuelle Rechte für einige, aber nicht für die Mutter oder die Ehefrau.

35 Fünf Jahre später, im Januar 1933, kam Hitler an die Macht, was Lauterpacht sehr beunruhigte. Da er ein eifriger Leser der *Times* war, ist es möglich, dass er die dort abgedruckten langen Auszüge aus *Mein Kampf* gelesen hat, in denen Hitler seine Wiener Jahre beschrieb, und dessen Äußerung, dass die jüdische Kultur eine »geistige Pestilenz, schlimmer als der schwarze Tod« sei. Ein Auszug, der Hitlers Ansichten über Juden und den Marxismus wiedergab, betonte die Bedeutung von »Volkstum und Rasse« und die Rolle des religiösen Schicksals. »Indem ich mich des Juden erwehre, kämpfe ich für das Werk des Herrn«, schrieb Hitler.

Die Nationalsozialisten waren im Aufwind, und das hatte ernste Konsequenzen für Lwów und Żółkiew. Polen unterzeichnete einen Nichtangriffspakt mit Deutschland und verwarf den Minderheitenvertrag von 1919. Im September 1935 wurden in Deutschland die Nürnberger Gesetze erlassen, die die Reinheit der deutschen Rasse schützen sollten. Heirat und sexuelle Beziehungen zwischen Juden und Deutschen waren verboten; den Juden wurden die Staatsbürgerschaft und die meisten Rechte entzogen und sie durften nicht mehr als Rechtsanwälte, Ärzte oder Journalisten arbeiten. Das war sehr weit weg von Cricklewood in Nordwest-London, wo er lebte.

1935 besuchten Lauterpachts Eltern Aron und Deborah London und berichteten, dass das Leben in Lwów schwieriger denn je sei, da die Wirtschaft darniederliege und die Diskriminierung zunehme. Die Familie war gerade von der Teatralna-Straße in die Trzeciego-Maja-Straße umgezogen, als eine Zeit der relativen Stabilität im Mai mit dem Tod des Marschalls Piłsudski endete. Im Gegensatz dazu war das Leben in der Walm Lane komfortabel. Lauterpacht war auf dem Weg nach oben, er war zum Dozenten für Völkerrecht an der LSE befördert worden, und sein Ansehen wuchs. 1933 veröffentlichte er ein zweites Buch – *The Function of Law in the International Community* –, das ihm weitere Anerkennung einbrachte. Dieses Werk, in dem er das Thema des Individuums im Völkerrecht behandelte, hielt Lauterpacht für sein wichtigstes. Er initiierte eine wegweisende Sammlung von Berichten über Völkerrechtsfälle vor nationalen und internationalen Gerichten – die *Annual Digest and Reports of Public International Law Cases*, die heute *International Law Reports* heißt. Er gab auch Band 2 von Oppenheims *International Law* neu heraus, eines von Außenministern auf der ganzen Welt benutzten Standardwerks, ein Band über Kriegsrecht, in dem der Schutz von Zivilisten einen zentralen Platz einnahm. »Das Wohl eines Individuums ist der eigentliche Gegenstand allen Rechts«, schrieb Lauterpacht im Vorwort. Die Worte waren vorausschauend und in ihrer Vision ziemlich radikal für jemanden, der mehr und mehr zum Establishment gehörte.

Lauterpacht wich den großen Fragen der Zeit nicht aus. Er verfasste einen Aufsatz mit dem Titel *Die Verfolgung der Juden in Deutschland*, in dem er den Völkerbund zum Handeln aufforderte, um die Diskriminierung aufgrund von Rasse und Religion zu verhin-

Rachel, Hersch und Eli Lauterpacht, London,
Walm Lane, 1933

dern. Wenn man den Aufsatz heute liest, erscheint er zaghaft, denn Lauterpacht war ein Pragmatiker, der wusste, dass das Völkerrecht in seiner damaligen Form Deutschland erlaubte, jeden zu verfolgen, der als nicht arisch galt. Doch glaubte er, dass eine solche Verfolgung die internationalen Beziehungen beeinträchtigte und vom »öffentlichen Recht der Welt« verboten werden sollte. Er hoffte, dass Spanien, Irland oder Norwegen auf eine solche Frage der politischen Moral reagieren würden. Sie taten es nicht, und so zeitigte der Aufsatz keine erkennbare Wirkung.

Lauterpacht hatte seine Kritiker. Als Juden in großer Zahl aus Deutschland flohen, entschloss sich der beim Völkerbund für Flüchtlinge zuständige Beamte, James McDonald, aus Protest gegen die Untätigkeit der Regierungen zum Rücktritt. Hilfe beim Formulieren einer scharfen Protestnote suchte er bei Oscar Janowsky, einem Historiker am City College von New York, der wiederum nach London reiste, um Lauterpacht für die Sache zu gewinnen. Die Begegnung verlief unglücklich. Lauterpacht mochte ja ein »brillanter junger Mann auf dem Weg nach oben« sein, wie Janowsky schrieb, aber er sei »arrogant«, voller Selbstgefälligkeit und »doziere wie ein Richter«, statt den Fall zu erörtern. Lauterpacht lehnte es ab, mit einem von Janowskys Studenten zusammenzuarbeiten, was eine Tirade über Lauterpachts Aufgeblasenheit und Arroganz, fehlendes moralisches Format und geistige Großzügigkeit auslöste. Er sei das »Stereotyp eines verleumderischen Galiziers«, schrieb Janowsky über ihn.

Lauterpacht wolle seine eigenen Ansichten »durchdrücken« und die von anderen abtun. Er sei »unruhig und ungeduldig« bei Zusammenkünften, was zeige, dass »er kein Gentleman« sei. Wenn er seinen Willen nicht bekomme, reagiere er herablassend und ungehalten. Da Lauterpacht spürte, dass er sich danebenbenommen hatte, sandte er einen widerwilligen Entschuldigungsbrief an Janowsky. »Ich habe nichts dagegen, wenn mein Werk von der Kritik zerpflückt wird«, schrieb er. »Vielleicht ist es ein Fehler zu glauben, dass andere dieselbe Herangehensweise haben.«

Trotz des Drucks widerstand Lauterpacht der Aufforderung, die Bemühungen, Deutschland wegen der Behandlung seiner Juden vor den Internationalen Gerichtshof zu bringen, zu unterstützen. Der Gedanke erschien ihm »unangemessen, unausführbar und höchst gefährlich«. Er war nicht der einfachste Kollege, da er die Grenzen des Völkerrechts fest im Blick hatte. Dessen Lücken erlaubten es Staaten, ihre Bürger zu diskriminieren und Maßnahmen wie die Nürnberger Gesetze zu ergreifen.

1933 wurde er als Barrister zugelassen. Einen frühen Auftrag erhielt er von Haile Selassie, der ein Rechtsgutachten zu Italiens Annexion Äthiopiens wünschte. Im November 1936 bekam er ein weiteres Mandat, diesmal von einem renommierten Schweizer Professor, der eine Rechtsmeinung bezüglich des Schutzes von Juden in Oberschlesien erbat. Wenn sie schon keinen diplomatischen Schutz erhalten konnten, durften sie dann wenigstens Deutschland mit ihren Besitztümern verlassen? Lauterpacht lehnte es ab, ein Gutachten abzugeben, das dazu gedacht war, die britische Regierung zu beeinflussen – die von dem Schweizer Professor verfolgten Ziele waren einfach unerreichbar.

Angesichts der düsteren Lage der Weltpolitik versuchte Lauterpacht, seine Eltern zu überreden, dauerhaft nach England zu ziehen. Polen hatte inzwischen den Minderheitenvertrag aufgekündigt, daher hatten die Juden und andere Minderheiten von Lwów den Schutz des internationalen Rechts verloren. Doch Aron und Deborah entschieden sich, in Lwów, ihrer Heimat, zu bleiben.

36

An einem schönen Herbsttag saß ich mit Lauterpachts Sohn Eli in einem Arbeitszimmer voller Bücher in seinem Haus in Cambridge und blickte über die Apfelbäume im Garten. Eli erzählte von der Walm Lane, den Straßenbahnen und täglichen Fahrten zum Kindergarten mit seinem Vater auf dem Weg zur LSE.

Er erinnerte sich, dass sein Vater »völlig versunken war« in seine Arbeit und die meiste Zeit in einem Arbeitszimmer im hinteren Teil des Hauses verbrachte, im »stillen Zimmer«. Er arbeitete »zu intensiv«, um seinen Sohn ins Bett zu bringen, aber es gab Nähe, eine Beziehung, die »liebevoll«, wenn nicht »intellektuell« war, mit heitereren Momenten. Eli erinnerte sich, wie seine Eltern zu den Klängen von Bizets *Carmen* im Wohnzimmer tanzten, und an Spaziergänge im Park, bei denen sein Vater ihn »sehr nachdrücklich« aufforderte, lateinische Deklinationen und Konjugationen aufzusagen.

Wie stand es um die Familie in Polen? Eli war sich der Situation vage bewusst. »Meine Großeltern kamen uns zweimal besuchen«, doch er erinnere sich nur an 1935, als sein Vater »sie zu bleiben bat«. Sie entschieden sich dagegen und wollten bei ihren beiden anderen Kindern bleiben. Eli hatte damals keine Ahnung, was am Horizont drohte. »Mein Vater muss die heraufziehende Gefahr erkannt haben, aber diese Dinge drangen nie zu mir durch.«

Sprachen sie über Lwów?

»Nie.«

Über den Einfluss der Stadt?

»Eigentlich nicht, nein.«

Belastete die Furcht vor einem Krieg seinen Vater? Die Frage rief einen fragenden Blick hervor, dann Schweigen. Das sei interessant, sagte er, doch nein. »Er behielt das für sich. Vielleicht sprach er darüber mit meiner Mutter, doch was in Polen geschah, war völlig ausgeblendet. Wir haben nie über die Situation in Lemberg gesprochen. Er fand andere Gesprächsthemen.«

Ich ließ nicht locker.

»Nun, es war eine schreckliche Zeit«, räumte Eli schließlich ein. »Er wusste, dass etwas Furchtbares geschehen konnte, aber nicht unbedingt, dass es tatsächlich oder auf ebendiese Weise geschehen würde.«

Sein Vater sei distanziert gewesen, aus Selbstschutz, wie Eli erklärte: »Er führte sein Leben und seine Arbeit weiter, versuchte, seine Eltern zu überreden herzukommen. Hin und wieder wurden Briefe gewechselt, von denen wir leider keine Kopien haben. Er besuchte seine Eltern in Polen nicht mehr. Ich kann nicht sagen, dass er distanziert war, doch das Verhältnis zu seinen Eltern war von Distanz geprägt, obwohl ich weiß, dass er sie sehr liebte. Ich bezweifle, dass er und meine Mutter je besprochen haben, ob sie ihrem Jungen davon erzählen sollten.«

Sprach der Vater über seine polnische Vergangenheit?

»Nein. In unserem Haus spielte aber eine Rolle, dass er in einem orthodox-jüdischen Haushalt in Polen aufgewachsen war. Er feierte mit uns den Sederabend am Pessachfest, sang die traditionellen Lieder, was ich liebte, die Melodien sind noch in meinem Kopf. Aber ich kann mich nicht erinnern, dass wir jemals ernsthaft über sein polnisches Leben gesprochen hätten.«

Niemals?

»Nein, nie.«

Eli schwieg eine Weile, dann sagte er: »Er war sehr beschäftigt, trieb seine Arbeit voran.« Darauf folgte ein müder, leiser Seufzer.

37 Das »Vorantreiben seiner Arbeit« brachte Lauterpacht noch mehr Erfolg. Ende 1937 wurde der Junge aus Żółkiew auf den angesehenen Lehrstuhl für Völkerrecht an der Universität Cambridge berufen. Im Januar 1938 reiste Lauterpacht mit der Bahn von King's Cross Station nach Cambridge, um seinen neuen Posten anzutreten, zu dem auch eine Mitgliedschaft am Trinity College gehörte. Gratulationsbriefe kamen von Kelsen und Kollegen an der LSE. Philip Noel-Baker gratulierte aufs wärmste, ebenso Sir William Beveridge, der sich um die Unterbringung deutscher Flüchtlinge kümmerte, wenn er nicht darüber nachdachte, wie man ein modernes Wohlfahrtssystem schaffen konnte.

»Ich habe Ihnen gegenüber stets tiefe Dankbarkeit empfunden«, schrieb Lauterpacht zur Antwort, Dankbarkeit für die Unterstützung geflüchteter Wissenschaftler und »große Zuneigung«.

Die Neuigkeiten aus Cambridge lösten in Lwów Stolz und Freude aus. »Mein geliebter Sohn!«, schrieb Deborah, »für diese gute Nachricht danke ich dir tausendmal.« Sie deutete in ihrem Brief finanzielle Schwierigkeiten an und dass Aron im fernen Gdańsk arbeitete. »Wir können nicht glücklich zusammen sein«, schrieb sie.

Im September zog die Familie in eine größere Doppelhaushälfte in der Cranmer Road 6 in Cambridge, die sie den McNairs für 1800 Pfund abgekauft hatten. Es war eine baumgesäumte Straße mit großzügigen Häusern, viele mit eigener Auffahrt. Es gab mehrere Wohnzimmer, ein Esszimmer, eine Vorratskammer und eine Küche. Die Mahlzeiten wurden pünktlich eingenommen – um ein Uhr das Mittagessen, um sieben das Abendessen –, angekündigt durch einen Messinggong. Der Tee wurde um halb fünf serviert, oft mit einem Stück Victoria-Biskuitkuchen von Fitzbillies, einer Bäckerei, die es heute noch gibt.

Im ersten Stock befanden sich Schlafzimmer für Lauterpacht, Rachel und Eli sowie ein Arbeitszimmer für den Hausherrn. Dort arbeitete er, oft bei klassischer Musik, in einem Walnussarmsessel hinter einem großen Mahagonischreibtisch mit Lederauflage sitzend und in den Garten hinausblickend. Dort wuchsen Apfel-, Pflaumen- und Reneklodenbäume, die Lauterpacht gern zurückschnitt, dazu Narzissen, Rosen und Maiglöckchen, seine Lieblingsblumen. Er legte Wert auf einen unkrautfreien Rasen, um den sich ein Gärtner kümmerte. Sein ganzes Leben lang behielt er seine Angst, er könne sich erkälten, wenn seine Füße feuchtes Gras berührten. Deshalb lief er bei solchen Gelegenheiten immer auf den Fersen und bog die Zehen nach oben, um die Berührung mit dem Gras zu minimieren. »Pittoresk«, wie Eli sich erinnerte.

Den Lauterpachts ging es gut, aber sie waren nicht reich. Die Wohnungsausstattung war bescheiden, und während der ersten zehn Jahre gab es keine Zentralheizung. Ein seltenes Zugeständnis an Luxus war der Kauf eines Automobils für 90 Pfund, eine gebrauchte blaue Standard-9-Limousine, hergestellt in Coventry. Hersch war kein entspannter Fahrer und wurde immer sehr aufgeregt, wenn die Geschwindigkeit einmal auf über 80 Stundenkilometer stieg.

Die anderen Bewohner der Cranmer Road spiegelten Lauterpachts vielfältige neue Welt. Ihr unmittelbarer Nachbar in der Nr. 8 war Dr. Brooke, ein Kleriker im Ruhestand. David Winton Thomas, Regius-Professor für Hebräisch und früherer walisischer Rugbynationalspieler, wohnte gegenüber in der Nr. 4. Weiter vorn in der Nr. 13 residierte Sir Percy Winfield, der Rouse-Ball-Professor für englisches

Recht, die führende Autorität für Deliktsrecht (*Winfield on Tort*, immer noch in Gebrauch, war laut dem Historiker Simon Schama das Buch, das bei ihm endgültig jegliches Interesse an Jura tilgte).

In der Nr. 17 arbeitete Sir Ernest Barker, Professor für Politikwissenschaft, intensiv an *Britain and the British People*. Professor Arthur B. Cook, Professor emeritus der Klassischen Archäologie, wohnte in Nr. 19. Nr. 23 beherbergte Professor Frank Debenham, Professor der Geographie und erster Direktor des Scott Polar Research Institute der Universität (als junger Mann hatte er Robert F. Scott auf seiner letzten Expedition in die Antarktis begleitet, aber nicht an der unglückseligen letzten Etappe zum Südpol teilgenommen, weil er sich beim Fußballspiel im Tiefschnee verletzt hatte).

Lauterpacht ging gern zu Fuß zum Trinity College und der nahe gelegenen juristischen Fakultät. Korrekt und immer auf sein Äußeres bedacht – er hielt seine Vorlesungen in dunklem Anzug und Talar –, sah man ihn oft mit seinem innig geliebten Homburg. Bei einer Gelegenheit, während einer Bahnreise von Den Haag in die Schweiz, »flog der geliebte Hut aus dem Fenster und lag malerisch auf den Gleisen«, ein Ereignis, das es wert war, Rachel berichtet zu werden, wie auch die im *Bureau des Objets Trouvés* in Lausanne verbrachte Zeit. Der Hut wurde nie gefunden.

Rachel wohnte noch in London, als ihr Mann seine erste Vorlesung in Cambridge hielt. Kein Freund von allzu großer Bescheidenheit, meinte er, es sei eine »recht eloquente« Angelegenheit gewesen. Die Studentenzeitung *Varsity* berichtete, er sei ein »erstklassiger Redner, mit einer geübten und ausgefeilten Technik«, der viel »sinnvollen« Gebrauch von seinen Händen mache. Wenn es etwas zu bemängeln gab, dann waren es seine »Blicke aus dem Fenster«. *Varsity* stellte eine weitere Eigenschaft fest: »Welcher geheime Witz verursacht das kleine Lächeln, das beständig um seinen Mund schwebt?« Vielleicht Erstaunen darüber, dass er die Reise von Żółkiew nach Cambridge geschafft hatte.

Trotz dieser idyllischen Umgebung wurden die Hintergrundgeräusche zunehmend bedrohlicher. Deutschland besetzte das Sudetenland und griff dann die Tschechoslowakei an. Lauterpacht dachte oft an Lwów und Żółkiew.

38 Deutschland marschierte am 1. September 1939 in Polen ein. Zwei Tage danach, an einem Sonntagmorgen, verkündete Premierminister Neville Chamberlain, dass Großbritannien Deutschland den Krieg erklärt habe. Die Familie versammelte sich im Arbeitszimmer in der Cranmer Road, um Radio zu hören, Lauterpacht in einem Stuhl mit hoher Lehne, seine Frau und sein Sohn in tiefen grünen Sesseln vor dem Pye-Radio. Eli war elf Jahre alt. Er erinnerte sich an die Aufregung, obwohl er damals nicht verstand, »welch menschliches Leid es bedeuten würde«. Sein Vater nahm die Nachricht gefasst auf. Das Haus wurde für den Krieg vorbereitet, Lebensmittelvorräte wurden angelegt, Verdunkelungsvorhänge angebracht. Das Leben ging weiter, Untermieter kamen, Lauterpacht lehrte und schrieb. Mit zweiundvierzig war er zu alt zum Kämpfen, doch er schloss sich der Heimwehr (Home Guard) an, wo er liebevoll »Lumpersplash« genannt wurde.

Die Deutschen kamen im September nach Lwów und Żółkiew, zogen sich aber schnell wieder zurück, wie die alte Olga in Żółkiew mir erzählt hatte. Die Sowjets übernahmen, wie von Hitler und Stalin bei der Aufteilung Polens beschlossen, die Kontrolle. Den Briefen aus Lwow zufolge, wie es jetzt hieß, war das Leben unter den Sowjets schwierig, aber frei von schlimmen Gefahren.

Im Juni 1940 überfiel Deutschland Frankreich – das war der Moment, als Leon von meiner Mutter, seiner kleinen Tochter, getrennt wurde. Die Besetzung von Paris führte zu dem Entschluss, Eli und Rachel nach Amerika zu evakuieren. Lauterpacht nahm die Einladung der Carnegie Foundation zu einer Vorlesungstour an, und so fuhr die Familie im September 1940 auf der RMS *Scythia* der Cunard White Star Line nach Amerika. Drei Tage später wurde ein anderes Schiff aus Liverpool, die *City of Benares*, von einem deutschen U-Boot torpediert, 248 Menschen kamen um, darunter viele Kinder. Die Lauterpachts kamen zeitig im Oktober in New York an und zogen in eine Wohnung in Riverdale in der Bronx, in der Nähe des Hudson River. Eli wurde in der Horace-Mann-Schule angemeldet und verpasste deren früheren Schüler Jack Kerouac um ein Jahr. Lauterpacht begab sich auf die Vorlesungstour.

In Washington machte ihn der britische Politikwissenschaftler Harold Laski mit den höchsten juristischen Kreisen Amerikas bekannt. Da sich die Vereinigten Staaten nicht im Krieg mit Deutschland befanden, waren sie zwar bemüht, London zu helfen, doch nur im Rahmen der Neutralität. Lauterpacht verbrachte Zeit mit den Beamten der Britischen Botschaft und besuchte Felix Frankfurter, einen Richter am Obersten Gerichtshof. Frankfurter, dessen Frau Verwandte in Lemberg hatte, dankte Laski, dass dieser den Kontakt hergestellt hatte, woraufhin dieser der Hoffnung Ausdruck verlieh, dass Lauterpachts Vernünftigkeit und Toleranz die Amerikaner dazu bringen möge, die Werte zu verstehen, für die Großbritannien kämpfe.

Lauterpacht hielt zwei Monate lang Vorlesungen auf seiner Tour quer durch Amerika, wobei er fast zehntausend Kilometer zurücklegte und an fünfzehn juristischen Fakultäten und Universitäten auftrat. Zentrales Anliegen seiner Vorlesungen war es, der Kritik am Völkerrecht entgegenzutreten und dessen Bedeutung in einer Zeit der Krise zu betonen, nicht zuletzt für den Schutz von Individuen. Die Briefe nach Hause sprachen jedoch von Zweifeln und Besorgnis über den Verlauf des Krieges. »Wird es ein Cambridge geben, in das man zurückkehren kann?«, fragte er Rachel. Eli gab er einen schlichten Ratschlag: »Tue dein Bestes; sei bescheiden; versuche, Freunde zu gewinnen und ihre Freundschaft zu erhalten.«

Im Dezember 1940 machte Laski Lauterpacht mit Robert Jackson, Präsident Roosevelts Generalstaatsanwalt, bekannt. »Ich werde in der ersten Januarwoche in Washington sein, darf ich Ihnen einen Höflichkeitsbesuch abstatten?«, schrieb Lauterpacht an Jackson, der darauf positiv reagierte. Etliche Wochen später reiste er nach Washington, wo er den Rechtsberater des Außenministeriums besuchte und noch einmal mit Richter Frankfurter zusammentraf.

Jackson, der nach Möglichkeiten suchte, wie die Vereinigten Staaten Großbritannien helfen konnten, ohne in den Krieg hineingezogen zu werden, hatte seine eigenen Gründe für ein Treffen mit Lauterpacht. »Was wir brauchen«, sagte er Lauterpacht, »ist eine Philosophie«, die es Amerika erlaube, »den Alliierten alle Hilfe zukommen zu lassen, ohne in den Krieg einzutreten«. Jackson misstraute den amerikanischen Völkerrechtlern, von denen viele gegen ein Engagement der Vereinigten Staaten waren.

Lauterpacht wollte helfen, wusste aber, dass die Situation heikel war. Er bekam grünes Licht von der Britischen Botschaft in Washington, ein juristisches Memorandum zu erstellen, in dem er aufzeigte, auf welche Weise die USA Großbritannien zur Hilfe eilen konnten, ohne die Regeln der Neutralität zu verletzen. Jackson übernahm einige dieser Ideen in das »Leih- und Pachtgesetz«, das Präsident Roosevelt wenige Wochen später durch den Kongress brachte, ein umstrittenes Vorhaben, das der Regierung erlaubte, Großbritannien und China zu unterstützen. Die erste Zusammenarbeit zwischen Lauterpacht und Jackson hatte Früchte getragen.

Lauterpacht lieferte Jackson noch weitere Ideen, von denen einige sich in einer Rede wiederfanden, die dieser im März 1941 hielt. Der Generalstaatsanwalt versuchte, eine konservative Gruppe von Anwälten von einer progressiveren Sichtweise zu überzeugen, wobei er sich auf Lauterpachts Gedanken stützte. Wer das Recht breche, müsse dafür bezahlen, erklärte Jackson, deshalb müsse es Amerika erlaubt sein, den Opfern zu helfen. Die *New York Times* nannte Jacksons Rede in ihrem Bericht »außerordentlich wichtig« und begrüßte, dass er die überholten Vorstellungen des 19. Jahrhunderts bezüglich des Rechts und der Neutralität zurückgewiesen habe. Zweifellos erfreut über die Unterstützung für seine Ideen, lehnte Lauterpacht das von Jackson angebotene Honorar ab. Als die Rede gehalten wurde, war er auf dem Rückweg nach Großbritannien, doch Rachel und Eli blieben in New York zurück.

39 Lauterpacht kehrte Ende Januar 1941 nach Cambridge zurück. Er benötigte dazu drei Flüge mit einem Atlantik-Clipper, über die Bermuda-Inseln, die Azoren und Lissabon. Zu seinen Reisegefährten gehörte Wendell Willkie, der Roosevelt bei den Präsidentschaftswahlen ein paar Wochen zuvor unterlegene Kandidat der Republikaner. Sie unterhielten sich während eines Großteils des Fluges lebhaft über den Zustand der Welt. Willkie nahm eine Einladung an das Trinity College zwar an, doch wurde daraus nie etwas.

Lauterpachts Rückkehr fiel mit einer der zunehmend seltener werdenden Nachrichten aus Lwow zusammen. »Mein Lieber!«, schrieb sein Bruder und berichtete, dass es der Familie »relativ gut« gehe und dass »unsere lieben Alten in dieser Zeitspanne um zwanzig Jahre gealtert« seien. Aus Rücksicht auf die sowjetischen Zensoren musste der Brief sich in Andeutungen ergehen. »Wir würden dich gern wiedersehen, damit wir wieder zusammen sein können«, schrieb David, »auf welche Weise, das liegt in deiner Hand.« Falls die Familie wieder zusammenfinden sollte, war es an Lauterpacht, die nötigen Vorkehrungen zu treffen. Die Familie ziehe es vor, »in solchen Zeiten zusammen zu sein«, ob Lauterpacht nach Lwow kommen und sie abholen könne? »Du kennst unsere Wünsche«, schloss David, durch die Zensur bedingt etwas kryptisch, »bleibe gesund, wir schicken dir unsere Küsse«.

Der Brief beunruhigte ihn, doch falls er Schritte unternahm, um die Familie nach Großbritannien zu holen, sind sie nicht überliefert. Er beschäftigte sich intensiv mit den Vorlesungen, mit der »schwierigen«, ihn aber ablenkenden Arbeit am *Annual Digest* und einer Neuauflage von Oppenheims *International Law*. Trost fand er im Essen; weil das Angebot in Cambridge beschränkt war, unternahm er regelmäßige Ausflüge in sein Lieblings-Feinkostgeschäft in Cricklewood, das von Mr Ziedman geführt wurde. Er sei ein »Segen«, schrieb Lauterpacht an Rachel, weil er »so viel Bratöl, wie ich wollte«, und andere sonst nicht erhältliche Dinge beschaffen konnte.

Auch das Schreiben war ihm ein Trost. In einem Brief an Leonard Woolf, den er aus seiner Zeit an der LSE kannte, drückte er diesem sein Beileid über den Tod von Virginia aus. Ein anderer ging an Rachel in New York. Darin schrieb er von seinen Sorgen über die Richtung, die der Krieg mit dem Einmarsch der Wehrmacht in Jugoslawien und Griechenland genommen hatte. Positiver äußerte er sich über die Rückeroberung von Addis Abeba, einen seltenen Erfolg für Haile Selassie, der einmal sein Mandant gewesen war. In einem anderen Brief tadelte er Eli, weil der sich über das Leben in New York beschwert hatte, während die Menschen in Großbritannien »mit einer viel direkteren Angst und mit Sorgen aller Art« zurechtkommen müssten.

Im April 1941 erhielt Lauterpacht die Einladung, eine Vorlesung am Wellesley College in Massachusetts zu halten. Im Mai sprach er am Royal Institute of International Affairs in London über »Die Realität des Völkerrechts«, wobei er den Fokus wieder einmal auf die Nöte des Einzelnen richtete. Er wetterte über Mutlosigkeit und Zynismus, warb für das Völkerrecht und dafür, die Hoffnung nicht zu verlieren. Das war eine nicht geringe Herausforderung angesichts der weitverbreiteten Berichte über »schlimmste Menschenrechtsverletzungen« in ganz Europa. Den Taten solcher gesetzloser Staaten müssten sich Regierungen, Völkerrechtler und »der Wille und Einsatz der Bürger« entgegenstellen.

Lauterpacht fand zu einer eigenen Stimme, indem er aus der Not Stärke zog und über die »Rechte und Pflichten des Menschen« sprach. Seine Leidenschaft wurde weiter befeuert durch einen kurzen Brief seines Vaters vom 4. Januar 1941. »Mein Lieber!«, schrieb er an seinen Sohn, »Deine Briefe haben uns hocherfreut«. Er sei »völlig beruhigt« durch die Nachricht, dass die Familie sicher in Amerika sei. In Lwow seien alle »vollkommen gesund«, aber mehr auch nicht. Sie hofften das Beste. Onkel David in Żółkiew lasse grüßen. »Wir grüßen und küssen euch alle von Herzen.« Seine Mutter fügte eine Reihe von Küssen hinzu.

Dann herrschte Schweigen. »Schreibe oft an meine Familie«, drängte Lauterpacht seine Frau und nannte ihr eine Adresse in Lwow, jetzt in Sowjetrussland: Ulica Obrony Lwów, eine Straße, die zu Ehren der »Verteidiger von Lwow« benannt war. Die Familie wohnte immer noch in der Trzeciego-Maja-Straße.

40 Im Juni brach Hitler das Molotow-Ribbentrop-Abkommen und befahl deutschen Truppen, nach Osten in das von den Sowjets besetzte Polen einzumarschieren. Innerhalb einer Woche waren Żółkiew und Lwow in deutschen Händen, Hochschullehrer und Ärzte wurden zusammengetrieben. Darunter war Lauterpachts Lehrer des österreichischen Privatrechts, Professor Roman Longchamps de Bérier, dessen einziges Verbrechen darin bestand, ein polnischer Intellektueller zu sein. Am nächsten Tag wurde er im »Massaker an den Professoren von Lwów« zusammen mit seinen drei Söhnen ermordet.

Lauterpachts Nichte Inka berichtete mir aus erster Hand von jenen Tagen – und ergänzte damit Clara Kramers Bericht von der Ankunft der Deutschen in Żółkiew. Ich traf Inka Katz – das einzige Kind von Lauterpachts Schwester – im Sommer 2010 in Paris, in ihrer ordentlichen kleinen Wohnung in der Nähe des Eiffelturms. Inka war äußerst lebhaft und hüpfte mit großer Energie wie ein Spatz im Zimmer herum. Schließlich ließen wir uns an ihrem mit einem frischen weißen Tischtuch bedeckten Esszimmertisch nieder, auf das ein einzelner heller Sonnenstrahl fiel. Sie servierte schwarzen Tee in zarten Porzellantassen. Wir saßen unter einem offenen Fenster, und sie sprach leise, emotionslos.

Auf dem Tisch hatten wir eine Karte von Lwów aus dem Jahre 1938 ausgebreitet. Damals sei sie acht Jahre alt gewesen, sagte sie mir, während sie auf das Wohnhaus meines Großvaters Leon deutete. Sie wollte die spärlichen Dokumente sehen, die ich mitgebracht hatte. Ich zeigte ihr ein Zeugnis, das 1890 für Leons Vater Pinkas Buchholz ausgestellt worden war. »Hier steht, dass er 1862 geboren wurde«, rief sie, mit einem Akzent, der mich an meinen Großvater erinnerte. Er bestand die Prüfung für die Herstellung von Schnaps, aber nur mit »*assez bon*, befriedigend«. Sie lächelte. »Das ist nicht dasselbe wie ›gut‹!«

Ihr Vater Marcele Gelbard war, der Familientradition folgend, Rechtsanwalt wie sein Vater. Beide Männer waren blond; der in der österreichisch-ungarischen Zeit verliehene Name bedeutete »gelber Bart«. Inkas Erinnerung an Lauterpacht während dieser Zeit war vage, da er vor ihrer Geburt nach Großbritannien ausgewandert war. Als wir von Zółkiew sprachen, sagte sie: »Ach je, Sie haben es falsch ausgesprochen. Das Z spricht man nicht, es heißt ›Schalkiew‹.« Dann fügte sie mit einem Seufzer hinzu: »Ich kenne es gut, es war die Stadt meiner Mutter, meiner Onkel und Großeltern, ich ging nach dem Krieg dorthin.«

Wir sahen uns die Karte von Lwów aus dem Jahr 1938 an. Obwohl sie nach 1945 nie wieder dort gewesen war, konnte sie mir die Straße zeigen, wo Lauterpachts Eltern, ihre Großeltern Aron und Deborah, gewohnt hatten, in der Trzeciego-Maja-Straße 64, wohin sie aus der Teatralna-Straße gezogen waren. Sie befand sich in der Nähe der Szeptyckich-Straße, wenige Minuten zu Fuß von dem Haus entfernt, wo Leon geboren wurde, in einer »weniger angesehenen Gegend«. »Wir pflegten im Bristol oder George«, vornehmen Hotels, »zu essen«, erinnerte sie sich.

»Bis zu meinem neunten Lebensjahr konnte ich in Lwów herumspazieren, dann änderte es sich, als die Russen kamen, das war das Ende des Lebens, wie wir es kannten.«

Sie nahm einen kleinen Schluck Tee, dann noch einen.

»Ich möchte Ihnen ein paar Fotos zeigen.« Wir gingen in ihr Schlafzimmer und zu einem Kleiderschrank, aus dem sie eine kleine Holzkiste holte, die Fotos ihrer Eltern enthielt. Da war auch ein Brief

Inka (rechts) mit Rachel und Lauterpacht, London, 1949

von Lauterpacht aus den 1950er Jahren und ein Foto mit ihrer Tante und ihrem Onkel vor dem Westminster Palace, Letzterer mit der Perücke eines frisch ernannten Kronanwalts.

Wir kehrten ins Wohnzimmer zurück. Bevor die Sowjets Lwów im September 1939 besetzten, war das Leben gut. Inka ging auf eine kleine Privatschule und merkte nichts von Diskriminierung. »Meine Eltern versteckten das vor mir, und in der Schule sprach niemand über diese Dinge.« Ihr Vater, ein tüchtiger Rechtsanwalt, war angesehen, hatte gute Freunde, die meisten davon jüdisch. In ihrem Umfeld gab es auch ein paar Nichtjuden, Polen, die »zum Cocktail kamen«, gefolgt von Juden, die später am Abend zum Essen erschienen. In ihrem Leben spielten Ukrainer keine Rolle.

Die Dinge änderten sich unmittelbar nach der Ankunft der Sowjets. »Wir durften die Wohnung behalten, aber nicht mehr alle Räume nutzen. Zuerst bekamen wir zwei Zimmer, dann wurden uns ein Zimmer und die Küche und das Recht, Toilette und Bad zu benutzen, zugestanden.« Sie erinnerte sich an die Adresse, Trzeciego-Maja-Straße 258, oder vielleicht war es die Nr. 87, in der Nähe der Lauterpachts, die auch in dieser Straße wohnten. Sie verlief parallel zur Sykstuska-Straße, auf der das Foto von der Barrikade während der Novemberkämpfe 1918 aufgenommen wurde.

Ihre Mutter, die »einfach bezaubernd« gewesen sei, habe viele Einladungen von den Russen erhalten. »Der Oberst, der in unserer Wohnung untergebracht war, verliebte sich in sie«, rief Inka aus – jene Jahre waren nicht die schlechtesten. Dann kamen im Juli 1941 die Deutschen, und die Situation verschlechterte sich dramatisch.

»Das Leben ging weiter, weil mein Vater Deutsch sprach, aber für die meisten Juden nicht. Sie mussten ihre Quartiere verlassen, wenn sie nicht im jüdischen Viertel wohnten. Aus irgendeinem Grund durften wir in unserer Wohnung bleiben; sie wurde nie vollständig beschlagnahmt.«

Über mehrere Tage wurden immer wieder »Aktionen« durchgeführt, bei denen Juden auf der Straße zusammengetrieben wurden, die nicht die Armbinden mit dem Davidstern trugen. Ihr Vater war sehr bekannt und musste vorsichtig sein, doch weniger Leute kannten ihre Mutter, deshalb ging sie manchmal ohne »le truc« aus dem Haus. »Das Ding«, so nannte Inka die Armbinde.

»Es war unangenehm und gefährlich. Man mochte uns nicht. Vor dem Krieg wussten sie auf der Straße nicht, wer Jude war. Jetzt wussten sie es.«

Wir sahen uns einige Schwarzweißfotos an, die ich mitgebracht hatte. Eins war eine Postkarte der berühmten Żółkiewer Synagoge aus dem 17. Jahrhundert im Zustand des Verfalls. Erinnerte sie sich an das Bauwerk? »Nein.«

Während Inka sich die Postkarte dicht vors Gesicht hielt, um sie zu betrachten, geschah etwas Seltsames. Es klingelte an der Tür. Es war die Concierge mit einem einzelnen Brief. Inka sah auf den Umschlag und sagte: »Der ist für Sie.« Merkwürdig, war es doch mein erster Besuch bei Inka. Sie reichte mir den Brief, der an sie adressiert war und vom »Verein der Märtyrer von Żółkiew« kam. Ich öffnete ihn, zog eine Broschüre heraus und legte sie auf den Tisch.

Auf der Vorderseite war ein Bild der alten Synagoge von Żółkiew. Es war dasselbe, das ich ihr gerade gezeigt hatte, an das sie sich nicht erinnern konnte. Ein einfacher Zufall, und nun hatte sie zwei Exemplare.

41 Im August 1941 wurden Lemberg und Galizien in das deutsche Generalgouvernement eingegliedert. Zur gleichen Zeit als Hans Frank zum Herrscher von Lemberg wurde, plante Lauterpacht eine erneute Reise nach Amerika, um am Wellesley College Vorlesungen zu halten und sich einen kleinen Arbeitsplatz in der juristischen Bibliothek von Harvard einzurichten.

Die Tage vor der Abreise zogen sich hin, während er sich der Konsequenzen der deutschen Okkupation bewusst wurde. »Du weißt alles über Lwów«, schrieb er an Rachel. »Ich äußere meine Gefühle nicht gern, aber das lässt mich nicht los, es ist wie ein Albtraum.« Es war unmöglich, seine Ängste zu verbergen, doch das Leben ging weiter, als hätte er »seine Persönlichkeit aufgespalten«. Im täglichen Umgang mit Menschen war er »völlig normal«, handelte ganz mechanisch, half Kollegen am Trinity, bewirtete Generäle. Auch engagierte er sich nun stärker politisch: Vor seiner Abreise nach Amerika setzte er seinen Namen unter eine Liste von Hochschullehrern aus Cambridge, die die sowjetische Akademie der Wissenschaften ihrer

Unterstützung für den »heroischen Kampf« ihres Landes »gegen den gemeinsamen Feind« versicherten.

Lauterpacht traf im August 1941 wieder in New York ein und unterrichtete im Herbstsemester am Wellesley College. Er besuchte Harvard und verbrachte die Wochenenden mit Rachel und Eli in New York. Im Oktober reiste er nach Washington, um sich mit Francis Biddle, Jacksons Nachfolger als Generalstaatsanwalt, zu treffen, der juristische Argumente suchte, die es Amerika erlauben würden, deutsche U-Boote anzugreifen. Lauterpacht war mit Jackson in Verbindung geblieben und hatte ihm seine Glückwünsche übermittelt, als dieser zum Richter am Obersten Gerichtshof der USA ernannt worden war. Jackson antwortete mit freundlichen Worten und einem Sonderdruck seiner Havanna-Rede. Lauterpacht bot seine Hilfe bei einer weiteren Rede über die Beendigung »internationaler Gesetzlosigkeit« an, doch als er seine ausgearbeiteten Ideen an Jackson sandte, hatte der Krieg bereits eine entscheidende Wendung genommen: Am 7. Dezember griff Japan die amerikanischen Seestreitkräfte in Pearl Harbor an und veranlasste die Vereinigten Staaten, Japan den Krieg zu erklären. Die militärische und politische Situation war nicht mehr dieselbe, als sich die beiden Männer Anfang 1942 in Washington trafen.

Ungefähr um diese Zeit kamen neun europäische Exilregierungen – einschließlich der von Polen und Frankreich – im St. James's Palace in London zusammen, um ihre Reaktion auf die Berichte über Deutschlands »Terrorregime« zu koordinieren. Es kursierten furchtbare Geschichten, Berichte von Massenverhaftungen und -vertreibungen, von Hinrichtungen und Massakern. Diese veranlassten die Exilregierungen im Januar 1942, sich in einer gemeinsamen Erklärung für die Nutzung des Strafrechts auszusprechen, um die für die Gräueltaten Verantwortlichen zu bestrafen. Die Täter sollten »ausfindig gemacht, der Justiz überantwortet und verurteilt« werden, ein Gedanke, der zu einem offiziellen Kriegsziel wurde.

Die neun Regierungen gründeten eine Kommission für Kriegsverbrechen, um Informationen über Gräueltaten und Täter zu sammeln, aus der später die United Nations War Crimes Commission wurde. Churchill bevollmächtigte britische Regierungsanwälte, deutsche Kriegsverbrechen zu untersuchen, und zwar unter der Führung des zweiten Kronanwalts, David Maxwell Fyfe. Nur wenige Monate später berichtete die *New York Times*, dass die polnische Exilregierung zehn führende Kriegsverbrecher identifiziert habe. Der erste Name auf der Liste war der von Generalgouverneur Hans Frank, unmittelbar gefolgt von Otto von Wächter, Lauterpachts Wiener Kommilitonen und damaligem Gouverneur des Distrikts Galizien.

Vor diesem Hintergrund hielt Jackson Ende Januar im Waldorf Astoria die bereits erwähnte Rede mit dem Titel »Internationale Gesetzlosigkeit«, zu der Lauterpacht seine Gedanken beigesteuert hatte. Er war als Gast anwesend, während Jackson über Kriegsverbrechen sowie die Notwendigkeit von Gesetzen und Gerichten sprach, »den besten Instrumenten …, die bisher zur Bekämpfung von Gewalt ersonnen wurden«. Lauterpacht hatte nun jemanden in den höchsten Kreisen der amerikanischen Justiz und Politik, der seine Ideen unterstützte. Was er und Jackson nicht wussten, war, dass die Gräueltaten erst am Anfang standen: Drei Tage zuvor war auf einer Konferenz von hohen Nazi-Beamten in einer Villa am Wannsee bei Berlin die »Endlösung« beschlossen worden.

Lauterpacht verbrachte mehrere Wochen in New York, arbeitete mit dem Personal der Britischen Botschaft zusammen und traf den Gouverneur des Staates New York, Herbert Lehman. Es blieb sogar noch Zeit, zur Entspannung mit Rachel ins Kino zu gehen. Die beiden waren nicht besonders angetan von Bette Davis in *Der Mann, der zum Essen kam* (The Man Who Came to Dinner), aber *»Pimpernel« Smith* im Rivoli-Theater auf dem Broadway gefiel ihnen.

Ich verstand, warum, als ich mir den Film siebzig Jahre später ansah. Der Held, ein Archäologe aus Cambridge, der von dem umschwärmten Schauspieler Leslie Howard verkörpert wurde (der ein Jahr später umkam, als die Luftwaffe sein Flugzeug über dem Atlantik abschoss), imitiert die kehlige Sprache, zieht ein Braunhemd an und schmuggelt Opfer aus dem Nazi-Terror, darunter seine eigene Tochter. »Singapur mag fallen«, frohlockte der Rezensent der *New York Times*, »doch die Briten können immer noch atemberaubende Melodramen produzieren.«

42 Im März 1942 kehrte Lauterpacht nach England zurück, kurz nachdem Japan Singapur besetzt hatte und Deutschland währenddessen seine Kontrolle über die östlichen Teile Europas auszudehnen versuchte. Lauterpacht hatte keine Nachrichten aus Lemberg. Er schrieb häufig an Rachel und Eli, der sich an der Phillips Academy in Andover eingeschrieben hatte. »Ich bin etwas deprimiert … wegen der Kriegsnachrichten«, schrieb er ihnen und dass sie »eine sehr schlimme Zeit« durchmachten.

Die Versorgungslage mit streng limitierten Lebensmittelrationen trug nicht dazu bei, seine Stimmung zu heben. »Ich habe Hilfen im Haushalt ganz abgeschafft«. Auch die Geschäfte lieferten nicht mehr. »Man muss alles selbst besorgen.« Ein Lichtblick war der Garten, wo die Narzissen »einen wunderbaren Anblick« boten. Das war ein kleiner Trost dafür, dass sein Gepäck auf See verlorengegangen war, irgendwo zwischen Amerika und Großbritannien.

Er konzentrierte sich auf eine weitere Neuauflage von Oppenheims *International Law* und einen neunten Band der *International Law Reports*, in den auch Fälle aus der unmittelbaren Vorkriegszeit aufgenommen werden sollten. Darin ging es um den Spanischen Bürgerkrieg, Italiens Eroberung Abessiniens und die »Gesetzgebung und Praktiken des Naziregimes in Deutschland«, mit ihren »bedrohlich allgemeinen Charakteristika«. Lauterpacht wählte die Fälle sorgfältig aus: etwa ein Berufungsverfahren vor dem obersten Reichsgericht, bei dem es um einen deutschen Juden ging, der wegen Sex mit einer arischen Frau verurteilt worden war, was gegen die Nürnberger Gesetze von 1935 verstieß. Der Fall warf eine neuartige juristische Frage auf: Was bedeutete es, wenn es zu dem sexuellen Akt außerhalb von Deutschland gekommen war? Das Reichsgericht urteilte, die Nürnberger Gesetze seien auch auf einen sexuellen Akt, der in Prag stattgefunden hatte, anzuwenden. Die Begründung dafür war ein Wunder der teleologischen Schlichtheit: Der Zweck der Nürnberger Gesetze würde unterlaufen, wenn sie nicht auch für Verstöße im Ausland gelten würden. Daher müsse ein deutscher Jude, der mit einer Volksdeutschen außerhalb des Reichs Geschlechtsverkehr habe, »bestraft werden ... wenn er die deutsche Frau überredet hat, aus diesem Grund zu ihm ins Ausland zu kommen«. Eine solche Entscheidung zeige, dass ein internationales Appellationsgericht notwendig sei.

Lauterpacht blieb auch weiterhin über sein Wirken als Wissenschaftler hinaus tätig. Jackson, den er als eine Bastion gegen den amerikanischen Isolationismus ansah – gerade in dem Moment, als die Vereinigten Staaten in den Krieg eintraten –, ein Mann, der »das Ohr der Regierung hatte«, bot er weiter seinen Rat an. Er schrieb an Eli und Rachel in Amerika und berichtete ihnen von seiner Mitarbeit an einem neuen Projekt, das »die Frage der sogenannten Kriegsverbrechen« untersuchen sollte und wie man die Deutschen, die sich entsprechender Verbrechen in den besetzten Gebieten schuldig gemacht hatten, bestrafen könne. Das Projekt lief im Juni 1942 an, als Arnold McNair zum Vorsitzenden des War Crimes Committee, das die Erklärung von St. James in die Tat umsetzen sollte, ernannt wurde. McNair lud Lauterpacht ein, sich seinem Team anzuschließen, und Anfang Juli nahm er an einem ersten Treffen des Komitees teil. McNair bat ihn, ein Memorandum zu juristischen Fragen vorzubereiten.

»Ich habe mir darauf ziemlich viel eingebildet«, erzählte er Rachel, als das Komitee beschloss, seine Arbeit an Lauterpachts Ansatz auszurichten. Das Treffen schien aber noch weitere Aussichten zu eröffnen, da an ihm Juristen aller in London ansässigen Exilregierungen teilnahmen. Auf diese Weise hoffe er, »viel Gutes ... für die Minderheiten in Ostpolen« tun zu können, schrieb er an seine Frau, weil die Polen der »Hauptfaktor« bei der Ansiedlung von Minderheiten nach dem Krieg sein würden. Diese Arbeit brachte ihn dazu, sich ganz praktisch auf die Rechtsprechung und die Verantwortung des Einzelnen zu konzentrieren statt nur auf die Staaten, denen sie dienten.

In jenem Sommer landete ein weiteres Projekt auf seinem Schreibtisch: Das American Jewish Committee lud ihn ein, ein Buch über die internationalen Menschenrechtsgesetze zu schreiben, und bot ihm ein großzügiges Honorar (2500 Dollar plus Spesen). Das war ein verlockendes neues Thema, daher nahm er an. Es würde, wie er sagte, ein Buch »über die *Bill of Rights* für das Individuum (oder etwas Ähnliches)« schreiben. Am 1. Juli begann er mit der Arbeit und hoffte optimistisch, sie Ende des Jahres abzuschließen.

Im Dezember testete er einige neue Ideen zum Völkerrecht bei einem Vortrag in London, den er in einer Atmosphäre von »großem Ernst« hielt. Es lief recht gut, erzählte er Rachel; es sei dabei zu »einer etwas verstörenden Verehrung deines Ehemannes« gekommen. Zentrales Thema war ein Aufruf an die Regierungen, sich für die »revolutionäre Größe« eines neuen Völkerrechts einzusetzen, das die grundlegenden Rechte des Menschen schützen würde.

43

Während Lauterpacht im Sommer 1942 an seinem neuen Buch arbeitete, traf Generalgouverneur Hans Frank in Lemberg ein, um den ersten Jahrestag der Eingliederung von Galizien in sein Herrschaftsgebiet zu begehen. Im gleichen Augenblick, als Lauterpacht sich mit seiner internationalen *Bill of Rights* beschäftigte, setzte Frank die Endlösung, wie auf der Wannsee-Konferenz abgesprochen, in Galizien in Gang. Die Auswirkungen auf Lauterpachts Familie waren unmittelbar und verheerend.

Inka Katz erzählte mir, was geschah. Sie erinnerte sich an Franks Besuch, an die Angst, die er auslöste, und an seine Folgen. Ihr Großvater Aron war der Erste, den sie abholten, am 16. August, aus einer

Wohnung, die er sich mit Lauterpachts Bruder David teilte; ein alter Mann, den man aus einem Schrank im Badezimmer holte, wo er sich versteckt hatte.

»Zwei Tage danach, am 18. August, wurde Herschs Schwester Sabina, meine Mutter, von den Deutschen mitgenommen.« Inka sprach völlig ruhig. »Es geschah auf der Straße; meine Mutter wurde von Ukrainern und deutschen Soldaten fortgetrieben.« Sie war allein zu Hause und beobachtete das Geschehen aus dem Fenster. Ihr Vater war bei der Arbeit, ein paar Häuser weiter, in ihrer alten Wohnung. »Irgendjemand ging zu ihm und erzählte ihm, dass sie meine Mutter mitgenommen hatten«, sagte Inka; ein Hausmeister sagte es ihm. »Ich begriff, was geschehen war. Ich habe alles aus dem Fenster mitangesehen.«

Wie alt war sie da?

»Ich war zwölf, kein Kind mehr. Ich habe 1939 aufgehört, ein Kind zu sein. Ich begriff, was geschah, ich kannte die Gefahren und den ganzen Rest. Ich sah, wie mein Vater meiner Mutter hinterherlief, er lief ihr auf der Straße nach.«

Sie machte eine Pause und schaute aus dem eleganten Fenster über Paris, nippte am schwarzen Tee. »Ich begriff, dass es vorbei war.«

Sie hatte das Ganze aus dem oberen Fenster beobachtet und erinnerte sich an Einzelheiten, für die Kinder ein besonderes Gedächtnis haben.

»Ich war vorsichtig; ich war nicht mutig. Wenn ich mutig gewesen wäre, wäre ich ihr nachgelaufen. Doch ich wusste, was geschah. Ich sehe die Szene noch vor mir, das Kleid meiner Mutter, ihre hochhackigen Schuhe ...«

Wusste sie, dass sie ihre Mutter vielleicht nicht wiedersehen würde?

»Es gab kein ›vielleicht‹. Ich wusste es.«

Lauterpachts Schwester wurde von den Deutschen abgeholt, während ihre Tochter zusah.

»Mein Vater hat nicht an mich gedacht. Wissen Sie was? Das hat mir wirklich gefallen. Für ihn ging es nur darum, dass sie seine Frau mitgenommen hatten, die Frau, die er so sehr liebte. Es ging nur darum, sie zurückzuholen.«

Sie bewunderte ihren Vater dafür, dass er sich in seinem dunkelgrauen Anzug auf die Suche nach seiner Frau gemacht hatte.

Dann schnappten sie ihren Vater. Er kehrte nie zurück; Inka war ganz auf sich gestellt.

»Ich habe nichts mehr von ihnen gehört. Sie hatten Tausende Menschen zusammengetrieben. Wer weiß, was aus ihnen geworden ist? Aber ich wusste, was mit ihnen geschehen würde. Ein paar Tage danach verließ ich die Wohnung, weil ich wusste, dass die Deutschen kommen und sie sich nehmen würden. Meine Großmutter ging ins Ghetto; ich weigerte mich, konnte mir nicht vorstellen, dort zu leben. Ich ging zu meiner Kinderfrau, meiner früheren Kinderfrau; sie war meinen Eltern verbunden, weil mein Vater gut zu ihr gewesen war. Sie war keine Jüdin, obwohl sie es hätte sein können. Ich habe ihr erzählt, was geschehen war, und sie sagte: ›Komm und bleib bei mir.‹ Sie war nicht nur Kinderfrau, sie war mehr als das. Sie war … wie nennt man das, eine Amme? Meine Mutter hat mich nicht gestillt; sie hat es getan. Sie hat mir die Brust gegeben.«

Während wir uns unterhielten, schenkte Inka schwarzen russischen Tee nach.

»Dort ging ich hin, nicht für lange, wegen der Durchsuchungen. ›Sie ist meine kleine Nichte‹, erzählte die Kinderfrau allen, die fragten. Ich sah überhaupt nicht jüdisch aus, aber bestimmt sah ich nicht wie ihre Nichte aus. Man glaubte ihr nicht wirklich, deshalb schickte sie mich aufs Land zu ihrer Familie.« Auch dort konnte Inka nicht lange bleiben.

»Ich bin von dort aus anderen Gründen weggegangen. Da war ein Mann, der auf Kinder stand. Ich wusste Bescheid, ich hatte darüber gelesen, kannte die Witze über solche Männer. Deshalb bin ich fort. Ich ging zu jemand anderem, dem mein Vater geholfen hatte. Es war Ende 1942, immer noch in der Nähe von Lwów, aber nicht im jüdischen Ghetto. Ich blieb nicht lange. Die Frau behauptete, ich sei eine

Cousine oder eine Nichte oder die Tochter ihrer Cousine. Es funktionierte nicht. Ihre Familie bekam Angst. Ich lauschte an der Tür; ich hörte, wie sie sagten: ›Sie sieht nicht aus wie wir.‹ Das stimmte.«

Also ging Inka fort. »Es war sehr schwer. Ich wusste nicht mehr, wohin ich sollte. Ich lief den ganzen Tag auf den Straßen umher und schlief, wo ich konnte. In Polen wurden in jenen Tagen die Türen der Wohnhäuser nachts abgeschlossen, um zehn oder elf, also bin ich vorher hinein und sehr leise bis zum Dachboden hoch, in einem Gebäude, wo sie mich nicht kannten. Dort konnte ich schlafen, auf der Treppe beim *grenier*. Ich war allein und hatte Angst, wenn jemand nachts kam. Ich fürchtete, dass man mich der Polizei übergeben würde.«

Sie fuhr gefasst fort: »So ging das ein oder zwei Monate lang. Es war Ende Herbst. Meine Mutter hatte mir gesagt, wo ihr Schmuck war, wo das Geld war. Davon lebte ich. Dann wurde ich ausgeraubt. Eines Morgens wachte ich auf, und alles war gestohlen worden. Nichts war mehr da.«

Allein und verzweifelt fand die Zwölfjährige eine Klientin und Freundin ihres Vaters, eine ältere Dame, die bereit war, sie für zwei Monate aufzunehmen.

»Die Leute fingen an zu reden, also musste ich fort von ihr. Sie war Katholikin; sie sprach davon, mich in einem Kloster unterzubringen. Wir gingen zusammen hin. Die Nonnen sagten ja, wir nehmen sie auf.«

Das Kloster war am Stadtrand.

»Den Namen weiß ich nicht mehr«, sagte Inka. »Es war sehr klein, nicht sehr bekannt. Es waren zwölf Nonnen, die mit den Jesuiten verbunden waren.«

Inka sprach langsam, flüsternd, als nähere sie sich einer unangenehmen Enthüllung.

»Die Nonnen sagten, es gebe eine Bedingung dafür, dass ich bleiben könne. Meine Familie hat das nie erfahren.« Inka wirkte kurz, als sei ihr nicht wohl dabei, ihr lebenslanges Schweigen zu brechen.

»Sie sagten, ich müsse getauft werden. Ich hatte keine Wahl. Vielleicht war es ein glücklicher Umstand, dass ich damals schon nicht gläubiger war als heute. Ich hatte Glück, dass ich in einem Haushalt aufwuchs, der nicht allzu religiös war.«

Noch nach siebzig Jahren spürte sie Unbehagen. Eine Frau, die mit dem Gefühl fertigzuwerden versuchte, dass sie auf gewisse Weise ihre Gruppe im Stich gelassen hatte, um sich zu retten.

44 Lauterpacht, der nichts davon wusste, was mit seiner Nichte geschah, die er nie kennengelernt hatte, beschloss, keinen Alkohol mehr zu trinken und abzunehmen. Das geschah nicht auf Anweisung eines Arztes, es war nur eine vernünftige Vorsichtsmaßnahme. Zumindest sagte er sich das selbst, während er weiter bei der Heimwehr seine Pflicht tat und darüber nachdachte, was in einer *Bill of Rights* stehen müsse. Er wusste nicht, dass sein Vater am 16. August abgeholt wurde. Am selben Tag schickte er ein Memorandum an das War Crimes Committee in London, in dem er die Mängel der internationalen Strafverfolgung von Kriegsverbrechen darlegte.

Aus dem Osten sickerten Nachrichtenbruchstücke und Gerüchte. Im September erschien ein Artikel in der *Times* über Gräueltaten der Nazis in Polen. Angesicht solcher Berichte fühlte Lauterpacht sich den jüdischen Kollegen in Cambridge besonders stark verbunden, wie einem Brief an Rachel zu entnehmen ist. »Letzten Abend bin ich in die Synagoge der deutschen Flüchtlinge gegangen, als ein Zeichen meiner Solidarität mit ihrem Leiden.« Er schickte Nahrungsmittelpakete in das Lemberger Schweigen, die er an David adressierte, ohne etwas von der Lage in der Stadt zu ahnen.

Inzwischen waren achtzehn Monate ohne Nachricht von seiner Familie vergangen. Trost war schwer zu finden. Er hörte Musik, die ihn anrührte und an ein vergangenes Leben erinnerte.

»Es ist 18 Uhr an einem Sonntag, und ich habe den ganzen Tag gefastet«, schrieb er im Dezember an Rachel – es war ein Tag des

Fastens und der Fürbitte für die ermordeten Juden in Polen. »Mir war danach, dabei zu sein.«

Lwów lag ihm ständig im Sinn. »Meine Liebsten sind dort, und ich weiß nicht, ob sie am Leben sind. Die Situation dort ist so furchtbar, dass es gut sein kann, dass sie den Tod dem Leben vorziehen. Ich habe den ganzen Tag an sie gedacht.«

45 Im Laufe des nächsten Jahres wendete sich das Kriegsglück. Rachel kehrte im Sommer 1943 heim nach Cambridge, während Eli in Amerika blieb. Lauterpacht verbrachte viele Stunden allein in seinem Arbeitszimmer, hörte Bach, schrieb und sah in den Garten hinaus, beobachtete den Farbwechsel des Laubes und machte sich schweigend Sorgen um die Familie, die irgendwo in Lwów festsaß. Der Reneklodenbaum verlor seine Früchte, das Gras wurde weniger oft gemäht, doch als die dunklen Wintertage Lauterpacht umfingen, konzentrierte er sich auf positive Entwicklungen. Im September kapitulierte Italien. Ein »Tag voll Hochstimmung«, rief Lauterpacht aus. Zum ersten Mal seit langem fühle es sich »gut an, am Leben zu sein«, schrieb er, da man den Anfang vom »Sturz des Bösen« erlebe. Es war ein spürbares Zeichen »des Triumphes der fortschrittlichen Kräfte«.

Er hielt eine Reihe von Vorträgen, um seine neuen Ideen über die Menschenrechte zu testen. Das Vorhaben nahm mehr Zeit in Anspruch als erwartet, und die größte Herausforderung dabei war, eine praktische Möglichkeit zu finden, wie man den Einzelnen in den Mittelpunkt der neuen Rechtsordnung stellen konnte. Ein Vortrag in London, dann ein weiterer in Cambridge, bei dem er »feierlich« den Entwurf seiner »International Bill of Rights of Man« vorlas, was von einem Zuhörer als ein »historisches Ereignis« beschrieben wurde. Sein Gedankengebäude hatte sich weiterentwickelt. »Die *Bill of Rights*, wenn sie wirksam sein soll, darf nicht nur von den Behörden eines Staates, sondern muss auch von internationalen Akteuren durchgesetzt werden.« Das deutete die mögliche Einrichtung eines internationalen Gerichtshofes an. Eli gegenüber beschrieb er seine Arbeitsbedingungen ganz einfach so: »Stell dir das Arbeitszimmer mit geöffneten Fenstern vor, erfüllt von den bewegenden Weisen der Bach'schen *Matthäus-Passion*, und du hast eine Idee von der Atmosphäre.«

Die Deutschen waren nun in ganz Europa auf dem Rückzug. Die Arbeit des War Crimes Committee wurde jetzt dringlicher, und Lauterpachts Vorstellungen beeinflussten auch die Arbeit der United Nations War Crimes Commission, die ein Jahr zuvor von den Regierungen der Alliierten geschaffen worden war. In diesem internationalen Rahmen konnte er auch seine Kontakte mit den amerikanischen Mitgliedern der Kommission und mit Philip Noel-Baker, seinem früheren Kollegen an der LSE erneuern, der jetzt Mitglied der britischen Regierung war, was ihm Zugang zu Macht und Einfluss eröffnete.

Im März 1944 vollendete Lauterpacht einen größeren Artikel über Kriegsverbrechen, mit dem er die mögliche Entscheidung über ein Gerichtsverfahren zu beeinflussen hoffte. Auch bot er dem Jüdischen Weltkongress Hilfe bei dessen Untersuchungen der Gräueltaten an. Rachel, die wieder in New York war, sagte er, der Kongress wünsche, dass ein Sonderkomitee »die schrecklichen Kriegsverbrechen, die von den Deutschen an den Juden begangen worden sind«, untersuche. Doch sein Augenmerk galt dem Schutz von Individuen, nicht von Gruppen oder Minderheiten, zumal der Polnische Minderheitenvertrag seine Ziele nicht erreicht hatte. Dennoch konnte man die Lage ganzer Gruppen nicht einfach ignorieren. Da die Juden »die Hauptopfer der deutschen Verbrechen« waren, so seine Schlussfolgerung, sei es »angemessen«, die »antijüdischen Gräueltaten zum Gegenstand einer Sonderuntersuchung und eines Berichts zu machen«.

Lauterpacht war nicht der Einzige, der über diese Dinge nachdachte. Im November kam in Amerika ein Buch unter dem Titel *Axis Rule in Occupied Europe* heraus, verfasst von Raphael Lemkin, einem früheren polnischen Staatsanwalt. Lemkin folgte einem anderen Ansatz als Lauterpacht, ihm ging es um den Schutz von Gruppen, und zu diesem Zweck erfand er ein Wort für einen neuen Straftatbestand, »Genozid«, die Vernichtung einer Gruppe. Für das *Cambridge Law Journal* verfasste Lauterpacht eine Rezension des Buches, in der er andeutete, dass er kein großer Anhänger von Lemkins Ideen war.

Lemkins Buch sei »beeindruckend« und biete einen »informativen« Überblick über die deutschen Gesetze und Erlasse, mit »interessanten und vernünftigen Beobachtungen«. Es sei ein »unschätzbares« Produkt »erstaunlichen Fleißes und Ideenreichtums«. Doch insgesamt war Lauterpacht alles andere als enthusiastisch, besonders was das neue Wort anging – »was er ›Genozid‹ nennt – ein neuer Begriff für die physische Vernichtung von Nationen und ethnischen Gruppen«. Es mochte sich dabei ja um »eine wissenschaftliche historische Dokumentation« handeln, schloss Lauterpacht, aber »man kann nicht direkt behaupten, dass der Band einen Beitrag zum Rechtswesen liefert«. Er lobte die Carnegie-Stiftung für Internationalen Frieden für die Veröffentlichung des Buches, nannte jedoch nicht den Namen des Autors. Lauterpacht zeigte sich in der Rezension skeptisch gegenüber dem neuen Begriff und dessen praktischem Nutzen. Offenkundig war er besorgt, der Schutz für Gruppen würde den Schutz von Individuen untergraben. Das Recht sollte sich nicht vordringlich darauf konzentrieren.

Ich erwähnte das Eli gegenüber. Er meinte, dass sein Vater den Namen des Autors nicht erwähnt habe, sei lediglich ein Zeichen seines »distanzierten wissenschaftlichen Urteils«. »Mein Vater hat Lemkin nie getroffen, und ich habe nie davon gehört, dass er uns besucht hätte«, fügte er hinzu. Ich spürte bei Eli eine gewisse Zurückhaltung, deshalb bohrte ich noch etwas weiter.

»Ich erinnere mich ganz schwach, dass mein Vater nicht viel von Lemkin hielt«, sagte Eli. »Er hielt ihn für einen Faktensammler, keinen Denker.« Sein Vater war nicht erpicht auf das Konzept Genozid. »Vielleicht hatte er etwas gegen das Eindringen eines subjektiven Begriffs wie Genozid, der nicht von der Praxis gestützt wurde, in den

Bereich des Völkerrechts. Er meinte wahrscheinlich, er sei untauglich, ein unrealistischer Ansatz. Mein Vater war pragmatisch, er achtete stets darauf, die Dinge nicht zu weit zu treiben.«

Ein »subjektiver Begriff«, weil er die Situation seiner eigenen Familie thematisierte, fragte ich.

»Vielleicht glaubte er, dass Genozid etwas zu weit ginge.«

Etwas zu weit ginge, weil er untauglich sei?

»Genau. Mein Vater war ein sehr praktischer Mann, und er machte sich Sorgen, ob die Richter mit gewissen Fragen umgehen könnten, weil er wusste, dass Richter nicht alle Probleme lösen können.«

Befürchtete sein Vater, dass man die Rolle des Einzelnen schwächen würde, wenn man die Gruppe zu sehr betonte?

»Ja, das war bestimmt ein Faktor«, erwiderte Eli. Er verwies mich auf die nach dem Krieg erschienene siebte Auflage von Oppenheims *International Law*, die den Genozid sehr geringschätzig abtat. Das Konzept sei voller »Lücken, Künstlichkeit und möglicher Gefahren«. Lauterpacht schrieb, es würde einen »Rückschritt« gegenüber dem Schutz der individuellen Menschenrechte darstellen.

Ende 1944 hatte Lauterpacht die korrigierten Fahnen seines Buches über individuelle Rechte eingereicht. Inzwischen war Leon mit seiner Frau und seiner Tochter im gerade befreiten Paris wieder vereint, und Eli war zurück in Cambridge – noch eine Familie, die wieder zusammengefunden hatte.

46

Im Februar 1945 trafen sich Churchill, Roosevelt und Stalin in Jalta auf der Krim, wo sie eine Reihe wichtiger Entscheidungen trafen. Europa würde geteilt werden. Lwow, vor ein paar Monaten durch die Rote Armee befreit, würde an die Ukraine und unter sowjetische Herrschaft fallen, nicht an Polen, wie es die Amerikaner gewünscht hatten. Die führenden Nazis würden als Kriminelle behandelt und strafrechtlich belangt werden.

Drei Monate später war der Kampf in Europa zu Ende. Am 2. Mai ernannte Harry Truman, der nach dem Tod von Roosevelt Präsident geworden war, Robert Jackson zum Leiter des Anklageteams beim Prozess gegen die deutschen Hauptkriegsverbrecher. Einige Wochen danach, am 26. Juni, wurde die Charta der Vereinten Nationen in San Francisco unterzeichnet, in der sich die Regierungen zur Achtung der »Grundrechte des Menschen« verpflichteten, um die »Würde und den Wert der menschlichen Persönlichkeit« zu bewahren.

Im Juni veröffentlichte die Columbia University Press Lauterpachts Buch über die internationale *Bill of Rights*. Gestützt auf Churchills Engagement für die »Inthronisierung der Menschenrechte«, brachte er darin seine Hoffnung auf eine neue internationale Rechtsordnung zum Ausdruck, in der der Schutz des Individuums im Mittelpunkt stehen sollte. In seinem Vorwort formulierte er es als sein Ziel, der »Allmacht des Staates« ein Ende zu setzen. Die Reaktionen waren überwiegend positiv. »Überzeugend«, »scharfsinnig«, »atemberaubend«, »ideenreich«, eine »pragmatische und realistische« Kombination von Rechtstheorie und politischem Wissen. Aber es gab auch Kritik an seiner Hoffnung, dass über »Rassendiskriminierung und Vernichtungslager« nicht länger ausschließlich nationale Gesetze bestimmen würden. Seine Vorstellungen seien gefährlich, so wurde behauptet, und nicht mehr als ein Rückgriff auf lang verschwundene Ideenkonstellationen des 17. Jahrhunderts. Lauterpacht sei »eher ein Echo der Vergangenheit als ein Vorbote der Zukunft«, hieß es.

Die in dem Buch entworfenen Paragraphen wurden als eine »radikale Neuerung im Völkerrecht« präsentiert. Es gab nur wenig, worauf sich Lauterpacht beziehen konnte, abgesehen von einem bescheidenen Versuch des Institut de Droit International, den Ideen H. G. Wells' und verschiedenen internationalen Komitees zu Kriegszeiten. Sein Gesetzentwurf umfasste neun Paragraphen zu Bürgerrechten (Freiheit, Religion, freie Meinungsäußerung, Versammlungsfreiheit, Recht auf Privatsphäre, Gleichheit und so weiter). Einige Themen blieben außen vor, etwa das Verbot von Folter oder die Diskriminierung von Frauen. Ebenso bemerkenswert erscheint im Rückblick, wie er die Situation von Nichtweißen in Südafrika behandelte oder »das heikle Problem, dass großen Teilen der Negerbevölkerung in einigen Staaten der USA faktisch das Wahlrecht entzogen wird«. Lauterpacht beugte sich hier den Zwängen der Realpolitik, um diese beiden Länder ins Boot holen zu können. Fünf weitere Paragraphen betrafen andere politische Rechte (Wahlen, Selbstverwaltung, Minderheitenrechte und so weiter) und in begrenztem Ausmaß ökonomische und soziale Rechte in Bezug auf Arbeit, Bildung und öffentliche Unterstützung im Fall einer »unverschuldeten Notlage«. Lauterpacht äußerte sich nicht zu Eigentumsrechten, was vielleicht ein Zugeständnis an den politischen Wind aus dem Osten und politische Erwägungen in Großbritannien war.

Vor dem Hintergrund der Charta der Vereinten Nationen und der Darlegungen in seinem Buch begrüßte Lauterpacht die Idee eines Kriegsverbrecherprozesses und die Ernennung von Jackson zum Hauptankläger. Der amerikanische Richter bat ihn um seine erneute Unterstützung, und so trafen sich die beiden Männer am 1. Juli in London. Dort begann man zur gleichen Zeit, ein Abkommen über den ersten Internationalen Gerichtshof auszuarbeiten, vor den die führenden deutschen Kriegsverbrecher gestellt werden sollten. Zu diesem Zeitpunkt, ein Jahr nach der Befreiung Lembergs, hatte Lauterpacht immer noch keine Nachrichten vom Schicksal seiner Familie.

Ende Juli, an einem warmen Sonntagmorgen, verließ Jackson das Claridge's Hotel in Mayfair, um sich zu einem Treffen mit Lauterpacht nach Cambridge fahren zu lassen. Jackson benötigte seine Hilfe bei der Lösung verschiedener Schwierigkeiten, mit denen sich die Siegermächte konfrontiert sahen, besonders was die Anklagepunkte betraf. Nie zuvor hatte ein solcher Prozess stattgefunden, und es gab »hartnäckige und tiefe« Differenzen zwischen den Sowjets und den Franzosen.

Die Vier Mächte stimmten in einigen Punkten überein. Das Tribunal würde über Individuen richten, nicht über Staaten, und den

Angeklagten sollte nicht erlaubt werden, sich hinter der Autorität des Staates zu verstecken. Es waren acht Richter vorgesehen, zwei für jeden der Alliierten, ein erster Richter und ein Stellvertreter. Die Amerikaner, Briten, Franzosen und Sowjets würden jeweils einen Hauptankläger benennen.

Differenzen bestanden jedoch, was das Prozedere betraf. Sollten die deutschen Angeklagten von den Richtern befragt werden wie in Frankreich oder von den Anklägern wie im angloamerikanischen Gerichtswesen? Von allen Schwierigkeiten am gravierendsten war die Liste der Verbrechen, mit denen man die Angeklagten konfrontieren wollte. Vor allem über den Wortlaut des Entwurfs von Artikel 6 des Statuts des Internationalen Militärtribunals, des neuen internationalen Gerichtshofes, war man sich uneinig.

Die Sowjets wollten drei Verbrechen zur Anklage bringen: Aggression, Gräueltaten gegen Zivilisten bei der Ausführung der Aggression und Verletzung der Kriegsgesetze. Die Amerikaner wollten diese drei Verbrechen und dazu zwei weitere: die Führung eines illegalen Krieges und die Zugehörigkeit zu einer verbrecherischen Organisation wie der SS oder der Gestapo.

Jackson suchte Lauterpachts Hilfe, da er sich Sorgen machte, die Franzosen könnten die Sowjets unterstützen. Jackson war kürzlich aus Deutschland zurückgekehrt, wo er Hitlers Privatbüros besucht hatte, und erfuhr bei seiner Ankunft, dass Churchill und die Konservativen bei den Unterhauswahlen gegen die Labour Party verloren hatten. Er befürchtete, die neue britische Regierung würde den Franzosen und den Sowjets entgegenkommen. Bei seiner Rückkehr nach London am 28. Juli präsentierten ihm die Briten neue Vorschläge, die – was Jackson beunruhigte – von den Franzosen bereits akzeptiert worden waren.

Das waren die Angelegenheiten, die Jackson auf seiner Fahrt nach Cambridge am nächsten Tag beschäftigten. Ihn begleiteten sein Sohn Bill, zwei Sekretärinnen und eine Juristin seines Stabs. Er lud Lauterpacht zum Lunch in einem »reizenden alten Landgasthaus« ein, vielleicht in Grantchester, dann fuhren sie zurück zur Cranmer Road. Es war ein warmer Sommertag, und man saß im Garten, auf einem frisch gemähten Rasen, »glatt wie ein Tennisplatz und kurzgeschnitten«. Ein süßer Duft lag in der Luft, und Lauterpacht freute sich, dass die Besucher es bemerkten. Während sie miteinander sprachen, kam ein Kind aus dem Nachbargarten herüberspaziert, und Rachel servierte Tee und Kaffee. Es ist nicht überliefert, ob auch ein Victoria-Biskuitkuchen von Fitzbillies aufgetischt wurde.

Jackson umriss die Schwierigkeiten. Generell unterstützten Franzosen und Briten den sowjetischen Ansatz, die Frage war also, welche Lösung man präsentieren könne. Lauterpacht schlug vor, Überschriften in den Text einzufügen, um so Kompromisse zu ermöglichen. Das könnte helfen, das Statut in eine fortschrittliche Richtung zu entwickeln.

Er machte den Vorschlag, das Wort »Aggression« durch »Verbrechen gegen den Frieden« zu ersetzen, und meinte, dass es besser wäre, Verletzungen von Gesetzen der Kriegsführung als »Kriegsverbrechen« zu bezeichnen. Überschriften würden es der Öffentlichkeit erleichtern, die strafrechtlich zu verfolgenden Taten zu verstehen, was wichtig sei, um Unterstützung zu mobilisieren, und zur Legitimierung des Verfahrens beitrüge. Jackson reagierte positiv auf diese Idee.

Lauterpacht brachte einen weiteren Gedanken ein. Wie wäre es, wenn man einen neuen Begriff in das Völkerrecht einführte, um Gräueltaten an Zivilisten zu bezeichnen, eine Sache, über die Russen und Amerikaner geteilter Meinung waren und an der er ein unausgesprochenes persönliches Interesse hatte. Er warb dafür. Warum sollte man die Gräueltaten an Zivilisten nicht als »Verbrechen gegen die Menschlichkeit« bezeichnen?

Eine ähnliche Formulierung hatten Briten und Amerikaner 1915 verwendet, um die türkischen Maßnahmen gegen die Armenier anzuprangern, aber jene Deklaration war nicht juristisch bindend gewesen. Der Begriff wurde auch bei der Arbeit der United Nations War Crimes Commission benutzt, aber wieder in einer Form, die nicht juristisch bindend war. Auch diese Idee gefiel Jackson, denn sie bedeutete einen praktischen Schritt in die richtige Richtung. Er sagte, er werde darüber nachdenken.

Später besuchte er mit seiner Entourage Trinity College, ging durch die großartige Bibliothek von Christopher Wren und spazierte durch die nicht öffentlich zugänglichen Collegegärten. Jackson bewunderte die Bäume. Katherine Fite, eine von Jacksons juristischen Mitarbeiterinnen, schwärmte für die »backs« (das Parkgelände hinter den Colleges) und die kleinen Brücken über den Cam-Fluss, »das Schönste in England, an das ich mich erinnere«, wie sie ihrer Mutter schrieb.

47 Zurück in London brachte Jackson am 31. Juli einen überarbeiteten Entwurf des Statuts in Umlauf. Er griff Lauterpachts Idee mit den Überschriften auf und bezog die neuen Definitionen der Straftatbestände ein. Zum ersten Mal war hier schwarz auf weiß von »Verbrechen gegen die Menschlichkeit« die Rede. »Wir sollten Worte einfügen, die deutlich machen, dass wir Verfolgung etc. von Juden und anderen in Deutschland und auch außerhalb davon« meinen, erklärte Jackson den Alliierten, »vor wie auch nach Kriegsbeginn«.

Eine solche Formulierung bedeutete eine entscheidende Ausweitung des Völkerrechts. Sie würde es ermöglichen, die Aktionen der Deutschen gegen ihre eigenen Staatsbürger vor dem Krieg – gegen Juden und andere – bei dem Prozess zu berücksichtigen. Damit ließen sich Leons Ausweisung aus dem Reich im November 1938 und die gegen Millionen anderer ergriffenen Maßnahmen vor dem September 1939 miteinbeziehen. Nie mehr würde es einem Staat freistehen, seine Bürger nach Gutdünken zu behandeln.

Am 2. August trafen sich die Vier Mächte, um in einer letzten Anstrengung zu einer Übereinkunft zu kommen. Sir Hartley Shawcross, der willensstarke neue britische Generalstaatsanwalt, der sich gern aufplusterte und als »der bestaussehende Mann im englischen öffentlichen Leben« galt, nahm zusammen mit seinem Vorgänger David Maxwell Fyfe (der aus Kontinuitätsgründen dabei war) an dem Treffen teil. Der Entwurf von Artikel 6 – mit Lauterpachts Überschriften – war äußerst umstritten, deshalb wurde die Diskussion darüber bis zum Ende aufgeschoben. Der sowjetische General Iona Nikitschenko war entschieden gegen die Überschriften; sie sollten gestrichen werden, weil sie »die Dinge verkomplizieren«. Sein Stellvertreter, Professor A. N. Trainin, begrüßte die Überschriften von einem »theoretischen Standpunkt aus«, fand sie aber zu unbestimmt. Sie sollten gestrichen werden. Jackson hielt standhaft dagegen. Die Klassifizierung sei nützlich. Die Überschriften, die ihm ein bedeutender Wissenschaftler vorgeschlagen habe, den er nicht benannte, seien »zweckmäßig«. Sie würden der Öffentlichkeit helfen, die Unterschiede zwischen den Verbrechen zu verstehen; die Unterstützung der Öffentlichkeit sei wichtig.

Die Sowjets gaben nach, wodurch Verbrechen gegen die Menschlichkeit zu einem Bestandteil des Völkerrechts wurden – mit dem Ziel, Individuen zu schützen. Eine Woche später, am 8. August, wurde der endgültige Text angenommen, unterzeichnet und veröffentlicht. Dies war ein historischer Tag: Mit dem Artikel 6(c) des Statuts wurde den Richtern des Tribunals die Macht verliehen, Individuen zu bestrafen, die Verbrechen gegen die Menschlichkeit begangen hatten, worunter laut Definition fielen:

> »Mord, Ausrottung, Versklavung, Deportation oder andere unmenschliche Handlungen, begangen an jedweder Zivilbevölkerung vor oder während des Krieges; Verfolgung aus politischen, rassischen oder religiösen Gründen, begangen in Ausführung eines Verbrechens oder in Verbindung mit einem Verbrechen, für das der Gerichtshof zuständig ist, und zwar unabhängig davon, ob die Handlung gegen das Recht des Landes verstieß, in dem sie begangen wurde, oder nicht.«

Es lohnt sich, den Paragraphen sorgfältig zu lesen. Besonders sollte man das einsame Semikolon in der dritten Zeile beachten, das noch zum Problem werden sollte. Lauterpacht hielt den Text für zu ausführlich, war aber nicht besorgt darüber, dass das eingefügte Semikolon dem Tribunal die Zuständigkeit für Taten verlieh, die vor Kriegsausbruch begangen worden waren. »Der Paragraph 6(c) des Abkommens – Verbrechen gegen die Menschlichkeit – ist eindeutig eine Innovation«, erklärte er dem britischen Foreign Office, aber es sei eine vernünftige Innovation, die »einen grundlegenden Bestandteil der internationalen Gesetzgebung« darstelle. Sie bestätige, dass das Völkerrecht nicht nur ein »zwischenstaatliches Recht« sei, sondern »auch das Menschheitsrecht«. Diejenigen, die es übertraten, würden keine Immunität genießen, selbst wenn sie Staatsführer waren; dies sei ein Ausdruck des »empörten Weltgewissens«.

Shawcross gab Lauterpacht einen Sitz in der neuen British War Crimes Executive, die McNairs Komitee ersetzte. Ob er ihnen bei der Vorbereitung des Prozesses und beim Abfassen der britischen Beweisführung helfen werde, fragte Shawcross. Lauterpacht nahm die Einladung an. Ein paar Tage später erhielt er einen Brief von Jackson, der ihm für die Gastfreundschaft in Cambridge und das »sorgfältige Memorandum« über die Straftatbestände dankte. Nicht alle seine Vorschläge seien angenommen worden, bemerkte Jackson, doch »alle haben geholfen, unsere Gedanken über den Gegenstand zu klären«. Jackson deutete eine zukünftige Zusammenarbeit an. »Ich werde ab und zu in London sein und werde Sie wiedersehen.«

Der Artikel 6 war ein gewaltiger beruflicher und intellektueller Fortschritt, bot aber wenig persönlichen Trost. Vier Jahre waren nun ohne ein Wort aus Lemberg oder Żółkiew vergangen. »Daddy sagt nicht viel«, erzählte Rachel Eli, »er zeigt nie viel Gefühle.«

48 Wenige Tage nachdem das Statut angenommen worden war, bemerkte jemand eine winzige Diskrepanz in den Texten des Artikels 6(c) über Verbrechen gegen die Menschlichkeit – das Problem des Semikolons. Es gab einen Unterschied in der russischen Version einerseits und den englischen und französischen Textfassungen andererseits. Man verständigte sich schnell auf eine Änderung, die die englischen und französischen Fassungen mit dem russischen Text in Einklang brachte. Das wurde am 6. Oktober erreicht, als das Semikolon entfernt und durch ein Komma ersetzt wurde.

Dieser kleine Eingriff konnte erhebliche Auswirkungen nach sich ziehen. Das Semikolon schien es zu ermöglichen, ein vor 1939 (vor Kriegsbeginn) begangenes Verbrechen gegen die Menschlichkeit vor das Tribunal zu bringen. Das Ersatz-Komma dagegen schien nun jedoch dafür zu sorgen, dass Ereignisse vor Kriegsbeginn der Gerichtsbarkeit des Tribunals entzogen blieben. Falls die Verbrechen gegen die Menschlichkeit im Zusammenhang mit dem Krieg stehen mussten, würden jene Taten ungestraft bleiben. Ob das so beabsichtigt war oder diese Auswirkung haben würde, das mussten die Richter entscheiden.

Ein paar Tage nach dem Verschwinden des Semikolons beklagte sich Shawcross bei Lauterpacht über eine andere Entwicklung, die die Formulierung der Anklagepunkte für jeden einzelnen Beschuldigten betraf. Die Vier Mächte hätten »sehr große Schwierigkeiten« bei der Anklageschrift, einem Dokument, dass Shawcross »überhaupt nicht« gefiel. »Einige der darin enthaltenen Beschuldigungen werden, so glaube ich, kaum vor dem Urteil der Geschichte bestehen oder einer ernsthaften juristischen Überprüfung standhalten.« Shawcross bezog sich hier möglicherweise auf ein unerwartet neu in der Anklageschrift aufgetauchtes Wort – »Genozid«. Es wurde in einem späten Stadium auf das Drängen der Amerikaner hin und gegen starke britische Einwände eingeführt. Lauterpacht hätte nicht zugelassen, dass es hineinkam. »Wir müssen einfach das Beste aus diesem ziemlich unbefriedigenden Dokument machen«, sagte Shawcross zu Lauterpacht.

Es wurde beschlossen, dass der Prozess im Nürnberger Justizpalast durchgeführt werden und im November 1945 beginnen sollte. Die Alliierten benannten vierundzwanzig Hauptangeklagte, darunter Hermann Göring (Reichsmarschall und designierter Nachfolger Hitlers), Albert Speer (Minister für Rüstung und Munition) und Martin Bormann (Leiter der Partei-Kanzlei und persönlicher Sekretär des Führers). Der siebte Name musste Lauterpacht interessieren: Hans Frank, Generalgouverneur des besetzten Polen, zu dessen Territorium auch Lemberg und Żółkiew gehört hatten.

»Wenn Sie die Möglichkeit sähen, bei der Eröffnung für einige Tage da zu sein«, schrieb ihm Shawcross, »wäre das für uns alle eine große Hilfe.« Es würde kein Honorar geben, doch für die Spesen wäre gesorgt.

Wieder nahm Lauterpacht die Einladung an.

Teil III

MISS TILNEY AUS NORWICH

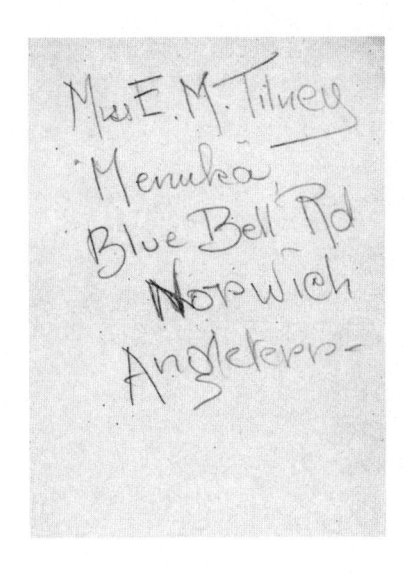

> Mrs E. M. Tilney
> "Menuka"
> Blue Bell Rd
> Norwich
> Angleterr-

49 »Wer war Miss Tilney?«, fragte ich meine Mutter.

»Keine Ahnung«, antwortete sie ohne großen Enthusiasmus. Dann sagte sie: »Ich glaube, sie war die Frau, die mich im Sommer 1939 von Wien nach Paris gebracht hat«. Sie bestand darauf, dass nichts weiter bekannt sei. Das hatte ihr Leon viele Jahre nach dem Geschehen erzählt. »Pas important.« Nicht wichtig.

Anscheinend hatte Miss Tilney Ruth, die gerade ein Jahr alt war, bei ihrer Mutter Rita abgeholt. Die Übergabe geschah auf dem Westbahnhof. Nach der Verabschiedung stieg Miss Tilney mit dem Kleinkind in den Zug nach Paris, was ein unglaublich schwieriger Augenblick für eine Mutter gewesen sein muss. Bei der Ankunft auf der Gare de l'Est übergab sie das Kind an Leon. Miss Tilney schrieb ihren Namen und ihre Adresse mit Bleistift auf einen Zettel. Au revoir. Sie sahen sich nie wieder.

»Sie hat dir das Leben gerettet?«

Meine Mutter nickte.

»Du wolltest nicht wissen, wer sie war, sie treffen, mehr herausfinden, ihr danken?«

»Nein.«

»Du wolltest nicht wissen, warum sie tat, was sie tat?«

»Nein.«

50 Die Umstände, unter denen meine Mutter nach dem Anschluss aus Wien herausgebracht worden war, drei Tage nach ihrem ersten Geburtstag und ohne Begleitung eines Elternteils, waren seltsam. Ich verstand ihr Zögern, die Vergangenheit zu entschlüsseln. Niemand, der noch am Leben war, kannte die Einzelheiten, und die Dokumente, die ich finden konnte, boten nur wenig Hinweise. Da war der auf den Namen meiner Mutter im Dezember 1938 ausgestellte Pass mit drei verblichenen Stempeln und ein paar Hakenkreuzen. Ein Stempel datierte vom 4. Mai 1939, die Genehmigung zu einer einmaligen Ausreise aus Österreich für das Kind, mit einem Rückkehrrecht. Da war ein Ausreisestempel, der zweieinhalb Monate später, am 22. Juli, in der österreichischen Stadt Feldkirch an der Schweizer Grenze, östlich von Zürich, in den Pass gelangt war. Ein Stempel für die Einreise nach Frankreich, »Entrée«, stammte vom nächsten Tag, dem 23. Juli. Der Pass hatte ein Hakenkreuz auf dem Umschlag, aber kein rotes *J*. Das Kind war nicht als jüdisch identifiziert.

Rita blieb in Wien. Diese Tatsache hatte meine Mutter immer beunruhigt, da sie Fragen aufwarf nach den Umständen, unter denen Rita sich entschieden hatte – falls sie sich frei entscheiden konnte –, ihr einziges Kind nicht nach Paris zu begleiten. Notwendigkeit oder freie Entscheidung? Notwendigkeit klang besser.

Außer dem Pass war der einzige andere Hinweis der vergilbte Zettel, der geduldig in Leons Dokumenten ausgeharrt hatte. Nicht größer als fünf Quadratzentimeter, in der Mitte zusammengefaltet, und auf der einen Seite waren mit kräftiger Bleistiftschrift einige wenige Worte notiert: »Miss E. M. Tilney, ›Menuka‹, Blue Bell Rd, Norwich, Angleterre«. Keine Botschaft, nur ein Name und eine Adresse.

Zwei Jahre lang hing der gelbe Zettel über meinem Schreibtisch. Hin und wieder blickte ich darauf, fragte mich, wo er geschrieben worden war, wer ihn geschrieben und was Miss Tilney bewogen hatte, eine so gefährliche Reise zu unternehmen, wenn sie es denn getan hatte. Die Mitteilung musste wichtig gewesen sein, weil Leon den Zettel sein ganzes restliches Leben lang aufbewahrte, sechzig Jahre lang.

Norwich liegt 160 Kilometer nordöstlich von London, noch hinter Cambridge, vor den Norfolk Broads. Ich konnte kein Haus mit dem nach englischer Mittelschicht klingenden Namen »Menuka« finden.

Ich machte einen Anfang mit Volkszählungsunterlagen und Telefonbüchern von Norwich und war überrascht, auf nicht weniger als fünf Frauen mit dem Namen E. M. Tilney zu stoßen. Zwei konnte ich aus Altersgründen ausschließen: Edna M. Tilney (geboren 1924) wäre zu jung gewesen, um nach Wien zu reisen, und Edith M. Tilney zu alt (geboren 1866). Es blieben damit drei Namen:

1. E. M. Tilney, geboren 1915, aus dem nahe gelegenen Dorf Blofield.
2. Elsie M. Tilney, geboren 1893, bei der nationalen Volkszählung von 1901 sieben Jahre alt, wohnhaft in der Gloucester Street 95, Norwich, bei ihren Eltern.
3. Edith M. V. Tilney, kein Geburtsdatum, die 1940 einen Mr Hill geheiratet hatte.

Das Telefonbuch führte eine E. M. Tilney in Blofield auf. Wenn es dieselbe Person war, wäre sie jetzt fünfundneunzig Jahre alt. Ich rief die Nummer über mehrere Tage immer wieder an und sprach schließlich mit Desmond Tilney, der einen feinen Norfolk-Akzent hatte. »Meine Schwester Elsie May ist vor drei Jahren gestorben«, sagte er traurig. War sie 1939 nach Wien gereist?

»Oh, ich weiß nicht, darüber habe ich nie etwas gehört.« Er würde sich umhören. Zwei Tage später rief er an und berichtete enttäuscht, dass seine Schwester vor dem Krieg nicht ins Ausland gereist war.

Ich machte weiter mit Elsie M. Tilney, geboren 1893. Der nationalen Volkszählung von 1901 zufolge wohnte sie in einem Einzelhaus mit ihren Eltern, Albert (ein Schreibwarenverkäufer) und Hannah, sowie vier Geschwistern. Der Name mit Geburtsdatum brachte zwei weitere Treffer im Netz. Am 1. Januar 1960 ging eine Frau desselben Namens und Alters im Hafen von Southampton von Bord der MV *Stirling Castle* (von der Union-Castle-Linie), die aus Durban, Südafrika, kam. Die Passagierliste bezeichnete Miss Tilney – mittlerer Name Maud – als »Missionarin«, die aus Basutoland zurückkehrte. Vierzehn Jahre später, im Oktober 1974, starb eine Frau desselben Namens und Alters in Dade County, Florida.

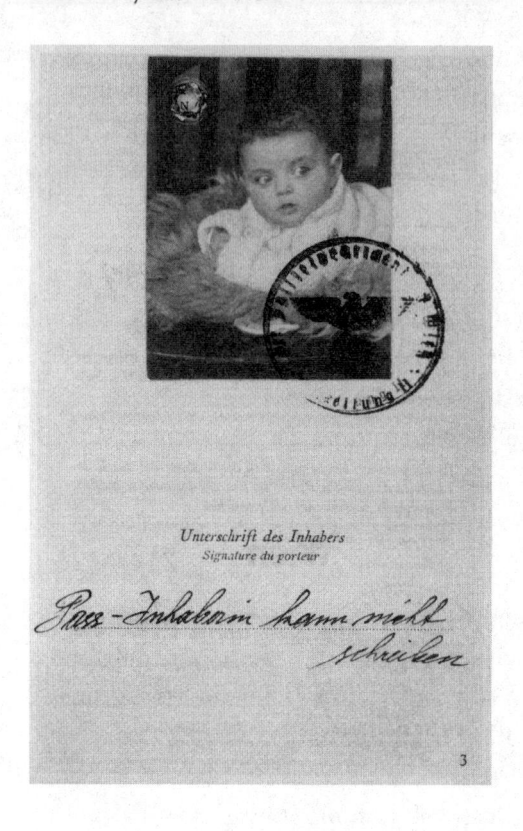

Unterschrift des Inhabers
Signature du porteur

3

Die Information über das Ableben dieser Frau offerierte auch eine Postleitzahl. Für eine Gebühr von sechs Dollar erhielt ich fünf Nummern und den Namen einer Stadt: 33134, Miami. Eine Suche nach dem Namen Tilney und dieser Postleitzahl lieferte mehrere Tilneys in dem Gebiet, von denen zwei 1974 gestorben waren. Der eine war Frederick, laut Volkszählung von 1901 der Name von Elsie Maud Tilneys jüngerem Bruder. Im Telefonbuch von Miami fand ich mehrere Tilneys in demselben Postleitzahlgebiet. Die Erste, die ich ein paar Tage später erreichte, war Germaine Tilney.

51 »Ja, ich kannte Elsie Tilney«, sagte mir Germaine Tilney knapp. Elsie war die Tante ihres verstorbenen Mannes, die ältere Schwester ihres Schwiegervaters, Dr. Frederick Tilney. Es waren vierzig Jahre seit ihrem Tod vergangen, also hatte Germaine nur eine schwache Erinnerung an Tante Elsie, eine »liebenswürdige Dame«, die Mitte der 1960er Jahre in ihr Leben getreten war. Sie hatte sich der Missionsarbeit als evangelische Christin gewidmet und war dann im Ruhestand nach Florida gezogen, um mit ihrem Bruder Fred zusammen zu sein. »Sie war ruhig, zurückgezogen und anständig.« Gelegentlich kam sie zu Familienessen, gewöhnlich an einem Sonntag.

Germaine hatte kein Foto und erinnerte sich an nicht viel aus Miss Tilneys früherem Leben, abgesehen von einem Bruder in Norwich, einem Prediger namens Albert, und Missionseinsätzen an unbekannten Orten. »Vielleicht war sie eine Zeit in Nordafrika«, überlegte Germaine, tief im Gedächtnis grabend. Doch über die Kriegsjahre oder eine Reise nach Wien wusste sie nichts. Das Thema Krieg war etwas heikel, weil Germaine deutsche Wurzeln hatte. »Schon sehr früh rief mein Mann Robert die Familie zusammen«, erklärte Germaine, »um allen zu sagen, dass wir nie über den Krieg reden würden.« Während des Krieges beherbergten ihr Schwiegervater Frederick und seine Frau Nora britische Soldaten, die in Miami stationiert waren.

Germaine fragte, wie viel ich über Miss Tilneys Bruder Frederick wüsste.

»Nichts«, antwortete ich. Er habe ein interessantes Leben geführt, erklärte sie. Er sei in den 1920ern nach Amerika gekommen, »wurde ein berühmter Bodybuilder und entdeckte Charles Atlas, der sein Freund war.« Germaine verwies mich auf Freds Autobiografie *Jung mit 73 – und darüber hinaus!* Ich besorgte mir ein Exemplar (das ich später meiner Mutter zum 73. Geburtstag schenkte) und ein Foto von Fred. In dem Buch beschrieb er seine harte, raue, arme Kindheit in Norwich, den herrischen Vater (auch Prediger) und seine lange Partner- und Freundschaft mit Charles Atlas.

Germaine stellte den Kontakt zu ihrem Neffen John her. Unser einziges Telefongespräch wurde unterbrochen – ob absichtlich oder zufällig blieb unklar. Trotzdem ergab sich daraus ein hervorragender Hinweis.

»Elsie hasste die Deutschen«, sagte John plötzlich und ohne Erklärung. »Sie hasste sie einfach.« War etwas während des Krieges passiert? Er konnte sich an nichts Genaues erinnern.

Die vagen Umrisse eines Lebens tauchten auf. Miss Tilney entstammte einer Familie von Predigern, ging zur Missionsarbeit nach Südafrika, hasste die Deutschen, lebte zuletzt in Coconut Grove, Miami. Ich durchsuchte Archive der Afrikamission (umfangreicher und interessanter, als man glauben könnte), die einen Hinweis auf ein Archiv in der Bibliothek der Witwatersrand-Universität in Johannesburg lieferten. Dort entdeckte ich Dokumente über Miss Tilneys Missionsarbeit in Südafrika nach dem Krieg. Darunter waren auch einige handgeschriebene Briefe.

Ich verglich die Handschrift der Briefe mit der auf dem Zettel. Sie waren identisch. Die Missionarin und Miss E. M. Tilney aus der Bluebell Road waren ein und dieselbe Person. Die Briefe ließen auf einen starken Charakter schließen und zeigten, dass sie eine Zeitlang in Portugal und zuvor in Frankreich gelebt hatte. Deshalb wandte ich mich französischen Archiven zu, aus denen ein einzelner Brief auftauchte, datiert vom Februar 1942, geschrieben von einem französischen Offizier an einen Otto Landhäuser, Kommandant vom Frontstalag 121. Das war, wie ich herausfand, ein deutsches Internierungslager im Kurort Vittel. Der Brief nannte achtundzwanzig weibliche Gefangene, die die Deutschen gegen Gefangene der Briten austauschen wollten. Darunter war »Elsie M. Tilney, née en 1893«, Inhaberin eines britischen Passes, die von den Deutschen in Vittel interniert worden war.

Germaine hatte einen Bruder erwähnt, den Prediger Albert Tilney, und das brachte mich auf eine neue Spur. Es stellte sich heraus, dass Albert zur Surrey-Freikirche in Norwich gehörte, die von Robert Govett, einem Fellow des Worcester College, Oxford, gegründet worden war. Govett gründete die Freikirche, weil es ihn danach verlangte, der Heiligen Schrift treuer nachzuleben. Seine Motive waren Logik (»furchtlos im Verfolgen eines Arguments bis zur radikalen Schlussfolgerung«), Unabhängigkeit (Ablehnung »der üblichen Lehren des postreformatorischen Protestantismus«) und Einfachheit (Verwendung »einer direkten und schlichten Sprache, die alle verstehen«). Ich entdeckte ein Exemplar der 1954, zur Hundertjahrfeier der Freikirche veröffentlichten Broschüre. Sie enthielt Informationen über eine 1903 gegründete Missionarsgruppe sowie die Namen aller Missionare. Unter ihnen war eine Missionarin, die 1920 von Norwich nach Algerien gegangen war. Dazu gab es ein körniges Schwarzweißfoto. Es zeigte eine entschlossene junge Frau mit einem ausdrucksstarken Gesicht, das Haar schwungvoll schräg über der Stirn, in einem schlichten, eleganten Kleid. Nach zweijähriger Suche hatte ich Elsie Tilney gefunden.

Elsie Tilney, 1920

52 Die Surrey-Freikirche stellte sich als lebendige Gemeinschaft im Herzen von Norwich heraus, geführt von ihrem Pastor Tom Chapman, dem ich eine E-Mail schickte. Er antwortete binnen einer Stunde und zeigte sich begeistert über meine »faszinierenden Nachforschungen«. Er hoffe, dass es »dieselbe Elsie Tilney« sei! Er sandte meine E-Mail an Dr. Rosamunde Codling, die Archivarin der Freikirche. Am darauffolgenden Morgen erhielt ich eine E-Mail von Miss Codling, die »beinah sicher« war, dass ihre und meine Miss Tilney dieselbe Person waren.

Dr. Codling stellte die Verbindung zwischen Miss Tilney und ihrem Bruder Albert, dem Prediger, her (sie wies mich auf eines seiner Traktate hin, *Gläubige und ihr Urteil*, vor Jahren erhältlich von »Mr A. J. Tilney, 66 Hall Road, Norwich«). Es folgten Hinweise auf Miss Tilney im Rundschreiben der Freikirche. Sie sei eine »tapfere« Gegnerin des Modernismus gewesen, erklärte Dr. Codling. Ihr »Arbeitsbereich« war schlicht mit »Juden« angegeben.

Einige Wochen danach unternahm ich die erste von mehreren Reisen nach Norwich. Dr. Codling half sehr gern, weil sie (und alle anderen in der Surrey-Freikirche) vorher noch nie von der Geschichte gehört hatte, die ich ihnen nun erzählte. Sie war erfreut, dass der Sohn einer »geretteten Jüdin« Kontakt zu ihnen aufgenommen hatte. Ich wurde mit großer Wärme vom Pastor und von Dr. Codling begrüßt, die Eric, ein älteres Mitglied der Gemeinde, zu unserem Treffen mitbrachten. Eric erinnerte sich an Miss Tilney als »eine hübsche junge Dame mit einer angenehm sanften Stimme«. Er sagte das ein wenig spitzbübisch. »Sie stellen sich Missionarinnen nicht als hübsch vor, wie?«, fügte er hinzu und überlegte laut, ob sie je geheiratet hatte (es gab keinen Hinweis darauf). Eric erinnerte sich, wie Miss Tilney in der Sonntagsschule von Afrika erzählt hatte, ein exotisches Thema, von dem die Kinder wenig wussten. »Wir hatten eine Karte des Britischen Empire, wussten aber nichts über die afrikanische Kultur, die Menschen oder den Islam«, erklärte Eric. »Alles, was wir wussten, erfuhren wir von ihr, durch die Bilder, die sie mitbrachte, und die

Bilder, die sie malte.« Sie war »etwas Besonderes« und interessierte sich brennend für Algerien. Das war Mitte der 1930er Jahre.

Dr. Codling begleitete mich zum Archiv der Surrey-Freikirche im Stadtarchiv von Norwich, wo wir uns einen Nachmittag lang durch eine Unmenge von Dokumenten arbeiteten, auf der Suche nach irgendeinem Hinweis auf Miss Tilneys Aktivitäten. Es war nicht schwer, sie zu finden: Sie war eine eifrige Briefschreiberin, die auch kurze Artikel für verschiedene evangelische Zeitschriften verfasste und sich als eine gut formulierende und genaue Beobachterin erwies. Als Europa sich dem Faschismus und Antisemitismus zuwandte, schlug sie einen anderen Weg ein. Das Archivmaterial zeigte, dass sie im Frühjahr 1939, als Leon in der Stadt ankam, in Paris lebte.

Sie hatte sich im Februar 1903 als Zehnjährige der Surrey-Freikirche angeschlossen und war dann 1920 auf Mission nach Algerien und Tunesien gegangen, wo sie über zehn Jahre arbeitete. Im November 1927 war sie in der Kleinstadt Nabeul an der tunesischen Mittelmeerküste stationiert und arbeitete mit einer Madame Gamati zusammen. Sie schrieb von Besuchen in jüdischen Häusern, von der »großartigen« Gastfreundschaft, die man ihr entgegenbrachte, während sie die Seelen der Juden zu retten versuchte, indem sie sie zu Jesus führte (von erfolgreichen Missionen ist nicht die Rede). Hin und wieder kehrte sie nach Hause zurück; den Sommer 1929 verbrachte sie etwa in Bournemouth im Sommerzentrum der Nordafrika-Mission. Irgendjemand machte ein Gruppenfoto, auf dem sie ein kleines Kind im Arm hält, eins der wenigen Bilder, die ich gefunden habe.

In den 1930er Jahren widmete sie sich dem Wohlergehen von Juden, nachdem sie sich der etablierten Mildmay-Mission angeschlossen hatte. Ein von der Surrey-Freikirche verfasster Verabschiedungstext begann mit einem Verweis auf das leitende Credo: »Die Juden zuerst«. Sie blieb in engem Kontakt mit David Panton, dem Pastor der Freikirche, und wurde von seinen Artikeln in der von ihm herausgegebenen Zeitschrift *The Dawn* beeinflusst. Sie muss den Beitrag wahrgenommen haben, den Panton schrieb, nachdem die *Times* am

25. Juli 1933 einen Artikel zu einer Rede Hitlers (den vermutlich auch Lauterpacht in Cricklewood gelesen hatte) unter der Überschrift »Indem ich mich der Juden erwehre, kämpfe ich für das Werk des Herrn« veröffentlicht hatte. Panton griff die »antisemitische Wut« des Führers als irrational und krank an, dieser Hass sei »nichts als rassistisch und fanatisch« und entbehre jeder religiösen Grundlage. Hitlers Ansichten seien »völlig unabhängig vom Charakter oder Verhalten des einzelnen Juden«, schrieb Panton. Dieser Artikel muss Miss Tilney, die in Djerba (Tunesien) lebte, angespornt haben. Ein Jahr später, im Frühjahr 1934, zog sie nach Frankreich, um sich ganz der »Arbeit unter den jüdischen Menschen in Paris« zu widmen.

Der nächste Hinweis auf ihren Aufenthalt in Paris stammt aus dem Oktober 1935. Die *Missionary Notes* der Freikirche berichteten von einem Artikel in *Trusting and Toiling*, einer anderen Zeitschrift, in dem beschrieben wurde, wie Miss Tilney nur knapp einem schweren Unfall entgangen war. Sie sei in Paris eine verkehrsreiche Straße entlanggegangen und habe gerade vom Gehweg auf die Straße treten wollen, als »ein Herr sie gerade noch rechtzeitig zurückzog und verhinderte, dass sie von einem Auto überfahren wurde«. Von besonderem Interesse, ja ein Grund zur Freude war die Tatsache, dass der Retter »ein JUDE« war!!«

1936 zog sie in das Haus der Nordafrika-Mission in Paris. Sie sprach hervorragend Französisch und Arabisch und berichtete von einem Besuch in der Pariser Moschee, ein Gebäude, das wegen »der dort verbreiteten Lehre, die das Evangelium verleugnet«, keine Reize für sie hatte. Es gab dort jedoch einen ausgezeichneten Couscous in arabischem Ambiente, Gelegenheit zum stillen Gebet und zum Evangelisieren (es bereitete ihr Vergnügen, das Lukas-Evangelium einem »aufrichtig erfreuten« Kellner aus Tunis zu schenken). Sie beschrieb das Innere der Moschee und deren »exotische Schönheit mit Blumen, Laub und Brunnen im sonnendurchfluteten Hof«, ging aber »traurig, traurig« fort, weil alles »von einem heimtückischen Verleugnen unseres Herrn zu sprechen schien«.

Die Jahre 1936 und 1937 waren aufgeteilt zwischen Paris und Gabès in Südtunesien, wo ihre Arbeit von einem Typhusausbruch überschattet wurde. Sie verbrachte eine Zeitlang mit Arabern in Quarantäne, kümmerte sich um »eine liebe, verängstigte alte Jüdin«, konnte aber der Lage immer noch etwas Gutes abgewinnen, weil der Typhusausbruch ihr »viele jüdische und muslimische Türen« öffnete und sie so »einen jüdischen jungen Mann ... beim intensiven Studium des Matthäus-Evangeliums« beobachten konnte. In Paris arbeitete sie in der baptistischen Kirche in der Avenue du Maine im 14. Arrondissement. »Ich genoss das Privileg, den leidenden deutsch-jüdischen Flüchtlingen helfen und unter ihnen evangelisieren zu können«, schrieb sie ihren Freunden in Norwich.

Im September 1937 war sie wieder in Paris, interviewte deutsche und österreichische jüdische Flüchtlinge in der baptistischen Kirche, arbeitete mit Diakon André Frankl zusammen, dem Vertreter des American Board of Missions to the Jews in Paris (der 1895 geborene Enkel eines ungarischen Rabbi konvertierte vom Judentum und kämpfte 1914 in der österreichisch-ungarischen Armee an der Ostfront, wie Leons Bruder Emil). Miss Tilney berichtete, dass der Pastor der baptistischen Kirche, Monsieur Vincent, »seine Kirche – und sein Herz – den jüdischen Menschen« geöffnet habe. Sie sprach auf Versammlungen für die geflüchteten Juden und half bei Interviews, bei denen über mögliche Hilfen entschieden wurde. Im Januar 1939, als Leon in Paris ankam, arbeitete sie noch immer in der baptistischen Kirche, und dort muss sie ihn getroffen haben, als er Hilfe im Exil suchte. In *Trusting and Toiling* wurde manchmal über Miss Tilneys Aktivitäten berichtet, daneben aber auch über die trostlose Situation in Lemberg, wo »jüdische Studenten an der Universität von Lwów in Polen von antisemitischen Randalierern angegriffen wurden«.

Die baptistische Kirche in der Avenue du Maine war ein Zentrum für Flüchtlinge aus Österreich und Deutschland, auch für Intellektuelle, Akademiker und Ärzte, das Ganze unterstützt vom Service d'Aide aux Réfugiés. Die Kirche bot eine tägliche Suppenküche für Hunderte Flüchtlinge wie Leon. Die Versammlungen am Freitagabend waren »besonders bewegend, da der größte Teil des Saales mit jüdischen Flüchtlingen aus Deutschland, Österreich und der Tschechoslowakei gefüllt war«. Siebzig Jahre danach verbrachte ich einen Nachmittag in der baptistischen Kirche mit Richard Gelin, ihrem derzeitigen Pastor. Er zeigte mir Archivmaterial, darunter Mitteilungen über die zahlreichen Taufen, denen sich Juden unterzogen hatten, um durch diesen Akt der drohenden Gefahr zu entkommen. Im Archiv gab es viel Material zur Hilfe der Kirche für jüdische Flüchtlinge und ihre Kinder sowie mehrere Bücher, die die tapfere Arbeit von Henri Vincent beschrieben. Einen Hinweis auf Leon oder Miss Tilney entdeckte ich nicht, doch mehrere sehr eindrucksvolle Fotos zeigten jüdische Flüchtlinge aus Österreich und Deutschland. Auf einem saß eine Gruppe im Kirchengang, »Menschen in Not, die auf ihre Aufnahme warten«. Ich konnte mir Leon in diesem Raum vorstellen, mittellos und still, allein in Paris.

Am 15. Juli 1939 meldete *Trusting and Toiling* erneut, dass Miss Tilney in Paris arbeite. Eine Woche später reiste sie unter einiger Gefahr zum Wiener Westbahnhof, um ein kleines Kind abzuholen. Sie traf Rita, die ihr das Mädchen anvertraute, das gerade ein Jahr alt geworden war. Meine Mutter erzählte mir, dass Rita wohl mit Leons Schwester Laura zum Bahnhof gekommen war. Sie hatte ihr einziges Kind, die elfjährige Herta, bei sich, die ebenfalls mit Miss Tilney nach Paris reisen sollte. In letzter Minute entschied Laura jedoch, dass Herta nicht mitfahren sollte, die Aussicht auf Trennung war zu schmerzlich. Die Entscheidung war verständlich, hatte jedoch katastrophale Folgen: Zwei Jahre später, im Oktober 1941, wurde Herta mit ihrer Mutter ins Ghetto nach Litzmannstadt (Łódź) deportiert. Es dauerte nur wenige Monate, dann waren Herta und Laura tot, ermordet von den Deutschen.

Miss Tilney reiste mit nur einem Kind nach Paris. An der Gare de l'Est empfing sie Leon. Ich weiß nicht, wie er seine Dankbarkeit ausdrückte oder ob er sie je wiedersah. Sie schrieb ihren Namen und ihre Adresse auf einen Zettel, den sie ihm gab, bevor sich ihre Wege trennten und sie sich in verschiedene Stadtteile von Paris aufmachten.

53 An diesem Punkt hätte ich die Recherche zu Miss Tilney beenden können, doch ich war neugierig, was danach kam, warum sie getan hatte, was sie getan hatte, was das Motiv für ihre mitfühlenden Handlungen war. Sie war in Paris, als der Krieg einen Monat später ausbrach, arbeitete bei der Nordafrika-Mission und hoffte, eine französische *carte d'identité* zu erhalten, die es ihr erlauben würde, in Frankreich zu bleiben. Der Umfang ihrer Arbeit war »gewaltig« und bestand darin, sich um »ihre jüdischen Schützlinge« zu kümmern, die ihr am Herzen lagen. Sie reiste oft nach Le Havre oder in andere französische Häfen, um ihnen eine gute Reise zu wünschen, wenn sie nach Amerika aufbrachen. Im Juni 1940 besetzte die deutsche Wehrmacht Paris.

Sie saß etliche Monate in der Stadt fest, ohne Kontakt nach draußen. Das Schweigen beunruhigte ihre Freunde, und die Leser von *Trusting and Toiling* wurden aufgefordert, für sie und für die, »deren Los jetzt noch bitterer ist«, zu beten. Die Freikirche beschloss, Geld zu schicken – die großartige Summe von zehn Pfund –, doch es dauerte ein Jahr, ehe es ankam, weshalb sie auf Unterstützung der amerikanischen Botschaft angewiesen war. Im September 1940 schrieb sie endlich, dass sie krank gewesen sei, es ihr aber nun wieder bessergehe, dass sie sich am Sonnenschein erfreue, dass sie Schulden habe und »ständig an die Familie und an die Freunde denke, besonders in der Surrey Road«.

Die Mitglieder der Freikirche waren so besorgt, dass sie sich an Lord Halifax, Churchills Außenminister, wandten, aber ohne Erfolg. Der Bericht vermerkte trocken, dass der Außenminister »Grüße und beste Empfehlungen an jedermann schicke, aber das sei auch alles«. Darauf folgte noch mehr Schweigen. Feindliche Ausländer in

Frankreich wurden interniert, und Miss Tilney wurde mit etlichen Hundert anderen britischen Frauen Anfang 1941 nach Besançon verfrachtet, wo sie in Militärbaracken unterkamen. Im Mai wurde sie in das Frontstalag 121 im ostfranzösischen Kurort Vittel verlegt und im Grand Hotel (das jetzt zum Club Med gehört) interniert, wo sie vier Jahre bleiben würde.

Im Februar 1942 versuchten die Briten und die Deutschen, sich über einen Gefangenenaustausch zu einigen, doch aus dem Plan wurde nichts. Die Surrey-Freikirche schickte Miss Tilney zwei Pfund für eine Zahnbehandlung, und Anfang 1943 trafen beunruhigende Berichte ein, dass sie an Unterernährung leide. Ihre Briefe waren kurz; sie sehnte sich »nach dem Tag des Friedensschlusses«. Der dritte Jahrestag der Internierung brachte unheilvolle Entwicklungen. 2500 feindliche Ausländerinnen wurden in den zehn Hotels des Lagers festgehalten, von dem Kurort durch einen drei Meter hohen und mit Stacheldraht bekrönten Zaun getrennt. Die meisten Frauen stammten aus Großbritannien, Kanada und den Vereinigten Staaten, doch im April 1943 war eine Gruppe von 400 jüdischen Männern, Frauen und Kindern angekommen, die meisten davon Polen aus dem Warschauer Ghetto, die herausgeschafft worden waren, weil sie südamerikanische Pässe hatten. Sie brachten unglaubliche Geschichten von Mord und Massentötungen mit. Miss Tilney, die im Hauptbüro der Kommandantur bei den Akten und im Archiv arbeitete, erfuhr, dass dem Lagerleiter, Kommandant Landhäuser, von Alois Brunner und Adolf Eichmann befohlen worden war, alle in Vittel festgehaltenen Warschauer Juden zusammenzutreiben und nach Osten zu deportieren. Es wurde behauptet, sie hätten gefälschte Pässe.

Im Januar 1944 verlegte Kommandant Landhäuser die Warschauer Juden vom Hotel Providence in das Hotel Beau-Site, das vom allgemeinen Lager getrennt war. Das verursachte großes Durcheinander im Lager. Im März wurde eine erste Gruppe von 169 Juden auf die Züge von Konvoi 72, mit Ziel Auschwitz, verladen. Unter ihnen war der Dichter Jizchak Katzenelson, der seine letzten Gedichte in Flaschen auf dem Lagergelände versteckte, die später entdeckt wurden. Eins dieser Gedichte wurde weithin berühmt: *Großer Gesang vom ausgerotteten jüdischen Volk.*

Es gab Widerstand. Einige Juden begingen Selbstmord, indem sie aus den oberen Stockwerken eines Hotels sprangen oder Gift nahmen. Andere versuchten zu fliehen, unter ihnen ein junger Pole mit Namen Sascha Krawec, der Hilfe bei seiner Englischlehrerin Miss Tilney suchte. Das erfuhr ich aus *Sofka: The Autobiography of a Princess*, einem Buch von Sofka Skipwith, einer anderen Internierten (die durch glücklichen Zufall die Großtante meines Londoner Nachbarn war). Das Buch erzählte vom Verschwinden des Sascha Krawec kurz vor dem Auschwitz-Transport. »Wir hatten das Gefühl, dass Miss Tilney, eine Gehilfin mittleren Alters in der Kommandantur, die außerordentlich freundlich zu Sascha gewesen war, etwas damit zu tun haben musste.«

Ihr Gefühl hatte Sofka Skipwith nicht getrogen. Miss Tilney versteckte Sascha Krawec mehr als sechs Monate, bis zum 18. September 1944, als amerikanische Truppen ankamen. »Erst nachdem das Lager befreit war, wurde entdeckt, dass er diese Monate in ihrem Badezimmer verbracht hatte«, schrieb Sofka. Eine der Internierten erzählte Miss Tilneys Bruder Albert, dass seine Schwester »immer zuletzt an sich dachte«, dass sie die Pässe aller rettete und »unter großer Gefahr für sich selbst … einen jungen Juden, der dazu verdammt war, in ein Vernichtungslager nach Polen geschickt zu werden, sechzehn Wochen lang versteckte. Sie wurde von einer unbekannten Internierten verraten, aber glücklicherweise beschuldigte man sie, ein Mädchen zu verstecken, und so konnte sie die Anschuldigung zurückweisen.« Ein anderer Internierter sagte Albert, dass die Rettung von Sascha Krawec eine der »außergewöhnlich tapferen Taten dieses Krieges« gewesen sei, dass er noch nie jemanden getroffen habe, »der so mutig und hart arbeitend war, ohne sich selbst bei dem guten Werk, das sie tat, zu schonen«. Miss Tilney sei »einer der tapfersten Menschen, denen ich begegnet bin«.

Nach der Befreiung war sie unter den Letzten, die das Lager in Vittel verließen. Sie arbeitete für die amerikanische 6. Armee und danach als »Sekretärin und Wirtin« im Ermitage Hotel, das zu einer Gruppe von Erholungshotels der amerikanischen 7. Armee gehörte (wo sie als gewissenhaft, fähig, einfallsreich und loyal galt). Sie kehrte dann nach Paris und zur baptistischen Kirche in der Avenue du Maine zurück und brachte einige Besitztümer von anderen Internierten mit. Später verließ Miss Tilney Frankreich und arbeitete als Missionarin in Südafrika, wo sie einen großen Teil der 1950er Jahre verbrachte. Nach ihrer Pensionierung zog sie nach Florida, um in der Nähe ihres Bruders Fred in Coconut Grove zu sein. (Fred war eine schillernde Persönlichkeit und wurde 1955 von einem Richter in Miami wegen Postbetrugs verurteilt. Es wurde ihm verboten, seine gefälschten »Body-building-Mixturen« zu verkaufen, genannt Vi-Be-Ion, eine Mischung aus Bierhefe und Gemüsearoma.) »Sie verbrachten hier in Coconut Grove ihre Zeit miteinander«, erklärte Germaine Tilney, »Dr. Tilney, Mr Atlas und Elsie«.

Miss Tilney starb 1974, ihre Papiere wurden vernichtet. Da ich nicht herausfinden konnte, wo sie bestattet war, kontaktierte ich die Nachrufschreiberin beim *Miami Herald*. Nach einigen Recherchen fand sie heraus, dass Miss Tilney eingeäschert und ihre Asche über der Biskayne Bay an der Atlantikküste von Südflorida verstreut wurde.

Es gab keinen Hinweis, dass sie irgendjemandem von Wien oder Vittel erzählt hatte. Nicht in der Surrey-Freikirche, nicht in Florida.

54 Nur wenige der in *Sofka* erwähnten Internierten waren noch am Leben, doch ich machte Shula Troman ausfindig, eine neunzigjährige Künstlerin. Sie war drei Jahre lang bis 1944 in Vittel interniert gewesen und lebte in dem kleinen Dorf Ploumilliau in der Bretagne, nicht weit vom Atlantik. Wir trafen uns in Paris, im Marais-Distrikt bei »Chez Marianne«, ihrem Lieblingsrestaurant auf der Rue des Rosiers. Sie erschien in einem leuchtend roten Outfit, hatte ein strahlendes Lächeln und war voller Energie. Ein Gefühl der Bewunderung beschreibt meinen ersten Eindruck von Shula am besten – und dieser Eindruck blieb.

Shulas Internierung in Vittel war die Folge eines Versehens. Sie lebte in einem kleinen französischen Dorf, und als sie den Antrag auf eine *carte d'identité* stellte, sah der städtische Beamte in ihrer Geburtsurkunde, dass sie in Britisch-Palästina geboren worden war (wohin ihr Vater 1923 aus Warschau emigriert war). Shula belehrte ihn keines Besseren, als er ihre Nationalität mit britisch angab. Als sie später gezwungen war, als Jüdin einen gelben Stern zu tragen, rettete ihr die versehentliche Angabe der britischen Staatsbürgerschaft das Leben, nachdem sie in Paris von den Deutschen verhaftet worden war.

Schließlich wurde sie im Frühjahr 1941 nach Vittel und in den 6. Stock des Grand Hotel gebracht. »Ein schönes großes Zimmer mit einem Blick auf einen Hof, eine Art Suite mit einem Bad«, erklärte sie recht fröhlich. Das Leben im Lager war nicht allzu schlimm, obwohl es schwierige Zeiten gab, besonders als die Juden aus dem Warschauer Ghetto 1943 mit »unglaublichen« Geschichten ankamen. Sie nahm Kunstunterricht bei einem feschen jungen Engländer, Morley Troman, in den sie sich verliebte. Später heirateten sie. Sie gehörte zu einem literarischen und politischen Zirkel, der auch Sofka Skipwith und ihre engste Freundin »Lopey« Brierley einschloss.

Sie zeigte mir ein Foto von sich mit ihrer Freundin Lopey, die auf die Rückseite des Bildes ein Gedicht von Charles Vildrac geschrieben hatte: »Une vie sans rien de commun avec la mort« – »Ein Leben, das nichts mit dem Tod gemein hat«.

Gelegentlich brachten sie harmlos-boshafte Shows auf die Bühne, die auch Miss Tilney besuchte, darunter einen Abend mit »Orientalischen Liedern«. »Es war großartig«, erinnerte sich Shula mit leuchtenden Augen, »in der vordersten Reihe saßen alle Würdenträger, Kommandant Landhäuser in der Mitte, die Gestapo-Männer neben ihm als Ehrengäste. Wir hatten die Texte nicht vorgelegt, sie hatten

Shula Troman (rechts) und »Lopey«
Brierley, Vittel, 1943

also keine Ahnung, was wir sangen. Ihnen gefiel besonders ein Lied mit dem Text: ›Lang lebe das Volk von Israel! Israel wird ewig leben!‹ Wir sangen auf Hebräisch, deshalb verstanden sie nichts. Die ganze erste Reihe erhob sich und applaudierte und jubelte und bat um eine Wiederholung. Es war großartig.«

Sie lachte. »Wir sangen so kräftig, sie applaudierten so laut. Das wahre Vergnügen war, dass sie es später herausfanden. Weitere Shows wurden uns verboten!«

Shula erinnerte sich recht wohlwollend an Landhäuser, den Hotelbesitzer, der zum Lagerkommandanten geworden war. Während des Ersten Weltkriegs war er selbst als Kriegsgefangener in England interniert gewesen. »Er mochte die englischen Häftlinge, ob Christen oder Juden«, sagte Shula. »Nach der Befreiung gab er mir seine Visitenkarte und lud uns ein, ihn zu besuchen.«

Schon frühzeitig war sie jedoch auf eine sehr eigenartige englische Jungfer aufmerksam geworden – sie sprach den Namen »Mies Tiel-nay« aus –, vor der sie sich hütete. »Miss Tilney arbeitete in der Kommandantur, mit den Dokumenten und Akten der Internierten; ich hatte Angst vor ihr, war misstrauisch.« Die Frau war alterslos, grauhaarig, eine »sehr dünne« und »verschlossene« Dame, die keinen Kontakt suchte und sehr religiös war. Sie war *rétrécie*, engstirnig. Shula befürchtete, dass die Engländerin eine Informantin sein könne, und sie hatte eine weitere Sorge: Sie hoffte, ihre jüdische Herkunft geheim halten zu können.

Die Beziehung zu Miss Tilney änderte sich unerwartet im Sommer 1941. »Ich ging einen Korridor entlang, als ich Miss Tilney auf mich zukommen sah. Ich war nervös, weil ich wusste, dass sie in der Kommandantur arbeitete, und ich wollte Abstand halten. Als sie noch näher kam, bekam ich Angst. Dann geschah etwas äußerst Seltsames. Als sie mich erreichte, fiel sie auf die Knie, nahm meine Hand und küsste sie. Ich war völlig *estomaquée* – völlig platt – und wusste nicht, was ich tun oder sagen sollte. Dann sagte Miss Tilney: ›Ich weiß, dass Sie zu dem Volk gehören, das die Welt retten wird; Sie gehören zum erwählten Volk.‹«

Shula sah mich über den Tisch hinweg an. »Ist Ihnen klar, wie beängstigend das war?«, fragte sie. »Hier war ich«, fuhr sie fort, »und hoffte, niemand wüsste um das Geheimnis, dass ich jüdisch und nicht wirklich britisch war. Können Sie sich vorstellen, wie beängstigend das war, was das bedeuten konnte?« Sie befürchtete, als staatenlos eingruppiert zu werden, was auf eine Deportation hätte hinauslaufen können. »Dann sagte Miss Tilney: ›Machen Sie sich keine

Sorgen, ich werde mich um Sie kümmern, ich werde alles tun, um Sie zu schützen.‹ Das war sehr seltsam. Für alle anderen bedeutete es eine Gefahr, Jude zu sein, aber für Miss Tilney war es etwas Besonderes.«

Shula machte eine Pause, dann sagte sie: »Sie fiel vollkommen aus der Zeit.«

Miss Tilney behielt die junge Frau im Auge und schützte sie. Später, nach der Befreiung, erfuhr Shula, dass sie Sascha Krawec gerettet hatte. »Wir waren auf dem Lagerhof, frei und ganz durcheinander, in einer Art Niemandsland unter britischer Kontrolle. Meine Freundin Rabbit [Madeleine Steinberg] war ganz verzweifelt gewesen, damals, als die Juden in ein anderes Hotel verlegt wurden, und dann kamen die Transporte nach Auschwitz. Wir dachten, Sascha wäre mitgenommen worden. Und dann, urplötzlich, war er sechs Monate später dort im Hof, bleich, erschöpft, halbverrückt, völlig am Ende. Er war wie ein Verrückter unter Drogen, aber er lebte. Miss Tilney hatte ihn gerettet. Und dann hörten wir, wie sie es angestellt hatte. Sie hatte ihm gesagt, wenn es zu einem weiteren Transport käme, solle er ihr ein Zeichen geben, was er tat, und sie rief ihn zu sich und er kam, verkleidet als Frau.«

Shula schwieg wieder und sagte dann leise: »Das hat Miss Tilney getan.« Sie weinte. »Une femme remarquable.« Die Worte waren kaum zu verstehen.

55 Rosamunde Codling von der Surrey-Freikirche arrangierte ein Treffen mit einem anderen Gemeindemitglied, das sich an Elsie erinnerte. Grace Wetherley war Ende achtzig und anfangs gegen ein Treffen mit mir, weil sie Rechtsanwälten misstraute. Sie gab dann nach, und wir trafen uns nach einem Sonntagmorgengottesdienst. Ihr Gesicht fiel auf in der Menge, es war stark und faltig, die Augen aufmerksam und hell, ihr Haar von einem schönen Weiß. Ja, sie erinnere sich an Miss Tilney, aus den frühen 1930ern, von der Sonntagsschule, als sie zurück von Reisen nach Nordafrika war.

»Besser erinnere ich mich an ihren Bruder, obwohl ich nicht viel von Bert hielt«, sagte Grace spitz. »Er hatte nicht den Charakter seiner Schwester, er war ein bisschen sprunghaft.« Die Erinnerungen kamen mit den Fragen zurück. »1935 bekam ich den Platz neben ihr«, sagte Grace aufgeregt. »Sie war absolut furchtlos und hingebungsvoll Kindern gegenüber, das hat sie angetrieben.« Sie machte eine Pause. »Das treibt *uns* an.« Ein Lächeln erhellte ihr Gesicht. »Als Teenager habe ich sie nicht direkt vergöttert, das ist das falsche Wort, aber ich war voller Bewunderung für die Frau. Sie war furchtlos.«

Grace kannte das Gerede innerhalb der Gemeinde über Miss Tilneys Aktivitäten, die Gerüchte. »Sie erzählten, sie würde jüdische Babys retten.« Genaueres wusste sie nicht; keins der Babys tauchte jemals in der Kirche auf. »Es war während des Krieges, weil sie im Ausland war und man die Juden loswerden wollte. Sie war furchtlos, und sie hat diese armen Kinder gesehen, und sie hat sie gerettet. Sie hat Enormes geleistet und ihr eigenes Leben in Gefahr gebracht.«

Wir saßen nachdenklich da. »Jetzt sind Sie zu uns gekommen«, sagte Grace lächelnd. »Ich glaube nicht, dass es nur darum ging, dass es jüdische Kinder waren, die starben«, fügte sie hinzu. »Es ging darum, dass Hitler alles falsch sah, wie gewöhnlich. Sie wurde von menschlichem Mitgefühl angetrieben. Schließlich wird von Christen erwartet, dass sie den Bedrängten helfen.« Sie dachte an jene Zeiten zurück und an ihre eigenen Bemühungen. »Welche Herausforderungen hatte ich zu bestehen?«, fragte sie laut. »Nicht viel. Ich musste nicht damit rechnen, von der Gestapo abgeholt zu werden. Sie hatte alles zu verlieren; sie hätte jederzeit ihr Leben verlieren können.«

Grace wusste, dass Miss Tilney interniert gewesen war. »Ich weiß nicht warum«, fuhr sie fort, »aber auf dem Kontinent ist sie mit ihren Versuchen, das Leben derer zu retten, die Hitler tot sehen wollte, richtig lästig gefallen.« Sie war stolz darauf, Miss Tilney gekannt zu haben, eine Frau, die »Glück hatte, mit dem Leben davongekommen zu sein«. Dann beendete sie unser Gespräch. »Sie war voller Mitgefühl, genial, liebenswürdig.« Pause. »Und sehr lästig.«

Grace war froh, dass ich den Weg zu ihrer Gemeinde auf mich genommen hatte.

»Wie schön, dass Sie uns gefunden haben, wie wunderschön, dass Sie das Licht gesehen haben.«

56 »Du hast dich nicht dafür interessiert, was Miss Tilney motiviert hat?«, fragte ich meine Mutter. »Was würde das für einen Unterschied machen?«, antwortete sie. Doch ich wollte immer noch verstehen, warum Miss Tilney gehandelt hatte, wie sie es getan hatte, warum sie eine Reise nach Wien unternommen hatte, um ein jüdisches Kleinkind zu retten, und warum sie Sascha Krawec unter großem persönlichen Risiko versteckt hatte.

Ich hatte einige Anhaltspunkte aus den Gesprächen mit Grace Wetherley und anderen, also wandte ich mich noch einmal an Rosamunde Codling von der Surrey-Freikirche. Sie suchte weiter und kam dann, ein wenig zögernd, wieder auf mich zu.

»Es ist etwas delikat«, sagte sie, doch sie habe eine Antwort, ziemlich speziell, im wörtlichen Sinn. »Es ging um Miss Tilneys große Liebe in Christus für das jüdische Volk.« »Bitte weiter«, sagte ich. »Es scheint so, als sei sie von einer wörtlichen Auslegung von Paulus' Brief an die Römer angetrieben gewesen.«

Rosamunde zeigte mir die relevanten Verse der berühmten Epistel, Verse, denen meine Mutter – und des Weiteren ich – offenkundig zu Dank verpflichtet waren. Zusammen lasen wir Römer 1,16: »Denn ich schäme mich des Evangeliums nicht; denn es ist eine Kraft Gottes, die selig macht alle, die daran glauben, die Juden zuerst und ebenso die Griechen.«

Sie deutete auf einen anderen Vers, Römer 10,1: »Liebe Brüder, meines Herzens Wunsch ist und ich flehe auch zu Gott für sie, dass sie gerettet werden.«

Rosamunde glaubte, dass es diese Verse waren, die Miss Tilney veranlasst hatten, ihre Mission in der Arbeit mit Juden zu sehen, »um sie für Christus zu gewinnen«. Ich verstand ihr Zögern, das auszusprechen, weil ich gekränkt sein könnte von dem Gedanken, dass Miss Tilney von religiöser Ideologie angetrieben wurde. Sie hatte keinen Grund zur Besorgnis.

Tom Chapman pflichtete den Ergebnissen dieser Detektivarbeit bei. Er glaubte, dass Miss Tilney von menschlichem Mitgefühl angetrieben wurde, verbunden mit einem starken Glauben – den auch andere in der Surrey-Freikirche teilten – an die Wendung »die Juden zuerst«. Sein Vorgänger David Panton bekannte sich zu einer wörtlichen Auslegung des Römerbriefes, die auf eine tiefe Sympathie für die Juden und ihre entscheidende Rolle bei der Erfüllung von Gottes Plan hindeutete. Tom glaubte, das sei genau das Gegenteil des Credos der Nazis.

»Was Paulus sagen will, ist, dass du deinen Glauben an Gott als Christ zeigst, indem du dem jüdischen Volk mit Sympathie und Güte begegnest.«

War Miss Tilney nach Wien gereist, in der Hoffnung, dass das Kind ein Christ werden würde? Die Frage war heikel. »Sie verehrte die Juden und hatte generell das Bedürfnis, den Mühsamen und Beladenen zu Hilfe zu kommen«, fuhr Tom fort, »und das war verbunden mit einem theologischen Standpunkt, der ihre Sensibilität verstärkte.« Es war also eine Mischung von Mitgefühl und Theologie?

Ja, aber die grundlegende Motivation war Mitgefühl, angetrieben von einem theologischen Element. »Sie wusste um die Judenverfolgung in Deutschland und Österreich, und ihre Position war die direkte Antithese zum in Deutschland herrschenden Antisemitismus.«

Ich wusste, dass Paulus' Brief an die Römer umstritten war, nicht zuletzt, weil es dort um Dinge wie Homosexualität und die Stellung der Frauen in der Kirche ging. Ich wusste auch, dass er wichtig war, weil dort die Prophezeiung zu finden war, dass Christus erst wiederkommen werde, wenn alle Juden bekehrt seien, dass die Wiederkunft Christi nicht geschehen werde, bis nicht alle Juden sich zu demselben Gott bekennen würden. Das stellte eine Herausforderung für Miss

Tilney dar, deren christliche Doktrin besagte, dass die Erlösung eine Eins-zu-eins-Angelegenheit sei, dass jeder Jude für sich entscheiden müsse – ein individueller Akt. Der Einzelne, nicht die vielen. Für Miss Tilney gab es also viel Arbeit, was auch der Spaltung zwischen Martin Luther und der katholischen Kirche während der Reformation geschuldet war. Der Protestantismus konzentrierte sich auf eine Auslegung des Evangeliums, die das Gewissen des Einzelnen betonte und damit die Bedeutung der Gruppe negierte.

»Das war der Anfang unserer Vorstellung vom Individuum in der modernen Welt«, erklärte ein theologisch bewanderter Bekannter, der Ursprung der modernen Menschenrechte mit ihrem Schwerpunkt auf dem Einzelnen.

Wie Tom Chapman verstand ich Miss Tilney so, dass sie von etwas motiviert worden war, was über Ideologie hinausging. Ihre Schriften, die Entscheidung, nach Paris zu gehen, die Tatsache, dass sie Arabisch und Französisch sprach, das alles wies auf mehr hin. Als sie über ihren Besuch in der Moschee schrieb, nahm sie deren Schönheit und die Anmut bestimmter Individuen wahr. Sie war ideologisch geprägt und glaubte fest an gewisse Dinge, doch das machte sie nicht blind für die Nuancen und die Vielfalt des Lebens, für die einzelnen Menschen, die nicht so dachten wie sie; und sie wollte Zeit mit ihnen verbringen.

Miss Tilney war eine mitfühlende Frau, keine Ideologin, die nur darauf aus war zu missionieren. Sie hat nicht nur Menschen versteckt, sie legte sich richtig ins Zeug, um sie zu verstecken. »Menschen sind nur zu großem Heroismus fähig, wenn sie leidenschaftlich an etwas glauben«, meinte eine Freundin, als ich ihr die Geschichte erzählte. »Ein abstraktes Prinzip reicht nicht aus, um heroisch zu sein; es muss etwas sein, was emotional und tiefbegründet ist.«

Teil IV

LEMKIN

Angriffe auf nationale, religiöse und ethnische Gruppen sollten als internationale Verbrechen gelten.

Raphael Lemkin, 1944

57 An einem warmen Frühlingstag in New York City saß Nancy Lavinia Ackerly, eine Studentin aus Louisville, Kentucky, auf dem Rasen des Riverside Park nahe dem Campus der Columbia University. Es war das Jahr 1959, und Nancy genoss mit einem indischen Freund ein bescheidenes Picknick. Als ein älterer Herr, elegant gekleidet mit Anzug und Schlips, zu ihnen herübergeschlendert kam, fielen ihr seine warmen Augen auf. Mit einem starken mitteleuropäischen Akzent sagte er: »Ich kenne die Wörter für ›I love you‹ in zwanzig Sprachen, darf ich sie euch aufzählen?«

»Ja bitte«, sagte Nancy, »ja bitte.« Er setzte sich zu ihnen, und im Verlauf eines Gespräches, bei dem sie von einem Thema zu anderen kamen, erfuhr Nancy, dass er der Verfasser der Genozidkonvention war. Er hieß Raphael Lemkin und stammte ursprünglich aus Polen.

Nancy und Lemkin freundeten sich an. Sie besuchte ihn manchmal in seiner Wohnung in der West 112th Street, ein einziger Raum, vollgestopft mit Büchern und Papieren, mit einer Schlafcouch, aber ohne Telefon oder WC. Er war mittellos und krank, aber das wusste Nancy nicht. Als sie sich ein paar Monate kannten, fragte er sie, ob sie ihn vielleicht beim Schreiben seiner Lebenserinnerungen unterstützen könne. Wäre sie bereit, ihm dabei zu helfen, »die Sprache zu glätten«? Während des Sommers arbeiteten sie gemeinsam am Manuskript, dem Lemkin den Titel *Totally Unofficial* gab.

Das Buch fand keinen Verleger und endete Dutzende Häuserblöcke südlich von der Columbia University in den Eingeweiden der New York Public Library. Viele, viele Jahre später erwähnte ein amerikanischer Akademiker das Manuskript und schickte mir großzügigerweise eine Fotokopie. Sie erreichte mich in London, wo ich das Manuskript sorgfältig und mit großem Interesse las. Die Lücken sprangen sofort ins Auge. Der Text war mit Schreibmaschine geschrieben und mit zahlreichen handschriftlichen Korrekturen Lemkins versehen. Ein Abschnitt war besonders spannend, nicht mehr als ein paar Zeilen über Lemkins Studium in Lwów, die ein Gespräch mit einem nicht namentlich genannten Professor wiedergeben (in einigen Textversionen waren es mehrere Professoren). Der Abschnitt stützte sich offenbar auf ein längeres Gedächtnisprotokoll. Trotzdem weckte er mein Interesse, und ich erfuhr daraus, dass Lemkin und Lauterpacht dieselben Lehrer gehabt hatten.

58 »Ich wurde geboren … [und] lebte während meiner ersten zehn Jahre auf einem Bauernhof, der Ozerisko hieß und sich vierzehn Meilen von der Stadt Wołkowysk entfernt befand«, schrieb Lemkin in seinen Memoiren. Sein Leben begann im Juni 1900 auf einer Waldlichtung nicht weit von Białystok. Die Stadt lag einige Hundert Kilometer nördlich von Lemberg, in einem Gebiet, das Russland ein Jahrhundert zuvor, im Jahr 1795, von Polen annektiert hatte. Diese Landschaft war damals als Weißruthenien oder Litauen bekannt. Ostpreußen lag nördlich davon, die heutige Ukraine südlich, Russland östlich und das moderne Polen westlich. Ozerisko, das heutige Azyaryska in Weißrussland, war so klein, dass es auf der Landkarte kaum zu finden war.

Das also war der Geburtsort von Raphael, dem zweiten von Bellas und Josefs drei Söhnen, zwischen Elias und Samuel geboren. Sein Vater arbeitete als Pachtbauer in diesem schon lange zwischen Polen und Russen umkämpften Land, in dem die Juden seit jeher zwischen den Fronten standen. Das Leben war ein ständiger Kampf, wie es sein Vater ausdrückte. Es war, als wenn sich drei Menschen in einem Bett die Decke teilen. Wenn der Rechte die Decke zu sich zieht, kann nur der Mittlere sicher sein, zugedeckt zu bleiben.

Die Lemkins lebten dort mit zwei anderen Familien, und die Kinder bildeten eine »glückliche Bande«. Lemkin erinnerte sich an eine idyllische Kindheit, an Hähne und andere Tiere, an einen großen Hund, der Riabczyk hieß, und an einen Schimmel, an das »metallische Flüstern« der Sensen, mit denen die Klee- und Roggenfelder gemäht wurden. Es gab genug Nahrung: Schwarzbrot, Zwiebeln, Kartoffelbrei. Er half auf dem Hof mit, der in der Nähe eines großen, von Birken umstandenen Sees lag, auf dem er mit seinen Brüdern auf selbstgebauten kleinen Booten Piraten und Wikinger spielte. Manchmal wurde das Idyll von einem zaristischen Beamten unterbrochen, der kam, um die Vorschrift durchzusetzen, nach der Juden keine Bauernhöfe besitzen durften. Josef Lemkin umging das Gesetz durch Bestechungsgeld, das er einem schnurrbärtigen Polizeioffizier in Uniform und mit glänzenden schwarzen Stiefeln in die Hand drückte, der auf einem großen Pferd saß. Das war der erste Beamte, vor dem sich Lemkin fürchtete.

Mit sechs Jahren begann Lemkin mit dem Thorastudium, das ihn mit den Propheten bekanntmachte, die Gerechtigkeit unter den Menschen und Frieden zwischen den Völkern predigten. Schulunterricht erhielt er in einem Nachbardorf, wo seine Großeltern eine Herberge führten. Von seiner Mutter Bella, die eine unersättliche Leserin war, hörte er zuerst die Fabeln von Iwan Krylow, Verse über Gerechtigkeit und Enttäuschung. Bis an sein Lebensende rezitierte er die Fabel vom Fuchs, der den Storch zum Essen einlud und ihm das Mahl auf einem flachen Teller servierte. Der Storch revanchierte sich mit einer Einladung, bei der er das Essen in einer Flasche mit engem Hals reichte. Ungerechtigkeit zahlt sich nicht aus, das war die Lehre dieser Fabel aus der Kindheit.

Bella sang ihm oft Lieder mit schlichten Melodien vor, deren Texte von Semjon Nadson angeregt sein mochten, einem russischen romantischen Dichter des 19. Jahrhunderts, der sich in seinem Lied *Der Triumph der Liebe* gegen Gewalt aussprach. »Sieh nur, wie das Böse die Menschheit bedrückt«, schrieb Nadson, die Welt habe »Folter und Blutvergießen so satt«. Nadsons Werk inspirierte später Sergei Rachmaninow, der im Jahr von Lemkins Geburt ein anderes Gedicht

(Melodija) als Textgrundlage für sein Opus 21, Nr. 9 verwendete, ein romantisches Stück für Klavier und Tenorstimme, in dem er seine Hoffnung auf eine bessere Menschheit ausdrückte.

Auf meine Bitte hin reiste ein Kollege aus Weißrussland drei Stunden mit dem Auto von Minsk nach Azyaryska, um es sich anzusehen. Er fand dort eine Gruppe von Holzhäusern vor, in denen je eine ältere Witwe wohnte. Eine von ihnen, 85 Jahre alt, erzählte ihm mit einem Lächeln, dass sie zu jung sei, um sich an Lemkin zu erinnern. Sie wies ihn zu einem verlassenen jüdischen Friedhof. Das könnte hilfreich sein, sagte sie.

Ganz in der Nähe des Weilers stieß mein Freund auf das Dorf Mižeryčy, einst Sitz einer vornehmen weißrussischen Familie, der Skirmunts, die einmal berühmt für ihre Sammlung französischer und polnischer Bücher gewesen waren. »Vielleicht hat deshalb Lemkins Mutter so viele Sprachen gesprochen«, vermutete mein Freund.

Die Jahre waren nicht nur idyllisch. Lemkin hörte von Pogromen und Gewalt gegen Juden. 1906, als er sechs Jahre alt war, wurden in Białystok hundert Juden getötet. Er stellte sich aufgeschlitzte und mit Bettfedern ausgestopfte Mägen vor, obwohl es wahrscheinlicher ist, dass die Eindrücke aus einem Gedicht von Chaim Nachman Bialik stammten – *In der Stadt des Gemetzels* –, einem bildhaften Bericht über eine andere Gräueltat 1600 Kilometer weiter südlich, in dem sich ein Vers über einen »gespaltenen Bauch, gefüllt mit Federn« findet. Lemkin kannte die Werke Bialiks, sein erstes veröffentlichtes Buch (1926) war die Übersetzung einer Novelle des Dichters aus dem Hebräischen ins Polnische, ein Buch mit dem Titel *Noach i Marynka*. Ich fand ein Exemplar in der Universitätsbibliothek von Jerusalem, eine Erzählung über die junge Liebe zwischen einem jüdischen Jungen und einem ukrainischen Mädchen (der englische Titel lautet *Behind the Fence*), eine Geschichte also auch über Konflikte zwischen Gruppen.

1910 verließen die Lemkins Ozerisko und zogen auf einen anderen Bauernhof im nahen Wołkowysk. Dies geschah aus dem Wunsch

Azyaryska, Weißrussland, 2012

heraus, die Bildung der Kinder zu fördern und Raphael den Besuch einer städtischen Schule zu ermöglichen. Dort wurde er zum Bewunderer Tolstois (»An eine Idee zu glauben heißt, sie zu leben«, sagte er gern) und von *Quo Vadis*, einem historischen Roman von Henryk Sienkiewicz über Liebe und die Anfänge des Christentums im antiken Rom. Er erzählte Nancy Ackerly, dass er das Buch mit elf Jahren gelesen und seiner Mutter die Frage gestellt habe, warum die Polizei nicht eingeschritten sei, als die Römer die Christen den Löwen vorwarfen. In seinen Memoiren berührte Lemkin ähnliche Ereignisse – zum Beispiel den Bericht über einen angeblichen jüdischen »Ritualmord« in Kiew 1911 –, Ereignisse, die der Anlass dafür waren, dass er und andere jüdische Schüler wegen ihres Glaubens beschimpft wurden.

59 1915 kam der Erste Weltkrieg nach Wołkowysk. In seinen Lebenserinnerungen, die sowohl unvollständig als auch, wie ich vermutete, nicht völlig frei von kreativen Ausschmückungen waren, schrieb Lemkin, dass die Deutschen sowohl bei ihrer Ankunft als auch bei ihrem Abzug 1918 den Hof der Familie beschädigt hätten, doch Bellas Bücher heil geblieben seien. Als guter Schüler mit einer phänomenalen Begabung für Sprachen besuchte Lemkin das Gymnasium in Białystok. Bei Kriegsende wurde Wołkowysk Teil von Polen, und Lemkin erhielt wie Lauterpacht und Leon die polnische Staatsbürgerschaft.

Am Ende des Ersten Weltkriegs ereilte die Familie Lemkin eine andere Tragödie. Im Juli 1918 erreichte die weltweite Grippeepidemie Wołkowysk, und unter den zahlreichen Opfern war Lemkins jüngerer Bruder Samuel.

Um diese Zeit, mit achtzehn Jahren, begann Lemkin, wie er sagte, über die Vernichtung von Gruppen nachzudenken. Ein Anlass war der Massenmord an den Armeniern im Sommer 1915, der internationale Schlagzeilen machte. »Mehr als 1,2 Millionen Armenier«, die aus keinem anderen Grund getötet worden waren als dem, »dass sie Christen waren«, wie er es ausdrückte. Henry Morgenthau, der ameri-

Lemkin, Białystok, 1917

kanische Botschafter im Osmanischen Reich, der später einen Bericht über die Morde von Lwów im Jahre 1918 verfassen würde, beschrieb die Massaker an den Armeniern als »das größte Verbrechen aller Zeiten«. Für die Russen waren sie »Verbrechen gegen die Christenheit und die Zivilisation«, eine Formulierung, die auch die Franzosen aufgriffen, aber abgewandelt zu »Verbrechen gegen die Menschlichkeit und die Zivilisation« aus Rücksicht auf muslimische Empfindlichkeiten. »Eine Nation wurde ermordet, und die Schuldigen gingen straffrei aus«, schrieb Lemkin und identifizierte Talaat Pascha, einen türkischen Minister, als den »schrecklichsten« Gewalttäter.

60 Lemkins Bericht behandelte die Zeit nach dem Ersten Weltkrieg eher oberflächlich. Nur beiläufig erwähnte er sein Studium in Lwów. Verschiedene biographische Skizzen von anderen Autoren legen nahe, dass er Philologie studierte, ohne jedoch Einzelheiten zu nennen. Mit der Hilfe von Iwan und Ihor, meinen beiden ukrainischen Assistenten, wendete ich mich für weitere Nachforschungen wieder dem Staatsarchiv in Lwiw zu, doch ohne Ergebnis. Konnte es sein, dass Lemkins Lebensbericht falsch war? War er ein Phantast? Einen ganzen Sommer lang entdeckten wir nichts, bevor ich zufällig in einem Universitätsjahrbuch auf den Hinweis stieß, dass ihm im Sommer 1926 der Doktorgrad verliehen worden war. Da stand auch der Name des Doktorvaters, Professor Dr. Juliusz Makarewicz, des Mannes, der Lauterpacht in Strafrecht unterrichtet hatte. Das war merkwürdig, ja bemerkenswert: Die beiden Männer, die die Straftatbestände des Genozid und des Verbrechens gegen die Menschlichkeit in den Nürnberger Prozess eingeführt hatten, hatten zufällig einen gemeinsamen Lehrer.

Wir nahmen unsere Suche im Archiv wieder auf. Iwan prüfte systematisch jeden Band, der sich mit Studenten der juristischen Fakultät von 1918 bis 1928 befasste, eine mühsame Aufgabe. An einem Herbsttag führte mich Iwan zu einem mit Bücherstapeln beladenen

Tisch, zweiunddreißig Bände, von denen jeder Hunderte Seiten mit studentischen Unterlagen enthielt.

Auf der Suche nach Lemkin arbeiteten wir uns durch Tausende von Seiten. Viele Bände waren jahrelang nicht geöffnet worden, andere enthielten winzige Zettel, die erst vor kurzem einem Forscher als Lesezeichen gedient hatten. Nach etlichen Stunden kamen wir zu Band 207, dem Dekanatskatalog für das akademische Jahr 1923–24, *H* bis *M*. Iwan blätterte eine Seite um und schrie auf – er hatte eine Unterschrift entdeckt: »R. Lemkin«.

Das selbstbewusste schwarze Gekritzel bestätigte das Studium in Lwów. Iwan und ich umarmten uns; eine ältere Dame in rosafarbener Bluse lächelte. Lemkin hatte sich 1923 eingeschrieben, Datum und Ort der Geburt angegeben (24. Juni 1900, Bezwodne), die Namen der Eltern (Josef und Bella), ihre Heimatstadt (Wołkowysk), eine Adresse in Lwów und eine vollständige Liste der in diesem akademischen Jahr belegten Lehrveranstaltungen.

Wir hatten bald ein komplettes akademisches Profil zusammengestellt, von der Einschreibung bis zum Studienabschluss. Ein Dokument von 1924 – das *Absolutorjum* – zählte alle von Lemkin belegten Lehrveranstaltungen auf, und ein *Protokol egzaminu* (Prüfungszeugnis) bestätigte die Verleihung des juristischen Doktorgrades am 20. Mai. Die Dokumente enthielten weitere neue Informationen: ein Oberschulzeugnis des Białystoker Gymnasiums vom 30. Juni 1919; die Einschreibung an der juristischen Fakultät der Jagiellonen-Universität in Krakau drei Monate später; den Wechsel an die juristische Fakultät in Lwów am 12. Oktober 1921.

Doch fehlte ein ganzes Jahr aus seinem Leben, ab Sommer 1920. Lemkin erwähnte Krakau weder in seinem Lebensbericht noch sonst irgendwo. Er studierte dort Rechtsgeschichte und beschäftigte sich mit verschiedenen polnischen Themen, aber weder mit Strafrecht noch mit Völkerrecht. Ein polnischer Wissenschaftler behauptete, Lemkin habe als Soldat im polnisch-sowjetischen Krieg gekämpft, und Lemkin selbst deutete einmal an, er sei 1920 verwundet worden, als Marschall Piłsudski die bolschewikischen Streitkräfte aus Ostpolen vertrieb. Doch darüber schweigen seine Aufzeichnungen. Professor Marek Kornat, ein polnischer Historiker, erzählte mir, dass Lemkin von der Krakauer Universität exmatrikuliert worden sei, als herauskam, dass seine Angaben über seinen Dienst in der polnischen Armee 1919 ungenau waren (er diente einem Militärrichter nur als freiwilliger Assistent). Angesichts dieser Tatsache relegierte ihn die Behörde von der Krakauer Universität (ein »sehr konservativer Ort«, verglichen mit dem liberalen Lwów, wie Professor Kornat meinte).

61 »In Lwów schrieb ich mich für das Jurastudium ein«, notierte Lemkin in seinem Lebensbericht, ohne viele weitere Details zu nennen. Doch aus den kürzlich entdeckten Universitätsakten konnte ich einiges über die von ihm belegten Lehrveranstaltungen erfahren und herausfinden, wo er gewohnt hatte.

Er kam zwei Jahre nach Lauterpachts Weggang an die Universität Lwów und verbrachte dort fünf Jahre, von 1921 bis 1926. Während acht Semestern belegte er fünfundvierzig Lehrveranstaltungen, angefangen im September 1921 mit Veranstaltungen über so unterschiedliche Themen wie Kirchenrecht, polnisches Gerichtswesen und römisches Recht. Er studierte bei vielen der Männer, bei denen auch Lauterpacht studiert hatte. In jenem ersten Jahr wohnte er im Westteil der Stadt, in der Głęboka-Straße 6 (jetzt Hlyboka-Straße), während Polen gerade dabei war, den langen Krieg mit Sowjetrussland hinter sich zu lassen, der unterdessen durch eine neue Grenzziehung beigelegt worden war. Diese neue Grenze befand sich etwa 240 Kilometer östlich der ursprünglichen Curzon-Linie, über die Lauterpacht 1919 gearbeitet hatte, und brachte vier Millionen Ukrainer unter polnische Herrschaft.

Die Fassade des vierstöckigen Gebäudes, in dem Lemkin gewohnt hatte, war reich verziert, mit dem steinernen Kopf einer jungen Frau über dem Eingang und hübschen Steinblumen über jedem Fenster, als sei sie ein Spiegel des belebten Blumenmarktes, der sich auf der Brache gegenüber befand, als ich dort war. Das Haus lag in der Nähe des Lemberger Polytechnikums, dessen Präsident Dr. Fiedler 1919 zusammen mit Arthur Goodhart, einem jungen Rechtsanwalt, der für Präsident Woodrow Wilson arbeitete, den Wysokyi Zamok – auch bekannt als Hoher Schlossberg – bestiegen und seinen Begleiter vor bevorstehenden Unruhen gewarnt hatte.

Im darauffolgenden Jahr studierte Lemkin polnisches Strafrecht bei Professor Dr. Juliusz Makarewicz, der sich nach dem Wechsel der Obrigkeit neu orientiert hatte (zu Lauterpachts Zeiten hatte er noch österreichisches Strafrecht gelehrt). Andere Veranstaltungen hatten internationales Wirtschaftsrecht (bei Professor Allerhand) und Eigentumsrecht (bei Professor Longchamps de Bérier) zum Gegenstand, zwei Lehrer, die nach dem Einmarsch der Deutschen 1941 brutal ermordet werden sollten. In jenem zweiten Jahr wohnte Lemkin in der Gródecka-Straße 44 (jetzt Horodotska-Straße), einem beeindruckenden Wohnhaus im klassizistischen Stil auf einer Hauptstraße, die zur Oper führte, unter dem langen Schatten der St.-Georgs-Kathedrale. Das war nicht weit vom Haus auf der Szeptyckich-Straße entfernt, in dem mein Großvater Leon geboren wurde.

Lemkins drittes Studienjahr, ab Herbst 1923, war dem Strafrecht gewidmet, dazu kamen zwei weitere Lehrveranstaltungen bei Professor Makarewicz. Er belegte auch ein erstes Seminar in Völkerrecht bei Ludwik Ehrlich, der die Professur innehatte, um die sich Lauterpacht erfolglos beworben hatte. Lemkin war mittlerweile erneut umgezogen, in eine ärmere Arbeitergegend auf der »falschen« Seite der Bahnlinie. Um dorthin zu gelangen, musste man durch einen Brückenbogen gehen, der zwanzig Jahre später den Eingang zum jüdischen Ghetto im deutsch besetzten Lemberg bilden würde. Heute umweht die Zamarstynowska-Straße 21 (jetzt Zamarstyniws'ka-Straße), ein Mietshaus, das dringend eine Renovierung nötig hätte, eine düstere Stimmung.

Jeder neue Wohnort wirkte weniger großartig als der vorherige, als hätte sich Lemkin auf einer Abwärtsbahn befunden.

Zamarstynivs'ka-Straße 21, Lwiw, 2013

62 In seinen Memoiren sprach Lemkin über keinen dieser Orte und auch nicht über sein Leben in Lwów. Was er erwähnte, war ein »pittoresker und äußerst sensationeller« Prozess im Juni 1921 in Berlin. Der Angeklagte war ein junger Armenier, Soghomon Tehlirian, der einen früheren Minister der osmanischen Regierung namens Talaat Pascha in der deutschen Hauptstadt ermordet hatte. Der Prozess fand in einem brechend vollen Gerichtssaal statt (auf der Zuschauergalerie saß der junge deutsche Jurastudent Robert Kempner, der Lemkin ein Vierteljahrhundert später in Nürnberg helfen würde). Den Vorsitz hatte Richter Dr. Erich Lehmberg. Tehlirian, ein sehr kleiner dunkelhäutiger Student mit blassem Gesicht, der eine Vorliebe für Tanzstunden und die Mandoline hatte, sagte aus, er habe Talaat Pascha getötet, um die Ermordung seiner Familie und der Armenier von Erzurum, seiner Heimatstadt, zu rächen.

Tehlirians Verteidiger spielte die Karte der Gruppenidentität und argumentierte, dass der Angeklagte nur ein Rächer der »großen und geduldigen« Familie der Armenier sei. Sein Starzeuge war Johannes Lepsius, ein zweiundsechzigjähriger deutscher protestantischer Missionar, der Talaat Pascha im Zusammenhang mit dem Massaker an den Armeniern im Jahre 1915 schwer belastete. Richter Lehmberg wies die Geschworenen an, Tehlirian freizusprechen, falls sie zu der Auffassung kämen, er habe ohne freien Willen gehandelt, wegen eines »inneren Aufruhrs«. Die Geschworenen benötigten weniger als eine Stunde, um den Angeklagten für »nicht schuldig« zu erklären, ein Urteil, das großen Wirbel verursachte.

Über den Prozess wurde in der Presse ausführlich berichtet, und er führte auch in den Seminarräumen zu Debatten.

»Ich diskutierte diese Angelegenheit mit meinen Professoren«, schrieb Lemkin in seinen Aufzeichnungen. Er erwähnte die Namen der Professoren nicht, aber er zeigte sich besorgt über die Ungerechtigkeit von Gesetzen, die es der Türkei erlaubten, so viele ihrer armenischen Bürger ungestraft zu misshandeln. Lemkin zweifelte an der Auffassung, dass Tehlirian als ein »selbsternannter Rechtsvertreter für das Gewissen der Menschheit«, der die globale moralische Ordnung aufrechterhalten wollte, gehandelt hatte. Was ihn aber noch mehr beunruhigte, war die Vorstellung, dass die Ermordung unschuldiger Armenier ungestraft bleiben sollte.

In späteren Jahren kam er oft auf das Gespräch mit den Professoren zurück. Tehlirian habe das Richtige getan, erklärte Lemkin seinen Lehrern. Wie stehe es dann mit der Souveränität, fragte einer der Professoren, mit dem Recht des Staates, seine Bürger nach Gutdünken zu behandeln? Genau genommen hatte der Professor recht: Das Völkerrecht erlaubte einem Staat damals, zu tun und zu lassen, was er wollte. Es gab kein Abkommen, das die Türkei daran gehindert hätte, das zu tun, was sie getan hatte, nämlich ihre eigenen Bürger zu ermorden. Souveränität hieß Souveränität, vollständig und unumschränkt.

Souveränität gelte für andere Bereiche, erwiderte Lemkin, zum

Beispiel für die Außenpolitik, den Bau von Schulen und Straßen oder die Wohlfahrtsfürsorge. Sie sei nicht dafür gedacht, einem Staat zu erlauben, »Millionen unschuldiger Menschen zu ermorden«. Andernfalls habe die Welt ein Gesetz gegen ein solches Verhalten nötig. Laut Lemkins Bericht über den folgenden Schlagabtausch mit einem der Professoren (für den es keine anderen Quellen gibt), führte die Diskussion bei ihm zu einem Moment der Offenbarung.

»Haben die Armenier jemals versucht, den Türken wegen des Massakers verhaften zu lassen?«

»Es existierte kein Gesetz, nach dem er verhaftet werden konnte«, antwortete der Professor.

»Nicht einmal, obwohl er eine Rolle bei der Ermordung so vieler Menschen gespielt hatte?«, gab Lemkin zurück.

»Betrachten wir doch den Fall eines Mannes, der einige Hühner besitzt«, erwiderte der Professor. »Er tötet sie. Warum nicht? Es geht Sie nichts an. Wenn Sie sich einmischen, ist das unbefugt.«

»Die Armenier waren keine Hühner«, sagte Lemkin scharf.

Der Professor sah über den jugendlichen Kommentar hinweg und schlug dann eine andere Richtung ein. »Wenn Sie sich in die inneren Angelegenheiten eines Landes einmischen, dann verletzen Sie die Souveränität dieses Landes.«

»Es ist also ein Verbrechen, wenn Tehlirian einen Mann umbringt, aber kein Verbrechen, wenn dieser Mann eine Million Menschen umgebracht hat?«, fragte Lemkin.

Der Professor zuckte mit den Schultern. Lemkin sei »jung und erregt«. »Wenn Sie etwas vom Völkerrecht verstünden ...«

War dieser Bericht korrekt? Lemkin kehrte zeit seines Lebens zu dieser Diskussion zurück und erklärte, dass der Tehlirian-Prozess sein Leben verändert habe. Bob Silvers, Herausgeber der *New York Review of Books*, erinnert sich daran, dieselbe Geschichte in einem Seminar gehört zu haben, das Lemkin 1949 an der Yale Law School leitete (Silvers erinnert sich an seinen Lehrer als einen »einsamen, getriebenen, komplizierten, emotionalen, isolierten, überschwänglichen«

Mann, jemanden, der nicht direkt charmant war, doch »*versuchte, die Menschen mit Charme für sich zu gewinnen*«). Lemkin erzählte die Geschichte einem Dramatiker, er erzählte sie Diplomaten und Journalisten. Ich war neugierig auf die Identität des nicht namentlich genannten Professors, mit dem er dieses spezielle Gespräch geführt hatte. Es gab einen offensichtlichen Anhaltspunkt: In einem so offiziellen Umfeld wie einem Seminarraum musste er den Professor gut genug gekannt haben, um sich in der Lage zu fühlen, ihn herauszufordern.

63 Ich wandte mich an Professor Roman Schust, den Dekan der geschichtswissenschaftlichen Fakultät der Univestät Lwiw, einen Mann, von dem gesagt wurde, er wisse »alles« über die Vergangenheit der Institution. Wir trafen uns an dem Tag, als sich der Europäische Gerichtshof für Menschenrechte mit demselben Thema beschäftigte, das Lemkin so sehr umgetrieben hatte, und entschied, dass die Türkei die Bezeichnung Genozid für die Morde an den Armeniern – ein Wort, dass noch nicht erfunden worden war, als die Morde stattfanden – nicht unter Strafe stellen dürfe.

Dekan Schust hatte ein kleines Büro im alten österreichisch-ungarischen Parlamentsgebäude, das jetzt zur Universität gehörte. Ein breiter Mann mit üppigem grauen Haar und einem freundlichen, einladenden Lächeln lümmelte auf einem Stuhl und war offenbar amüsiert darüber, dass ein Professor aus dem fernen London an alten Geschichten über seine Stadt interessiert sein könnte. Von Lemkin hatte er gehört, doch nicht von Lauterpacht, und er war sehr interessiert an dem Archivmaterial, das Iwan und ich entdeckt hatten.

»Wussten Sie, dass die Nazis, als sie 1941 hier waren, die Studentenakten durchforsteten, um die Juden ausfindig zu machen?«, sagte Dekan Schust nachdenklich. Er zeigte auf die Spalte in einem Formular, wo Lemkin seine Nationalität mit »mosaisch« angegeben hatte. Studenten seien ins Archiv gekommen, um ihre Unterlagen loszuwerden, die Lehrkräfte ebenso, wie zum Beispiel Professor Allerhand, der beide Männer unterrichtet hatte.

»Wissen Sie, was mit Professor Allerhand geschehen ist?«, fragte der Dekan. Ich nickte.

»Ermordet im Lager Janowska«, fuhr er fort – das war genau hier, im Stadtzentrum. »Ein deutscher Polizeioffizier tötete einen Juden«, erzählte er weiter. »Professor Allerhand wollte seine Aufmerksamkeit erregen, deshalb ging er zu ihm und stellte ihm eine schlichte Frage: ›Haben Sie keine Seele?‹ Der Offizier drehte sich zu Allerhand um, zog seine Pistole und erschoss ihn. Der Bericht stammt aus den Lebenserinnerungen eines anderen Gefangenen.«

Er seufzte.

»Wir werden für Sie herauszufinden versuchen, welcher Professor mit Lemkin gesprochen hat.« Dann erklärte er weiter, dass die Professoren in den 1920er Jahren ein breites Spektrum politischer Anschauungen vertraten, wie heute auch. »Einige ließen nie jüdische oder ukrainische Studenten in ihren Lehrveranstaltungen zu; bei anderen mussten Juden ganz hinten in den Unterrichtsräumen sitzen.« Dekan Schust blickte in Lemkins Unterlagen. »Schwache Zensuren«, rief er aus. Sie seien vermutlich Lemkins »Nationalität« geschuldet, die bei einigen Professoren, die der Nationaldemokratischen Partei anhingen, eine »negative Einstellung« ausgelöst haben mochte. Der Parteivorsitzende Roman Dmowski sei ein Erznationalist mit einer »zwiespältigen« Einstellung gegenüber Minderheiten gewesen. Mir fiel das Gespräch von Henry Morgenthau mit Dmowski im August 1919 in Lwów ein. Polen sei nur für die Polen, zitierte der amerikanische Diplomat Dmowski, und er habe dazu erklärt, sein Antisemitismus sei nicht religiös, er sei politisch. Dmowski behauptete von sich, keine Vorurteile politischer oder anderer Art gegen alle diejenigen Juden zu haben, die nicht polnisch waren.

Der Dekan brachte das Gespräch zurück auf die Ereignisse im November 1918, den »Ausschluss der Juden«, wie er es nannte. Die jüdischen Studenten sahen sich konfrontiert mit den »negativen Ansichten« einiger Professoren, und zwar hauptsächlich der jüngeren, die weniger tolerant waren als die Professoren der österreichischen Ära. »Als Lemkin hier war, war Lwów eine vielsprachige und multikulturelle Gesellschaft, ein Drittel der Stadtbevölkerung waren Juden. Denken sie immer daran«, sagte der Dekan.

Gemeinsam bewunderten wir ein Foto der Lemberger Professoren von 1912. Dekan Schust konzentrierte sich auf Juliusz Makarewicz, in der Mitte der Gruppe, der mit dem längsten Bart. Er halte es für wahrscheinlich, dass er der von Lemkin ausführlich zitierte Professor sei, sagte der Dekan, weil er Lauterpacht und Lemkin in Strafrecht unterrichtet habe. Schust telefonierte rasch, und wenige Minuten darauf betrat eine Kollegin den Raum. Zoya Baran, außerordentliche Professorin, war die hiesige Expertin für Makarewicz, eine elegante, respekteinflößende, interessierte Frau. Sie hatte vor kurzem auf Ukrainisch einen Artikel über Makarewicz geschrieben, den sie nun kurz für mich zusammenfasste.

Rechtsfakultät, Lemberg, 1912. Juliusz Makarewicz befindet sich in der Mitte, zweites Foto von unten

Sie könne nicht mit Sicherheit sagen, dass Makarewicz der gesuchte Professor sei, erklärte Professorin Baran, doch auch sie halte das für »wahrscheinlich«. Makarewicz war Jude von Geburt, wurde dann katholisch getauft. »Er veröffentlichte Arbeiten über nationale Minderheiten, die zur ideologischen Plattform für die politische Partei wurden, die er unterstützte, die Polnischen Christdemokraten, bekannt als Chadecja.«

Was waren seine Ansichten zu den Minderheiten, den Juden und Ukrainern?

»Nationale Minderheiten, die nie Anstalten machten, das Land beherrschen zu wollen, wurden toleriert«, sagte sie unverblümt. »Die slawischen Minderheiten? Sie waren verhasst. Die Juden? Emigration.« Sie machte eine verächtliche Handbewegung.

Makarewicz hielt nationale Minderheiten für »gefährlich«, fuhr sie fort, besonders wenn sie in einer bestimmten Region »die Mehrheit der Bevölkerung« stellten, und umso mehr, »wenn sie an den Staatsgrenzen wohnten«. Lwów galt als Grenzstadt, daher habe Makarewicz Juden und Ukrainer in Lwów als besondere »Gefahr« für das seit kurzem unabhängige Polen angesehen. Und noch einen weiteren Aspekt sprach sie an: Makarewicz habe »eine rechte Politik vertreten«; er habe den Polnischen Minderheitenvertrag von 1919 verabscheut, weil er in seinen Augen die Polen diskriminierte. Minderheiten konnten vor dem Völkerbund klagen, wenn ihre Rechte verletzt wurden, Polen aber nicht.

Makarewicz war ein Nationalist und ein Überlebender. 1945 verhaftete ihn der KGB und verbannte ihn nach Sibirien. Dank der Intervention einer Gruppe polnischer Professoren wurde er freigelassen und kehrte in das von den Sowjets beherrschte Lwow zurück, um weiter an der juristischen Fakultät zu unterrichten. Er starb 1955.

»Würden Sie gern die Unterrichtsräume besichtigen, wo Lauterpacht und Lemkin studierten?«, erkundigte sich der Dekan. »Ja«, erwiderte ich, »sehr gern.«

64 Am nächsten Vormittag traf ich mich mit Zoya auf dem Schewtschenko-Prospekt, im Schatten des Denkmals für Mychajlo Hruschewskyj, den bedeutendsten ukrainischen Historiker des 20. Jahrhunderts. Wir standen direkt vor dem Gebäude, das einst das Schottische Café beherbergt hatte, in dem sich in den 1930ern Wissenschaftler trafen, um komplizierte mathematische Probleme zu lösen. Zoya wurde begleitet von Roman, einem Doktoranden, der eine Liste aller von Professor Makarewicz zwischen 1915 und 1923 im Raum Nr. 13 des alten Gebäudes der juristischen Fakultät abgehaltenen Lehrveranstaltungen gefunden hatte. Das Gebäude befand sich in der Hruschewskojo-Straße 4 (früher św. Mykolaja-Straße), nur einen Katzensprung entfernt, ein beeindruckender dreistöckiger österreichisch-ungarischer Bau aus dem 19. Jahrhundert mit einer zweifarbigen Fassade – cremefarbenes Erdgeschoss, ockerfarbene obere Stockwerke. An der Außenwand erinnerten einige Plaketten an die Berühmtheiten, die hier ein- und ausgegangen waren. Lauterpacht, Lemkin oder irgendwelche andere Juristen waren jedoch nicht darunter.

Das dunkle Innere wurde durch kugelförmige Glaslampen erhellt, die von der Decke hingen und genug Licht warfen, um die heruntergekommenen Unterrichtsräume mit der rissigen und abblätternden Farbe an den Wänden auszuleuchten. Es war nicht schwer, sich Jurastudenten vorzustellen, die in diesem Tempel der Ordnung und der festen Regeln Zuflucht vor der Kälte und den Auseinandersetzungen auf den Straßen suchten. Jetzt beherbergte das Gebäude die biologische Fakultät, deren Dekan uns begrüßte und in das zoologische Museum im oberen Stockwerk begleitete. Diese bemerkenswerte Sammlung stammte aus der österreichisch-ungarischen Zeit, fünf Räume vollgestopft mit Tierpräparaten. Schmetterlinge und Motten, dann Fische, einschließlich des furchteinflößenden *Lophius piscatorius*, des Seeteufels mit den scharfen Zähnen, der auch als Anglerfisch bekannt ist. Ein Trupp Echsen und Reptilien, gefolgt von Säugetierskeletten, riesigen und kleinen. Ein ausgestopfter Pelikan blickte aus dem Fens-

Das alte Gebäude der juristischen Fakultät in der Hruschewskojo-Straße 4

ter über die Stadt hinweg, Affen erkletterten die Wände, Vögel jeder Schattierung und Farbe, Form und Größe hingen von der Decke und hockten in Glassärgen. Es gab Tausende Eier, sorgfältig nach Gattung, Größe und Geographie geordnet. Ein Adler stieß herab, beobachtet von schneeweißen Eulen. Wir bewunderten *Schlegelia wilsonii*, einen in Papua-Neuguinea gefangenen Paradiesvogel, eine Kreatur des 19. Jahrhunderts von exquisiter Schönheit und Farbe.

»Die Österreicherinnen ließen sich von diesen Vögeln beim Design ihrer Hüte anregen«, erklärte der Direktor. Ein kleiner Vogel mit schwarzgelbem Gefieder trug zwei spiralförmige Federn auf dem Kopf. Eine war nach links gebogen, die andere nach rechts. An einem so unpassenden Ort rief der Vogel einem ins Bewusstsein, dass Lwiw kein Museum besaß, das seinen früheren Bewohnern gewidmet war, den längst verschwundenen Bevölkerungsgruppen, den Polen, Juden und Armeniern. Was es hatte, war eine herausragende zoologische

Schlegelia wilsonii, Biologische Fakultät, Lwiw, 2011

Sammlung, eine Erinnerung an die Hüte, die von den Verschwundenen getragen worden waren.

Unsere nächste Station war der Unterrichtsraum, in dem der berühmte ukrainische Schriftsteller und Politiker Iwan Franko studiert hatte. Franko war 1916 völlig verarmt in Lemberg gestorben. Jetzt gab es eine große Statue von ihm, gegenüber von Dekan Schusts Büro, und diesen ihm gewidmeten Raum, der noch im Zustand des frühen 20. Jahrhunderts erhalten war. Wir klopften an und traten ein. Studenten einer Seminarveranstaltung blickten hoch. Sie saßen, wahrscheinlich ähnlich wie Lauterpacht und Lemkin einst, auf Holzbänken in einem Raum, von dem man auf einen Innenhof blickte. Helles Sonnenlicht durchflutete das Zimmer und überstrahlte den Schein der acht von der Decke hängenden Messinglaternen. Der Raum war elegant und schlicht, hell und luftig, ein Ort des Lernens, der Ruhe und Ordnung, der Struktur und Hierarchie.

In einem solchen Raum, wenn nicht genau diesem, erwarben Lauterpacht und Lemkin ihr Wissen über das Rechtswesen. Im Herbst 1918 hielt Makarewicz in diesem Gebäude seine letzte Vorlesung zum Strafrecht der Österreichisch-Ungarischen Monarchie. Als im November die Stadt in Gewalt versank, verließ Lauterpacht die Barrikaden, um in einem solchen Unterrichtsraum zu sitzen. Wöchentlich wechselte die Stadt ihren Besitzer – von den Österreichern zu den Polen, dann zu den Ukrainern und wieder zurück zu den Polen –, doch Professor Makarewicz lehrte weiter das Strafrecht eines Reiches, das nicht mehr existierte.

Als dann Lemkin vier Jahre später auf derselben Holzbank saß, unterrichtete Makarewicz polnisches Strafrecht. Der Stundenplan mochte sich geändert haben – Lauterpachts Seminar bei Makarewicz war um zehn Uhr vormittags, Lemkins um fünf Uhr nachmittags –, doch Raum Nr. 13 war eine Konstante. Es erinnerte ein bisschen an Graf Morstin, den alten galizischen Gouverneur in Joseph Roths Novelle *Die Büste des Kaisers*, der vor dem steinernen Haupt des Kaisers Franz Joseph Jahre nach dessen Tod ein tägliches Ritual vollführt. »Meine alte Heimat, die Monarchie allein war ein großes Haus«, sinniert Morstin, doch jetzt war das Haus »verteilt, gespalten, zertrümmert«.

Während die Kontrolle über die Stadt hin und her schwankte, machte Makarewicz stur weiter. Das Land änderte sich, die Regierung wechselte, die Studenten wechselten, die Gesetze änderten sich, doch der Raum Nr. 13 blieb. Auch in späteren Jahren, unter den sowjetischen Gesetzen, den deutschen Erlassen von Hans Frank und dann wieder den sowjetischen Gesetzen, passte Makarewicz seine Lehrveranstaltungen jeweils an die neuen Realitäten an. Nach jedem Seminar verließ der große Überlebende die juristische Fakultät, ging die Drahomanowa-Straße entlang, vorbei an der Universitätsbibliothek, und schlenderte den Hügel hinauf bis zur Nr. 58. Wenn er das Haus, das er sich gebaut hatte, betrat, konnte er die Welt hinter sich aussperren.

65 Lemkin machte 1926 seinen Universitätsabschluss. Ungefähr um diese Zeit vollendete er die Übersetzung von Bialiks Novelle und ein Buch über russisches und sowjetisches Strafrecht, für das Juliusz Makarewicz ein Vorwort schrieb. Die Zeiten waren hart, ökonomisch und politisch gesehen: In einem Staatsstreich stürzte Marschall Piłsudski die gewählte polnische Regierung. Lemkin glaubte, dass die Alternative – Dmowskis antisemitische Nationaldemokraten – noch schlimmer gewesen wäre.

Zwei Wochen nach dem Staatsstreich erregte ein weiterer politischer Mord Lemkins Aufmerksamkeit. Diesmal betraf es ihn näher, weil das Opfer der antibolschewistische Präsident der kurzlebigen Westukrainischen Volksrepublik von 1918 war, General Symon Petljura, erschossen auf der Rue Racine in Paris. Schlimmer noch, der Attentäter war Samuel Schwartzbard, ein jüdischer Uhrmacher, der angeblich auf Petljuras Befehl hin verübte Morde an Juden in Russland rächen wollte. Schwartzbards Prozess war sechs Jahre nach der Tehlirian-Affäre eine weitere Mediensensation und wurde von Lemkin genau beobachtet. Unter den Zeugen waren berühmte Schriftsteller, Israel Zangwill für die Anklage und Maxim Gorki für die Verteidigung, der Star aber war eine Krankenschwester des ukrainischen Roten Kreuzes. Haia Greenberg behauptete, Zeugin eines Pogroms im Februar 1919 gewesen zu sein, und sagte aus, dass Petljuras Soldaten zu den Klängen einer Militärkapelle gemordet hätten.

Die Geschworenen berieten weniger als eine Stunde, dann erklärten sie Schwartzbard für »nicht schuldig«, weil seine Handlungen nicht vorsätzlich gewesen seien. Die *New York Times* berichtete, dass sich vierhundert Zuschauer – »weißbärtige Juden aus Mittel- und Osteuropa«, »emanzipierte junge Frauen mit Bobfrisuren« und »Ukrainer mit slawischen Gesichtszügen« – in den Pariser Gerichtssaal gequetscht und das Urteil mit »Hoch lebe Frankreich« quittiert hätten. »Sie konnten Schwarzbard [sic] weder freisprechen noch ihn verurteilen«, schrieb der Journalist, da sie sich außerstande sahen, den Rächer von »Hunderttausenden seiner unschuldigen Brüder, einschließlich seiner Eltern«, zu bestrafen. Das Gericht vermochte es aber genauso wenig gutzuheißen, »dass einer das Gesetz in die eigenen Hände genommen hatte, um die moralischen Standards der Menschheit hochzuhalten«. Die Lemkins Ansicht nach geniale Lösung war, Schwartzbard für geisteskrank zu erklären und ihn dann freizulassen.

Lemkin beobachtete den Prozess von Warschau aus, wo er als Sekretär am Berufungsgericht tätig war, nachdem er für kurze Zeit als Gerichtsgehilfe und als Staatsanwalt in Brzezany, hundert Kilometer südöstlich von Lwów, gearbeitet hatte. Unter der intellektuellen Obhut von Professor Makarewicz klärten die beiden Prozesse sein Denken. »Allmählich, doch entschieden, reifte« eine Entscheidung in ihm. Er würde etwas tun, um neue internationale Gesetze zum Schutz von Gruppen zu entwickeln. Seine »Justizkarriere« bei den Warschauer Gerichten sowie die zahlreichen von ihm verfassten Bücher boten ihm die Plattform, um eine »Anhängerschaft und Einfluss« zu gewinnen. Die Wissenschaft war das Sprungbrett, um für Minderheitenrechte eintreten zu können.

Als Hitler die Macht ergriff, hatte Lemkin sechs Jahre als Staatsanwalt hinter sich. Der Bauernjunge aus Wołkowysk hatte es geschafft und Verbindungen zu Polens angesehensten Rechtsanwälten, Politikern und Richtern aufgebaut. Er veröffentlichte Bücher zum sowjetischen Strafrecht, zu Italiens faschistischem Strafgesetzbuch und Polens revolutionärem Amnestiegesetz, die meist eher beschreibend als analytisch waren. Er fand einen neuen Mentor in Emil Stanisław Rappaport, einem Richter am Obersten Gericht Polens und Gründer der Freien Polnischen Universität in Warschau, wo Lemkin lehrte.

Nebenbei beteiligte er sich an den Bemühungen des Völkerbunds, das Strafrecht weiterzuentwickeln, nahm an Konferenzen teil und baute ein Netzwerk von Kontakten in ganz Europa auf. Im Frühjahr 1933 schrieb er im Vorfeld eines Treffens, das im Oktober in Madrid stattfinden sollte, eine Streitschrift, in der er neue internationale Gesetze vorschlug, um »Barbarei« und »Vandalismus« zu verbieten.

Das war nötiger denn je, glaubte er, da sich Angriffe auf Juden und andere Minderheiten in Hitlers Fahrwasser vervielfachten. Er hielt *Mein Kampf* für eine »Blaupause der Zerstörung«, die Hitler nun, da ihm der Reichstag durch das neue Ermächtigungsgesetz diktatorische Macht verliehen hatte, umsetzen konnte.

Lemkin, ein praktischer Idealist, glaubte, dass angemessene Strafgesetze tatsächlich Gräueltaten verhindern könnten. Seiner Ansicht nach reichten Minderheitenverträge nicht aus, daher forderte er neue Gesetze, um »das Leben der Völker« zu schützen: um »Barbarei«, die Vernichtung von Bevölkerungsgruppen, und »Vandalismus«, Angriffe auf die Kultur und das Kulturerbe, zu verhindern. Die Gedanken waren nicht ganz neu, sie stützten sich auf die Ansichten Vespasian V. Pellas, eines rumänischen Gelehrten, der die Idee eines »internationalen Strafrechts« propagierte, das nationale Gerichte auf der ganzen Welt in die Lage versetzen sollte, diejenigen zu belangen, die schwerste Verbrechen begangen hatten (60 Jahre später wurde das »Weltrechtsprinzip« für den Straftatbestand der Folter Senator Pinochet vor englischen Gerichten zum Verhängnis). Zwar zitierte Lemkin Pellas früheres Werk über »Akte der Barbarei oder des Vandalismus, die eine allgemeine Gefahr darstellen können« nicht, zollte dem Rumänen für dessen Liste von Verbrechen, für die das »Weltrechtsprinzip« gelten sollte, aber Anerkennung (nämlich Piraterie, Sklaverei, Handel mit Frauen und Kindern sowie Drogenhandel). Lemkins Streitschrift erschien bei Pedone, einem Verlagshaus in der Rue Soufflot in Paris, dem offiziellen Verlag des Völkerbunds.

Lemkin hatte erwartet, auf der Madrider Konferenz der polnischen Delegation anzugehören, doch als er sich auf die Reise vorbereitete, rief ihn Emil Rappaport an. »Der Justizminister ist gegen Ihre Teilnahme«, sagte ihm der Richter. Schuld daran sei eine Kampagne der *Gazeta Warszawska*, einer mit Dmowskis Nationaldemokratischen Partei verbundenen Tageszeitung. Lemkin reiste also nicht nach Madrid, hoffte aber, dass man dort über seine Schrift diskutieren und sie den »Austausch von Ideen« befördern würde. Der offizielle Bericht über das Treffen belegt, dass die Schrift herumgereicht wurde, doch von einer Diskussion ist darin nicht die Rede.

Einige Tage nach dem Ende der Konferenz, als Deutschland sein Ausscheiden aus dem Völkerbund verkündete, griff die *Gazeta Warszawska* den »Staatsanwalt Lemkin« persönlich an. »Es ist nicht schwer, die Motive zu erraten, die Herrn Lemkin bewogen, dieses Projekt vorzustellen«, beschwerte sich die Zeitung am 25. Oktober, »wenn man bedenkt, dass er zu der ›Rassengruppe‹ gehört, die am meisten von ›Akten der Barbarei‹ und ›Vandalismus‹ bedroht ist, die von einigen Nationen praktiziert werden.« Die Zeitung erklärte, es sei eine »zweifelhafte Ehre« für Polen, dass einer seiner Repräsentanten, Herr Lemkin, der »Autor eines derartigen Projektes« sei.

Binnen eines Jahres unterzeichnete Polen einen Nichtangriffspakt mit Deutschland und kündigte den Minderheitenvertrag von 1919. Außenminister Beck erklärte dem Völkerbund, dass sich Polen nicht gegen seine Minderheiten gewandt habe, aber Gleichstellung mit anderen Ländern fordere – wenn von diesen nicht verlangt werde, ihre Minderheiten zu schützen, dann solle es auch nicht von Polen verlangt werden. Während die *New York Times* dies als »eine Bewegung auf das Reich zu« wertete, gab Lemkin sein Amt als Staatsanwalt auf.

66 Als privat praktizierender Anwalt für Handelsrecht bezog Lemkin ein Büro in der Jerozolimskie-(Jerusalem)-Avenue in Warschau. Er hatte genug Erfolg, um sich ein kleines Haus auf dem Land kaufen zu können, eine Kunstsammlung aufzubauen und in eine Wohnung in einem modernistischen Häuserblock in der Kredytowa-Straße 6, näher zum Stadtzentrum, zu ziehen. Von hier führte er sein Rechtsanwaltsbüro. (2008, als eine Plakette angebracht wurde, um den »herausragenden polnischen Juristen und Gelehrten von internationalem Ruf« zu ehren, beherbergte das Gebäude ein Büro der Nationalen Wiedergeburt Polens – Narodowe Odrodzenie Polski –, einer kleinen neofaschistischen politischen Partei.)

Lemkin versuchte, jährlich ein Buch zu veröffentlichen. Sein Interesse galt dabei der Reform von Gesetzen und dem Terrorismus, ein aktuelles Anliegen angesichts zahlreicher, von der Öffentlichkeit vielbeachteter politischer Mordanschläge (die Ermordung König Alexanders I. von Jugoslawien, dessen Sohn Kronprinz Peter später von Lauterpacht in Cambridge als Tutor betreut werden sollte, im Jahre 1934 war das erste Attentat, das gefilmt wurde). Lemkin baute seine Beziehungen weiter aus und empfing auch Besucher aus fernen Landen, die verlockende Angebote mitbrachten. Professor Malcolm McDermott von der Duke University in North Carolina kam nach Warschau, um eines von Lemkins Büchern ins Englische zu übersetzen, und bot ihm eine Lehrtätigkeit an der Duke University an. Lemkin lehnte ab, weil seine Mutter nicht wollte, dass er Polen verließ.

Bella kam oft nach Warschau zu Besuch und pflegte ihren Sohn, als er im Sommer 1938 an doppelseitiger Lungenentzündung erkrankte. Als sie nach Wołkowysk zurückkehrte, erzählte sie ihrem Enkel Saul von Onkel Raphaels Wohnung und dem phantastischen modernen Fahrstuhl, von Lemkins Ansehen bei der Warschauer Intelligenz und seinem beeindruckenden Freundeskreis. Lemkin liege bedeutenden Männern in den Ohren mit seiner Kampagne gegen »Akte der Barbarei und des Vandalismus«, erzählte sie dem Jungen. Saul zufolge hörten einige auf ihn, doch sein Onkel traf auch auf heftige Opposition – seine Ideen seien »rückwärtsgewandt«, wurde ihm gesagt, und außerdem nutze Hitler den Hass nur zu politischen Zwecken und beabsichtige nicht wirklich, die Juden zu vernichten. Er solle sich mit seinen »phantastischen Prophezeiungen« zurückhalten.

Im März 1938 verleibte sich Deutschland Österreich ein. Sechs Monate später, als der britische Premierminister Neville Chamberlain Hitlers Forderung nach Abtretung des Sudetenlands an Deutschland akzeptierte, unternahm Lemkin eine Dienstreise nach London. Am Freitag, dem 23. September, speiste er im Reform Club in der Pall Mall mit Herbert du Parcq, einem Richter des Appellationsgerichts, und zu ihnen stieß John Simon, der Finanzminister. Simon berichtete ihnen über Chamberlains Treffen mit Hitler und erklärte, dass die Briten verhandelten, weil sie nicht auf einen Krieg vorbereitet seien.

Eine Woche darauf stand Chamberlain nach einem weiteren Treffen mit Hitler vor der berühmten schwarzen Tür von Downing Street 10 und verkündete »Frieden für unsere Zeit«; die Menschen von Großbritannien könnten ruhig schlafen. Binnen Jahresfrist befand sich Deutschland im Krieg mit Polen. Anderthalb Millionen deutsche Wehrmachtssoldaten drangen zusammen mit der SS und Gestapo in das Land ein, während die Luftwaffe Angst und Schrecken verbreitete und Warschau, Krakau sowie andere polnische Städte, darunter auch Lwów und Żółkiew, bombardierte. Lemkin blieb noch fünf Tage in Warschau, bevor er es am 6. September angesichts der auf die Stadt vorrückenden Deutschen verließ.

Er war unterwegs in Richtung Wołkowysk, nördlich von Lwów, durch das sumpfige Gebiet von Polesien, als es am Himmel still wurde. Lemkin saß fest zwischen den Deutschen im Westen und den Sowjets, die sich jetzt von Osten näherten. Polen verlor seine Unabhängigkeit und wurde durch den Pakt zwischen Stalins und Hitlers Außenministern Molotow und Ribbentrop in zwei Teile zerschnitten. Während Großbritannien und Frankreich in den Krieg eintraten, schlug sich Lemkin weiter nach Norden durch. Angesichts seiner städtischen Kleidung und der teuren Brille befürchtete er, dass die Sowjets ihn als polnischen Intellektuellen und »Großstädter« identifizieren würden. Er wurde von einem russischen Soldaten angehalten, konnte sich aber herausreden.

In der Provinz Wolhynien ruhte er sich in der Nähe der Kleinstadt Dubno aus, wo er Zuflucht bei der Familie eines jüdischen Bäckers fand. Warum die Juden denn vor den Nazis fliehen würden, fragte der Bäcker. Lemkin erzählte ihm von *Mein Kampf* und Hitlers Absicht, die Juden zu vernichten »wie die Fliegen«. Der Bäcker lachte; er wusste nichts von so einem Buch und konnte das alles nicht glauben.

»Wie kann Hitler die Juden vernichten, wenn er mit ihnen Handel treiben muss? Um einen Krieg zu führen, braucht man Leute.«

Dieser Krieg sei nicht wie andere Kriege, erklärte ihm Lemkin. Es sei ein Krieg, »um ganze Völker auszurotten« und sie durch die Deutschen zu ersetzen. Der Bäcker war nicht überzeugt. Er hatte während des Ersten Weltkriegs drei Jahre unter den Deutschen gelebt, nicht gerade gut, aber »irgendwie haben wir überlebt«. Der Sohn des Bäckers, ein junger Mann in den Zwanzigern mit einem aufgeweckten Gesicht, enthusiastisch und engagiert, war anderer Meinung: »Ich verstehe diese Haltung meines Vaters und all der anderen Leute in der Stadt nicht.«

Lemkin verbrachte zwei Wochen bei der Familie des Bäckers. Am 26. Oktober wurde Hans Frank zum Generalgouverneur derjenigen von Deutschland besetzten Teile Polens ernannt, die nicht direkt dem Reich angegliedert wurden, westlich einer neuen Grenzlinie, die Zółkiew, Lwów und Wołkowysk unter sowjetischer Kontrolle beließ. Lemkin, der auf der sowjetischen Seite gestrandet war, nahm einen Zug nach Wołkowysk, der voller ängstlicher Reisender war. Da der Zug während der Ausgangssperre ankam, verbrachte Lemkin die Nacht auf den Bahnhofstoiletten, um einer Verhaftung zu entgehen. Früh am Morgen lief er, die Hauptstraßen vermeidend, zum Haus seines Bruders Elias in der Kościuszko-Straße 15. Er klopfte leise ans Fenster, legte den Mund ans Glas und flüsterte: »Raphael, Raphael«.

Bellas Freude, ihn zu sehen, sollte Lemkin nie vergessen. Er wurde ins Bett gesteckt und glitt unter einer vertrauten alten Decke in den Schlaf, wobei er sich sorgenvolle Gedanken über das Unglück machte, das über Polen gekommen war. Er wachte vom Geruch von Pfannkuchen auf, die er mit saurer Sahne verschlang. Bella und Josef fühlten sich sicher in Wołkowysk, sie wollten nicht mit ihm fortgehen. Er sei im Ruhestand, sagte Josef, kein Kapitalist. Elias war bloß noch Angestellter, er hatte das Eigentum am Laden aufgegeben, die Sowjets würden sie in Ruhe lassen. Nur Raphael wollte weggehen, sich nach Amerika aufmachen, wo Josefs Bruder Isidor lebte.

Bella stimmte ihm zu, er solle gehen. Doch sie hatte eine andere Sorge. Warum war er nicht verheiratet? Das war eine heikle Angelegenheit. Jahre später erzählte Lemkin Nancy Ackerly, seine Arbeit habe ihn so in Anspruch genommen, dass er »keine Zeit für ein Eheleben oder die Mittel, es zu ermöglichen«, gehabt hätte. In all dem Material zu Lemkin, das ich gefunden habe, fiel auf, dass es keinerlei Hinweis auf eine intime Beziehung enthielt, obwohl eine Reihe von Frauen offenbar Interesse gezeigt hatten. Bella ließ nicht locker und sagte ihrem Sohn, dass Heirat einen Schutz bedeute, dass ein »einsamer Mann ohne Liebe« eine Frau brauche, wenn die Unterstützung seiner Mutter »wegfiele«. Lemkin machte ihr keine Hoffnungen. Eine Zeile aus Goethes *Hermann und Dorothea* kam ihm in den Sinn, wie immer, wenn Bella das Thema anschnitt: Nimm eine Frau, »dass dir werde die Nacht zur schönen Hälfte des Lebens«. Ich habe das Gedicht gelesen, konnte darin aber keine Erklärung für sein Einsiedlerdasein oder die Bedeutung des Gedichts finden. Er reagierte auf Bellas Bemühung mit Zuneigung, legte ihr die Hände auf den Hinterkopf, strich ihr übers Haar, küsste sie auf beide Augen, versprach aber nichts. »Du hast recht.« Das war alles, was er aufbringen konnte. Und dazu äußerte er die Hoffnung, dass das bevorstehende Leben als Nomade ihm mehr Glück bringen möge.

Am Abend verließ er Wołkowysk. Der Abschiedsmoment zog sich hin, ein flüchtiger Kuss, ein Blick in die Augen, Schweigen, verleugnete Endgültigkeit.

67 An jenem Herbsttag in Wołkowysk war auch Lemkins Neffe Saul anwesend. Mit einiger Mühe machte ich ihn in Montreal ausfindig, wo er in einer kleinen Wohnung im Erdgeschoss eines Gebäudes wohnte, das bessere Tage gesehen hatte, in einem Viertel voller Immigranten. Seine äußere Erscheinung war auffallend, tiefe, traurige Augen in einem intelligenten Gesicht, ein struppiger grauer Bart, der an eine Tolstoi-Figur des 19. Jahrhunderts erinnerte. Die

Zeit war nicht gnädig zu diesem freundlichen, gebildeten Mann gewesen.

Er war hoch in den Achtzigern und saß auf einem vollgepackten Sofa, umgeben von Büchern. Worüber er eigentlich sprechen wollte war der Tod seiner Freundin, seine Augenprobleme und was es bedeutete, mit einer Niere zu leben (die andere hatte er 1953 verloren, Genaueres dazu sagte er nicht). Ja, er erinnere sich an Onkel Raphaels Besuch im Herbst 1939, als er zwölf war und in einer Straße wohnte, »die nach einem berühmten polnischen Helden benannt war«. Als Raphael fortging, wussten sie, dass sie sich vielleicht nie wiedersehen würden.

Bis 1938 wohnten Saul und seine Eltern in einem Haus in Wołkowysk bei Bella und Josef. Dann kaufte Lemkin seinen Eltern für rund 5000 Zloty (ungefähr 1000 Dollar) ein eigenes Haus. Das sei damals eine Menge Geld gewesen, sagte Saul, »er musste als Rechtsanwalt gut verdienen«. Seine Großeltern seien »wunderbar« gewesen, Bauern aus der Umgebung von Wołkowysk. Bella war die Gebildetere von beiden, sie habe ständig gelesen, während sich Josef für Politik, jiddische Zeitungen und das Synagogenleben interessiert habe. »Raphael war nicht gläubig«, sagte Saul, ohne dass ich ihm ein Stichwort gegeben hätte.

Sein Onkel kam zweimal im Jahr zu Besuch, um die Zeit der religiösen Feste herum. Zum Pessachfest schickte Bella Saul in den geschäftigen Laden, um die Vorräte für den Besuch des Onkels aufzustocken. Die Ankunft des »Professors und Rechtsanwalts«, wie man ihn ehrerbietig nannte, war immer ein großes Ereignis, eines, das die Politik und »ein paar Reibereien« in das Heim der Familie brachte. Bei einem Besuch im April 1939 hatte Lemkin eine französische Zeitung dabei, ein ungewöhnliches Mitbringsel. Die Ansichten zu einem Artikel über die Berufung des politisch rechts außen stehenden Marschalls Pétain zum Botschafter in Madrid, was ein Zugeständnis an Franco war, gingen auseinander. »Mein Onkel mochte weder Pétain noch Franco.«

Saul glaubte damals, dass Lemkin in Polen »sehr bekannt« war. Der Onkel wohnte in einem großen Gebäude in einer berühmten Straße – mit einem großartigen Fahrstuhl! Saul war jedoch nie in Warschau zu Besuch gewesen und hatte die »Freunde aus der feinen Gesellschaft« nie kennengelernt. Ich erkundigte mich nach dem Liebesleben seines Onkels und erwähnte den Bericht in Lemkins Lebenserinnerungen über einen Besuch in Vilnius als Teenager, wo er mit einem Mädchen in brauner Schuluniform auf einem Berg spazieren gegangen war. Lemkin wollte sie küssen, doch dann wurde der Instinkt »in mir erstickt durch etwas, was ich nicht verstehen konnte«, schrieb er. Die Worte waren mehrdeutig.

»Ich weiß nicht, warum mein Onkel nie geheiratet hat«, sagte Saul ohne Interesse. »Ich vermute, er hatte Chancen, denn er hatte Beziehungen«, aber von Freundinnen war nie die Rede. Saul erinnerte sich vage an ein Vorkommnis in Wien, in Gegenwart von Edward VIII. und Madame Simpson, aber Freundinnen? Saul wusste von nichts. »Es gab wahrscheinlich eine Freundin«, fügte er hinzu, konnte sich aber nicht genau erinnern. »Warum er nicht heiratete? Ich weiß es nicht.«

Die Sowjets enteigneten das Haus der Lemkins, gestatteten der Familie aber, dort wohnen zu bleiben. Ein Offizier zog ein; Saul besuchte die russischsprachige Schule. »Als mein Onkel im Oktober nach seiner Flucht aus Warschau zu uns kam, haben wir geredet. Dass sich die Russen und die Deutschen zusammengetan hätten, bedeute, dass es sehr schlimm werden würde. Das habe ich gehört, das hat er gesagt, wie ich mich erinnere.«

Es war eine melancholische Stimmung um Saul.

Ob er ein Foto von Bella und Josef habe? »Nein.«

Von seinem Onkel? »Nein.«

Von einem anderen Familienmitglied aus jener Zeit? »Nein«, sagte er traurig. »Es ist nichts mehr da.«

68

Lemkin fuhr mit dem Zug von Wołkowysk nach Vilnius, der Stadt des Beinahe-Kusses, die von den Sowjets besetzt war. Sie wimmelte von polnischen Flüchtlingen und Schwarzmarktwaren, Visa, Pässen und den »Nudeln« (Dollars), die für Lemkin ein Symbol der Freiheit waren, weil er Amerika im Sinn hatte. Er traf Bekannte aus den Völkerbund-Zeiten, unter ihnen Bronisław Wróblewski, einen hervorragenden Kriminologen. Er habe keinen Erfolg mit seinen Bemühungen im Kampf gegen »Akte der Barbarei und des Vandalismus« gehabt, erzählte er Wróblewski, aber »ich werde es garantiert wieder versuchen«.

Bella und Josef schrieben, wie glücklich sie über die mit ihrem Sohn verbrachte Zeit gewesen seien. Der Brief war in einem familiären Ton gehalten, zeugte von gedämpftem Optimismus und kaum verhohlenen Ängsten. Er enthielt auch die Nachricht, dass Lemkins Freund Benjamin Tomkiewicz unterwegs nach Vilnius war mit einem Geschenk, einem kleinen Kuchen, der nach Bellas Ofen duftete. Tomkiewicz' tiefer Pessimismus stand im Kontrast zu Lemkins optimistischerer Einstellung: Die schwierige Situation bot einige Möglichkeiten und wahre Herausforderungen, dachte Lemkin, ein Ende des bequemen Lebens in Warschau mit den großzügigen Anwaltshonoraren, den schönen Möbeln und dem Landhaus. Er hatte sich zu sehr an ein Leben mit Einfluss und Beziehungen, an das »falsche Prestige« gewöhnt. Diese Tage waren vorbei, doch er trauerte ihnen nicht nach.

Lemkin erschrieb sich seinen Ausweg, heraus aus Vilnius. Am 25. Oktober bewarb er sich um ein zeitlich begrenztes Visum für Norwegen oder Schweden. »Ich habe mein Leben durch ein Wunder retten können«, erklärte er in Französisch, und es sei überlebenswichtig, eine Ausreisemöglichkeit zu finden. »Ich werde mein ganzes Leben lang dankbar sein«, fügte er hinzu und betonte, dass alles, was er brauche, ein Visum sei, »meine finanzielle Situation ist nicht schlecht« (als Empfangsadresse war das Lettische Konsulat in Vilnius angegeben). Ein Brief ging auch an Karl Schlyter, den früheren schwedischen Justizminister, mit der Bitte um ein schwedisches Visum; ein weiterer an Graf Carton de Wiart, einen britischen Diplomaten belgischer Herkunft, den er um Auskunft über Reisemöglichkeiten nach Belgien bat; ein dritter an Professor McDermott in North Carolina mit dem Ersuchen um einen Lehrauftrag an der Duke University. Er schrieb auch an das Mutter-Tochter-Gespann, das den Pedone-Verlag leitete, um sie wissen zu lassen, dass er lebte und es ihm gutging. Ob sie das Manuskript erhalten hätten, das er abgeschickt hatte, bevor die Deutschen in Warschau einmarschiert waren, das neue Buch über internationale Verträge? Das Leben ging weiter.

Von Vilnius aus machte er sich nach Westen zur Ostseeküste auf, in Richtung Schweden. In Kaunas erzählte er einem Bekannten, dass das Leben als Flüchtling ihm auf die Nerven gehe, er fühle sich wie ein Geist auf der Suche nach Gewissheit und Hoffnung. Die drei Dinge im Leben, die er hatte vermeiden wollen, waren alle eingetreten: »eine Brille zu tragen, mein Haar zu verlieren und zum Flüchtling zu werden«. Ein anderer Bekannter, Dr. Zalkauskas, ein pensionierter Richter, fragte ihn, wie Polen »in nur drei Wochen« habe »verschwinden« können. So etwas passiere, erwiderte Lemkin stoisch. (Lemkin sah den Mann Jahre später in Chicago wieder, als Fahrstuhlführer im Morrison Hotel.)

Ein Paket vom Pedone-Verlag enthielt die Fahnen seines neuen Buches, dazu einige Sonderdrucke seiner Streitschrift von 1933 über Akte der Barbarei und des Vandalismus. Lemkin korrigierte die Fahnen und schickte sie nach Paris zurück, das Buch erschien einige Monate später. Dann verließ er Kaunas mit einem Visum für Schweden. Bei einem Zwischenstopp in Riga, der Hauptstadt Lettlands, traf er sich zum Tee mit dem Historiker Simon Dubnow, dem Autor einer mehrbändigen *Geschichte der Juden in Russland und Polen*. Dies sei bloß »die Ruhe vor dem Sturm«, warnte Dubnow Lemkin, Hitler würde bald in Lettland sein.

69 Lemkin kam im zeitigen Frühjahr 1940 in Schweden an. Stockholm war neutral und frei, und Lemkin erfreute sich an den fremden Gebräuchen und dem Essen. Er wartete auf die erhoffte Einladung aus North Carolina und genoss die Zeit mit seinen Gastgebern, den Ebersteins. Die Möglichkeit, per Schiff von Belgien aus nach Amerika zu gelangen, war ihm nun verschlossen – die Deutschen besetzten im April 1940 Dänemark und Norwegen; im Mai die Niederlande, Belgien und Luxemburg; Frankreich fiel im darauffolgenden Monat. Und dann, mit dem Überfall auf die Sowjetunion auch Litauen, Lettland und Estland. Alle Freunde, die er besucht hatte, waren nun unter der Nazi-Herrschaft – oder würden es bald sein. Simon Dubnows Pessimismus stellte sich als wohlbegründet heraus: Er wurde zwei Jahre nach Lemkins Abreise aus Riga in der Nähe seines Hauses ermordet.

Wochen des Wartens in Stockholm wurden zu Monaten. Karl Schlyter schlug vor, Lemkin könne doch an der Universität unterrichten, daher belegte er einen Intensivkurs in Schwedisch. Im September 1940 beherrschte er die Sprache gut genug, um Vorlesungen über die Kontrolle des Devisenhandels in Schwedisch zu halten und ein Buch über das Thema zu schreiben, auch in der neu erlernten Sprache. Briefe, die ihn von Bella und Josef erreichten, verschafften ihm seltene Glücksmomente, die getrübt waren von Sorge um ihr Wohlergehen unter den Sowjets.

Ruhelos und getrieben, nicht begabt zur Untätigkeit, suchte Lemkin nach einem größeren Projekt. Eine Karte Europas brachte ihn auf eine Idee, während »das blutrote Tuch mit der schwarzen Spinne auf weißem Grund« auf immer weitere Teile des Kontinents ausgriff. Lemkins angeborene Wissbegier konzentrierte sich auf das Wesen der deutschen Okkupation. Wie genau wurde die Nazi-Herrschaft durchgesetzt? Er glaubte, die Antwort könne in den nebensächlichen Details der gesetzlichen Bestimmungen zu finden sein, und begann, Nazi-Erlasse zusammenzutragen, wie andere Briefmarken sammeln. Als Rechtsanwalt wusste er, dass offizielle Dokumente oft die dahintersteckenden Ziele widerspiegeln, ohne sie ausdrücklich zu nennen, dass ein einzelnes Dokument oftmals weniger erkennen lässt als eine Sammlung. Die Gruppe ist wertvoller als die Summe ihrer einzelnen Teile.

Er verbrachte Zeit in der Zentralbibliothek von Stockholm, er sammelte, übersetzte und analysierte, suchte nach Verhaltensmustern. Die Deutschen waren ordentlich, sie hielten viele Entscheidungen in schriftlicher Form fest, produzierten Akten und hinterließen eine papierne Spur, Anhaltspunkte für einen größeren Plan. Das konnte zu einem »unwiderlegbaren Beweis« für Verbrechen führen.

Er bat verschiedene seiner Kontakte um Unterstützung. Als Quelle diente ihm etwa eine ungenannte schwedische Handelsgesellschaft, deren Warschauer Büro früher seine Dienste als Anwalt in Anspruch genommen hatte. Als er die Firmenzentrale in Stockholm aufsuchte, erkundigte er sich, ob die Büros der Gesellschaft in ganz Europa vielleicht Exemplare der offiziellen Amtsblätter, die die Deutschen in den besetzten Gebieten veröffentlichen, sammeln und nach Stockholm schicken könnten? Sein Bekannter versprach, ihm zu helfen.

Erlasse und andere Dokumente aus ganz Europa kamen in Stockholm an. Lemkin las sie alle, machte sich Notizen, versah die Texte mit Anmerkungen, übersetzte. Die Stapel wuchsen, ergänzt um Material aus Stockholms Zentralbibliothek, in der auch Veröffentlichungen aus Berlin aufbewahrt wurden.

Während Lemkin sich durch die Erlasse arbeitete, stieß er auf sich wiederholende Motive, die Elemente »eines konzertierten Plans«. Parallel zu Lauterpachts Bemühungen um den Schutz von Individuen, von denen er damals nichts wusste, erkannte Lemkin in seiner Arbeit die völlige Auslöschung der von den Deutschen unterworfenen Nationen als ein übergeordnetes Ziel. Einige von Hitler persönlich unterzeichnete Dokumente dienten zur Umsetzung der in *Mein Kampf* propagierten Idee, neuen Lebensraum im Osten zu schaffen.

Einen ersten Polen betreffenden Erlass hatte Hitler am 12. Oktober unterzeichnet, einen Monat nach Lemkins Flucht aus Warschau.

Die westlichen Gebiete des von Deutschland besetzten Polen (Westpreußen, Teile Großpolens und Oberschlesiens) wurden unter der Bezeichnung »Eingegliederte Ostgebiete« ins Reich integriert. In diesen Gebieten sollten Boden und Volk »germanisiert«, die Polen »kopflos oder hirnlos« gemacht, die Intelligenz liquidiert, die Bevölkerungsgruppen zu Sklavenarbeitern umorganisiert werden. Ein weiterer Erlass wurde am 26. Oktober vom neuernannten Generalgouverneur Hans Frank unterzeichnet, der voll hämischer Freude erklärte, dass sein neues Territorium (das das restliche von den Deutschen besetzte Polen umfasste), bald frei von »politischen Agitatoren, zweifelhaften Händlern und jüdischen Ausbeutern« sein werde. »Entschiedene Schritte« würden unternommen, wie Frank verkündete. Am 1. August 1941 schließlich wurden Galizien und Lemberg in das Generalgouvernement eingegliedert – ein Exemplar dieses Erlasses hat sich unter Lemkins Papieren im Archiv der Columbia University erhalten.

Lemkin verfolgte die Spur, die »entscheidenden Schritte«, die ein Muster ergaben. Der erste Schritt bestand gewöhnlich im Akt der Entnationalisierung: Individuen wurden staatenlos gemacht, indem man das Band der Nationalität zwischen Juden und Staat durchtrennte, um ihnen so den Schutz des Gesetzes teilweise aberkennen zu können. Darauf folgte die »Entmenschlichung«, bei der man den Mitgliedern der ins Visier genommenen Gruppe die gesetzlichen Rechte ganz entzog. Dieses Zweistufen-Schema wurde überall in Europa angewandt. Der dritte Schritt war, die Nation »in einem geistigen und kulturellen Sinn« auszulöschen – Lemkin identifizierte Erlasse ab Anfang 1941, die auf die »völlige Vernichtung« der Juden in »allmählichen Schritten« hindeuteten. Für sich genommen wirkte jeder Erlass harmlos, aber zusammengenommen und über Grenzen hinweg betrachtet, offenbarte sich ein umfassenderes Ziel. Jeder einzelne Jude wurde gezwungen, sich registrieren zu lassen, ein Erkennungszeichen, den Davidstern, zu tragen, dann in festgelegte Gebiete, Ghettos, zu ziehen. Lemkin fand die Erlasse, mit denen das

Warschauer (Oktober 1940) und das Krakauer Ghetto (März 1941) geschaffen wurden, und registrierte, dass denjenigen, die das Ghetto ohne Erlaubnis verließen, die Todesstrafe drohte. »Warum die Todesstrafe?«, fragte sich Lemkin. War dies eine Möglichkeit, »zu beschleunigen«, was »schon geplant« war?

Durch die Konfiszierung ihres Eigentums wurden die Angehörigen der Gruppe »mittellos« und »abhängig von Lebensmittelrationen«. Erlasse begrenzten die Zuteilung von Kohlenhydraten und Proteinen und machten die Opfer zu »lebenden Leichnamen«. Entmutigt und »apathisch ihrem eigenen Leben gegenüber«, wurden sie zur Zwangsarbeit missbraucht, durch die viele umkamen. Für diejenigen, die am Leben blieben, waren weitere Maßnahmen der »Entmenschlichung und Vernichtung« vorgesehen, während sie auf die »Stunde der Exekution« warteten.

Als Lemkin in diesen Stoff vertieft war, erhielt er einen Brief von Professor McDermott in North Carolina, der ihm einen Lehrauftrag und ein Visum anbot.

70 Bella und Josef stimmten seiner Abreise zu, obwohl Lemkin bei der Aussicht, sie aus dem fernen Amerika nicht mehr beschützen zu können, hin- und hergerissen war. Doch eine Reise nach Amerika bedeutete eine Herausforderung, da die Route über den Atlantik kriegsbedingt versperrt war und in Stockholm Gerüchte kursierten, dass der Weg durch die Sowjetunion bald blockiert sein würde. Lemkin entschied sich zum sofortigen Aufbruch und für die lange Route über Moskau, quer durch die Sowjetunion nach Japan, über den Pazifik nach Seattle und dann mit dem Zug quer durch die Vereinigten Staaten.

Er würde die Reise mit nur wenigen persönlichen Habseligkeiten und vielen Erlassen antreten, die zusammen mit seinen Notizen in etliche große Lederkoffer gepackt waren. Visa wurden beschafft, und die Ebersteins gaben ein Abschiedsessen zu seinen Ehren. Der mit kleinen polnischen Fähnchen – rot und weiß – geschmückte Esstisch blieb ihm dauerhaft in Erinnerung.

Nach einem Zwischenstopp in Lettland, der einen letzten Blick in die ungefähre Richtung von Wołkowysk erlaubte, erreichte er Moskau. Er kam in einem altmodischen Hotel mit einem kalten Foyer und einem riesigen Schlafzimmer unter, lief dann durch die Straßen, bewunderte den Roten Platz, den Kreml und die Zwiebeltürme der Basilius-Kathedrale, die ihn an Bücher der Kindheit, den Dichter Nadson und die sanfte Stimme seiner Mutter beim Vorlesen erinnerten. Er speiste allein, in einer Stadt, in der die Menschen ärmlich gekleidet waren und kaum lächelten.

Am nächsten Morgen war er völlig zerstochen, weil es der Revolution von 1917, die er nicht begrüßt hatte, »nicht gelungen war, die Flöhe abzuschaffen«. Er fuhr vom Jaroslawler Bahnhof ab. Es war die längste Zugreise der Welt, zehn Tage nach Wladiwostok, 5800 Kilometer nach Osten. Er saß in einem Abteil mit einem polnischen Paar und ihren kleinen Kindern. Der Zug fuhr an grauen sowjetischen Städtchen vorbei, durch eine melancholische Schneelandschaft. Die Stunden vergingen zäh, und nur der Speisewagen bot Abwechslung: Lemkin wartete gern ab, bis jemand, der russisch aussah, sich setzte, ehe er sich schnell ihm gegenüber platzierte, um ein Gespräch in der Sprache seiner Kindheit führen zu können. Als geselliger Mensch hatte er schnell herausgefunden, dass die Russen beim Essen »am gesprächigsten« waren.

Fünf Tage später fuhr der Zug nach einer Fahrt durch die halbe Sowjetunion im Nowosibirsker Bahnhof ein, der so geschäftig war wie die Gare du Nord in Paris oder Londons Victoria Station. Nach zwei Tagen zeigten sich nördlich der Mongolei bei strahlender Sonne die tiefblauen Wasser des Baikalsees, ein Ort der Reinheit und Weite, wie Lemkin bewundernd feststellte. Es vergingen zwei weitere Tage, ehe sie in einen kleinen Bahnhof einfuhren, dessen Name in Russisch und Jiddisch angeschrieben stand. Er hatte das 1928 von Josef Stalin geschaffene Jüdische Autonome Gebiet erreicht. Während sich

Lemkin die Beine vertrat, sah er zwei ärmlich gekleidete Männer *Die Stimme von Birobidschan* lesen. »Ein paar Vertriebene, losgelöst von ihren Wurzeln«, dachte er. Siebzig Jahre später war ihre Situation immer noch schwierig, aber zumindest lebten sie.

Achtundvierzig Stunden später fuhr der Zug in Wladiwostok ein, einer Stadt, die wenig Wert auf Schönheit legte. Lemkin verbrachte die Nacht in einem hässlichen Hotel, nahm dann ein Schiff, das ihn tausend Kilometer über den Ozean nach Tsuruga, einem Hafen an Japans Westküste, führte. In der von allgemeiner Erschöpfung und Anspannung geprägten Atmosphäre fiel Lemkin ein Mitreisender auf, ein distinguierter polnischer Bankier, ein Senator aus einer einst reichen Familie. Zerzaust und ungepflegt, mit laufender Nase, sah er wie eine Figur aus Joseph Roths *Radetzkymarsch* aus, ein Mann, der den ständigen »kristallklaren Tropfen« an seiner Nasenspitze nicht bemerkte.

Das Schiff erreichte Tsuruga in den frühen Apriltagen 1941, zwei Monate nach seiner Abreise aus Stockholm, anderthalb Jahre nachdem er Bella und Josef zum letzten Mal umarmt hatte. Lemkin freundete sich mit einem jungen Paar an und reiste mit ihnen nach Kyoto, Japans historischer Hauptstadt. Er bewunderte die Bauwerke und die Kimonos, den alten Kirschbaum auf dem öffentlichen Platz gegenüber dem großen steinernen Buddha. Sie gingen ins Theater, wo sie zwar kein Wort verstanden, aber den »Eindruck von Qual und Schmerz«, der lediglich durch »ausdrucksvolle Mimik und das Zittern des Körpers« erzeugt wurde, würdigten. Vor der Vorstellung gab es eine Teezeremonie, die in Stille abgehalten wurde. Geishas bedienten sie, jede in einem einzigartig gemusterten Kimono, einem Ausdruck von Individualität. Der Schönheit dieser Zeremonie wurde der grüne Tee allerdings nicht gerecht, der zu bitter war für seinen Geschmack. Er besuchte das Wohnviertel der Geishas und war überrascht, dass die meisten anwesenden Männer verheiratet waren.

In Yokohama kaufte er sich einen Kimono, saß auf der Hotelterrasse, schaute hinaus auf die Lichter des Hafens und dachte an Wołkowysk. Am nächsten Tag ging er an Bord der *Heian Maru*, eines modernen Schiffes, um die letzte Etappe nach Amerika zurückzulegen. Lemkin entspannte sich, die Koffer und die deutschen Erlasse waren sicher im Frachtraum verstaut. Er freundete sich mit einem Mitreisenden an, Toyohiko Kagawa, dem Anführer der japanischen Christen, dessen Verhaftung vor einem Jahr viel Aufmerksamkeit erregt hatte. Kagawas Vergehen war gewesen, dass er sich für die Behandlung der Chinesen durch Japan entschuldigt hatte; jetzt war er unterwegs nach Amerika, um für Frieden zu werben. Die beiden Männer machten sich gemeinsam Sorgen über den Zustand der Welt.

71 Nach einem kurzen Aufenthalt in Vancouver, dessen Lichter Lemkin wie eine »Verheißung von Sicherheit« erschienen, fuhr die *Heian Maru* weiter nach Seattle. Am Freitag, dem 18. April, lief das Schiff in den von schneebedeckten Gipfeln gesäumten Hafen ein; Lemkin stand an Deck unter einem Himmel, der so klar und blau war wie am Tag, als Warschau bombardiert wurde. Die Koffer wurden ausgeladen; die Passagiere standen in einer Reihe und warteten darauf, von einem freundlichen Zollbeamten abgefertigt zu werden. Er sah auf Lemkins Koffer, dann auf den Polen. »Wie war's in Europa? Sehr schlimm?« Lemkin nickte. Der Beamte öffnete die Koffer, war überrascht von den vielen Papieren, stellte aber keine Fragen. »Ich komme selbst von dort drüben. Meine Mutter lebt immer noch in Shannon«, sagte er und legte Lemkin die Hand auf die Schulter. »Okay, Junge – du bist drinnen!«

Lemkin blieb einen Tag in Seattle, dann stieg er in einen Nachtzug nach Chicago. Er saß in einem Aussichtswagen mit Glaskuppel und genoss die neue Erfahrung, während draußen die Landschaft vorüberzog. Sie passierten die heutige bayerische Themenstadt Leavenworth, die Rocky Mountains und den Glacier-Nationalpark, durchquerten die Ebenen von Montana und kamen nahe an Fargo in North Dakota vorbei. Verglichen mit den ängstlichen Europäern und den zurückhaltenden Japanern wirkten die Amerikaner entspannt. In

Chicago besuchte Lemkin »The Loop«, das Geschäftsviertel, wo er sich wie »im Bauch eines riesigen industriellen Wals« vorkam. Versuche, Konversation zu machen, scheiterten. »Der zu meiner Rechten grunzte nur sehr laut ›Huh‹, und der Mann auf der anderen Seite beachtete mich überhaupt nicht und steckte die Nase in seine Suppe.« Ein Nachtzug führte ihn durch die verträumten Appalachen, was ihm vorkam, als stiege er vom Himmel herab. Bei einem kurzen Aufenthalt in Lynchburg, Virginia, war Lemkin überrascht, dass es zwei Eingänge zu den Bahnhofstoiletten gab, eine gekennzeichnet mit »Für Weiße«, die andere mit »Für Farbige«.

Er fragte einen schwarzen Gepäckträger, ob eine »farbige« Person eine besondere Toilette benutzen müsse. In Warschau gab es »einen Neger in der ganzen Stadt«, einen Tänzer in einem beliebten Nachtclub, den man nicht zwang, auf eine separate Toilette zu gehen, wie er sich erinnerte. Den Gepäckträger überraschte die Frage.

Der Zug fuhr am 21. April im Bahnhof von Durham ein, es war ein warmer Tag, und ein Geruch nach Tabak und Schweiß lag in der Luft. Lemkin entdeckte McDermott. Es waren fünf Jahre vergangen, doch sie nahmen ihr Gespräch sofort da wieder auf, wo es abgebrochen worden war, sie redeten über Reisen, Artikel, Regierungen, Handel, Minderheiten. McDermott amüsierte sich über den Umfang von Lemkins Gepäck und dessen Inhalt. Als sie auf dem Campus ankamen, brach Lemkin in Tränen aus. Es war das erste Mal, dass er sich einen solchen Gefühlsausbruch gestattete. Es war hier alles so anders als an einer europäischen Universität, frei von Misstrauen und Angst, es roch nach frisch gemähtem Gras, die jungen Männer trugen offene weiße Hemden, die Mädchen leichte Sommerkleider und Bücher in der Hand, jeder hatte ein Lächeln im Gesicht. Eine wiedergewonnene Idylle.

Zeit zum Ausruhen gab es nicht, weil der Universitätspräsident ihn bat, bei einem Dinner über die Welt zu sprechen, die er zurückgelassen hatte. Er erzählte den Zuhörern von einem weit entfernten Ort, wo ein Mann namens Hitler Gebiete eroberte und ganze Bevölkerungsgruppen vernichtete. Er sprach über Geschichte, über die Armenier und die Unterdrückung, und dabei konzentrierte er sich die ganze Zeit auf eine ältere Dame ziemlich weit vorn, eine Frau mit leuchtenden Augen und einem gütigen Lächeln. »Wenn man Frauen, Kinder und alte Leute hundert Meilen von hier ermordete, würden Sie ihnen nicht zu Hilfe eilen?«, fragte er und schaute sie an. Die Frage rief donnernden Applaus hervor, mit dem er nicht gerechnet hatte.

Weil das Semester zu Ende ging, gab es keine Gelegenheit für ihn zu unterrichten. Er wandte sich wieder den Koffern mit den Erlassen zu, ließ die Tür seines Büros offen stehen und empfing einen nicht abreißenden Strom von gesprächigen Besuchern. Fakultätsangehörige, Studenten, Bibliothekare kamen und gingen, neugierig auf den geradlinigen, höflichen Mann aus Polen. Er setzte sich in Lehrveranstaltungen und war überrascht von dem Unterschied zwischen der amerikanischen juristischen Fakultät – ausgerichtet auf Fälle, Debatten und den Widerstreit verschiedener Meinungen – und der europäischen Tradition, die auf die Bedeutung von Gesetzbüchern pochte und Ehrerbietung gegenüber den Professoren verlangte. Amerikanische Studenten wurden ermuntert, Fragen zu stellen, anstatt zu erwarten, dass man ihnen alles vorkaute. Dass es einen Professor interessieren könnte, was ein Student denkt, erschien Lemkin höchst ungewöhnlich, es war so anders als in Lemberg.

Lemkin wusste die Großzügigkeit des Dekans H. Claude Thorack zu schätzen, der sich erbot, ihm bei den deutschen Erlassen zu helfen. Die Bibliotheksmitarbeiter unterstützten ihn, ebenso die Fakultätsangehörigen, mit denen er sich anfreundete und die merkwürdige Verbindungen zu Lemkins polnischer Heimat hatten. Richter Thaddeus Bryson erzählte ihm, dass er nach einem polnischen Militärhelden benannt war – Tadeusz Kościuszko –, der für die amerikanische Unabhängigkeit gekämpft hatte. Das sei erstaunlich, erwiderte Lemkin, in Wołkowysk wohne sein Bruder Elias in einer Straße, die zu Ehren desselben Mannes benannt sei.

72 Die Universität organisierte Vortragstermine in ganz North Carolina, während Lauterpacht ungefähr zur gleichen Zeit ebenfalls auf Vortragstour in den Vereinigten Staaten war. Lemkin kaufte sich einen guten weißen Anzug, zu dem er weiße Schuhe und Socken trug, dazu einen seidenen Schlips mit einem Hauch Farbe. In dieser eleganten Aufmachung – ich entdeckte ein Foto – wurde er zu einem vertrauten Anblick auf dem Campus und auf seinen Reisen durch North Carolina. Er sprach von Europa, voller Sorge und mit erkennbarer Bewegung. Seine Leidenschaft war offensichtlich, wie auch sein starker polnischer Akzent.

McDermott lud Lemkin zu einer Reise nach Washington ein und bot ihm damit die Gelegenheit, Kollegen aus den Tagen des Völker-

Lemkin in Washington, D. C. (undatiert)

bunds wiederzutreffen und sich einen Unterstützerkreis für seine Arbeit über die Erlasse aufzubauen. Ihm gefiel Washington, die zurückhaltende Eleganz der Sixteenth Street und die Extravaganz der Massachusetts Avenue, die Schlichtheit der Denkmäler, die fehlende Großspurigkeit. Er besuchte die polnische Botschaft und die Kongressbibliothek. Dort traf er sich mit John Vance, dem Leiter der juristischen Abteilung, den er von einer Konferenz kannte, die vor vier Jahren in Den Haag stattgefunden hatte. Der schlanke, freundliche Bibliothekar trug einen üppigen Schnurrbart und Koteletten, und der Klang seiner Stimme schien die Sorgen der ganzen Welt aufnehmen zu können. Vance verschaffte Lemkin Zugang zu den Beständen der Kongressbibliothek und seinem persönlichen Adressbuch. Dann wurde Lemkin einem wichtigen Mann vorgestellt, Colonel Archibald King, Leiter der Kriegsplanungsabteilung im Armeebüro des Judge Advocate General, ein ranghoher Militärjurist.

Lemkin trug Colonel King seine Ideen über die Akte der Barbarei und des Vandalismus vor. King hörte geduldig zu, ehe er seine Überzeugung kundtat, dass die deutschen Juristen doch sicher die Kriegsgesetze respektieren würden. Lemkin erklärte ihm die in Deutschland und den besetzten Gebieten getroffenen Maßnahmen und führte Dokumente zum Beweis an. King wollte sie sehen. Deutschland führe Krieg »gegen Völker«, erklärte Lemkin, unter Verletzung der internationalen Gesetze. Ob Deutschland die Vorschriften der Haager Konvention offiziell ablehne? »Nicht offiziell«, erwiderte Lemkin, »aber inoffiziell«. Er erzählte Colonel King von Alfred Rosenberg, Hitlers Chefideologen, von dem King noch nie gehört hatte.

Deutschland wolle »die gesamte Bevölkerungsstruktur von Europa auf tausend Jahre hinaus ändern«, erklärte Lemkin, und »gewisse Nationen und Rassen« völlig auslöschen. King war bestürzt und versprach, sich darum zu kümmern.

73 Zurück in North Carolina setzte Lemkin seine Arbeit über die Erlasse fort, als ihn ein Brief von Bella und Josef erreichte. Der ramponierte Briefumschlag war lange unterwegs gewesen, enthielt einen winzigen Zettel und trug das Datum 25. Mai 1941. Josef dankte Lemkin für seine Briefe, erklärte, dass er sich besser fühle, dass die Kartoffelsaison vorbei sei und er nun mehr Zeit zu Hause verbringen könne. »Im Moment mangelt es uns an nichts.« Er nannte seinem Sohn ein paar Namen und Adressen in Amerika, und Bella bestätigte, dass alles gut sei und sie alles hätten, was sie brauchten. Es war eine Botschaft des Überlebens. Er solle öfter schreiben, bat Bella, »bleibe gesund und glücklich«.

Ein paar Tage danach, als Lemkin gerade Musik im Radio hörte, wurde das Programm unterbrochen. »Die deutsche Armee ist in Ostpolen einmarschiert.« Die Deutschen hatten den Pakt mit Stalin gebrochen und schickten Truppen nach Osten, nach Lwow und Zółkiew, nach Wołkowysk und noch weiter. Lemkin wusste, was folgen würde.

»Haben Sie die Nachrichten über das Unternehmen Barbarossa gehört?«, fragte ihn jemand, als er die Juristische Fakultät betrat. Er hörte an jenem Tag und an den folgenden viele Male das Wort »sorry«, weil mitfühlende Kollegen und Studenten verstanden, was das bedeutete. Überwältigt von schlimmen Vorahnungen setzte er seine Arbeit fort. »Verlieren Sie nicht den Mut, seien Sie stark«, ermutigte ihn McDermott.

Die Wehrmacht preschte nach Osten voran, begleitet von der SS, und erweiterte Gouverneur Franks Reich. Zółkiew wurde binnen einer Woche eingenommen, ein oder zwei Tage später wurden Lwow besetzt und Professor Roman Longchamps de Bérier mit seinen drei Söhnen ermordet. Am gleichen Tag erreichten die Deutschen weiter nördlich Wołkowysk, das direkt hinter der Grenze von Franks Generalgouvernement lag. Lemkins Familie war nun genau jener Art von deutschen Erlassen ausgeliefert, die er so gut kannte.

Der gleiche Tag brachte eine weitere Nachricht: Ignacy Paderewski, der Gründer des modernen Polen, der Mann, der Einspruch gegen den Minderheitenvertrag von 1919 erhoben hatte, war in New York während einer Konzerttournee gestorben (seine sterblichen Überreste wurden auf dem Arlingtoner Nationalfriedhof begraben und ein halbes Jahrhundert später in die St. Johanneskathedrale in Warschau überführt). Kurz vor seiner Erkrankung hielt Paderewski eine öffentliche Ansprache, bei der er seine Zuhörer an den Unterschied zwischen Gut und Böse erinnerte und an die Rolle des Einzelnen und der vielen. »Es ist äußerst wichtig für Individuen wie auch für Gruppen von Individuen, auf diesem Pfad zu bleiben«, um unnötiges Leiden und ziellose Zerstörung zu vermeiden.

Im September, fünf Monate nach seiner Ankunft in Amerika, hielt Lemkin seine erste Lehrveranstaltung an der Juristischen Fakultät der Duke University. Im gleichen Monat reiste er nach Indianapolis, um an der Jahreskonferenz der US-Bundesanwaltskammer teilzunehmen, wo er einen Vortrag über totalitäre Herrschaft hielt und seinen Namen unter eine von John Vance vorbereitete Resolution setzte, die die deutschen Gräueltaten verurteilte. Richter Robert Jackson vom Obersten Bundesgericht der USA hielt nach dem Mittagessen eine Rede unter der Überschrift »Die Herausforderung der internationalen Gesetzlosigkeit«. Die Rede war gespickt mit Ideen von Hersch Lauterpacht, einem Mann, mit dessen Arbeiten Lemkin sich gerade vertraut zu machen begann. Lemkin wusste jedoch sicher nicht, dass ein anderer früherer Student aus Lwów Jackson bei der Formulierung der Rede geholfen hatte.

»Deutschland hat den Krieg unter Bruch seiner Vertragsverpflichtungen begonnen«, sagte Jackson den Anwesenden, womit er Amerika von der Verpflichtung entband, die kriegführenden Parteien gleich zu behandeln. Er beendete seine Ansprache mit der Hoffnung, dass es einst »eine Herrschaft des Rechts« geben möge, »der sich souveräne Staaten fügen werden, geschaffen, den Frieden der Völkergemeinschaft zu schützen«. Die Ansprache muss Widerhall bei Lemkin gefunden haben.

74 Ein Jahr nach seiner Ankunft in Durham hielt Lemkin eine Ansprache auf dem Jahrestreffen der Anwaltskammer von North Carolina. Norman Birkett, ein englischer Richter, trat gemeinsam mit ihm auf. Ich brauchte einige Zeit, um den vollständigen Bericht über das Treffen zu entdecken, aber schließlich fand ich ihn.

Der Dekan der Juristischen Fakultät, Thorack, stellte Lemkin mit einer kurzen Schilderung seiner Flucht aus Polen vor. Lemkin habe vor kurzem erfahren, dass sein Landhaus von den Deutschen beschlagnahmt worden sei, erklärte der Dekan, und dass seine hervorragende Sammlung von Gemälden mit juristischen Sujets, die bis in das Mittelalter zurückreiche, enteignet und nach Berlin geschickt worden sei. Der Dekan las eine Kurzbiographie vor. »Dr. Lemkins Universität« sei bereits 1661 gegründet worden und trage den Namen »Universität von Lwow, und das schreibt sich L-w-o-w«. Jeder, der eine bessere Aussprache vorschlagen könne, sei eingeladen, sich am Ende des Abends bei Thorack und Lemkin zu melden.

Lemkin sprach über »Recht und Juristen in den unterworfenen europäischen Ländern«. Er beschrieb das »düstere Bild« Europas unter den Nazi-Erlassen, sprach von Gesetzen, die die Gerichte schwächten, von eingekerkerten Rechtsanwälten und der Verletzung internationaler Gesetze. Er erwähnte Hans Frank, in dessen Händen, wie er glaube, das Schicksal seiner Eltern und von Millionen Polen liege. Würde Frank die Rechte der Zivilbevölkerung im besetzten Polen schützen? Die Frage beantwortete sich von selbst. Lemkin bezog sich auf ein Referat, das Frank im Dezember 1939 vor der Akademie für Deutsches Recht gehalten hatte. Darin hatte er gesagt, das Recht sei nichts weiter als »das, was nützlich und notwendig für das deutsche Volk ist«. Solche Worte bedeuteten »eine zynische Ablehnung des Völkerrechts«, erklärte Lemkin, und müssten »tiefsten Abscheu« erregen. Franks Konzept unterwerfe das Individuum dem Staat und sei geschaffen, »um die ganze Welt Deutschland zu unterwerfen«.

Lemkin nutzte die Gelegenheit auch, um seine Ideen über die Akte der Barbarei und des Vandalismus zu wiederholen und an seine Rolle bei der Madrider Konferenz vom Oktober 1933 zu erinnern. Der Präsident der Konferenz habe ihm gesagt, er solle nicht über Deutschland sprechen, erklärte er, doch er habe den Rat ignoriert: »Als ich diesen Vorschlag [bezüglich der Notwendigkeit neuer Gesetze] vortrug, verließ die deutsche Delegation, bestehend aus dem Präsidenten des Obersten Gerichtes von Deutschland und dem Präsidenten der Berliner Universität, Professor Kohlrausch, den Tagungsort.«

Diese Aussage überraschte mich. Das offizielle Protokoll der Madrider Konferenz bestätigte die Anwesenheit Kohlrauschs und des Präsidenten des Reichsgerichts (Erwin Bunke, der den Vorsitz bei der Gerichtsverhandlung hatte, über deren Urteil Lauterpacht früher im Jahr 1942 berichtet hatte: das Urteil, dass sich das Verbot von sexuellen Verbindungen zwischen Deutschen und Juden auch auf außerhalb Deutschlands vollzogene Akte erstreckte). Lemkins Kollegen Vespasian Pella und Richter Schlyter waren in Madrid, auch Richter Rappaport, der die polnische Delegation anführte; nur Lemkins Name fehlte.

Er war nicht in Madrid, hatte das Referat nicht gehalten, war nicht Zeuge, als die beiden Deutschen den Raum verließen. Es war eine kleine Ausschmückung, ohne ernsthafte Auswirkungen, aber dennoch eine Ausschmückung.

75 Als sich Lemkins Arbeit über die Erlasse herumsprach, wurde ihm eine Stelle als Berater beim Ausschuss für Ökonomische Kriegsführung in Washington D. C. angeboten. Man schrieb das Frühjahr 1942, und die Rolle des Ausschusses war es, die Kriegsanstrengungen Amerikas nach dem Angriff auf Pearl Harbour und Amerikas Kriegseintritt zu koordinieren. Die Mitarbeit beim Ausschuss, dessen Vorsitz Vizepräsident Henry Wallace innehatte, verschaffte Lemkin einen direkten Zugang zur politischen Elite der Vereinigten Staaten.

Er siedelte also nach Washington über, einer von den Kriegsanstrengungen gezeichneten Stadt, energiegeladen und voller Militärs in Uniformen. Die neue Arbeit stellte eine Herausforderung dar; keiner dort schien etwas darüber zu wissen, was im besetzten Europa vor sich ging oder was genau die Deutschen vorhatten. Die Kollegen legten keinen großen Wert auf die Informationen, die er ihnen mitzuteilen versuchte, da sie von ihren eigenen Aufgaben in Anspruch genommen waren und sich nicht für die Sorgen eines etwas emotionalen Polen interessierten, der eine einsame Figur abgab. Seine Anliegen hielt man für »theoretisch« und »phantastisch«. »Haben die Nazis wirklich damit begonnen, diese Pläne umzusetzen?«, fragte ein Kollege. Jeder kannte die Geschichten über deutsche Gräueltaten während des Ersten Weltkriegs, von denen sich die meisten als falsch herausgestellt hatten. Warum sollte die Situation jetzt anders sein?

Lemkin war zwar entmutigt, doch fand er nun Gelegenheit, unter Leute zu gehen und sich an den Cocktailrunden zu beteiligen. Er scharte ein paar Gleichgesinnte um sich, darunter Katherine Littell, die Frau des stellvertretenden Justizministers Norman Littell (das Archivmaterial hat eine bemerkenswerte Anzahl verheirateter Frauen zutage befördert, mit denen er verkehrte). Die Littells machten Lemkin mit Vizepräsident Wallace bekannt, dem sie nahestanden (Norman Littell hielt in seinem Tagebuch fest, dass der Vizepräsident sich sehr für Raphael Lemkins Sammlung von Nazi-Erlassen zu interessieren schien). Lemkin wurde gebeten, dem Vizepräsidenten bei einer Rede behilflich zu sein, die dieser im Madison Square Garden in New York halten wollte. (Ein erster Entwurf sprach davon, dass Amerika erst dann eine wahre Demokratie sei, wenn es in Betracht ziehe, »einen Farbigen zum Präsidenten der Vereinigten Staaten zu wählen«; dieser Satz wurde gestrichen, nachdem Littell Wallace zu bedenken gegeben hatte, dass die Worte ihm nachhängen würden, sollte er sich jemals um die Präsidentschaft bewerben.)

Gelegentlich traf Lemkin Wallace in seinem geräumigen Büro im Senatsgebäude, wobei er hoffte, ihn für seine Arbeit über die Erlasse zu interessieren. Der Vizepräsident war jedoch mehr an den Maisfeldern Ohios interessiert, stellte er fest. »Wir schulden den Farmern der Welt etwas«, sagte ihm Wallace, darauf sollten sie sich konzentrieren. Lemkin war wenig beeindruckt von Wallace, er konnte die »einsamen Träume« des Vizepräsidenten nicht durchdringen, deshalb beschloss er, ermutigt von den Littells, sich an eine höhere Instanz zu wenden, an Präsident Roosevelt. So interpretierte es jedenfalls Lemkin.

Er bereitete ein Memorandum vor, das jedoch viel zu umfangreich war. Er solle es auf eine Seite kürzen, wurde ihm gesagt, wenn er wolle, dass Roosevelt es lese. Wie aber sollte er die Gräueltaten auf so wenig Raum darstellen? Lemkin korrigierte seinen Ansatz und entschied, Roosevelt eine andere Idee nahezubringen: »Verbieten Sie den Massenmord«, schrieb er, »erklären Sie ihn zu einem Verbrechen, zum ›Verbrechen der Verbrechen‹«. Lemkin schlug vor, man solle einen Vertrag schließen und darin den Schutz von Gruppen zum Kriegsziel erheben, um Hitler so eine deutliche Warnung zukommen zu lassen. Er schickte das Memorandum ab, und es vergingen Wochen, bis er eine ablehnende Antwort erhielt. Der Präsident sei sich der Gefahr bewusst, doch sei dies noch nicht die Zeit zum Handeln. Er solle sich gedulden, wurde Lemkin beschieden, eine Warnung werde kommen, aber noch nicht jetzt.

Lemkin fühlte sich wie ein Trauernder auf seiner eigenen Beerdigung, ohne Nachricht aus Wołkowysk wurde er von Melancholie erfasst. Doch wieder einmal raffte er sich auf und entschied, die Politiker und Staatsmänner zu ignorieren. Er würde ein Buch schreiben und sich direkt an das amerikanische Volk wenden.

76 Weiterhin trafen Dokumente aus Stockholm, von der Kongressbibliothek und von Freunden aus ganz Europa in North Carolina ein. Sie enthielten Details über die Aktionen der Deutschen (die Rationierung von Lebensmitteln und die Kalorienzahl, die den Einzelnen abhängig von ihrer Gruppenzugehörigkeit zugestanden wurde) und Gerüchte über Massenhinrichtungen und Deportationen. Die sich aufhäufenden Erlasse waren Teil eines größeren mörderischen Systems. Lemkin benutzte das Material für ein Seminar an der School of Military Government (Militärregierungsschule) in Charlottesville. Die Studenten waren beeindruckt.

Die Idee des Buchprojektes war es, das Material breiteren Kreisen zugänglich zu machen. »Ich bin aus Missouri, zeigen Sie es mir« – das war die Reaktion, auf die der stets optimistische Lemkin hoffte. Er wollte die Amerikaner überzeugen, durch juristische Wortgewandtheit und Beweise, in einer Sprache, die objektiv und wissenschaftlich war. Er schickte einen entsprechenden Vorschlag an die Carnegie-Stiftung für Internationalen Frieden in Washington, der auf dem Schreibtisch von George Finch landete, der grünes Licht gab. Er solle das Manuskript fertigstellen, beschied er Lemkin, und Carnegie würde das Material dann in eine zur Veröffentlichung geeignete Form bringen. Sie einigten sich auf einen Umfang von zweihundert Seiten, ein Honorar (500 Dollar) und bescheidene Spesen. Das Timing war perfekt, da Kriegsverbrechen nach der Erklärung von St. James auf der internationalen Agenda standen. Im Oktober 1942 sprach Präsident Roosevelt von »barbarischen Verbrechen«, die in den besetzten Ländern verübt worden seien, und forderte, dass die Täter sich »vor Gericht« verantworten müssten. Er erklärte, dass man »Kriegsverbrecher« zwingen werde, sich zu ergeben, die individuelle Verantwortung mittels »aller verfügbaren Beweise« feststellen und eine Kommission der Vereinten Nationen für die Untersuchung von Kriegsverbrechen schaffen werde.

Lemkin verfügte über wertvolles Material, mit dem er diese Bemühungen unterstützen konnte. Er erklärte sich einverstanden, die Erlasse der Kommission zur Verfügung zu stellen, bestand aber auf einer Bedingung: Die Provenienz jedes Dokuments müsse anerkannt werden. Die erste Seite jedes Dokuments enthielt eine kurze Notiz, die besagte, dass die Sammlung von Raphael Lemkin während seiner Tätigkeit an den Fakultäten der Stockholmer Universität und der

Duke University sowie als Berater des Ausschusses für Ökonomische Kriegsführung zusammengestellt worden war.

Auch wenn Lemkins Stimmung sich aufhellte, blieb er dennoch um das Schicksal seiner Familie besorgt. Außerdem plagten ihn gesundheitliche Probleme: Er war zweiundvierzig Jahre alt, litt an Bluthochdruck und ignorierte den medizinischen Rat, sich zu schonen und auszuruhen, während immer mehr Informationen über Massenmorde in Europa in Washington eintrafen. Im Dezember veröffentlichte der Außenminister der polnischen Exilregierung eine Schrift mit dem Titel *Die Massenvernichtung der Juden im von Deutschland besetzten Polen*. Sie basierte auf Material von Jan Karski (noch ein Absolvent der Juristischen Fakultät von Lwów), der mit dem polnischen Widerstand in Warschau zusammenarbeitete.

Ein ganzes Jahr arbeitete Lemkin an seinem Manuskript, wobei er sich aber einige Pausen gönnte. Im April 1943 wohnte er mit den Littells der Einweihung des Jefferson-Denkmals in Washington bei, wo sie sich mit den Schauspielern Edward G. Robinson und Paul Muni unterhielten. Präsident Roosevelt erschien unter dem Jubel der Menge und stand in einem schwarzen Umhang nur ein paar Schritte von Lemkin entfernt, Eleanor Roosevelt dicht neben ihrem Mann. »Raphaels Eindrücke waren die allerbesten«, notierte Littell in seinem Tagebuch, »da er den Präsidenten vorher noch nicht gesehen hatte.« Lemkin war beeindruckt von der »geistigen Ausstrahlung« der Roosevelts. »Wie glücklich ihr seid, zwei Menschen mit solch unzweifelhafter Befähigung zur geistigen Führerschaft in eurer Nation zu besitzen«, sagte er den Littells.

Lemkin schloss das Manuskript im November ab. Obwohl er Material weggelassen hatte, belief es sich auf über siebenhundert Seiten, sehr viel mehr, als mit der Carnegie-Stiftung vereinbart worden war, sehr zum Ärger von Finch. Sie einigten sich auf einen Titel – *Axis Rule in Occupied Europe* –, der wenig geeignet war, aus dem Buch einen Bestseller in Missouri oder sonstwo zu machen. Lemkin erklärte in seinem Vorwort, dass er anständige Männer und Frauen in der ganzen angelsächsischen Welt über die gnadenlose Grausamkeit der Deutschen gegenüber gewissen Gruppen informieren wolle, basierend auf »objektiven Informationen und Beweisen«. Er konzentrierte sich hauptsächlich auf die Behandlung von »Juden, Polen, Slowenen und Russen«, aber mindestens eine Gruppe – Homosexuelle – erwähnte Lemkin nicht. Er schrieb von den Vergehen der »Deutschen« statt von denen der Nazis, erwähnte nur einmal die »Nationalsozialisten« und behauptete, dass »das deutsche Volk« die geplanten Maßnahmen »gebilligt« habe, sich freiwillig daran beteilige und in großem Stil davon profitiere. Der Wunsch, Gruppen zu schützen, hinderte ihn nicht daran, die Deutschen als Gruppe anzugreifen. Lemkin bedankte sich für die Hilfe eines kleinen Freundeskreises, verfasste keine Widmung und schloss die Arbeit am 15. November 1943 ab.

Axis Rule war keine leichte Lektüre. Das Buch war so angelegt, dass es »jede Lebensphase« unter der Besatzung erfasste, und bestand aus drei Teilen. Die ersten acht Kapitel behandelten die »deutschen Okkupationstechniken« und befassten sich mit Verwaltungsangelegenheiten, der Rolle von Recht und Gerichten und verschiedenen Angelegenheiten wie Finanzen, Arbeit und Eigentum. Ein kurzes Kapitel behandelte »den rechtlichen Status der Juden«.

Es folgte Kapitel 9. Lemkin hatte die Begriffe »Barbarei« und »Vandalismus« entsorgt und ein neues Wort erfunden, eine Verschmelzung des griechischen Wortes *genos* (Stamm oder Rasse) mit dem Wort *cide*, abgeleitet von Lateinisch *caedere* (töten, morden).

Diesem Kapitel gab er die Überschrift »Genocide« (Genozid).

Im Archiv der Columbia University entdeckte ich einen Teil seines Nachlasses. Darunter war ein einzelnes liniertes gelbes Blatt mit Lemkins Bleistiftgekritzel. Darauf hatte er mehr als fünfundzwanzig Mal »Genocide« geschrieben, ehe er die Wörter durchstrich und ein paar andere Wörter einfügte: »Vernichtung«, »kulturell«, »physisch«. Er spielte mit anderen Möglichkeiten wie »met-enocide«.

Auf der Mitte der Seite, verborgen hinter dem Gewirr, war ein

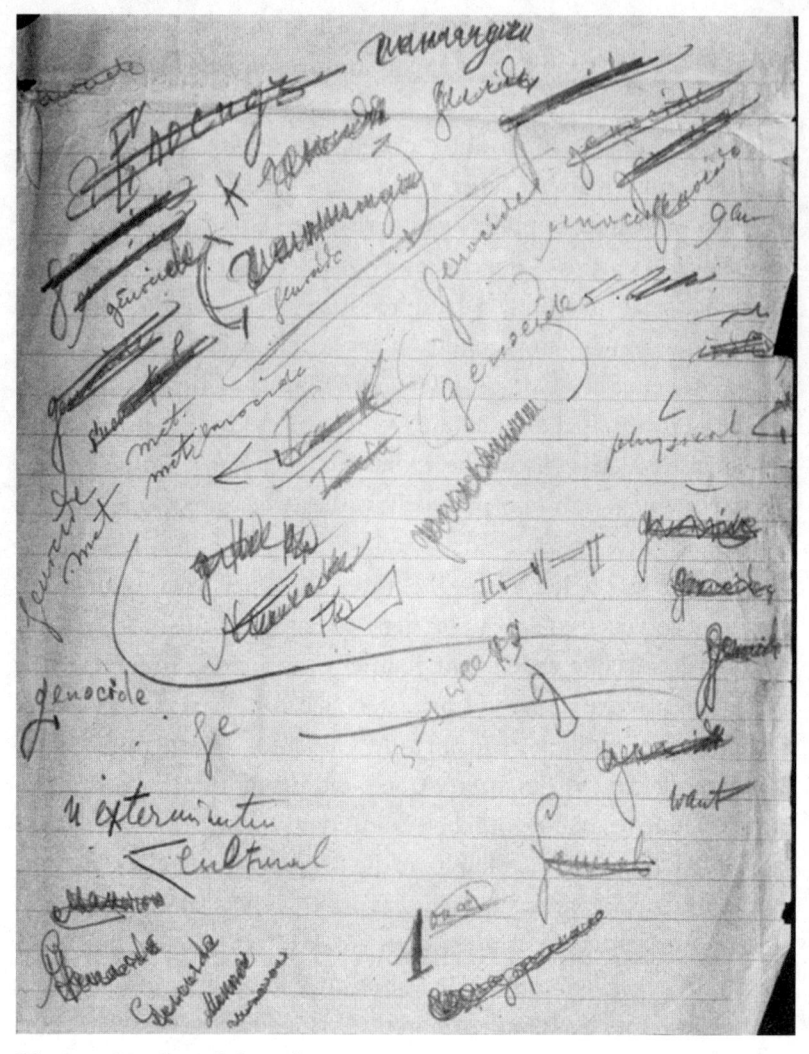

Blatt mit Lemkins Gekritzel, ca. 1945

anderes durchgestrichenes Wort mit einer von ihm pfeilähnlich wegstrebenden Linie. Das Wort scheint »Frank« zu sein.

Das Wort Genozid betreffe Handlungen, »die gegen Individuen gerichtet sind, nicht in ihrer Eigenschaft als Individuen, sondern als

Mitglieder von nationalen Gruppen«, schrieb Lemkin in Kapitel 9. »Neue Konzepte verlangen neue Begriffe.« Wie Lemkin zu dieser Wahl gekommen war, ist unklar. Ein Jahr zuvor hatte er der polnischen Exilregierung in London einen Vorschlag unterbreitet, bei dem er das polnische Wort *ludobójstwo* verwendete, eine wörtliche Übersetzung des deutschen »Völkermord«, eine vom Dichter August Graf von Platen (1831) und danach von Friedrich Nietzsche in *Die Geburt der Tragödie* (1872) benutzte Formulierung. Er ließ das Wort zugunsten von »Genozid« fallen, ohne diese Entscheidung weiter zu erklären. Der neue Begriff bot sich an als eine Reaktion auf den »gigantischen Plan« Deutschlands, die ethnische Zusammensetzung in den besetzten Gebieten dauerhaft zu verändern. Die »Auslöschung von Nationen und ethnischen Gruppen« erforderte die Ermordung ihrer Intelligenz, die Zerstörung ihrer Kultur, den Raub ihres Reichtums. Ganze Gebiete sollten durch Aushungern oder andere Formen des Massenmordes entvölkert werden. Lemkin beschrieb die einzelnen Schritte dieses Vernichtungswerks mit Beispielen, wie ein Ankläger, der seinen Fall darlegt.

Der zweite Teil des Buches listete die in den siebzehn besetzten Ländern ergriffenen Maßnahmen auf, von *A* (Albanien) bis *Y* (Yugoslavia). Für jedes Gebiet waren die einzelnen Unterdrückungsschritte aufgeführt, die sich gegen Gruppen richteten, darunter Juden, Polen und Zigeuner. Behinderte wurden nur beiläufig erwähnt. Seine frühere Analyse hatte Lemkin verfeinert. Wenn das Land erst einmal besetzt war, wurde der ins Visier genommenen Gruppe ein gekennzeichneter Status verliehen, und dann musste jeder Angehörige der Gruppe sich selbst kennzeichnen, im Fall der Juden durch ein Armband mit einem »mindestens zehn Zentimeter großen« Davidstern. Es folgten Betätigungsverbote, Eigentum wurde beschlagnahmt, die Bewegungsfreiheit und die Benutzung öffentlicher Verkehrsmittel wurden eingeschränkt. Danach wurden die Gruppen in eigens eingerichtete Ghettos umgesiedelt, unter Androhung der Todesstrafe für jeden, der versuchen sollte, sie zu verlassen. Dann folgten Massentransporte aus den besetzten Territorien in ein zentrales Gebiet – das Generalgouvernement des Hans Frank. Es war für die Liquidierung bestimmt, die anfangs durch die Reduzierung der Nahrungsrationen auf Hungerniveau erreicht wurde, dann durch Erschießungen im Ghetto, dann mit anderen Mitteln. Lemkin wusste von den Transporten, von den »Sonderzügen«, die »unbekannte« Ziele anfuhren. Er schätzte, dass schon fast zwei Millionen Menschen ermordet worden waren.

Die Analyse war detailliert und innovativ, gestützt auf Beweise, die im Schlussteil des Buches geliefert wurden – vierhundert Seiten mit ins Englische übersetzten Erlassen. Hier waren die kleinsten Details belegt, die Instrumente des Todes, für jedermann zugänglich, unwiderlegbar. Viele der Dokumente stammten aus Polen und waren von Frank unterzeichnet, einschließlich seiner ersten Proklamation. »Mit der Einrichtung des Generalgouvernements sind die polnischen Gebiete sicher in die deutsche Interessensphäre eingegliedert worden«, erklärte Frank darin. Lemkin schien Frank ins Visier genommen zu haben, einen Juristen, dessen Ansichten die Antithese zu allem darstellten, woran er glaubte.

Obwohl er physisch und emotional erschöpft war, bewahrte sich Lemkin einen Blick fürs Praktische. Die existierenden Gesetze waren unzureichend; es wurden neue gebraucht. An die Seite des neuen Begriffs trat eine neue Idee: ein globaler Vertrag, um Gruppen vor ihrer Vernichtung zu schützen und um die Täter vor jeden beliebigen Gerichtshof bringen zu können. Staaten würden ihre Bürger nicht mehr ungestraft nach Gutdünken behandeln dürfen.

77 Lemkin verbrachte die ersten paar Monate des Jahres 1944 in Washington, schrieb Artikel, beriet Regierungsstellen und war bestrebt, sich mit Kursen an der Juristischen Fakultät von Georgetown weiterzubilden (er war besser im Strafrecht als im Verfassungsrecht, für das er die schlechte Note »D« bekam). Während er in jenem Sommer auf das Erscheinen des Buches wartete, hob sich seine

Stimmung durch eine entscheidende Wende im Krieg. Ende Juli hatte die Rote Armee auf ihrem raschen Vormarsch nach Westen Lemberg, Zółkiew und Wołkowysk eingenommen. Unterwegs entdeckte sie entsetzliche Gräueltaten. Im August beschrieb der russische Journalist Wassili Grossman in der Zeitschrift der Roten Armee in einem Artikel mit der Überschrift »Die Hölle von Treblinka«, worauf sie gestoßen waren. Wie so etwas habe geschehen können, fragte Grossman. »War es etwas Organisches? War es eine Sache der Vererbung, der Erziehung, der Sozialisierung oder der externen Bedingungen? War es eine Sache des historischen Schicksals oder der Kriminalität der deutschen Führer?«

Solche Fragen und Berichte entfalteten allmählich Wirkung in Amerika, das von den Warnungen Jan Karskis und in geringerem Maß Lemkins sensibilisiert worden war. Präsident Roosevelt gab einen Bericht bei Henry Morgenthau junior in Auftrag, dem Sohn des Mannes, der im November 1918 über das Lemberger Judenpogrom berichtet hatte. Anders als sein Vater forderte der jüngere Morgenthau im Verein mit anderen sofortige Maßnahmen, um »die völlige Vernichtung der Juden im von Deutschland kontrollierten Europa« zu verhindern. Bei weiterer Untätigkeit gerate die amerikanische Regierung in Gefahr, für die Geschehnisse mitverantwortlich gemacht zu werden. In der *New York Times* erschienen die ersten Artikel über Todeslager in Polen, darunter einer, der sich mit Morden im Janowska-Lager in Lwów befasste. Das Komitee für Kriegsflüchtlinge, das Roosevelt ein paar Monate zuvor eingerichtet hatte, veröffentlichte einen ausführlicheren Bericht unter der Überschrift *Die deutschen Vernichtungslager von Auschwitz und Birkenau*.

Das war der Kontext, in dem Lemkins Buch schließlich im November 1944 veröffentlicht wurde. Eine erste Rezension erschien am 3. Dezember in der *Washington Post*, und einen Monat später widmete die *New York Times* die Titelseite ihrer Literaturbeilage einer insgesamt positiven Besprechung, die jedoch einen Stachel enthielt. »Ein äußerst wertvoller Leitfaden«, schrieb Pulitzerpreisträger Otto Tolischus, der frühere Berlin-Korrespondent der Zeitung, und bedauerte gleichzeitig, dass dem Buch wegen seines »trockenen Juristenjargons« eine größere Leserschaft versagt bleiben würde. Schwerwiegendere Einwände hatte er gegen Lemkins Tirade gegen die Deutschen und die Behauptung, dass die entsetzlichen Taten einen »Militarismus« widerspiegelten, für den »die angeborene Bösartigkeit des deutschen Rassencharakters« verantwortlich sei. Er stellte Lemkins Behauptung in Frage, dass die »große Mehrheit des deutschen Volkes Hitler durch freie Wahlen an die Macht gebracht« habe, und wies auf die Ironie hin, dass Lemkin einige Gruppen zu schützen suchte, indem er eine andere beschuldigte.

Im Allgemeinen waren die Rezensionen positiv, aber nicht alle würdigten die Konzentration auf Gruppen. In einem Archiv stieß ich auf einen zornigen Brief von Leopold Kohr, einem geflüchteten österreichischen Akademiker (eine bemerkenswerte Person, von dem die Idee »small is beautiful« stammt, die durch einen seiner Schüler, E. F. Schumacher, größere Bedeutung erlangte). Dem Brief war eine Rezension beigefügt, die Kohr absichtlich nicht veröffentlicht hatte. *Axis Rule* sei »außerordentlich wertvoll«, schrieb Kohr darin, aber »gefährlich«. Lemkin habe die Fakten selektiv benutzt, und seine Angriffe hätten den Nazis, nicht den Deutschen gelten sollen (»Dr. Lemkin erwähnt den *Nationalsozialismus* nicht einmal«, beklagte sich Kohr, was nicht ganz korrekt war, weil im Genozidkapitel dieser Begriff vorkommt, aber nur einmal).

Kohr bemängelte, dass das Buch nach politischem Journalismus klinge statt nach Forschung, weil Lemkin sich auf Fakten konzentriere, die seine vorgefasste Meinung unterstützten, und nur einen Teilaspekt berücksichtige. Das sei eine »preußische Methode der Geschichtsschreibung«. Doch die heftigste Kritik war für Kapitel 9 reserviert, das das »interessanteste« hätte sein können, aber große Schwachstellen habe. Indem er Gruppen zu »Hauptbegünstigten« des Schutzes und des Völkerrechts mache, sei Lemkin in eine Falle getappt und habe ein »biologisches Denken« von der Art übernommen, die zu Antisemitismus und Antigermanismus führe. Kohr sagte Lemkin, es sei ein Fehler gewesen, sich auf Gruppen statt auf Individuen zu konzentrieren. Er hätte einen Ansatz wählen sollen, der »das Individuum, nicht die Gruppe, zum Gegenstand des Hauptinteresses« macht. Der Weg, den er eingeschlagen habe, »auch wenn er nicht immer bei Hitler endet, führt zu ihm hin«.

Die harsche Kritik wurde privat erteilt. Er habe kein Vergnügen daran, »Freunde anzugreifen«, schrieb Kohr, der nicht wusste, dass seine Befürchtungen in England auf Widerhall gestoßen wären, wo Lauterpacht in Cambridge gerade ein Buch abschloss, das sich auf die Rechte von Individuen konzentrierte.

78 Sechs Monate nach der Veröffentlichung von *Axis Rule* war der Krieg in Europa zu Ende, Roosevelt war tot und Wołkowysk wieder unter sowjetischer Kontrolle. Lemkin, der ohne Nachricht von seiner Familie war, beschäftigte sich intensiv mit den praktischen Aspekten des von Präsident Truman gewünschten Kriegsverbrecherprozesses mit Robert Jackson als Hauptankläger.

Lemkin nahm ungefähr zu der Zeit, als Hans Frank am 4. Mai von der US-Armee in Bayern gefangen genommen wurde, mit Jackson Verbindung auf. Er informierte Jackson, dass sein Buch in der Bibliothek des Obersten Gerichtshofs erhältlich sei, und legte ein Exemplar seines Artikels »Genozid: Ein modernes Verbrechen« bei (mit einer Verfasserangabe, die Lemkin als einen Polen mit einem internationalen »Standpunkt« beschrieb). Der Artikel zeichnete Lemkins hartnäckige Bemühungen nach – von der Madrider Streitschrift bis zu seinem Buch –, die allesamt zum Ziel hatten, jeden Nazi, »der seinen Fuß auf ausländischen Boden setzt«, zu fassen.

Jackson las den Artikel und versah ihn mit Anmerkungen. Er strich sich ein Zitat an, das Lemkin Feldmarschall Gerd von Rundstedt zuschrieb, der tiefverstrickt in das Unternehmen Barbarossa war. Auf dem Vormarsch nach Osten habe Rundstedt, wie berichtet wurde, geäußert, dass einer der größten Fehler Deutschlands 1918 gewesen sei, »das Leben von Zivilisten in den Feindesländern zu schonen«, und dass ein Drittel der Einwohner durch »organisierte Unterernährung« hätte getötet werden sollen. Diese Worte allein rechtfertigten eine strafrechtliche Verfolgung des Feldmarschalls, wie Lemkin nahelegte.

Am 6. Mai brachte die *Washington Post* einen Leitartikel zum Thema Vergeltung und zitierte darin Lemkins Buch. Inzwischen war *Axis Rule* aus der Bibliothek des Obersten Gerichtshofs ausgeliehen und in Jacksons Büro gebracht worden, wo es über ein Jahr lang bleiben würde, bis es im Oktober 1946 zurückgegeben wurde. Jackson dankte Lemkin für seinen Brief. Er war gerade dabei, ein juristisches Team für die Prozesse zusammenzustellen, darunter Juristen aus dem Kriegsministerium, wo Lemkin als Berater gearbeitet hatte. Jacksons wichtigster juristischer Mitarbeiter war Sidney Alderman, der geniale und brillante Chefjustitiar der Southern Railway, der sich ein Wochenende in Lemkins Buch vertiefte.

Am 14. Mai hatte Jacksons Team ein Planungsmemo fertiggestellt. Es fasste die Beweise zusammen, die man benötigte, um Individuen für die »Dezimierung rassischer Minderheiten« strafrechtlich zu belangen, erwähnte aber den Begriff »Genozid« nicht. Zwei Tage später traf sich Jackson, mit dem Memo in der Hand, mit seinem juristischen Team im Obersten Gericht und fügte persönlich das Wort »Genozid« zu der Liste von möglichen Straftatbeständen hinzu. Der ausführliche Bericht, den er an die Delegationen bei der Londoner Konferenz schickte, enthielt diese Liste, die »Genozid« einschloss, was von Jackson als die »Vernichtung rassischer Minderheiten und unterjochter Bevölkerungen« beschrieben wurde.

Lemkin bemühte sich sehr, engagiert zu werden. Am Freitag, dem 18. Mai, wurde er Alderman vorgestellt, einem Alumnus der Duke University. Alderman sagte Lemkin (den er irrtümlicherweise für einen Deutschen hielt), dass *Axis Rule* »umfassend« und »sehr interessant« sei und Jacksons Team als »Basistext« dienen könne. Als sie darüber diskutierten, wie man den Begriff »Genozid« im Prozess benutzen könnte, fiel Alderman auf, dass Lemkin »sehr stolz« auf das Wort und seine Rolle als dessen Erfinder war. Am Ende des Monats nahm Lemkin an einem Treffen im Justizministerium teil. Es ging dabei um eine strittige Angelegenheit, nämlich um die Rolle des Office of Strategic Services (OSS) – der Vorläufer der Central Intelligence Agency (CIA) – bei der Beschaffung von Beweisen, die gegen die Angeklagten verwendet werden konnten. Jacksons sechsunddreißig Jahre alter Sohn Bill, ein Mitglied des Teams, traf bei dieser Gelegenheit zum ersten Mal auf Lemkin. (Bill Jackson war einer der wenigen, die sowohl mit Lemkin als auch mit Lauterpacht zusammenarbeiteten; Letzterer war bei einem Treffen ein paar Wochen später in der Cranmer Road anwesend, als die »Verbrechen gegen die Menschlichkeit« ihren Weg in das Nürnberger Statut fanden.) Bill war nicht besonders beeindruckt von Lemkin, einem leidenschaftlichen Menschen und »vielseitigen Gelehrten«, aber unpraktisch und ohne jegliches Gespür für die Art des Verfahrens, das das Team vorbereitete. Dennoch müssen der jüngere Jackson und Alderman Lemkin für so sachverständig gehalten haben, dass sie ihn zur Mitarbeit im Team einluden, wenn auch nur, um das OSS im Auge zu behalten.

Am 28. Mai begann Lemkin seine Arbeit im War Crimes Office als offizielles Mitglied von Jacksons Team. Die Enttäuschung folgte jedoch auf dem Fuß, da er seine Vorstellungen zurückgewiesen sah. Obwohl man sein Wissen über die deutschen Gräueltaten respektierte, führten sein Umgangsstil und sein Temperament zu Problemen. Einige in Jacksons Gruppe meinten, er sei kein Teamplayer, andere, ihm fehle der Instinkt eines Anklägers und er habe keinen Sinn dafür, wie man ein Verfahren durchführe. Alderman kam zum Schluss, dass Lemkin der Aufgabe nicht gewachsen sei, und besprach mit Telford Taylor, einem anderen Juristen im Team, wie man Lemkin loswerden könne.

Sie einigten sich darauf, Lemkin aus dem inneren Zirkel zu entfernen und ihn für Aufgaben im Hintergrund einzusetzen, als eine »Enzyklopädie«, die bei der Vorbereitung des Prozesses zur Verfügung stehen sollte. Obwohl er als »Topmann unter den Flüchtlingen« galt und man sich auf seine Materialsammlung verließ, wurde Lemkin an den Rand gedrängt. Als Jacksons Team im Juli nach London aufbrach, war Lemkin nicht dabei. Er blieb enttäuscht in Washington zurück und entwickelte gemeinsam mit der »Hintergrund-Arbeitsgruppe« Ideen zu den Verbrechen, für die deutsche Kriegsverbrecher angeklagt werden sollten.

79 Im Internet fand ich einen Hinweis auf eine signierte Erstausgabe von *Axis Rule*. Sie sei schon verkauft, teilte mir der Buchhändler mit, aber als ich ihm sagte, dass ich mich für Lemkins Widmung interessiere, stellte er den Kontakt zum Käufer her. Ein paar Tage später erreichte mich eine freundliche Mitteilung von einem Juristen im Justizministerium in Washington D. C.: Eli Rosenbaum, der legendäre Jäger flüchtiger Nazis, schickte mir ein Foto der Widmung: »Für Dr. Robert M. Kempner, mit besten Empfehlungen, R. Lemkin, Washington D. C., 5. Juni 1945.«

Der Name war mir vertraut: Kempner, ein Kollege von Lemkin im War Crimes Office, hatte einen Teil des Sommers 1921 als junger Jurastudent auf der Zuschauergalerie eines Berliner Gerichtssaales verbracht, wo er den Prozess von Tehlirian beobachtete. 1933 war er wegen seiner Beteiligung an Gerichtsprozessen gegen Hitler aus dem Reich ausgewiesen worden, und sein Kontakt zu Lemkin in Washington stellte eine direkte Verbindung zu dem Prozess her, der Lemkin inspiriert hatte. Das Datum des 5. Juni war auch ein besonderes: Es war der Tag, an dem die Alliierten in Berlin zusammentrafen, um Deutschland in Besatzungszonen aufzuteilen und sich auf die Bestrafung der »hauptsächlichen Nazi-Führer« zu verständigen. Sie setzten damit ein Abkommen um, auf das sie sich drei Monate zuvor in Jalta geeinigt hatten, die Verpflichtung, »alle Kriegsverbrecher einer gerechten und schnellen Bestrafung zuzuführen«.

Jacksons Team kam im Juli in London zusammen, um mit britischen, französischen und sowjetischen Kollegen eine Liste von Verbrechen zu erarbeiten, die in das Statut des Nürnberger Militärtribunals aufgenommen werden sollten. Eine Übereinkunft wurde erzielt und am 8. August unterschrieben. Die Liste der Straftatbestände in Artikel 6 schloss Verbrechen gegen die Menschlichkeit ein – auf Lauterpachts Vorschlag –, aber nicht den Genozid. Lemkin war bitter enttäuscht und hatte die Briten im Verdacht, dabei eine unaufrichtige Rolle gespielt zu haben. »Sie wissen ja, wie sie sind«, das hatte Lemkin nach der Erinnerung von Bob Silvers während eines Seminars in Yale zehn Jahre später über die Briten geäußert.

Der Genozid war zwar nicht in das Nürnberger Statut aufgenommen worden, doch Lemkin wusste, dass die in Artikel 6 aufgezählten Verbrechen noch zu speziellen Anklagepunkten für jeden einzelnen Beschuldigten ausgearbeitet werden mussten. Das bot eine weitere Möglichkeit, den Vorwurf des Genozids einzuführen. Ich habe nicht herausfinden können, wie genau es ihm gelang, eine Einladung nach London zu erhalten, um in Jacksons Team bei der Vorbereitung der Anklage mitzuarbeiten, aber es scheint auf Betreiben von Colonel Murray Bernays, dem Leiter von Jacksons Büro, geschehen zu sein. Er meinte, Lemkins enzyklopädisches Wissen könnte sich als nützlich erweisen. Bernays war einer der wenigen, die sich für Lemkin einsetzten, weil er glaubte, dieser könnte ihnen bei den im besetzten Polen geschehenen Verbrechen helfen.

Bernays traf auf Widerstand. Commander James Donovan, Generalanwalt beim OSS, legte Widerspruch ein und schickte ein geheimes Memorandum an Jacksons inneren Zirkel, in dem er beklagte, dass Lemkins Arbeit »inadäquat« sei und dass bessere polnische Wissenschaftler zur Verfügung stünden. Donovan hielt Lemkin für zu leidenschaftlich und getrieben von einer »emotionalen Herangehensweise«, die für solche komplexen juristischen Angelegenheiten nicht angemessen sei. Er glaubte auch, dass Lemkin »Persönlichkeitsprobleme« habe, eine Meinung, die durchaus Unterstützung fand, doch letztlich nicht die Oberhand gewann. Colonel Bernays bot an, die

Verantwortung für den Polen zu übernehmen, kehrte aber, kurz nachdem Lemkin in London angekommen war, nach Washington zurück. Niemand sonst bot sich an, Lemkin unter seine Fittiche zu nehmen, doch es gelang ihm irgendwie, bleiben zu dürfen – ein Risikofaktor, weitgehend unbeaufsichtigt, ohne Büro und ohne Telefonnummer.

80 In London sprach Lemkin mit allen, die bereit waren zuzuhören, was ihm schließlich zum Verhängnis wurde. Es häuften sich Klagen, dass er unkontrollierbar sei und unbefugte Possen treibe. Gerüchte gingen um, er habe informelle Sitzungen mit Mitgliedern des UN-Ausschusses für die Untersuchung von Kriegsverbrechen abgehalten und sich unautorisiert mit prominenten Persönlichkeiten getroffen, die mit der Zionistischen Weltorganisation in Verbindung standen. Commander Donovans Büro in Washington erreichten Beschwerden, dass Lemkin seine eigene Agenda verfolge und sich die Arbeit anderer als Verdienst anrechne. Das Fass zum Überlaufen brachte die Nachricht, Lemkin habe privat die Presse informiert und dann Jacksons Mitarbeiter mit der Beschwerde in Verlegenheit gebracht, dass die Mitglieder des UN-Ausschusses für die Untersuchung von Kriegsverbrechen (War Crimes Commission) nicht mit Exemplaren von *Axis Rule* versorgt worden waren.

Je eher Lemkin aus London fort sei, desto besser, sagte Donovan zu Telford Taylor. Lemkin wehrte sich lange genug, um etwas bewirken zu können. Er sei ein hartnäckiger Bursche, bemerkte Bill Jackson später. Lemkin blieb irgendwie dran, den ganzen September hindurch und bis in den Oktober, während man weiter an den Anklagen arbeitete. Er schaffte es irgendwie, Sidney Alderman als Verbündeten in Sachen Genozid zu gewinnen, trotz beträchtlichen Widerstands von anderen in Jacksons Team, die unter dem Druck von Politikern aus Bundesstaaten standen, in denen unterschiedliche Toiletten für Weiße und Schwarze vorgeschrieben waren. Auch die Briten waren strikt gegen die Einbeziehung der Genozid-Anklage, angeführt von

Geoffrey Dorling »Khaki« Roberts, einem großgewachsenen Barrister und Kronanwalt mit buschigen Augenbrauen, der Hartley Shawcross nahestand. Die Amerikaner mochten Roberts und bewunderten den Umstand, dass er Rugby für die Universität Oxford und für England gespielt hatte, hielten aber nicht viel von ihm als Juristen.

Khaki Roberts' Widerstand mag Lemkin in die Karten gespielt haben. Alderman nahm sich der Sache an und sorgte dafür, dass es der »Genozid« in einen frühen Entwurf der Anklage schaffte. Die Briten waren weiterhin strikt gegen dieses Wort, das sie für »zu künstlich« und »befremdlich« hielten, um es in ein ernsthaftes juristisches Dokument aufzunehmen. Die Oxford-Absolventen würden »nicht verstehen, was das Wort bedeutet«, erzählte Alderman einem Kollegen. Lemkin war hocherfreut, dass es den Briten nicht gelang, das anstoßerregende Wort loszuwerden.

Am 6. Oktober verständigten sich die Vier Mächte auf eine Anklageschrift mit vier Punkten, von denen der letzte Verbrechen gegen die Menschlichkeit war. Genozid war nicht unter dieser Rubrik aufgeführt, wie Lemkin gehofft hatte, sondern unter Anklagepunkt 3, Kriegsverbrechen. Dieser beinhaltete die Misshandlungen und Ermordung von Angehörigen der Zivilbevölkerung in den besetzten Gebieten sowie die Anschuldigung, dass die Angeklagten »vorsätzlichen und systematischen Genozid« begangen hätten.

Lemkins unbeholfene Beharrlichkeit hatte sich ausgezahlt. Zum ersten Mal hatte das Wort Eingang in ein offizielles internationales Dokument gefunden, zusammen mit einer Definition, die mehr oder weniger direkt aus Lemkins Buch übernommen worden war:

> »Sie verübten vorsätzlichen und systematischen Massenmord, d. h. sie rotteten Gruppen einer bestimmten Rasse oder Nationalität unter der Zivilbevölkerung gewisser besetzter Gebiete aus, um bestimmte Rassen, Volksklassen und nationale, rassische oder religiöse Gruppen, insbesondere Juden, Polen, Zigeuner usw. zu vernichten.«

Die Vernichtung von Gruppen würde im Nürnberger Prozess verhandelt werden, was für Lemkin einen Moment des persönlichen Triumphes bedeutete. Das jahrelange Herumschleppen von Dokumenten um die halbe Welt hatte sich ausgezahlt, aber das hatte seinen Preis. Drei Tage vor der Einigung auf die Anklageschrift stellte der amerikanische Armeearzt Captain Stanley Vogel bei Lemkin eine Nasopharyngitis fest, eine gewöhnliche Erkältung. Das lieferte den perfekten Vorwand, um ihn nach Washington zurückzuschicken, während Lauterpacht sich gerade in die entgegengesetzte Richtung aufmachte, von Cambridge nach Nürnberg. Als die Anklageschrift dem Tribunal am 18. Oktober vorgelegt wurde, war Lemkin zurück in den Vereinigten Staaten, erschöpft, aber zufrieden. »Ich bin nach London gegangen, und es ist mir gelungen, die Anklage des Genozids gegen die Nazi-Kriegsverbrecher in Nürnberg einzubringen«, schrieb er später. »Ich brachte Genozid in die Anklageschrift der Nürnberger Prozesse.«

Verbrechen gegen die Menschlichkeit und Genozid waren beide Gegenstand des Prozesses.

Teil V

DER MANN MIT DER FLIEGE

81 Unter den Papieren meines Großvaters entdeckte ich ein kleines Schwarzweißfoto, aufgenommen 1949, nicht ganz quadratisch. Es zeigt einen Mann mittleren Alters, der aufmerksam in die Kamera schaut. Ein schwaches Lächeln spielt um die Lippen, er trägt einen Nadelstreifenanzug, mit einem ordentlich gefalteten weißen Einstecktuch in der Brusttasche, und ein weißes Hemd. Seine getupfte Fliege betont eine leicht spitzbübische Ausstrahlung.

Zwei Jahre lang hing eine Fotokopie des Fotos an der Wand über meinem Schreibtisch und konkurrierte mit Miss Tilney. Da ihre Rolle nun geklärt war, sah ich ihn täglich an, verspottet und frustriert. »Wenn du was taugst, findest du mich«, schien er zu sagen. Von Zeit zu Zeit stellte ich mich der Herausforderung und tat, was mir möglich war, halbherzige Bemühungen, die, ohne einen Namen zu kennen, unweigerlich erfolglos blieben. Ich scannte das Foto und probierte eine Gesichtserkennung im Netz aus. Nichts.

Immer wieder kehrte ich zu der bescheidenen Information auf der Fotorückseite zurück. »Herzlichste Grüsse aus Wien, September, 1949«, stand da. Die Unterschrift war robust und unleserlich.

Ich versuchte, aus diesen Worten so viel wie möglich herauszupressen, aus dem kleinen roten Stempel mit dem Namen und der Adresse des Fotostudios, wo das Foto gemacht worden war. »Foto F. Kintschel, Wien VI., Mariahilferstrasse 53«. Die Straße gab es noch, aber das Studio existierte schon längst nicht mehr. Stunden verbrachte ich mit Versuchen, die Unterschrift zu entziffern, ohne Erfolg, und ich untersuchte die beiden anderen Fotos desselben Mannes ganz genau. Das mit dem Datum »London, 8. August 1951« hatte dasselbe Format und einen Stempel des Kintschel-Fotostudios, aber in Blau. An jenem Sommertag trug er einen normalen Schlips mit Schrägstreifen

»Herzlichste Grüsse aus Wien, September, 1949«

und wieder ein Einstecktuch in der Brusttasche. Hatte er einen leichten Silberblick?

Das dritte Foto war größer als die anderen, Postkartenformat. Es hatte keinen Studiostempel und keine Unterschrift. Er trug einen dunklen Schlips mit Rhombenmuster und ein Einstecktuch. Die handgeschriebene Notiz auf der Rückseite lautet: »Wien-London, Oktober 1954«. Er hatte etwas zugenommen, der Ansatz eines Doppelkinns war jetzt zu sehen. Er hatte tatsächlich einen Silberblick. Mit blauer Tinte hatte er geschrieben: »Zur freundlichen Erinnerung an einen Großvater«. War ein Großvater gestorben? War er Großvater geworden?

Als ich meine Mutter das erste Mal nach dem Mann fragte, sagte sie, sie wisse nicht, wer er sei. Ich ließ nicht locker. Nun ja, sagte sie, sie habe Leon einmal gefragt, wer der Mann sei. »Er sagte, das sei nicht wichtig, das war alles.« Also hatte sie die Sache ruhen lassen, hegte aber ihre Zweifel.

Leon wusste also, wer er war, und er bewahrte zwei weitere Fotos desselben Mannes auf, das eine im August 1951 aufgenommen, das andere im Oktober 1954. Warum hatte Leon die drei Fotos behalten, wenn der Mann nicht wichtig war?

Eigentlich habe sie die Fotos unter Ritas Papieren gefunden, nachdem diese 1986 gestorben war, korrigierte meine Mutter. Sie hatte sie dann zu Leons Papieren getan, wo sie über zehn Jahre lang blieben. Nach weiterem Drängen teilte mir meine Mutter eine flüchtige Erinnerung aus der Kindheit mit, dunkel, aber real. Möglicherweise erinnerte sie sich an einen Besuch dieses Mannes in ihrer Wohnung in Paris, in der Rue Brongniart, nach dem Krieg. Daraus war ein Wortwechsel zwischen Leon und Rita entstanden, sie waren laut geworden, es war ein Streit entstanden, dann die Versöhnung gefolgt. »Meine Eltern hatten oft Auseinandersetzungen wie diese.« Heftig, dann vergessen.

Allmählich kam mir ein Gedanke: Vielleicht hatte der Mann mit der Fliege etwas mit Leons einsamer Abreise aus Wien im Januar 1939 zu tun. Die allgemeinen Umstände – die Ankunft der Deutschen, die Verbannung aus dem Reich – waren klar genug, doch Leons Entscheidung, allein zu gehen, ohne seine Frau und sein kleines Kind, war weniger leicht zu erklären. Vielleicht hatte der Mann mit der Fliege eine irgendwie geartete Verbindung zu Ritas Leben in Wien nach Leons Abreise. Vielleicht war er ein Nazi. Rita brachte drei Jahre von Mann und Kind getrennt zu, sie floh erst im Oktober 1941 aus Wien, einen Tag, bevor Eichmann die Grenzen dicht machte.

82 Die Zeit verging, ohne dass ich vorankam. Ich legte die drei Fotos beiseite, zum Aufgeben bereit, und konzentrierte mich nun auf Lemberg, Lwów, Lwow, Lwiw, Lauterpacht, Lemkin. Dann bekam ich aus heiterem Himmel eine unerwartete Chance.

Kurz nach dem ersten Besuch in Lwiw nahm ich an der Feier zum neunzigjährigen Geburtstag einer Freundin in der Londoner Wigmore Hall, dem Konzertsaal für klassische Musik, teil. Milein Cosman stand im Mittelpunkt der Feierlichkeiten, eine kleine, zierliche Malerin, hochangesehen, von grenzenloser Intelligenz und Wärme, die Witwe von Hans Keller, einem hervorragenden Musikwissenschaftler. Sie und ihr Mann waren vor dem Krieg nach Großbritannien gekommen, getrennt, als Flüchtlinge, sie aus Deutschland, er aus Österreich. In den 1950er Jahren zogen sie in ein kleines Haus in der Willow Road in Nord-London, in der Nähe von Hampstead Heath. Vierzig Jahre später kauften meine Frau und ich das Haus, wo wir heute wohnen (gegenüber den Willow Cottages, dem Zuhause des Neffen von Sofka Skipwith).

Hans Keller arbeitete beim Dritten Programm der BBC, was ihm und Milein ermöglichte, viele der großen Musiker und Dirigenten des 20. Jahrhunderts zu treffen. Sie kannten Furtwängler (»definitiv kein Nazi«, sagte Milein mit Leidenschaft zu mir) und Karajan (»ein Nazi-Sympathisant und Opportunist«, ihre Meinungen waren recht entschieden). 1947 zeichnete sie Richard Strauss kurz vor seinem Tod, ein Porträt, das gemeinsam mit vielen anderen ihrer Zeichnungen in der Wigmore Hall hing, als sich dort hundert oder mehr Freunde und Familienmitglieder versammelten, um sie zu feiern.

Milein führte mich zu einer Freundin, einer Verwandten ihres verstorbenen Mannes. Inge Trott war neunzig, hatte einen scharfen Verstand und war auf vergnügliche Weise boshaft, wie sich herausstellte. Sie war in Wien geboren worden und 1938 mit siebzehn nach London gekommen. Nach dem Krieg hatte sie als Laborassistentin am King's College London für Professor Maurice Wilkins gearbeitet, der später gemeinsam mit Francis Crick und James Watson, denen

Inge Spermaproben nach Cambridge gebracht hatte, den Nobelpreis bekommen sollte. Inge war stolz auf ihren Beitrag als Überbringerin der Materialien, die die Geheimnisse der DNA entschlüsselten.

Unser Gespräch kam auf Wien, den Charakter der Österreicher, den Anschluss. Sie erinnerte sich an die Ankunft der Deutschen, die Paraden, die Demütigungen, wie das Heim der Familie von einem deutschen Soldaten in grauer Uniform beschlagnahmt worden war. Ich erwähnte das Foto eines Mannes mit Fliege, die Handschrift, die unentzifferbare Unterschrift.

»Schicken Sie mir eine Kopie«, wies mich Inge an. »Ich werde sehen, ob ich die Unterschrift lesen kann.« Vielleicht könne ich sie nicht entziffern, weil sie in deutscher Schreibschrift geschrieben sei, fügte sie hinzu.

»Ich stecke es in den Briefkasten.«

»Nein«, sagte Inge bestimmt. »Scannen Sie es, schicken Sie es per E-Mail, das ist schneller.«

Am Abend befolgte ich ihre Anweisungen, und am nächsten Tag kam eine Antwort. »Ich konnte alles auf die Rückseite des Fotos Geschriebene lesen, außer der Unterschrift, weil sie verkehrt herum war.« Scannen Sie sie noch einmal, »diesmal richtig herum«.

83 Ein Tag verging, das Telefon klingelte.

»Der Name ist Lindenfeld«, sagte Inge mit Bestimmtheit, ehe sich eine leise Note des Zweifels einschlich. »Nun, es könnte Lindenfels sein, mit einem *s*, aber ich denke nicht.«

Sie tadelte Herrn L. »Ich weiß wirklich nicht, warum manche Menschen ihre Unterschrift absichtlich unleserlich machen.«

Der Augenblick fühlte sich merkwürdig dramatisch an. Mit einem Namen würden sich neue Wege für Nachforschungen eröffnen. Ich könnte nun alle Lindenfelds (oder Lindenfels), die 1949 in Wien gelebt hatten, überprüfen und sie dann mit denen dieses Namens, die 1939 dort gelebt hatten, abgleichen. Das wäre mit einer Reihe Telefonbücher jener Jahre einfach genug, glaubte ich. Ein Doktorand der Universität Wien half mir bei meiner Anfangsrecherche, dann erhielt ich Unterstützung von einer privaten Forscherin. Frau Katja-Maria Chladek, eine Spezialistin für wienerische Genealogie mit Sitz in Wien, war lustig, höflich und sagenhaft effizient.

Der Jurastudent fand das Wiener Telefonbuch von 1939. Keine Lindenfels, zehn Lindenfelds. Acht dieser Einträge waren Männer: Bela, Emil, Erwin, Kurt, Max, Mendel, Rudolf und Siegfried.

Die nächste Aufgabe war, ein Telefonbuch von 1949 zum Abgleich der Namen zu finden. Das erwies sich als eine größere Herausforderung, doch schließlich entdeckte Frau Chladek ein Exemplar und berichtete dann über die Funde. 1949 waren die zehn Lindenfelds, die 1939 in Wien lebten, auf nur noch einen reduziert. Sein Name sei Emil, sagte Frau Chladek, ihrer Meinung nach kein jüdischer Name. Damit deutete sie an, dass hier etwas nicht stimmte.

Emil Lindenfeld wohnte in der Gumpendorferstraße 87, in Wiens 6. Bezirk, in der Nähe von Foto Kintschel in der Mariahilferstraße. Ein fünfminütiger Fußweg von seiner Wohnung zum Studio sei es gewesen, um die Bilder abzuholen, erklärte Frau Chladek. Das Telefonbuch, das ihn als »Angestellten der öffentlichen Verwaltung« aufführte, enthielt seinen Eintrag bis 1969, dann verschwand sein Name. »Ich denke, er ist 1968 oder 1969 gestorben«, sagte Frau Chladek.

Sie setzte ihre Nachforschungen in der Bibliothek des Wiener Rathauses fort, wo sich zeigte, dass Emil Lindenfeld nach 1949 zwanzig Jahre unter derselben Adresse gewohnt hatte. »Ich denke, die Chancen stehen gut, dass er die gesuchte Person ist.« Sie war optimistisch, sogar ermutigend, doch das bedeutete nicht, dass der Mann mit der Fliege Emil Lindenfeld war. Als nächster Schritt musste sein Todesdatum festgestellt werden, um seine »Verlassenschaftsabhandlung« besorgen zu können, die Nachlassakte, mit Einzelheiten über seine Familie, vielleicht auch einem Foto. Ob ich bereit sei, sie mit der Suche zu beauftragen? Ich war bereit.

Der Austausch mit ihr, so lebendig und enthusiastisch, war mir ein Vergnügen. Einige Wochen später schickte sie mir wieder eine E-Mail mit neuen Informationen, von denen einige, in ihren Worten, »sehr überraschend« waren. Emil Lindenfeld war Kaufmann gewesen, geboren am 2. Februar 1896 in der Stadt Kopytschynzi in Polen. In der Akte war der Verweis auf Polen durchgestrichen und durch »UdSSR« ersetzt. Er war am 5. Juni 1969 in Wien gestorben.

»Nun zu meinen sehr überraschenden Neuigkeiten.«

Frau Chladek hatte Herrn Lindenfelds »Totenbeschauprotokoll« ausfindig gemacht, das amtliche Dokument, das seine persönlichen Umstände zum Zeitpunkt des Todes feststellte. »Der Vorname Emil stand da, ist aber dann gestrichen worden«, sagte sie. An seine Stelle hatte »eine unbekannte Person« einen anderen Vornamen – Mendel – eingesetzt. Es sei außergewöhnlich, dass ein Name ausgetauscht worden sei, das habe sie bei ihrer Arbeit sehr selten erlebt. Ihre Interpretation? »Er war Jude«, aber die Tatsache sei nicht öffentlich bekannt gewesen. Frau Chladek dachte, er sei »ein geheimer Jude« gewesen.

Das Protokoll lieferte noch weitere Informationen, so dass Frau Chladek meinte, wir sollten die gesamte Nachlassakte besorgen. Das tat sie dann, und es war tatsächlich hilfreich. »Seine Mutter war Sara Lindenfeld, die ihren letzten Wohnsitz in London, GB, hatte«, schrieb Frau Chladek. Das könnte die Erwähnung von London auf der Rückseite der Fotos von 1951 und 1954 erklären, vielleicht Besuche bei seiner Mutter.

Frau Chladek hatte weitere Informationen. Als 1939 der Krieg ausbrach, war Emil Lindenfeld mit Lydia Sturm, einer Jüdin, verheiratet. Sie hatten ein Kind, eine Tochter namens Alice. Zu irgendeinem Zeitpunkt im Jahr 1939 verließen Lindenfelds Frau Lydia und seine Tochter Alice Wien und reisten nach London. Das war eine direkte Parallele zu Ritas Leben: Ende 1939 lebten sowohl Emil als auch Rita allein in Wien, da ihre Kinder und Ehepartner abgereist waren. Sie mussten allein mit dem Krieg, den Nazis und der Einsamkeit fertigwerden.

Frau Chladek hatte noch mehr herausgefunden. Als Emil Lindenfeld starb, lebte seine Tochter Alice in Flushing, New York, verheiratet mit Alfred Seiler. Alfred und Alice hatten zwei Kinder, Sandra und Howard, geboren in den 1950er Jahren. Die Verbindung wurde klar. Die Geburt von Sandra 1952 konnte erklären, warum auf dem Foto von 1954 vom Großvaterstatus die Rede war.

Ich brauchte nun ein Foto von Emil Lindenfeld, aber Frau Chladek sagte, in der Akte sei keines gewesen. Ich hatte jedoch mit den Namen seiner Enkel weitere Hinweise, also verlagerte sich die Suche nach New York.

84 Eine Alice Seiler konnte ich in Flushing, New York, nicht ausfindig machen. Auch an Informationen über Sandra und Howard Seiler, die Enkel, war weder in Flushing noch im Gebiet von New York zu kommen.

Bei Facebook fand ich eine Spur. Unter den vielen Millionen Nutzern war ein Howard Seiler in Florida, der Highschoolschüler in Flushing gewesen war. Das Facebook-Foto zeigte einen Mann Anfang fünfzig, was mit dem Geburtsdatum übereinstimmte, das Frau Chladek genannt hatte. Unter Howards »Freunden« war eine Sandra mit dem Nachnamen Garfinkel.

Ich schickte Howard eine Nachricht; es kam keine Antwort. Deshalb suchte ich nach einer Sandra Seiler Garfinkel und fand eine Adresse in Massapequa, Long Island, nicht weit von Flushing. Die Telefonnummer war geheim, aber gegen Zahlung eines kleinen Geldbetrags bekam ich eine zehnstellige Nummer. An einem warmen Sommerabend in London wählte ich sie mit einem etwas beklommenen Gefühl.

Es meldete sich eine Frau mit einem starken New Yorker Akzent. Ich sagte ihr, dass ich nach Sandra Seiler, Enkelin von Emil Lindenfeld aus Wien, suche. Darauf folgte langes Schweigen, dann: »Das bin ich.« Wieder Schweigen, dann: »Das ist ziemlich seltsam. Was wollen Sie?«

Der Mann mit der Fliege

Ich erzählte ihr die Geschichte, in verkürzter Form, dass meine Großmutter ihren Großvater in Wien vor dem Krieg gekannt haben könnte. »Mein Großvater war Emil Lindenfeld; er lebte in Wien«, sagte Sandra. Sie war skeptisch, nicht feindselig, nicht freundlich oder unfreundlich. Sie lieferte eine kurze Geschichte ihrer Familie.

»Emil war mit Lydia, meiner Großmutter, verheiratet. Nachdem die Nazis im März 1938 in Wien einmarschiert waren, aber noch vor Kriegsbeginn, verließ Lydia mit ihrer Tochter Alice, meiner Mutter, die vierzehn war, Wien. Sie gingen nach London, wo meine Großmutter als Dienstmädchen arbeitete. Nach dem Krieg kamen Alice und Lydia nach Amerika, aber Emil blieb in Wien. Uns wurde gesagt, er könne nicht nach Amerika reisen, weil er Tuberkulose habe. 1958 starb meine Großmutter Lydia, und Emil kam nach Amerika. Ich war sechs. Er blieb sechs Wochen und brachte mir Deutsch bei, dann reiste er wieder ab. Das war das einzige Mal, dass ich ihn überhaupt gesehen habe.«

Ob sie Fotos von Emil habe? »Ja, natürlich.« Es könnte sogar eins im Web sein, fügte sie hinzu. Ihre Mutter sei 1986 gestorben, aber ihr Vater habe bis vor kurzem gelebt. »Er hat ein Buch über seine Erlebnisse in Kriegszeiten geschrieben; es ist im Web, mit Fotos.« Sie nannte mir die Einzelheiten, und während wir sprachen, suchte ich nach dem Buch ihres Vaters. Es erschien sofort, mit dem »fröhlichen« Titel *Von Hitlers Todeslagern in Stalins Gulags*. Der Leser wurde eingeladen, ins Buch zu blättern, und während wir weiter plauderten, tat ich es. Das Buch war kurz, weniger als zweihundert Seiten. Ich scrollte hastig herunter und prüfte die Fotos. Auf Seite 125 schaute mich ein vertrautes Gesicht vom Bildschirm an, ein Mann in einem dunklen Anzug mit weißem Einstecktuch in der Brusttasche und dunklem Schlips. Unter dem Foto war ein Name: Emil. Auf der nächsten Seite gab es Bilder von Emils Frau, Lydia, und von Sandra und Howard, Emils Enkeln.

Ich entschuldigte mich bei Sandra für mein Schweigen. Die drei Fotos von Emil hatten sich jahrzehntelang unter den Papieren meines Großvaters befunden und ich hatte etliche Jahre herauszufinden versucht, wer der Mann war. Sandra war sehr freundlich. Ob ich ihr die Worte um das Foto herum in den Memoiren ihres Vaters vorlesen könne, fragte sie. Sie habe es nicht über sich gebracht, das Buch zu lesen, das erst nach seinem Tod veröffentlicht worden war.

Ich las den Text vor. Emil Lindenfeld-Sommerstein war ein Kindheitsfreund von Alfreds Vater. Er heiratete Lydia Sturm, die Tochter eines Fabrikbesitzers in Jägerndorf im Sudetenland, der »Spitzentischdecken, Kissenbezüge und Ähnliches« herstellte. Aus der Ehe ging ein Kind hervor, die Tochter Alice, die 1939 mit »einem der berühmten Kindertransporte« nach England geschickt wurde. Lydia folgte bald nach, da sie eine Arbeitserlaubnis als Hausangestellte erhalten hatte. Ein einziger Satz deutete Emils Leben in Wien an, nachdem Frau und Tochter fort waren: »Emil konnte während der Nazi-Okkupation als ›U-Boot‹ in Wien bleiben, indem er sich bei nichtjüdischen Verwandten und Freunden versteckte. Alices Eltern kamen nie wieder zusammen und der Vater lebte weiter in Wien.«

Emil Lindenfeld blieb allein in Wien, wie Rita, und versteckte sich »bei nichtjüdischen Verwandten«. Das deutet darauf hin, dass er entweder kein »Volljude« war oder dass er als Nicht-Jude in Wien lebte. Nach dem Krieg trennten sich Emil und Lydia, anders als Leon und Rita, die in Paris wieder vereint waren.

Als ich diesen Bericht von Emils Schwiegersohn las, fiel mir die Erinnerung meiner Mutter ein, dass der Mann, den ich jetzt als Emil Lindenfeld kenne, Rita und Leon nach dem Krieg in Paris besucht hatte. Nachdem er gegangen war, hatten ihre Eltern sich gestritten. Eine offensichtliche Schlussfolgerung – aber nicht die einzige – ist, dass Rita und Emil ein Liebespaar gewesen waren, dass er nach dem Krieg nach Paris gekommen war, um sie zu überreden, nach Wien zurückzukommen. Ich sagte Sandra damals nichts davon, obwohl wir uns später, als wir uns besser kannten, darüber austauschten.

Ich dankte Sandra, dass sie mit mir am Telefon gesprochen hatte. Sie bat mich, ihr eine Kopie vom Foto ihres Großvaters zu schicken, jenem, das ich über meinen Schreibtisch an die Wand gepinnt hatte, was ich auch tat. Ein paar Tage später schrieb sie zurück. Unser Telefongespräch hatte sie veranlasst, Emils Papiere auszugraben, die nach seinem Tod von Wien nach New York geschickt worden waren. Sie besaß seine Fotoalben, von denen einige aus der Zeit vor dem Krieg stammen könnten. Wenn meine Großeltern Fotos von Emil hatten, vielleicht hatte auch Emil Fotos von Leon und Rita?

»Schicken Sie mir ein Bild Ihrer Großeltern«, schlug Sandra vor. Ich schickte die Fotos von Leon und Rita aus ihren Pässen der Nazi-Zeit. Ritas muss ungefähr um 1941 aufgenommen worden sein. Es war dasjenige Foto, auf dem sie traurig wirkte. Ich hatte lange geglaubt, dass sei so wegen der Trennung von Mann und Kind; nun fragte ich mich, ob es mit etwas anderem zu tun hatte, vielleicht mit Emil.

85 Am nächsten Tag kam ein Schwung E-Mails von Sandra an.
Sie sei Emils Fotoalben durchgegangen und habe etliche Fotos von Rita gefunden, schrieb sie, aber nur eins von Leon (ein Bild von ihm mit Rita und meiner Mutter, das in den 1950ern auf einer Pariser Straße aufgenommen wurde, ein Foto, das meine Mutter in ihrem Album hatte).

Ich öffnete Sandras E-Mails mit Herzklopfen. Die Fotos könnten helfen, das Schweigen über diese Zeit zu erklären. Die acht Fotos waren schwarzweiß, keines hatte ich schon einmal gesehen, jedes war neu.

Das erste war ein Studioporträt von Rita, weichgezeichnet. Sie lächelte, auf eine Weise bezaubernd, wie ich es zuvor nie an ihr gesehen hatte. Sie war schön, ihr Gesicht sorgfältig geschminkt, mit kräftigem und auffallendem Lippenstift.

Das nächste Foto hielt eine große Überraschung bereit. Es war ein Bild ohne Datum von Rita mit Leons Mutter Malke, und es muss eins der letzten Fotos sein, die von meiner Urgroßmutter gemacht wurden. Es kam mir bekannt vor. Malke war elegant, die Augenlider

Rita und Malke, Wien, ca. 1938

waren lang und schräg wie bei Leon. Sie trug eine dunkle Bluse mit schlichten Knöpfen, das silberne Haar war zurückgekämmt. Ihr Gesicht hatte eine müde Würde und Ruhe, noch wusste sie nicht, was kommen sollte.

Doch irgendwas irritierte mich an dem Foto. Plötzlich fiel mir ein, dass ich es schon gesehen hatte, aber nur eine Hälfte davon, die Seite, die Malke zeigte. Meine Mutter hat eine Kopie von dieser Hälfte, in der Mitte durchgerissen, die andere Hälfte mit der lächelnden Rita war entfernt worden. Erst jetzt, mit dieser vollständigen Version, sah ich, dass auf dem Originalfoto Malke nicht alleine war, dass Rita bei ihr war.

Das nächste Foto, das dritte, zeigte Rita in einem Liegestuhl in einem Garten, im Frühling oder vielleicht im Sommer. Ein viertes zeigte sie in einem gestreiften Pullover, mit schicken Schuhen, allein in einem Garten, vielleicht demselben Garten.

Die letzten Fotos kamen als Vierergruppe. Sie waren offenbar am selben Tag gemacht worden, wieder in dem beschaulichen Garten. Die Blätter der Bäume und Büsche waren voller Leben, jung und kräftig. Es wirkte wie Frühling. Die Menschen auf den Fotos sahen friedlich und entspannt aus. Auf einem saß Rita allein auf einer Bank; drei Frauen und Emil Lindenfeld lagen im Gras hinter ihr. Sie lächelten und lachten und unterhielten sich. Alle schauten zur Kamera und dem unbekannten Fotografen, unbekümmert.

Das nächste Foto zeigte Rita mit einem Hut auf derselben Bank. Ein drittes zeigte eine unbekannte Frau auf dieser Bank mit einem Mann mit Hut und in Lederhosen, der weiße Kniestrümpfe trug, die, wie ich gelernt hatte, ein Zeichen von Nazi-Anhängern waren. Dieses Wissen verlieh den Strümpfen etwas Düsteres.

Das letzte Bild zeigte Rita zwischen zwei Männern stehend. Den zu ihrer Linken kannte ich nicht, aber zu ihrer Rechten war Emil, in Lederhosen und weißen Kniestrümpfen, Arm in Arm mit Rita. Sie lächelte, elegant und gelöst, schöner als ich sie jemals gesehen hatte. (Später zeigte ich das Foto meiner Tante, die genauso reagierte: »So habe ich sie nie gesehen, nicht ein einziges Mal.«) Emil hatte die Hände in den Taschen. Er hatte eine spitzbübische Ausstrahlung, den Kopf zurückgelegt, ein schwaches Lächeln, als habe man ihn bei etwas erwischt.

Rita trug ein dunkles, mit Blumen bedrucktes Kleid. Beim genauen Hinschauen – das Bild war nicht allzu scharf – sah ich einen Ehering an ihrer rechten Hand, wahrscheinlich denselben, den ich heute trage.

Wann waren die Fotos entstanden? Vielleicht waren es ja unschuldige Bilder, aufgenommen vor 1937, ehe Rita und Leon heirateten. Oder sie hätten nach dem Januar 1939 entstanden sein können, als Leon Wien verließ und nach Paris fuhr. Oft hatte ich mir diese Zeit vorzustellen versucht, Rita allein in Wien, ohne Tochter und Mann, sich um ihre Mutter kümmernd. Das war der Grund, warum sie zu-

Der Mann mit der Fliege

Rita und Emil (rechts), Wien, 1941

rückgeblieben war, wurde uns erzählt, es war eine dunkle Zeit, eine Zeit der überwältigenden Traurigkeit. Doch die Fotos vermittelten eine Heiterkeit, die nicht im Einklang mit dieser Epoche stand, als ein Krieg wütete und die Juden Höllenqualen ausstanden, in Ghettos eingesperrt oder unterwegs in die Vernichtung waren.

Trugen die vier Fotos ein Datum auf der Rückseite? Sandra sagte, sie seien auf die Seiten des Albums geklebt. Sie könne sie ablösen, habe aber Angst, sie zu beschädigen. Kommen Sie mich besuchen, sagte sie, wenn sie das nächste Mal in New York sind.

»Wir können sie zusammen ablösen.«

86 Ein paar Wochen danach nahm ich einen Zug von Manhattans Penn Station nach Massapequa an der Küste von Long Island, um einen Tag mit Sandra Seiler, der Enkelin von Emil Lindenfeld, zu verbringen.

Die Fahrtzeit mit der Long Island Rail Road betrug weniger als eine Stunde. Sandra wartete in ihrem Auto sitzend am Bahnhof, blond, mit dunkler Sonnenbrille. Sie lud mich zum Essen in ein Fischrestaurant an der Küste ein. Danach fuhren wir zu ihrem Haus, wo ich ihren Mann und ihre Tochter kennenlernte. Emils Fotoalben waren da, bereit zur Begutachtung. Sie zog den Band hervor, der die Bilder von Rita enthielt. Wir wollten Daten.

Die Fotos waren klein, hafteten fest auf den dunklen Seiten des Albums, genau wie Sandra gesagt hatte, so fest wie an dem Tag, als sie auf die Seiten geklebt worden waren. Wir lösten eins davon ab, so vorsichtig wie möglich, um es nicht zu beschädigen. Ich hoffte, dass die Fotos Mitte der 1930er Jahre vor Ritas und Leons Heirat aufgenommen worden waren. Das wäre einfacher.

Die ersten vier Fotos – einschließlich das von Malke neben Rita – lösten sich, ohne dass ein Datum zum Vorschein kam. Dann folgte die zweite Gruppe, das »Gartenquartett«, wie Sandra sie nannte. Noch vorsichtiger, um auf keinen Fall die Rückseiten zu beschädigen, löste ich jedes der vier Fotos von seiner Seite.

Die Rückseite jedes Fotos trug einen Studiostempel, Foto-Kutschera, in Wiens 4. Bezirk. Außerdem war da noch eine kaum entzifferbare Bleistiftmarkierung in der oberen rechten Ecke, vier Ziffern: 1941.

Innerhalb weniger Wochen hatte ich die Adresse gefunden, wo Emil Lindenfeld 1941 gewohnt hatte, eine wohlhabende Gegend im Zentrum von Wien, außerhalb des jüdischen Gebiets, ein Ort, an dem Emil als Jude nicht hätte wohnen können. Die Adresse war Brahmsplatz 4, ein großartiges Gebäude, errichtet im späten 19. Jahrhundert, ein paar Blocks entfernt von einem Haus, das einst die Wittgensteins besessen hatten.

Ich schaute es mir an. An der einen Seite von Haus Nr. 4 befand sich ein großer Garten – eine Bank, Gras, die gleiche Szene wie auf den vier Fotos. Könnte das der Garten sein, in dem Rita und Emil 1941 fotografiert worden waren? Ich erinnerte mich, wie entspannt sie wirkten, und an die Atmosphäre der Intimität, die das Foto ausstrahlt.

Emil Lindenfeld und Rita waren 1941 zusammen gewesen, vielleicht in genau diesem Garten. Ein Monat war nicht angegeben, aber Rita fuhr im Oktober ab, und die Gartenfotos sahen nach Frühling aus. Ich entschied mich für April 1941. War Rita in Wien geblieben, um mit Emil zusammen zu sein? Unmöglich zu wissen, und vielleicht spielte es ja keine Rolle. Im November hatte sie Wien verlassen.

Leon war schon vorher abgereist, im Januar 1939, allein. Ein paar Monate danach ließ er seine Tochter holen und profitierte dabei von der Hilfe Miss Tilneys. Rita blieb in Wien. Warum Leon seine Tochter zurückgelassen hatte und warum er sie dann holen ließ, weiß ich nicht. Aber die neuen Fotos legten nahe, dass Leons Abreise etwas mit Emil Lindenfeld zu tun hatte.

Teil VI

FRANK

Die Gemeinschaft hat Vorrang über die individualistischen, liberalistischen, atomisierenden Tendenzen des Egoismus des Individuums.

Hans Frank, 1935

87 Im Mai 1945, wenige Tage nachdem Hitler Suizid begangen hatte – während Lauterpacht mit britischen Anwälten an der Untersuchung von Straftatbeständen arbeitete und Lemkin seinen Einfluss geltend machte, um in Robert Jacksons Anklageteam aufgenommen zu werden –, wartete Generalgouverneur Hans Frank auf die Ankunft der Amerikaner. Er saß im Vorderzimmer seines Amtssitzes, der sich jetzt im alten Café Bergfrieden in der bayerischen Kleinstadt Neuhaus am Schliersee befand, in Begleitung seines auf drei Personen geschrumpften Mitarbeiterstabs, zu dem auch Herr Schamper, der Chauffeur, gehörte. Nach der brutalen Herrschaft im besetzten Polen war Frank in die Umgebung des Familiensitzes, rund 60 Kilometer südlich von München, zurückgekehrt.

Während er wartete, bereiteten die Alliierten die Anklage gegen die wichtigsten Nazi-Führer vor, darunter auch Frank. Er war Hitlers Rechtsanwalt gewesen und einer der führenden Juristen des Nationalsozialismus, der mit seinem Handeln die Rechte von Individuen und Gruppen mit Füßen getreten hatte, motiviert von einer Ideologie, die die Liebe zum Führer und die Idee der Volksgemeinschaft an erste Stelle setzte. Fünf Jahre lang war er der König des besetzten Polens gewesen, mit einer Ehefrau und einer Geliebten, fünf Kindern, einem detaillierten Tagebuch von achtunddreißig Bänden und einer Gemäldesammlung mit einem da Vinci. Er hatte *Die Dame mit dem Hermelin* sogar mit an den Schliersee gebracht, sie befand sich jetzt im Andachtsraum.

Am Freitag, dem 4. Mai, hielt ein amerikanischer Armeejeep vor dem Haus. Leutnant Walter Stein sprang heraus, ging zum Gebäude, trat zur Haustür herein und fragte: »Wer von Ihnen ist Hans Frank?«

Frank

88 Frank wurde am 23. Mai 1900 in Karlsruhe, am Rand des Schwarzwalds, geboren, sein Vater war protestantisch, seine Mutter katholisch. Wie Lauterpacht und Lemkin war er das zweite von drei Kindern. Die Familie zog bald nach München, wo Frank zur Schule ging. Im Juni 1916 starb sein älterer Bruder Karl unerwartet an einer Krankheit. Nachdem seine Eltern sich getrennt hatten, lebte er ein Jahr in Prag bei seiner Mutter, die meiste Zeit aber war er bei seinem Vater in München, der als Rechtsanwalt arbeitete, bevor er wegen Betrugs an seinen Klienten aus der Anwaltschaft ausgeschlossen wurde.

Zu Ende des Ersten Weltkriegs wurde Frank zur Infanterie eingezogen, später schloss er sich einem rechten Freikorps an. Anschließend trat er einem Geheimbund antikommunistischer und antisemitischer Kräfte bei, der Thule-Gesellschaft, die den Versailler Vertrag ablehnte. Im Januar 1920 erlebte Frank als eines der ersten Mitglieder der Deutschen Arbeiterpartei (DAP), einer Vorläuferorganisation der NSDAP, eine Rede Hitlers im Münchner Mathäser-Bräu. Im darauffolgenden Monat besuchte er eine Versammlung mit Hitler im Hofbräuhaus und war so bei der Verkündung eines politischen Programms für die NSDAP anwesend, deren Mitglied er schließlich wurde.

1923, als Student, wurde er in die Sturmabteilung (SA) aufgenommen. Im gleichen Jahr unterstützte er begeistert Hitlers Putsch, indem er sich einem Marsch ins Zentrum von München anschloss, wo er eine Maschinengewehrstellung auf der Ostseite der Museumsbrücke aufbaute. Das Scheitern des Putsches und Hitlers Verhaftung entfachten Franks Interesse an völkischen Fragen. Er floh nach Italien, da er strafrechtliche Konsequenzen befürchtete. Zwei Jahre später, 1925, begegnete er Hitler auf einer Münchner Straße, ein Vorbote zukünftiger Möglichkeiten.

Nachdem er sein Studium der Rechtswissenschaften in Kiel 1924 mit der Promotion abgeschlossen und 1926 das Staatsexamen abgelegt hatte, arbeitete er als Rechtsanwalt in einer Anwaltskanzlei und lehrte an der Juristischen Fakultät der Münchner Technischen Universität. Eigentlich war er solide und opportunistisch, kein Intellektueller oder Überflieger, doch sein Leben veränderte sich radikal im Oktober 1927, als er eine Annonce im *Völkischen Beobachter* gesehen hatte: Es wurde ein Rechtsanwalt gesucht, der Nazi-Angeklagte in einem Berliner Prozess verteidigen sollte. Frank bewarb sich, wurde engagiert und betrat eine Welt öffentlichkeitswirksamer politischer Prozesse.

Er wurde zu einer der juristischen Koryphäen der Nazis und verteidigte die Partei in Dutzenden Prozessen. Einer der berüchtigtsten war der Hochverratsprozess im September 1930 in Leipzig, bei dem drei Offiziere angeklagt waren, eine Nazi-Zelle in der Reichswehr geschaffen zu haben. Als Verteidiger der drei Männer rief Frank Hitler in den Zeugenstand. Mit seiner Unterstützung nutzte Hitler den Gerichtssaal, um mit der Aussage, dass er politische Macht nur mit legalen Mitteln zu erreichen suchte – was im Grunde eine öffentliche Verpflichtung auf den Legalitätseid bedeutete –, die Aufmerksamkeit der Medien auf sich zu ziehen. Das festigte die Verbindung zwischen den beiden Männern, obwohl Hitler nie viel Zeit für Juristen haben würde oder für juristische Feinheiten, nicht einmal, wenn sie so dehnbar und flexibel waren wie bei Frank.

Dessen Karriere entwickelte sich rasant, 1930 wurde er zum Mitglied des Reichstags gewählt.

1925 hatte Frank die fünf Jahre ältere Brigitte Herbst geheiratet, die als Sekretärin im bayerischen Landtag arbeitete. Seine wahre Liebe war jedoch Lilly Weidert (spätere Grau), die Tochter eines Münchner Bankiers, doch die Beziehung wurde von Lillys Familie beendet, die Frank als unpassend ansah. Brigitte war eine unscheinbare, aber willensstarke Frau, die ihm bald zwei Kinder gebar. Drei weitere folgten, das letzte war der 1939 geborene Niklas.

Als große Teile Deutschlands Hitler bereitwillig folgten, machte Frank das Beste aus seinen Verbindungen zur NS-Führung, indem er sich als »Rechtstheoretiker« in Stellung brachte. 1931 veröffentlichte er einen langen Artikel über die jüdische »Jurisprudenz der

Dekadenz«, nach seiner Argumentation eine Rechtsauffassung, die den Deutschen die Unterscheidung zwischen Richtig und Falsch erschwere. Nach Hitlers Ernennung zum Reichskanzler im April 1933 wurde Frank, der nun zum inneren Zirkel der Partei gehörte, Justizminister von Bayern.

89 Vier Monate nach Hitlers Machtergreifung, am Morgen des 13. Mai, landete Hans Frank in einem dreimotorigen Regierungsflugzeug auf dem Flughafen Aspern in Wien, nicht weit von der Leopoldstadt entfernt, wo Leon sein Spirituosengeschäft betrieb. Eine Zeitung beschrieb, wie die Flugzeugtür aufgegangen und mehrere deutsche Minister, angeführt von einem strahlenden Frank, österreichischen Boden betreten hatten. Es war der erste Besuch von Vertretern der neuen Nazi-Regierung in Deutschland. Der Reichstag war vor kurzem durch Feuer zerstört worden, Reichstagswahlen hatten stattgefunden (bei denen die Nazis die Stimmenmehrheit erreichten) und es war ein Ermächtigungsgesetz verabschiedet worden, das Hitlers Regierung gestattete, Gesetze zu erlassen, die von der Verfassung abwichen. Diese Ereignisse lösten bei vielen Österreichern Befürchtungen aus, auch bei Kanzler Engelbert Dollfuß, einem auffallend kleinen Mann.

Es war bekannt, dass Frank als Hitlers Rechtsanwalt eine enge Verbindung zum Führer hatte. Über dessen häufiges Erscheinen vor Gericht vor 1933 war breit berichtet worden, und mindestens ein Pressefoto zeigte Hitler auf den Stufen des Gerichtsgebäudes mit Frank in schwarzer Anwaltsrobe an seiner Seite.

Solche Bilder halfen Frank. Jahrelange loyale Dienste für die Nationalsozialisten machten ihn zu einer bekannten – und gefürchteten – Person. Innerhalb weniger Wochen nach seiner Ernennung zum Justizminister hatte er mit zahlreichen von ihm unterzeichneten Maßnahmen ein Fundament zur »Säuberung« des bayerischen Justizministeriums gelegt. Die Maßnahmen waren gezielt gegen Juden

Hitler und Hans Frank vor einem Gerichtsgebäude, 1928

gerichtet: Ihnen wurde verboten, Gerichte zu betreten, zudem wurden alle jüdischen Richter und Staatsanwälte ihres Amtes enthoben. Franks direkte Mitwirkung an solchen Maßnahmen, verbunden mit seiner Beziehung zu Hitler, machten seinen Besuch in Österreich unerwünscht. Bundeskanzler Dollfuß lehnte ihn als unfreundlichen Akt ab. Franks kurz vor dem Besuch gehaltene Rede, in der er mit gewaltsamer Intervention drohte, falls Österreich sich nicht hinter Deutschlands neue Richtung stellen würde, war dabei wenig förderlich.

Zweitausend Sympathisanten begrüßten Frank auf dem Wiener Flughafen, sangen *Deutschland, Deutschland über alles* und das Horst-

Wessel-Lied, die Nazi-Hymne. Frank wurde mit seinem Gefolge zum Wiener Braunen Haus gefahren, die Straßen waren mit Einwohnern gesäumt, die jubelten oder pfiffen, je nach ihrer politischen Einstellung. Viele von Franks Unterstützern trugen weiße Kniestrümpfe, das Symbol der österreichischen Nationalsozialisten. Am Abend sprach Frank zu einer großen Menge anlässlich des 250. Jahrestags der Befreiung Wiens von den Türken. (Jan Sobieski III., König von Polen, hatte den entscheidenden Angriff gegen den Feind geführt, der durch den Bau des Schlosses in Żółkiew gefeiert wurde, an dessen einer Wand ich die von einer mutigen ukrainischen Kuratorin aufgehängten Fotos entdeckt hatte.) Frank überbrachte eine persönliche Grußbotschaft Hitlers. Der Führer werde bald bei ihnen sein, »um die Gräber seiner Eltern zu besuchen«.

Später traf sich Frank privat mit Journalisten. Der Korrespondent der *New York Times* schrieb über das Auftreten des bayerischen Ministers, er habe sich der zwanzigköpfigen Journalistengruppe gegenüber benommen, »als wären es zwanzigtausend«. Er erhob immer wieder die Stimme, brüllte jeden Einwand nieder. »Es ist nur eine Frage, *welche* Maßnahmen getroffen werden sollen«, drohte er, falls Österreich sich nicht an Deutschland anpassen werde.

Von Wien reiste Frank nach Graz, wo er einer großen Menschenmenge sagte, dass eine Beleidigung seiner Person eine Beleidigung Hitlers sei. Dann ging die Reise weiter nach Salzburg. Der Besuch verursachte großen Wirbel in Österreich, die Dollfuß-Regierung erklärte Frank zur unerwünschten Person. Über die Visite wurde weltweit berichtet, und höchstwahrscheinlich erfuhren auch Lauterpacht in London und Lemkin in Warschau davon. Die Nachricht erreichte sicher auch die gutinformierten Bürger von Lemberg und Żółkiew, von denen viele die Entwicklungen in Österreich verfolgten.

Eine Woche nach Franks Abreise hielt Bundeskanzler Dollfuß eine Ansprache, um seine Bürger zu beruhigen; der Wortlaut wurde in Übersetzung in die Vereinigten Staaten übertragen. Österreich werde der deutschen Regierung nicht nacheifern, indem es Maßnahmen gegen die Juden ergreife; es sei ein Land, geprägt von modernen Vorstellungen, nach denen »alle Bürger die gleichen Rechte haben«. Dollfuß bezog sich auf die österreichische Verfassung, die von Lauterpachts Lehrer Hans Kelsen verfasst worden war, eine Verfassung, die individuelle Rechte für alle garantierte.

Franks Besuch zeigte jedoch Wirkung und ermutigte viele mit den Nazis sympathisierende Österreicher. Ein Jahr danach war Dollfuß tot, ermordet von einer Gruppe Nazi-Anhänger, angeführt von dem dreiunddreißigjährigen Otto von Wächter, ein Kommilitone Lauterpachts an der Wiener Universität, der nach der Tat nach Deutschland flüchtete.

90

1935 war für Frank ein gutes Jahr. Er kaufte ein großes Landhaus in Bayern (den Schoberhof in der Nähe des Schliersees), den ich achtzig Jahre später besuchen würde, kurz bevor er abgerissen wurde. Franks Wappen und Initialen waren noch in seinem Büro unter den Dachsparren zu sehen gewesen. Er half bei der Vorbereitung der Nürnberger Gesetze, die die Juden ihrer staatsbürgerlichen Rechte beraubten und außerehelichen Verkehr zwischen Deutschen und Juden verboten. Im August führte er den Vorsitz bei einer Sitzung der Akademie für Deutsches Recht (die er ein paar Jahre zuvor gegründet hatte) und des 11. Internationalen Kongresses für Strafrecht und Gefängniswesen. Sie wurde in der Krolloper in Berlin abgehalten, die nach dem Brand als Reichstag diente.

Frank hatte die Akademie gegründet, um deutschen Juristen eine intellektuelle und ideologische Vision anzubieten. Als ihr Präsident hielt er die Hauptansprache und wählte »Internationale Strafrechtspolitik« zum Thema, eine Gelegenheit, einige Gedanken über die zukünftige Richtung des Strafrechts darzulegen. Er formulierte damit einen Gegenentwurf zu Lemkin und seinesgleichen, die eine neue Liste von internationalen Straftatbeständen und einen internationalen Gerichtshof forderten. Frank war ein begabter Redner und fesselte seine Zuhörer, auch wenn er (wie der Führer) mit seltsam hoher Stimme sprach, eine Folge von Erregung, Lautstärke und Intensität.

Franks Rede kreiste um Fragen, die für Lauterpacht und Lemkin von größtem Interesse waren, obwohl sich beide nicht unter den Zuhörern befanden. Vespasian Pella, der rumänische Professor, der über Barbarei und Vandalismus geschrieben hatte, war anwesend. Richter Emil Rappaport, Lemkins Mentor und ein Mitglied des Organisationskomitees für den Kongress, erschien nicht. Frank äußerte starke Einwände gegen ein Weltrechtsprinzip, eine Vorstellung, gegen die er opponierte, weil sie das internationale Strafrecht zerstören, nicht stärken würde. Weder Gesetze noch internationale Organisationen würden die Meinungsverschiedenheiten zwischen dem Bolschewismus und dem Nationalsozialismus beilegen, und es gebe keine gemeinsame Politik für Staaten, die nicht »dieselben moralischen Prinzipien« hätten. Er griff die Vorstellungen von Professor Henri Donnedieu de Vabres an, einem anderen von Lemkins Kollegen, der namentlich angesprochen wurde, jedoch nicht anwesend war. Ein paar Wochen zuvor hatte Frank Donnedieu eingeladen, vor der Akademie über das Thema internationale Verbrechen und »Angriffskrieg« zu sprechen.

Frank wischte Donnedieus Vorstellungen mit dem Argument beiseite, dass sie die Schaffung eines Superstaates erfordern würden. Was war zu Donnedieus Vorschlag »eines internationalen Strafgerichtshofs« zu sagen? Ein Mythos. Weltrecht? »Ein bloßer Traum.« Die Liste internationaler Straftatbestände erweitern? Niemals. Eine Vorstellung, die Frank dann doch gefiel, war, den weltweiten jüdischen Boykott gegen Deutschland zu kriminalisieren.

Was wollte Frank? Die »Nichteinmischung in die inneren Angelegenheiten ausländischer Staaten« war eine Idee, denn damit konnte man jeder Kritik an Deutschland begegnen. Auch unabhängige Richter befürwortete er, aber nur bis zu einem gewissen Punkt. Er wollte eine starke Regierung, die sich auf Werte stützte, welche die Vision einer »Volksgemeinschaft« schützten, und ein Rechtssystem, das geprägt war von der »Gemeinschaftsidee«, die Vorrang vor allem anderen haben sollte. Im neuen Deutschland würde es keine individuellen Rechte geben, daher verkündete er eine Totalopposition gegen die »individualistischen, liberalistischen, atomisierenden Tendenzen des Egoismus des Individuums«. (»Vollkommene Gleichheit, absolute Unterwerfung, absoluter Verlust der Individualität«, notierte der Schriftsteller Friedrich Reck in seinem Tagebuch und zitierte Dostojewskijs *Böse Geister*, in denen Ideen der Art, wie sie Frank vorbrachte, zum Ausdruck kamen.)

Frank zählte alle positiven Entwicklungen seit 1933 auf, darunter Hitlers neue Richtung der Strafrechtspolitik, die sich die Welt zum Vorbild nehmen sollte. Unter den Neuerungen waren »eugenische Prophylaxe«, die »Kastration moralisch gefährlicher Krimineller« und die »Vorbeugehaft« für alle, die die Nation oder die »Volksgemeinschaft« bedrohten. Diejenigen, die keine Kinder haben sollten, würden sterilisiert (er beschrieb das als ein »natürliches Ausleseverfahren«), Unerwünschte deportiert, neue Rassengesetze verabschiedet, um »die Vermischung völlig unvereinbarer Rassen« zu verhindern. Vor seiner internationalen Zuhörerschaft erwähnte er die Juden oder die Zigeuner nicht explizit, doch die Anwesenden wussten, von wem er sprach. Er sagte auch nichts über die Geißel der Homosexualität: Erst kurz zuvor waren durch Verschärfung des entsprechenden Paragraphen im Reichsstrafgesetzbuch (an dessen Formulierung er mitgearbeitet hatte) alle homosexuellen Akte kriminalisiert und die Strafen erhöht worden. Das neue Deutschland werde »rassisch gesund« sein, erklärte er, und erlauben, »sich von Kriminellen zu befreien, wie ein gesunder Körper sich von Krankheitskeimen befreit«. Die Bilder waren den Schriften Julius Streichers entlehnt, des Verlegers der antisemitischen Zeitung *Der Stürmer*, mit dem Frank und Donnedieu im Februar gespeist hatten.

Man kann sich leicht seine Stimme in der höchsten Tonlage vorstellen. »Der Nationalsozialismus hat das falsche Prinzip der Humanität abgeschafft«, verkündete er schrill, und er wende sich gegen alles »ausufernd humane« Verhalten. Angemessene Strafen würden vorbereitet, um gemeinschaftswidriges Verhalten zu sühnen. Die Nazis führten »einen immerwährenden Krieg gegen das Verbrechen«.

Die Reaktion der Zuhörer war geteilt. Die Mehrheit der 463 anwesenden Delegierten waren Deutsche, die laut jubelten. Andere waren weniger begeistert. Geoffrey Bing, ein junger englischer Anwalt, der später Labour-Abgeordneter wurde (und der erste Generalstaatsanwalt im unabhängigen Ghana), verfasste einen Bericht, in dem er sein Entsetzen über den Anblick von ausländischen Beamten, Kriminologen und Reformern ausdrückte, die Franks »monströse Vorschläge« bejubelten. Bing äußerte eine deutliche Warnung: Hütet euch vor der neuen Sorte Juristen, die die Macht in Deutschland übernehmen, vor Männern wie Dr. Frank, »einem fanatischen Vertreter des Prinzips Vergeltung und Einschüchterung«.

91 Vier Jahre später, als Deutschland in Polen einmarschiert war und das Land zwischen sich und der Sowjetunion aufgeteilt hatte, wurde Frank nach Schlesien zu einem persönlichen Treffen mit Hitler zitiert. Im Anschluss an die Audienz wurde Frank zum Generalgouverneur ernannt, zum persönlichen Vertreter des Führers in einem Gebiet, das nun als »Generalgouvernement für die besetzten polnischen Gebiete« bezeichnet wurde, eine Bevölkerung von 11,5 Millionen Menschen zählte und von Warschau im Norden und Krakau im Westen begrenzt wurde. Er trat den Posten am 25. Oktober 1939 an. Hitlers Erlass hielt fest, dass Frank dem Führer direkt unterstellt war – ein Punkt, den Lemkin feststellte – und dass »dem Generalgouverneur ... sämtliche Verwaltungszweige zugewiesen [werden]«.

Frank hatte die persönliche Verantwortung; seine Frau Brigitte wurde Königin.

In einem frühen Interview erklärte Frank, dass Polen jetzt eine »Kolonie« sei und seine Einwohner »Sklaven des Großdeutschen Weltreichs«. (In Berlin versuchten Juristen abzusichern, dass die internationalen Gesetze, die für besetzte Territorien galten, keine Geltung hatten – das Generalgouvernement wurde im Grunde wie ein annektierter Teil des Reichs behandelt, daher galt deutsches Recht, angeblich ungehindert von internationalem Recht.) Als beispiellose Demütigung für Polen installierte Frank sich und seine Regierung auf der Wawel-Burg in Krakau, dem früheren Sitz der polnischen Könige. Brigitte und die fünf Kinder des Paars würden später dort mit ihm zusammen wohnen, einschließlich des Jüngsten, Niklas, der vor ein paar Monaten in München geboren worden war. Otto von Wächter, frisch aus Wien eingetroffen, wurde zum Gouverneur des Distrikts Krakau ernannt, als einer von Franks fünf Stellvertretern.

Frank handelte wie ein Souverän, den Polen wurde gesagt, sie seien vollständig seiner Macht unterworfen: Das sei kein »konstitutioneller Staat«, in dem Menschen Rechte haben, und es gebe keinen Schutz für Minderheiten. Warschau war in dem kurzen Krieg schwer zerstört worden, aber Frank entschied gegen einen Wiederaufbau. Stattdessen unterzeichnete er eine Menge Erlasse, von denen viele ihren Weg in das Gepäck fanden, das Lemkin um die Welt schleppen sollte. Franks Verfügungen betrafen ein großes Gebiet und viele Themen, von der Tier- und Pflanzenwelt (geschützt) bis zu den Juden (nicht geschützt). Ab 1. Dezember mussten alle Juden über zwölf Jahren eine mindestens zehn Zentimeter breite weiße Armbinde mit einem blauen Davidstern am rechten Ärmel tragen, zu Hause und auf der Straße. Um öffentliche Mittel zu schonen, wurde von den Juden verlangt, ihre Armbinden selbst herzustellen.

Von Beginn seiner Herrschaft an führte Frank ein Diensttagebuch, ein Verzeichnis aller Aktivitäten und Errungenschaften. Als er Krakau verlassen musste, waren mindestens achtunddreißig belastende Bände vorhanden, elftausend DIN-A4-Seiten mit täglichen Einträgen, die von zwei Sekretären abgetippt worden waren. Die frühesten Einträge spiegelten den Glauben an die Dauerhaftigkeit des Regimes wider. Frank hatte notiert, dass das Territorium ein Ort sein werde, wo Himmlers Wunsch, »alle Juden aus den neu erworbenen Reichsgebieten zu entfernen«, umgesetzt werden würde. Polen würden mit

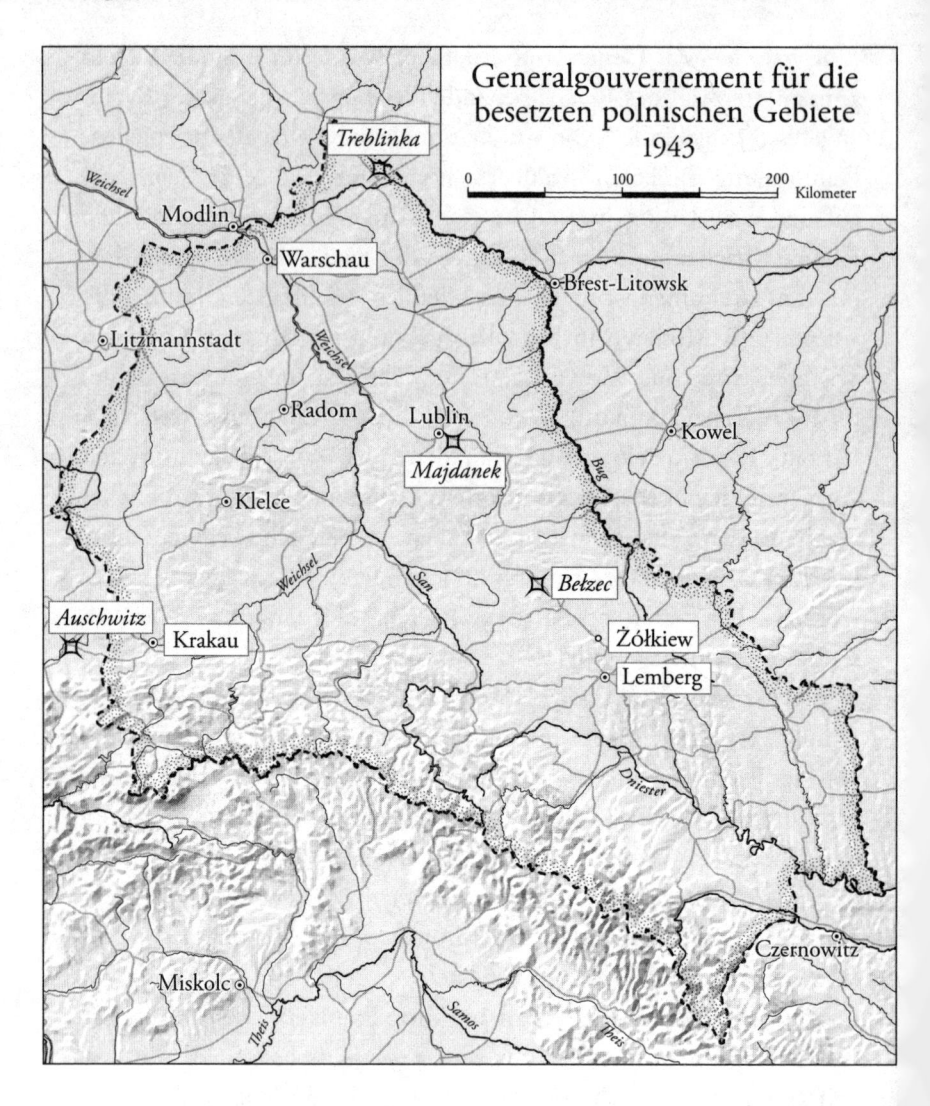

Generalgouvernement für die besetzten polnischen Gebiete
1943

Brutalität behandelt werden. Da Frank fürchtete, dass sie die Unabhängigkeit des Landes würden feiern wollen, verabschiedete er am 11. November einen Erlass, der Plakate zur Feier des Tages bei Todesstrafe verbot. Frank maßte sich die totale Kontrolle über Leben und Tod an und hatte auch vor, sie auszuüben. Er setzte damit die auf dem Berliner Kongress von 1935 vorgestellten Ideen um: In seinem Generalgouvernement würde die »Volksgemeinschaft« der einzige gesetzliche Maßstab sein, so dass Individuen dem Willen des Souveräns, des Führers, unterworfen sein würden.

92 Im Oktober 1940 reiste Frank nach Berlin, um mit Hitler in dessen Privatwohnung zu speisen und die Zukunft seines Territoriums zu besprechen. Die anderen Gäste waren Baldur von Schirach, der neue Reichsstatthalter in Wien, und Martin Bormann, Hitlers späterer Privatsekretär. Frank lieferte einen persönlichen Bericht über dem Fortschritt im Generalgouvernement. Bormanns Protokoll der Zusammenkunft hielt die frühen Erfolge fest: »Reichsminister Dr. Frank informierte den Führer, dass die Aktivitäten im Generalgouvernement als sehr erfolgreich bezeichnet werden könnten. Die Juden in Warschau und in anderen Städten seien jetzt in den Ghettos festgesetzt und Krakau würde sehr bald frei von ihnen sein.«

Franks Leistungen wurden gefeiert. Was aber sollte mit den Juden geschehen, die – wie Rita und Malke – in Deutschland oder Österreich geblieben waren? Die vier Männer diskutierten die Rolle von Frank und seiner Regierung, besonders das willkommene Angebot, beim »Transport« dieser Juden nach Osten zu helfen. Frank äußerte zunächst Bedenken, kapitulierte aber rasch:

»Reichsleiter von Schirach, der auf der anderen Seite des Führers Platz genommen hatte, bemerkte, dass er immer noch 50 000 Juden in Wien habe, die Dr. Frank übernehmen müsse. Parteigenosse Dr. Frank sagte, das sei unmöglich. Gauleiter Koch wies dann darauf hin, dass auch er bis jetzt weder Polen noch Juden aus dem Distrikt Zichenau überstellt habe, aber dass diese Juden und Polen jetzt natürlich von Generalgouvernement übernommen werden müssten.«

Frank wurde überstimmt. Es wurde der Beschluss gefasst, die Wiener Juden in sein Territorium zu überstellen. Frank kehrte mit dem Wissen nach Krakau zurück, dass seine Bevölkerung einen großen Zustrom neuer Einwohner erhalten würde. Er würde tun, was ihm befohlen wurde.

93 Franks Territorium dehnte sich bald aus. Nach dem Überfall Hitlers auf die Sowjetunion, dem Unternehmen Barbarossa im Juni 1941, überrannte die deutsche Armee das sowjetisch kontrollierte Territorium Polens (und die frühere österreichisch-ungarische Provinz Galizien), das dem Generalgouvernement am 1. August eingegliedert wurde. Frank übernahm die Macht in Lemberg, das die Hauptstadt des Distrikts Galizien wurde und einen eigenen Gouverneur, Karl Lasch, bekam. Frank hatte seinen Einfluss genutzt, um ein paar Intellektuelle in Krakau vor der Haft zu bewahren – nicht jedoch Professor Longchamps de Bérier in Lemberg, Lehrer von Lauterpacht und Lemkin. Für ihn gab es kein Erbarmen.

Die Expansion brachte neue Herausforderungen. Der leichte Erfolg der Wehrmacht, die nach Osten in Länder einmarschierte, in denen viele Juden lebten, verschaffte Frank Kontrolle über mehr als 2,5 Millionen Juden im ganzen Generalgouvernement. Die Zahl war sogar noch höher – 3,5 Millionen –, wenn »jüdisch Versippte« einbezogen wurden. Frank arbeitete mit Himmler bei der Entscheidung über ihre Zukunft zusammen, und selbst wenn die beiden Männer nicht immer einer Meinung waren, entschied der nur allzu anpassungsbereite Frank letztendlich immer, keine Schwierigkeiten zu machen: Himmler entschied, und Frank folgte.

Im Dezember 1941 informierte Frank bei einem Kabinettstreffen auf dem Wawel über eine Konferenz zur Zukunft der Juden, die in Berlin abgehalten werden sollte. Sie werde unter der Führung von SS-Obergruppenführer Reinhard Heydrich am Wannsee stattfinden und eine »große jüdische Auswanderung« einleiten. Staatssekretär Dr. Josef Bühler werde als sein Stellvertreter teilnehmen, verkündete er dem Kabinett und forderte die Kollegen auf, sich gegen »alle Mitleidserwägungen« zu wappnen. Er ließ keinen Zweifel an der Bedeutung des Wortes »Auswanderung«. »Wir müssen die Juden vernichten, wo immer wir sie treffen und wo es irgend möglich ist«, erklärte er, es gehe darum das Gesamtgefüge des Reichs aufrechtzuerhalten. Als ich diesen Tagebucheintrag las, so wahrheitsgetreu niedergeschrieben, fragte ich mich, ob seine Sekretäre sich jemals Gedanken darüber gemacht hatten, ob es klug sei, solche Äußerungen aufzuschreiben.

Die Wannsee-Konferenz fand im Januar 1942 statt, als Lauterpacht mit Robert Jackson im Waldorf Astoria in New York speiste, während Lemkin in einem kleinen Universitätsbüro in Durham, North Carolina, über Franks Erlassen brütete. Das Protokoll der Konferenz wurde von Adolf Eichmann geführt, darin ist eine Vereinbarung darüber festgehalten, »den deutschen Lebensraum mit legalen Mitteln von Juden zu säubern«, ein Verfahren, das als »erzwungene Emigration« bezeichnet wurde. Eine Liste mit Juden wurde vorbereitet, insgesamt elf Millionen, von denen 20 Prozent unter Franks Herrschaft waren. »Europa wird von West nach Ost durchgekämmt«, erzählte Bühler bei seiner Rückkehr Frank. Die »evakuierten Juden« von Österreich – lediglich 43 700 waren noch übrig – würden in »Transit-Ghettos« gebracht und von dort nach Osten in das Territorium von Franks Generalgouvernement geschafft. Die in Österreich und Deutschland lebenden älteren Menschen würden zuerst in ein Ghetto für alte Leute nach Theresienstadt geschickt. Meine Urgroßmütter Malke Buchholz und Rosa Landes waren darunter.

Erpicht darauf, eine nützliche Rolle zu spielen, äußerte Frank seine Begeisterung Bühler gegenüber, der die Unterstützung seines Vorgesetzten an Heydrich und die anderen Teilnehmer der Konferenz weitergab. Das Generalgouvernement würde es begrüßen, erzählte Bühler den Konferenzteilnehmern, »wenn die Endlösung dieser Frage im Generalgouvernement beginnen würde«. Das Territorium biete zahlreiche Vorteile, da weder ein Transportproblem noch ein Mangel an Arbeitskräften die Aktion behindern würden. Die Verwaltungsbehörden des Generalgouvernements würden alle notwendige Unterstützung bereitstellen, sagte Bühler, der seinen Wannsee-Vortrag mit einer Bitte beendete, die in Eichmanns Protokoll als unzweideutiges Angebot festgehalten wurde. Sinngemäß – und zugespitzt – wiedergegeben lautete sie: Gestatten Sie bitte, dass die Judenfrage so schnell wie möglich gelöst wird, und gestatten Sie uns die Ehre, damit zu beginnen.

94 Bühler kehrte nach Krakau zurück und berichtete Frank, dass das Angebot seitens des Generalgouvernements, die »Lösung der Judenfrage« umfassend zu unterstützen, mit großer Dankbarkeit angenommen worden sei. Bühlers Rückkehr fiel zusammen mit der Ankunft des italienischen Journalisten Curzio Malaparte in Krakau, der von der Zeitung *Corriere della Sera* geschickt worden war, um Frank zu interviewen. Frank hatte eine Schwäche für Italien und Mussolini (einen persönlichen Freund) und war daher erfreut, Malaparte auf dem Wawel zu empfangen. Er bat ihn zu einem Abendessen, zu dem höhere Beamte mit ihren Frauen geladen waren. Unter den Gästen waren Otto von Wächter, der Gouverneur von Krakau, und Josef Bühler, der kurz zuvor von der Wannsee-Konferenz zurückgekehrt war.

Malaparte war beeindruckt von den Einzelheiten, von den maßgeschneiderten grauen Uniformen, den roten Armbinden mit Hakenkreuzen. Frank, der über einen erlesenen Weinkeller verfügte, saß am Kopf der Tafel auf einem Stuhl mit hoher starrer Lehne, dicht neben Bühler. Malaparte nahm Notiz von Franks glänzend schwarzem Haar, der hohen elfenbeinweißen Stirn, den vortretenden Augen mit den dicken, schweren Lidern und von Bühlers geröteten Wan-

Frank (in der Mitte) als Gastgeber auf dem Wawel, undatiert

gen, seinen schwitzenden Schläfen und vor Ergebenheit glänzenden Augen. Jedes Mal, wenn Frank etwas fragte, war Bühler der Erste, der antwortete, der »Ja, ja!« rief und katzbuckelte.

Wusste Malaparte, dass Bühler vor kurzem von der Wannsee-Konferenz in Berlin zurückgekehrt war? Sprach Bühler über Heydrich, über die vereinbarten Maßnahmen, über die »Endlösung der Judenfrage in Europa«? Der Italiener berichtete in seinem Artikel für den *Corriere della Sera*, der am 22. März 1942 veröffentlicht wurde, nichts über diese Angelegenheiten. Er schrieb wenig über die Juden – eine beiläufige Bemerkung über die Konfiszierung von Eigentum, die Schwierigkeiten bereite –, aber er überhäufte Frank mit Schmeicheleien. »Er ist ein Mann von großem Wuchs, stark, lebhaft«, schrieb er, »mit einem feinen Mund, einer schmalen Adlernase, großen Augen, einer hohen Stirn, die von einer frühzeitigen Kahlheit aufgehellt wird.«

Frank, der fließend Italienisch sprach, dürfte diese Beschreibung seiner Person als Führer, der »auf dem Thron der Jagellonen und Sobieskis« saß, gefallen haben. Eine Renaissance der großen polnischen Tradition von Königshaus und Rittertum war im Gange.

»Mein einziger Ehrgeiz ist, das polnische Volk zur Höhe der europäischen Zivilisation zu erheben« – mit diesem Ausspruch wurde Frank zitiert. Nach dem Essen zogen sich die Männer in Franks Privatwohnung zurück. Sie redeten, rauchten, tranken, bequem auf tiefen Wiener Diwanen und weich gepolsterten Ledersesseln ruhend. Zwei Diener in blauen Livreen gingen im Raum umher, boten Kaffee, Liköre und Süßigkeiten an. Es herrschte großer Überfluss: Grüngoldene venezianische Lacktischchen waren beladen mit Flaschen alten französischen Cognacs, einer Auswahl von Havannazigarren, silbernen Schalen gefüllt mit kandierten Früchten und den berühmten polnischen Wedel-Schokoladenplättchen.

Frank lud Malaparte ein in sein privates Arbeitszimmer mit den seltenen doppelten Loggien: die eine nach draußen mit Blick über die Stadt, die andere nach drinnen mit Blick auf den Renaissancehof der Burg mit seinen Arkaden. Mitten im Arbeitszimmer stand ein riesiger Mahagonitisch, leer und glänzend im Kerzenlicht, längst verschwunden zu der Zeit, als ich den Raum siebzig Jahre später besuchte.

»Hier denke ich über die Zukunft Polens nach«, sagte Frank zu Malaparte.

Die beiden Männer traten auf die Außenloggia, um die unter ihnen liegende Stadt zu bewundern.

»Dies ist die Deutsche Burg«, erklärte Frank und zeigte auf den gewaltigen Schatten des Wawel, der scharf umrissen in den blendendweißen Schnee geschnitten war. Malaparte berichtete über bellende Hunde, ein Trupp bewachte Marschall Piłsudski in seinem Grabgewölbe, tief unter der Burg.

Die Nacht war bitterkalt, so dass Malaparte die Tränen in die Augen traten. Sie kehrten ins Zimmer zurück, und Brigitte Frank schloss sich ihnen an. Sie trat zu dem Italiener und legte ihm vertraulich die Hand auf den Arm. »Kommen Sie mit mir«, sagte sie. »Ich will Ihnen sein Geheimnis zeigen.« Sie gingen durch eine Tür am Ende des Arbeitszimmers und traten in einen kleinen Raum mit kahlen, weißgetünchten Wänden. Sein »Adlerhorst«, verkündete Brigitte, ein Ort des Nachdenkens und der Entscheidung, leer bis auf einen Pleyel-Flügel und einen Holzschemel.

Frau Frank klappte den Flügeldeckel hoch und glitt ganz leicht über die Tasten. Malaparte bemerkte die dicken Finger, die ihren Mann so anwiderten.

»Bevor er eine schwere Entscheidung trifft, oder wenn er sehr müde und niedergeschlagen ist, bisweilen auch mitten in einer wichtigen Besprechung, schließt er sich hier in dieser Zelle ein, setzt sich an den Flügel und sucht Entspannung und Anregung bei Schumann, bei Brahms, bei Chopin, bei Beethoven«, erzählte sie dem Italiener.

Malaparte schwieg. »Er ist ein ungewöhnlicher Mann, nicht wahr?«, flüsterte Frau Frank, dabei huschte ein Ausdruck des Stolzes und der bewundernden Liebe über ihre harten, habgierigen Züge. »Er ist ein Künstler, ein großer Künstler mit einer reinen und zarten Seele«, fügte sie hinzu. »Nur ein Künstler wie er kann Polen regieren.«

Frank spielte an diesem Abend in Krakau nicht Klavier. Einige Tage danach konnte Malaparte ihn in Warschau spielen hören, als der Generalgouverneur die Stadt besuchte, um sich mit Himmler zu treffen und Rückschläge an der russischen Front und Veränderungen beim Personal auf seinem Territorium zu besprechen. Himmler und Frank kamen überein, dass Otto von Wächter, der Gouverneur des Distrikts Krakau, als Gouverneur des Distrikts von Galizien nach Lemberg gehen sollte. Er würde Karl Lasch ablösen, dem Korruption vorgeworfen und eine Affäre mit Frau Frank nachgesagt wurde. Manche behaupteten, er sei der Vater des kleinen Niklas Frank.

95 Bei unserem ersten Treffen saßen Niklas Frank und ich auf der Terrasse des Hotels Jacob am Stadtrand von Hamburg und blickten auf die Elbe. Es war zeitiger Frühling, und nach einem mit Gerichtsverhandlungen angefüllten Tag – Hamburg ist Sitz des Internationalen Seegerichtshofes – trafen wir uns unter dem Blätterdach eines duftenden Baumes, eine Flasche Riesling und eine große Platte mit deutschem Käse vor uns.

Niklas war dreiundsiebzig, mit einem bärtigen, verletzlichen Gesicht, das noch Ähnlichkeit mit den Kindheitsfotos hatte. Er wirkte wie ein Akademiker, freundlich, sanft, doch auch stahlhart, mit einem ganz eigenen Naturell und einer eigenen Agenda. Niklas war drei gewesen, als Malaparte im Frühjahr 1942 den Wawel besucht hatte, daher erinnerte er sich nicht an den Italiener, doch er wusste, was dieser über seinen Vater geschrieben hatte. Ich hatte das aus dem Buch erfahren, das Niklas in den 1980ern geschrieben hatte und das der Auslöser für unsere Begegnung war. Er hatte viele Jahre als Journalist für die Zeitschrift *Stern* gearbeitet, als er 1987 *Der Vater* veröffentlichte, eine unversöhnliche, gnadenlose Abrechnung mit seinem Vater, ein Werk, das ein Tabu brach, das den Kindern von hohen Nazis auferlegte, ihre Eltern zu ehren (und nicht zu viel auszuplaudern). Eine gekürzte Version mit dem Titel *In the Shadow of the Reich* wurde auf Englisch herausgebracht, obwohl Niklas mir sagte, er sei nicht glücklich mit der Übersetzung und mit der Auslassung bestimmter Teile. Ich entdeckte ein Exemplar im Web – zehn Pence plus Versandkosten – und las es über das Wochenende. Später machte ich den Übersetzer ausfindig – Arthur Wensinger, emeritierter Professor für Deutsche Sprache und Literatur an der Wesleyan University –, der mich mit Niklas bekanntmachte. Es stellte sich heraus, noch ein merkwürdiger Zufall, dass Niklas Franks Übersetzer die Kriegsjahre an der Phillips Academy in Andover verbracht hatte, wo er ein Kommilitone von Eli Lauterpacht gewesen war.

Niklas und ich trafen uns ein paar Wochen später in Hamburg. Ich mochte ihn von Anfang an, ein großzügiger Mann mit viel Sinn für Humor und einer scharfen Zunge. Er erzählte von einer Kindheit in Krakau und Warschau, vom Leben in der Wawel-Burg, vom schwierigen Umgang mit der Tatsache, einen Vater wie Hans Frank gehabt zu haben. Anfang der 1990er Jahre reiste er als Journalist nach Warschau, um Lech Wałęsa, der gerade zum Präsidenten Polens gewählt worden war, zu interviewen. Sie trafen sich im Belvedere-Palast, im selben Raum, wo Malaparte Frank beim Klavierspielen zugesehen hatte.

»Ich erinnere mich, wie ich um den Tisch herumgelaufen bin, mein Vater auf der anderen Seite. Ich wollte nur von ihm umarmt werden. Ich weinte, weil er mich immerzu *Fremdi* nannte, als ob ich nicht zur Familie gehörte. ›Du gehörst nicht zu dieser Familie‹, sagte mein Vater zu mir, und ich weinte.« Man muss mir meine Verwunderung angesehen haben, deshalb bot Niklas eine Erklärung an.

»Erst später habe ich erfahren, dass mein Vater geglaubt hat, ich sei nicht sein Sohn, sondern der Sohn seines besten Freundes Karl Lasch, des Gouverneurs von Galizien; er war kurze Zeit der Geliebte meiner Mutter.« Niklas erfuhr schließlich aus den Briefen und Tagebüchern

Niklas Frank mit seinen Eltern auf der Wawel-Burg, 1941

seiner Mutter, was geschehen war. »Sie war eine eifrige Schreiberin«, erklärte er, »sie schrieb immer Gespräche auf, auch das, das sie mit meinem Vater hatte, als Lasch erschossen wurde.« (Lasch wurde der Korruption angeklagt, im Frühjahr 1942 seines Postens als Gouverneur von Galizien enthoben und durch Otto von Wächter abgelöst. Danach wurde er hingerichtet – oder beging er Selbstmord?)

Aus Brigitte Franks Briefen ging klar hervor, dass Frank Niklas' Vater war. Jahre später wurde die Wahrheit bestätigt, als Niklas Helene Winter (geborene Kraffczyk) besuchte, Franks persönliche Sekretärin in den Wawel-Jahren. »Als ich mich ihrem Haus näherte, bemerkte ich eine winzige Bewegung der Gardine. Später fragte ich: ›Frau Winter, sehe ich Herrn Lasch ähnlich?‹ Frau Winter wurde blass.« Es stimmte; sie fragte sich, ob er Frank oder Lasch ähnlich sah und war erleichtert, als sie die Ähnlichkeit mit Frank feststellte.

»Sie liebte meinen Vater; sie war in ihn verliebt.« Niklas machte eine Pause und sagte dann mit schroffer Entschiedenheit, die ich inzwischen an ihm mochte: »Sie war seine letzte Geliebte, eine sehr nette Frau.«

Niklas' Gefühle seinem Vater und Familienmitgliedern gegenüber waren im Laufe der Jahre nicht wärmer geworden. Franks Schwester Lily nutzte die Familienbeziehungen aus. Niklas erzählte, sie sei gern in das nahe Krakau gelegene Konzentrationslager Płaszów gegangen. »Nachdem das Krakauer Ghetto abgerissen worden war, wurden Tausende Juden nach Auschwitz deportiert, andere nach Płaszów. Unsere Tante Lily ging zu ihnen nach Płaszów und sagte: ›Ich bin die Schwester des Generalgouverneurs; wenn ihr mir etwas Wertvolles geben könnt, vielleicht kann ich euer Leben retten.‹« Ich fragte, woher er das wisse. »Aus den Briefen meiner Mutter«, antwortete er.

Seine Mutter habe bis 1933 gute Beziehungen zu Juden gehabt, erzählte Niklas. Selbst nach der Machtübernahme der Nazis handelte sie weiter mit ihnen, kaufte und verkaufte Pelze und anderes, das ihre neue Stellung verlangte. Das empörte Niklas' Vater. »Das kannst du nicht machen«, pflegte er zu sagen. »Ich bin Justizminister und du handelst mit den Juden, und ich werde sie alle hinauswerfen.«

Wie war seine Beziehung zu seinem Vater? Niklas erinnerte sich an nur einen liebevollen Moment aus der Wawel-Zeit, und zwar im Bad seines Vaters neben der im Boden eingelassenen Badewanne.

»Ich stand neben ihm; er rasierte sich. Plötzlich tat er ein wenig Schaum auf meine Nase.« Niklas war wehmütig. »Es war der einzig private, intime Moment, an den ich mich erinnern kann.«

Später besuchten Niklas und ich die Wawel-Burg, gingen durch Franks Privatgemächer, die Familienräume, das Badezimmer. Wir standen vor dem Spiegel, als Niklas mir zeigte, wie sich sein Vater zu ihm herabgebeugt und einen Schaumklecks auf seine Nase gesetzt hatte.

»Es hat sich nicht verändert«, sagte Niklas. Immer noch gab es die in den Boden eingelassene Badewanne, die sich gleich neben der Tür zum Schlafzimmer seines Vaters befand. In den Türsturz aus dem 16. Jahrhundert waren die Worte eingemeißelt: *tendit in ardua virtus*. »Mut in schweren Zeiten«.

96 Malaparte wurde ein weiteres Mal von Frank zum Abendessen geladen, diesmal im Brühl'schen Palais in Warschau, das er schon einmal 1919 besucht hatte. Damals hatte der neue polnische Ministerpräsident Ignacy Paderewski Chopin-Préludes gespielt. Diesmal saß Malaparte auf einem Sofa in einem der Privatgemächer des Palastes und erinnerte sich an Paderewskis geisterhaftes, in Tränen gebadetes Gesicht. Was ein Vierteljahrhundert für einen Unterschied machen konnte! Frank saß am Klavier und spielte, den Kopf gesenkt, die Stirn blass und schweißnass. Malaparte bemerkte den Ausdruck des Leidens auf den »stolzen« Zügen des Generalgouverneurs, hörte sein mühsames Atmen, sah, wie er sich auf die Lippe biss. Frank hatte die Augen geschlossen, die Lider zitterten vor innerer Erregung. »Ein kranker Mann«, dachte Malaparte. Dieses Mal wurden die reinen verführerischen Melodien eines Chopin-Préludes von einem Deutschen intoniert. Malaparte behauptete, ein Gefühl der Scham, der Auflehnung gespürt zu haben.

Diese Betrachtungen erschienen nicht in den Artikeln, die Malaparte 1942 für den *Corriere della Sera* schrieb. Sie sind stattdessen seinem Roman *Kaputt* entnommen, der 1944 veröffentlicht wurde, als sich Franks Geschick gewendet hatte. In dieser Version, mag sie stimmen oder nicht, beobachtete Malaparte Frau Frank dicht bei ihrem Mann sitzend, einen Knäuel Strickwolle im Schoß.

»Oh, er spielt wie ein Engel!«, flüsterte die Königin von Polen.

Die Musik war zu Ende; Frank kam zu ihnen. Brigitte warf das Wollknäuel beiseite, eilte zu ihrem Mann, nahm seine Hand und küsste sie. Malaparte erwartete, dass Frau Brigitte in Anbetung niederknien würde, doch stattdessen hob sie Franks Hände an und wandte sich an die Gäste.

»Seht!«, sagte sie triumphierend. »Seht her, wie die Hände von Engeln aussehen!«

Und Malaparte sah Franks Hände, klein, zart und weiß, die so ganz anders waren als die seiner Frau.

»Und ich war verwundert und erleichtert, nicht einen einzigen Blutflecken an ihnen zu bemerken«, schrieb er auf den Seiten des Romans, zu einer Zeit, als es ungefährlich war, solche Gedanken zu Papier zu bringen.

Im Belvedere-Palast, Franks Warschauer Wohnsitz, nahm Malaparte an einem Essen zu Ehren von Max Schmeling teil, dem deutschen Boxer, der Joe Louis in der elften Runde ihres Kampfes 1936 im Yankee-Stadion k. o. geschlagen hatte. Frank wollte etwas loswerden.

»Mein lieber Malaparte, die Deutschen sind das Opfer einer schändlichen Verleumdung«, behauptete Frank, wie Malaparte in seinem Roman berichtete. »Wir sind keine Rasse von Mördern ... Ihre Pflicht als ehrlicher, unvoreingenommener Mann ist es, die Wahrheit zu sagen. Sie werden mir reinen Gewissens bestätigen können, dass die Deutschen in Polen eine große, friedliche und aktive Familie sind ... Das ist Polen – ein ehrliches deutsches Heim.«

Und was mit den Juden sei, fragte Malaparte.

»Denken Sie!«, rief Ludwig Fischer, Gouverneur von Warschau.

»Über anderthalb Millionen Juden leben jetzt auf demselben Raum, wo vor dem Krieg dreihunderttausend Menschen gelebt haben.«

»Juden leben gern so«, erklärte Franks Pressechef Emil Gassner lachend.

»Wir können sie nicht zwingen, anders zu leben«, erklärte Frank.

»Es wäre auch ein Verstoß gegen das Völkerrecht«, warf Malaparte lächelnd ein.

Frank gab zu, dass das Gebiet in Warschau, wo die Juden untergebracht waren, ein wenig beengt sein könnte, doch der »Schmutz«, in dem sie lebten, sei ihr natürliches Habitat.

»Es ist traurig, dass sie wie die Ratten sterben«, fügte er hinzu, merkte aber, dass solche Worte missverstanden werden konnten. Er stellte klar, dass sei »nur eine sachliche Feststellung«.

Das Gespräch kam auf die Kinder.

»Wie hoch ist die Kindersterblichkeit im Warschauer Ghetto?«, wurde Gouverneur Fischer gefragt.

»54 Prozent«, mischte sich Frank mit bemerkenswerter Präzision ein. Die Juden seien degeneriert; sie wüssten nicht, wie man sich um Kinder kümmere, anders als die Deutschen. Dennoch existiere ein schlechter Eindruck außerhalb von Polen, und das müsse angesprochen werden.

»Wenn man den englischen und amerikanischen Zeitungen glauben will, so möchte es scheinen, dass die Deutschen in Polen nichts anderes zu tun hätten, als vom Morgen bis zum Abend Juden umzubringen«, fuhr er fort. »Und doch, Sie sind seit über einem Monat in Polen, und können nicht behaupten, dass Sie einen Deutschen einem Juden ein Haar haben krümmen sehen.«

Malaparte berichtete nichts davon, dass er widersprochen hätte, als Frank ein böhmisches Kristallglas mit tiefrotem Türkenblut hob.

»Trinken Sie ohne Furcht, mein lieber Malaparte; dies ist kein Judenblut. Prosit!«

Das Gespräch wandte sich dem nahen Warschauer Ghetto zu.

»Innerhalb des Ghettos erfreuen sie sich der größtmöglichen Freiheit«, erklärte Frank. »Ich verfolge niemanden.«

Und er töte auch niemanden.

»Die Juden zu töten, ist nicht die deutsche Methode.« Solche Aktionen wären eine Verschwendung von Zeit und Kraft. »Wir deportieren sie nach Polen und schließen sie in Ghettos ein. Sie können dort tun, was sie wollen. In den polnischen Ghettos leben sie wie in einer freien Republik.«

Dann hatte Frank eine Idee.

»Haben Sie das Ghetto schon gesehen, mein lieber Malaparte?«

97 Ich kaufte ein Exemplar der ersten Ausgabe von *Kaputt* in Italienisch, um mich davon zu überzeugen, dass die englische Übersetzung dort, wo Malaparte einen vollständigen Bericht seines Besuches im Warschauer Ghetto gab, dem Originaltext folgte. Obwohl mir inzwischen klargeworden war, dass die Worte von Curzio Malaparte nicht für bare Münze genommen werden können, lohnt es sich, den Bericht von dem Ausflug wiederzugeben. Malaparte erzählte, dass er im ersten Auto zusammen mit Frau von Wächter und Generalgouverneur Frank vom Belvedere-Palast abgefahren sei, gefolgt von einem zweiten Auto mit Frau Frank und Max Schmeling und noch anderen Gästen in weiteren Autos. Am Eingang zur »Verbotenen Stadt«, vor dem Tor in der Ziegelmauer, die die Deutschen um das Ghetto herum errichtet hatten, hielten die Autos, und alle stiegen aus.

»Schauen Sie diese Mauer an«, sagte Frank zu mir. »Finden Sie, dass sie der schrecklichen mit Maschinengewehren gespickten Zementmauer gleicht, von der die englischen und amerikanischen Zeitungen sprechen?« Und er fügte lachend hinzu: »Die Juden, die Ärmsten, sind alle brustkrank: diese Mauer schützt sie wenigstens vor dem Wind.« …

»Und doch«, sagte Frank lachend, »obwohl die Übertretung des Verbotes, das Ghetto zu verlassen, mit dem Tode bestraft wird, verlassen und betreten die Juden das Ghetto nach ihrem Belieben.«.

»Klettern sie über die Mauer?«

»O nein«, sagte Frank, »sie schlüpfen durch gewisse Löcher, eine Art Rattenlöcher, die sie des Nachts unter der Mauer auswühlen und tagsüber mit etwas Erde und Laub verdecken. Sie kriechen durch diese Schlupflöcher und gehen in die Stadt, um Lebensmittel und Kleidungsstücke zu kaufen. Der Handel auf dem Schwarzmarkt im Ghetto wird zum größten Teil durch diese Löcher gespeist. Hin und wieder gerät die eine oder andere der Ratten in die Falle: Es sind Kinder von acht oder zehn Jahren, nicht älter. Sie riskieren ihr Leben mit einem wirklichen Sportsgeist. Auch das ist Kricket, nicht wahr?«

»Sie riskieren ihr Leben?«, rief ich.

»Im Grunde«, antwortete Frank, »setzen sie nur dieses aufs Spiel.«

»Und Sie nennen das Kricket?«

»Natürlich, jedes Spiel hat seine Regeln.«

»In Krakau«, unterbrach uns Frau Wächter, »hat mein Mann um das Ghetto eine orientalische Mauer bauen lassen, mit eleganten Krümmungen und anmutigen Zinnen. Die Krakauer Juden können bestimmt nicht klagen. Eine wirklich elegante Mauer, in jüdischem Stil.«

Alle lachten, während sie mit den Füßen auf den verharschten Schnee stampften.

»Ruhe!«, rief ein Soldat, der mit angelegtem Gewehr ein paar Schritte entfernt von uns hinter einem Schneehaufen verborgen kniete. Ein anderer Soldat, der hinter ihm kniete, schaute über die Schulter seines Kameraden, der plötzlich schoss. Die Kugel traf die Mauer unmittelbar neben einem Loch. »Daneben!«, bemerkte der Soldat vergnügt und schob eine weitere Patrone in den Lauf.

Frank ging zu den beiden Soldaten hinüber und fragte, auf was sie schössen.

»Auf eine Ratte«, antworteten sie, laut lachend.

»Auf eine Ratte – ach so!«, sagte Frank, kniete sich nieder, um dem Soldaten über die Schulter zu sehen.

Auch wir waren hinzugetreten, und die Damen lachten und quiekten und hoben den Kleidersaum etwas hoch, wie Frauen es gewöhnlich tun, wenn von Ratten und Mäusen die Rede ist.

»Wo ist die Ratte?«, fragte Frau Brigitte Frank.

»Sie ist in der Falle«, sagte Frank lachend.

»Achtung!«, rief der Soldat und zielte abermals. Aus dem am Fuß der Mauer ausgehöhlten Loch tauchte ein schwarzer Schopf zerraufter Haare auf, dann zwei Hände, die sich auf dem Schnee vortasteten.
Es war ein Kind.
Der Schuss knallte, aber auch diesmal verfehlte er um ein weniges sein Ziel. Der Kinderkopf verschwand.
»Gib her«, sagte Frank mit ungeduldiger Stimme. »Du weißt nicht einmal, wie man ein Gewehr hält.« Er ergriff das Gewehr und zielte. Der Schnee fiel lautlos.

Ein Ghettobesuch als geselliges Unternehmen, mit Frauen und Freunden und vielleicht Kindern. Ich dachte an Sascha Krawec, den jungen Mann, der sechs Monate versteckt in Miss Elsie Tilneys Badezimmer in Vittel verbrachte, eine von Franks entkommenen Ratten. Ich fragte Niklas über Malapartes Bericht aus, den mutmaßlichen Besuch des Warschauer Ghettos. Könnte Frank ein Gewehr genommen und damit auf einen Juden angelegt haben?

Seine Mutter hatte *Kaputt* tatsächlich gelesen. »Ich habe diese Erinnerung, wie sie auf dem Sofa sitzt und sehr zornig über Malapartes Buch ist. Er hat geschrieben, dass mein Vater sehr lange Finger hatte; sie waren wirklich lang. Oder hat er über die Finger meiner Mutter geschrieben?«

»Über die Finger Ihres Vaters«, sagte ich. Malaparte habe Brigittes Finger als dick beschrieben. Niklas nickte und lächelte dann sein breites Lächeln. »Meine Mutter war erregt, ging herum, richtig empört. ›Es ist nicht wahr‹, sagte sie, ›Lügen, nichts als Lügen‹«.

Hat der Besuch des Ghettos stattgefunden?

»Wir haben alle die Ghettos besucht«, sagte Niklas leise. Er erinnerte sich an einen Besuch, vielleicht des Krakauer Ghettos, des von Wächter gebauten. »Mein Bruder Norman besuchte das Warschauer Ghetto, meine Schwester Sigrid besuchte das Krakauer Ghetto. Ich besuchte das Krakauer Ghetto mit meiner Mutter.« Später zeigte er mir Ausschnitte aus einem Amateurfilm mit dem Titel *Krakau*, den sein Vater besessen hatte. Eingestreut zwischen Familienszenen und

Mädchen in rotem Kleid

Bildern von Frank bei der Arbeit waren ein paar Momente im Ghetto zu sehen. In einer kurzen Szene verweilt die Kamera auf einem Mädchen in einem roten Kleid.

Sie schaut direkt in die Kamera und lächelt, ein schönes langes, hoffnungsvolles Lächeln, das mir in Erinnerung geblieben ist. Wie auch das rote Kleid, ein Bild, das von Regisseur Steven Spielberg in seinen Film *Schindlers Liste* aufgenommen wurde. Dasselbe Ghetto, dasselbe Kleid, Erfindung, Tatsache. Könnte Spielberg diesen Film gesehen haben, der laut Niklas nie öffentlich gezeigt worden war, oder war es einfach ein weiterer Zufall?

Ich fragte Niklas, ob sein Vater und Malaparte gemeinsam das Ghetto besucht haben könnten.

»Das könnte sein«, sagte Niklas. »Ich glaube nicht, dass er persönlich Juden getötet hat, und meine Mutter hat das definitiv nicht geglaubt.«

Doch über diese wichtige Angelegenheit gab es innerhalb der Familie eine Meinungsverschiedenheit. Niklas' älterer Bruder Norman, inzwischen verstorben, hatte eine andere Erinnerung.

»Norman besuchte das Ghetto zusammen mit Schamper«, fügte Niklas hinzu. Schamper war der Fahrer seines Vaters. »Er sagte mir, er könne sich vorstellen, dass unser Vater das Gewehr eines Soldaten genommen hätte.«

98 Im Sommer 1942 hatte Frank Feinde an höherer Stelle und musste auf der Hut sein. Im Juni und Juli hielt er vier große Reden über juristische Angelegenheiten, über die Rechtsstaatlichkeit und ihre Bedeutung. Er betonte die Notwendigkeit eines Rechtssystems, das auf Rechtsstaatlichkeit basierte, mit echten Gerichten und unabhängigen Richtern. Das war auch gegen Himmler gerichtet, der inzwischen in führender Funktion an der Umsetzung der Pläne zur Vernichtung der Juden beteiligt war und mit dem er einen offenen Konflikt über die Machtausübung im besetzten polnischen Territorium austrug. Frank sprach an den großen Universitäten in Berlin, Wien, Heidelberg und München und reagierte damit auf den Druck von höhergestellten Richtern, die besorgt waren, dass die Justiz im Reich untergraben wurde. Frank wollte ein Reich unter dem Gesetz.

»Der juristische Verstand wird immer anerkennen, dass der Krieg Vorrang gegenüber allem anderen hat«, sagte er seinen Zuhörern am 9. Juni in Berlin. Trotzdem müsse es sogar in Kriegszeiten eine Rechtssicherheit geben, weil die Menschen ein »Gefühl der Gerechtigkeit« bräuchten. Angesichts der Aktionen, die er in Polen befehligte, ist es frappierend, dass darin keinerlei Ironie zu finden ist. Frank hatte seine eigenen Vorstellungen von Gerechtigkeit, die sich um zwei Themen gruppierten, »autoritäre Kontrolle« einerseits und »richterliche Unabhängigkeit« andererseits. Das Recht musste autoritär sein, doch es musste von unabhängigen Richtern angewandt werden.

Die vier Reden wurden von Himmler nicht gut aufgenommen, der sich bei Hitler beschwerte. Vielleicht hätte Frank bei seiner Wortwahl vorsichtiger sein sollen. Eine heftige Gegenreaktion auf seine Reden ließ nicht lange auf sich warten. Zuerst wurde er von der Gestapo verhört, dann, als er zu Besuch auf dem Schoberhof war, erfuhr er, dass er aller seine Ämter, bis auf eines, enthoben worden war.

»Brigitte, der Führer hat mir das Generalgouvernement gelassen«, erzählte er seiner Frau. Laut Niklas war Frau Frank erleichtert, dass er diesen Posten behielt.

Falls Frank echte Bedenken über die Richtung, die das Reich nahm, hatte, was Niklas bezweifelte, dann verblassten sie doch angesichts des anderen Problems in seinem Leben. Die Politik kam gegenüber Herzensangelegenheiten an zweiter Stelle: Lilly Grau tauchte unerwartet aus der Vergangenheit auf, die Jugendfreundin, die er einst hatte heiraten wollen. Sie teilte Frank in einem Brief mit, dass ihr einziger Sohn an der russischen Front vermisst sei. Ob er helfen könne? Die Bitte rief eine starke Reaktion und eine überwältigende Sehnsucht hervor. Er besuchte Lilly in ihrem Zuhause in Bad Aibling in Bayern, es war zwanzig Jahre her, dass sie sich das letzte Mal gesehen hatten.

»Wir waren sofort unkontrollierbar entflammt. Wir vereinten uns wieder, so leidenschaftlich, dass es jetzt kein Zurück mehr gibt.« Eine Woche später trafen sie sich in München, und Frank gelang es, Krakau lange genug zu entkommen, um sich ihr einen Tag und eine Nacht lang persönlich zu widmen. »Eine feierliche und erneuerte Wiedervereinigung zweier Menschen, die einander entflammten und die nichts für lange trennen konnte«, schrieb er. Bei dieser Passage musste ich laut lachen, als ich sie zum ersten Mal las.

Frank beschloss, sich aus einer lieblosen Ehe mit Brigitte zu befreien, um mit Lilly zusammen zu sein. Eine Woche nach der Münchner »Feuersbrunst« brütete er die originellsten und schrecklichsten Pläne aus, um sich von Brigitte zu befreien. Er führte ihr gegenüber die auf der Wannsee-Konferenz getroffenen Entscheidungen ins Feld, um eine Scheidung zu erreichen. Während sich Malke Buchholz auf ihren Transport nach Treblinka vorbereitete, während die Lauterpachts in Lemberg zusammengetrieben und die Lemkins aus dem Ghetto von Wołkowysk geschafft wurden, argumentierte Hans Frank mit solchen Geschehnissen, sagte seiner Frau, dass er tief verstrickt in kriminelle Aktionen sei – in »die grausigsten Dinge« – und dass sie sich von ihm distanzieren solle, um sich zu schützen. Er schilderte ihr die Einzelheiten jener streng geheimen und schrecklichen Aktion, die als »Endlösung« bekannt werden sollte. Der Horror eröffnete einen Weg zum persönlichen Glück, einen Ausweg aus dem täglichen Leben mit einer herrischen, habgierigen Frau. Um sie aus der Verbindung mit dem Generalgouverneur zu lösen und so zu retten, sei er bereit, »das größte Opfer« zu bringen, eine Scheidung, damit sie nicht von der Endlösung befleckt werde. Die Massenvernichtung eröffnete einen Weg zu Lilly und zum Glück.

Brigitte Frank fiel nicht darauf herein, so wie auch Hitler und Himmler nicht gewillt waren, die Vorstellungen zu akzeptieren, die Frank in seinen vier Reden dargelegt hatte. Die Königin von Polen erfreute sich eines verschwenderischen Lebensstils mit Schlössern und Wachen, den sie nicht aufgeben würde. Sie zog es vor, das Risiko einzugehen, den Preis zu bezahlen, dabeizubleiben. »Ich ziehe es vor, die Witwe eines Reichsministers zu sein, statt eine geschiedene Frau!«, sagte sie Freunden. Niklas teilte mir die Einzelheiten mit, die schwarz auf weiß in ihrem Tagebuch standen. Hans habe ihr die »grausigsten Dinge« offenbart, schrieb Brigitte, Sachen, über die nicht offen geredet werden konnte. Eines Tages könnte sie vielleicht darüber reden, »Einzelheiten später, aber nur privat«.

Ein paar Tage später wechselte Frank die Richtung. Er zitierte Brigitte ins Musikzimmer der Wawel-Burg, um ihr mitzuteilen, dass

Karl Lasch sich erschossen habe. Sie war von der Reaktion ihres Mannes überrascht. »Er erklärt, dass die Scheidung nun nicht länger notwendig sei«, berichtete sie. Der Abend war »harmonisch«, der Richtungswechsel »völlig unverständlich«.

Der Achterbahn-Sommer war noch nicht vorbei. Zwei Wochen danach verlangte Frank erneut die Beendigung der Beziehung und machte Brigitte für sein Unglück verantwortlich. »Jemand hatte ihm gesagt, ich sei keine gute Nationalsozialistin«, schrieb sie, »und er ließ es so aussehen, als hätte man ihm geraten, sich scheiden zu lassen.«

Brigitte Frank inmitten ihrer fünf Kinder, 1942

Am nächsten Tag war wieder alles gut. Frank kaufte ihr Schmuck, einen Talisman, um sie für das Leiden zu entschädigen, das er verursacht hatte. Aber einen Monat darauf hatte er abermals die Richtung gewechselt und die Forderung nach einer sofortigen Scheidung erneuert.

»Zwischen uns gibt es nichts Körperliches mehr«, sagte er Brigitte. Seine Bedürfnisse wurden von Lilly befriedigt (und offenbar auch von einer anderen Dame namens Gertrud).

Mit bewundernswerter Gelassenheit behielt Brigitte die Fassung in dieser schwierigen Periode, vielleicht weil sie Frank völlig dominierte. Laut Niklas schrieb sie an Hitler und bat ihn, sich einzuschalten, um eine Scheidung zu verhindern. Sie schickte dem Führer ein Foto der glücklichen Familie, eine Matriarchin, die ihre drei Söhne und zwei Töchter schützte, eine wahre Nazi-Modellfamilie.

Das Foto zeigte Wirkung. Hitler schaltete sich ein und verbot Frank, sich scheiden zu lassen. »Mein Vater liebte den Führer mehr als seine Familie«, sagte Niklas mir einmal.

99

Das war das persönliche Chaos, in dem Frank steckte, als er im Sommer 1942 nach Lemberg reiste. Er beherrschte das Territorium von Galizien, doch nicht seine Frau oder seine Gefühle, und ganz sicher nicht seine körperlichen Impulse.

Es war der Jahrestag der Eingliederung Lembergs in das Generalgouvernement als Hauptstadt des neugermanisierten Distrikts Galizien. Frank traf am Morgen des 31. Juli ein, nach einer dreitägigen Reise, die in Tarnopol begonnen hatte, dann in südliche Richtung nach Tschortkiw und Salischtschyky und schließlich in östliche Richtung nach Kossiw und Jaremtsche geführt hatte. Die letzte Strecke, ein Katzensprung Richtung Nordosten, führte in die Löwen-Stadt. Frank reiste im gepanzerten Auto und Zug, angesichts fortwährender Gerüchte über Angriffe. Die *Gazeta Lwowska* berichtete, dass in seiner Gegenwart die Gesichter seiner neuen Untertanen »vor Glück leuchten« und viele ihre Dankbarkeit ausdrücken würden: Kinder reichten Blumen, Frauen übergaben Rosensträuße und Körbe mit Brot, Salz und Obst.

Lemberg war jetzt fest in deutscher Hand. Franks Hauptaufgabe war es, die zivile Ordnung wiederherzustellen, die unter der festen Hand von Gouverneur Otto von Wächter, der Lasch vor wenigen Wochen ersetzt hatte, weiter gewahrt bleiben sollte. Frank hatte nach der Vertreibung der Sowjets Pläne für die Stadt. Da er in ernsthafte politische Auseinandersetzungen mit Himmler verstrickt war, wollte er bei allen wichtigen Entscheidungen einbezogen werden. Je mehr Überblick und Verantwortung er hatte, desto mehr würde er als Führer anerkannt. Für dieses Ziel wandte er ein Prinzip der »einheitlichen Verwaltung« an, wie er Parteioberen in Krakau erklärt hatte. Er stand an der Spitze der Machtpyramide, beschrieb sich selbst als »Fanatiker«. »Die höheren SS-Chargen und die Polizeiführung im Distrikt sind dem Gouverneur untergeordnet.« Nur eine Stufe unter ihm stand von Wächter.

Innerhalb des Generalgouvernements galt Frank als derjenige, der alles wusste, der für alle Aktionen verantwortlich war. Er erhielt Berichte über alle Maßnahmen, einschließlich über die der Einsatzgruppen von SS und SD. Er erhielt eine Kopie aller wichtigen Dokumente. Da er alles wusste, war er für alles verantwortlich, und er nahm an, dass seine Macht ewig währen und er nie zur Rechenschaft gezogen würde.

Sein Zug fuhr in den Hauptbahnhof von Lemberg ein, von dem aus Lauterpacht und Lemkin abgereist waren. Um neun Uhr morgens traf Frank dort mit seinem Kollegen Otto von Wächter zusammen, dem Gouverneur von Galizien, groß und blond, mit militärischer Haltung, ein makellos gutaussehender Nazi verglichen mit Frank. Die Kirchenglocken läuteten; eine Militärkapelle spielte. Die beiden Männer fuhren gemeinsam vom Bahnhof zum Stadtzentrum, durch mit Reichsfahnen geschmückte Straßen, vorbei an Leons erstem Zuhause, vorbei

Franks Auftritt vor dem Opernhaus von Lemberg, August 1942

an Lemkins Studentenunterkünften, dicht vorbei an Lauterpachts ehemaligem Wohnhaus. Schulkinder säumten die Opernstraße (Operowa-Straße) und schwenkten Fähnchen, als Frank auf dem Hauptplatz vor der Oper ankam, der in Adolf-Hitler-Platz umbenannt worden war.

Am Abend weihte Frank ein frisch renoviertes Theater ein, das »Heiligtum der Kunst«, das Skarbek-Theater. Er stand stolz vor einem Publikum von Würdenträgern und sprach die einführenden Worte zu Beethoven und Fritz Weidlich, einem wenig bekannten Dirigenten, der nach dem Krieg in Österreich in Vergessenheit geraten sollte. Frank hatte Herbert von Karajan als Dirigenten gewünscht oder Wilhelm Furtwängler. Es sollte eine Erinnerung sein an einen großartigen Abend im Februar 1937, als er die Philharmonie in Berlin in Begleitung eines strahlenden Führers besucht hatte. Das Berliner Konzert schuf Momente unbeschreiblicher Emotion. »Und bei den aufwühlenden Klängen erschauerte ich vor Jugend, Kraft, Hoffnung, Dankbarkeit«, schrieb er in sein Tagebuch.

An jenem Abend sprach er mit gleicher Leidenschaft, mitten im Orchester stehend. »Wir, die Deutschen, gehen nicht in fremde Länder mit Opium und ähnlichen Maßnahmen wie die Engländer«, erklärte er. »Wir bringen anderen Nationen Kunst und Kultur«, und Musik, die für das unsterbliche deutsche Volk spreche. Sie mussten sich mit Weidlich begnügen, der das Konzert mit Beethovens Leonoren-Ouvertüre Nr. 3, Opus 72 b, eröffnete, gefolgt von der Neunten Sinfonie, zu der die Stimmen des Opernchors erklangen.

100 Am darauffolgenden Samstagmorgen, dem 1. August, nahm Frank an Veranstaltungen teil, die den Jahrestag der Eingliederung des Distrikts Galizien in das Generalgouvernement feierten. Sie fanden in der Oper und im Großen Saal des ehemaligen Landtags von Galizien statt. Siebzig Jahre später, als die Universität mich einlud, um einen Vortrag über diese Feier zu halten, sprach ich im selben Raum, vor einem Foto von Frank stehend, das ihn bei einer seiner Reden anlässlich der Machtübergabe vom Militär an die Zivilregierung, nun unter der Führung von Wächter, zeigte.

Als Frank sprach, war das Universitätsgebäude mit schwarz-weißroten Fahnen geschmückt. Um zum Großen Saal zu gelangen, stieg er die Mitteltreppe empor und ging zu einem Platz in der Mitte der Bühne. Nachdem er begrüßt worden war, betrat er das mit grünen Zweigen geschmückte hölzerne Rednerpult, darüber ein Adler, der auf einem Hakenkreuz thronte. Der Saal war gedrängt voll, die Rede wurde in der *Gazeta Lwowska* als Verkündigung der Rückkehr der Zivilisation in die Stadt gepriesen. »Europäische Regeln der Gesellschaftsordnung« kehrten nach Lemberg zurück. Frank dankte Gouverneur von Wächter für »vorzügliche Führung« in den zwei Jahren als Gouverneur von Krakau. »Ich bin hergekommen, um Ihnen zu danken und Dankbarkeit im Namen des Führers und des Reichs auszudrücken«, sagte Frank zu Wächter, der auf dem Podium zu seiner Rechten saß.

Frank im Großen Saal der Universität, Lemberg,
1. August 1942

Frank erklärte den anwesenden Parteiführern, dass Hitlers Antisemitismus gerechtfertigt, dass Galizien das »Urgebiet der jüdischen Welt« sei. Die Kontrolle über Lemberg und seine Umgebung erlaube es ihm, sich mit dem Kern des jüdischen Problems zu befassen.

»Wir ... wissen, was uns der Führer im Distrikt Galizien gegeben hat. Ich spreche hier nicht von den Juden, die wir hier noch haben«, brüllte er, wieder einmal zu laut. »Mit diesen Juden werden wir auch fertig.« Er war ein guter Redner, da gab es keinen Zweifel, er konnte die Aufmerksamkeit des Publikums fesseln.

»Übrigens«, sagte er an Otto von Wächter gewandt und machte der dramatischen Wirkung wegen eine Pause, »habe ich heute gar nichts mehr davon gesehen. Was ist denn das? Es soll doch in dieser Stadt einmal Tausende und Abertausende von diesen Plattfußindianern gegeben haben – es war keiner mehr zu sehen.« Das Publikum applaudierte stürmisch. Frank kannte die Antwort auf die Frage. Der Eingang zum Lemberger Ghetto befand sich nur ein paar hundert Meter vom Rednerpult entfernt, von dem herab er sprach. Das wusste er, weil seine Verwaltung erst vor einem Jahr die Karte »Umsiedlung der Juden« vorbereitet hatte, mit den sieben Abschnitten des Ghettos, in dem alle Juden der Stadt lebten. Nach seinem Erlass wurde das Verlassen des Ghettos ohne Erlaubnis mit dem Tode bestraft.

Er wusste nicht genau, wer sich in diesem Ghetto befand, aber er wusste, wie er sein Publikum aufputschen konnte.

»Ihr werdet doch am Ende nichts Böses mit ihnen angestellt haben?«, sagte er und teilte dem Publikum mit, er sei dabei, die Judenfrage zu lösen. Sie würden nie mehr nach Deutschland reisen können. Die Botschaft war klar, seine Worte riefen »lebhaften Beifall« hervor.

Später am Abend verbrachte er Zeit mit Charlotte von Wächter, der Frau des Gouverneurs. Sie war einen beträchtlichen Teil des Tages mit Frank zusammen, wie sie in ihrem Tagebuch berichtete:

»Frank kam um neun zum Frühstück und ging dann sofort mit Otto fort. [Ich] hätte mitkommen sollen, tat es aber nicht. Ich blieb zu Hause mit Fräulein Wickl. Hinterher schlief ich tief. Sehr müde. Um vier … [wurde ich] zu Frank [geschickt], der wieder mit mir Schach spielen wollte. Ich habe zweimal gewonnen. Danach ging er ärgerlich zu Bett. Dann kam er zurück und fuhr sofort weg.«

Das Tagebuch erwähnte keine der von ihrem Mann an diesem Tag unter der Aufsicht des Generalgouverneurs Frank getroffenen Entscheidungen, die bald umgesetzt werden sollten.

101

Eine Woche nach Franks Besuch begann die Treibjagd auf die Juden in Lemberg. Die »Große Aktion« startete am Montagmorgen, dem 10. August, man sammelte viele der verbliebenen Juden im Ghetto und außerhalb ein und hielt sie auf einem Schulhof fest, ehe sie in das Janowska-Lager im Stadtzentrum gebracht wurden. »In Lemberg gab es eine Menge zu tun«, schrieb Gouverneur von Wächter am 16. August an seine Frau, bezog sich in einer Zeile auf die »große Aktion gegen die Juden« und in einer anderen auf Tischtennisspiele, die »mit großem Enthusiasmus« betrieben worden seien. Heinrich Himmler kam am 17. August nach Lemberg, um sich mit Gouverneur von Wächter und Odilo Globocnik zu beraten, der für den Bau des Todeslagers in Bełzec, achtzig Kilometer nordwestlich von Lemberg, verantwortlich war. Beim Essen in von Wächters Haus kam man auf die Zukunft der Juden von Lemberg und der umliegenden Gebiete, einschließlich Żółkiews, zu sprechen. Innerhalb von zwei Wochen waren über 50 000 Menschen auf der Eisenbahnstrecke Richtung Bełzec unterwegs.

Unter den Tausenden, die in der Großen Aktion zusammengetrieben wurden, war Lauterpachts Familie – seine junge Nichte Inka sah aus einem Fenster mit an, wie ihre Mutter gefasst wurde, ein viele Jahre später ins Gedächtnis gerufener Moment, die glasklare Erinnerung an ein Kleid und Schuhe mit hohen Absätzen. Lauterpachts Eltern und der Rest der verzweigten Familie wurden ebenfalls gefasst. Höchstwahrscheinlich wurde zu diesem Zeitpunkt auch die Lemberger Familie meines Großvaters ausgelöscht, darunter Onkel Leibus mit Frau und Kindern. Alles, was blieb, war ein Glückwunschtelegramm zur Hochzeit, das 1937 an Leon und Rita geschickt worden war.

Während das alles geschah, berichtete die *Krakauer Zeitung* von einer weiteren Rede Franks, in der er den »echten Erfolg« seiner Regierung verkündete. »Man sieht jetzt kaum mehr Juden«, erklärte Frank, in Lemberg oder in Krakau oder in irgendeiner der anderen großen oder kleinen Städte, der Dörfer oder Weiler in seinem Herrschaftsgebiet.

102 Da Niklas Frank mein Interesse an Lemberg kannte, erwähnte er, dass er mit dem Sohn Otto von Wächters, des Gouverneurs des Distrikts Galizien, der 1919 an der Universität Wien ein Kommilitone von Lauterpacht gewesen war, bekannt sei. Horst habe in Fragen der väterlichen Verantwortung »eine ziemlich konträre Haltung zu der meinen«, erklärte Niklas. Er fügte hinzu, dass diese Auffassung nicht ungewöhnlich sei.

Niklas verschaffte mir eine Einladung Horst von Wächters, ihn auf Schloss Hagenberg zu besuchen, jenem beeindruckenden Schloss aus dem 17. Jahrhundert, in dem er lebte und das etwa eine Stunde nördlich von Wien entfernt liegt. Um einen geschlossenen Hof herum gebaut, erhob sich das Barockschloss vier Stockwerke hoch, ein düsteres und uneinnehmbares Bauwerk, das bessere Tage gesehen hatte. Horst und seine Frau Jacqueline bewohnten ein paar spärlich möblierte Räume. Ich mochte den liebenswerten, sanften Horst, ein beachtlich proportionierter Mann in einem rosa Hemd und mit Sandalen an den Füßen, Brillenträger, graues Haar und, nach einem Foto zu urteilen, mit dem gleichen breiten Lächeln wie sein Vater. Er war sympathisch und freundlich, eingenommen (oder vielleicht gefangengenommen?) von der verblichenen Pracht des Schlosses, das er vor einem Vierteljahrhundert mit Hilfe einer kleinen Erbschaft gekauft hatte. Es gab keine Zentralheizung, und die bittere Kälte des Mittwinters konnte durch das von bröckelndem barockem Gesims und der verblichenen Farbe der Wände umgebene Kaminfeuer kaum gemildert werden.

In einem der Räume direkt unter den Balken, die das hohe Dach tragen, bewahrte Horst die Bibliothek seines Vaters auf, die »nationalsozialistische Abteilung« der Familiengeschichte. Er lud mich ein, mich umzuschauen. Ich nahm willkürlich ein Buch aus dem dicht besetzten Regal. Die erste Seite enthielt eine Widmung in einer kleinen, sauberen deutschen Handschrift. Für den SS-Gruppenführer Dr. Otto von Wächter, »mit meinen besten Wünschen zum Geburtstag«. Die tiefblaue Unterschrift, leicht verwischt, war gnadenlos. »H. Himmler, 8. Juli 1944«. Mein Schock über die Unterschrift wurde noch durch den Kontext verstärkt: Dieses Buch war kein Museumsstück, sondern ein Familienerbstück, das Horsts Vater als Zeichen der Anerkennung erhalten hatte. Für geleistete Dienste. Es gab eine direkte Verbindung zwischen Horsts Familie und der Nazi-Führerschaft. (Bei einem späteren Besuch griff ich ein Exemplar von Hitlers *Mein Kampf* heraus, ein Geschenk von Horsts Mutter an seinen Vater während ihrer Zeit als Liebespaar. »Ich wusste nicht, dass es dort war«, sagte Horst offensichtlich erfreut.)

In dem Raum, den er als Arbeitszimmer nutzte, hatte Horst einige Familienalben versammelt. Auch mit diesen Seiten hatte er keine Probleme. Sie zeigten ein normales Familienleben: Bilder von Kindern und Großeltern, Skiurlaub, Bootsausflüge, Geburtstagsfeiern. Aber zwischen diesen wenig überraschenden Bildern waren andere Fotos. August 1931, ein Unbekannter meißelt an einem in eine Mauer eingelassenen Hakenkreuz; ein undatiertes Foto von einem Mann, der unter einer Reihe zum Nazi-Gruß erhobener Arme ein Gebäude verlässt, mit der Unterschrift »Dr. Goebbels«; drei Männer im Gespräch auf einem überdachten Bahngelände, undatiert, mit den Initialen »A. H.«. Ich schaute genauer hin. Der Mann in der Mitte war Hitler, neben ihm der Fotograf Heinrich Hoffmann, der Hitler mit Eva Braun bekanntgemacht hat. Den dritten Mann erkannte ich nicht. Horst sagte, »es könnte Baldur von Schirach sein; es ist nicht mein Vater«. Ich war weniger sicher.

Ich wendete die Seiten um. Wien, Herbst 1938. Wächter in Uniform an seinem Schreibtisch in der Hofburg, nachdenklich, Papiere prüfend. Ein Datum stand auf der Seite: 9. November 1938. Die »Kristallnacht« begann ein paar Stunden später.

Eine andere Seite: Polen, Ende 1939 oder Anfang 1940, Bilder von ausgebrannten Gebäuden und Flüchtlingen. In der Mitte der Seite zeigt ein kleines quadratisches Foto eine ängstliche Gruppe, vielleicht in einem Ghetto. Nach Malapartes Bericht hatte Wächters

A. H. mit Heinrich Hoffmann und einem unbekannten Mann,
ca. 1932 (aus Otto von Wächters Album)

Frau Charlotte die Mauer des Krakauer Ghettos gelobt, die mit ihrem orientalischen Stil der »eleganten Krümmungen und anmutigen Zinnen« den Juden eine behagliche Anmutung geboten habe. (Dieses Foto war, wie sich später herausstellte, im Warschauer Ghetto gemacht worden, in der Nähe der Nowolipie-Straße 35, dicht bei einer kleinen Passage, die zu einem Markt führte.)

Zu der Gruppe gehören ein Junge und eine alte Frau, gegen die Kälte eingehüllt. Eine weiße Armbinde fällt mir auf, die ihre Trägerin, eine alte Dame mit Kopftuch, als Jüdin kennzeichnet. Ein paar Schritte hinter ihr, in der Bildmitte, blickt ein Junge direkt in die Kamera, zur Fotografin, sehr wahrscheinlich Wächters Frau Charlotte, die sich auf einem Ghetto-Besuch befand ähnlich dem, von dem Ma-

Straßenszene im Warschauer Ghetto, ca. 1940
(aus Otto von Wächters Album)

laparte berichtet. Sie hatte in der Wiener Werkstätte bei Architekt Josef Hoffmann studiert und einen guten Blick für Komposition.

Die Seiten dieser Familienalben enthielten andere bemerkenswerte Bilder. Wächter mit Hans Frank. Wächter mit seiner Galizischen Division der Waffen-SS. Wächter mit Himmler in Lemberg. Sie stellten Otto von Wächter ins Zentrum der deutschen Operationen, waren persönliche Erinnerungsstücke an internationale Verbrechen, im großen Stil begangen. Ihre Bedeutung war unleugbar, obwohl Horst das nicht sehen wollte.

Horst wurde wie Niklas 1939 geboren und hatte nur eine schwache Erinnerung an seinen Vater, der oft verreist war. Die Haltung seinem

Vater gegenüber, einem für Kriegsverbrechen von der polnischen Exilregierung verurteilten Nazi-Führer, unterschied sich von der Niklas'. Er mühte sich ab, mit Ottos Vermächtnis klarzukommen.

»Ich muss das Gute in meinem Vater finden«, sagte er in einem unserer ersten Gespräche. Er befand sich auf einer Rehabilitierungsmission, gegen alles Wissen und den Fakten zum Trotz. Unsere vorsichtigen Wortwechsel wurden entspannter. »Mein Vater war ein guter Mann, ein Liberaler, der sein Bestes getan hat«, sagte Horst, krampfhaft bemüht, das zu glauben. »Andere wären schlimmer gewesen.«

Er gab mir eine ausführliche Biographie seines Vaters mit vielen Fußnoten. Ich versprach, sie zu studieren. »Natürlich«, sagte Horst schnell, »und danach werden Sie wiederkommen.«

103 Inmitten des Mordens, und sich immer noch mit seiner Ehe herumquälend, fand Frank die Zeit, eine weitere schöne Idee umzusetzen: Er lud den berühmten Baedeker-Verlag ein, einen Reiseführer für das Generalgouvernement zu produzieren, um Besucher anzulocken. Im Oktober 1942 schrieb Frank eine kurze Einführung, die ich in einem Exemplar fand, das ich in einem Antiquariat in Berlin gekauft hatte. Das Buch hatte den vertrauten roten Einband und enthielt eine große ausklappbare Karte, die die äußeren Grenzen von Franks Territorium mit blauer Linie markierte. Innerhalb dieses Rahmens lagen Lemberg im Osten, Krakau im Westen und Warschau im Norden. Die Grenzen umschlossen auch die Lager von Treblinka, Bełzec, Majdanek und Sobibor.

»Für die aus dem Osten nach dem Reich Reisenden«, schrieb Frank in seiner Einführung, »ist das Generalgouvernement bereits ein stark heimatlich anmutendes Gebilde, für die aus dem Reich nach Osten Reisenden aber ist es bereits der erste Gruß einer östlichen Welt.«

Karl Baedeker hatte ein paar persönliche Worte des Dankes an Frank hinzugefügt, der diese glückliche neue Ergänzung der Baedeker-Kollektion angeregt habe. Das Projekt wurde geleitet von Oskar

Steinheil, der das Gebiet im Herbst 1942 bereiste und vom Generalgouverneur persönlich dabei unterstützt wurde. Was sah Herr Steinheil, das er nicht aufzunehmen entschied, als er mit Auto und Eisenbahn umherreiste? Baedeker schrieb, er hoffe, dass das Buch einen Eindruck von der enormen Organisations- und Aufbauarbeit vermitteln könne, die Frank »unter schwierigen Kriegsbedingungen in 3½ Jahren« geleistet habe.

Der Besucher werde von den großen Verbesserungen profitieren, da die Provinz und die Städte »ein anderes Gesicht gewonnen« hätten und deutsche Kultur und Architektur wieder zugänglich seien. Karten und Stadtpläne waren aktualisiert, Namen eingedeutscht, alles in Übereinstimmung mit Franks Erlassen. Der Leser erfuhr, dass das Generalgouvernement ein Gebiet von 142 000 km^2 umfasste (37 % des früheren polnischen Territoriums) und die Heimat von 18 Millionen Menschen war (72 % Polen, 17 % Ukrainer [Ruthenen] und 0,7 % Deutsche). Eine Million oder mehr Juden waren ausgelöscht (»judenfrei« war die für verschiedene kleinere und größere Städte verwendete Formel). Der aufmerksame Leser hätte den seltsamen Fehler bemerkt haben können, einschließlich des Hinweises auf die Tatsache, dass Warschaus Bevölkerung früher 400 000 Juden eingeschlossen habe, die jetzt verschwunden waren.

Lemberg bekam acht Seiten (und einen zweiseitigen Stadtplan), Żółkiew nur eine, obwohl es wegen ihres Erbes aus dem 17. Jahrhundert eine »sehenswerte« Stadt war. Der Ringplatz sei »typisch deutsch«; die barocke Dominikanerkirche (auf das Jahr 1655 zurückgehend) und die römisch-katholische Kirche (1677 wiedererbaut) besäßen Gemälde von einem deutschen Künstler. Deutsche Touristen würden sich dank der nahe gelegenen deutschen Siedlungen wohlfühlen. Die einzige Andachtsstätte, die nicht erwähnt wurde, war die Synagoge aus dem 17. Jahrhundert, die im Juni 1941 völlig ausgebrannt war. Der Reiseführer erwähnte auch die Juden von Żółkiew oder das Ghetto, in dem sie lebten, als er herauskam, mit keinem Wort. Sechs Monate später waren beinah alle von ihnen ermordet.

Der Band lieferte auch keinen Hinweis darauf, zu welchem Zweck die »schönen Waldungen« um Zółkiew dienten, oder irgendeine Information über die zahlreichen Konzentrationslager, die über Franks Territorium verstreut waren. Die Herausgeber erwähnten nebenbei die Verbindungen, die Bełzecs Bahnhof zum Rest von Galizien biete, und gaben einen flüchtigen Hinweis auf die Kleinstadt Auschwitz, die an der Reichsstraße Nr. 391 liege, der Hauptroute, die damals Warschau mit Krakau verband.

104 Die Veröffentlichung des Baedeker-Führers fiel mit einer anderen Art von Bericht zusammen, der in der *New York Times* unter der Überschrift »Polen klagt Zehn für den Tod von 400 000 an« erschien. Der Artikel identifizierte eine Gruppe der »ruchlosen Zehn«, führende Funktionäre des Generalgouvernements, die von der polnischen Exilregierung als Kriegsverbrecher angeklagt wurden. »Der deutsche Gouverneur ist die Nr. 1.«

Das war ein Hinweis auf Frank, dessen Verbrechen die Exekution von 200 000 Polen, die Verschickung von Hunderttausenden nach Deutschland und die Errichtung von Ghettos umfassen sollten. Otto von Wächter (fälschlich als »J. Waechter« bezeichnet) fungierte als Nr. 7, als Gouverneur von Krakau (ein Posten, den er allerdings im März 1942 abgegeben hatte, als er nach Lemberg versetzt wurde). Wächters Spezialität sei »die Vernichtung der polnischen Intelligenz« gewesen.

Ich schickte eine Kopie des Artikels an Horst von Wächter, der darum gebeten hatte, alles zu sehen, was ich in Zusammenhang mit den Aktivitäten seines Vaters in Polen fand. Seine erste Reaktion war, auf die Irrtümer hinzuweisen. Der Artikel behandelt alle von Franks Stellvertretern »gleichermaßen als Kriminelle«, beklagte sich Horst, wie es auch die Polen getan hätten. Er lud mich ein, ohne Niklas noch einmal nach Hagenberg zu kommen, begleitet von einem Fotografen. Wir sprachen über die Ereignisse im August 1942 in Lemberg.

Ein Bericht darüber war von dem Nazi-Jäger Simon Wiesenthal geschrieben worden, der behauptete, von Wächter zeitig im Jahr 1942 im Lemberger Ghetto gesehen zu haben, und bestätigte, dass der Gouverneur »persönlich verantwortlich« gewesen sei, dass Wiesenthals Mutter am 15. August 1942 von ihm getrennt und in den Tod geschickt wurde. Horst war skeptisch und sagte, sein Vater sei an dem betreffenden Tag gar nicht in Lemberg gewesen. Später entdeckte ich ein Foto von Wächter mit Frank in der Wawel-Burg, aufgenommen am 16. August, einen Tag nachdem Wiesenthal von Wächter im Lemberger Ghetto gesehen zu haben glaubte.

Diese Ereignisse hatten weitere Konsequenzen, viel später und weit entfernt. Ich erzählte Horst von einem Urteil, das im März 2007 von einem Bundesrichter in den USA ergangen war und einem gewissen John Kalymon, Einwohner von Michigan, seine amerikanische Staatsbürgerschaft entzog. Der Richter urteilte, dass Kalymon im August 1942 als ukrainischer Hilfspolizist an der Großen Aktion mitgewirkt hatte und dass er unmittelbar an der Tötung von Juden beteiligt gewesen war. Das Urteil stützt sich auf einen Sachverständigenbericht, der von dem deutschen Historiker Dieter Pohl erstellt wurde, der einige Male auch von Wächter erwähnt. Pohls Bericht führte mich zu anderen Dokumenten im amerikanischen Justizministerium in Washington, von denen drei Wächter direkt mit den Ereignissen von 1942 in Verbindung brachten. Ich zeigte sie Horst, wie er es gewünscht hatte.

Das erste war eine Notiz über ein Treffen, das im Januar 1942, kurz vor Wächters Ankunft, in Lemberg stattgefunden hatte, unter der Überschrift »Deportation von Juden aus Lemberg«. Darin wurde eine Fahrt ohne Rückkehr nach Bełzec und in die Gaskammern angekündigt, die im März stattfinden sollte. »Wenn möglich, ist der Ausdruck ›Umsiedlung‹ zu vermeiden«, hielt das Dokument fest, sensibel für die Nuancen der Sprache in Bezug auf die Wahrheit. Wächter aber musste Bescheid gewusst haben.

Das zweite Dokument war ein Befehl vom März 1942, unterzeich-

Frank (links vorne) und von Wächter (vierter von links) auf dem Wawel, Krakau, 16. August 1942

net von Wächter. Es sollte die Beschäftigung von Juden in ganz Galizien beschränken, wurde zwei Tage vor der ersten Ghetto-Operation (15. März) erlassen und trat in Kraft einen Tag nach den Überstellungen nach Bełzec (1. April). Der Befehl schnitt den meisten arbeitenden Juden den Zugang zur nichtjüdischen Welt ab, ein Schritt, den Lemkin als einen notwendigen Wegbereiter für den Genozid einordnete.

So niederschmetternd diese beiden Dokumente waren, das dritte war vernichtend. Es war ein kurzes Memorandum von Heinrich Himmler an Dr. Wilhelm Stuckart, den Abteilungsleiter im Reichsinnenministerium in Berlin. Es war auf den 25. August datiert und wurde abgeschickt, als die Große Aktion bereits im Gange war. »Ich war kürzlich in Lemberg«, schrieb Himmler an Stuckart, »und hatte ein sehr offenes Gespräch mit dem Gouverneur, SS-Brigadeführer Dr. Wächter. Ich habe ihn frei heraus gefragt, ob er nach Wien gehen will, weil ich es als Fehler angesehen hätte, während ich dort war, ihm diese Frage, die mir sehr bewusst ist, nicht zu stellen. Wächter möchte nicht nach Wien gehen.«

Ein ehrliches Gespräch, das die Möglichkeit der Abreise und alternative Karriereoptionen aufzeigte, einen Ausweg, eine Rückkehr nach Wien. Wächter lehnte ab; er entschied sich zu bleiben. Wenn er angenommen hätte, wäre seine Karriere beendet gewesen. Er entschied sich in voller Kenntnis von der Großen Aktion, wie klar aus einem Brief hervorging, den Horst mir zeigte und der am 16. August von seinem Vater an die Mutter geschickt worden war. Darin stand, dass es nach der Abreise von Frau Wächter »viel zu tun gab in Lwiw ... die Ernte war zu registrieren, Arbeiter zu beschaffen (jetzt schon 250 000 aus dem Distrikt!) und die laufende ›Große Aktion‹ gegen die Juden«.

Himmler beendete seinen Brief an Stuckart mit einem zusätzlichen Gedanken: »Es bleibt nun abzuwarten, wie sich Wächter im Generalgouvernement als Gouverneur von Galizien nach unserem Gespräch benehmen wird.«

Wächter muss sich zu Himmlers voller Zufriedenheit benommen haben, weil er den Posten behielt und für zwei weitere Jahre in Lemberg blieb. Als ziviler Führer hatte er eine Rolle in der Großen Aktion vom August 1942.

Himmlers Brief ließ weder Unklarheit noch Ausflüchte zu. Als ich ihn Horst zeigte, starrte er ausdruckslos darauf. Wenn sein Vater jetzt vor ihm stünde, was würde er sagen?

»Ich weiß es wirklich nicht«, sagte Horst. »Es ist sehr schwer ... vielleicht würde ich ihn gar nichts fragen.«

Ein Schweigen hing in dem trostlosen Raum. Nach einer Weile brach Horst es mit einem entlastenden Gedanken: Sein Vater sei von der Situation überwältigt gewesen, von ihrer Unausweichlichkeit und ihrem katastrophalen Ausmaß, von den Befehlen und ihrer Dringlichkeit. Nichts war unausweichlich, sagte ich zu Horst, nicht die Unterschrift, nicht die Aufsicht, die er ausgeübt hatte. Wächter hätte abreisen können.

Es folgte ein weiteres langes Schweigen, man hörte den Schnee fallen und die brennenden Holzscheite knistern. Könnte Horst, mit einem solchen Dokument konfrontiert, seinen Vater nicht verurteilen? War das ein Vater, den man lieben konnte, oder war es etwas anderes?

»Ich kann nicht sagen, dass ich meinen Vater liebe«, sagte Horst. »Ich liebe meinen Großvater.« Er blickte hinüber zum Porträt des alten Militärs, das über seinem Bett hängt.

»Auf gewisse Weise habe ich eine Verantwortung für meinen Vater, ich muss sehen, was wirklich geschehen ist, muss die Wahrheit sagen und für ihn tun, was ich kann.«

Er dachte laut nach: »Ich muss eine positive Seite finden.«

Er hatte einen Unterschied zwischen seinem Vater und dem System gemacht, zwischen dem Individuum und seiner Funktion.

»Ich weiß, dass das ganze System kriminell war und dass er ein Teil davon war, aber ich glaube nicht, dass er ein Krimineller war. Er handelte nicht wie ein Krimineller.«

Hätte sein Vater aus Lemberg weggehen und die mörderischen Operationen, die seine Regierung beaufsichtigte, hinter sich lassen können?

»Es gab keine Chance, das System zu verlassen«, flüsterte Horst. Die Dokumente des amerikanischen Justizministeriums sagten etwas anderes. Doch Horst fand einen Weg, das Material zu entschärfen, es nur als »unangenehm« oder »tragisch« zu bezeichnen.

Es war schwer, seine Reaktion zu verstehen, doch ich war eher traurig als zornig. Indem er den Vater nicht verdammte, setzte er nicht dessen Unrecht fort?

»Nein.« Der freundliche, warme, gesprächige Horst konnte nicht weiter, er war unfähig zu verurteilen. Es war die Schuld von Franks Generalgouvernement, der SS, von Himmler. Alle anderen in der Gruppe waren verantwortlich, aber nicht Otto. Schließlich sagte er: »Ich stimme Ihnen zu, dass er völlig in das System eingebunden war.«

Ein Knacken.

»Indirekt war er für alles verantwortlich, was in Lemberg geschah.« Indirekt?

Horst schwieg einen langen Moment. Seine Augen waren feucht, ich fragte mich, ob er weinte.

105 Frank war stolz darauf, von der *New York Times* als Kriegsverbrecher identifiziert zu werden. Anfang 1943 verkündete er auf einer offiziellen Versammlung: »Ich habe die Ehre, Nummer 1 zu sein.« Er notierte diese Worte in seinem Tagebuch, ohne Verlegenheit. Selbst als sich im Krieg das Blatt gegen die Deutschen wendete, glaubte er immer noch, das Dritte Reich würde tausend Jahre währen, es gäbe keine Notwendigkeit, sich in Bezug auf die Behandlung der Polen und der Juden oder bei seinen Äußerungen über sie zurückzuhalten. »Sie müssen weg«, sagte er seinem Kabinett. »Ich werde daher den Juden gegenüber grundsätzlich von der Erwartung ausgehen, dass sie verschwinden.«

»Verschwinden.« Die Worte riefen Applaus hervor, was ihn ermunterte, noch weiterzugehen, weil er nie so recht wusste, wann er aufhören sollte. Sie würden ausgelöscht werden, wo immer man sie fände, fuhr er fort, wann immer sich die Gelegenheit ergäbe. Auf diese Weise würde die Einheit und Integrität des Reiches aufrechterhalten. Wie genau würde seine Regierung vorgehen? »Diese 3½ Millionen Juden können wir nicht erschießen, wir können sie nicht vergiften, werden aber doch Eingriffe vornehmen können, die irgendwie zu einem Vernichtungserfolg führen«, erklärte er. Auch diese Worte nahm er in sein Tagebuch auf.

Am 2. August gab Frank einen Empfang auf dem Gelände der Wawel-Burg. Hier bot sich für Parteifunktionäre eine Gelegenheit, die aktuellen Entwicklungen zu reflektieren. An der russischen Front hatte es Rückschläge gegeben, aber anderswo gute Fortschritte. Im März war das Krakauer Ghetto an einem einzigen Wochenende geräumt worden, unter der effizienten Führung von SS-Hauptsturmführer Amon Göth (später von dem britischen Schauspieler Ralph Fiennes im Film *Schindlers Liste* dargestellt). Das war geschehen, weil Frank das Ghetto vom Wawel aus nicht länger sehen wollte. Im Mai war ein Aufstand im Warschauer Ghetto endgültig niedergeschlagen worden, der letzte Akt war die Zerstörung der Großen Synagoge gewesen. Durchgeführt worden war das Ganze von SS-Gruppenführer Jürgen Stroop, der die Einzelheiten stolz in einem für Himmler bestimmten Bericht beschrieb. Es lebten nun eine Million weniger Menschen in Warschau, was Frank hoffen ließ, dass die Bevölkerung »sogar noch weiter« reduziert werden konnte, wenn das Ghetto »ganz abgerissen« wurde.

Doch das Kriegsgeschehen wendete sich. In Italien hatte man Mussolini abgesetzt und auf Befehl des italienischen Königs verhaftet, und polnische Intellektuelle sprachen zunehmend offen über die Gräueltaten in den nahe gelegenen Lagern in Auschwitz und Majdanek. Frank hatte gehofft, dass die Entdeckung der Leichen Tausender polnischer Offiziere in Massengräbern bei Katyn, die 1940 von den Sowjets ermordet worden waren, und die Erinnerung an die Ermordung zahlreicher polnischer Intellektueller im selben Jahr die Beziehungen zwischen Deutschen und Polen verbessern könnten. Das geschah nicht. Die polnische öffentliche Meinung vergleiche Katyn mit »der Massensterblichkeit in den deutschen Konzentrationslagern«, stellte er bestürzt fest, oder mit »den Hinrichtungen von Männern, Frauen und selbst Kindern und Greisen bei der Durchführung kumulativer Strafen in den Gebieten«.

Die Feste auf dem Wawel bot eine Zuflucht. An diesem hellen Augusttag verzeichnete Franks Tagebuch neue Frontlinien in knappen, klaren Worten. »Auf der einen Seite das Hakenkreuz und auf der anderen die Juden.« Er beschrieb den Fortschritt auf seinem Territorium: »Hier haben wir mit dreieinhalb Millionen Juden begonnen, von ihnen sind jetzt nur noch wenige Arbeitskompanien vorhanden.« Was war mit den übrigen geschehen? »Alle anderen sind – sagen wir einmal – ausgewandert.« Frank kannte seine Rolle und seine Verantwortung. »Wir sind also sozusagen Komplicen im welthistorischen Sinne geworden«, berichtete er mit sorgloser Unbekümmertheit.

Seine Beziehung zu Hitler und Himmler schien sich verbessert zu haben, denn der Führer bot ihm, ohne Ironie, die Ernennung zum Präsidenten eines internationalen Zentrums für juristische Studien an. Seine Position als Gouverneur war sicher, er hatte Arbeit und Freunde, und ein Waffenstillstand hatte seine Ehe befriedet. Lilly Grau war nicht weit weg, und dann gab es die Musik, ein neues Stück war zu seinen Ehren von Richard Strauss komponiert worden, nachdem er sich eingeschaltet hatte, um zu verhindern, dass der Fahrer des Komponisten an die Ostfront eingezogen wurde:

> Wer tritt in den Raum, so forsch und so schlank?
> Sieh da, unser Freund, unser Minister Frank.

Der Text des Liedes war zu finden gewesen, doch meine Suche nach den Noten blieb ohne Erfolg. »Verschwunden«, wurde mir gesagt, zweifellos aus gutem Grund.

Frank schätzte Musik und Kunst und umgab sich damit. Als Generalgouverneur betrieb er eine selbstlose Politik, indem er wichtige polnische Kunstschätze in Schutzhaft nahm und Erlasse unterzeichnete, die es erlaubten, berühmte Kunstwerke aus Gründen des »Schutzes« zu konfiszieren. Sie wurden Teil des deutschen Kunsterbes. Es geschah alles ziemlich direkt. Einige Stücke gingen nach Deutschland, wie die einunddreißig Skizzen von Albrecht Dürer, die aus der Lubomirski-Sammlung in Lemberg gestohlen und persönlich an Göring übergeben wurden. Andere Stücke wurden in der Wawel-Burg deponiert, einige davon in Franks Privaträumen. Er stellte einen kostbar gebundenen Katalog zusammen, der alle Hauptkunstwerke aufführte, die in den ersten sechs Monaten aus Schutzgründen gestohlen wurden. Der Katalog offenbarte eine außergewöhnliche Bandbreite von exquisiten und wertvollen Gegenständen: Gemälde von deutschen, italienischen, holländischen, französischen und spanischen Meistern; illustrierte Bücher; indische und persische Miniaturen und Holzschnitte; der berühmte Hochaltar von Veit Stoß aus dem 15. Jahrhundert aus der Marienkirche in Krakau, auf Franks Geheiß abgebaut und nach Deutschland verfrachtet; Gold- und Silberarbeiten, altes Kristall, Glas und Porzellan; Gobelins und alte Waffen; seltene Münzen und Medaillen. Geplündert aus den Museen von Krakau und Warschau, entwendet aus Kathedralen, Klöstern, Universitäten, Bibliotheken und Privatsammlungen.

Frank behielt einige der besten Stücke für seine eigenen Räume. Nicht jeder teilte seinen Geschmack. Niklas betrat die Büroräume

Die Dame mit dem Hermelin von Leonardo da Vinci

seines Vaters nur selten, doch er erinnerte sich an ein besonders »hässliches Gemälde«, eine Frau mit »einem Band um den Kopf«, ihr Haar war »glatt und perfekt gekämmt« und hatte einen geraden Scheitel. Frank benutzte das Gemälde als Vorbild für seinen Sohn. »So solltest du dir die Haare kämmen«, sagte er zu Niklas mit Bezug auf die Frau, die »ein kleines weißes Tier« auf dem Arm hielt, ein Wesen, das einer Ratte glich. Sie streichelte es mit einer Hand, schaute nicht das Tier an, sondern ins Leere. »Mach den Scheitel genauso«, wurde Niklas angewiesen. Das Bild, im 15. Jahrhundert von Leonardo da Vinci gemalt, war ein Porträt von Cecilia Gallerani, *Die Dame mit dem Hermelin*. Niklas hatte es zuletzt im Sommer 1944 gesehen.

106 Niklas erzählte mir diese Geschichte, als Cecilia Gallerani in London zu Besuch war, als Krönung einer bedeutenden Leonardo-Ausstellung in der National Gallery. Ich besichtigte sie an einem grauen Dezembermorgen, die gefeierte Schönheit, Geliebte von Ludovico Sforza, Herzog von Mailand, dem sie einen Sohn gebar. Sie saß um 1490 Modell für das Porträt, das Hermelin war ein Symbol der Reinheit. 1800 kam das Gemälde in die Sammlung der Prinzessin Czartoryska im von Russland beherrschten Polen und hing seit 1876 im Czartoryski-Museum in Krakau. Dort blieb es dreiundsechzig Jahre (mit einem kurzen Zwischenspiel in Dresden während des Ersten Weltkriegs), bis Frank es entwendete. Verzaubert von der Schönheit und der Symbolik des Gemäldes, behielt er es fünf Jahre lang in seiner unmittelbaren Nähe.

Niklas erinnerte sich an das Gemälde mit Furcht und einem Lächeln. Als kleiner Junge hatte er Angst vor dem rattenähnlichen Wesen, und die Versuche seines Vaters, ihn dazu zu bringen, das Haar wie Cecilia zu frisieren, widerstrebten ihm. Er und sein Bruder Norman sahen das Gemälde in ihren Erinnerungen in verschiedenen Räumen hängen, »einer von diesen kleinen Erinnerungstupfen«, wie der Rasierschaum im Badezimmer.

Bei meinem ersten Besuch auf dem Wawel bereiteten sich die Kuratoren auf die Rückkehr der Cecilia Gallerani vor. Nach einem Rundgang durch Franks Privatwohnungen nahm mich die Direktorin für Fotografie in ihr Büro mit, um mir eine große flache Schachtel zu zeigen, gebunden in verblasstem Samt. Auf dem Einband fand sich die Inschrift »Die Burg in Krakau«, das Innenfutter bestand aus feinem, zerknittertem roten Samt. »Das wurde vergessen, als die Nazis verschwanden; wir haben es im Souterrain gefunden.«

Innen lag eine große Karte mit einer gedruckten frohen Botschaft: »Für Herrn Generalgouverneur Reichsminister Dr. Frank, anlässlich seines Geburtstages am 23. Mai 1944, in Dankbarkeit gewidmet von seiner Hofkanzlei.« Unter diesen Worten waren acht Unterschriften, ergebene Diener, die eine Serie von schönen Schwarzweißfotos in Auftrag gegeben hatten, selbst als die Sowjets näher rückten. Sie zeigten den Glanz des Wawel, Räume und Artefakte. Auf einem Foto war die *Dame mit dem Hermelin* in einem rot-weiß-schwarzen Rahmen zu sehen.

107 Als ich in Begleitung von Niklas den Wawel besuchte, war Cecilia Gallerani zurückgekehrt. Der Museumsdirektor und die Eigentümer des Gemäldes erlaubten uns, etwas Zeit allein mit ihr zu verbringen, früh am Morgen vor der Öffnung des Museums. Es waren siebzig Jahre vergangen, seit Niklas das letzte Mal vor ihr gestanden hatte. Nun tat er dies ein weiteres Mal und fühlte sich klein vor der Kraft des Bildes.

An jenem Abend aßen wir in einem Restaurant in Krakaus Altstadt. Wir sprachen vom Schreiben, von Worten und von der Zeit, von der Verantwortung. Gegen Ende unseres Mahls erhoben sich drei Gäste vom Nachbartisch. Als sie vorbeigingen, sagte die ältere Dame unter ihnen: »Wir haben ihr Gespräch ungewollt mitangehört; Ihr Buch scheint interessant zu sein.« Wir sprachen miteinander; sie setzten sich zu uns, eine Mutter mit ihrer Tochter und dem Schwieger-

Niklas Frank und Cecilia, 2014

sohn. Die Mutter war Akademikerin, gelassen und distinguiert, eine brasilianische Professorin der Chemie. Sie war in ihre Geburtsstadt zurückgekehrt, aus der sie 1939 als zehnjährige Jüdin vertrieben worden war. Hierher zurückzukommen war nicht einfach. Wieviel hatte sie von unserem Gespräch wirklich mitbekommen?, fragte ich mich. Nicht viel, wie sich herausstellte.

Die Tochter war eine ganze Weile nach dem Krieg in Brasilien geboren worden. Sie hatte eine rigorosere Haltung als ihre Mutter. Sie sagte: »Ich bin gern hier in Krakau, aber ich werde nie vergessen, was die Deutschen getan haben. Ich möchte nicht einmal mit einem Deutschen reden.«

Niklas und ich sahen uns an.

Die Mutter wandte sich an Niklas und fragte: »Und Sie sind ein Jude aus Israel!?«

Niklas antwortete prompt: »Ganz im Gegenteil. Ich bin Deutscher; ich bin der Sohn von Hans Frank, dem Generalgouverneur von Polen.«

Einen kurzen Moment war es still.

Dann erhob sich Niklas und eilte davon, aus dem Restaurant hinaus.

Später am Abend fand ich ihn.

»Sie hatten recht mit ihren festen Ansichten«, sagte er. »Ich fühle Entsetzen über das Unrecht, das ihnen die Deutschen angetan haben, der Mutter, ihrer Familie.«

Ich tröstete ihn.

108 1944 war ein schwieriges Jahr für Niklas' Vater. Es gab Anschläge auf ihn, darunter einen, als er von Krakau nach Lemberg fuhr. Im Sommer befreiten die Alliierten Paris; die Deutschen waren im Westen und im Osten auf dem Rückzug.

Die Nachrichten aus dem Osten und die Geschwindigkeit des Vormarsches der Roten Armee waren besonders besorgniserregend. Doch Frank fand immer noch Zeit, über die auf seinem Territorium verbleibenden Juden – nicht mehr als hunderttausend – nachzudenken. Man müsse sich mit ihnen befassen, sagte er auf einem Krakauer Treffen von Mitgliedern der Nazi-Partei, »eine Rasse, die ausgetilgt werden muss«.

Zwei Tage nach der Rede, gehalten im zeitigen Frühjahr, drangen die Sowjets in das Territorium des Generalgouvernements ein und näherten sich rasch Krakau und dem Wawel. Im Mai feierte Frank seinen vierundvierzigsten Geburtstag. Bewährte Kollegen überreichten ein Geschenk, jene fünfzig Fotos in einer Samtschachtel, darunter das von der *Dame mit dem Hermelin*.

Am 11. Juli wurde auf den deutschen Polizeipräsidenten in Krakau von der polnischen Widerstandsbewegung ein kühner Attentatsversuch unternommen. Frank übte Vergeltung mit der Exekution polnischer Gefangener. Am 27. Juli fiel Lemberg an die Sowjets. Während Wächter in Richtung Jugoslawien floh, konnte Lauterpachts Nichte Inka Gelbard sich wieder frei auf den Straßen bewegen. Auch Zółkiew war befreit, Clara Kramer konnte den Keller verlassen, in dem sie fast zwei Jahre verbracht hatte. Am 1. August begann ein Aufstand in Warschau. Frank hatte nicht die Absicht, sich zurückzuziehen, sondern befahl neue Maßnahmen, härter denn je.

Im September dachte Frank über die in seinem Territorium befindlichen Konzentrationslager nach. Sein Tagebuch berichtete von einem Gespräch mit Josef Bühler über das Lager Majdanek, das war die erste Erwähnung dieses Todesortes. Nachdem die Sowjets das Lager zwei Monate zuvor befreit hatten, hatten sie über die schreckliche Situation, die sie vorgefunden hatten, einen Dokumentarfilm in Umlauf gebracht, in dessen Mittelpunkt das Elend der verbliebenen 1500 Gefangenen stand.

109 Als die Sowjets auf Krakau vorrückten, entschied Frank, das Gemälde von Cecilia Gallerani mitzunehmen, wenn er aus der Stadt fliehen würde. Zeitig im Jahr 1945, als die Sowjets von Osten immer näher rückten, so dass man das Artilleriefeuer hören konnte, wies Frank sein Personal an, *Die Dame mit dem Hermelin* für die Reise nach Bayern vorzubereiten.

In jenen letzten Wochen widmete sich Frank unerledigten Arbeiten. Er vollendete zwei Essays, eins mit dem Titel »Über Gerechtigkeit«, das andere hieß »Der Orchesterdirigent«. Er machte einen Abschiedsbesuch im Krakauer Opernhaus zu einer Aufführung von *Orpheus und Eurydike*. Er schaute sich Filme an, unter anderem *Sieben Jahre Pech* mit Hans Moser, dem berühmten österreichischen Schauspieler, der einst die Hauptrolle in der Verfilmung von *Die Stadt ohne Juden* gespielt hatte. Damals waren die Aussichten so rosig gewesen, wobei Frank nichts davon wusste, dass Moser sich geweigert hatte, sich von seiner jüdischen Frau Blanca Hirschler scheiden zu lassen.

Der 17. Januar 1945 wurde zum Abreisetag bestimmt. Der Himmel über Krakau war von einem tiefen Blau, keine Wolke in Sicht, eine in Sonnenlicht gebadete Stadt. Frank verließ um 13.25 Uhr die Wawel-Burg in einem von seinem Fahrer Herrn Schamper gelenkten schwarzen Mercedes (mit dem Kennzeichen EAST 23) in einem Konvoi, der seine engsten Gefährten und mindestens achtunddreißig Bände seines Diensttagebuches zurück nach Bayern brachte. Die *Dame mit dem Hermelin* war bei ihnen, eine Art Vorsorgemaßnahme, würde Frank später behaupten, damit sie »in meiner Abwesenheit nicht geplündert werden konnte«.

Der Konvoi fuhr in nordöstliche Richtung bis Oppeln, dann weiter bis Schloss Seichau (Sichów), wo Frank sich für ein paar Tage bei Graf von Richthofen, einem alten Bekannten, verkroch. Viele der Kunstschätze, die aus Krakau gestohlen worden waren, waren schon hierhertransportiert worden. Brigitte und die meisten der Kinder, auch Niklas, waren zurück im Schoberhof. Vier Tage nach dem Verlassen des Wawel vernichteten Frank und die Stenographen Mohr und von Fenske, die seit Oktober 1939 sein Tagebuch jeden Tag getreulich abgeschrieben hatten, die meisten der amtlichen Dokumente, die aus dem Wawel mitgenommen worden waren. Die Tagebücher aber bewahrten sie auf als Beweis für das, was geleistet worden war.

Frank fuhr nun ins südöstlich gelegene Agnetendorf (jetzt Jagniątków), um noch einen seiner Freunde zu besuchen, den nobelpreisgekrönten Dramatiker Gerhart Hauptmann. Nachdem er mit dem Schriftsteller und Nazi-Sympathisanten Tee getrunken hatte, fuhr Frank, der Liebe bedürftig, weiter nach Bad Aibling, um Lilly Grau zu besuchen. Es war nur eine kurze Reise von Bad Aibling zum Dorf Neuhaus am Schliersee, Franks Familienheim.

Am 2. Februar richtete Frank einen Exil-Amtssitz für das Generalgouvernement ein und hielt damit die Illusion von Macht aufrecht. Sein Büro lag in der Joseftaler Straße 12, im früheren Café Bergfrieden, wo er zwölf Wochen blieb. Gelegentlich besuchte er Brigitte und die Kinder im Schoberhof, verbrachte aber auch Zeit mit Lilly in Bad Aibling (laut Niklas fand man viele Jahre später ein Foto von Frank auf ihrem Nachttisch). Im April starb Präsident Roosevelt, ihm folgte der Vizepräsident Harry S. Truman im Amt. Drei Wochen darauf verkündete das deutsche Radio den Tod des Führers.

Es war das Ende des Krieges und des Nazi-Reiches. Am Mittwoch, dem 2. Mai, beobachtete Frank, wie sich amerikanische Panzer auf den Schliersee zubewegten. Zwei Tage später, am Freitag, dem 4. Mai, machte er Brigitte ein letztes Geschenk, ein Bündel Banknoten im Wert von fünfzigtausend Reichsmark. Niklas' Bruder Norman, der dabei war, als Frank seiner Frau Lebewohl sagte, beobachtete, dass weder Abschiedsküsse ausgetauscht noch liebevolle Worte gewechselt wurden. Franks Furcht vor seiner Frau war größer denn je, als seine Macht abnahm. Niklas glaubte, dass Brigitte einen Teil der Verantwortung trug, weil sie ihren Mann antrieb, von seinen Machtpositionen profitierte und ihm im Sommer 1942 eine Scheidung verweigert hatte. »Wenn meine Mutter gesagt hätte: ›Hans, halt dich da raus, ich befehle es‹, dann hätte er sich rausgehalten.« Das wurde als Erklärung angeboten, nicht als Entschuldigung.

Niklas hatte seine eigene Meinung zu Brigittes großer Macht über ihren Mann, trotz seines grausamen Verhaltens ihr gegenüber. »Er war grausam, um das Geheimnis seiner Homosexualität zu verbergen«, sagte mir Niklas. Woher wusste er das? Aus den Briefen seines Vaters und dem Tagebuch seiner Mutter. »Jedes Mal schien es, als ob mein Hans verzweifelt kämpfte, wieder und wieder«, gestand Brigitte, »um sich von seinem jugendlichen Verhältnis mit Männern zu befreien«, ein Bezug auf die in Italien verbrachte Zeit. Das war derselbe Frank, der 1935 die Annahme des Paragraphen 175a im Reichs-Strafgesetz begrüßte, mit dem das Verbot der Homosexualität ausgeweitet worden war. Ein solches Verhalten sei »ein Ausdruck einer Veranlagung, die der normalen Volksgemeinschaft entgegensteht«, hatte Frank erklärt, und sei ohne Gnade zu bestrafen, »wenn die Rasse nicht untergehen soll«. »Ich glaube, er war schwul«, sagte Niklas.

Nachdem sich Frank und Brigitte verabschiedet hatten, begab sich der frühere Generalgouverneur in seinen Pseudo-Amtssitz. Er saß im

Vorderzimmer des alten Cafés und wartete mit seinem Adjutanten, dem Fahrer und dem Sekretär, alle drei ergeben bis zum Ende. Sie tranken Kaffee.

Ein Fahrzeug, ein amerikanischer Armeejeep, hielt vor der Haustür. Der Motor wurde abgeschaltet. Leutnant Walter Stein von der amerikanischen Siebten Armee kletterte heraus, sah sich um, ging auf das Café zu, trat ein, musterte den Raum und fragte, wer von ihnen Hans Frank sei.

»Ich«, sagte der Reichsminister und frühere Generalgouverneur des besetzten Polens.

»Sie kommen mit mir, Sie sind verhaftet.«

Stein setzte Frank hinten in den Jeep. Die Tagebücher wurden auf den Vordersitz gelegt, dann fuhr der Jeep ab. Irgendwann kehrte Stein zur Joseftaler Straße zurück, um einen Film zu holen. Dieser blieb im Besitz der Familie Stein, bis er Jahrzehnte später zurück zu Niklas kam. Er führte ihn mir vor, Aufnahmen von Frank, der nett zu einem Hund war, von vorbeifahrenden Zügen, von einem Besuch des Krakauer Ghettos, von dem Mädchen im roten Kleid.

Die Dame mit dem Hermelin blieb in der Joseftaler Straße zurück, um ein paar Wochen später zusammen mit mehreren Rembrandts abgeholt zu werden. Ein anderes Gemälde, *Porträt eines jungen Mannes* von Raffael, verschwand, eins der berühmtesten vermissten Gemälde der Welt. Niklas glaubte, Brigitte könnte es für Milch und Eier bei einem Bauern der Gegend eingetauscht haben. »Vielleicht hängt es über einem Kamin in Bayern«, überlegte er augenzwinkernd.

110 Im Juni erschien Franks Name auf einer Liste der möglichen Angeklagten in einem Strafprozess gegen führende deutsche Funktionsträger. Die Einbeziehung des »Schlächters von Polen«, wie er inzwischen genannt wurde, fand die Zustimmung Robert Jacksons und die Unterstützung der polnischen Exilregierung. Frank wurde in ein Gefängnis bei Miesbach verlegt, wo er von den amerikanischen

Soldaten zusammengeschlagen wurde, die an der Befreiung von Dachau beteiligt gewesen waren. Er versuchte sich umzubringen, indem er erst sein linkes Handgelenk aufschlitzte und dann einen rostigen Nagel an die Kehle setzte. Der Versuch misslang und er wurde nach Mondorf-les-Bain, einer Kurstadt in Luxemburg, verlegt und zusammen mit anderen Nazis im requirierten Palace Hotel untergebracht. Dort wurde er verhört.

Unter anderem stattete der vom US-Kriegsministerium freigestellte Ökonom John Kenneth Galbraith dem Hotel einen Besuch ab. Er schrieb einen Artikel über das Palace Hotel, der in der Zeitschrift *Life* veröffentlicht wurde, neben einer Annonce für Vitamin-B-Kapseln, die eine unglaublich glamouröse Dorothy Lamour zeigte. Galbraith war unbeeindruckt von Franks Gruppe, deren Mitglieder die meiste Zeit damit zubrachten, auf der Veranda herumzulaufen und die Aussicht zu betrachten. Galbraith beobachtete die Eigenheiten der einzelnen Gefangenen. Julius Streicher, der Gründer der Zeitung *Der Stürmer*, hatte die Angewohnheit, ganz plötzlich stehen zu bleiben und ohne Vorwarnung zum Geländer zu treten, wo er in Habachtstellung verharrte und dann den Arm zum Nazi-Gruß ausstreckte. Robert Ley, Leiter von Hitlers Deutscher Arbeitsfront, sah aus wie ein »Penner«; Hermann Göring machte den Eindruck eines nicht besonders intelligenten Ganoven.

In solch distinguierter Gesellschaft verbrachte ein ungepflegter, verzweifelter Frank die Stunden mit Weinen oder Gebeten. Im frühen August wurde er von einem amerikanischen Armeeoffizier verhört. Seine Worte spiegelten einen bedrängten Gemütszustand wider und waren schwache Versuche, sich der bevorstehenden Abrechnung zu entziehen. In der ersten Zeit der Gefangenschaft versuchte Frank, sich von jeder Verantwortung reinzuwaschen. Die Stellung in Krakau war »unglaublich schwierig«, erzählte er im Verhör. »Sonderbefugnisse« waren der SS eingeräumt; deren Leute seien es gewesen, die »alle diese Gräueltaten« begangen hatten. Sie, nicht er, hätten die Aktionen gegen die polnische Widerstandsbewegung und die Juden durchgeführt.

Doch versehentlich bestätigte er, dass er die Tatsachen kannte, weil er behauptete, einen »beständigen Kampf« geführt zu haben, um »das Schlimmste« abzuwenden. Manchmal weinte er beim Sprechen.

Frank gab vor, nie politisch aktiv gewesen zu sein, dass seine Rolle anfänglich auf juristische Dinge beschränkt gewesen sei (als ob das eine Verteidigung sein könnte), dass er sich 1942 mit Hitler zerstritten habe nach den vier großen Reden, die er an Universitäten in ganz Deutschland gehalten habe. Er leugnete, von der Existenz der Konzentrationslager in Polen – selbst in dem von ihm kontrollierten Gebiet – gewusst zu haben. Er habe erst aus der Zeitung von ihnen erfahren, nachdem die Sowjets sie eingenommen hätten. Auschwitz? Das befinde sich außerhalb seines Territoriums. Die Tagebücher würden ihn entlasten; deshalb habe er sie behalten. »Wenn Jackson meine Tagebücher bekommt, dann kann ich als ein Kämpfer für Recht und Gerechtigkeit in Polen dastehen.« Wer war also verantwortlich? Die »deutschen Führer«. Die SS. Die »Clique« um Himmler und Bormann. Nicht das »deutsche Volk«. Die Polen? »Ein tapferes Volk, ein gutes Volk.« Die Gemälde, die er mit nach Deutschland genommen hatte? »Für das polnische Volk« erhalten.

Spürte er eine Verantwortung? Ja, er fühle sich schuldig, weil er nicht den Mut gehabt habe, Hitler zu töten. Der Führer habe ihn gefürchtet, sagte er dem Vernehmer, weil er »ein Mann war, der von der Leidenschaft eines Matthäus besessen war«. Das war der erste von mehreren Verweisen, auf die ich gestoßen bin, mit denen Frank auf die Zentralfigur in Johann Sebastian Bachs Werk über Leiden und Trost, Vergebung und Gnade anspielte. Es erinnerte mich daran, dass Frank ein sehr kultivierter Mann war, belesen, äußerst interessiert an klassischer Musik und mit guten Beziehungen zu führenden Schriftstellern und Komponisten.

Am 12. August 1945 wurde er in die Gefängniszelle 14 im Nürnberger Justizpalast gebracht, die sich hinter dem Gerichtssaal befand. Am Monatsende gaben die Ankläger eine Liste der Angeklagten bekannt, vierundzwanzig »Kriegsverbrecher«, die sich vor dem Internationalen Militärgerichtshof verantworten mussten. Frank stand recht weit oben auf der Liste.

Einige Tage danach wurde er einem weiteren Verhör unterzogen, in Anwesenheit eines zwanzigjährigen Dolmetschers der US-Armee. Heute lebt Siegfried Ramler in Hawaii und erinnert sich nicht besonders gut an die Fragen, die damals gestellt wurden, sehr deutlich aber an den Mann. »O ja«, sagte mir Siegfried, »Franks Blick war fest und durchdringend; er hielt engen Blickkontakt mit mir.« Er fand Frank »interessant und beeindruckend«, wortgewandt, kultiviert, ein Mann mit einem »klaren Geist«, ein Mann, der »von Fanatismus überwältigt worden war«, der »kollektive Schuld, aber nicht seine eigene« anerkannte. Die Gruppe war verantwortlich, nicht das Individuum? Ja. »Die Taten, die er getan hatte, wurden mit klarem Geist ausgeführt«, fügte Ramler hinzu, »er wusste, dass er Unrecht getan hatte, das konnte ich sehen.«

Am 18. Oktober, kurz nachdem Lemkin seine Arbeit für die Anklage beendet hatte und sich auf die Rückkehr nach Washington vorbereitete, wurde Frank offiziell angeklagt. Dessen Lage hatte sich in den zehn Jahren, die vergangen waren, seit er im Sommer 1935 gegen die Idee eines internationalen Strafgerichtshofes gewettert hatte, völlig verändert. Das Gericht war jetzt eine Realität, in der er sich verfangen hatte, und einer der acht Männer, die über ihn urteilen würden, war Professor Henri Donnedieu de Vabres, der 1935 eine Rede vor seiner Akademie für Deutsches Recht gehalten und mit dem er diniert hatte.

Die Verbindung zwischen den beiden Männern beunruhigte die Sowjets, die sich von Franks neu entdeckter Frömmigkeit nicht beeindrucken ließen: Ende Oktober wurde Frank in einer leeren Zelle hinter dem Justizpalast katholisch getauft. Auf diese Weise würde er sich den Verbrechen stellen, deren er angeklagt war, darunter auch Verbrechen gegen die Menschlichkeit und Genozid im besetzten Polen.

Dass die Lebensläufe von Frank, Lauterpacht und Lemkin miteinander verwoben waren, wurde im Nürnberger Justizpalast mit dem Wortlaut der Anklage offiziell besiegelt.

Teil VII

DAS KIND, DAS ALLEIN DASTEHT

> 1.) Wien am 6. Feber 1939.
>
> Diese Niederschrift ist seitens eines gutgesinnten Freundes, für die Familie Buchholz, angesichts einer überstandenen Gefahr, ihrer zum Erlöschen bedrohte junge Liebesche, verfasst worden.
> Da dieselbe nunmehr glücklicherweise, der vollständigen Genesung entgegengeht, eben in Form eines Glückwunsches gedacht, ist zum Andenken gewidmet.
>
> Steiner

111 Im Oktober 1945, als *Le Monde* über Franks Bekehrung zum Katholizismus berichtete, arbeitete Leon im Hotel Lutetia auf dem Boulevard Raspail. Das Hotel, das früher von der Gestapo besetzt gewesen war, diente jetzt als Basis einer Reihe von Hilfsorganisationen, darunter das Comité Juif d'Action Sociale et de Reconstruction, bei dem Leon als *chef de service* arbeitete. Am Ende jedes Tages kehrte er von seiner Arbeit mit Vertriebenen in die kleine Wohnung im vierten Stock in der Rue Brongniart zu Rita und der gemeinsamen Tochter zurück.

Es gab keine Nachrichten aus Wien, Lemberg oder Żółkiew. Als noch mehr Einzelheiten über das, was geschehen war, durchsickerten, fürchtete er das Schlimmste für seine Mutter in Wien, für seine Schwestern, für die Familie in Polen. Im Juli feierte seine Tochter ihren siebten Geburtstag – den ersten, den sie zusammen mit Vater und Mutter begehen konnte. Meine Mutter konnte sich kaum an jene Tage erinnern, außer an ein Gefühl des Durcheinanders und der Sorge – es waren keine ruhigen Zeiten. Ich teilte ihr alles mit, was ich erfahren hatte: die Umstände von Leons Abreise, Miss Tilneys Reise nach Wien, Ritas Beziehung zu Emil Lindenfeld, ihre Abreise aus Wien im Oktober 1941, das Ende der Ausreisemöglichkeiten dort.

Erst jetzt erzählte sie mir von einem anderen Dokument, das von den übrigen Unterlagen gesondert aufbewahrt worden war. Das war neu für mich: ein handgeschriebener Brief, der kurz nach Leons Abreise von Wien nach Paris geschickt worden war. Er war datiert vom 6. Februar 1939 und bot eine andere Sicht auf das Leben, das Leon in Wien hinter sich gelassen hatte.

Das zwölfseitige Dokument in eleganter Handschrift war von einem Leon Steiner unterschrieben. Er bezeichnete sich selbst als

»Seelenarzt« und »Psychographologen«. Ich konnte keinen Beleg und keine Spur dieses Mannes oder von irgendjemandem dieses Namens mit medizinischen Qualifikationen finden.

Der Brief war in deutscher Schreibschrift geschrieben. Ich wandte mich hilfesuchend an Inge Trott, die mir eine vollständige englische Übersetzung schickte, die dann von einem anderen des Deutschen mächtigen Freund überprüft wurde. Ein erstes Durchlesen ließ erahnen, warum der Brief wahrscheinlich gesondert abgelegt worden war.

Herr Steiner begann mit einer kurzen Vorbemerkung:

»Diese Niederschrift ist seitens eines gutgesinnten Freundes, für die Familie Buchholz angesichts einer überstandenen Gefahr, ihrer zum Erlöschen bedrohte junge Liebesehe, verfasst worden. Da dieselbe nunmehr glücklicherweise der vollständigen Genesung entgegengeht, eben in Form eines Glückwunsches gedacht ist, zum Andenken gewidmet.«

Dann zum Wesentlichen. »Lieber Herr Buchholz«, begann er.

Der Verfasser beschrieb die Bemühungen, die er zur Rettung der Ehe unternommen hatte, und wies Leons Anschuldigung, dass »der Seelenarzt Steiner diesmal nicht gut gearbeitet« habe, energisch zurück. Diese ungerechtfertigte Bemerkung habe ihn peinlich berührt, fügte Herr Steiner an. Er erwähnte Ritas »Verhalten«, aufgrund dessen Leon seine Frau mit Vorwürfen überhäuft habe, mit der Folge, dass Steiner seine psychologische Arbeit erst nach Leons erfolgreicher Abreise aus Wien, die erst vor wenigen Tagen stattgefunden hatte, fortsetzen konnte. Steiner hatte – »wegen eines Missverständnisses« – angenommen, dass Leon, voller Zorn und feindseliger Gefühle, Wien mit der festen Absicht verlassen habe, das erst kürzlich geschaffene Heim für immer zu verlassen. Diese Entscheidung sei angesichts von »Disharmonie« und »bedauerlichen Konflikten« in der jungen Ehe getroffen worden. Das sei das Ergebnis von Ritas »unangenehmen Exzessen« (eine Erklärung folgt nicht) und »Fehlern« (Einzelheiten werden nicht geliefert).

Der Brief machte deutlich, dass Leons Abreise während und viel-

> 2.)
> Lieber Herr Buchholz!
> Gelegentlich meines letzten Besuches, bei Ihrer mir lieb gewordenen Familie, hat mir Ihre Frau Gemahlin einen an mich gerichteten freundlichen Gruß übermittelt, wofür ich mich bestens bedanke.
> Ferner haben Sie auch eine mich peinlich berührende Bemerkung, folgenden Inhaltes hinzugefügt:
> „Der Seelenarzt Steiner, hat diesmal nicht gut gearbeitet."
> Falls Sie lieber Buchholz blos einmal Ohrenzeuge sein könnten, wie ich mich bemühe, d.h. wie energisch

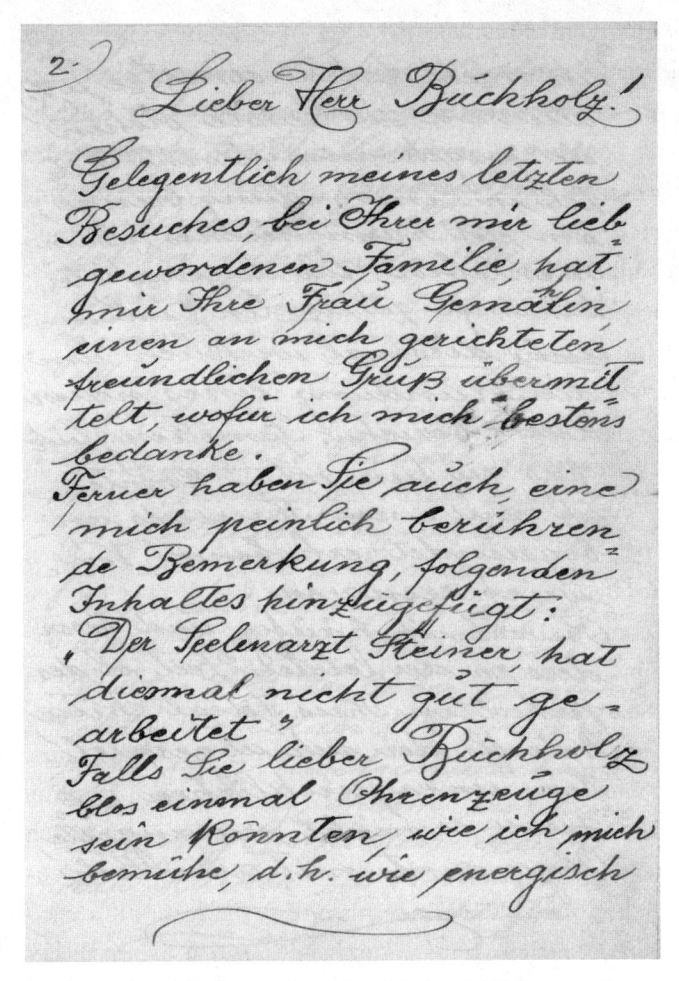

Brief von Leon Steiner an Leon Buchholz, 6. Februar 1939

leicht wegen eines länger dauernden heftigen Streits mit Rita erfolgte. Worum es bei dem Streit ging, wurde nicht erläutert. Vor diesem Hintergrund beschrieb Herr Steiner seine Bemühungen, »jede ihm zur Verfügung stehende psychoanalytische Methode« anzuwenden und nichts ungetan zu lassen. Er erklärte, dass auch er, wie Leon, Rita mit Anschuldigungen überhäuft habe (»sie hat sie ehrlich verdient!«) und dass seine Mühen schließlich von Erfolg gekrönt worden seien. Trotz Leons beleidigenden Äußerungen habe Rita schließlich ihre Fehler eingesehen, was die Tür zu einer »völligen Genesung« geöffnet habe.

Selbst dieser Punkt sei nicht ohne beträchtliche Schwierigkeiten zu erreichen gewesen, fügte Steiner an, wenn man die vorherrschende schlimme Situation in der Familie bedenke. Er fuhr fort: Äußere und potentiell schädliche Einflüsse – von beiden Seiten eingestanden – hätten bedauerliche Konflikte geschaffen, eine Situation der Disharmonie, die feindselig zu werden drohte.

Steiner berichtete, dass der Erfolg auf dem beruhte, was er habe aufdecken können, was verborgen gewesen sei, nämlich auf Leons »tiefer Liebe« zu seiner Frau und auch »zu dem reizenden Kind, das allein dasteht«. Das schien sich auf meine Mutter zu beziehen, die damals erst ein paar Monate alt war. Leon werde die beiden Menschen vermissen, prophezeite Steiner, die er so sehr liebte. Rita »wird sich nach Ihrer Gesellschaft sehnen«, sah er voraus, da er »die wiedererwachten Gefühle der Liebe« gespürt habe, die sich in einem einzigen Satz des kürzlich verfassten Briefes von Leon widergespiegelt hätten. Mit diesem Ausdruck der Zuneigung gewappnet versuchte Steiner, Rita – »die ebenfalls von wiedererwachter Liebe erfüllt war« – auf eine glückliche Zukunft ihrer Ehe vorzubereiten. Er schloss optimistisch und gab seiner Hoffnung Ausdruck, dass Leons »fester Gottesglauben« beiden helfen werde, die Hindernisse zu bewältigen, mit denen sie sicherlich »in der neuen Welt« zu tun haben würden. Über das Leben in Wien jenseits der Familie, über die deutsche Machtübernahme und die neuen Gesetze hatte Herr Steiner nichts zu sagen.

112 Etwas war geschehen, es gab »bedauerliche Konflikte«, deshalb ging Leon fort. Was das gewesen sein mochte, wurde aus diesem seltsamen, mühseligen, defensiven Brief nicht deutlich. Steiners anbiedernde Worte waren verschlüsselt, voller Mehrdeutigkeiten, mussten interpretiert werden. Inge Trott fragte, ob mich interessiere, was dieser Brief ihrer Meinung nach bedeutete. Ja, natürlich. Sie äußerte den Gedanken, der Brief könnte andeuten, dass Zweifel über die Vaterschaft des Kindes bestünden, des Kindes, »das allein dasteht«. Das sei eine merkwürdige Ausdrucksweise, sagte Inge. Diese Wortwahl gab ihr den Gedanken ein, weil ihr bewusst war, dass in jenen Tagen eine derartige Information – dass das Kind einen anderen Vater haben könnte – nicht offen mitgeteilt werden konnte.

Ich prüfte den Brief mit unserer deutschen Nachbarin, die die Übersetzung geglättet hatte. Sie stimmte Inge zu, dass der Hinweis auf »das Kind, das allein dasteht«, verzwickt und ganz bestimmt mehrdeutig ist. Sie war jedoch nicht der Meinung, dass das unbedingt etwas mit einer Frage der Vaterschaft zu tun haben müsse. Ein deutscher Lehrer an der Schule meines Sohnes bot sich an, den Brief zu lesen. Er neigte eher der Meinung meiner Nachbarin zu als zu Inges, wollte aber keine eigene Interpretation liefern.

Ein anderer Nachbar, ein Schriftsteller, der vor kurzem für seine Sprachgewandtheit im Deutschen den Goethepreis bekommen hatte, deutete eine andere Meinung an. »Wirklich seltsam«, schrieb er in einem per Hand verfassten Brief, den er durch den Schlitz unserer Haustür warf. Der Ausdruck »Seelenarzt« könne »abschätzig« sein oder vielleicht »selbstironisch«. Aus dem Stil des Briefes schloss er, dass Herr Steiner höchstwahrscheinlich ein »Halbgebildeter« war oder einfach ein »schlechter und ungeschickter Stilist«. Was der Schreiber vielleicht wirklich sagen wollte – mit einem gewissen gehässig-triumphierenden Ton –, war unklar. »Ich habe das Gefühl, dass er Herrn Buchholz etwas unter die Nase reiben will, doch wie soll man ohne Herrn B. wissen, was das ist?« Dieser Nachbar schlug vor, den Brief einem Germanisten vorzulegen. Ich machte zwei ausfindig, und da ich mich nicht entscheiden konnte, schickte ich den Brief an beide.

Der Germanist Nr. 1 sagte, der Brief sei »seltsam«, mit den grammatischen Fehlern, unvollständigen Sätzen und zahlreichen Interpunktionsfehlern. Herr Steiner scheine ein »Sprachdefizit« gehabt zu haben, meinte er und ging noch einen Schritt weiter und bot eine Diagnose an. »Er wirkt wie der Text eines Menschen mit einer milden Form von Wernicke-Aphasie«, einer Sprachstörung, verursacht durch Beschädigung der linken Hirnhälfte. Es könne aber auch sein, dass Herr Steiner beim Schreiben unter enormem Druck gestanden hatte – die Zeiten in Wien waren schließlich schwierig –, so dass Gedankensplitter in ihm aufgewühlt worden waren, die er »hastig aufs Papier geworfen« hatte. »Ich erkenne keinen Bezug auf die Herkunft des Kindes«, schlussfolgerte dieser Germanist, abgesehen vom Vorhandensein familiärer Probleme, während derer der Vater des Kindes die Familie verlassen habe.

Der Germanist Nr. 2 war etwas nachsichtiger mit Herrn Steiner. Zunächst glaubte er, die Hinweise auf Frau und Kind könnten sich auf eine einzige Person beziehen, auf eine »mit zwei Persönlichkeiten«. Dann habe er den Brief seiner Frau gezeigt, die anderer Meinung war (sie habe mehr Erfahrung im Erkennen subtiler Bedeutungen, erklärte er). Die Frau hatte dasselbe Gefühl wie Inge Trott, dass der Hinweis auf »das Kind, das allein dasteht«, absichtlich subtil sei, dass er bedeuten könne, der Vater sei unbekannt oder Herr Steiner wolle sich nicht dazu äußern.

Die Meinungen waren wenig überzeugend. Sie waren nicht mehr als Vermutungen, dass Leon Wien unter Umständen verlassen hatte, die von beträchtlichen Spannungen und einem schweren Konflikt geprägt gewesen waren. Diese mochten durch Fragen zum Kindesvater verursacht worden sein oder auch nicht.

Dass Leon nicht mein biologischer Großvater sein könnte, dieser Gedanke war mir nie gekommen. Das erschien mir sehr unwahrscheinlich. Einerseits war das nicht beunruhigend, weil er wie mein Großvater handelte und für mich mein Großvater war, unabhängig von biologischen Erwägungen. Aber was das für andere bedeutete, besonders für meine Mutter, war schwieriger zu beurteilen. Das war unerwartet heikel.

113   Mehrere Wochen dachte ich über die Sache nach und fragte mich, was nun zu tun sei. Dieser Prozess wurde unterbrochen durch eine E-Mail von Sandra Seiler auf Long Island. Auch sie hatte über ihren Großvater Emil Lindenfeld nachgedacht und über die Wiener Fotos von Rita und Emil, die 1941 in einem Garten gemacht worden waren. Sie hatte mit einer Freundin gesprochen; ein Gedanke war aufgetaucht.

»Die Vorstellung, dass zwischen ihnen etwas gewesen sein könnte, ergab viel Sinn«, schrieb sie. Wie Rita entschloss sich auch Emil 1939 nach der Abreise von Frau und Tochter, in Wien zu bleiben. Nach drei Jahren reiste Rita ab. Nach dem Krieg war Emil allein; er machte sich auf die Suche nach Rita.

»Dieser Gedanke ging mir den ganzen Tag nicht aus dem Kopf«, schrieb Sandra.

Als wir vor ein paar Monaten in Sandras Wohnzimmer gesessen und die Fotos vorsichtig aus Emils Album gelöst hatten, waren wir flüchtig auch auf die Möglichkeit eines DNA-Tests zu sprechen gekommen, »um sicherzugehen«. Der Gedanke wirkte irgendwie illoyal, daher schoben wir ihn beiseite. Doch er blieb.

Sandra und ich wechselten weiter E-Mails, und das Thema DNA-Test kehrte zurück. Ich hätte mich nach der Möglichkeit erkundigt, sagte ich ihr. Es war kompliziert, wie sich herausstellte: Herauszufinden, ob zwei Personen einen gemeinsamen Großvater oder eine gemeinsame Großmutter haben, war keine einfache Sache; es war sehr viel leichter im Falle der Großmutter. Ein gemeinsamer Großvater war eine komplexere Angelegenheit, technisch gesehen.

Ich wurde an eine Wissenschaftlerin in der Abteilung für Genetik der Universität von Leicester verwiesen, eine Spezialistin für die Exhumierung von Massengräbern. Sie vermittelte mich an eine Firma, die auf diese Dinge spezialisiert war. Es gab einen Test, um die Wahrscheinlichkeit einzuschätzen, dass zwei Personen unterschiedlichen Geschlechts – Sandra und ich – denselben Großvater haben. Er funktionierte durch das Vergleichen von übereinstimmenden

DNA-Segmenten (in einer als Centimorgan bekannten Maßeinheit). Der Test misst die Anzahl der übereinstimmenden Segmente und dann die Größen, wie auch die Gesamtgröße der übereinstimmenden Segmente (oder Blöcke) bei zwei oder mehr Personen. Aus diesen Centimorgan-Einheiten oder -Blöcken konnte man abschätzen, ob zwei Personen verwandt waren. Der Test lieferte kein definitives Ergebnis, nur eine Schätzung, eine Einschätzung der Wahrscheinlichkeit. Dazu wurde nichts weiter benötigt als eine Speichelprobe.

Nach einiger Überlegung kamen Sandra Seiler und ich überein, es zu wagen. Die Firma schickte die benötigten Utensilien nach Zahlung einer Gebühr. Man schabte mit einem Wattestäbchen im Mund entlang der Backentasche, steckte das Stäbchen in einen versiegelten Plastikbehälter, schickte das Päckchen nach Amerika und wartete dann. Sandra war mutiger als ich. »Ich habe gestern Nacht recht energisch geschabt und die Probe heute abgeschickt«, schrieb sie munter.

Ich zögerte zwei Monate, weil ich nicht sicher war, ob ich es wirklich wissen wollte. Schließlich nahm ich die Probe, schickte sie ab und wartete.

Ein Monat verging.

114 Es kam eine E-Mail von Sandra. Die Ergebnisse des DNA-Tests waren auf der Website zu finden. Ich schaute sie mir an, doch die Information war so kompliziert, dass ich nicht herausfinden konnte, was sie bedeutete. Daher bat ich die Firma per E-Mail um Unterstützung. Meine Kontaktperson dort, Max, reagierte prompt und erläuterte mir das Ergebnis.

Max erklärte, dass ich »ungefähr 77 % jüdische Vorfahren und 23 % europäische Vorfahren« habe. Dabei gebe es eine große Fehlerspanne (25 Prozent), was der historischen Vermischung von aschkenasischen Juden und Europäern geschuldet sei. Manche könnten dieses Material »interessant« finden, fügte er hinzu, weil, wie er es ausdrückte, solche Resultate dazu tendierten, »die Vorstellung zu unterstützen, dass Juden, jenseits ihrer religiösen Zugehörigkeit ein Volk sind, das neben anderen Dingen (Kultur, Sprache etc.) auch durch einen gemeinsamen genetischen Hintergrund verbunden ist«. Ich gab Max gegenüber keinen Kommentar ab zu der Beobachtung, die für mich alle möglichen Fragen berührte, Fragen der Identität, Fragen des Einzelnen und der Gruppe.

Max kam zur Sache. Ich könnte »sehr entfernt« mit Sandra verwandt sein, sagte er, sei aber eigentlich näher mit Max verwandt. In beiden Fällen war die Verbindung wahrscheinlich nichts weiter als ein einziger gemeinsamer Vorfahre, ein einziges Individuum, das »vor vielen Generationen« existiert habe. Die Möglichkeit, dass Sandra und ich denselben Großvater haben könnten, war gleich null.

Das war eine Erleichterung. Vermutlich hatte ich nie an diesem Ergebnis gezweifelt. Das redete ich mir ein.

Leon ging allein aus Wien fort. Vielleicht tat er das, weil er Zweifel an seiner Vaterschaft hatte oder weil er und Rita sich nicht verstanden oder weil er verbannt wurde oder weil er die Nazis satthatte oder sie fürchtete oder weil er die Möglichkeit zur Ausreise hatte oder wegen Herrn Lindenfeld oder aus einer Vielzahl von anderen möglichen Gründen. Er war der Vater »des Kindes, das allein dasteht«, das war unzweifelhaft.

Es gab jedoch andere Ungewissheiten. Leon ging allein. Einige Monate später reiste Elsie Tilney nach Wien, um das Kind abzuholen. Rita gestattete das, sie blieb allein zurück. Sie hatten 1937 geheiratet, ein Jahr später war ein Kind zur Welt gekommen, dann hatte es »Missstimmungen« in der Ehe, »beklagenswerte Konflikte« in der Beziehung gegeben. Sie hatten sich an den »Seelenarzt« gewandt. Es war noch etwas anderes im Gange gewesen, und ich wusste immer noch nicht, was.

Teil VIII

NÜRNBERG

115 Als ich das erste Mal den Gerichtssaal 600 im Nürnberger Justizpalast besucht hatte, war ich überrascht gewesen von seiner Intimität und dem warmen Eindruck, der durch die Holztäfelung entstand. Der Raum war mir merkwürdig vertraut erschienen. Nicht der brutale Ort, den ich erwartet hatte, und nicht annähernd so groß. Ich bemerkte eine hölzerne Tür direkt hinter den Bänken, auf denen die Angeklagten gesessen hatten, doch hatte ich ihr bei jenem ersten Besuch keine Bedeutung zugemessen.

Jetzt war ich wieder da, begleitet von Niklas Frank, und dieses Mal wollte ich unbedingt durch diese Tür gehen. Während Niklas im Saal herumging, stand ich unter den Fenstern, hinter dem Platz, wo sich einst der lange Richtertisch befunden hatte. Die Fahnen der vier Siegermächte waren längst nicht mehr da, als ich an den Wänden entlangging, an der Wand mit der großen weißen Leinwand hinter dem Zeugenstand und an der linken Wand entlang bis dahin, wo früher die Angeklagten auf zwei Reihen hölzerner Bänke gesessen hatten. Niklas schob die Tür auf, ging hinein, schloss die Tür. Kurze Zeit verging, dann öffnete sich die Tür, er kam heraus und ging langsam hinüber zu dem Platz, auf dem sein Vater fast ein Jahr lang gesessen hatte. In diesem Saal hatten die Ankläger ihr Bestes gegeben, um Verurteilungen zu erreichen, während die Angeklagten ihre Handlungen zu rechtfertigen versuchten, um sich vor dem Strick zu retten. Anwälte erörterten offene Fragen, Zeugen sagten aus, Richter hörten zu. Fragen wurden gestellt und manchmal beantwortet. Beweismaterial wurde untersucht und genau studiert: Dokumente, Fotos, Filmmaterial, Haut. Es gab Eklats, Tränen, Dramen und viel Langeweile. In dieser Hinsicht ging es zu wie in einem gewöhnlichen Gerichtssaal, doch in Wirklichkeit hatte es noch nie einen solchen Prozess gegeben. Es war das erste Mal in der menschlichen Geschichte, dass Führer eines Staates vor ein internationales Gericht gestellt wurden wegen Verbrechen gegen die Menschlichkeit und Genozids, zweier neuer Straftatbestände.

116 Früh am Morgen des ersten Prozesstages, am 20. November 1945, erwachte Hans Frank in einer kleinen Zelle mit offener Toilette in dem Gefängnis hinter dem Gerichtssaal. Ungefähr um neun wurde er von einem weißbehelmten Militärpolizisten durch eine Reihe von Korridoren bis zu einem Fahrstuhl eskortiert, der ihn zum Gerichtssaal hinaufbeförderte. Er ging durch die hölzerne Schiebetür und wurde dann zur vorderen Anklagebank geführt. Fünf Plätze neben Hermann Göring, direkt neben Alfred Rosenberg, Hitlers Chefideologe der Rassenlehre, war sein Platz. Die Ankläger saßen rechts von Frank, an vier langen Holztischen, nach Nationalitäten getrennt. Die Russen, in Uniform, saßen den Angeklagten am nächsten, dann folgten die Franzosen, dann die Briten. Die Amerikaner waren am weitesten entfernt. Hinter den Anklägern saßen Mitglieder des Pressekorps, die sich laut unterhielten. Über ihnen saßen die Wenigen, die das Glück hatten, auf der Zuschauertribüne Platz nehmen zu dürfen. Frank direkt gegenüber befand sich die noch leere Richterbank, hinter einer Reihe von Stenographinnen.

Frank trug einen grauen Anzug und die dunkle Brille, die ihn während des Prozesses kennzeichnen würde. Er verbarg seine in einem Handschuh steckende linke Hand, ein Indiz seines versuchten Selbstmordes. Er wirkte gefasst und zeigte keine Emotionen. Vierzehn weitere Angeklagte folgten Frank in den Saal. Sie saßen links neben ihm beziehungsweise auf einer zweiten Bank. Arthur Seyß-Inquart, Franks Stellvertreter und Reichskommissar in den Niederlanden, saß unmittelbar hinter ihm. Drei Angeklagte waren abwesend: Ley hatte Selbstmord begangen, Ernst Kaltenbrunner war krank und Martin Bormann musste erst noch festgenommen werden.

Lauterpacht war an jenem Morgen im Saal und beobachtete die Angeklagten, aber Lemkin war wieder in Washington. Keiner von beiden wusste, was mit seinen Angehörigen geschehen war, die irgendwo in Polen vermisst wurden. Und sie hatten keine Informationen, welche Rolle Frank bei ihrem Schicksal gespielt haben mochte.

Pünktlich um zehn Uhr betrat ein Gerichtsdiener den Saal durch eine andere Tür, die neben dem Richtertisch. »Das Gericht wird jetzt eintreten«, sagte er. Die englisch gesprochenen Worte wurden ins Deutsche, Russische und Französische übersetzt, über Raum-Mikrophone und hässliche Kopfhörer, eine weitere Neuheit. Frank gegenüber öffnete sich links eine schwere Holztür. Acht ältere Herren kamen gemächlich herein, sechs in schwarzen Talaren, die beiden Sowjets in Uniform, und gingen zum Richtertisch. Frank kannte einen von ihnen, obwohl zehn Jahre vergangen waren, seit sie zuletzt in Berlin zusammengetroffen waren: Henri Donnedieu de Vabres, der französische Richter.

Der Mann, der dem Gericht vorstand, Sir Geoffrey Lawrence, ein englischer Richter am Berufungsgericht, saß in der Mitte der Richterbank. Er war kahl und erinnerte an eine Gestalt von Dickens. Erst wenige Wochen zuvor war er vom britischen Premierminister Clement Attlee ernannt worden. Lawrence war von den anderen sieben Richtern als Vorsitzender ausgewählt worden, weil sie sich auf keinen anderen hatten einigen können. Er und seine Frau Marjorie wohnten in einem Haus in der Stielerstraße 15, am Stadtrand. Ein großes Haus, das einst einem jüdischen Spielzeughersteller gehört hatte und später als SS-Messe genutzt wurde.

Jede der vier alliierten Großmächte hatte zwei Richter nominiert, und die Angeklagten taten, was sie konnten, um über jeden ein paar Informationen herauszubekommen. Ganz links – aus der Perspektive der Angeklagten – saß Oberstleutnant Alexander Woltschkow, ein ehemaliger Sowjetdiplomat, daneben Generalmajor Iona Nikitschenko, ein mürrisch wirkender linientreuer Militäranwalt, der schon in Stalins Schauprozessen als Richter mitgewirkt hatte. Dann kamen die beiden britischen Richter, möglicherweise eine Hoffnung für Frank. Norman Birkett, der im Frühjahr 1942 gemeinsam mit Lemkin an der Universität Duke eine Vorlesung gehalten hatte, war Methodistenprediger gewesen, dann Unterhausabgeordneter und danach Richter. Rechts von ihm Sir Geoffrey Lawrence, der eine beachtliche juristische Karriere durchlaufen hatte, dann der ältere Amerikaner, Francis Biddle, der Robert Jackson als Roosevelts Generalstaatsanwalt nachgefolgt war und früher mit Lauterpacht gearbeitet hatte. Daneben John Parker, ein Richter aus Richmond, Virginia, der sich vergeblich bemüht hatte, an das Oberste Bundesgericht der USA zu gelangen, und noch immer darüber verbittert war. Die Franzosen saßen ganz rechts: Henri Donnedieu de Vabres, Professor für Strafrecht an der Sorbonne, und Robert Falco, Richter am Pariser Berufungsgericht, der Ende 1940 aus dem Gericht entfernt worden war, weil er Jude war. Hinter den Richtern hingen die vier Fahnen der Alliierten, die an die Sieger erinnern sollten. Eine deutsche Fahne gab es nicht.

Lordrichter Lawrence eröffnete das Verfahren. Der Prozess sei »einzig in der Geschichte der Rechtspflege der Welt«, begann er und gab eine kurze Einführung, ehe die Anklage verlesen wurde. Frank und die anderen Angeklagten hörten – wie es geboten war – höflich zu. Jede der Anklagen wurde von einem Ankläger der vier Alliierten verlesen. Die Amerikaner begannen mit dem ersten Anklagepunkt, der Verschwörung, internationale Verbrechen zu begehen. Dann waren die Briten an der Reihe, und der rundliche Sir Maxwell Fyfe brachte den zweiten Anklagepunkt vor, Verbrechen gegen den Frieden.

Der dritte Anklagepunkt kam von den Franzosen: Kriegsverbrechen, einschließlich der Anklage des »Genozids«. Frank muss sich über dieses Wort gewundert haben und darüber, wie es seinen Weg in die Verhandlung gefunden hatte, denn der Ankläger Pierre Mounier war die erste Person, die es vor Gericht benutzte. Der vierte und letzte Anklagepunkt »Verbrechen gegen die Menschlichkeit« wurde von einem sowjetischen Ankläger vorgebracht, ein weiterer neuer Begriff, über den Frank nachdenken konnte, zum ersten Mal vor einem ordentlichen Gericht vorgebracht.

Nachdem die Anklagen formuliert worden waren, fuhren die Ankläger fort, die Liste der schrecklichen Tatsachen vorzutragen, der Tötungen und anderer Schreckenstaten, die den Angeklagten vorgeworfen wurden. Die sowjetische Gruppe, die über die Grausamkeiten gegen Juden und Polen berichtete, konzentrierte sich umgehend auf die Gräueltaten in Lwow, besonders die Aktionen vom August 1942, die Frank persönlich bekannt waren, während Lauterpacht sie sich im Einzelnen vorstellen musste. Der sowjetische Ankläger war auffällig genau, was Daten und Zahlen betraf. Zwischen dem 7. September 1941 und dem 6. Juli 1943, so legte er den Richtern dar, töteten die Deutschen mehr als achttausend Kinder im Lager Janowska, mitten in Lemberg. Als ich das Protokoll las, fragte ich mich, ob Frank sich an die Rede erinnerte, die er am 1. August 1942 im Auditorium der Universität gehalten, oder an die Schachpartie gegen Frau von Wächter, die er verloren hatte. In der Wochenschau zeigte Frank keine erkennbare Reaktion.

Der erste Tag dauerte lang. Nachdem die Ankläger die allgemeinen Fakten dargelegt hatten, wandten sie sich den Handlungen der einzelnen Angeklagten zu. Zuerst Hermann Göring, dann Joachim von Ribbentrop, Rudolf Heß, Ernst Kaltenbrunner, Alfred Rosenberg. Dann Hans Frank, dessen Taten von dem amerikanischen Ankläger Sidney Alderman zusammengefasst wurden, dem Mann, der Lemkin in der Frage des »Genozids« unterstützte. Er brauchte nur wenige Sätze, um Franks Rolle zu umreißen. Der ehemalige Generalgouverneur wusste, was ihn erwartete, weil sein Verteidiger, Dr. Alfred Seidl, die Einzelheiten kannte. Alderman beschrieb Franks Rolle in den Jahren bis 1939, dann seine Ernennung zum Generalgouverneur durch den Führer. Es hieß, er habe persönlichen Einfluss auf Hitler gehabt und er habe Kriegsverbrechen und Verbrechen gegen die Menschlichkeit genehmigt, geleitet und daran teilgenommen. Die Ereignisse in Polen und Lemberg wurden zum Herzstück des Prozesses.

117 Lauterpacht schrieb an Rachel, die ihre Eltern in Palästina besuchte, und versuchte, einen Bericht zu geben von einem Tag »voll von Emotionen«, den er nie vergaß, aber von dem er selten sprach. »Es war eine unvergessliche Erfahrung, zum ersten Mal in der Geschichte einen souveränen Staat auf der Anklagebank zu sehen.«

Als Lauterpacht die sowjetischen Ankläger hörte, die über die Morde in Lemberg berichteten, tappte er immer noch vollkommen im Dunkeln, was den Verbleib seiner Familie betraf. Die Presse bemerkte seine Anwesenheit im britischen Anklageteam, das der schneidige Sir Hartley Shawcross führte. Die junge Gruppe britischer Anwälte werde »kräftig verstärkt durch Professor Lauterpacht von der Universität Cambridge«, berichtete die *Times* und beschrieb ihn als »herausragende Autorität auf dem Gebiet des internationalen Rechts«. Er war einen Tag zuvor von Cambridge nach Nürnberg gereist und im Grand Hotel untergebracht, einem Etablissement mit einer vornehmen Bar, das bis heute unverändert ist. Er erhielt den Ausweis Nr. 146, der ihm Zutritt zum gesamten Justizpalast erlaubte. (»Dieser Ausweis erlaubt dem Inhaber Zutritt zum Sicherheitsbereich und Gerichtssaal.«)

Da sich die Sowjets in ihrer Anklageerhebung auf »Verbrechen gegen die Menschlichkeit« bezogen, wurde der Schutz des Individuums in den Mittelpunkt gestellt. Lauterpacht wird auch Verweise auf »Genozid« zu hören bekommen haben, ein seiner Ansicht nach unpassendes Konzept, ein Terminus, der den Schutz des Individuums untergraben könnte, wie er fürchtete. Er sorgte sich, dass die Betonung des Genozids eine latente Gruppenmentalität stärken, möglicherweise das Gefühl von »wir« und »die anderen« verfestigen und eine Gruppe gegen die andere ausspielen könnte.

Die Nähe der Angeklagten, einschließlich Frank, hinterließ bei Lauterpacht einen tiefen Eindruck. »Mein Tisch war etwa 15 Meter von den Angeklagten entfernt«, erklärte er Rachel, »ich konnte sie gut beobachten.« Es sei »eine große Genugtuung« gewesen, die Gesichter der Angeklagten zu sehen, als die Liste ihrer Verbrechen öffentlich verlesen worden sei. Allerdings sagte er Rachel nichts über die schrecklichen Geschehnisse, die am Eröffnungstag beschrieben wurden, nichts über die Ereignisse in Lemberg im Sommer 1942. Schaute er mit besonderer Aufmerksamkeit auf Frank? Bemerkte Frank Lauterpacht? Ich fragte Eli, ob er wisse, wo sein Vater gesessen hatte, auf der Zuhörertribüne oder bei den britischen Anklägern oder anderswo. Eli sagte mir, er wisse es nicht. »Mein Vater hat mit mir nie darüber gesprochen«, erklärte er, »und es gibt kein Foto von meinem Vater im Gerichtssaal.« Alles, was noch existierte, war ein Foto aus der *Illustrated London News*, das die Gruppe der britischen Ankläger vor dem Gerichtssaal zeigt.

Zwölf ernste Männer in Anzügen. Shawcross sitzt in der Mitte, mit übereinandergeschlagenen Beinen und verschränkten Armen. Rechts von ihm, mit Blick auf den Fotografen, sitzt ein finsterer Da-

Die britischen Ankläger, Nürnberg, Dezember 1945, *Illustrated London News* (erste Reihe von links: Lauterpacht, Maxwell Fyfe, Hartley Shawcross, Khaki Roberts, Patrick Dean)

vid Maxwell Fyfe und daneben, ganz außen in der vorderen Reihe, blickt Lauterpacht mit ebenfalls verschränkten Armen in die Kamera. Er wirkt zuversichtlich, sogar zufrieden.

Ich fragte mich, wo Lauterpacht im Gerichtssaal 600 gesessen hatte. An einem warmen Septembernachmittag machte ich mich auf zum Archiv von Getty Images, das sich in einem Vorort in West-London befand. Dort entdeckte ich viele Fotos vom Prozess, darunter auch eine äußerst wertvolle Sammlung aus der *Picture Post*, einer nicht mehr existierenden Zeitung, die mehrere Fotografen im Gerichtssaal hatte. Es gab Kontaktabzüge – »aufgenommen von einem deutschen Fotografen«, sagte der Archivar mit einem ironischen Lächeln – und viele Negative, die auf kleine zerbrechliche Glasplättchen gedruckt waren und nur mit einem Spezialgerät angeschaut werden konnten. Das war eine zeitraubende Aufgabe, weil jedes Glasplättchen aus einem Schutzumschlag genommen und dann auf das Gerät gelegt werden musste, das dann noch scharfgestellt werden musste. Im Laufe eines Nachmittags wanderten Hunderte kleiner Umschläge und deren Glasplättchen durch meine Hände – eine mühselige Suche nach Lauterpacht. Viele Stunden vergingen, und dann entdeckte ich ihn, wie er am Eröffnungstag des Prozesses mit angespanntem Gesichtsausdruck das Gericht betrat, in dunklem Anzug, mit weißem Hemd, sein bekanntes rundes Brillengestell auf der Nase. Er kam hinter Hartley Shawcross herein, der leicht verächtlich in die Kamera starrte. Beide Männer sollten kurz darauf die Angeklagten sehen.

Ich arbeitete mich durch jedes einzelne der vielen kleinen Glasplättchen, musterte die winzigen Gesichter und hoffte, ein weiteres Foto von Lauterpacht zu finden. Es waren an jenem Tag so viele Leute im Gerichtssaal, dass die Aufgabe der Suche eines bekannten Gesichts auf einem Gemälde von Bruegel glich. Schließlich entdeckte ich ihn ein zweites Mal, ganz in der Nähe von Frank.

Das Foto war am Eröffnungstag aufgenommen worden, von der Tribüne über dem Gerichtssaal aus nach unten. Die Angeklagten saßen rechts unten, die dominante Gestalt Hermann Görings in einem

Nürnberg, 20. November 1945: Hartley Shawcross
(Mitte, in die Kamera blickend), dahinter Lauterpacht

übergroßen hellen Anzug lehnte sich nach vorne. Der fünfte Angeklagte links von Göring war Frank, der mit leicht gesenktem Kopf auf der Bank saß, neben Alfred Rosenberg, der auf etwas in Franks Schoß zu blicken schien.

In der Mitte des Fotos zählte ich fünf lange Holztische, mit je neun oder zehn Stühlen. Die britischen Anklagevertreter saßen an dem zweiten Tisch von links. Da war David Maxwell Fyfe, links neben dem sowjetischen Ankläger sitzend, der gerade vom Rednerpult aus die links außerhalb des Bildes befindlichen Richter ansprach. Lauterpacht war am Ende desselben Tisches zu sehen, die Hände unter dem Kinn gefaltet, konzentriert und nachdenklich. Er blickte auf die Angeklagten und war nur durch wenige Tische und Stühle von Frank getrennt.

Justizpalast in Nürnberg, 20. November 1945

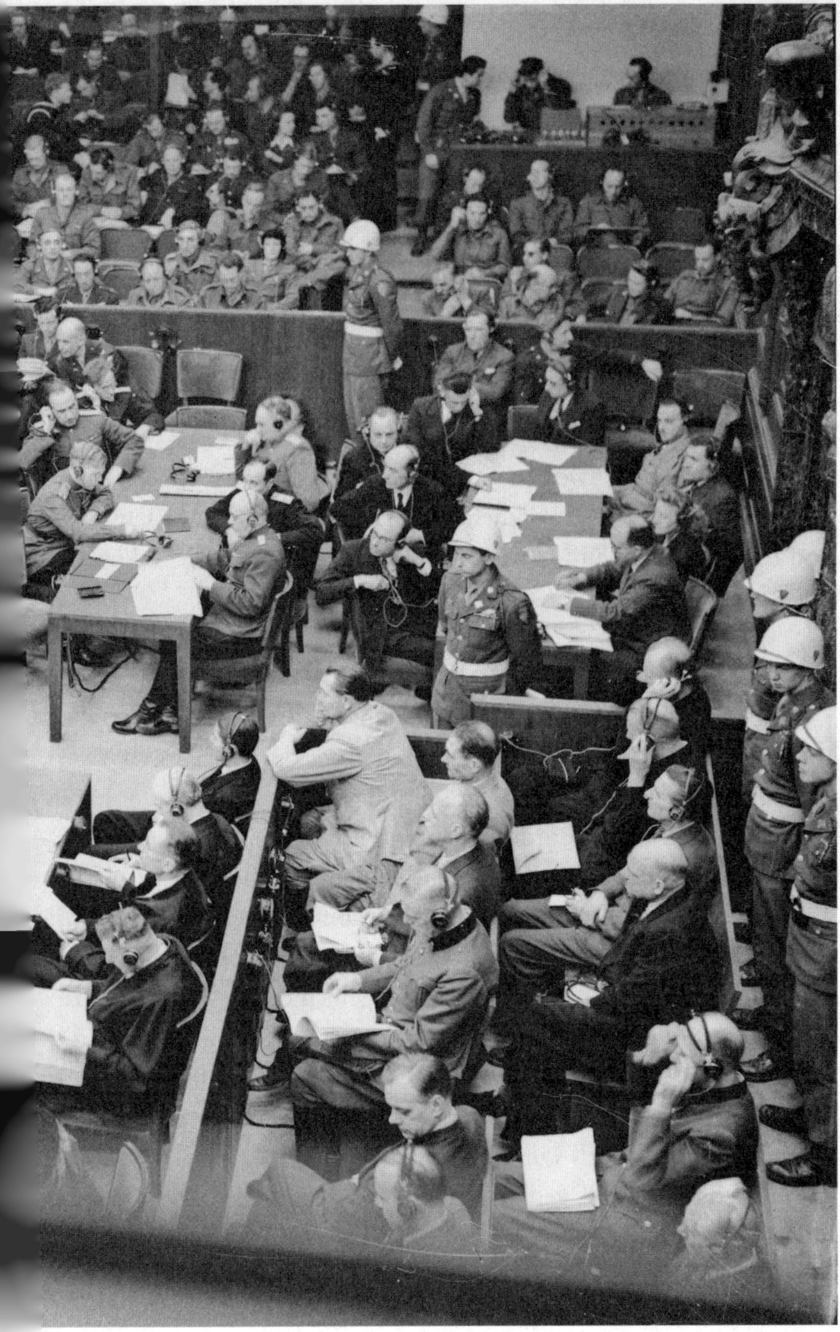

Frank muss an diesem Tag sehr besorgt gewesen sein. Brigitte hatte ihm geschrieben, erzählte er Alfred Rosenberg und Baldur von Schirach, dem früheren Gauleiter von Wien, der die Deportation von Malke Buchholz und mehr als fünfzehntausend anderen Wiener Juden nach Theresienstadt angeleitet hatte. Sie teilte ihrem Mann mit, dass sie Niklas und die anderen Kinder auf die Straße geschickt habe, damit sie um Brot bettelten.

»Sagen Sie mir, Rosenberg, war diese ganze Zerstörung und dies Elend nötig?«, fragte Frank. »War das überhaupt der Sinn dieser ganzen Rassenpolitik?«

Nach längerem Schweigen sagte Rosenberg, er habe nicht erwartet, dass all das zu »solch schrecklichen Geschehnissen, wie Massenmord und Krieg, führen würde. Ich suchte lediglich eine friedliche Lösung des Rassenproblems«.«

118 Frank äußerte sich am zweiten Tag in Anwesenheit von Lauterpacht. Wie die anderen Angeklagten hatte er zwei Optionen: »schuldig« oder »nicht schuldig«.

»Hans Frank«, sagte Lordrichter Lawrence mit seiner vollen, rauen Stimme und forderte den deutschen Juristen auf, vor Gericht auszusagen. Martha Gellhorn, die amerikanische Kriegsberichterstatterin, die an diesem Tag im Gericht war, war überrascht von Franks »kleinem ordinären Gesicht«, den rosa Wangen, die eine »kleine spitze Nase« einrahmten, und dem »schwarzen glatten Haar«. Er machte einen geduldigen Eindruck, dachte sie, wie ein Kellner in einem leeren Restaurant. Er wirkte im Vergleich zu dem nervös zuckenden, verrückten Rudolf Heß still und gelassen.

Franks dunkle Brille verbarg seine Augen, die vielleicht etwas enthüllt haben könnten, was einem Gefühl nahekam. Er hatte viel Zeit gehabt, das Für und Wider der beiden Optionen abzuwägen, die Möglichkeiten zu bedenken, die er der Anklage mit den achtunddreißig belastenden Tagebüchern geliefert hatte. Wenn er daran dachte,

»Ich bekenne mich für nicht schuldig.« Hans Frank, 21. November 1945

einen gewissen Grad an Verantwortung zu zeigen, vielleicht gerade so viel, wie es brauchte, sich von den anderen Angeklagten zu unterscheiden, so ließ er es sich nicht anmerken.
»Ich bekenne mich für nicht schuldig.« Er sprach mit Entschlossenheit, dann setzte er sich auf die Bank. Ich fand ein Bild, auf dem er – seine behandschuhte linke Hand auf die Trennwand der Anklagebank gestützt und das Jackett zugeknöpft – aufrecht und stolz dasteht und fest nach vorn auf die Richter blickt, während einer der Verteidiger ihn neugierig betrachtet.

Keiner der Angeklagten wählte die Option »schuldig«. Insgesamt verhielten sie sich höflich, der einzige Zwischenfall wurde von Göring verursacht, der plötzlich aufstand, um das Tribunal anzusprechen. Darauf griff Lordrichter Lawrence sofort entschieden ein. »Setzen Sie sich, schweigen Sie!« Göring leistete keinen Widerstand. Ein Augenblick, der die stille Machtverlagerung kennzeichnete. Stattdessen wurde Robert Jackson gebeten, die Verhandlung für die Anklage zu eröffnen.

In der nächsten Stunde sprach Jackson Worte, die ihn weltweit berühmt machten. Lauterpacht saß direkt hinter seinem Kollegen, den er bewunderte, und er beobachtete, wie Jackson die wenigen Stufen zum hölzernen Rednerpult ging, wo er seine Papiere und einen Stift zurechtlegte. Aus einer anderen Perspektive, hinter der Reihe der deutschen Verteidiger sitzend, die den Amerikaner intensiv anblickten, konnte Frank die Züge des wichtigsten Architekten der Anklage studieren.

»Der Vorzug, eine Gerichtsverhandlung über Verbrechen gegen den Frieden der Welt zu eröffnen, wie sie hier zum ersten Mal in der Geschichte abgehalten wird, legt eine ernsthafte Verantwortung auf.« Jackson wählte jedes seiner Worte mit Bedacht und unterstrich damit deren Bedeutung. Er sprach von der Großzügigkeit der Sieger und der Verantwortung der Besiegten, von den ausgeklügelten, bösartigen, zerstörerischen Untaten, die verurteilt und bestraft werden müssten. Die menschliche Zivilisation könne es nicht dulden, sie unbeachtet zu lassen, und sie dürften nicht wiederholt werden. »Dass vier große Nationen, erfüllt von ihrem Sieg und schmerzlich gepeinigt von dem geschehenen Unrecht, nicht Rache üben, sondern ihre gefangenen Feinde freiwillig dem Richterspruch des Gesetzes übergeben, ist eines der bedeutsamsten Zugeständnisse, das die Macht jemals der Vernunft eingeräumt hat.«

Jackson sprach mit ruhiger Entschlossenheit, die einzigartige Intensität jenes langen Augenblicks im Gerichtssaal aufnehmend und verstärkend, und wies einen praktischen Weg nach vorn. Ja, das Tribunal sei »neuartig und ein Versuch«, bekannte er. Es sei geschaffen worden, »um das Völkerrecht nutzbar [zu] machen, der größten Drohung unserer Zeit entgegenzutreten«. Doch sollte es praktikabel sein und nicht etwa irgendwelche juristischen Theorien rechtfertigen. Und es sollte sich ganz sicher nicht befassen mit der Bestrafung »geringfügiger Verbrechen …, die sich kleine Leute zuschulden kommen lassen«. Die Angeklagten seien Männer, die große Macht besessen und sie benutzt hätten, »um ein Unheil zu verursachen, das niemanden in der Welt unberührt lässt«.

Jackson sprach von der »teutonischen Leidenschaft für Gründlichkeit« der Angeklagten, von ihrer Neigung, ihre Handlungen schriftlich festzuhalten. Er beschrieb, wie sie mit nationalen Gruppen und Juden umgegangen waren, den »kaltblütigen Massenmord an zahllosen Menschen«, das Begehen von »Verbrechen gegen die Menschlichkeit«. Das waren Vorstellungen, die mit Lauterpacht 1941 in New York diskutiert worden waren und dann noch einmal vier Jahre später im Garten in der Cranmer Road. Das waren die Themen, die er im September 1941 in Indianapolis vorgebracht hatte, als Lemkin gehört hatte, wie er eine »Herrschaft des Rechts« gegen internationale Rechtlosigkeit forderte.

Jackson kam auf die Person Hans Frank zu sprechen, der bei der Erwähnung seines Namens munter zu werden schien. »Ein Jurist von Beruf, wie ich mit Scham gestehen muss.« Und einer, der geholfen hatte, die Nürnberger Gesetze zu schaffen. Jackson erwähnte Franks Tagebücher und zitierte nüchtern aus den täglichen privaten Überlegungen und öffentlichen Reden, ein erster Hinweis auf die zentrale Rolle, die die Tagebücher in den Verhandlungen spielen sollten. »Ich kann nicht alle Läuse und Juden in einem Jahr ausrotten«, sagte Frank 1940. Ein Jahr später sprach er mit Stolz von einer Million und mehr Polen, die er ins Reich geschickt hatte. Und noch 1944, als die Sowjets sich schon Krakau näherten, ließ Frank nicht locker und erklärte, die Juden seien »eine Rasse, die ausgetilgt werden muss«. Die Tagebücher waren eine Goldgrube, die man nutzen musste. Wenn Frank eine Vorahnung hatte, wozu seine Worte verwendet werden würden, so zeigte er es nicht.

Solche umfangreichen Beweise erlaubten Jackson, seine Darlegungen mit einem einfachen Appell zu beenden. Der Prozess sei ein Versuch, »die Staatsmänner vor dem Gesetz verantwortlich zu machen«, und sein Nutzen würde an seiner Fähigkeit gemessen werden, die Gesetzlosigkeit zu beenden, so wie die neue Organisation der Vereinten Nationen die Aussicht biete, einen Schritt in Richtung Frieden und Rechtssicherheit zu machen. Und dabei seien es nicht nur die Alliierten, die hier Anklage erhoben, »die wahre Klägerin« – so Jackson zu den Richtern – sei »die Zivilisation«. Weil die Angeklagten das deutsche Volk auf die unterste »Stufe der Erbärmlichkeit« gebracht und Hass und Gewalt auf allen Kontinenten geschürt hatten, sei ihre einzige Hoffnung, dass das Völkerrecht so weit hinter dem moralischen Bewusstsein zurückbleibe, »dass, was vor dem sittlichen Empfinden als Verbrechen gilt, vor dem Gesetz nicht als Schuld betrachtet werde«. Die Richter müssten deutlich machen, dass »die Kräfte des Völkerrechts auf der Seite des Friedens« stünden, »so dass Männer und Frauen guten Willens in allen Ländern leben können, ›keinem untertan und unter dem Schutz des Rechts‹«. Lauterpacht erkannte die Worte aus Rudyard Kiplings Gedicht *The Old Issue*, die an die Ereignisse von 1689 in England erinnerten, als es darum ging, einen allzu mächtigen englischen Herrscher dem Gesetz zu unterwerfen.

Als Jackson sprach, zeigte Lauterpacht keinerlei Gefühle. Er wirkte pragmatisch, stoisch, geduldig. Jacksons Auftritt war großartig und historisch, würde er Rachel berichten, »ein großer persönlicher Triumph«. Es bereitete ihm auch Genugtuung, die Gesichter von Frank und den anderen Angeklagten zu beobachten, als sie sich ihre Gräueltaten anhören mussten. Sobald Jackson fertig war, ging Lauterpacht zu ihm und schüttelte ihm die Hand, »eine lange Minute«. Er mochte wenigstens eine bemerkenswerte Auslassung in Jacksons Rede festgestellt haben: Trotz der Lemkin im Mai und auch im Oktober versprochenen Unterstützung bei der Fertigstellung der Anklage benutzte Jackson das Wort »Genozid« nicht.

119 Lauterpacht verließ Nürnberg am dritten Tag des Prozesses und kehrte nach Cambridge zurück, um zu unterrichten. Er reiste mit Shawcross, der in London bei der Regierung gebraucht wurde, wodurch die Eröffnungsrede der Briten auf den 4. Dezember verschoben wurde. Shawcross wollte nicht, dass sein Stellvertreter Maxwell Fyfe als erster Brite das Wort ergriff.

Lauterpachts Heimreise dauerte wegen schlechten Wetters lange. Als das kleine Flugzeug auf dem Flughafen Croyden landete, war ihm übel. Er war schon immer ein schlechter Schläfer gewesen, jetzt aber erlebte er Nächte, die noch schwieriger waren, da ihn Details des im Gerichtssaal Gehörten verfolgten. Die Worte aus Franks Tagebüchern, Ängste und Ungewissheit, was die Familie in Lwów betraf, das Gefühl, er habe versagt und sei verantwortlich, weil er sie nicht hatte überreden können, nach England zu kommen. Solche privaten Sorgen wurden durch professionelle Zweifel wegen der schwachen Eröffnungsrede von Shawcross verstärkt, die schlecht aufgebaut und juristisch dünn war.

Nach der starken Eröffnung von Jackson müssten die Briten den Einsatz erhöhen, sagte er gleich zu Rachel und dann zu Shawcross selbst, was keine leichte Aufgabe war, weil der Hauptankläger große Teile des Redeentwurfs selbst geschrieben hatte. Shawcross bat ihn, den Entwurf zu verbessern. Eine Einladung, die er nicht ablehnen konnte. Lauterpacht ignorierte den Rat seines Arztes, sich auszuruhen, und widmete der Aufgabe eine ganze Woche, eine Gelegenheit, für seine eigenen Vorstellungen zum Schutz des Individuums und vor Verbrechen gegen die Menschlichkeit zu werben. Er schrieb den Entwurf von eigener Hand, gab dann die Seiten an Mrs Lyons, seine zuverlässige Sekretärin, die ihm eine Schreibmaschinenfassung zur Korrektur vorlegte. Das endgültige Typoskript umfasste dreißig Seiten, die per Zug von Cambridge zur Liverpool Street Station nach London geschickt wurden, wo sie von Shawcross' Büro abgeholt wurden.

Eli besaß den handgeschriebenen Entwurf seines Vaters. Ich konnte lesen, wie Lauterpacht das Hauptthema behandelte, das Shawcross ihm übertragen hatte: Deutschlands Kriegführung. Lauterpacht strukturierte es ein wenig klarer. Er präsentierte dann Argumente zu einem Thema, für das er größere Leidenschaft verspürte: die Rechte des Individuums. In dem Text, den er ausarbeitete, berief er sich ganz offensichtlich auf Vorstellungen, die er in *An International Bill of the Rights of Man* dargelegt hatte, das nur wenige Monate zuvor erschienen war. Das Wesentliche seines Denkens drückte sich in einem einzigen Satz aus: »Die Völkergemeinschaft hat in der Vergangenheit das Recht gefordert und erfolgreich darauf bestanden, sich für die verletzten Menschenrechte einzusetzen, die vom Staat auf eine Weise missachtet wurden, die das moralische Empfinden der Menschheit schockieren sollte.«

Diese Worte forderten das Tribunal geradezu auf, den Alliierten das Recht zuzusprechen, militärische Gewalt zu gebrauchen, um die »Menschenrechte« zu schützen. Das Argument war damals strittig und ist es noch heute. Manchmal wird darauf Bezug genommen als »humanitäre Intervention«. Und genau an dem Tag, als ich Lauterpachts handgeschriebenen Originalentwurf zum ersten Mal sah, versuchten Präsident Obama und der britische Premierminister David Cameron den US-Kongress und das britische Parlament zu überzeugen, dass eine militärische Intervention in Syrien durch das Gesetz gerechtfertigt war, um die Menschenrechte von Hunderttausenden Individuen zu schützen. Die Argumente, die sie – ohne Erfolg – vorbrachten, stützten sich auf die Ideen Lauterpachts, die sich im Konzept von Verbrechen gegen die Menschlichkeit wiederfanden, Taten, die so ungeheuerlich waren, dass andere berechtigt waren, schützend einzugreifen. Lauterpacht argumentierte, dass sein Vorgehen nur schon existierende, etablierte Regeln weiterentwickeln würde. Das Argument – 1945 recht ehrgeizig – trug er jetzt als Jurist und nicht als Wissenschaftler vor.

Lauterpachts Entwurf nahm weder auf Genozid noch auf die Nazis oder die Deutschen als Gruppe Bezug, ebenso wenig auf Verbrechen gegen Juden oder Polen oder andere Volksgruppen. Lauterpacht lehnte Gruppenidentität im Gesetz ab, sowohl für Opfer als auch für Täter. Warum? Er hat es nie richtig erklärt, doch mir schien es mit seinen Erfahrungen auf den Barrikaden von Lemberg zu tun zu haben, wo eine Gruppe gegen die andere kämpfte. Später erlebte er aus eigener Anschauung, dass die Absicht, einzelne Gruppen durch

Gesetze zu schützen – wie beim Polnischen Minderheitenvertrag –, einen schlimmen Rückschlag bewirken konnte. Schlecht formulierte Gesetze konnten unbeabsichtigte Folgen haben, indem sie genau das Unrecht herausforderten, das sie zu verhindern suchten. Ich unterstützte instinktiv Lauterpachts Ansicht, die motiviert war vom Wunsch, den Schutz des Individuums zu stärken, unabhängig davon, welcher Gruppe er oder sie zufällig angehörte, und die latente Macht des Gruppenverhaltens zu begrenzen statt sie zu verstärken. Indem sich Lauterpacht auf das Individuum konzentrierte und nicht auf die Gruppe, wollte er die Wirkungskraft eines Konflikts zwischen den Gruppen verringern. Es war eine vernünftige, aufgeklärte Ansicht – und auch eine idealistische.

Das Gegenargument wurde am stärksten von Lemkin vertreten. Er war nicht gegen individuelle Rechte, glaubte aber dennoch, dass eine übertriebene Konzentration auf das Individuum naiv wäre, dass sie die Realität von Konflikt und Gewalt ignorierte: Individuen wurden zur Zielscheibe, weil sie zu einer bestimmten Gruppe gehörten und nicht wegen ihrer individuellen Eigenschaften. Für Lemkin musste das Gesetz die wahren Motive und realen Absichten reflektieren, die Triebkräfte, die erklärten, warum gewisse Individuen – aus gewissen Zielgruppen – getötet wurden. Für Lemkin war die Konzentration auf Gruppen der praktische Ansatz.

Trotz ihrer gemeinsamen Herkunft und des geteilten Wunsches, eine effektive Lösung zu finden, waren Lauterpacht und Lemkin über ebendiese Lösung in einer entscheidenden Frage absolut unterschiedlicher Auffassung: Wie konnten Gesetze helfen, Massenmord zu verhindern? Schützt das Individuum, ist die Antwort Lauterpachts. Schützt die Gruppe, ist die Antwort Lemkins.

120 Lauterpacht stellte den Entwurf für Shawcross fertig und sandte ihn am 29. November nach London, ohne Genozid und Gruppen zu erwähnen. Er erlaubte sich eine bescheidene Feier:

ein Spaziergang im Dunkeln zum Fellows Parlour im Trinity College und ein einziges Glas Portwein. Am folgenden Tag schickte Shawcross einen höflichen Dank.

Shawcross kehrte ohne Lauterpacht nach Nürnberg zurück und hielt die britische Eröffnungsrede. Am 4. Dezember sprach der Hauptankläger zum Tribunal, kurz nachdem ein erster grauenhafter Film über Konzentrationslager gezeigt worden war, der viele sehr erschüttert zurückließ. Der brutale Inhalt des körnigen Schwarzweißfilms verstärkte die Aura einer methodischen Gelassenheit, die Shawcross in seiner Ansprache zeigte, als er den Nazi-Aggressionen in ganz Europa nachspürte. Er begann mit Polen im Jahre 1939, ging dann weiter zu 1940 und Belgien, Holland, Frankreich und Luxemburg, dann zu Griechenland und Jugoslawien Anfang 1941 und schließlich zu Russland im Juni 1941, zum Unternehmen Barbarossa.

Shawcross' juristische Argumente stützten sich weitgehend auf Lauterpachts Entwurf. Wesentliche Teile der Rede stützten sich wörtlich auf die Argumentation des Cambridger Akademikers, das Konzept von »Verbrechen gegen die Menschlichkeit« sei als Idee längst etabliert, die »Völkergemeinschaft« habe längst »das Recht bestätigt, sich für die verletzten Menschenrechte einzusetzen, die vom Staat auf eine Weise missachtet wurden, die das moralische Empfinden der Menschheit schockieren sollte«. Dieser Teil der Rede umfasste fünfzehn Druckseiten, von denen zwölf von Lauterpacht stammten. Wenn es um Verbrechen gegen die Menschlichkeit und die Rechte des Individuums ging, benutzte Shawcross die exakten Worte Lauterpachts und argumentierte entschieden dafür, dass das Tribunal die Tradition fallenlassen sollte, nach welcher der Souverän handeln konnte, wie ihm beliebte, auch wenn er Angehörige des eigenen Volkes tötete, verstümmelte und folterte.

Lauterpacht riet Shawcross, der wahrscheinlichen Verteidigungsstrategie der Angeklagten zuvorzukommen: Weil Staaten nach internationalem Recht keine Verbrechen begehen konnten, könnten Individuen, die ihnen dienten, auch keines Verbrechens schuldig sein.

Ein Staat konnte kriminell sein, sagte Shawcross dem Tribunal, und so war es zwingend geboten, seine Verbrechen mit Mitteln zu unterdrücken, die »drastischer und wirkungsvoller waren als bei Individuen«. Individuen, die im Namen solch eines Staates handelten, waren »direkt verantwortlich« und sollten strengstens bestraft werden. Göring, Speer und Frank saßen in seinem Blickfeld.

Auch hier stammte der Kern der Argumente, die Shawcross vortrug, von Lauterpacht. »Der Staat ist keine abstrakte Einheit«, erklärte der britische Hauptankläger und benutzte eine Formulierung, die sowohl vor dem Tribunal als auch lange danach noch häufig wiederholt werden sollte. »Seine Rechte und Pflichten sind die Rechte und Pflichten der Menschen«, seine Taten die von Politikern, die »nicht in der Lage sein sollten, Immunität hinter der nicht greifbaren Rechtspersönlichkeit des Staates zu suchen«. Das waren radikale Worte, die die Vorstellung individueller Verantwortlichkeit aufgriffen sowie »grundlegende Menschenrechte« und »grundlegende Menschenpflichten« ins Zentrum eines neuen internationalen Systems stellten. Wenn das eine Innovation war, so schloss Shawcross, so war es eine, die man verteidigen musste.

Shawcross folgte der Vorgabe von Lauterpacht und erwähnte Genozid nicht. Als der Hauptankläger in Nürnberg sprach, hielt Lauterpacht in Cambridge eine Vorlesung über die Rolle des Prozesses und betonte den Schutz von Individuen. Nach der Vorlesung schickte ihm T. Elis Lewis, ein Fellow von Trinity Hall, ein anerkennendes Schreiben für seine »herausragende Darbietung«: »Sie sprachen mit Überzeugung, mit Kopf und Herz und mit einer Fairness, die man von einem Juristen erwartet, der seinen Gegenstand kennt.«

121 Im Verlauf der ersten Wochen des Prozesses wurden den Richtern neuartige juristische Argumente präsentiert und beispiellose, entsetzliche Beweise. Neben Dokumenten wie Franks Tagebüchern wurden ihnen groteske Artefakte gezeigt – tätowierte menschliche Haut, ein Schrumpfkopf –, und Filme wurden auf die große Leinwand projiziert, die hinten im Gerichtssaal hing. Das Erscheinen Hitlers in einem Kurzfilm rief Bewegung unter den Angeklagten hervor. »Fühlen Sie nicht die ungeheure Stärke seiner Persönlichkeit?«, sagte Ribbentrop in der Pause zu Dr. Gilbert. »Sehen Sie nicht, wie er die Leute einfach umwarf? Es ist erschütternd.« Die Stärke der Persönlichkeit. Es war »erschütternd«.

Andere Filme riefen eher gedämpfte Reaktionen hervor, besonders Szenen, die in Lagern und Ghettos in ganz Europa spielten. Ein privater Film – von einem Soldaten, der an einem Pogrom in Lemberg teilgenommen hatte – bot eine spezielle Untermalung, wie der *New Yorker* vermerkte, »zu Texten, die aus dem Tagebuch Franks, des Nazi-Generalgouverneurs von Polen«, vorgelesen wurden. Führte die Verbindung von Wort und Bild bei Frank dazu, dass er nachdachte über den Sinn seiner Aktionen in Warschau oder der Entscheidung, seine Tagebücher nicht zu vernichten? Erinnerte er sich an Hitlers Befehl, Warschau dem Erdboden gleichzumachen? Oder an das Telegramm an den Führer – das die Sowjets später fanden –, in dem er sich selbst gratulierte und das Wunder feierte, wie Warschau »von Flammen bekränzt« war? Oder an den sauber gebundenen Bericht von SS-General Jürgen Stroop über die Zerstörung des Ghettos? Oder an seinen eigenen Besuch im Warschauer Ghetto in Begleitung von Curzio Malaparte? Oder an das Mädchen im roten Kleid, das in dem privat gedrehten Film lachte, den er bis zum Ende seiner Herrschaft behalten hatte?

Sollte es derartige Überlegungen gegeben haben, so waren sie in Franks Miene nicht zu sehen. Er zeigte keine Emotionen, abgesehen von einem gelegentlichen Reflex »angestrengter Aufmerksamkeit«, wobei die Augen hinter dunklen Gläsern verborgen waren. Und das wohl nicht, weil er sich schämte, sondern weil er sich auf juristische Argumente konzentrierte und sich geschäftig auf Einsprüche und sonstige Reaktionen auf solche Filme vorbereitete. Der Film über Warschau zeigte nur eine Seite einer komplizierteren Geschichte, sagte sein Rechtsanwalt Seidl zu den Richtern und bat darum, dass Frank das Recht bekäme, sich unmittelbar dazu zu äußern. Der Antrag wurde abgelehnt. Frank werde später Gelegenheit bekommen, sich an das Tribunal zu wenden, nicht aber jetzt.

Die Filme wurden den Journalisten und auch den Beobachtern in der Zuhörergalerie gezeigt. Im Verlauf des Prozesses erschienen bekannte Besucher wie der ehemalige Bürgermeister von New York, Fiorello La Guardia, Schriftsteller wie Evelyn Waugh und John Dos Passos, Akademiker, Militärs, ja sogar Schauspieler. Besucher wurden von den täglichen Zeitungsartikeln angezogen, von der Aussicht, die »theatralische Energie« Hermann Görings in seinen »Phantasiekostümen« zu sehen. Auch ein paar Familienmitglieder der Richter und Ankläger saßen auf der Zuhörertribüne, unter ihnen Enid Lawrence, die einundzwanzigjährige Tochter von Lordrichter Lawrence, der das Verfahren leitete.

122 Enid Lawrence, die spätere Lady Dundas, bekannt als Robby, lud mich zum Tee in ihre ruhige, ordentliche Wohnung in Kensington ein. Sie war eine der wenigen, die einen Bericht aus erster Hand über die ersten Tage der Anhörung liefern konnte. Die Witwe eines Helden des »Battle of Britain«, wie Churchill die Luftschlacht um England getauft hat, sprach mit ruhiger Energie und Klarheit über ihren ersten Aufenthalt in Nürnberg, im Dezember 1945, wo sie mit ihren Eltern zusammen untergebracht war. Sie besaß ein kleines Tagebuch mit Bleistifteintragungen, das sie jetzt nutzte, um ihre Erinnerungen aufzufrischen.

Sie sei dienstlich nach Nürnberg gereist, erklärte sie, weil sie während des Krieges für die Alliierten gearbeitet hatte und sich nach seinem Ende mit dem Einsatz von Doppelagenten beschäftigte. Sie sei nach Nürnberg gekommen, um den Angeklagten Alfred Jodl zu interviewen, den Chef des Wehrmachtsführungsstabes. »Ein recht freundlicher kleiner Mann«, sagte sie, und ziemlich kooperativ. Er hatte keine Ahnung, dass die junge Frau, die ihn interviewte, die Tochter des Vorsitzenden Richters war oder dass sie ihre freie Zeit damit verbrachte, sich die Sehenswürdigkeiten von Nürnberg anzuschauen.

Sie bewunderte ihren Vater, einen »aufrichtigen Menschen«, unverdorben von Ehrgeiz oder Ideologie, mit geringem Interesse an theologischen Diskussionen über Genozid oder Verbrechen gegen die Menschlichkeit oder die feinen Unterschiede zwischen dem Schutz von Gruppen oder Individuen. Er war berufen worden, weil Winston Churchill darauf bestanden hatte, der wie er Mitglied einer privaten Tischgesellschaft war, des »Other Club«. Aus seiner Sicht bestand seine Aufgabe darin, einfach das Gesetz auf die Fakten anzuwenden, und zwar gerecht und schnell. Er erwartete, in sechs Monaten wieder zu Hause zu sein.

Der Vorsitz sei an ihn gefallen, fügte Robby hinzu, weil er der einzige Richter war, den alle akzeptierten: »Die Russen wollten die Amerikaner nicht, die Amerikaner wollten die Russen oder die Franzosen nicht, die Franzosen wollten die Russen nicht.« Ihr Vater schrieb nie etwas über den Prozess, keine Einzelheiten, anders als Biddle, der amerikanische Richter, der ein Buch veröffentlichte, oder Falco, der französische Richter, der ein Tagebuch führte, das siebzig Jahre nach dem Prozess publiziert wurde.

Ihr Vater sei gegen Biddles Tagebuch gewesen, sagte Robby in scharfem Ton. Entscheidungen, die die Richter vertraulich gefällt hatten, sollten vertraulich bleiben.

Sie lernte die anderen Richter kennen. General Nikitschenko? »Unter der Kontrolle von Moskau.« Sein Vertreter, Oberstleutnant Woltschkow, mit dem sie manchmal getanzt hatte, sei »menschlicher« gewesen. Er brachte ihr bei, wie man »ich liebe dich« auf Russisch sagt. (Ihr Vater blieb nach dem Prozess in Kontakt mit Woltschkow, aber eines Tages kam kein Brief mehr, und das Außenministerium empfahl, Abstand zu halten.) Donnedieu sei alt und »ziemlich unnahbar« gewesen. Ihr Vater habe Falco – seinem Stellvertreter – viel näher gestanden, und sie wurden nach dem Prozess gute Freunde. Er habe auch Biddle gemocht, den Amerikaner mit der Eliteuniversitätsausbildung.

Von den Anklägern bewunderte Robby am meisten Maxwell Fyfe, weil er »über alles Bescheid wusste«, ein engagierter Anwalt, der während des gesamten Prozesses im Verhandlungssaal anwesend war. Ich verstand das als Seitenhieb auf Shawcross, der bei den Verhören in entscheidenden Momenten auftauchte, aber nicht immer präsent war, anders als Jackson, der ein ganzes Jahr in Nürnberg blieb. Robby zögerte, mehr zu sagen, aber sie war nicht die Erste, die eine entschiedene Abneigung gegen Shawcross zu erkennen gab, der von vielen als hochmütig und aufgeblasen wahrgenommen wurde, obwohl er ein hervorragender Jurist war. Anfang Dezember verbrachte Robby fünf Tage im Sitzungssaal 600. Er war größer als englische Gerichtssäle, und die Übersetzung über Kopfhörer war ein Novum. Die Szene war komplett männlich – Richter, Verteidiger, Ankläger. Die einzigen Frauen waren die Stenographinnen und Übersetzerinnen (eine Frau mit aufgetürmten blonden Haaren wurde von den Richtern »der leidenschaftliche Heuhaufen« genannt) sowie einige Journalistinnen und Schriftstellerinnen.

Sie erinnerte sich an die Angeklagten als »ein denkwürdiges Pack«. Göring sei hervorgestochen, weil »er das beabsichtigte« und sich als Führer aufspielte. Heß »fiel mit besonders eigenartigem Benehmen auf«, wozu häufig seltsames Grimassieren gehörte. Kaltenbrunner hatte ein »langes, schmales Gesicht und wirkte sehr grausam«. Jodl »sah nett aus«, sein Chef Wilhelm Keitel wie »ein General, ein Soldat«. Franz von Papen habe »sehr gut« ausgesehen. Ribbentrop bekam viel Presse in London, weil man dort seinen Namen kannte. Hjalmar Schacht sei »vornehm und ordentlich« gewesen. Albert Speer? »Einfach außergewöhnlich« wegen seiner Haltung und Beherrschung. Streicher? »Absolut schrecklich«. Robby Dundas lächelte, als sie sagte: »Er sah schrecklich aus. Alles an ihm war schrecklich.«

Frank? Ja, sie erinnerte sich an Hans Frank mit der dunklen Brille. Er schien unbedeutend, auf sich selbst zurückgezogen. Die englischen Zeitungen veröffentlichten damals ein bösartiges Porträt von ihm, gezeichnet vom Karikaturisten David Low, erinnerte sie mich. »Die Meinungen mögen auseinandergehen über die Auszeichnung als ›die schrecklichste anwesende Person‹«, schrieb Low. Er aber würde ohne Zögern für Frank stimmen, »den Schlächter von Polen«. Es war die Kombination aus festgefrorenem höhnischem Grinsen und leisem Gemurmel, die den Karikaturisten für Frank votieren ließ.

»War er derjenige, der die ganze Zeit weinte?«, fragte sie plötzlich, und mir fiel wieder ein, dass andere über Franks Tränen gesprochen hatten. »Ja«, sagte ich. Sie war an dem Tag im Gericht, als ein Film über Hitler gezeigt wurde, der Ribbentrop und andere dazu brachte, hemmungslos zu weinen.

Augenblicke des Schreckens waren lebendig geblieben. Sie besann sich auf die Aussagen einer KZ-Aufseherin in Dachau, eben der, die »Lampenschirme aus menschlicher Haut herstellte«. Sie schüttelte leicht den Kopf, als sie sprach, als ob sie die Erinnerung auslöschen wollte, und ihre Stimme wurde immer leiser, bis sie kaum noch zu vernehmen war.

»Die meiste Zeit war es ziemlich langweilig, doch dann passierte etwas, worauf ich mit Entsetzen reagierte.«

Sie unterbrach sich.

»Es war fürchterlich ...«

Sie hatte Auszüge aus Stroops Bericht mit dem Titel *Das Warschauer Ghetto ist nicht mehr* gehört.

Auf der Zuhörertribüne sitzend hatte sie auch Auszüge aus Franks Tagebuch gehört, die verlesen wurden. »Dass wir 1,2 Millionen Juden zum Hungertod verurteilen, sei nur am Rande festgestellt.« Diese Worte hörte sie.

Sie sah Menschenhaut, die von Häftlingen aus Buchenwald stammen sollte. Sie erinnerte sich an ein Gespräch über Tätowierungen, die an Häftlingen vorgenommen worden waren.

Die Aussagen hatten bei Robby Dundas eine tiefe Wirkung hinterlassen, die über sieben Jahrzehnte anhielt. »Ich hasse die Deutschen«, sagte sie plötzlich gänzlich unerwartet. »Ich habe sie immer gehasst.« Dann huschte eine Spur von Bedauern über ihr Gesicht. »Es tut mir sehr leid«, sagte sie so leise, dass ich sie kaum hörte. »Ich habe ihnen eben nie vergeben.«

123 Und was war mit Lemkin? Zwei Monate, nachdem ein Prozess begonnen hatte, der die Ideen, die er vertrat, zunächst durchaus aufgriff, schienen sich all seine Bemühungen in Luft aufgelöst zu haben. Genozid wurde am ersten Tag zu seiner Genugtuung von den französischen und sowjetischen Anklägern erwähnt. Die Amerikaner und die Briten aber vermieden jede Erwähnung des Wortes. Zu Lemkins Bestürzung vergingen der restliche November und der gesamte Dezember – einunddreißig Tage mit Verhandlungen –, ohne dass das Wort vor Gericht fiel.

Lemkin folgte den Entwicklungen von Washington aus. Es war frustrierend, die täglichen Protokolle zu lesen, die das War Crimes Office, wo er als Berater arbeitete, erreichten, Nachrichten zu lesen, die den Völkermord nicht erwähnten. Vielleicht waren es die Senatoren aus dem Süden, die Jackson und sein Team beeinflusst hatten, weil sie befürchteten, dass es im Hinblick auf die indianische und schwarze Bevölkerung Auswirkungen auf die heimische Politik haben könnte, wenn Genozid angeklagt würde.

Jacksons Team hatte Maßnahmen ergriffen, um Lemkin vom Prozess fernzuhalten. Nach den Schwierigkeiten, die er damals im Oktober in London mit seinem eigenwilligen Verhalten verursacht hatte, war das keine Überraschung. Stattdessen wurden seine Talente für die Vorbereitung eines anderen Kriegsverbrecherprozesses genutzt, der im April 1946 in Tokio beginnen sollte. Zu seinen Aufgaben gehörte es jedoch auch, die Aktivitäten von Karl Haushofer zu untersuchen, eines deutschen Generals im Ersten Weltkrieg, der später an der Universität in München lehrte und mit Stefan Zweig bekannt war. Man sagte, Haushofer habe die intellektuellen Grundlagen für die Idee des »Lebensraums« gelegt, die Notwendigkeit, durch die Aneignung von Territorien anderer Völker mehr Lebensraum für Deutsche zu gewinnen. Rudolf Heß war sein Forschungsassistent gewesen. Lemkin empfahl, Haushofer vor Gericht zu stellen, aber Jackson widersetzte sich mit der Begründung, seine Aktivitäten hätten sich auf »Lehren und Schreiben« beschränkt. Die ganze Sache wurde hypothetisch, nachdem Haushofer und seine Frau Selbstmord begangen hatten.

Am 20. Dezember wurde das Tribunal für die Weihnachtspause unterbrochen. Donnedieu kehrte in seine Wohnung auf dem Boulevard St. Michel in Paris zurück, wo er einen Brief von Lemkin und ein Exemplar von *Axis Rule* vorfand. Die Antwort, die Lemkin im Januar 1946 erhielt, muss den Wunsch des polnischen Anwalts entfacht haben, einen Weg zu finden, um wieder am Prozess teilzunehmen. »Vielleicht werde ich die Freude haben, Sie in Nürnberg begrüßen zu dürfen«, schrieb der französische Richter. Die beiden Männer kannten sich seit den 1930er Jahren von Zusammenkünften des Völkerbundes. »Ich bin sehr erfreut, Ihren Brief und die Neuigkeiten darin erhalten zu haben«, ergänzte Donnedieu in dünner Handschrift. Er sei erstaunt, dass Lemkins Brief so lange bis zu ihm gebraucht habe. »Ich bin Richter beim Internationalen Militärtribunal«, fügte er hinzu, als hätte Lemkin das nicht gewusst.

Der Franzose schätzte Lemkins Buch als ein »wichtiges« Werk. Er räumte ein, nicht jede Seite gelesen zu haben, weil seine Verpflichtungen ihm nur Zeit ließen, das Buch zu überfliegen. Aber er hatte das Kapitel 9 gelesen und meinte, das Wort »Genozid« sei durchaus »sehr treffend« als ein Terminus, der »ausdrücklich« das »schreckliche Verbrechen bezeichnet, mit dem sich unser Tribunal befasst«. Lemkin schöpfte aus den Worten bestimmt Hoffnung, war aber scharfsinnig genug, ihre Unverbindlichkeit zu erkennen. Immerhin war Donnedieu ein Mann, der sich 1935 in der Lage fühlte, eine Einladung Franks nach Berlin anzunehmen.

»Leider war Polen das Hauptopfer«, fuhr der französische Richter fort. Die Formulierung war eigenartig, weil der Richter das Beweismaterial gesehen hatte. Natürlich war Polen ein Opfer. Aber das Hauptopfer? Vielleicht war er Lemkin, einem Polen, gegenüber höflich. Vielleicht wusste er nicht, dass Lemkin Jude war. Haben Sie etwas von »unserem Freund Rappaport« gehört?, fragte der Richter und bezog sich auf den polnischen Richter beim Obersten Gericht, den Mann, der Lemkin mitgeteilt hatte, dass er im Oktober 1933 nicht nach Madrid reisen dürfe. (Rappaport hatte den Krieg überlebt und wurde zum Präsidenten des polnischen Obersten Nationalen Tribunals berufen, das die Strafverfahren gegen Amon Göth, bekannt durch den Film *Schindlers Liste*, gegen Franks Kollegen Josef Bühler und den Kommandanten von Auschwitz, Rudolf Höß, durchführte – alle wurden zum Tode verurteilt.)

Donnedieu erwähnte, dass er vor einem Jahr einen Schwiegersohn im Krieg verloren hatte, »in der Résistance«, und dass er mit Vespasian Pella in Kontakt stand, der in Genf ein Buch über Kriegsverbrechen schrieb. Donnedieus Brief ging an die Adresse in London, von der Lemkin ihm vor ein paar Monaten geschrieben hatte, und wurde von dort nach Washington gesandt. Er erreichte Lemkin in dem kleinen Appartment, das er im Wardman Park Hotel hatte. Wenn Genozid im Nürnberger Prozess eine Rolle spielen sollte, musste Lemkin sich nach Nürnberg begeben.

124 Als ich zum ersten Mal danach fragte, wie und wann sein Vater erfahren hatte, was mit seinen Eltern und anderen Familienmitgliedern in Lemberg und Żółkiew geschehen war, sagte Eli ziemlich brüsk, dass er es nicht wisse. Darüber sei zu Hause nie gesprochen worden. »Ich vermute, er wollte mich schützen, deshalb habe ich nicht gefragt.« Es war das übliche Schweigen, das von Leon und vielen anderen gewählt wurde und das diejenigen um sie herum respektierten.

Die unglaubliche Kette von Ereignissen, die zum Wiedersehen zwischen Lauterpacht und seiner Nichte Inka geführt hatte, kam bei einem Gespräch ans Licht, das ich mit Clara Kramer führte, die in Żółkiew Nachbarin der Lauterpachts gewesen war. Einer, der sich mit ihr in Żółkiew versteckt hatte, war Herr Melman, der nach seiner Befreiung nach Lemberg reiste, um herauszufinden, wer überlebt hatte. Er besuchte ein jüdisches Wohlfahrtszentrum, wo er eine Namensliste von den wenigen Juden, die in Żółkiew überlebt hatten, hinterließ, darunter einige Lauterpachts. Diese Liste wurde an einer Wand des Wohlfahrtszentrums befestigt. Inka kam zufällig dort vorbei, nachdem sie das Kloster verlassen hatte, in dem sie während der deutschen Besatzung Zuflucht gefunden hatte. Sie sah die Namen, nahm Kontakt mit Melman auf und fuhr dann nach Żółkiew. Dort wurde sie Clara Kramer vorgestellt.

»Melman kam mit dieser wunderschönen Schönheit an«, erzählte mir Clara mit bewegter Stimme. »Sie war umwerfend – wie eine Madonna, meine erste Freundin nach dem Versteck.« Inka, die drei Jahre jünger als Clara war, wurde ihre engste Vertraute, und sie blieben viele Jahre lang eng befreundet, »wie Schwestern«. Inka erzählte Clara von ihrem Onkel, einem berühmten Professor in Cambridge, der Hersch Lauterpacht hieß. Sie würden versuchen, ihn mit Hilfe der Melmans und Herrn Patrontaschs, eines weiteren Überlebenden von Żółkiew, der 1913 in Lemberg Klassenkamerad von Lauterpacht gewesen war, zu finden. Die Melmans und Inka verließen das sowjetisch besetzte Polen und gingen nach Österreich, wo sie in einem Flüchtlingslager in der Nähe von Wien landeten. Irgendwann – Clara konnte sich nicht mehr an die genauen Umstände erinnern – erfuhr Patrontasch, dass Lauterpacht mit dem Nürnberger Prozess zu tun hatte. Vielleicht aus einer Zeitung, meinte Clara. »Inkas Onkel ist in Nürnberg, und ich werde versuchen, ihn zu finden«, sagte Patrontasch zu Melman.

Weil Patrontasch außerhalb des Lagers wohnte, konnte er sich frei bewegen. »Er willigte ein, nach dem berühmten Professor Lauterpacht zu suchen«, erklärte Clara. Er reiste nach Nürnberg, wo er sich vor dem von Panzern bewachten Eingang des Justizpalastes postierte. Er wartete draußen, da er nicht eingelassen wurde und keinen Ärger machen wollte.

»Sie wollten ihn nicht hineinlassen«, fügte Clara hinzu, »so blieb er einfach dort stehen, Tag für Tag, drei Wochen lang. Jedes Mal, wenn ein Zivilist herauskam, flüsterte er: ›Hersch Lauterpacht‹, ›Hersch Lauterpacht‹.« Clara machte vor, wie Patrontasch flüsterte, und hielt ihre zarten Hände wie Muscheln an den Mund. Sie sprach so leise, dass ich sie kaum hören konnte. »Hersch Lauterpacht, Hersch Lauterpacht, Hersch Lauterpacht.«

Irgendwann hörte ein Vorübergehender das Flüstern, und als er den Namen erkannte, blieb er stehen und sagte Patrontasch, dass er Lauterpacht kannte. »So hat Inka ihren Onkel gefunden.« Nach dieser ersten Verbindung folgte Wochen später ein direkter Kontakt. Clara konnte sich nicht mehr an den Monat erinnern, aber es war in den ersten Tagen des Prozesses. Noch vor Ende des Jahres, im Dezember 1945, erhielt Lauterpacht ein Telegramm mit Informationen über die Familie. Es enthielt keine Einzelheiten, aber genügend Informationen, um Hoffnung zu erwecken. »Ich hoffe, dass wenigstens das Kind noch lebt«, schrieb Lauterpacht am Neujahrsabend an Rachel in Palästina. Anfang 1946 erfuhr er, dass Inka die einzige der Familie war, die überlebt hatte. Ein paar Wochen vergingen, bis im Frühjahr Briefe direkt zwischen Inka und Lauterpacht gewechselt wurden.

Clara fragte, ob sie mir noch etwas anvertrauen könne. Sie zögere, meinte sie, weil sie mit einem Engländer spreche.

»Um ehrlich zu sein, es gab einen Augenblick, da hasste ich die Engländer mehr als die Deutschen.« Sie entschuldigte sich. »Warum?«, wollte ich wissen.

»Die Deutschen hatten gesagt, sie würden mich töten. Und sie versuchten es. Dann, viel später, saß ich in einem Lager für ›displaced persons‹ und wollte nach Palästina, und die Briten ließen mich nicht hin. Eine Zeit lang hasste ich sie genauso wie die Deutschen.«

Sie lächelte und sagte, ihre Ansichten hätten sich seitdem geändert. »Ich war siebzehn, da konnte man solche Gefühle verstehen.«

125 Anfang 1946 fand Frank eine Vertrauensperson. Da er getrennt war von seiner Frau Brigitte und seiner Geliebten, Lilly Grau, wurde sein neuer Gesprächspartner Dr. Gustave Gilbert, der Psychologe der US-Armee, der beauftragt war, Franks psychische und geistige Gesundheit im Auge zu behalten. Gilbert führte ein Tagebuch, in dem er viele Gespräche festhielt und lange Auszüge davon veröffentlichte, nachdem der Prozess vorüber war.

Frank vertraute dem Psychologen und fühlte sich so ungezwungen, dass er über viele der Dinge sprach, die ihn bewegten, sowohl persönlich als auch beruflich. Er sprach über seine Frau und seine Geliebte, über Selbstmord und Katholizismus, über den Führer (»was für ein Dämon sich in ihm verkörperte«). Er sprach über lebhafte Träume, die zu einem »Gefühl seelischer und körperlicher Erleichterung« führten (so schilderte es Dr. Gilbert). Gilbert scheute sich nicht, über Dinge, die ihm anvertraut worden waren, zu sprechen. Auf einer Dinnerparty in der Wohnung von Robert Jackson erzählte er Richter Biddle, dass unter den Angeklagten drei »Homos« seien. Einer davon sei Frank.

Während der Weihnachtspause machte Dr. Gilbert einen Routinebesuch bei Frank in seiner kleinen Zelle. Der ehemalige Generalgouverneur bereitete eifrig seine Verteidigung vor. Offenbar war er besorgt darüber, seine Tagebücher nicht vernichtet zu haben, die von den Anklägern wirkungsvoll eingesetzt wurden. »Und warum haben Sie sie nicht vernichtet?«, fragte Dr. Gilbert.

»Ich hörte ... Musik ... Es war Bachs Oratorium, die Matthäus-Passion. Als ich die Stimme von Christus hörte, schien etwas zu mir zu sagen: ›Was? Dem Feind mit einem falschen Gesicht gegenübertreten? Du kannst die Wahrheit nicht vor Gott verbergen!‹ Nein, die Wahrheit muss herauskommen, ein für allemal.« Bachs monumentales Werk wurde von Frank oft angeführt, es spendete Trost mit seiner Botschaft von Gnade und Vergebung.

Diese Erwähnung führte dazu, dass ich eine Anzahl von Aufführungen der *Matthäus-Passion* in London und New York besuchte und sogar eine Aufführung in der Thomaskirche in Leipzig, wo Bach das Werk geschrieben hatte. Ich wollte verstehen, welche Teile des Werkes Frank gemeint haben könnte und wie er Trost in der Gefängniszelle erfahren hatte. Die bekannteste Arie war »Erbarme dich, mein Gott, um meiner Zähren willen«. Dr. Gilbert mochte die Tränen als Sinnbild für die Schwäche des Individuums gehalten haben, Ausdruck einer Reue, die nach Gnade verlangte, im Namen der ganzen Menschheit. Teilte Frank diese Interpretation des Bach'schen Werkes? Wenn dem so war, hätte er ein anderes Werk gewählt. Zehn Jahre früher hatte er in Berlin gegen die Vorstellung gewettert, dass Individuen Rechte hätten, und nun flüchtete er sich zu einem musikalischen Werk, das auf so glorreiche Weise für das Recht des Individuums auf Erlösung eintrat.

Dr. Gilbert kam auf Franks Übertritt zum Katholizismus zu sprechen, den er in den Tagen vor Prozessbeginn in seiner Zelle vollzogen hatte. Frank murmelte etwas von Gefühlen der Verantwortung, der Notwendigkeit, wahrhaftig zu sein. Sei es vielleicht eher ein Symptom von Hysterie, eine Reaktion auf Schuldgefühle? Frank äußerte sich nicht dazu. Der amerikanische Psychologe registrierte einen Rest positiver Gefühle gegenüber dem Nazi-Regime, aber auch ein feindseliges Gefühl gegenüber Hitler. Anfang Januar hatte Franks Anwalt gefragt, ob der Vatikan die Anklage unterstützte und ob Frank aus der Kirche austreten sollte. Die Frage hatte Frank zum Nachdenken gebracht.

»Es ist, als steckten zwei Menschen in mir«, sagte Frank, während Dr. Gilbert zuhörte. »Ich, ich selbst, Frank hier – und der andere Frank, der Nazi-Führer.« Spielte Frank ein Spiel oder war er ehrlich? Das fragte sich Dr. Gilbert im Stillen.

»Und manchmal frage ich mich, wie dieser Mensch Frank jene

Dinge tun konnte. Der eine Frank sieht den anderen Frank an und sagt: ›Hm‹ was bist du doch für eine Laus, Frank! – Wie konntest du solche Dinge tun?! Du hast dich sicher von deinen Gefühlen hinreißen lassen, nicht wahr?‹«

Dr. Gilbert sagte nichts.

»Ich glaube bestimmt, dass Sie als Psychologe das sehr interessant finden müssen. Gerade so, als wären zwei verschiedene Menschen in mir. Ich bin hier, ich selbst – und dieser andere Frank mit den großartigen Nazi-Reden da drüben vor Gericht.«

Gilbert blieb immer noch stumm. Je weniger er sprach, desto mehr redete Frank.

»Faszinierend, nicht wahr?«, sagte Frank fast verzweifelt.

»Sehr faszinierend, in einer schizoiden Weise«, dachte Gilbert. Und zweifellos konstruiert, um sich vor dem Strang zu retten.

126 Im folgenden Monat bewegte sich der Prozess von allgemeinen Beweisen zu individuellen Aussagen, als Zeugen erschienen, die persönlich aus erster Hand berichteten. So ein Zeuge war Samuel Rajzman, ein polnisch sprechender Buchhalter, einer der wenigen Überlebenden von Treblinka.

Rajzmans sehr bewegende Darstellung ging mir besonders nahe, weil Malke in Treblinka ermordet worden war. Leon erfuhr die Einzelheiten erst gegen Ende seines Lebens, als meine Mutter ihm ein Buch zeigte, das eine lange Liste mit den Namen derer enthielt, die in Theresienstadt inhaftiert gewesen waren. Unter den Tausenden von Namen war der von Malke Buchholz, mit dem Vermerk, dass sie am 23. September 1942 von Theresienstadt nach Treblinka transportiert worden war. Leon zog sich mit dem Buch in sein Zimmer zurück, wo meine Mutter ihn weinen hörte. Am nächsten Tag erwähnte er das Buch nicht mehr. Über Treblinka sprach er nie wieder, jedenfalls nicht in meiner Gegenwart.

Samuel Rajzman erschien am Morgen des 27. Februar 1946 im

Zeugenstand. Er wurde den Richtern vorgestellt als ein Mann, der »aus der anderen Welt zurückgekehrt war«. Er trug einen dunklen Anzug, eine dunkle Krawatte und eine Brille. Sein eckiges, faltenreiches Gesicht zeigte einen Ausdruck der Verwunderung und der Verwirrung darüber, dass er noch lebte und sich nur ein paar Meter neben Frank befand, in dessen Herrschaftsbereich Treblinka gelegen hatte. Sein Schicksal und das Grauen, das er erlebt hatte, waren ihm nicht anzusehen.

Er berichtete in gemessenem, ruhigem Ton über die Reise aus dem Warschauer Ghetto im August 1942, den Transport mit der Eisenbahn unter unmenschlichen Bedingungen, 8000 Menschen in Viehwaggons gepfercht. Er war der einzige Überlebende. Als der russische Ankläger ihn über den Augenblick der Ankunft befragte, sagte Rajzman, dass sie sich entkleiden mussten und dann über die »Himmelfahrtstraße« einen kurzen Weg zur Gaskammer zu gehen hatten. Plötzlich zog ihn ein Freund aus Warschau aus der Reihe und führte ihn weg. Die Deutschen brauchten einen Dolmetscher. Zuerst aber lud er noch die Kleidung der Toten in leere Züge, die Treblinka verließen. Zwei Tage vergingen, dann traf ein Transport aus der Kleinstadt Vinegrova ein und brachte seine Mutter und seine Geschwister. Er sah, wie sie zur Gaskammer gingen, und konnte nichts dagegen tun. Einige Tage später erhielt er die Papiere seiner Frau mit einem Foto von ihr und dem Kind.

»Das ist alles, was von meiner Familie übrig ist, nur eine Fotografie«, sagte er im Gerichtssaal, ein Akt der öffentlichen Entblößung.

Seine Aussage war eine plastische Darstellung des Tötens in industriellem Maßstab ebenso wie einzelner Handlungen des Schreckens und der Unmenschlichkeit. Ein zehn Jahre altes Mädchen wurde mit ihrer zweijährigen Schwester ins »Lazarett« gebracht, bewacht von einem Deutschen mit Namen Willi Mentz, einem Melker mit einem schwarzen Schnurrbärtchen. (Mentz arbeitete später wieder in seinem Beruf, bis er im 2. Treblinka-Prozess, 1965 in Deutschland, zu lebenslanger Haft verurteilt wurde.) Das ältere Mädchen stürzte sich auf Mentz, als er die Pistole zog. Warum wollte er das kleine Mädchen töten? Rajzman beschrieb, wie Mentz das zweijährige Mädchen ergriff, die wenigen Schritte bis zum Krematorium ging und das Mädchen in einen Ofen warf. Dann tötete er die Schwester.

Die Angeklagten hörten schweigend zu, zwei Reihen beschämter Gesichter. Sank Frank zusammen?

Rajzman fuhr leise und monoton fort. Eine ältere Frau wurde mit ihrer Tochter zum »Lazarett« gebracht. Die Tochter stand kurz vor der Niederkunft, man legte sie auf ein Rasenstück. Wachleute sahen bei der Geburt zu. Mentz fragte die Großmutter, wer zuerst getötet werden sollte. Die ältere Frau bat, die Erste sein zu dürfen.

»Aber man hat natürlich den umgekehrten Weg eingeschlagen«, sagte Rajzman sehr leise, »nämlich das neugeborene Kind zuerst getötet, dann die Mutter des Kindes und dann die Großmutter.«

Rajzman sprach über die Bedingungen im Lager, über den vorgetäuschten Bahnhof. Der stellvertretende Kommandant, Kurt Franz, baute einen erstklassigen Bahnhof mit Signalen. Später wurde ein vorgetäuschtes Restaurant hinzugefügt, und Fahrpläne wurden ausgehängt mit Abfahrts- und Ankunftszeiten: Grodno, Suwałki, Wien, Berlin. Wie eine Filmkulisse. Um die Leute zu beruhigen, erklärte Rajzman. Damit es keine Zwischenfälle gebe.

Aus psychologischen Gründen? Um zu beruhigen, als das Ende nahte?

»Ja.« Rajzmans Stimme blieb ruhig und ausdruckslos.

Wie viele wurden jeden Tag umgebracht? Zwischen zehn- und zwölftausend.

Und wie geschah das?

Anfangs in drei Gaskammern, dann waren es noch zehn mehr.

Rajzman beschrieb, dass er auf dem Bahnsteig stand, als die drei Schwestern von Sigmund Freud ankamen. Es war am 23. September 1942. Er sah den Kommandanten Kurt Franz mit einer der Schwestern reden, die um eine besondere Behandlung bat.

Nachdem ich das Prozessprotokoll mit den Einzelheiten über die

Ankunft von Freuds Schwestern aus Theresienstadt gelesen hatte, suchte ich nach näheren Informationen über diesen Transport. Als ich sie fand, schaute ich mir die anderen Namen auf der Liste an, es waren tausend, und schließlich fand ich den Namen von Malke Buchholz. Rajzman muss auf dem Bahnsteig gestanden haben, als sie ankam.

127 Ich beschloss, Treblinka – oder was davon noch übrig war – zu besuchen. Die Möglichkeit ergab sich mit einer Einladung, zwei Vorlesungen in Polen zu halten, eine in Krakau, die andere in Warschau, nur eine Stunde von Treblinka entfernt. Die Vorlesung in Krakau war im Allerhand-Institut, benannt zu Ehren des Professors, der Lauterpacht und Lemkin unterrichtet hatte und der in Lemberg ermordet worden war, weil er einen Wachtposten gefragt hatte, ob er eine Seele besäße. In Warschau hielt ich eine Vorlesung im Polnischen Institut für Internationale Angelegenheiten. Beide Vorträge waren gut besucht, und es wurden zahlreiche Fragen zu Lauterpacht und Lemkin gestellt. Fragen zur Identität beherrschten den Abend. Ob sie Polen oder Juden waren oder beides, wurde ich gefragt. Ob das eine Rolle spiele, antwortete ich.

In Warschau traf ich auf einen polnischen Rechtshistoriker, Adam Redzik, der mir von Stanisław Starzyński erzählte, dem Lemberger Professor, der Lauterpacht und Lemkin unterrichtet hatte. Er glaubte, Starzyński habe das Verdienst, Lauterpacht unbeabsichtigt gerettet zu haben, denn er hatte im Jahre 1923 in Lwów einen anderen Kandidaten für den Lehrstuhl für internationales Recht unterstützt. Professor Redzik gab mir das Foto der Lemberger Professoren von 1912. Achtzehn Männer, alle mit Schnauz- oder Vollbart, darunter Makarewicz sowie Allerhand und Longchamps de Bérier, die in Lemberg von den Deutschen ermordet werden sollten.

Bei der Vorlesung in Warschau saß ein ehemaliger polnischer Außenminister im Saal. Später sprachen Adam Rotfeld und ich über Lwów, unweit seiner Geburtsstadt Przemyślany. Wir kamen auf die

Minderheitenrechte zu sprechen, den Vertrag von 1919, Pogrome gegen Juden, Nürnberg. Er sagte mir, Makarewicz sei wahrscheinlich der Lehrer gewesen, der Lauterpacht und Lemkin inspirierte. Welche Ironie, sagte er nachdenklich, dass ausgerechnet ein Mann mit solch starken nationalistischen Ansichten die Person war, die den Konflikt zwischen Lauterpacht und Lemkin auslösen sollte, den Konflikt zwischen Individuen und Gruppen.

Später besuchten mein Sohn und ich das neue Museum des Warschauer Aufstandes. Ein Raum wurde von einem großen Schwarzweißfoto der Familie Frank beherrscht, das eine ganze Wand einnahm. Ich kannte das Bild, welches mir Niklas Frank vor ein paar Monaten geschickt hatte. Er war damals drei Jahre alt, trug einen schwarzweiß karierten Anzug und glänzend schwarze Schuhe und hielt die Hand seiner Mutter. Er stand mit dem Rücken zum Vater, sah traurig aus, als ob er woanders sein wollte.

Von Warschau fuhren mein Sohn und ich mit dem Wagen nach Treblinka. Die Landschaft war trist, flach und grau. Wir bogen von der Fernverkehrsstraße ab und fuhren durch dichter werdende Wälder, an Dörfern und Kirchen vorbei. Ein einzelnes hölzernes Gebäude, Haus oder Scheune, unterbrach gelegentlich die Monotonie. Wir hielten auf einem Marktplatz, kauften trockene Kekse und einen Topf mit blutroten Blumen. Im Auto war eine Karte, die zeigte, dass Treblinka auf der Route nach Wołkowysk lag.

Nichts Materielles war geblieben vom Lager Treblinka, das von den Deutschen hastig zerstört worden war, als sie abzogen. Es gab ein bescheidenes Museum mit ein paar Fotos und Dokumenten, verblichen und grobkörnig, ein einfaches Modell des Lagers, nach den Erinnerungen der wenigen Überlebenden gefertigt. Eine Handvoll Regierungserlasse befanden sich hinter schützendem Glas. Einige trugen Franks Unterschrift, einer autorisierte die Todesstrafe im Oktober 1941.

Ein anderes Dokument war vom Kommandanten Franz Stangl unterzeichnet, mit dessen Lebensgeschichte sich die Schriftstellerin Gitta Sereny in einer beunruhigenden Untersuchung auseinandersetzte. Neben Stangls Unterschrift befand sich der bekannte runde Stempel des Generalgouvernements. Treblinka, 26. September 1943. Das war der unwiderlegbare Beweis, dass das Lager zu Franks Verwaltungshoheit gehörte. Ein schwarzes Zeichen, unauslöschlich und eindeutig, was die Verantwortlichkeit betraf.

Nachdem das Lager von den sowjetischen Truppen entdeckt worden war, lieferte Wassili Grossmans Artikel »Die Hölle von Treblinka« einen weiteren Beweis, unmittelbar und brutal. »Wir betreten die Erde von Treblinka«, schrieb er, »die Knochenfragmente, Zähne, Papierblätter, Kleiderfetzen, alles mögliche, ausstößt. Die Erde will keine Geheimnisse behalten.« Das war im September 1944.

Der Eingang führte zu einem Pfad aus Erde und plattgedrücktem Gras, Betonschwellen erinnerten an die Gleise, auf denen Rajzman, die Freud-Schwestern und Malke zum Endpunkt ihres Lebens reisten, an einen Bahnsteig. Verschwunden waren die halbverrotteten Hemden und die Taschenmesser, von denen Grossman geschrieben hatte, verschwunden waren die Kinderschuhe mit den roten Bommeln. Die Becher, Pässe, Fotos und Bezugsscheine waren nicht mehr da, vergraben in einem Wald, der später symbolischen Eisenbahnschwellen und einem Bahnsteig weichen musste, die die Imagination auf eine innere Reise schickten.

Unter dem endlosen grauen Himmel war ein Denkmal aus grob behauenen Granitsteinen errichtet, Hunderte davon, wie Grabsteine in die Erde gepflanzt. Jeder bezeichnete einen Weiler, ein Dorf, eine Stadt oder eine Region, von wo eine Million Menschen gebracht worden waren. Es war ein Ort des Nachdenkens, beherrscht vom Himmel, wie damals, gerahmt von grünen Nadelbäumen, die nach oben strebten. Der Wald war still, ein Geheimnisbewahrer.

Später fuhren wir in eine Stadt in der Nähe, um etwas zu essen. Wir kamen an dem aufgegebenen Bahnhof der Stadt Treblinka vorbei – ein paar Kilometer entfernt vom Lager –, den Willi Mentz und andere deutsche und ukrainische Arbeiter nutzten. Dann kam die Stadt Brok, wo wir in einem traurigen Restaurant zu Mittag aßen.

Ein Radio spielte leise im Hintergrund eine bekannte Melodie, ein Lied aus den frühen 1990er Jahren, das während der Unruhen in Los Angeles geschrieben worden war. »Don't dwell on what has passed away, or what is yet to be« (Verweile nicht bei längst Vergangenem oder bei dem, was noch nicht ist).

Leonard Cohen fand damals in Polen mit seiner Botschaft viel Zustimmung. »There was a crack in everything; that's how the light got in« (Risse gab es überall, so drang das Licht herein).

128 Der Schluss von Samuel Rajzmans Zeugenaussage fiel zusammen mit einer neuen Phase des Prozesses. Göring hatte im März 1946 als erster der Angeklagten das Wort. Als Frank an die Reihe kam, wusste er, dass er vor einer echten Herausforderung stand; wenn er sich vor dem Galgen retten wollte, würde das keine einfache Sache werden. Die Tagebücher waren benutzt worden, um ihn »festzunageln«, wie die *New York Times* berichtete, und die Sowjets beriefen sich häufig auf sie.

Am Donnerstag, dem 18. April, hatte Frank seinen Auftritt im Gericht. Er folgte auf Ernst Kaltenbrunner und Alfred Rosenberg, die dem Tribunal weismachen wollten, das Wort »Ausrottung« sei nicht wörtlich zu verstehen und hätte sich ganz sicher nicht auf Massenmord bezogen. Rudolf Höß, der Kommandant von Auschwitz, erschien als Zeuge für Kaltenbrunner und lieferte einen detaillierten Bericht über die Vergasung und Verbrennung von »mindestens 2 500 000 Opfern« in drei Jahren. Während Höß ohne Bedauern oder Gefühl sprach, hörte Frank aufmerksam zu. Privat erzählte Höß Dr. Gilbert, dass die vorherrschende Haltung in Auschwitz vollkommene Gleichgültigkeit war. Über diese Dinge nachzudenken, »kam uns nie in den Sinn«.

Vor diesem Hintergrund konnte Frank hoffen, dass er mit einem nachdenklichen und besonnenen Auftritt durchaus weniger schuldig wirken könnte als sein rechter Nachbar, falls solche Dinge messbar

Nürnberg

waren. Bis er im Zeugenstand erscheinen musste, war er hin- und hergerissen und wusste nicht, ob er eine entschiedene Verteidigung seiner Handlungen darlegen oder eher zurückhaltend auftreten und Unkenntnis über gewisse Scheußlichkeiten vorgeben sollte. Eine andere Option wäre, einen gewissen Grad von Verantwortung auszudrücken. Wie hatte er sich entschieden, als er zum Zeugenstand ging?

Alle Augen ruhten auf ihm, der nun ohne dunkle Brille dasaß, die verstümmelte linke Hand verborgen. Er schien nervös, weniger selbstbewusst. Ab und an blickte er auf die anderen Angeklagten, die jetzt rechts von ihm saßen, so als ob er ihre Zustimmung suchte (die es nicht geben würde). Dr. Seidl stellte ein paar Fragen zu seiner Karriere bis zu dem Punkt, an dem er zum Generalgouverneur ernannt wurde. Seidl war vorsichtig. Ich habe das Protokoll gelesen, mir alles angesehen, was ich in Wochenschauen finden konnte, und den Eindruck gewonnen – auch aufgrund meiner eigenen Erfahrung aus dem Gerichtssaal –, dass Dr. Seidl nicht wusste, welche Überraschungen sein Mandant als Antwort auf seine Fragen bereithielt.

Frank kam in Schwung. Er fasste zunehmend Selbstvertrauen und sprach mit einer kräftigen, lauten Stimme. Ich stellte ihn mir auf einer anderen Rednertribüne vor. Dr. Seidl erkundigte sich nach Franks Rolle in Polen nach der Ernennung durch Hitler. »Ich übernehme die Verantwortung«, erwiderte Frank.

»Fühlen Sie sich schuldig ... Verbrechen gegen die Menschlichkeit begangen zu haben?«

»Das ist eine Frage, die das Tribunal entscheiden muss.« Frank erklärte, dass er nach fünf Monaten Prozess Dinge erfahren habe, die ihm nicht ganz klar gewesen seien, vielleicht eine Anspielung auf Höß. Er habe jetzt »eine vollständige Einsicht« in die Abscheulichkeiten, die begangen worden seien. Er empfinde »eine tiefe Schuld«.

Es klang wie eine Art Eingeständnis und wie eine Warnung an Dr. Seidl. So verstanden es die anderen Angeklagten und auch andere im Gerichtssaal.

»Haben Sie jüdische Ghettos eingeführt?«

»Ja.«

»Haben Sie eine Kennzeichnung der Juden eingeführt?«

»Ja.«

»Haben Sie selbst Zwangsarbeit im Generalgouvernement eingeführt?«

»Ja.«

»Kannten Sie die Zustände in Treblinka, Auschwitz und anderen Lagern?«

Das war eine gefährliche Frage. Frank hatte Rajzmans Aussage gehört und die Zeugenaussage von Höß, beide so entsetzlich. Also wich er aus.

»Auschwitz lag nicht auf dem Gebiet des Generalgouvernements.«

Genau genommen war das korrekt. Obwohl es nahe genug bei Krakau lag, wo er arbeitete, dass man den Ort riechen konnte.

»Ich war nie in Majdanek, noch in Treblinka, noch in Auschwitz.«

Man konnte nicht wissen, ob das wahr war. Die aufmerksamen Richter mussten das kurze Ausweichen bemerkt haben. Er hatte die gestellte Frage nicht beantwortet.

»Haben Sie sich je selbst an der Ausrottung von Juden beteiligt?«

Frank überlegte, sein Gesicht drückte Zweifel aus. Er lieferte eine sorgfältig gebaute Antwort.

»Ich sage ›ja‹, und der Grund, warum ich ›ja‹ sage, ist, dass nach den fünf Monaten dieses Prozesses und besonders nachdem ich die Aussage des Zeugen Höß gehört habe, mein Gewissen mir nicht erlaubt, die Verantwortung allein auf diese untergeordneten Personen abzuwälzen.«

Die Worte riefen eine Bewegung unter den Angeklagten hervor, die er bemerkt haben musste. Er wollte deutlich machen, was er sagte: dass er nie selbst Vernichtungslager eingerichtet oder deren Fortbestand befördert hatte. Doch Hitler hatte seinen Leuten eine schreckliche Verantwortung auferlegt, also war es auch seine Verantwortung. Ein Schritt vorwärts, ein Schritt zurück.

Doch es war aus seinen Tagebüchern vorgelesen worden.

»Wir haben jahrelang gegen das Judentum gekämpft.« Diese Worte musste er anerkennen. Ja, er hatte »die schrecklichsten Äußerungen gemacht«. Die Tagebücher legten Zeugnis gegen ihn ab, da gab es kein Entkommen.

»Deshalb ist es nicht mehr als meine Pflicht, Ihre Frage in diesem Zusammenhang mit ›ja‹ zu beantworten.« Im Gerichtssaal war es still. Dann sagte er: »Tausend Jahre werden vergehen und diese Schuld von Deutschland nicht wegnehmen.«

Das war zu viel für einige der Angeklagten. Man sah Göring vor Abscheu den Kopf schütteln, seinem Nachbarn etwas zuflüstern, einen Zettel durchgeben. Ein anderer Angeklagter drückte sein Missfallen darüber aus, dass Frank seine individuelle Schuld mit der des gesamten deutschen Volkes verband. Es gab einen Unterschied zwischen der Verantwortung des Individuums und der Verantwortung der Gruppe. Einigen, die diesen letzten Kommentar gehört hatten, war seine Ironie nicht entgangen.

»Haben Sie gehört, wie er sagte, Deutschland sei auf tausend Jahre entehrt?«, flüsterte Fritz Sauckel Göring zu.

»Ja, ich hörte es.« Die Verachtung gegenüber Frank war offensichtlich. Er würde keinen leichten Abend haben.

»Ich nehme an, Speer wird dasselbe sagen«, ergänzte Göring. Frank und Speer knickten ein. Feiglinge.

Während der Mittagspause ermutigte Dr. Seidl Frank, sein Schuldeingeständnis einzuschränken. Frank lehnte das ab. »Ich bin froh, dass es heraus ist, und dabei soll es bleiben.« Später ließ er Dr. Gilbert wissen, dass er hoffte, genug getan zu haben, um dem Galgen zu entgehen. »Ich sagte, dass ich ... wusste, was vor sich ging. Ich denke, es machte den Richtern wirklich Eindruck, wenn einer von uns ehrlich und offen ist und nicht versucht, die Verantwortung abzuschieben. Glauben Sie nicht? Ich war wirklich erfreut darüber, wie meine Aufrichtigkeit sie beeindruckte.«

Die anderen Angeklagten waren voller Verachtung. Speer bezweifelte Franks Ehrlichkeit. »Ich frage mich, was er gesagt hätte, wenn er sein Tagebuch nicht ausgeliefert hätte«, sagte er. Hans Fritzsche störte, dass Frank seine Schuld mit der des deutschen Volkes verband.

»Er ist tatsächlich schuldiger als jeder andere von uns«, sagte er zu Speer. »Er weiß wirklich von diesen Dingen.«

Rosenberg, der seit fünf Monaten neben Frank saß, war erschüttert. »Deutschland ist auf tausend Jahre entehrt! Das geht doch wirklich zu weit!«

Ribbentrop sagte zu Dr. Gilbert, ein Deutscher sollte nicht sagen, dass sein Land auf tausend Jahre entehrt sei.

»Ich fragte mich, wie echt es war«, äußerte Jodl.

Admiral Karl Dönitz teilte Fritzsches Bedenken. Frank hätte nur im eigenen Namen sprechen sollen.

Nach der Mittagspause stellte Dr. Seidl ein paar Fragen, dann übernahm der amerikanische Ankläger Thomas Dodd. Er kam zum Gegenstand der Raubkunst. Frank betrachtete die Andeutung, dass er etwas mit kriminellen Delikten zu tun habe, als Beleidigung.

»Ich habe keine Gemäldegalerien angelegt und habe während des Krieges keine Zeit gefunden, mir Kunstschätze anzueignen. Ich habe dafür gesorgt, dass der gesamte Kunstbesitz ... amtlich registriert wurde« und »die Kunstschätze bis zum Schlusse im Lande geblieben sind«. Das sei nicht wahr, sagte Dodd und erinnerte ihn an die aus Lemberg entwendeten Dürer-Radierungen. »Vor meiner Zeit«, entgegnete Frank. Und die Gemälde, die er 1945 nach Deutschland mitgenommen hatte, der Leonardo?

»Die habe ich geborgen, und zwar nicht für mich ... Niemand kann eine Mona Lisa stehlen.« Das war ein Verweis auf Cecilia Gallerani. An einem Ende der Anklagebank saß Göring mit versteinerter Miene, am anderen Ende sah man einige der Angeklagten grinsen.

129

Franks Auftritt löste ein Echo rings um den Justizpalast aus. Yves Beigbeder, der an diesem Tag im Gericht war, bestätigte das mir gegenüber. Er war jetzt einundneunzig, pensioniert und lebte

Nürnberg

in Neuchâtel in der Schweiz, nachdem er bei den Vereinten Nationen eine herausragende Karriere gemacht und mehrere Werke über internationales Strafrecht geschrieben hatte. Er war immer noch betroffen über Franks Zeugenaussage, die er als zweiundzwanzigjähriger Absolvent der Juristenfakultät gehört hatte. Damals arbeitete er als Sekretär für seinen Onkel, den französischen Richter Donnedieu, in Nürnberg.

Donnedieu sprach nie mit seinem Neffen über den Prozess, nicht einmal während der Mittagspause. »Mein Onkel war sehr zurückhaltend. Ich konnte ihm jede Frage stellen, aber er äußerte mir gegenüber keine Ansichten. Meine Tante war genauso. Sie war sehr still.« Beigbeder konnte sich nicht erinnern, Lauterpacht oder Lemkin getroffen zu haben, aber er kannte selbst damals schon beide Namen und ihren Ruf sowie die Argumente, die jeder vertrat. Doch er setzte sich nicht mit dem Kampf der Ideen auseinander, die die beiden Männer aus Lemberg trennten: Individuum oder Gruppe. »Ich war zu jung und unwissend!« Jetzt, viele Jahre später, konnte er deren Bedeutung und ihre Tragweite als Ausgangspunkt für das moderne Völkerrecht würdigen. Donnedieu und Falco hatten sich manchmal augenzwinkernd über Lemkin unterhalten. Der Mann habe eine »Obsession«, er sei vom Genozid besessen, hatte er sie sagen hören. Daran erinnerte er sich.

Frank hatte seine Verteidigung vorgetragen, einen Monat, nachdem Beigbeder in Nürnberg angekommen war. Es hatte Gerüchte gegeben, er werde sich anders äußern als die übrigen Angeklagten. Deshalb wollte Beigbeder im Gericht sein. In seiner Erinnerung war Frank der einzige Angeklagte, der eine gewisse Verantwortung übernahm. Das machte Eindruck und veranlasste Beigbeder, einen Artikel für die französische protestantische Zeitschrift *Réforme* zu schreiben, ein »unerwartetes Eingeständnis von Schuld«.

»Frank schien eine gewisse Verantwortung zu akzeptieren«, sagte er mir. »Natürlich nicht vollständig, aber die Tatsache, dass er eine gewisse Verantwortung anerkannte, war wichtig und anders. Und wir haben es alle wahrgenommen.«

Ich fragte nach der Beziehung seines Onkels zu Frank. Hatte Donnedieu je erwähnt, dass er Frank in den 1930er Jahren gekannt hatte, sogar auf Franks Einladung hin Berlin besucht hatte? Auf die Frage folgte Schweigen, dann sagte Beigbeder: »Was meinen Sie?« Ich erzählte ihm von Donnedieus Reise nach Berlin und seinem Vortrag an der Akademie für Deutsches Recht. Später schickte ich ihm eine Kopie der Rede, die Donnedieu gehalten hatte und die ironischerweise den Titel trug: »Die Bestrafung internationaler Verbrechen«. Frank antwortete auf Donnedieus Gedanken mit einem Angriff: »Eine mächtige Quelle von Gefahr und Unklarheit.« Ich schickte auch eine Fotografie, offenbar eine echte Überraschung für Beigbeder. »Bis Sie es mir gesagt haben, hatte ich keine Ahnung, dass mein Onkel Hans Frank schon kannte.«

Frank und Donnedieu hatten ein gemeinsames Interesse, ihre Verbindung geheim zu halten. Der Richter Falco wusste jedoch davon und notierte in seinem Tagebuch, dass sein französischer Kollege mit Frank gespeist und sogar Julius Streicher getroffen hatte. Auch die Sowjets wussten Bescheid und sprachen sich gegen die Nominierung Donnedieus als Richter aus. *Le Populaire*, eine französische sozialistische Zeitung, brachte einen Artikel mit einer hübschen Überschrift: »Ein Nazi-Richter beim Nürnberger Tribunal«.

130 Frank erschien im Zeugenstand am Gründonnerstag, dem Tag vor der traditionellen Aufführung der *Matthäus-Passion* in der Leipziger Thomaskirche. Dodd schrieb seiner Frau in Amerika, dass er erwartet hätte, der »Schlächter von Polen« wäre übellaunig, und doch gab es am Ende kaum Grund zu einem Kreuzverhör. Frank hatte praktisch seine Schuld zugegeben, einer der dramatischeren Momente des Prozesses.

»Er ist Katholik geworden«, schrieb Dodd, »und ich vermute, das hat gewirkt.«

Frank war ruhig. Er hatte seine Rechnung beglichen, war durch die schwarze Pforte gegangen, war optimistisch. Die französischen, britischen und amerikanischen Richter mussten seine Aufrichtigkeit gewürdigt haben. Gott sei ein großzügiger Wirt, sagte er zu Dr. Gilbert, der gefragt hatte, was ihn veranlasst habe, jetzt diese Richtung einzuschlagen.

Eine Zeitungsnotiz habe den Ausschlag gegeben, erklärte Frank.

»Vor ein paar Tagen las ich eine Notiz in der Zeitung, dass Dr. Jacoby, ein jüdischer Rechtsanwalt aus München, der einer der besten Freunde meines Vaters gewesen war, in Auschwitz vergast wurde. Als dann Höß aussagte, wie er zweieinhalb Millionen Juden vernichtete, erkannt ich, dass er der Mann war, der kaltblütig meines Vaters besten Freund – einen sympathischen, aufrechten, freundlichen alten Mann – und mit ihm Millionen anderer unschuldiger Menschen umgebracht hat, und ich hatte nichts getan, um es zu verhindern! Es ist richtig, ich habe ihn nicht selbst umgebracht, aber das, was ich sagte, und das, was Rosenberg sagte, ermöglichte solche Dinge!«

Wie Brigitte Frank tröstete er sich mit der Vorstellung, dass er niemanden persönlich getötet hatte. Vielleicht würde ihn das retten.

Teil IX

DAS MÄDCHEN, DAS SICH NICHT ERINNERN WOLLTE

131 Leon wählte den Weg des Schweigens. Über Malke, seine Schwestern Laura und Gusta, die Familie in Lemberg und Żółkiew wurde nichts gesagt, auch nicht über die anderen Familienmitglieder in Wien, einschließlich seiner vier Nichten.

Eine der vier Nichten war Herta, die elf Jahre alte Tochter seiner Schwester Laura, die im Sommer 1939 mit Miss Tilney und meiner Mutter nach Paris reisen sollte, es aber nicht tat. Leon sprach nie von ihr.

Er sprach auch nicht über seine Schwester Gusta und ihren Mann Max, die bis Dezember 1939 in Wien blieben.

Ich wusste wenig über die drei Töchter von Gusta und Max – Daisy, die älteste, Edith, die jüngste, und die mittlere, die auch Herta hieß –, außer dass es ihnen gelungen war, Wien im September 1938 zu verlassen. Die drei gingen nach Palästina, und in den 1950ern hatte meine Mutter Kontakt zu zwei von ihnen.

Als meine Mutter und ich die erste Reise nach Lwiw vorbereiteten, rief sie die Erinnerung an diese drei Schwestern – Leons Nichten – wach. »Lange vorbei.« Zwei von ihnen, Edith und Herta, hatten Kinder. Vielleicht sollte man sie suchen. Ich hatte nur eine schwache Erinnerung an jene Generation, noch aus der Kindheit, aber nicht mehr.

Jetzt würde ich versuchen, sie zu finden, ihre Geschichten zu erfahren. Namen und alte Adressen brachten schließlich eine Telefonnummer zutage, die mich zu Doron führte, dem Sohn von Herta, die das mittlere Kind von Gusta und Max war. Doron lebte in Tel Aviv, und er hatte eine Überraschung für mich: Seine Mutter, Herta Gruber, lebte und es ging ihr gut. Sie wohnte in einem Seniorenheim in der Nähe, mit einem schönen Blick aufs Mittelmeer. Sie war eine muntere, aktive Zweiundneunzigjährige, die täglich Bridge spielte und pro Woche wenigstens zwei deutsche Kreuzworträtsel löste.

Es gebe eine Schwierigkeit, fügte Doron hinzu. Sie hatte sich standhaft geweigert, mit ihm über Ereignisse vor dem Krieg zu sprechen, wollte nicht viel über das Leben in Wien vor dem Dezember 1938, als sie wegging, erzählen. Er hatte kaum Informationen und wusste fast nichts über jene Zeit. »Ein Geheimnis«, nannte er es. Soweit ich wusste, war sie die einzige lebende Person, die sich vielleicht noch an Malke und Leon in Wien erinnern konnte. Sie wollte nicht reden, aber vielleicht könnte ihrem Gedächtnis nachgeholfen werden. Vielleicht konnte sie sich an die Hochzeit von Leon und Rita im Frühjahr 1937 erinnern oder an die Geburt meiner Mutter ein Jahr später oder an die Umstände ihrer eigenen Abreise aus Wien. Sie könnte in der Lage sein, Leons Leben in Wien zu beleuchten.

Sie war einverstanden, sich mit mir zu treffen. Ob sie über jene Zeit sprechen wollte, stand auf einem anderen Blatt.

Zwei Wochen später stand ich in Begleitung ihres Sohnes vor ihrer Wohnung in Tel Aviv. Die Tür öffnete sich, und vor mir stand eine sehr kleine gepflegte Dame mit einem beeindruckenden rotgefärbten Haarschopf. Sie hatte sich zurechtgemacht: mit einer makellosen weißen Bluse, frisch aufgetragenem dunkelroten Lippenstift und Augenbrauen, die schwungvoll mit braunem Stift nachgezogen waren.

Ich verbrachte zwei Tage mit Herta, umgeben von Familienfotos, Dokumenten und Bildern von Wien aus den 1930er Jahren. Ich hatte sie aus London mitgebracht, in der Hoffnung, ihrer Erinnerung nachzuhelfen. Sie hatte ihre eigenen Dokumente, darunter ein kleines Album mit vielen Familienfotos, die ich noch nicht kannte.

Das erste stammte aus dem Jahr 1926, als sie sechs war. An ihrem ersten Schultag stand sie vor dem Spirituosengeschäft von Max. Der Sommer 1935, Urlaub am Plattensee. Winter 1936, ein Schulausflug zum Skikurort Bad Aussee. Ein hübscher Freund, fotografiert 1936. Im Sommer darauf, mit Freundinnen beim Blumenpflücken auf einer Wiese in Südtirol. Ferien in Döbling und an der dalmatischen

Küste in Jugoslawien 1937. Ein Foto aus Wien, aufgenommen in einem städtischen Park, an einem See mit Booten, Anfang 1938, vor dem »Anschluss«. Das Leben eines Teenagers, angenehm und glücklich.

Dann kamen die Deutschen, und die Nazis übernahmen die Macht; das bisherige Leben fand ein jähes Ende. Die folgenden Seiten enthielten ein Familienfoto, das Herta mit ihren Eltern und den zwei Schwestern zeigt, kurz bevor sie Wien verließen. Auch Großmutter Malke, die bald allein zurückbleiben sollte, war auf dem Foto. Dann eine Seite, auf die Herta das Datum geschrieben hatte – 29. September 1938, der Tag der Abreise aus Wien. Sie reiste mit ihrer jüngeren Schwester Edith mit dem Zug von Wien nach Brindisi in Süditalien. Von dort nahmen sie ein Schiff nach Palästina.

Zwischen die Seiten gesteckt war ein undatiertes Foto ihrer Cousine, die auch Herta hieß, das einzige Kind von Leons Schwester Laura. Ein Mädchen, das ich noch nicht gesehen hatte, mit Brille, unsicher neben einer Puppe mit langen Zöpfen auf der Straße stehend. Beide trugen einen Hut. Das war die Herta, die zurückgeblieben war, eine Entscheidung in letzter Minute, das Mädchen, das sich nicht von seiner Mutter trennen konnte, die entschied, dass Herta nicht mit Miss Tilney fahren sollte. Zwei Jahre später waren sie und ihre Mutter tot – umgekommen im Ghetto von Łódź.

Es gab Bilder von Leon. Ein Porträt vom Hochzeitstag, ohne Braut, aufgenommen von Simonis, einem bekannten Fotostudio. Vier Fotos von meiner Mutter in Wien, in ihrem ersten Lebensjahr, auf dem Arm von Malke. Es war ein liebevolles Bild und mir neu. Malke sah erschöpft aus, ihr Gesicht war müde.

132

Hertas Verhalten konnte man am treffendsten als neutral bezeichnen. Sie war weder glücklich noch unglücklich, mich zu sehen. Ich war einfach da. Sie erinnerte sich an Onkel Leon, freute sich, über ihn zu reden, wurde lebhafter, die Augen waren

Herta Rosenblum (Cousine von Herta Gruber), ca. 1938

wach. Ja, sagte sie, ich weiß, wer du bist, sein Enkelsohn. Das wurde als Tatsache behandelt, ohne jede Spur von Gefühl. Und wirklich, an keinem Punkt im Laufe der zwei Tage, die wir zusammen verbrachten, wirkte sie traurig oder glücklich oder zeigte ein anderes Gefühl zwischen den beiden Extremen. Es gab noch eine andere Merkwürdigkeit: Während der vielen Stunden, die wir zusammen waren, hat Herta mir nicht eine einzige Frage gestellt.

Gleich zu Beginn der Unterhaltung wurde klar, dass Herta nicht wusste, was ihren Eltern passiert war. Sie wusste, dass sie tot waren. Aber nicht, wie und wann sie umgekommen waren. Ich fragte sie, ob sie wissen wollte, was mit ihnen geschehen war.

»Weiß er es?« Sie fragte ihren Sohn, nicht mich. Sie schien überrascht über die Aussicht auf neue Informationen.

»Er sagt, er wisse es«, erwiderte Doron. Sie sprachen hebräisch. Die Freundlichkeit, mit der er antwortete, konnte ich nur ahnen.

Ich brach das Schweigen und fragte den Sohn, ob sie es wissen wollte.

»Frag sie«, sagte Doron und zuckte mit den Schultern.

Ja, antwortete sie, sie wüsste gern die Einzelheiten, und zwar alle.

Zwischen dem, was ich beschrieb, und unserem Treffen in Hertas kleiner Wohnung in Tel Aviv waren viele Jahre vergangen. Ihre Eltern seien ermordet worden, sagte ich ihr. Vor siebzig Jahren, nachdem sie und ihre Schwestern Wien verlassen hatten. Die Umstände seien absolut unglücklich gewesen. Ich hatte herausgefunden, dass Gusta und Max Plätze auf einem Dampfschiff ergattert hatten, der *Uranus*, das donauabwärts nach Bratislava fahren und sie und mehrere hundert andere jüdische Emigranten zum Schwarzen Meer bringen sollte. Von dort hätten sie ein Schiff nach Palästina nehmen sollen.

Die *Uranus* verließ Wien im Dezember 1939, aber die Reise wurde unterbrochen durch eine Verkettung unglücklicher Ereignisse, natürliche und unnatürliche, Eis und Okkupation. Am Jahresende hatte das Schiff Kladovo erreicht, eine Stadt in Jugoslawien (jetzt Serbien). Die Weiterfahrt wurde durch Eis blockiert, das mit einem unberechenbaren kalten Winter kam. Gusta und Max verbrachten einige frostige Monate an Bord des überfüllten Schiffes, durften monatelang nicht an Land, bis zum nächsten Frühling. Dann brachte man sie in ein Lager bei Kladovo, wo sie mehrere Monate blieben. Im November 1940 gingen sie an Bord eines anderen Schiffes, das donauaufwärts Richtung Wien zurückfuhr bis Šabac, in der Nähe von Belgrad. Dort waren sie im April 1941, als Deutschland Jugoslawien angriff und besetzte. Sie mussten dort bleiben und konnten ihre Reise nicht fortsetzen.

Bald darauf, unter der Herrschaft der Deutschen, wurden sie eingesperrt. Männer und Frauen wurden getrennt. Max wurde nach Za-

Malke und Ruth, 1938

savica in Serbien gebracht, mit den anderen Männern vom Schiff auf einer Wiese aufgestellt und erschossen. Es war am 12. Oktober 1942. Gusta überlebte noch ein paar Wochen, wurde dann ins Konzentrationslager nach Sajmište bei Belgrad gebracht. Dort wurde sie ermordet, an einem unbekannten Tag vor dem Juni 1942.

Herta hörte aufmerksam auf das, was ich mit einiger Besorgnis berichtete. Als ich geendet hatte, wartete ich, ob sie Fragen hätte, aber es gab keine. Sie hatte es gehört und verstanden. Sie wählte diesen Augenblick, um eine Erklärung für ihren Umgang mit der Vergangenheit zu geben, mit dem Schweigen und der Erinnerung.

»Ich möchte, dass du weißt: Es ist nicht richtig, dass ich alles vergessen habe.«

Das ist es, was sie sagte, als sie mir fest in die Augen sah.

»Ich habe eben vor sehr langer Zeit beschlossen, dass das ein Zeitraum ist, an den ich mich nicht erinnern wollte. Ich habe es nicht vergessen. Ich wollte mich nicht erinnern.«

133 Im Laufe der zwei Tage hatten Fotos von ihrem Album und andere, die ich auf meinen Laptop geladen hatte, dafür gesorgt, dass Hertas Erinnerung sich etwas öffnete. Anfangs schien alles im Dunkeln zu liegen, kein Licht, dann ein Flackern, ein Glimmen, ein zeitweises Aufscheinen. Herta erinnerte sich an einige Dinge, aber andere waren zu tief vergraben, um aufzutauchen.

Ich zeigte ihr ein Bild von Laura, ihrer Tante, der Schwester ihrer Mutter. Keine Erinnerung. Dann ein Hochzeitsfoto von Leon und Rita, ein Bild von dem Tempel, in dem sie heirateten. Auch diese Bilder machten keinen Eindruck. Sie sagte, sie erinnere sich nicht, obwohl sie bei der Hochzeit dabei gewesen sein musste. Ritas Name sagte ihr nichts. Rita, sagte ich, Regina, aber da gab es keinen Schimmer der Erinnerung, nichts. »Nein, ich erinnere mich nicht.« Es war, als hätte Rita nie existiert. Herta hatte keine Erinnerung an die Geburt meiner Mutter im Juli 1938, ein paar Monate, bevor sie nach Brindisi abreiste. Sie wusste, dass Leon ein Kind hatte, aber mehr nicht.

Andere Erinnerungen kehrten jedoch zurück, wenn auch ziemlich langsam. Hertas Gesicht hellte sich auf, als ich ihr ein Foto von Malke zeigte. Meine Großmutter, sagte sie, »eine ganz, ganz liebe Frau«, aber »nicht so groß«. Herta erkannte auf einem Foto das Haus in der Klosterneuburger Straße, wo sie in der Nr. 69 wohnten. Sie erinnerte sich an die Wohnung (»drei Schlafzimmer und eins für das Dienstmädchen, ein großes Speisezimmer, wo sich die Familie zum Essen traf«). Das Thema Familienmahlzeiten brachte eine andere Erinnerung hervor, eine, von der mir ihr Sohn neulich erzählt hatte: Beim Essen musste man als Kind unter jeden Arm ein Buch klemmen, um die richtige Haltung bei Tisch zu lernen.

Ich legte ihr ein Foto des Gebäudes vor, das wenige Monate vor unserem Treffen entstanden war, als ich mit meiner Tochter dort gewesen war. Es habe sich nicht verändert, sagte sie. Sie zeigte auf ein großes Eckfenster im ersten Stock.

»Aus diesem Zimmer winkte mir meine Mutter jeden Morgen, wenn ich zur Schule ging.«

Das Geschäft des Vaters lag im Erdgeschoss. Sie zeigte auf die Fenster und beschrieb das Innere ganz genau. Die Flaschen, die Gläser, den Geruch. Die freundlichen Kunden.

Jetzt wurde sie fast ausführlich, erinnerte sich an Sommerferien an österreichischen Seen, Skiurlaub in Bad Aussee (»wunderbar«), Besuche des Burgtheaters und der Wiener Staatsoper (»glamourös und aufregend«). Aber als ich ihr ein Bild von einer Straße in der Nähe ihres Hauses zeigte, die mit Hakenkreuzen geschmückt war, behauptete sie, sich an eine solche Szene nicht erinnern zu können. Es war, als ob alles vom März 1938 an ausgelöscht sei. Sie war genauso alt wie Inge Trott, die sich an den Einmarsch der Wehrmacht und die Machtübernahme der Nazis sehr genau erinnerte. Herta erinnerte sich an nichts davon.

Sie grub tief in ihrem Gedächtnis, und mit einiger Unterstützung erinnerte sie sich an einen Ort, der Lemberg hieß, und an einen Ausflug mit dem Zug, um Malkes Familie zu besuchen. Żółkiew sagte ihr etwas, aber sie konnte sich nicht erinnern, ob sie dort gewesen war.

Leons Name rief die lebhaftesten Familienerinnerungen hervor. Sie beschrieb ihn als den »geliebten« Onkel Leon, er war wie ein älterer Bruder, nur sechzehn Jahre älter als sie. Er war immer da, immer präsent.

»Er war so nett, ich habe ihn geliebt.« Sie verstummte, überrascht davon, was sie gerade gesagt hatte. Dann sagte sie es noch einmal, falls ich es nicht gehört haben sollte. »Ich habe ihn wirklich geliebt.« Er sei mit ihr aufgewachsen, erklärte Herta, und habe in derselben Wohnung gewohnt, nachdem Malke 1919 nach Lemberg zurückgekehrt war. Er war da, als sie 1920 geboren wurde, sechzehn Jahre alt, ein Wiener Schuljunge. Ihre Mutter Gusta passte in Malkes Abwesenheit auf ihn auf.

Über die Jahre hinweg war Leon eine Konstante in ihrem Leben gewesen. Als Malke aus Lemberg zurückkam, zog sie in eine Wohnung im selben Haus, das Gusta und Max gehörte (später fand ich die Papiere, die zeigten, dass das Haus von Max und Gusta wenige Monate nach dem »Anschluss« für einen Spottpreis an einen Wiener Nazi verkauft wurde). Malke wirkte beruhigend, eine matronenhafte Erscheinung, während Hertas gesamter Kindheit gegenwärtig, besonders während der großen Familientreffen an religiösen Feiertagen. Soweit sich Herta erinnerte, spielte die Religion im Leben der Familie kaum eine Rolle. Sie gingen selten in die Synagoge.

»Ich glaube, Leon liebte seine Mutter sehr«, sagte Herta plötzlich. »Er war ihr gegenüber sehr aufmerksam«, und sie zu ihm. Er war ihr einziger Sohn nach dem Tod von Emil, der in den ersten Tagen des Ersten Weltkriegs gefallen war. Ein Vater war nicht mehr da, erinnerte Herta mich. Während wir die Fotoalben durchgingen, wurden ihre Gesichtszüge jedes Mal weich, wenn sie ein Bild von Leon sah.

Sie erkannte das Gesicht eines anderen jungen Mannes, der auf mehreren Fotos auftauchte. Den Namen hatte sie vergessen. Es sei Max Kupferman, sagte ich ihr, Leons bester Freund.

»Ja, natürlich«, sagte Herta. »Ich erinnere mich an ihn, er war der Freund meines Onkels, sie waren immer zusammen. Wenn er zu uns kam, war sein Freund Max immer dabei.«

Ich fragte sie, ob Leon Freundinnen gehabt habe. Herta schüttelte entschieden den Kopf, dann lächelte sie, ein warmes Lächeln. Auch ihre Augen leuchteten. »Alle sagten immer zu Leon: ›Wann wirst du heiraten?‹ Er sagte immer, dass er nie heiraten wolle.«

Ich fragte noch einmal nach Freundinnen. Sie erinnerte sich an keine.

»Er war immer mit seinem Freund Max zusammen«, wiederholte sie. Mehr sagte sie nicht.

Doron fragte, ob sie glaube, dass Leon schwul gewesen sein könne.

»Wir wussten damals nicht, was das bedeutete«, erwiderte Herta.

Sie sprach ausdruckslos. Sie war nicht verwundert oder schockiert. Sie bestätigte es nicht, sie verneinte es nicht.

134 Zurück in London, wandte ich mich wieder Leons Papieren zu und suchte alle Fotos heraus. Sie waren in keiner erkennbaren Ordnung. Ich legte alle Fotos, auf denen Max zu sehen war, auf eine Seite und ordnete sie chronologisch, so gut ich konnte.

Das erste Foto war ein förmliches Porträt, aufgenommen im Central-Atelier in Wien im November 1924. Auf die Rückseite des kleinen Rechtecks hatte Max geschrieben: »Für meinen Freund Buchholz zur Erinnerung.« Das letzte Bild von Max in Leons Album war zwölf Jahre später aufgenommen, im Mai 1936. Die beiden Männer lagen mit einem Fußball auf einer Wiese. Max hatte »Mackie« darauf geschrieben.

Leon hatte mehrere Dutzend Fotos von seinem Freund Max, alle aus der Zeit zwischen 1924 und 1936. Es verging kein Jahr ohne Foto, so scheint es, und oft gab es mehrere.

Leon (links) und »Mackie«, 1936

Die beiden Männer beim Wanderurlaub. Beim Fußballspiel. Bei einer Veranstaltung. Eine Strandparty mit jungen Frauen, untergehakt. Neben einem Auto auf dem Lande, Seite an Seite.

Für mehr als ein Dutzend Jahre, von seinem zwanzigsten Lebensjahr bis wenige Monate vor seiner Hochzeit mit Rita, als er dreiunddreißig war, signalisieren die Fotos eine enge Beziehung. Ob es auch eine intime war, war unklar. Als ich sie jetzt mit Hertas Erinnerungen im Kopf ansah, deuteten sie für mich auf eine besondere Art von Intimität. Er hatte gesagt, er wolle niemals heiraten.

Max war es gelungen, aus Wien herauszukommen, doch ich wusste nicht, wann und wie. Er ging nach Amerika, nach New York, dann nach Kalifornien. Er blieb in Verbindung mit Leon, und viele Jahre später, als meine Mutter in Los Angeles war, besuchte sie ihn. Er heiratete spät, erzählte mir meine Mutter, keine Kinder. Wie war er? Warm, freundlich, lustig, sagte sie. »Und extravagant.« Sie lächelte. Ein wissendes Lächeln.

Ich kam auf den einzigen Brief von Max zurück, den ich in Leons Papieren fand. Er war im Mai 1945 geschrieben, am 9. Mai, an dem Tag, an dem Deutschland kapitulierte. Es war die Antwort auf einen Brief, den Leon einen Monat früher aus Paris geschickt hatte.

Max beschrieb den Verlust von Familienmitgliedern, das Gefühl des Überlebens, einen erneuerten Optimismus. Die Worte vermittelten ein deutliches Gefühl der Hoffnung.

Wie Leon umarmte er das Leben. Das Glas war für ihn halbvoll.

An der letzten maschinengeschriebenen Zeile blieb mein Blick hängen, wie beim ersten Lesen, obwohl damals auf eine andere Weise, ohne den Kontext, ohne dass ich Herta gehört hatte. Bezog sich Max auf die Erinnerung an Wien, als er die Worte tippte, als er »herzliche Küsse« schickte, bevor er mit einer Frage schloss?

»Sollte ich die Küsse erwidern«, schrieb Max, »oder sind sie nur für deine Frau?«

Teil X

URTEIL

135 Nachdem Frank sich vor Gericht geäußert hatte, trugen die anderen Angeklagten ihre Verteidigung vor, dann folgten die Schlussplädoyers der Ankläger. Die Amerikaner entschieden sich, Lemkin nicht einzubeziehen, aber die Briten stützten sich auf Lauterpacht, der mit Shawcross arbeitete. Da Shawcross die »außerordentliche Hilfe« bei der Eröffnung sehr zu schätzen gewusst hatte, bat er Lauterpacht, die abschließende juristische Argumentation zu entwerfen und mit den Tatbeständen zu verknüpfen. »Ich wäre in jedem Fall sehr dankbar für Ihren Rat.«

Lauterpacht hatte einige Zeit gebraucht, um sich von der ersten Reise nach Nürnberg vor ein paar Monaten zu erholen. Er hatte sich intensiv der Lehre und dem Schreiben gewidmet. Dazu gehörte ein Artikel, der die Herausforderungen des Prozesses reflektierte, die Spannung zwischen »Realismus« und »Prinzip«. »Ein solider Realismus« und ein pragmatisches Herangehen seien beide nötig, schloss er, aber langfristig sei das Bekenntnis zum »Prinzip« wichtiger und sollte überwiegen. Er ging nicht auf Lemkins Vorstellungen ein, aber wenn er es getan hätte, dann hätte er gesagt, dass sie im Prinzip falsch und nicht praxistauglich seien.

Im Frühjahr 1946 war Lauterpacht müde und erschöpft. Rachel machte sich Sorgen um seine Gesundheit, seinen Gemütszustand und die Schlaflosigkeit, die dazu führte, dass er sich mit belanglosen Problemen wie den Kosten für die Mitgliedschaft im Athenaeum Club herumquälte. Die schreckliche Nachricht vom Tod seiner Eltern und der ganzen Familie, die Inka überbracht hatte, belastete ihn sehr, auch ohne dass er Details wusste. Rachel erzählte Eli, dass sein Vater im Schlaf »schrecklich aufschreie«, eine Reaktion auf »die bestialischen Verbrechen, die ihm beschrieben wurden«.

Dass Inka überlebt hatte, war ein Lichtstrahl. Lauterpacht wandte Zeit und Energie auf, sie dazu zu bringen, nach England zu kommen und bei ihnen in Cambridge zu bleiben. Er habe als ihr engster noch lebender Verwandter das Recht, sie nach England zu holen, erklärte er. Auf die Melmans, die sich in einem Displaced-Persons-Lager in Österreich um sie kümmerten, treffe das nicht zu. Lauterpacht verstand, dass Inka lieber bei den Melmans bleiben wollte, dem Paar, das Sicherheit und Stabilität bot nach den »schrecklichen Leiden«, die sie durchgemacht hatte. »Wir wissen viel von dir«, schrieb er der Fünfzehnjährigen, »weil dein Großvater Aron dich sehr geliebt hat und oft von dir sprach.« Bis zu einem gewissen Punkt wollte er ihre Wünsche respektieren. Sie müsse selbst über ihre Zukunft entscheiden, schrieb er, aber sie sollte nach England kommen, wo die Lebensumstände »normaler« seien.

Rachel griff ein, um die Situation zu entspannen. Sie verstehe ihre »Ängste und Zweifel«, teilte sie Inka mit, aber Hersch sei ihr nächster Verwandter, der Bruder ihrer Mutter. »Ich habe deine Mutter gekannt, und ich habe sie sehr geliebt«, schrieb Rachel. »Ich denke, es ist richtig, dass du zu uns kommst, in dein Zuhause und zu deiner Familie.« Sie fügte eine Zeile hinzu, die gewirkt haben musste: »Du wirst unser Kind sein, unsere Tochter.« Noch in diesem Jahr reiste Inka nach England und zog zu ihnen in die Cranmer Road.

Während des Briefwechsels mit Inka kehrte Lauterpacht nach Nürnberg zurück, nun mit dem Wissen, dass seine Familie von den Männern vernichtet worden war, die er anklagte. Er reiste am 29. Mai 1946 zu einer Beratung mit David Maxwell Fyfe und dem britischen Juristenteam, das beauftragt war, die abschließenden Plädoyers vorzubereiten. Sie sollten wenige Wochen später vorgetragen werden, Ende Juli, so dass Shawcross eine Arbeitsteilung vorschlug: Die britischen Anwälte in Nürnberg sollten sich den Taten der einzelnen Angeklagten widmen, Lauterpacht dagegen sollte den »juristischen und historischen Teil des Falles« präsentieren. Seine Aufgabe würde darin bestehen, die Richter davon zu überzeugen, dass es keine Hinderungsgründe gäbe, die Angeklagten der Verbrechen gegen die Menschlichkeit oder irgendeines der anderen Verbrechen schuldig zu sprechen. Sein Teil werde »der Hauptteil der Rede« sein, erklärte Shawcross.

136 Lemkin blieb frustriert in Washington D.C., absichtlich vom Handlungsort ferngehalten, ein Außenseiter. Erst jetzt, als »Genozid« aus dem Prozess verschwand und sein Begriff dort nicht vorkam, suchte er noch einmal nach einer Möglichkeit, zurück nach Europa zu kommen. Er glaubte, dass nur er das Konzept in den Prozess einbringen könnte, und dazu musste er in Nürnberg sein.

Er arbeitete in Teilzeit als Berater im US-Kriegsministerium (für ein tägliches Honorar von fünfundzwanzig Dollar). Er lebte allein, war in Sorge um das Schicksal seiner Familie – immer noch ohne Nachrichten – und folgte dem Prozess durch die Nachrichten und Protokolle. Er hatte Zugang zu Beweismaterial und registrierte aufmerksam die Einzelheiten, die Franks Tagebücher darlegten. Sie waren »minutiöse Protokolle«, schrieb er, und belegten »jedes ›offiziell‹ geäußerte Wort oder jede begangene Tat«. Manchmal lasen sie sich »wie ein schlechtes Hollywood-Drehbuch«, die Worte eines kaltblütigen, zynischen, arroganten Mannes, ohne Mitleid im Herzen, ohne irgendein Empfinden dafür, wie immens seine Verbrechen waren. Die Tagebücher brachten Frank in seinen Fokus.

Und doch bestand das Leben nicht nur aus Arbeit und Sorgen. Er nahm am geselligen Leben teil – aktiver als Lauterpacht – und war fast überall mit von der Partie. Die *Washington Post* erwähnte ihn sogar in einem Feature über die im Ausland geborenen Männer der Hauptstadt und ihre Auffassung von amerikanischen Frauen. Unter den sieben, die bereit waren teilzunehmen, wurde Dr. Raphael Lemkin vorgestellt als »Gelehrter«, als der »ernsthafte« polnische Völkerrechtler, der *Axis Rule* geschrieben hatte.

Lemkin ließ sich die Chance nicht nehmen, seine Meinung über amerikanische Frauen mitzuteilen. Als bekennender Junggeselle finde er die Ladys von Washington D. C. »zu frei, zu ehrlich«, um reizvoll zu sein. Ihnen fehlten die »verführerischen, zarten Qualitäten der europäischen koketten Frau«. Ja, in Amerika seien »praktisch alle Frauen attraktiv«, weil Schönheit »so demokratisiert« sei. Europäische Frauen seien im Gegensatz dazu gewöhnlich »formlos und oft hässlich«, was hieß, man müsse die »oberen Schichten der Gesellschaft« aufsuchen, um echte Schönheiten zu finden. Es gab noch einen Unterschied: Europäische Frauen benutzten ihren Intellekt – anders als Amerikanerinnen –, um Männer zu faszinieren und die Rolle von intellektuellen Geishas zu spielen. Und doch, sagte er dem Interviewer, welche Mängel die amerikanischen Frauen auch haben mögen, er würde sich sehr gern für eine von ihnen entscheiden.

Er tat es aber nicht. Als ich Herzensfragen gegenüber Nancy Ackerly, der »Druidenprinzessin«, erwähnte, die Lemkin im New Yorker Riverside Park getroffen hatte, erinnerte sie sich, dass er ihr gesagt hatte, er habe »keine Zeit für ein Eheleben oder kein Geld, es zu finanzieren«. Ein paar Wochen später kamen einige Seiten von Lemkins Lyrik mit der Post, dreißig Gedichte, die Lemkin geschrieben und Nancy gezeigt hatte. Die meisten beschäftigten sich mit Ereignissen, die mit seinem Lebenswerk zu tun hatten, und blieben dabei gnädig im Vagen. Bei etlichen der Gedichte ging es um Herzensangelegenheiten. Kein Gedicht war an eine Frau, aber zwei schienen an Männer gerichtet zu sein. In »Erschreckte Liebe« schrieb er:

Will he love me more
If I lock the door
When he knocks tonight?

Ein anderes Gedicht – ohne Titel – begann mit folgenden Zeilen:

Sir, don't fight
Let my kiss 'quite
Your breast with love.

Worauf sich diese Worte beziehen, darüber kann man nur spekulieren. Fraglos aber war Lemkin ein Einzelgänger, und es gab wenige Menschen, mit denen er über seine Frustration den Verlauf des Prozesses betreffend reden konnte. Vielleicht wurde er im Frühjahr 1946 durch die Hoffnung gestärkt, dass in Polen nationale Strafprozesse unter der Führung seines alten Mentors Emil Rappaport begannen. Fälle, in denen deutsche Angeklagte des Genozids beschuldigt wurden. In Nürnberg jedoch verschwand der Begriff einfach, und nach seiner mehrfachen Erwähnung während der Eröffnungstage vergingen einhundertdreißig Tage mit Verhören, bei denen »Völkermord« nicht einmal erwähnt wurde.

Deshalb begann er im Mai eine neue Aktion intensiven Briefeschreibens, um führende Persönlichkeiten zu beeinflussen, die vielleicht den Verlauf des Prozesses verändern konnten. Die Briefe, die ich gefunden habe, sind wortreich und ziemlich verzweifelt, durchzogen von einer naiven, fast unterwürfigen Haltung. Sie haben dennoch etwas Liebenswertes, einen verletzlichen, aber authentischen Ton. Ein drei Seiten langer Brief ging an Eleanor Roosevelt, die Vorsitzende eines neuen Menschenrechtskomitees der Vereinten Nationen, die Lemkin als sympathisch bezeichnete, weil sie »die Nöte unterprivilegierter Gruppen« verstehe. Er dankte Mrs Roosevelt, dass sie und ihr Mann – »unseren großen Kriegsführer« nannte er Roosevelt – seinen Vorstellungen gefolgt waren, und informierte sie, dass Richter Jackson »meine Idee, Genozid als ein Verbrechen einzustufen«, akzeptiert habe, eine Behauptung, die nur teilweise stimmte. Das Gesetz sei »nicht die Antwort auf alle Probleme der Welt«, räumte er ein, aber es wäre ein Instrument, grundlegende Prinzipien zu entwickeln. Würde sie helfen, einen neuen Mechanismus zu schaffen, um Genozid zu verhindern und zu bestrafen? Er legte einige Artikel bei, die er geschrieben hatte.

Ein ähnlicher Brief ging an Anne O'Hare McCormick von der Redaktion der *New York Times*, ein weiterer an den neugewählten Generalsekretär der Vereinten Nationen, Trygve Lie, einen norwegischen

Lemkins Ausweis des Kriegsministeriums, Mai 1946

Rechtsanwalt. Weitere Briefe gingen an jene, zu denen er Verbindungen hatte, wie schwach auch immer: Gifford Pinchot zum Beispiel, der ehemalige Gouverneur von Pennsylvania, den er Jahre zuvor durch die Littells kennengelernt, zu dem er aber die Verbindung verloren hatte. (»Ich habe Sie beide sehr vermisst«, schrieb Lemkin.) Der Leiter des Bureau of International Organization Affairs im Außenministerium der USA erhielt einen Brief mit einer Entschuldigung (»ein plötzlicher Ruf nach Nürnberg und Berlin« habe die Weiterführung ihrer Konversation unterbrochen). Lemkin, der unermüdliche Netzwerker, legte die Fundamente für eine neue Kampagne. Der »plötzliche Ruf« nach Nürnberg wurde nicht erklärt. Er reiste Ende Mai nach Europa, ausgerüstet mit einem neuen Ausweis, frisch gedruckt vom Kriegsministerium, der Türen in Deutschland öffnen konnte, auch wenn darauf die Worte »kein Pass« vermerkt waren.

Das Foto zeigt Lemkin als offizielle Person, mit Anzug, weißem Hemd und Krawatte, es war zuerst in dem Artikel in der *Washington*

Post zwei Monate zuvor erschienen. Lemkin blickt konzentriert in die Kamera, die Lippen leicht geschürzt, gerunzelte Stirn, entschlossen, besorgt. Sein Pass vermerkt, er habe blaue Augen und »schwarzgraues« Haar, wiege achtzig Kilogramm und sei einen Meter achtzig groß.

137 Lemkins erste Etappe war London. Dort traf er Egon Schwelb, den Leiter der Rechtsabteilung der United Nations War Crimes Commission, einen sympathischen tschechoslowakischen Rechtsanwalt, der vor dem Krieg in Prag geflüchtete deutsche Nazi-Gegner vertreten hatte und der gleichermaßen Kontakt mit Lauterpacht hatte. Sie sprachen über Völkermord und Verantwortlichkeit, und Lemkin brachte die Idee ins Gespräch, einen Film zu produzieren, mit dem man Kriegsverbrecher aufspüren könnte. Daraus wurde nichts. Von London flog er nach Nürnberg, wo er Anfang Juni ankam und Lauterpacht um ein paar Stunden verfehlte. Fritz Sauckel war an diesem Tag im Zeugenstand, mit seiner Erwiderung auf die Anklage, für Zwangsarbeit in Deutschland verantwortlich gewesen zu sein. Er erzählte den Richtern von seinem Treffen mit Frank in Krakau im August 1942, kurz nach dessen Rückkehr aus Lemberg. Frank hatte Sauckel mitgeteilt, dass er schon 800 000 polnische Arbeiter ins Reich geschickt habe, aber er könne ihm ohne Probleme weitere 140 000 besorgen. Die Menschen wurden gehandelt wie Billigware.

Am Sonntag, dem 2. Juni, traf Lemkin mit Robert Jackson zusammen, um ihm den Zweck seiner Europareise zu erklären. Er sollte das Kriegsministerium bei der Einschätzung der Auswirkungen unterstützen, die die Entlassung von SS-Männern aus Internierungslagern mit sich bringen könnte. Mehr als 25 000 SS-Männer waren schon entlassen worden, sagte Lemkin zu Jackson. Der Ankläger, der von seinem Sohn Bill begleitet wurde, war überrascht, weil die SS als eine verbrecherische Organisation angeklagt wurde. Die drei Männer sprachen auch über Lemkins Arbeit an den Tokioter Prozessen, und es wäre überraschend, hätte Lemkin das Wort »Genozid« nicht in die Unterhaltung eingeflochten. Lemkin war formal kein Mitglied von Jacksons Team und beschrieb seine Rolle als »Rechtsberater« Jacksons, eine bescheidene Ausschmückung der Realität. Er erhielt einen Ausweis, der den Zutritt zur Offiziersmesse in Nürnberg (mit den Speiseprivilegien eines Colonel) erlaubte. Ich fand keinen Ausweis für den Gerichtssaal, und niemand konnte mir ein Foto von Lemkin im Gerichtssaal 600 zeigen. Trotz der vielen Stunden, die ich im Archiv von Getty Images verbrachte, fand ich auch dort nichts.

Und doch war es offensichtlich, dass er im Justizpalast gewesen sein musste, weil er Zeit mit dem Versuch verbrachte, Ankläger zu kontaktieren und auch – überraschender – mit Verteidigern zu sprechen. Benjamin Ferencz, ein junger Jurist in Jacksons Team, beschrieb Lemkin als einen zerzausten, verwirrten Menschen, der ständig die Aufmerksamkeit der Ankläger auf sich zu ziehen versuchte. »Wir hatten alle extrem viel zu tun«, erinnerte sich Ferencz, sie wollten nicht mit Genozid behelligt werden, ein Thema, »über das nachzudenken wir keine Zeit hatten«. Die Anklagevertreter wollten in Ruhe gelassen werden, um »die Kerle wegen Massenmordes zu verurteilen«.

Ein Ankläger, der ihn stärker unterstützte, war Dr. Robert Kempner, dem er ein Jahr zuvor, im Juni 1945, ein Exemplar seines Buches gegeben hatte. Von Hermann Göring als Jurist in Deutschland mit Berufsverbot belegt und dann aus dem Reich vertrieben, war Kempner ein wichtiger Mitarbeiter in Jacksons Team: Bemerkenswerterweise hatte er den Spieß umgedreht und klagte jetzt Göring an. Kempner gestattete Lemkin, sein Büro im Justizpalast, Zimmer 128, als Kontaktstelle zu nutzen und als Ort, von dem aus er die Wiederbelebung seiner Kampagne planen konnte.

Drei Tage nach dem Treffen mit den Jacksons verfasste Lemkin ein längeres Memorandum, um für das Konzept des Genozids zu plädieren. Es war nicht klar, ob das Memo auf Bitten des amerikanischen Anklägers geschrieben worden war, aber ich bezweifle es. Das Papier mit dem Titel »Die Notwendigkeit, das Konzept des Genozids im

Prozess zu entwickeln« wurde am 5. Juni an Kempner gesandt. Es wies ausführlich darauf hin, dass »Genozid« die richtige Bezeichnung sei, um die Absicht der Angeklagten zu beschreiben, Nationen sowie rassische und religiöse Gruppen zu vernichten. Weniger starke Bezeichnungen – wie »Massenmord« oder »Massenvernichtung« – wären inadäquat, da sie nicht in der Lage seien, das treibende Element des Rassismus und den Wunsch, ganze Kulturen zu zerstören, zu vermitteln. Wie arm wären wir, schrieb Lemkin,

> »wenn Völkern wie den Juden, in Deutschland todgeweiht, nicht erlaubt worden wäre, die Bibel zu schaffen oder einen Einstein hervorzubringen [oder] einen Spinoza; wenn die Polen nicht die Möglichkeit gehabt hätten, der Welt einen Kopernikus, einen Chopin, eine Curie zu schenken; die Griechen einen Plato und einen Sokrates; die Engländer einen Shakespeare; die Russen einen Tolstoi und einen Schostakowitsch; die Amerikaner einen Emerson und einen Jefferson; die Franzosen einen Renan und einen Rodin«.

Er machte auch klar, dass es ihm um die Vernichtung einer jeden Gruppe ging, nicht nur der Juden. Er erwähnte Polen, Zigeuner, Slowenen und Russen. »Nur den jüdischen Aspekt« zu betonen, sollte man vermeiden. Das wäre eine Einladung an Göring und andere Angeklagte, »das Gericht für antisemitische Propaganda zu nutzen«. Die Anklage wegen Genozids musste Teil einer breiteren Prozessstrategie sein, um die Angeklagten als Feinde der Menschheit zu zeigen, eines »besonders gefährlichen Verbrechens« zu überführen, eines, das über Verbrechen gegen die Menschlichkeit hinausging.

Lemkin schickte eine überarbeitete Fassung des Memos an Thomas Dodd, den amerikanischen Ankläger von Frank. Dieser Fassung fügte er neues Material hinzu, bearbeitete das Dokument so, wie es der Empfänger brauchte, ergänzte einige tschechoslowakische Namen (Buss und Dvořák) auf der Liste derer, die die Deutschen vernichten wollten. Er schrieb auch einen neuen Abschnitt, in dem er betonte, das »deutsche Volk« sei ein »Kain, der Abel tötete«, ihm müsse beigebracht werden, dass die Nazis Individuen nicht durch sporadische kriminelle Taten ausgelöscht hatten, sondern zu einem anderen geplanten Zweck, »dem Mord an Brudervölkern«. Lemkin beendete den Brief mit einer Warnung: Wenn die Anklage des Genozids bei der Urteilsfindung ausgelassen würde, bliebe der Eindruck, »dass die Anklage keine schlüssigen Beweise vorlegen konnte«. Ich fand keinen Hinweis, dass der Brief Dodd in irgendeine Richtung beeinflusst hatte.

Lemkin traf sich Ende Juni wieder mit Jackson, diesmal, um ihn dazu zu bringen, Genozid als eigenständiges Verbrechen in den Prozess einzuführen. Er traf auf politischen Widerstand in den Vereinigten Staaten und in Großbritannien, der mit der Behandlung der Schwarzen in der amerikanischen Geschichte und mit britischen Kolonialpraktiken zusammenhing. Es gab auch Schwierigkeiten praktischer Art, die von Lauterpacht beschworen wurden: Wie konnte man eigentlich die Absicht, eine Gruppe zu vernichten, nachweisen? Und dann gab es prinzipielle Einwände, wie sie Leopold Kohr vertrat, nämlich dass Lemkin in die Falle des »biologischen Denkens« geraten sei und sich in einer Art und Weise auf Gruppen konzentriere, die Antisemitismus und Antigermanismus hervorrufe. Die Hürden blieben hoch.

138 Trotz dieser Hindernisse hatten Lemkins Anstrengungen einigen Erfolg. Innerhalb von vier Tagen nach dem zweiten Treffen mit Jackson fand das Wort »Genozid« seinen Weg zurück in den Prozess. Es geschah am 25. Juni, und Lemkins unerwarteter weißer Ritter war Sir David Maxwell Fyfe, der Schotte, der den eleganten, vornehmen, weißhaarigen Diplomaten Konstantin von Neurath, Hitlers ersten Außenminister, ins Kreuzverhör nahm. Von Neurath war als junger deutscher Diplomat während des Massakers an den Armeniern in Konstantinopel gewesen. Er wurde später Reichsprotektor in Böhmen und Mähren, und auf eine Notiz von ihm aus dieser Zeit konzentrierte sich Maxwell Fyfe. Im August 1940 hatte von

Neurath etwas über die Behandlung der tschechischen Bevölkerung in den besetzten Gebieten geschrieben. Eine Option, die er darlegte – beschrieben als die »radikalste und theoretisch vollkommene Lösung« –, wäre, alle Tschechen aus dem Gebiet zu evakuieren und sie einfach durch Deutsche zu ersetzen, vorausgesetzt, es könnten genügend Deutsche gefunden werden. Alternativ dazu könne man »durch individuelle Zuchtwahl die rassemäßig für die Germanisierung geeigneten Tschechen« erhalten und die anderen »abstoßen«. Besonders unbarmherzig solle man gegen die Intellektuellen vorgehen, denn sie würden die Einführung der neuen Ordnung in der Tschechoslowakei systematisch sabotieren.

Maxwell Fyfe verlas Auszüge aus von Neuraths Memorandum. »Also, Angeklagter«, er sprach abgehackt. Begreife dieser, dass er angeklagt werden sollte »des Genozids, den wir als die Vernichtung rassischer und nationaler Gruppen verstehen«? Lemkins Befriedigung muss groß gewesen sein, und ein paar Augenblicke später noch größer, als Maxwell Fyfe sich auf »das bekannte Buch von Professor Lemkin« bezog, aus dem er für das Protokoll dessen Definition des »Genozids« vorlas. »Sie wollten«, sagte Maxwell Fyfe, »die Lehrer, die Schriftsteller und die Künstler der Tschechoslowakei, die Sie als Intelligenzschicht bezeichnen, loswerden, das heißt die Leute, die die Geschichte und Tradition der Tschechoslowakei zu erhalten und an die kommenden Generationen zu überliefern hatten.« Das war Genozid. Von Neurath entgegnete nichts. Lemkins Reise nach Nürnberg hatte sofort etwas verändert.

Lemkin schrieb später hocherfreut an Maxwell Fyfe und äußerte seinen »herzlichen Dank« für die Unterstützung des britischen Juristen für die Anklage des Genozids. Maxwell Fyfes Antwort, falls es eine gab, ist verlorengegangen. Nach dem Prozess schrieb der Ankläger allerdings ein Vorwort zu dem vorzüglichen Bericht des Journalisten R. W. Cooper von der *Times* über die Verhandlungen und bezog sich auf »Genozid« und Lemkins Buch. Das Verbrechen des Genozids sei »grundlegend« für den Plan der Nazis gewesen, schrieb er, und habe zu »schrecklichen« Aktionen geführt. Cooper widmete dem »neuen Verbrechen« des »Genozids« ein ganzes Kapitel, einem Begriff, dessen Apostel Lemkin war, »ein einsamer Rufer in der Wüste«. Cooper bemerkte, dass die Gegner des Begriffs »Genozid« befürchteten, er könnte auch auf »die Vernichtung der Indianer in Nordamerika« angewandt werden. Das war ein deutlicher Hinweis darauf, dass Lemkins Gedanken »eine eindringliche Warnung an die weiße Rasse« darstellten.

Der Journalist erwähnte Haushofer, »Barbarei«, »Vandalismus« und die Konferenz von 1933 in Madrid, von der Lemkin »nach Polen zurückgerufen« worden sei (was vermuten lässt, dass Lemkin die Geschichte weiterhin ausschmückte, wie er es vier Jahre früher an der Duke University getan hatte). Es war klar, dass der polnische Jurist Cooper benutzte, um Zugang zu Maxwell Fyfe zu bekommen, und dass wahrscheinlich auf diesem Weg das Wort »Genozid« in den Gerichtssaal zurückgekommen war.

Weil Shawcross und Lauterpacht zu dieser Zeit nicht in Nürnberg waren, konnte Maxwell Fyfe problemlos allein handeln und das Genozid-Argument weiter benutzen. Das hatte möglicherweise bedeutsame Folgen: Anders als beim Begriff »Verbrechen gegen die Menschlichkeit«, der mit Kriegshandlungen verbunden war, öffnete die Anklage des Völkermords die Türen zu allen Handlungen, einschließlich derer, die vor dem Krieg erfolgt waren.

139 Während Lemkin drängte, netzwerkte und nicht nachließ, schrieb Lauterpacht Passagen von Shawcross' Schlussrede. Er arbeitete allein im ersten Stock der Cranmer Road 6 und gesellte sich nicht zu den Journalisten in der Bar des Grand Hotel in Nürnberg. Ich stelle mir vor, dass Bachs *Matthäus-Passion* im Hintergrund lief, während die Ideen sprudelten und er den Stift aufs Papier setzte. Gelegentlich mochte er aus dem Fenster geschaut haben, hinüber zur Universitätsbibliothek und dem Fußballfeld.

Lauterpacht arbeitete mehrere Wochen an dem Entwurf. Er stellte eine kurze Einleitung fertig und einen längeren ersten und dritten Teil der Rede des Hauptanklägers, führte juristische Argumente aus (der zweite Teil, über Fakten und Beweise, wurde in Nürnberg geschrieben). Mir lag die maschinengeschriebene Version von Lauterpachts Text vor, ich war aber gespannt, das handgeschriebene Original zu sehen, das Lauterpacht Mrs Lyons zur Abschrift gegeben hatte. Nun befand es sich bei Eli in Cambridge. So kehrte ich noch einmal zurück, um es mir anzusehen. Die Handschrift war vertraut, ebenso die Argumente, so klar und logisch dargelegt, mit denen das Tribunal das Argument der Angeklagten zurückweisen konnte, die Anklagen seien neu und präzedenzlos. Die ersten Seiten waren in zurückhaltendem Ton verfasst. Gefühl und Leidenschaft fehlten. Wie in so vielem anderen war Lauterpacht darin das genaue Gegenteil von Lemkin.

Doch dieser Entwurf würde einen anderen Schluss haben als den, den er für die Eröffnung des Prozesses geschrieben hatte, ein Finale, das ungeschminkt war, zupackend und leidenschaftlich. Begonnen hatte er anders, mit einer neunseitigen Einleitung über den Zweck des Prozesses und die Notwendigkeit, Fairness walten zu lassen. In dem Prozess gehe es nicht um Rache, schrieb Lauterpacht, sondern um Gerechtigkeit nach dem Gesetz, eine »zuverlässige, gründliche und unparteiische Feststellung« der Verbrechen. Die Aufgabe des Tribunals sei es, das Gesetz zum Schutz des Individuums zu entwickeln, »einen äußerst wertvollen Präzedenzfall für jeden zukünftigen Internationalen Strafgerichtshof« zu schaffen (die Bemerkung war vorausschauend, weil fünf lange Jahrzehnte vergingen, ehe der IStGH Realität wurde).

Der zweite Teil von Lauterpachts Entwurf umfasste vierzig Seiten und führte viele der Ideen zusammen, über die er jahrelang nachgedacht hatte. Bei den Kriegsverbrechen konzentrierte er sich auf Mord und Kriegsgefangene, auf polnische Intellektuelle, auf russische Politkommissare. Er gab sich besondere Mühe, darzulegen, dass die Anklage von »Verbrechen gegen die Menschlichkeit« in keiner Weise neu war, womit er dem widersprach, was er wenige Monate vorher dem

Außenministerium mitgeteilt hatte. Es war eher ein Ausgangspunkt, »die Menschenrechte« zu verteidigen und Schutz vor der »Grausamkeit und Barbarei des eigenen Staates« anzubieten. Solche Handlungen seien rechtswidrig, selbst wenn das deutsche Recht sie erlaubt hatte. Der Entwurf proklamierte, dass die fundamentalen Rechte des Menschen über nationalem Recht standen, ein neuer Ansatz, um den Interessen des Individuums zu dienen und nicht dem Staat.

Auf diese Weise hatte jeder einzelne Mensch einen Anspruch auf Schutz durch das Gesetz, ein Gesetz, das die Augen nicht verschließen konnte vor Gräueltaten. Bemerkenswerterweise erwähnte Lauterpacht Hitler nur am Rande und er bezog sich nur ein einziges Mal auf die Juden, von denen fünf Millionen ermordet worden seien »aus keinem anderen Grund, als dass sie Juden waren durch Rasse oder Glauben«. Von den Ereignissen in Lemberg, die von den Sowjets während der ersten Tage des Prozesses angesprochen wurden, schrieb er nichts. Lauterpacht verzichtete auf Einzelheiten, die als persönlich empfunden werden konnten. Er schrieb nichts über die Behandlung von Polen, und natürlich benutzte er das Wort »Genozid« nicht. Er blieb ein unnachgiebiger Gegner von Lemkins Ideen.

Dann konzentrierte er sich auf die Angeklagten, eine »erbärmliche Bande«, die das Völkerrecht bemühe, um sich selbst zu retten. Sie würden Zuflucht suchen in überholten Vorstellungen, nach denen das Individuum irgendwie immun gegen Strafverfolgung ist, wenn es für den Staat arbeitet. Von den einundzwanzig Angeklagten im Gerichtssaal nannte er fünf namentlich: Er griff Julius Streicher wegen seiner Rassentheorie heraus und Hermann Göring wegen seiner Beteiligung am »Gemetzel« im Warschauer Ghetto.

Der einzige Angeklagte, den Lauterpacht mehrfach erwähnte, war Hans Frank. Es war vielleicht kein Zufall, denn er war der Angeklagte, der am engsten mit dem Mord an seiner Familie verbunden war. Frank war ein »unmittelbarer Urheber« der »Ausrottungsverbrechen«, schrieb Lauterpacht, auch wenn er persönlich an der Hinrichtung nicht beteiligt gewesen sei.

Lauterpacht hob Frank auf den letzten Seiten des Entwurfs hervor, den Schlusstakten eines fast sinfonischen Textes. Die neue Charta der Vereinten Nationen sei ein Schritt zur Inthronisierung der Menschenrechte. Sie kündige eine neue Epoche an, eine, die »die Rechte und Pflichten des Individuums in den Mittelpunkt des Verfassungsrechts der Welt« stelle. Das war der reine Lauterpacht, das zentrale Thema seines Lebenswerks. Und auf diesen Seiten fand er auch eine andere Sprache und ließ aufgestauter Emotion und Energie freien Lauf. Die Handschrift änderte sich, Wörter wurden hinzugefügt und durchgestrichen, ein unbändiger Zorn auf die Angeklagten, die nicht einmal »ein einfaches Schuldeingeständnis« zuwege brächten, äußerte sich. Ja, es gebe »erbärmliche Geständnisse«, vielleicht einige mit einem Hauch von Ernsthaftigkeit, aber diese seien falsch, nicht mehr als »durchtriebene Ausflüchte«.

Dann konzentrierte er sich auf den Angeklagten, der am engsten verbunden war mit dem Schicksal seiner eigenen Familie, ein Mann, der sich im April vorsichtig zu seiner Verantwortung bekannt hatte. »Man erlebte, wie … der Angeklagte Frank ein tiefes Schuldgefühl bekannte«, schrieb er, »wegen der schrecklichen Worte, die er geäußert hatte – als ob es die Worte wären, die zählten, und nicht die schrecklichen Taten, die sie begleiteten. Was ein schuldminderndes Geltenmachen einer Spur von Menschlichkeit hätte werden können, offenbart sich als ein geschicktes Instrument verzweifelter Männer. Er hat wie andere Angeklagte bis zum Ende geltend gemacht, nichts gewusst zu haben von dem riesigen organisierten und höchst komplizierten Netzwerk der schlimmsten Verbrechen, die je die Geschichte einer Nation besudelten.«

Das war ungewöhnlich emotional. Interessant, sagte Eli, als ich ihm den Abschnitt zeigte. Er hatte die Bedeutung der Worte bisher nicht wahrgenommen. »Mein Vater hat über diese Dinge nie mit mir gesprochen, nicht ein einziges Mal.« Jetzt, als ich ihm den Kontext des Dokuments erklärt hatte, dachte Eli laut nach über die Verbindung zwischen seinem Vater und den Angeklagten. Er hatte nicht

»Man erlebte, wie ... der Angeklagte Frank ...«; Lauterpachts Entwurf der Schlussrede der britischen Anklage vom 10. Juli 1946 gewusst, dass Otto von Wächter, Franks Stellvertreter, ein Mann, der direkt an dem Massaker von Lemberg beteiligt war, in Wien ein Kommilitone seines Vaters gewesen war. Als sich ein paar Monate später eine Gelegenheit ergab, sich mit Niklas Frank und Robby Dundas zu treffen – eine Zusammenkunft der Kinder eines Richters, eines Anklägers und eines Angeklagten des Nürnberger Prozesses –, lehnte Eli ab.

Lauterpacht befürchtete, dass Shawcross seinen Entwurf nicht verwenden würde. »Ich halte es natürlich für relevant und notwendig«, sagte er dem Hauptankläger und erinnerte ihn an die Notwendigkeit, auch die Zuhörer außerhalb des Gerichtssaals zu erreichen. Wenn die Rede übermäßig lang sei, könne Shawcross dem Tribunal den vollständigen Text zur Verfügung stellen und nur »ausgewählte Passagen« vortragen.

Am 10. Juli steckte Lauterpachts Sekretärin diese Geleitworte und den maschinengeschriebenen Entwurf in einen großen Umschlag und schickte ihn ab.

140 Während Lauterpachts Entwurf mit dem Zug nach London unterwegs war, verdoppelte Lemkin seine Bemühungen. Hilfe kam von unerwarteter Seite, von Alfred Rosenberg. Er sei kein Völkermörder, ließ Franks Nachbar auf der Anklagebank den Richtern durch seinen Anwalt mitteilen. Dr. Alfred Thoma versuchte, das Tribunal zu überzeugen, dass Rosenbergs Beitrag zur Politik der Nazis nur eine »wissenschaftliche« Übung gewesen sei, dass es keine Verbindung zum »Genozid« in dem von Lemkin dargestellten Sinne gab. Im Gegenteil, Rosenberg war motiviert worden von einem »Kampf zwischen Psychologien«, fügte der Anwalt hinzu, ohne den Wunsch zu töten oder zu zerstören. Die überraschende Verteidigung wurde veranlasst durch eine Zeile in Lemkins Buch, das aus Rosenbergs 1930 erschienenem Hauptwerk zitierte, *Der Mythus des 20. Jahrhunderts*. Das Buch erhob den Anspruch, eine intellektuelle Grundlage für rassistische Ideen zu bieten. Rosenberg war gekränkt, dass Lemkin seine Worte missbraucht hatte, und behauptete, Lemkin hätte einen entscheidenden Satz aus dem Original ausgelassen; er, Rosenberg, habe nicht gefordert, dass eine Rasse eine andere auslöschen sollte. Das Argument sei verdreht und sinnlos.

Ich fragte mich, wie Rosenberg von Lemkins Vorstellungen erfahren hatte, und stieß im Archiv der Columbia University auf die Antwort, ohne sie gesucht zu haben. Zwischen den wenigen Überbleibseln von Lemkins Papieren lag die Kopie eines längeren Plädoyers, geschrieben von Dr. Thoma für Rosenberg. Thoma hatte es Lemkin mit einer handgeschriebenen Widmung übergeben, die seine persönliche Wertschätzung ausdrückte: »Ehrerbietig überreicht.« Das Dokument belegte die unermüdlichen Anstrengungen Lemkins, der sogar vor der Kontaktaufnahme zu den Angeklagten und deren Anwälten nicht zurückschreckte.

In den folgenden Tagen des Prozesses beriefen sich andere Anwälte der Verteidigung ebenfalls auf seine Vorstellungen, wenn auch nur, um sie abzulehnen.

In der Zwischenzeit verschlechterte sich Lemkins Gesundheitszustand weiter, vielleicht auch deshalb, weil er weiterhin nichts über das Schicksal seiner Familie hörte. Drei Tage nach Rosenbergs Attacke gegen die Genozidtheorie legte sich Lemkin zu Bett und stand sechs Tage unter dem Einfluss von Beruhigungsmitteln. Am 19. Juli stellte ein US-Militärarzt fest, dass er unter stark erhöhtem Blutdruck, Übelkeit und Erbrechen litt. Nach weiteren Untersuchungen wurde er ins Krankenhaus eingewiesen. Er blieb ein paar Tage im 385. Station Hospital der US-Armee. Ein weiterer Arzt empfahl, dass er unverzüglich nach Amerika zurückkehren sollte. Er ignorierte den Rat.

141 Lemkin war am 11. Juli in Nürnberg, als Dr. Seidl dem Gericht das Plädoyer vortrug. Konfrontiert mit Franks Quasi-Eingeständnis einer kollektiven Schuld im April und den Beweisen aus seinen Tagebüchern, hatte der Anwalt eine schwierige Aufgabe. Es war auch nicht hilfreich, dass das Tribunal irritiert über Dr. Seidl war, der auch Rudolf Heß vertrat. (Seidl verärgerte die Richter, weil er ihnen keine englische Übersetzung der Verteidigungsrede für Heß gegeben hatte und sich endlos ausließ über den Versailler Vertrag als Ursache für die schrecklichen Taten, deren seine Mandanten angeklagt waren.)

Dr. Seidl versuchte, Franks frühere Zeugenaussage und durch Verweise auf die vielen wenig erhellenden Abschnitte in den Tagebüchern auch deren Bedeutung herunterzuspielen. Mit einer Ausnahme, sagte Seidl den Richtern, seien die Eintragungen in das Tagebuch reine Protokolle der Sekretäre, keine Worte, die Frank wirklich diktiert habe. Niemand könne wissen, wie exakt die Einträge der Stenographen waren, weil Frank sie nicht selbst kontrolliert habe. Es seien nur Worte, die nichts bewiesen. Und doch musste Seidl einräumen, dass Franks Reden zu einer gewissen »Ansicht« über die Judenfrage tendierten und »kein Geheimnis aus seinen antisemitischen Ansichten« machten, was eher eine Untertreibung war. Die Anklage habe keinen »kausalen Zusammenhang« zwischen Franks Worten und den Maßnahmen der Gestapo nachweisen können, argumentierte Seidl, und die Polizei habe nicht unter der Kontrolle seines Mandanten gestanden.

Und außerdem, fuhr Dr. Seidl fort, zeigten die Unterlagen, dass Frank gegen die schlimmsten Exzesse protestiert habe. Furchtbare Verbrechen waren auf dem Gebiet des Generalgouvernements begangen worden, nicht zuletzt in den Konzentrationslagern. Frank leugne das nicht, aber er sei nicht verantwortlich. Im Gegenteil, er habe einen »fünfjährigen Kampf gegen alle Gewaltmaßnahmen« geführt und sich beim Führer beschwert, aber ohne Erfolg. Seidl reichte zahlreiche Dokumente zur Unterstützung seiner Argumentation ein.

Frank saß während dieses optimistischen Plädoyers still und ausdruckslos da. Gelegentlich sah man ihn zucken, und mancher bemerkte, dass sein Kopf etwas mehr gesenkt war als früher im Prozess. Frank habe die Gerüchte über Auschwitz nicht überprüfen können, fuhr Dr. Seidl fort, weil das Lager außerhalb seines Gebietes lag. Was Treblinka betraf, das in Franks Gebiet lag, so verfolgte der Anwalt eine andere Argumentationslinie. Konnten der bloße Bau und die Verwaltung eines Konzentrationslagers auf Franks Gebiet als Verbrechen gegen die Menschlichkeit gelten? »Nein«, widersprach Dr. Seidl entschieden. Als Besatzungsmacht sei Deutschland berechtigt gewesen, »notwendige Schritte« zu unternehmen, um die öffentliche Ordnung und Sicherheit zu gewährleisten. Treblinka sei ein solcher Schritt gewesen, jedoch keiner, für den Frank verantwortlich war. Zur Zeugenaussage von Samuel Rajzman hatte Dr. Seidl nichts zu sagen.

Ein sichtlich verärgerter Robert Kempner mischte sich ein. Seidls Argumente, so sagte er den Richtern, seien »völlig irrelevant« und ohne jegliche stützenden Beweise. Lordrichter Lawrence akzeptierte das, aber Dr. Seidl fuhr in gleicher Manier fort.

Die Richter saßen unbeeindruckt da. Drei Monate zuvor, im April, hatte man noch den Eindruck gehabt, Frank übernehme bis zu einem gewissen Grad eine Art kollektiver Verantwortung, wenn auch keine persönliche oder individuelle Verantwortung. Jetzt schlug sein Anwalt eine andere Richtung ein. Die anderen Angeklagten hatten ihn beeinflusst, ihm die Notwendigkeit zur Solidarität mit der Gruppe klargemacht.

142 Die Anwälte der Verteidigung schlossen ihre Plädoyers Ende Juli ab. Für jeden der einundzwanzig Angeklagten blieb nur noch, ein kurzes persönliches Schlusswort abzugeben. Davor würden die Ankläger sprechen.

Die vier Teams der Anklage ergriffen das Wort in der gleichen Reihenfolge wie bei den Eröffnungsreden. Die Amerikaner zuerst. Sie konzentrierten sich auf den Anklagepunkt eins und die Verschwörungsanklage. Es folgten die Briten mit Verbrechen gegen den Frieden nach Punkt zwei, dazu lieferten sie einen Überblick über die rechtlichen Aspekte des Falls als Ganzen, vorbereitet von Lauterpacht.

Urteil

Dann äußerten sich die Franzosen und die Russen über Kriegsverbrechen und Verbrechen gegen die Menschlichkeit.

Robert Jackson eröffnete für die Anklage an einem Freitagmorgen, dem 26. Juli. Lemkin war noch in Nürnberg. Er war gespannt zu hören, was über »Genozid« gesagt werden würde. Lauterpacht blieb in Cambridge. Jackson führte das Tribunal zurück zu den Fakten, zum Krieg, zur Kriegführung und der Versklavung von Völkern in besetzten Ländern. Die weitreichendste und schrecklichste aller Aktionen war die Verfolgung und Vernichtung der Juden, eine »Endlösung«, die zum Mord an sechs Millionen Menschen führte. Von der Anklagebank sei immer wieder der Chor zu hören gewesen: »Ich erfahre von diesen Dingen hier zum ersten Male.« Das sei »lächerlich«, sagte Jackson zu den Richtern. Göring habe gesagt, dass er »nichts von den Ausschreitungen der von ihm selbst eingerichteten Gestapo wusste, und nie etwas vermutete von dem Ausrottungsprogramm gegen die Juden, obwohl er der Unterzeichner von über 20 Erlassen war, die die Verfolgung dieser Rasse ins Werk setzten«. Heß habe sich als »unschuldigen Mittelsmann« bezeichnet, »der Hitlers Befehle weitergab, ohne sie überhaupt zu lesen«. Von Neurath? Ein Außenminister, »der von auswärtigen Angelegenheiten wenig und von der auswärtigen Politik gar nichts wusste«. Rosenberg? Ein Parteiphilosoph, der »keinerlei Vorstellung von den Gewalttaten hatte«, zu denen seine Philosophie anspornte.

Und Frank? Ein Generalgouverneur von Polen, der »regierte, aber nicht herrschte«. Er gehörte zu den höheren Rängen der Regierung, er war »fanatisch«, ein Rechtsanwalt, der die Macht der Nazis festigte, Gesetzlosigkeit nach Polen brachte und die Bevölkerung auf »trauernde Reste« reduzierte. Jackson forderte die Richter auf, an Franks Worte zu denken: »Tausend Jahre werden vergehen und diese Schuld von Deutschland nicht wegnehmen.«

Jackson sprach einen halben Tag. Es war überzeugend, prägnant und elegant, aber die Rede hatte im Zentrum ein großes Loch, zumindest aus Lemkins Perspektive: Jackson sagte nichts über Genozid.

Urteil

Lemkin erkannte die Gefahr: Wenn der Chefankläger nicht überzeugt war, so gab es wenig Aussicht, dass die amerikanischen Richter beim Tribunal, Biddle und Parker, es sein würden. Das ließ die Briten noch wichtiger werden. Was Lemkin jedoch nicht wissen konnte, war, dass in dem Entwurf, den Lauterpacht schon für Shawcross geschrieben hatte, Genozid nicht erwähnt wurde.

143 Shawcross ging nach dem Mittagessen zum Rednerpult und sprach den ganzen Nachmittag und noch am nächsten Tag. Er benannte die Tatsachen, »Verbrechen gegen den Frieden« und die Unantastbarkeit des Individuums.

Als Shawcross sich zu seiner Rede anschickte, wusste Lauterpacht, dass sein Entwurf von den britischen Anwälten in Nürnberg drastisch überarbeitet worden war, denn sie waren beunruhigt über die Richtung, die der Prozess nahm. »Wir sind sehr besorgt über die Art, wie die Richter über Schuldspruch und Verurteilung sprechen«, hatte Oberst Harry Phillimore zu Shawcross bemerkt. »Privat, zum Beispiel beim Essen usw., haben sie angedeutet, dass sie zwei oder drei freisprechen könnten und dass recht viele nicht die Todesstrafe erhalten könnten.« Shawcross war tief betroffen. Man könne sich vorstellen, dass »einer oder zwei der Todesstrafe entgehen«, ergänzte Phillimore, »aber der Freispruch auch nur eines Angeklagten und ein geringes Strafmaß für einige andere würden den Prozess zu einer Farce machen«.

Shawcross hatte Lauterpacht mitgeteilt, dass sein ziemlich langer Entwurf »beträchtliche Schwierigkeiten« barg. Um die Schwierigkeiten anzusprechen, und auch aus Selbstschutz, würde der Hauptankläger mehr Zeit auf die Fakten verwenden, was bedeutete, er müsste Lauterpachts juristische Argumentation kürzen. »Wenn ich nicht Fyfes Rat befolge und etwas ginge schief, würde man sicher sagen, es sei mein Fehler.« Und er war nicht bereit, schriftlich für die Akten eine längere Rede einzureichen, aber nur Teile davon vorzutragen. Er würde von Lauterpachts Entwurf nutzen, was er konnte. Am Ende waren drei Viertel von Shawcross' siebenundsiebzigseitigem Text den Fakten und stützenden Beweisen gewidmet. Es blieben sechzehn Seiten für juristische Argumente, von denen zwölf in Gänze von Lauterpacht geschrieben waren. Es gab Kürzungen, aber, wie Lauterpacht bald entdecken sollte, auch einige Zusätze.

Shawcross begann mit einer Chronologie, von der Vorkriegszeit, in der sich die Angeklagten verschworen, Verbrechen zu begehen, bis zum Krieg. Er beschrieb Ereignisse in ganz Europa, folgte der Spur von Erlassen und Dokumenten, die Lemkin zusammengetragen hatte, begann mit dem Rheinland und der Tschechoslowakei, arbeitete sich durch Polen, dann nach Westen bis Holland, Belgien und Frankreich, hoch nach Norden bis Norwegen und Dänemark, südöstlich durch Jugoslawien und Griechenland und schließlich nach Osten bis Sowjetrussland. Die Kriegsverbrechen, die er schilderte, waren sowohl »das Ziel als auch die Ursache anderer Verbrechen«, erklärte Shawcross den Richtern. Verbrechen gegen die Menschlichkeit wurden begangen, aber nur im Laufe des Krieges. Er zog genau die Schlussfolgerung, die Lemkin am meisten fürchtete, denn sie bedeutete Stillschweigen über alle Verbrechen, die vor 1939 begangen worden waren.

Aber diese Rede war auch eine Sternstunde der Justiz. Shawcross nahm die Richter mit zu einem einzelnen Tötungsakt, einem, der geeignet war, zehn Schreckensjahre in einem einzigen, aussagekräftigen Moment einzufangen. Er verlas die Zeugenaussage von Hermann Gräbe, dem deutschen Regionalleiter einer Solinger Baufirma bei Dubno auf Franks Territorium, nicht weit von dem Haus des Bäckers, wo sich Lemkin im September 1939 ein paar Tage versteckt hatte. Shawcross wählte einen Ton, der jedes Gefühl aus den Worten presste. Er sprach langsam und betonte jedes Wort mit kristallklarer Präzision.

> »Ohne Geschrei oder Weinen zogen sich diese Menschen aus, standen in Familiengruppen beisammen, küssten und verabschiedeten sich und warteten auf den Wink eines anderen SS-Mannes, der an der Grube stand und ebenfalls eine Peitsche in der Hand hielt.«

Urteil

Schweigen senkte sich über den Gerichtssaal, die Zeit stand fast still und die Worte taten ihre Wirkung. Während Shawcross sprach, bemerkte die Schriftstellerin Rebecca West, die auf der Pressegalerie saß, wie Frank sich auf seinem Platz wand wie ein Schuljunge, der vom Lehrer ausgeschimpft wurde.

»Ich habe während einer Viertelstunde, als ich bei den Gruben stand, keine Klagen oder Bitten um Schonung gehört. Ich beobachtete eine Familie von etwa 8 Personen, einen Mann und eine Frau, beide von ungefähr 50 Jahren, mit deren Kindern, so ungefähr 1-, 8- und 10jährig, sowie 2 erwachsene Töchter von 20–24 Jahren. Eine alte Frau mit schneeweißem Haar hielt das einjährige Kind auf dem Arm und sang ihm etwas vor und kitzelte es. Das Kind quietschte vor Vergnügen. Das Ehepaar schaute mit Tränen in den Augen zu. Der Vater hielt an der Hand einen Jungen von etwa 10 Jahren, sprach leise auf ihn ein.«

Shawcross hielt inne und schaute sich im Gerichtssaal um. Er blickte zu den Angeklagten. Bemerkte er Frank, der mit gesenktem Kopf auf den Holzfußboden des Gerichtssaals starrte?

»Der Vater zeigte mit dem Finger zum Himmel, streichelte dem Jungen über den Kopf und schien ihm etwas zu erklären.«

Ein Augenblick »lebendigen Mitleids«, wie Rebecca West es beschrieb.

144 Shawcross richtete seine Aufmerksamkeit auf Frank. Diese Taten waren auf dessen Territorium geschehen, diese Tatsache genügte, ihn zu verurteilen. Dann erhöhte er den Druck.

Hans Frank, Justizminister von Bayern, der Berichte über Morde in Dachau schon 1933 erhielt.

Hans Frank, der führende Jurist der Nazi-Partei, Mitglied des Zentralkomitees, das den Boykott der Juden befahl.

Hans Frank, ein Minister, der im März 1934 im Rundfunk die Rassengesetzgebung rechtfertigte.

Urteil

Hans Frank, ein Angeklagter, der die Richter glauben machen wollte, dass die Worte in seinen Tagebüchern in Unkenntnis der Tatsachen niedergeschrieben wurden.

»Der verdammte Engländer«, sagte Frank über Shawcross, ein Fluch, der laut genug war, um im ganzen Gerichtssaal gehört zu werden.

Hans Frank, ein Rechtsanwalt, der mit Wort und Schrift eine »furchtbare Politik des Genozids« unterstützte.

Das Wort kam ohne Vorwarnung, befand sich nicht im von Lauterpacht aufgeschriebenen Text. Shawcross musste es hinzugefügt haben, und dann wiederholte er es. »Völkermord« als ein umfassendes Ziel. »Völkermord« angewandt auf die Zigeuner, auf die polnischen Intellektuellen, auf Juden. »Völkermord« begangen in »unterschiedlichen Formen« gegen andere Gruppen, in Jugoslawien, in Elsass-Lothringen, in den Niederlanden, selbst in Norwegen.

Shawcross war in Fahrt, wandte sich den Techniken des Völkermords zu. Er beschrieb die Handlungsmuster, die mit dem geplanten Mord von Gruppen endeten – in Gaskammern, durch Massenerschießungen, dadurch, dass die Opfer sich zu Tode arbeiten mussten. Er sprach von »biologischen Mitteln«, die Geburtenrate zu senken, von Sterilisation, Kastration und Abtreibung, von der Separierung von Männern und Frauen. Die Beweise waren überwältigend, fuhr er fort, jeder Angeklagte wusste von der »Politik des Völkermords«, jeder war des Verbrechens schuldig, jeder war ein Mörder. Der einzige angemessene Schuldspruch war »die Höchststrafe«. Das rief Bewegung auf der Anklagebank hervor.

Shawcross benutzte Lemkins Begriff, jedoch nicht in der vollen Tragweite seiner Bedeutung. Lemkin wollte alle Morde an Gruppen von 1933 an als kriminell einstufen, auch die vor Kriegsbeginn begangenen. Shawcross benutzte den Terminus in einem begrenzteren Sinn, wie er klarmachte. »Völkermord« war ein schwerwiegendes »Verbrechen gegen die Menschlichkeit«, aber nur, wenn es in Verbindung mit dem Krieg begangen wurde. Die Einschränkung war durch

Artikel 6(c) der Charta bedingt, durch das unselige Komma, das im August 1945 in den Text eingefügt worden war. Damit eine Handlung als Verbrechen eingestuft werden konnte, musste sie mit dem Krieg verbunden sein. Das sei »ein sehr wichtiger Vorbehalt«, sagte Shawcross den Richtern, und nahm mit einer Hand fort, was er mit der anderen gegeben hatte – den vollen Bedeutungsumfang des Genozidbegriffs. Als ich seine Worte las, verstand ich die Konsequenz: den Ausschluss aller Taten, die in Deutschland und Österreich vor dem September 1939 geschehen waren, aus dem Prozess. Die Beraubung und Verbannung von Menschen wie Leon, im November 1938, und von Millionen anderer – Konfiszierung des Eigentums, Ausweisung, Verhaftung, Mord – lägen außerhalb der Rechtsprechung des Tribunals.

Dennoch profitierte Shawcross viel von Lauterpacht. Es war keine Frage der Rückwirkung, denn alle Handlungen, um die es ging – Vernichtung, Versklavung, Verfolgung –, waren nach den meisten nationalen Gesetzen Verbrechen. Die Tatsache, dass sie nach deutschem Gesetz nicht strafbar waren, war keine Entlastung, weil die Handlungen die internationale Gemeinschaft betrafen. Sie waren »Verbrechen gegen das Völkerrecht«, nicht einfach innere Angelegenheiten. In der Vergangenheit hatte das internationale Recht jedem Staat gestattet zu entscheiden, wie er seine Staatsbürger behandelte. Aber das wurde jetzt durch einen neuen Ansatz ersetzt:

> »Das Völkerrecht hat in der Vergangenheit verlangt, dass es eine Grenze für die Allmacht des Staates gebe und dass der einzelne Mensch – die Einheit, die letzten Endes allem Recht zugrunde liegt – ein Anrecht auf den Schutz der Menschheit besitzt, wenn der Staat seine Rechte derart mit Füßen tritt, dass das Gewissen der Menschheit sich empört.«

Krieg war gerecht und rechtmäßig, wenn er »Gräueltaten, die Tyrannen an ihren Untertanen verüben«, verhinderte. Wenn gemäß Völkerrecht eine humanitäre Intervention durch Krieg erlaubt war, wie konnte man dann sagen, dass »Intervention durch einen Gerichtsprozess« illegal war? Shawcross kam in Fahrt. Er wies das Argument der Angeklagten zurück, dass »nur der Staat und nicht das Individuum« ein Verbrechen gemäß dem Völkerrecht begehen könne. So ein Prinzip des Völkerrechts existiere nicht, also waren diejenigen, die einem Staat halfen, ein Verbrechen gegen die Menschlichkeit zu begehen, nicht von der Verantwortung freigesprochen. Sie konnten sich nicht hinter dem Staat verstecken. Das Individuum sei höher zu stellen als der Staat.

Das erfasste den Kern von Lauterpachts Vorstellungen, mit einer leichten Verbeugung vor Lemkins Vorstellungen von Genozid und Gruppen. Und doch endete Shawcross genau dort, wo Lauterpacht es gewollt hatte, bei einem Rechtsverständnis, das den einzelnen Menschen hervorhob als die »Einheit, die letzten Endes allem Recht zugrunde liegt«. Er hatte sich mit dem Begriff des Völkermords von Lauterpacht entfernt, und ich bemerkte eine andere Abweichung: Shawcross hatte alle Hinweise auf Frank auf den letzten Seiten von Lauterpachts Entwurf wieder entfernt. Ohne Zweifel waren sie zu persönlich und zu emotional.

145 Auf Shawcross folgte der ältere, zerbrechliche französische Hauptankläger Auguste Champetier de Ribes, der nach einer kurzen Einleitung an seinen Stellvertreter übergab. Der Ton von Charles Dubost war weniger barsch, aber die Franzosen machten deutlich, dass die Angeklagten strafrechtlich schuldig waren. Sie waren *accomplices* bei Deutschlands Aktionen. Franks Worte fielen einmal mehr auf ihn zurück: Er hatte ja wohl zugegeben, dass die Verantwortung der Männer in der Regierung schwerer wog als die derjenigen, die die Befehle ausführten.

Die Franzosen unterstützten Shawcross und forderten eine Verurteilung wegen Genozids. Die geschehenen Ausrottungsaktionen waren »methodisch und systematisch«. Millionen wurden ermordet, einfach weil sie zu einer nationalen oder religiösen Gruppe gehörten,

Urteil

Porträt Otto von Wächters (oben) und Foto
von Arthur Seyß-Inquart, Schloss Hagenberg,
Dezember 2012

Männer und Frauen, die der »Hegemonie der germanischen Rasse« im Wege standen. Der Völkermord wurde »fast total durchgeführt«, in den Lagern und anderswo, auf Befehl der Gestapo, mit Hilfe der Angeklagten, auf diese oder jene Art.

Der französische Ankläger wies Dr. Seidls Argument zurück, dass Individuen, die für den Staat arbeiteten, nicht für dessen Unrecht verantwortlich sein könnten. »Keiner der Angeklagten war ein ›Einzelmensch‹«, sagte Dubost den Richtern. Jeder kooperierte und leistete Beihilfe bei den Aktionen. »Man muss stark zuschlagen, ohne Mitleid«, forderte er beschwörend für Frank und all die anderen, die die furchtbaren Aktionen angeordnet hatten. Sie sind schuldig, verurteilt sie zum Tod durch den Strang.

Die Sowjets folgten wie bei einem Sturmangriff. General Roman Rudenko, stämmig und robust in Argumentation und Erscheinung, ging auf die einzelnen Angeklagten los. Er hatte keine Zeit für Nuancen, komplizierte Theorie oder Ironie. Er klagte die Deutschen wegen des Überfalls auf Polen an, ohne die parallelen sowjetischen Operationen aus dem Osten auch nur zu erwähnen. Er sezierte Franks brutale Herrschaft und erinnerte das Tribunal an Lwow und die Ereignisse im August 1942. Er hatte neue Beweise gefunden, einen neuen sowjetischen Bericht über Verbrechen in der Stadt Lwow, die Zeugenaussage von Ida Vasseau, einer Französin, die in einem Kinderheim gearbeitet hatte. Vasseau beschrieb, dass kleine Kinder als Zielscheiben benutzt worden seien, ein »Terror«, der bis zum allerletzten Tag der Besatzung im Juli 1944 anhielt. Das Ziel war vollständige Ausrottung, nichts weniger.

»Wie unbegründet sind die Versuche, den Völkern das Recht zu nehmen, diejenigen zu strafen, die die Versklavung und Ausrottung der Völker zu ihrem Ziel gemacht haben«, meinte Rudenko an die Richter gewandt. Er kam noch einmal zurück auf Franks Tagebücher, zu den höhnischen Darstellungen der Art und Weise, wie das Gebiet von Juden gesäubert werden sollte. Frank wusste von den Lagern. Er muss die »Höchststrafe« bekommen. Frank hatte sich geirrt, als er Seyß-Inquart 1940 mitteilte, dass die Erinnerung an seine Arbeit in Polen »für immer lebendig sein würde«. Es gab kein positives Vermächtnis, keines.

Ich erinnerte mich an ein Porträt Otto von Wächters, das sein Sohn Horst zusammen mit einem Foto Seyß-Inquarts eingerahmt hatte. »Seyß-Inquart war mein Patenonkel«, hatte Horst mir einmal gesagt. »Mein zweiter Vorname ist Arthur.«

Urteil

146 Etwa zu der Zeit, als ich Rudenkos Rede, die sich auf die Ereignisse in Lwow konzentrierte, zum ersten Mal las, kam ein kleines Päckchen aus Warschau. Es enthielt die fotokopierten Seiten eines schmalen, längst vergessenen Bandes von Gerszon Taffet, einem Lehrer aus Zółkiew. Es erschien im Juli 1946, als Rudenko vor dem Tribunal sprach.

Taffet schrieb eindrücklich über die Geschichte der Stadt, über die Vernichtung ihrer jüdischen Bewohner, über die katastrophalen Ereignisse vom 25. März 1943, wie Clara Kramer sie mir beschrieben hatte. An dem Tag, schrieb Taffet, mussten sich dreitausendfünfhundert Bewohner des Ghettos über die Ost-West-Straße der Stadt auf den Marsch zum *borek* begeben, zu dem kleinen Wald, wo Lauterpacht und Leon früher gespielt hatten. Die Besatzer hinterließen die Straße gesäumt von Leichen, Hüten, Papierblättern und Fotografien. Taffet lieferte einen Bericht über die Exekutionen aus erster Hand:

> »Nachdem sie nackt ausgezogen und gründlich durchsucht worden waren (besonders die Frauen), wurden sie über den offenen Gräbern aufgestellt. Einer nach dem anderen musste auf die Planke treten, die über den Graben ragte. So fielen sie direkt ins offene Grab, wenn sie erschossen wurden. ... Nach der Operation wurden die Gräber geschlossen. ... tagelang nach der Operation bewegte sich die Erde auf den Gräbern, schien Wellen zu schlagen.«

Manche entschieden sich, andere Optionen abzulehnen.

> »Das Verhalten von Symcha Turk, einem geachteten Bürger von Zółkiew, kann als Beispiel für die Hingabe eines Vaters und Ehemannes angeführt werden. Die Deutschen sagten ihm, dass er als Fachmann gerettet werden könne, wenn er seine Familie verließe. Als Antwort ergriff er den Arm seiner Frau mit links und den seines Kindes mit rechts, und so vereint, schritten sie erhobenen Hauptes in den Tod.«

Taffet beschrieb die Vernichtung einer ganzen Gruppe von Einwohnern von Zółkiews, den Juden, die seit dem 16. Jahrhundert hier ansässig gewesen waren. Von den fünftausend Juden, die 1941 in Żółkiew lebten, schrieb er, »überlebten nur etwa siebzig«. Er legte eine Liste von Überlebenden vor, zu denen Clara Kramer, Herr und Frau Melman und Gedalo Lauterpacht gehörten. Herr Patrontasch, der Klassenkamerad, der nach Nürnberg kam, um Lauterpacht für Inka zu finden, war ebenfalls auf der Liste. Ich erfuhr, dass Patrontasch, der Flüsterer, Artur hieß. Leibus Flaschner, Leons Onkel, war nicht auf der Liste. Und auch keiner der mehr als fünfzig weiteren Flaschners der Stadt.

Trotz allem schaute Taffet mit Hoffnung in die Zukunft. Er hob zwei bedeutende Zeitgenossen aus Żółkiew hervor. Einer war während der Großen Aktion vom August 1942 in Lemberg ermordet worden. Der andere war »Dr. Henryk Lauterpacht, ein bekannter Experte für Völkerrecht, damals Professor an der Universität Cambridge.«

147 Die Nürnberger Ankläger beendeten ihre Abschlusserklärungen mit der Forderung der Todesstrafe für alle Angeklagten. Den Richtern blieb noch ein Monat für Diskussionen über vorwiegend technische Fragen, die sich darauf bezogen, ob verschiedene Organisationen des Dritten Reiches als verbrecherisch anzusehen seien oder nicht. Gab es eine kollektive Verantwortung der SS, der Gestapo und der Regierung, und – noch umstrittener – wie verhielt es sich mit dem Generalstab und dem Oberkommando der Wehrmacht? Nach einem kurzen Schlusswort der Angeklagten wurde die Verhandlung vertagt, die Richter zogen sich zur Beratung zurück. Die Urteilsverkündung wurde für Ende September erwartet.

Der Graben zwischen Lauterpacht und Lemkin hatte sich verbreitert. Lauterpachts Vorstellungen über Verbrechen gegen die Menschlichkeit und die Rechte des Individuums waren fest verankert im Prozess, sie beeinflussten den gesamten Fall. Es schien zunehmende Unterstützung für die Idee zu geben, dass die Rechtsprechung des

Tribunals auf Kriegshandlungen beschränkt sein sollte, was die Nürnberger Gesetze, die Morde nach dem Januar 1933 und die Novemberpogrome 1938 ausschloss.

Lemkin frustrierte diese Aussicht. Er hoffte noch immer, dass das Blatt sich wenden würde, dass Argumente zum Genozidkonzept greifen würden, so dass das Tribunal die Verbrechen, die vor dem Krieg verübt worden waren, verurteilen könnte. Er hatte Grund zum Optimismus: Nach Monaten des Schweigens hatte die Anklage wegen Genozids ihren Weg zurück in die Anhörungen gefunden, dank David Maxwell Fyfe, der die Skeptiker beiseiteschob, darunter auch Lauterpacht. Die Verweigerer waren die Amerikaner, und sogar hier schien es eine Öffnung zu geben, wie ich in den Archiven der Columbia University entdeckte.

Unter Lemkins Papieren fand ich eine Pressemeldung aus Jacksons Büro vom 27. Juli, herausgegeben einen Tag nachdem er vor dem Tribunal gesprochen, aber Genozid nicht erwähnt hatte. Das Dokument mit dem Titel »Special Release No. 1« vermerkte, dass die Briten sich bei der Befragung von Neuraths auf »Völkermord« bezogen hätten, dass der Begriff von Shawcross ins Feld geführt worden sei (»mehrmals«) und dass er »in den französischen und russischen Darstellungen benutzt« werde.

Die Pressemeldung stellte fest, dass – wenn das Tribunal die Angeklagten wegen Genozids verurteilte – ein Präzedenzfall geschaffen würde, »solche Menschengruppen international zu schützen – selbst wenn das Verbrechen von einer Regierung gegen die eigenen Bürger begangen wurde«. Irgendjemand in der amerikanischen Delegation schien Lemkin zu unterstützen. Der bewahrte eine Kopie der Pressemeldung auf, die ihn ermutigte, weiterzukämpfen.

Die Gelegenheit dazu kam überraschenderweise bei einer internationalen Konferenz im August in Cambridge, in England. Man gab Lemkin zu verstehen, dass es seiner Sache guttäte, wenn er die Konferenzteilnehmer von seinen Ideen überzeugen und zur Annahme einer entsprechenden Resolution bewegen könnte.

148 Die International Law Association ist eine ehrwürdige Institution. Sie wurde 1873 gegründet und hat ihren Sitz in London, aber Wurzeln in Amerika. Ihre ständigen Konferenzen wurden 1938 ausgesetzt und sieben Jahre später mit der 41. Konferenz wiederaufgenommen, die am 19. August 1946 in Cambridge eröffnet wurde. Dreihundert Völkerrechtler aus vielen Ländern Europas, außer Deutschland, trafen sich in der Stadt.

Die Anwesenden repräsentierten alles, was Rang und Namen hatte, darunter waren viele, auf deren Namen ich während meiner Recherche gestoßen war, die 1919 in Lemberg begonnen hatte. Arthur Goodhart war da, ebenso Lauterpachts Mentor Sir Arnold McNaire und Egon Schwelb, den Lemkin in London besucht hatte. Sir Hartley Shawcross sollte auch kommen, aber schlechtes Wetter verhinderte seine Anreise aus dem Westen Englands. Lauterpacht war anwesend, sein Name stand im alphabetisch geordneten offiziellen Protokoll fünf Namen über Lemkin (der seine Adresse mit »Internationales Militärtribunal, Nürnberg« angab, ohne Zimmernummer). Es war das erste Mal, dass ich Lauterpacht und Lemkin beide zur gleichen Zeit in einer Stadt und einem Gebäude verorten konnte.

Fast hätte Lemkins labiler Gesundheitszustand seine Anwesenheit verhindert. Er brach zusammen, nachdem sein Flugzeug von Nürnberg auf dem Flughafen Croydon im Süden von London gelandet war. Gefährlich hoher Blutdruck erforderte sofortige ärztliche Betreuung, aber er ignorierte den Rat, sich auszuruhen, und hastete nach Cambridge, um bei der Konferenzeröffnung anwesend zu sein. Er war als dritter Sprecher am Eröffnungstag vorgesehen, nach der Einführung von Lord Porter, einem Richter und dem Vorsitzenden der Konferenz. Porter bat die anwesenden Anwälte, bei ihrer Arbeit an die praktische Umsetzbarkeit zu denken und ihren »Enthusiasmus zu zügeln«, wenn sie sich den zahlreichen Herausforderungen widmeten, die vor ihnen lagen. Erfolgloses Eintreten für eine Sache sei kontraproduktiv, erinnerte er die Anwesenden. Das war britischer Pragmatismus von der Art, die Lemkin verabscheute.

Lemkin ignorierte Lord Porter. Er sprach mit der ihm eigenen Leidenschaft über Genozid, das Beweismaterial vom Nürnberger Prozess, die Notwendigkeit praktikabler Reaktionen, die grundlegende Rolle des Strafrechts. Er argumentierte gegen allgemeine Erklärungen über Menschenrechte von der Art, wie sie später in jenem Jahr auf der ersten Vollversammlung der Vereinten Nationen verkündet werden sollte. Wie konnten Piraterie und Betrug internationale Verbrechen sein, fragte er rhetorisch, nicht aber die Vernichtung von Millionen Menschen? Er bemühte sich darum, Genozid zu einem internationalen Verbrechen erklären zu lassen, und erinnerte die Anwesenden an *Axis Rule*. Jeder, der in »die verbrecherische Philosophie des Genozids« verwickelt sei, sollte als Verbrecher behandelt werden, sagte er den Anwesenden.

Lemkin, dem höflich zugehört worden war, wartete auf eine Reaktion. Mehrere Sprecher bekundeten allgemeine Zustimmung, aber keiner unterstützte seinen Appell für ein hartes Durchgreifen. Wenn Lauterpacht anwesend war (er bereitete sich auf eine Reise nach Kopenhagen vor), so geht aus den Akten hervor, dass er wohl keine Notwendigkeit sah, gegen Lemkin zu intervenieren, vielleicht weil er die Stimmung im Raum gespürt hatte. Und tatsächlich enthielten die Resolutionsentwürfe, die in jener Woche erarbeitet wurden, keinen Hinweis auf Genozid oder andere internationale Verbrechen.

Enttäuscht kehrte Lemkin nach London zurück und schickte einen Dank an Maxwell Fyfe für »moralische und fachliche Inspiration«. Die Konferenz in Cambridge hatte für ihn nicht mehr als eine »kühle Aufnahme« seiner Vorstellungen bereitgehalten, schrieb er, aber er würde nicht aufgeben:

> »Wir können der Welt nicht ständig in endlosen Sätzen erklären: Ermordet nicht die Mitglieder nationaler, rassischer und religiöser Gruppen; sterilisiert sie nicht; zwingt sie nicht zu Abtreibungen; nehmt ihnen nicht die Kinder weg; zwingt ihre Frauen nicht, Kinder für euer Land auszutragen und so weiter. Aber wir müssen der Welt jetzt sagen, zu diesem einzigartigen Anlass: Begeht keinen Genozid.«

Der Misserfolg führte zu einer erneuten Phase hektischen Briefeschreibens. Lemkin schrieb an Richter Parker, den jüngeren amerikanischen Richter, in einem verhalten optimistischen Ton. »Ich glaube, es ist mir gelungen, die Zuhörer von der Nützlichkeit eines solchen Gesetzes zu überzeugen«, erklärte er, noch immer voller Hoffnung.

Lemkin hatte nicht mitbekommen, dass seine früheren Bemühungen einige von seinen Ansichten überzeugt hatten. Am 26. August, an dem Tag, als er an Maxwell Fyfe schrieb, veröffentlichte die *New York Times* einen Leitartikel, in dem Lemkin gewürdigt wurde und der Genozid als ein Verbrechen mit »bestimmtem Vorgehen und bestimmten Konsequenzen« anerkannt wurde. Was noch zu tun war, so informierte die Zeitung ihre Leser, sei die Aufnahme des Begriffs in das Völkerrecht, eine Aufgabe, die »Professor Lemkin schon zur Hälfte geschafft hat«.

149

Lemkin kehrte rechtzeitig nach Nürnberg zurück, so dass er die kurzen Schlussbemerkungen der Angeklagten noch hören konnte. Dr. Gilbert beobachtete die Gruppe der einundzwanzig Männer und fand sie angespannt und ziemlich deprimiert nach einem Monat voller Horrorgeschichten über die SS und verbündete Organisationen. Er hielt fest, die meisten Angeklagten hätten mit »verletztem Erstaunen« reagiert, weil »die Anklagevertretung sie immer noch für Verbrecher hielt«. Maxwell Fyfe hatte in seiner Schlussrede die »dämonischen« Pläne der Nazis umfassend verurteilt. Er schob die Vorbehalte von Shawcross beiseite, attackierte mit äußerster Schärfe »das furchtbare Verbrechen des Völkermords«, dessen Grundlagen Hitler bereits in *Mein Kampf* dargelegt hatte.

Lemkin glaubte, die Briten wären gewonnen und die Amerikaner isoliert. Trotz Jacksons Pressemeldung im Juli erwähnte sein amerikanischer Mitankläger Telford Taylor den Genozid nicht, als er nach Maxwell Fyfe sprach. Die Franzosen dagegen beschworen »Völkermord« als eine umfassende Bezeichnung für alle Verbrechen, vom

Konzentrationslager bis zur Versklavung. Der sowjetische Ankläger Rudenko charakterisierte die SS als Völkermord-Einheit, so dass jeder, der mit der Organisation verbunden war, als Komplize beim Völkermord galt. Dies konnte weitreichende Konsequenzen haben.

Schließlich hatten die Angeklagten am letzten Tag des Monats, am 31. August, Gelegenheit, ein letztes Wort an die Richter zu richten. Göring sprach zuerst und verteidigte das deutsche Volk, das frei von Schuld sei. Er selbst habe von den schrecklichen Tatsachen nichts gewusst. Heß reagierte wie üblich wirr, fasste sich aber so weit wieder, dass er den Richtern versicherte: »Selbst wenn ich es könnte, wollte ich diese Zeit nicht auslöschen aus meinem Dasein.« Ribbentrop, Keitel und Kaltenbrunner sprachen als Nächste, dann Rosenberg, der Lemkin und viele andere überraschte, indem er Genozid als Verbrechen anerkannte, aber ein Verbrechen, das auch das deutsche Volk als Gruppe schützte. Gleichzeitig leugnete er seine eigene Schuld am Genozid oder einem anderen Verbrechen.

Frank war der Siebte, der sprach. Viele im Gerichtssaal 600 waren gespannt, was er sagen würde, welche Richtung er einschlagen würde angesichts seiner früheren Anerkennung einer Teilverantwortung. Diesmal begann er, indem er einräumte, dass alle Angeklagten sich von Gott abgewandt hatten, ohne die Konsequenzen zu bedenken. Auf diese Weise seien sie »immer tiefer in Schuld verstrickt« worden. Er sprach von den Millionen von Toten, die hatten vergehen müssen, »ungefragt und ungehört«, und von deren Geistern, die anklagend durch den Gerichtssaal gezogen seien. Seine Entscheidung, die Tagebücher nicht zu vernichten und sie am Ende freiwillig zu übergeben in der Stunde, da er seine Freiheit verloren habe, versuchte er, zu seinen Gunsten auszulegen.

Er kehrte zu dem Gefühl der kollektiven Verantwortung zurück, über das er wenige Monate zuvor gesprochen hatte. Er wolle »auf der Welt keine versteckte Schuld unerledigt zurücklassen«, erklärte er den Richtern. Er habe im Zeugenstand die Verantwortung für das übernommen, wofür er einzustehen habe. Er erkenne auch jenes Maß von

Schuld an, die ihn als »Vorkämpfer Adolf Hitlers, seiner Bewegung und seines Reiches« treffe.

Dann kam das »aber«, das weit und allumfassend war.

Er fühlte die Notwendigkeit, die Richter an etwas zu erinnern, was er im April gesagt hatte, Worte, die ihn jetzt beunruhigten und einer Korrektur bedurften. Er bezog sich auf sein »Tausend-Jahre-Zugeständnis«, Worte, auf die sich Jackson and Shawcross und andere Anklagevertreter bezogen hatten, die aber – wie ihm klargeworden war – missverstanden worden waren. Er habe erst im Verlauf des Prozesses von Umständen und Ereignissen erfahren, mit denen in seinen Augen Deutschland schon einen ausreichenden Preis gezahlt habe. Und so stellte er fest, dass »jede nur mögliche Schuld unseres Volkes schon heute restlos getilgt« sei.

Alle im Gerichtssaal Anwesenden lauschten aufmerksam. Deutschlands Schuld sei getilgt worden »durch das Verhalten unserer Kriegsfeinde unserem Volk und seinen Soldaten gegenüber«. Dieses Verhalten sei aus dem Verfahren ferngehalten worden, sagte er und qualifizierte damit den Prozess als einseitige Justiz. Massenverbrechen »entsetzlichster Art« seien von Russen, Polen und Tschechen an Deutschen verübt worden. Unbewusst vielleicht, beschwor er wieder die Ideologie des Kampfes einer Gruppe gegen die andere.

Er blickte auf die Mitangeklagten und stellte eine Frage: »Wer wird diese Verbrechen gegen das deutsche Volk einmal richten?« Die Frage blieb in der Luft hängen. Mit einem Schlag wurde das frühere Teileingeständnis der Schuld zurückgezogen.

Nach Frank kamen die vierzehn anderen Angeklagten an die Reihe. Keiner bekannte sich zu seiner Verantwortung.

Nachdem der Letzte gesprochen hatte, verkündete Lordrichter Lawrence, dass sich das Gericht bis zum 23. September vertage. Die Urteilsverkündung werde an diesem Tag erfolgen.

150 Als die Gerichtsverhandlung endete, hatte Lemkin noch keine Nachrichten über seine Familie. Erst Mitte September, während der Vertagung, erfuhr er, was mit Bella und Josef geschehen war, von seinem Bruder Elias während eines Wiedersehens, das in München stattfand. Er erfuhr, dass seine eigene Familie Teil »der Akten des Nürnberger Prozesses war«.

Elias hatte durch einen Glücksfall überlebt, unter Umständen, die mir sein Sohn Saul Lemkin schilderte. Saul war im Juni 1941 zwölf und lebte mit seinen Eltern in Wołkowysk, als die Familie sich entschied, Ferien in der Sowjetunion zu machen. »Wir saßen in der Datscha, als meine Tante sagte, mit dem Krieg sei etwas passiert. Also schalteten wir das Radio ein.« Sie erfuhren, dass Hitler den Pakt mit Stalin gebrochen und das Unternehmen Barbarossa gestartet hatte, dass die Deutschen eine Woche später Wołkowysk besetzt hatten und dass Bella und Josef mit dem Rest der Familie, der zu Hause geblieben war, in der Falle saßen.

Ein kurzer Urlaub wurde zu einem Aufenthalt von drei Jahren im Herzen der Sowjetunion. Sie wussten, dass Onkel Raphael sicher in North Carolina war. Der Mord an Bella und Josef, die Entscheidung, sie wegen Krankheit nicht in die Sowjetunion mitgenommen zu haben, wurde zur Quelle heftiger Spannungen zwischen den Brüdern Raphael und Elias. »Mein Onkel drehte fast durch, weil wir sie zurückgelassen hatten, aber leider konnten wir nicht wissen, was passieren würde.« Saul schien niedergeschlagen, siebzig Jahre nach den Ereignissen, und um eine Entschuldigung bemüht. »Wir waren doch nur zu Besuch. Niemand wusste, dass der Krieg ausbrechen würde, nicht einmal Stalin.«

Saul blieb mit seiner Familie bis Juli 1942 in Moskau. Als ihre Visa abliefen, nahmen sie einen Zug nach Osten, nach Ufa, der Hauptstadt von Baschkortostan, einer kleinen Sowjetrepublik. Im Februar 1944 kehrten sie nach Moskau zurück und nach dem Krieg nach Polen. Schließlich landeten sie in einem Lager für »displaced persons« in Berlin, wo Lemkin sie fand. »Mein Onkel rief uns in Berlin im

August 1946 an. Er war in Nürnberg und er sprach mit mir«, erklärte Saul. »Er riet meinem Vater, nicht zu lange in Berlin zu bleiben, die Russen könnten eine Blockade über die Stadt verhängen.«

Mit Lemkins Hilfe organisierten die Amerikaner, dass die Familie von Berlin nach München fahren konnte, in ein anderes Lager. Saul war im Krankenhaus und genas von einer Blinddarmoperation, als Lemkin Mitte September zu ihnen stieß.

»Er kam und besuchte mich im Krankenhaus mit seiner Sekretärin, Madame Charlet, einer Amerikanerin, die in der US-Armee diente. Sie sprach etwas Russisch und war sehr nett. Mein Onkel sah sehr gut aus, war gut gekleidet. Wir umarmten uns. Er sagte mir: ›Du musst nach Amerika kommen.‹«

Sie tauschten die wenigen Informationen aus, die sie über die Ereignisse in Wołkowysk hatten. »Mein Vater Elias fand heraus, dass nur noch wenige Juden da waren, als die Sowjets im Sommer 1944 kamen. Vielleicht gerade mal fünfzig oder sechzig.« Die Ereignisse wiederholten sich in Żółkiew und Dubno und zehntausend anderen kleinen und großen Orten in Mitteleuropa, an die die Granitsteine in Treblinka erinnern. Saul sprach mit sanfter Stimme darüber, aber das Licht in seinen Augen war getrübt. »Alle anderen – wir wissen, was mit ihnen passierte. Ein Jude schickte uns einen Brief. Meine Großeltern wurden an einen unbekannten Ort gebracht. Sie waren tot.«

Hatte Saul ein Foto von Bella und Josef? Nein. Er erfuhr, dass der letzte Transport von Wołkowysk im Januar 1943 nach Auschwitz ging. Aber es war ein früherer Transport, der seine Großeltern an einen anderen Ort gebracht hatte, nicht weit entfernt. »Bella und Josef fuhren nach Treblinka, weil es nicht weit weg war.«

Er sprach diese Worte mit einer erschöpften und tiefen Traurigkeit. Und dann hob er den Kopf.

»Wie ist der Name des berühmten Journalisten, der *Life and Fate* geschrieben hat?«, fragte er.

Wassily Grossman.

»Genau. Er ist der, der über Treblinka geschrieben hat. Ich habe es gelesen und an meine Großeltern gedacht.«

Saul glaubte, Onkel Raphael habe nicht gewusst, dass sie nach Treblinka gebracht worden waren. »Diese Information kam erst später, lange nachdem er gestorben war.«

Sauls Erzählung bot eine Art Rahmen für eine andere Geschichte. Auf diese Weise erfuhr ich, dass meine Großmutter Malke Flaschner, die in Żółkiew in derselben Straße wie die Lauterpachts gewohnt hatte, in Treblinka in derselben Straße gestorben war wie die Lemkins.

»Es gibt eine Sache, die ich noch sagen muss über diese Zeit«, sagte Saul plötzlich ziemlich heiter. »Die Deutschen in der Klinik waren *sehr* nett zu mir, sehr höflich. Verglichen mit dem Leben in Polen war Deutschland ein Paradies für die Juden.« Wenn Saul negative Gefühle hatte, hielt er sie unter Verschluss.

»Natürlich hatte Onkel Raphael eine andere Auffassung«, fuhr er fort. »Es gab viele Deutsche in der Klinik, aber mein Onkel sah sie nicht an.« Saul blickte mir fest ins Auge. »Er hasste sie. Für ihn waren sie Gift. Er hasste sie.«

151 Lauterpacht verbrachte den September in Cambridge und erwartete ein Urteil, von dem er hoffte, es werde hilfreich sein für den künftigen Schutz von Individuen und die Etablierung einer internationalen *Bill of Rights*. Er war weniger gesprächig als Lemkin und versteckte seine Gefühle, doch er war keinesfalls weniger leidenschaftlich und mitfühlend. Der Prozess hatte ihn tief berührt, aber er mochte es nicht zeigen, nicht einmal seinem Sohn, der in jenem Monat viel Zeit mit ihm verbrachte und sich auf sein zweites Jahr als Student im Trinity College vorbereitete.

Eli fragte sich rückblickend, ob sich sein Vater in dieser Zeit verändert hatte. Der Prozess und die Nachrichten über seine Familie hatten ihren Tribut gefordert und müssen auf die Richtung seiner Arbeit Einfluss genommen haben. Eli glaubte, das sei die Zeit gewesen, in der er ein besseres – oder wenigstens ein bewussteres – Verständnis für die Arbeit seines Vaters entwickelte.

»Nicht nur, dass ich mich intellektuell mehr einbrachte, ich bemerkte etwas anderes – dass dies eine besonders schwierige Zeit war.« Inkas bevorstehende Ankunft in Cambridge verstärkte das Gefühl des Verlustes, brachte aber auch Hoffnung.

»Emotional war er so tief mit dem Prozess verbunden«, ergänzte Eli. Lauterpacht habe nicht viel über jene Dinge gesprochen, »sagte nie etwas zu mir über seine Eltern, nicht ein einziges Mal«. Darüber dachte Eli in letzter Zeit viel nach. Er erkannte, dass er sich selbst nie die Fragen gestellt hatte, die ich ansprach. Er hatte die Situation akzeptiert, wie sie war, und die Haltung seines Vaters übernommen. Die Probleme und der Schmerz wurden auf andere Weise reflektiert und nicht in Worten ausgedrückt.

Ich fragte nach den Ansichten seines Vaters zum Begriff »Genozid«. Er habe nichts davon gehalten, weil er zu »unpraktisch« war, erwiderte Eli. Und er könnte ihn sogar für gefährlich gehalten haben. Einer von Lauterpachts Bekannten in jener Zeit war Egon Schwelb, derselbe Mann, der sich im Mai 1946 mit Lemkin getroffen und ihn ermutigt hatte. Eli glaubte, Schwelb sei ein überzeugter Unterstützer der Bemühungen seines Vaters um individuelle Rechte gewesen, ein Bewunderer seines Intellekts und seiner Arbeit. In einem Brief wies Schwelb auf Lauterpachts Glauben an die »enge Verbindung« zwischen »Verbrechen gegen die Menschlichkeit« im Nürnberger Prozess und »der Idee von fundamentalen Menschenrechten und ihrem Schutz im Strafgesetz« hin. Der Brief von Schwelb bestätigte auch, dass Lauterpacht nicht viel übrig habe für »das sogenannte Verbrechen des Genozids«. Und er lieferte eine Erklärung: Lauterpacht glaubte, »wenn man zu sehr betont, dass es ein Verbrechen ist, ein ganzes Volk zu töten, könnte das die Überzeugung abschwächen, dass es schon ein Verbrechen ist, einen Einzelnen zu töten«.

Schwelb wusste auch, dass Lauterpacht ganz persönlich nicht gut auf Lemkin zu sprechen war. Es gab keine Feindschaft, ganz sicher nicht, und zweifellos schätzte Lauterpacht »die Energie, den Idealismus und die Aufrichtigkeit von Dr. Lemkin«. Das waren Worte von dezenter Anerkennung. Jedoch anerkannte der ehemalige Professor aus Cambridge den ehemaligen polnischen Staatsanwalt nicht als wahren Gelehrten oder einen Mann mit ernstzunehmenden intellektuellen Fähigkeiten, und das spielte eine Rolle. Lauterpacht und Schwelb waren sich einig, dass es »empfehlenswert« war, die Waagschale zwischen »Verbrechen gegen die Menschlichkeit« und »Genozid« zugunsten von Ersterem zu korrigieren. Und das bedeutete, über Letzteres zu schweigen. Für das Tribunal wäre es das Beste, nichts über Genozid zu sagen.

152 Niklas Frank war im September 1946 sieben Jahre alt. Alt genug, um die Atmosphäre der Angst zu spüren, die das Zuhause in den Wochen vor der Urteilsverkündung beherrschte. In diesem Monat fuhr er nach Nürnberg und sah seinen Vater zum ersten Mal seit mehr als einem Jahr. Der Besuch weckte in ihm keine Gefühle.

Zu der Zeit war die Familie Frank ziemlich mittellos, sie versorgte sich mit Lebensmitteln, so gut sie konnte, und auch mit Informationen über den Prozess. Getrennt von Hans, hielt Brigitte Kontakt mit einem Journalisten in Bayern, einem Mann, der jeden Abend im deutschen Radio eine Zusammenfassung des Prozesses brachte. »Meine Mutter hörte jeden Abend um sieben die Sendung«, erinnerte sich Niklas. Gelegentlich kam der Journalist zu Besuch, und manchmal brachte er Schokolade mit, eine seltene Freude für die Kinder. Er war auf Informationsbruchstücke für sein Radioprogramm aus. Niklas erinnerte sich an ein Detail: Der Journalist war Jude. »Meine Mutter schrieb an meinen Vater im Gefängnis: ›Mir gefällt dieser Herr Gaston Oulman, und ich möchte, dass ihr euch im Gefängnis trefft.‹«

Niklas lachte über die verrückte Idee.

»Der Brief meiner Mutter ging noch weiter. ›Er ist Jude, aber ich glaube, er hat Herz.‹« Niklas machte eine Pause. »Das hat sie geschrieben!«, rief Niklas aus. »Können Sie sich das vorstellen? ›Er hat Herz.‹ Das Ende des Nürnberger Prozesses war da, aus dem Radio kannte meine Mutter alle Verbrechen, die die Deutschen begangen hatten, und doch war sie in der Lage, so einen Satz zu schreiben.«

Er schüttelte den Kopf.

»Unglaublich«, sagte er, bevor er schwieg.

»Es war richtig, dass meinem Vater der Prozess gemacht wurde.« Diese Ansicht vertrat er immer. Ja, als sein Vater im April im Zeugenstand aussagte, hatte er sich gewissermaßen zu seiner Schuld bekannt.

»Das war gut, aber war es echt?« Niklas hatte seine Zweifel, die sich durch Franks Richtungswechsel im August bestätigten. »Sein wahrer Charakter zeigte sich mit der zweiten Erklärung«, meinte Niklas geradeheraus. Sein Vater war ein schwacher Mensch.

Im September fuhr die ganze Familie nach Nürnberg. Niklas zeigte mir ein Foto: Seine Mutter mit einem großen schwarzen Hut, in einem schwarzen Kostüm, dünne Beine, lächelnd treibt sie ihn und seine Schwester an.

»Es war am 24. September, glaube ich. Ich ging mit meiner Mutter. Wir waren fünf Kinder. Wir betraten den Justizpalast, gingen in einen großen Raum, vielleicht zwanzig Meter lang. Auf der rechten Seite waren Fenster, auf der gegenüberliegenden Seite erkannte ich Göring mit seiner Familie. Ich saß auf dem Schoß meiner Mutter. Wir sprachen mit meinem Vater durch ein Glasfenster mit kleinen Löchern.«

Wie war der Vater?

»Er lächelte, versuchte, glücklich zu wirken. Ich erinnere mich auch, dass mein Vater mich anlog.«

Was heißt das?

»Er sagte: ›In zwei oder drei Monaten werden wir Weihnachten feiern. In Schliersee, zu Hause. Und wir werden alle glücklich vereint sein.‹ Ich dachte, warum lügst du? Ich wusste aus der Schule, von den Erzählungen meiner Freunde, was passieren würde. Du darfst einen Siebenjährigen nicht belügen. Es wird niemals vergessen.«

Urteil

Brigitte Frank mit Niklas (links), Nürnberg, September 1946

Das war eine Woche vor der Urteilsverkündung. Soweit Niklas sich erinnern konnte, sprach er kein Wort mit seinem Vater. Nichts.

»Ich habe nicht auf Wiedersehen gesagt. Die ganze Sache dauerte nicht länger als sechs oder sieben Minuten. Es gab keine Tränen. Ich war wirklich traurig, nicht, weil er gehängt wurde, sondern weil er mich belog.«

153 Die Urteilsverkündung kam etwas später als erwartet, eine Woche nach dem Besuch der Franks, im Laufe von zwei schönen, goldenen Herbsttagen, am 30. September und 1. Oktober.

Urteil

Die Atmosphäre in der Stadt war angespannt, Sicherheitskräfte und Panzer rings um den Justizpalast waren präsenter als sonst. Der Zugang zum Gerichtssaal, der übervoll war, war streng beschränkt.

Frank hatte es nicht weit von seiner Zelle in dem alten Backsteingebäude hinter dem Justizpalast, das später abgerissen wurde. Militärpolizisten mit weißen Helmen eskortierten ihn durch einen überdachten Gang, im Fahrstuhl nach oben, durch die Schiebetür, in die Mitte der vorderen Reihe der Anklagebank. Er trug die dunkle Brille wie immer, die linke Hand steckte im Handschuh und wurde verborgen.

Lauterpacht war von England eingeflogen und kam zwei Tage vor der Urteilsverkündung an. Er reiste mit einer Gruppe britischer VIPs, zu denen Lord Wright gehörte, der Kopf der British War Crimes Executive. Khaki Roberts gehörte dazu, der Rechtsanwalt, der den Kampf gegen Lemkin und gegen die Anklage wegen »Genozids« vor einem Jahr angeführt hatte. Sie alle wohnten im Grand Hotel und sollten am Morgen der Urteilsverkündung um 9.15 Uhr an der Hotelrezeption abgeholt und von dort zum Justizpalast gefahren werden.

Lemkin war am 30. September in Paris und nahm an der Friedenskonferenz teil. Er hoffte, die Delegierten dazu zu bringen, ein paar Worte über Genozid in den Abschlussbericht zu setzen. Sein Gesundheitszustand hatte sich nicht gebessert. Wieder einmal profitierte er von einem amerikanischen Militärkrankenhaus. Und dort hörte er von der Urteilsverkündung, aus einem Radio neben seinem Bett.

Leon war auch in Paris, nicht weit davon entfernt, damit beschäftigt, Deportierte und Flüchtlinge zurückzubringen. Viele im Lutetia Hotel hatten großes Interesse am Ausgang des Prozesses.

Die Urteilsverkündung war auf zwei Tage verteilt. Der erste Tag, Montag, der 30. September, war den allgemeinen Fakten und Beweisen vorbehalten. Das Strafmaß der einzelnen Angeklagten sollte erst am zweiten Tag zur Sprache kommen. Was die Fakten betrifft, so trennten die Richter sie in überschaubare kleine Abschnitte, eine künstliche, aber verlässliche Aufteilung, um den Anwälten entgegenzukommen. Die Komplexität von Geschichte und menschlichem Handeln wurde zu einer vereinfachten Beschreibung, in der berichtet wurde, wie die Nazis die Macht ergriffen, Aggressionshandlungen in ganz Europa begingen und den Krieg führten. Zwölf Jahre Chaos, Schrecken und Mord waren im Verlauf von 453 öffentlichen Sitzungen im Gerichtssaal ausgebreitet worden. Vierundneunzig Zeugen waren erschienen, dreiunddreißig für die Anklage und einundsechzig für die Verteidigung.

Die Richter verfuhren zügig mit den Organisationen. Die Nazi-Führung, Gestapo, SD und SS wurden alle als verbrecherische Organisationen eingestuft, gleichfalls die Waffen-SS in der Armee und die halbe Million Männer unter ihrem Kommando. Das schuf eine Menge Verbrecher. Die SA, die Reichsregierung, der Generalstab und das Oberkommando der Wehrmacht kamen davon, ein juristischer Kompromiss.

Die Richter wandten sich dann den Akten von Konspiration, Aggression und Kriegsverbrechen zu. Der Tatbestand »Verbrechen gegen die Menschlichkeit« erhielt einen zentralen Platz in der Urteilsverkündung und wurde – zum ersten Mal in der Geschichte – als geltendes Recht innerhalb des Völkerrechts anerkannt. Der Gerichtssaal lauschte schweigend den Schilderungen: Mord, Misshandlung, Plünderung, Sklavenarbeit, Verfolgung, alles Verbrechen nach dem Völkerrecht.

Es muss für Frank und die anderen Angeklagten qualvoll gewesen sein, angespannt zuzuhören, um einen Hinweis auf ihre Aussichten zu erhaschen. Der Freispruch für die drei Organisationen enttäuschte die Anklage, brachte aber etwas Hoffnung für die Angeklagten, der Ausschlag eines Pendels. Auf welche Seite würde es für Frank ausschlagen? Hatte er genug getan, um sich vor dem Galgen zu retten? Reichte das ursprüngliche Zugeben einer Kollektivschuld aus oder wurde es aufgehoben durch den späteren Rückzieher? Franks Angst wurde durch die Worte des sowjetischen Richters Nikitschenko nicht gelindert, der noch einmal aus Franks Tagebuch zitierte, um das letzte Kapitel der Nazi-Geschichte und der Verbrechen gegen die Menschlichkeit zu beschreiben. »Tausend Jahre«, wieder und wieder.

Das Tribunal machte sich im Grunde die Worte zu eigen, die Lauterpacht geschrieben und Shawcross gesprochen hatte: internationale Verbrechen, »begangen von Menschen, nicht von abstrakten Wesen«. Nur durch die Bestrafung der Einzelpersonen, die diese Verbrechen begangen hatten, sagten die Richter, könne den Bestimmungen des Völkerrechts Geltung verschafft werden. Einzelpersonen hätten internationale Pflichten, die »über die nationalen Verpflichtungen hinausgehen, die ihnen durch den Gehorsam zum Einzelstaat auferlegt sind«.

Im Gegensatz dazu wurde Genozid am ersten Tag nicht erwähnt. Und das trotz der Unterstützung durch die britischen, französischen und sowjetischen Anklagevertreter und Jacksons Pressemitteilung. Nicht einer der acht Richter, die an diesem ersten Tag sprachen, benutzte Lemkins Begriff, und keiner erinnerte an die Funktion des Gesetzes, Gruppen zu schützen. Lemkin hatte wohl das Gefühl, alleingelassen zu sein. Er lag in einem weit entfernten Pariser Krankenhaus und hoffte auf den zweiten Tag.

Es gab keine wirkliche Erklärung für die Nichterwähnung, nur ein paar nüchterne Worte von Richter Nikitschenko. Der sowjetische Richter sagte, dass die einzigen Handlungen, die als Verbrechen gegen die Menschlichkeit gelten konnten, diejenigen waren, die *nach* Kriegsbeginn 1939 begangen wurden. Kein Krieg, kein Verbrechen gegen die Menschlichkeit. Auf diese Weise schloss das Tribunal alles, was vor September 1939 geschehen war, aus seinem Urteil aus, wie schrecklich die Taten auch waren. Lemkins Bemühungen, schlimme Verbrechen zu allen Zeiten zu ahnden, ob sie im Frieden oder im Krieg begangen wurden, wurden nicht berücksichtigt wegen des Kommas, das später in den Artikel 6(c) der Charta eingefügt worden war. Der von Lemkin befürchtete nachträgliche Einfall. Leons Vertreibung aus Wien im Januar 1939, zusammen mit allen Aktionen, die gegen seine Familie und Hunderttausende andere vor dem

September 1939 geschehen waren, wurden nicht als Verbrechen behandelt.

Die Richter erkannten die Schwierigkeit, die daraus entstehen würde. Politische Gegner seien in Deutschland vor dem Krieg ermordet worden, erinnerte Richter Nikitschenko die Anwesenden. Viele Einzelne seien in Konzentrationslagern festgehalten worden, Terror und Grausamkeiten ausgesetzt, und eine große Anzahl sei umgebracht worden. Eine Politik des Terrors sei in großem Stil umgesetzt worden, auf organisierte und systematische Weise, und die Verfolgung, Unterdrückung und Ermordung von Zivilpersonen in Deutschland vor dem Krieg 1939 sei gnadenlos gewesen. Die Aktionen gegen die Juden vor dem Krieg hätten »ohne allen Zweifel« stattgefunden. Und wie »abscheulich und schrecklich« diese Aktionen auch waren, das Komma, das in den Text des Status eingefügt worden war, schloss sie von der Rechtsprechung des Tribunals aus. Sie seien machtlos und könnten nicht anders handeln, sagten die Richter.

So versetzte der erste Tag der Urteilsverkündung Lemkin einen vernichtenden Schlag. Lauterpacht, der im Gerichtssaal saß, war sicherlich nicht beunruhigt. Der Vorhang, der den September 1939 gegen das abschottete, was vorher war, war undurchlässig, die Konsequenz von Regeln, denen im Nürnberger Statut zugestimmt wurde, die Logik des Gesetzes. Der praktische Lauterpacht hatte für dieses Ergebnis argumentiert in den Entwürfen, die er für Shawcross im Juli vorbereitet hatte. Der leidenschaftliche Lemkin hatte im folgenden Monat in Cambridge dagegen argumentiert.

Nach dem ersten Tag der Urteilsverkündung zerstreuten sich die Anwesenden in Büros, nach Hause, in die Gefängniszellen und Hotels, um das zu analysieren, was gesagt worden war, und um vorherzusagen, was am nächsten Tag folgen könnte. Rebecca West verließ den Justizpalast, um ein kleines Dorf nicht weit von Nürnberg aufzusuchen. Dort lernte sie eine deutsche Frau kennen, die, als sie erfuhr, dass die englische Schriftstellerin den Prozess beobachtete, in eine Litanei von Beschwerden über die Nazis ausbrach. Sie hätten Fremdarbeiter in der Nähe ihres Dorfes untergebracht. »Zweitausend schreckliche Kannibalen, Abschaum der Erde, Russen, welche vom Balkan, Balten, Slawen.« Diese Frau war am Prozess interessiert, hatte nichts dagegen, aber sie hätte sich so sehr gewünscht, dass man keinen Juden zum Chefankläger ernannt hätte. Als sie zu einer Erklärung aufgefordert wurde, benannte die Frau David Maxwell Fyfe als den Stein des Anstoßes. Als Rebecca West ihr den Irrtum klarmachen wollte, erwiderte die Frau kurz angebunden: »Wer außer einem Juden würde seinen Sohn David nennen?«

154 Lordrichter Lawrence betrat den Gerichtssaal genau um 9.30 Uhr am zweiten Tag der Urteilsverkündung, um für jeden der einundzwanzig anwesenden Angeklagten ein separates Urteil zu verkünden. Er brachte einen von ihm beschriebenen Bogen mit, mit dem Briefkopf der British War Crimes Executive, ein Notizblatt, auf dem das Urteil und die Strafe für jeden Angeklagten aufgelistet waren. Marjorie Lawrence würde es später in das Familienalbum kleben.

Die Richter begannen damit, ihre Gründe für die Schuld oder Unschuld eines jeden Angeklagten darzulegen. Lordrichter Lawrence schlug einen ernsten Ton an.

Frank saß in der Mitte der ersten Reihe, die Augen hinter einer dunklen Brille verborgen. Lauterpacht saß am Tisch der Briten, in nur geringer Entfernung des Angeklagten, der ganz direkt für den Mord an seinen Eltern, Geschwistern, an Onkel und Tante verantwortlich war. Lemkin wartete in Paris, das Radio neben sich.

Lawrence begann mit Göring, der im Prozess zeitweise an »eine Puffmutter erinnerte«, wie Rebecca West von der Pressetribüne aus beobachtete. Er kam durch die Schiebetür und »sah überrascht« aus. Schuldig in allen Punkten.

Sir Geoffrey Lawrence ging dann zu den nächsten fünf Angeklagten über. Alle schuldig. Der Richter Nikitschenko verurteilte Rosenberg. Der Versuch, die wahre Absicht seiner Rassenpolitik zu erklären, war gänzlich ohne Erfolg geblieben. Schuldig.

Jetzt war Frank an der Reihe. Er saß bewegungslos da und blickte zu Boden. Der Richter Biddle, verstrickt in einer unerfreulichen Affäre mit Rebecca West, las den vorbereiteten Text vor. Die Entscheidung war drei Wochen zuvor gefallen, was Frank nicht wusste. Biddle fasste die Rolle des Juristen zusammen, von der Zeit, als er der Nazi-Partei 1927 beitrat, bis zur Präsidentschaft der Akademie für Deutsches Recht und der Ernennung zum Generalgouverneur. Wegen Mangel an Beweisen entging Frank der Verurteilung nach Punkt eins, der Beteiligung an der Entscheidung, einen Angriffskrieg zu führen. Ein kurzer Aufschub.

Biddle kam zu Punkt drei (Kriegsverbrechen) und Punkt vier (Verbrechen gegen die Menschlichkeit). Beide betrafen Ereignisse in Polen nach Kriegsbeginn, Ereignisse, die innerhalb der Zuständigkeit des Tribunals lagen. Frank war an der Zerstörung von Polen als nationale Einheit beteiligt. Er beutete seine Ressourcen aus, um die deutsche Kriegsführung zu unterstützen, und vernichtete die Opposition mit äußerster Härte. Er entfesselte eine Terrorherrschaft. Konzentrationslager wurden auf seinem Gebiet errichtet, darunter die »berüchtigten Lager von Treblinka und Majdanek«. Tausende Polen wurden liquidiert, darunter »führende Repräsentanten« der Intelligenz. Zwangsarbeiter wurden nach Deutschland deportiert. Juden wurden verfolgt und in Ghettos getrieben, diskriminiert, dem Hungertod ausgesetzt, vernichtet.

Die Richter anerkannten Franks Ausdruck einer »schrecklichen Schuld« für Gräueltaten, die auf dem Gebiet begangen wurden, über das er regierte. Doch letztendlich war seine Verteidigung weitgehend ein Versuch gewesen zu beweisen, dass er nicht verantwortlich war, weil die Aktivitäten nicht unter seinem Kommando stattgefunden hatten oder weil er nichts davon gewusst hatte.

»Es mag auch wahr sein, dass einige der im Generalgouvernement begangenen Verbrechen ohne Franks Kenntnis und gelegentlich sogar gegen seinen Willen begangen worden sind«, schloss Biddle. Vielleicht ging auch nicht alle verbrecherische Politik von ihm aus. Trotzdem war er »ein williger und wissentlicher« Teilnehmer an dem Terror, der wirtschaftlichen Ausplünderung Polens, den Erlassen, die für sehr viele Menschen zum Hungertod führten. Er war an der Deportation von mehr als einer Million Polen nach Deutschland beteiligt. Er war in ein Programm eingebunden, zu dem die Ermordung von wenigstens drei Millionen Juden gehörte.

Aus diesem Grund war er schuldig wegen Kriegsverbrechen und Verbrechen gegen die Menschlichkeit.

Biddle benutzte das Wort »Genozid« nicht.

Frank lauschte aufmerksam, still auf seinem Platz sitzend, als die restlichen Urteilssprüche verkündet wurden. Von den anwesenden einundzwanzig Angeklagten wurden drei freigesprochen. Hjalmar Schacht, der frühere Präsident der Deutschen Reichsbank, kam davon, weil es nicht bewiesen war, dass er von den Angriffskriegsplänen gewusst hatte. Franz von Papen, für achtzehn Monate Hitlers Vizekanzler, wurde aus demselben Grund freigesprochen. Hans Fritzsche, ein kleiner Fisch im Propagandaministerium von Goebbels und kein echter Ersatz für seinen abwesenden Chef, wurde freigesprochen. Ihm konnte nicht nachgewiesen werden, dass er die Absicht hatte, das deutsche Volk dazu aufzuhetzen, Gräueltaten zu begehen. Mehreren anderen wurde nachgewiesen, dass sie Verbrechen gegen die Menschlichkeit begangen hatten, aber keiner war des Genozids für schuldig befunden worden. Das Wort blieb unausgesprochen.

Das Tribunal vertagte sich für das Mittagessen. Die Strafen würden nach der Pause verkündet. Frank schloss sich den Gratulationen für die drei Freigesprochenen an.

Urteil

155 Nach dem Essen waren aller Augen auf die kleine hölzerne Tür hinter der Anklagebank gerichtet. Man wartete darauf, dass jeder Angeklagte eintreten und sein Urteil empfangen würde. Noch einmal »Auf, zu, auf, zu«, berichtete der Korrespondent von der *Times*, R. W. Cooper, seinen Lesern.

Das Tribunal versammelte sich erneut um 14.50 Uhr. Zum ersten Mal in dem einjährigen Prozess wurden die achtzehn Angeklagten, die schuldig gesprochen worden waren und nur noch die Verkündung des Strafmaßes erwarteten, als Einzelpersonen behandelt und nicht als Gruppe in den Gerichtssaal geführt. Jeder wartete vor dem Gerichtssaal 600 unten am Fahrstuhl, bis er an der Reihe war. Sie betraten den Gerichtssaal einer nach dem anderen, hörten ihr Urteil an und gingen wieder.

Wer an jenem Nachmittag nicht im Gerichtssaal 600 war, würde diesen hochdramatischen Augenblick des Prozesses nicht sehen können. Die Verkündung der Strafe jedes einzelnen Angeklagten durfte nicht gefilmt werden, um die Würde jedes Angeklagten zu schützen. Frank kam als Nummer sieben herein. Von den ersten sechs Angeklagten wurden fünf zum Tode verurteilt: Göring, Ribbentrop, Keitel, Kaltenbrunner und Rosenberg. Rudolf Heß entging dem Galgen und wurde zu lebenslänglichem Freiheitsentzug verurteilt.

Frank fuhr im Fahrstuhl nach oben und ging durch die Schiebetür. Er verlor die Orientierung und stand mit dem Rücken zu den Richtern. Die Militärpolizisten mussten ihn umdrehen, damit er die Richter ansehen konnte. Rebecca West hielt den Moment fest. War es eine Form von Protest? Nein. Sie interpretierte es als »merkwürdigen Beweis« für Franks verwirrten Zustand. Er blickte die Richter an und lauschte schweigend und nicht ohne Tapferkeit, wie manche bemerkten. Lordrichter Lawrence erklärte das Urteil in wenigen Worten.

»Aufgrund der Anklagepunkte, derer Sie für schuldig erklärt wurden, hat das Tribunal Sie zum Tod durch den Strang verurteilt.« Über die Kopfhörer hörte Frank: »Tod durch den Strang«.

Frank würde nie erfahren, dass seine Bekanntschaft mit Henri

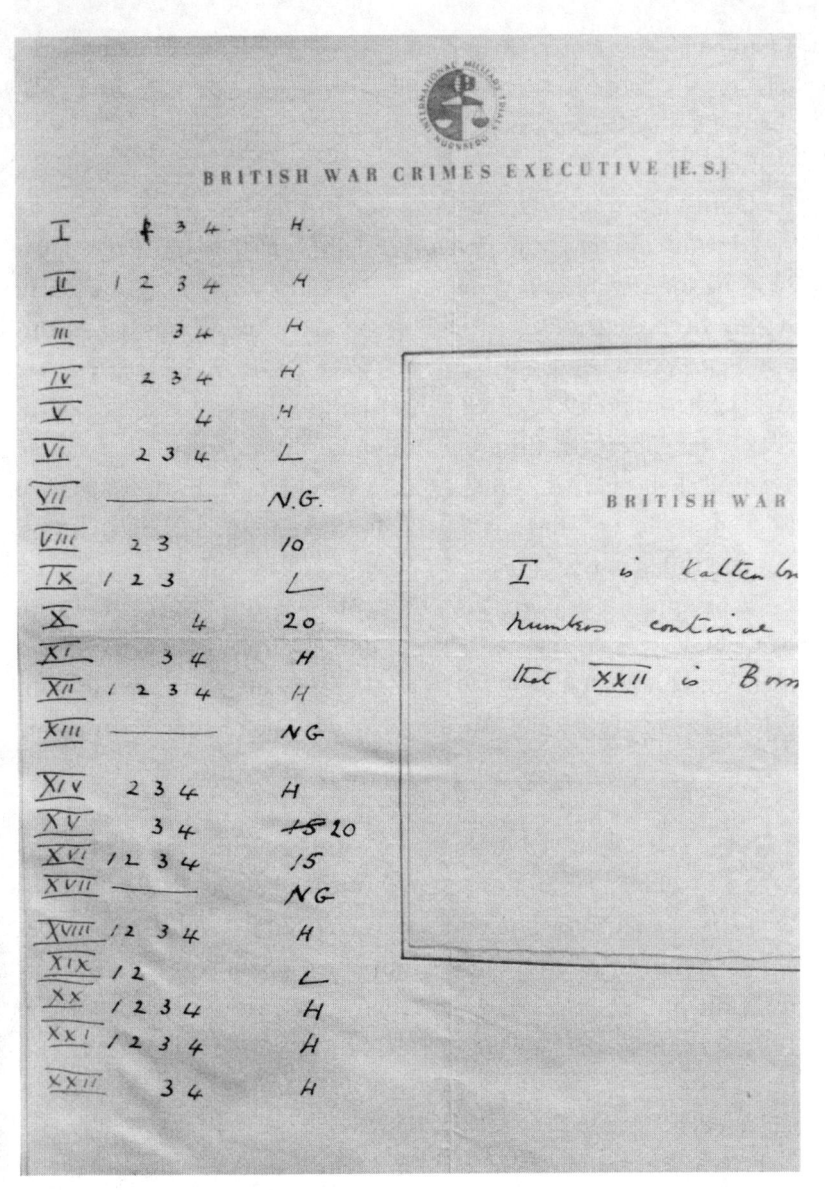

Sir Geoffrey Lawrences Spickzettel, 1. Oktober 1946

Donnedieu de Vabres einen Hoffnungsschimmer bedeutetet hatte, dass der Franzose versucht hatte, ihm zu helfen. Bis zum Ende plädierte Donnedieu für lebenslangen Freiheitsentzug statt des Todesurteils, aber er war allein, überstimmt von den anderen, von allen sieben. Richter Biddle war von seinem französischen Kollegen überrascht, der »merkwürdig nachsichtig« gegenüber dem deutschen Juristen war, der jetzt als internationaler Verbrecher charakterisiert wurde. Vielleicht wusste der amerikanische Richter, wie auch Yves Beigbeder, nichts von Franks Einladung an Donnedieu nach Berlin im Jahre 1935.

Nachdem Frank das Urteil gehört hatte, ging er in seine Zelle zurück. Dr. Gilbert besuchte ihn, wie auch die anderen Angeklagten. Frank lächelte höflich, unfähig, dem Psychologen in die Augen zu blicken. Jegliches Selbstvertrauen hatte sich in Luft aufgelöst.

»Tod durch den Strang.«

Frank sprach die Worte leise. Er nickte, wie zustimmend, mit dem Kopf, als er sprach. »Ich verdiente es und erwartete es.« Mehr sagte er nicht und bot Dr. Gilbert ebenso wenig wie später seinen Familienangehörigen eine Erklärung, warum er so gehandelt hatte, wie er es tat.

156 Die Urteilsverkündung war eine Erleichterung für Lauterpacht. Der Straftatbestand »Verbrechen gegen die Menschlichkeit«, vom Tribunal bestätigt, war jetzt Teil des Völkerrechts. Der Schutz des Individuums und die Idee einer individuellen Verantwortung für die schlimmsten Verbrechen würden jetzt Teil der neuen Rechtsordnung. Die Souveränität des Staates würde nicht mehr absolute Deckung liefern für Verbrechen dieses Ausmaßes – zumindest theoretisch.

Kurz nach der Urteilsverkündung erhielt er eine Mitteilung von Shawcross. »Ich hoffe, Sie werden immer Genugtuung empfinden, dass Sie so maßgeblich beigetragen haben zu etwas, das einen echten Einfluss auf die zukünftige Gestaltung internationaler Beziehungen haben kann.« Falls Lauterpacht solch eine Genugtuung empfand, so hat er sie weder öffentlich noch selbst privat geäußert. Nicht seinem Sohn, nicht Inka gegenüber.

Lemkins Reaktion war anders. Er war niedergeschmettert durch das Schweigen über »Genozid«, was seine frühere Einschätzung des Prozesses als »Nürnberger Alptraum« noch verstärkte. Es wurde im Urteil nicht einmal erwähnt, dass die Anklage wegen Genozids diskutiert oder dass sie von drei der vier Anklagevertretungen unterstützt worden war. (Meine eigene Erfahrung bei internationalen Gerichtshöfen ist, dass die Zusammenfassung der vorgetragenen Argumente, auch wenn sie erfolglos bleiben, ein gewisser Trost ist und auch die Tür für zukünftige Argumente in anderen Fällen öffnet.) Lemkin war entsetzt, dass die vor dem Krieg begangenen Verbrechen gänzlich ignoriert wurden.

Später traf Lemkin Henry King, einen jüngeren amerikanischen Ankläger, der den Polen als »unrasiert« und »zerzaust« beschrieb, die Kleidung zerschlissen. Lemkin gestand, dass der Tag der Urteilsverkündung »der schwärzeste Tag« seines Lebens war. Schlimmer als der Augenblick, in dem er einen Monat zuvor erfahren hatte, dass Bella und Josef ermordet worden waren.

Leon hörte die Nachricht von der Urteilsverkündung in Paris. Am nächsten Morgen holte Lucette – ein Mädchen, das in der Nähe wohnte – meine Mutter, Leons acht Jahre alte Tochter, ab und brachte sie zur Schule. Lucette beobachtete Leon beim Gebet, ein Ritual, das er jeden Morgen einhielt, das ihm ein Gefühl der Verbindung gab, erzählte er meiner Mutter, ein Gefühl, »zu einer Gruppe zu gehören, die verschwunden ist«.

Leon sagte mir nie, was er von dem Prozess oder dem Urteil hielt, ob so etwas je angemessen sein könne, um die Täter zur Rechenschaft zu ziehen. Er war jedoch begeistert von meiner Berufswahl.

Urteil

157 Zwölf Angeklagte wurden zum Tod verurteilt, ohne das Recht auf Berufung. Dazu gehörten Frank, Rosenberg und Seyß-Inquart, die nicht lange auf den Akt der Hinrichtung durch den Strang zu warten hatten. Der Papst reichte ein Gnadengesuch für Frank ein, das zurückgewiesen wurde. Für Lordrichter Lawrence bedeutete das Urteil kein moralisches Problem. Seine Tochter Robby erzählte mir, ihr Vater habe in England mehrere Verbrecher zum Tod durch den Strang verurteilt.

»Er betrachtete es als gerechte Strafe für Menschen, die sehr schlimme Dinge begangen hatten«, erklärte sie. »Er war froh, als die Todesstrafe in Britannien abgeschafft wurde, aber ich glaube nicht, dass er je daran zweifelte, dass sie in diesem Fall angemessen war, bei diesen Angeklagten.«

Zwischen dem Tag der Urteilsverkündung und dem Tag der Hinrichtung schrieb Präsident Truman an Lordrichter Lawrence. Er drückte seine Wertschätzung für die »treuen Dienste« aus, die der Richter für »die Stärkung des Völkerrechts und der Gerechtigkeit« geleistet hatte.

Zwei Wochen später, am Morgen des 16. Oktober 1946, erschien im *Daily Express* eine Schlagzeile. »Göring wurde als Erster um 1 Uhr früh hingerichtet«, hieß es, gefolgt von zehn anderen Angeklagten. Eine berühmte Falschmeldung. Göring entging der Schlinge. Er hatte kurz vor der geplanten Hinrichtung Selbstmord begangen.

Ribbentrop war der Erste, der gehängt wurde. Frank stieg auf zur Nummer fünf. Die Hinrichtung fand in der Turnhalle des Justizpalastes statt. Begleitet wurde er vom Priester der US-Armee, Sixtus O'Connor. Er ging über den Hof und in die Turnhalle, schloss die Augen und schluckte mehrmals, als ihm eine schwarze Kapuze über den Kopf gestülpt wurde. Er sagte ein paar letzte Worte.

Der Korrespondent der *Times*, R. W. Cooper, war in Frankreich, als die Nachricht von den Hinrichtungen später am Tag bekannt wurde. »Das Ende kam in einem kleinen Pariser Restaurant«, schrieb er in seiner Biographie. Die Musiker zupften ein Musikstück, das

Insensiblement hieß und später Django Reinhardts Lieblingsmelodie wurde. Die Fotos der Gehängten, auch das von Frank, waren auf der letzten Seite der Abendzeitung abgedruckt und konnten von allen im Restaurant angeschaut werden.

»Ça, c'est beau à voir«, murmelte ein Gast. »Ça, c'est beau.« Dann blätterte er langsam um.

158 Mehrere hundert Kilometer entfernt, ein Stück entfernt vom kleinen Dorf Neuhaus am Schliersee in Bayern, waren die kleineren Kinder von Hans Frank im Kindergarten. Brigitte Frank holte sie später ab.

»Meine Mutter kam in einem Frühlingsblumenkleid und erzählte, dass Vater nun im Himmel sei«, erinnerte sich Niklas. »Meine Schwestern und der Bruder begannen zu weinen, und ich war still, weil ich wusste, jetzt war es geschehen. Ich glaube, da begann eine tiefe Kränkung und meine kalte Reaktion auf diese Familie.«

Jahre später traf Niklas Sixtus O'Connor, den Kaplan, der Frank zur Turnhalle begleitet hatte. »Ihr Vater ging lächelnd zum Hinrichtungsplatz«, sagte der Kaplan zu ihm. »Sogar in der Gefängniszelle in Nürnberg«, fügte er hinzu, »hatte Ihr Vater Angst vor Ihrer Mutter.«

Niklas hatte jenen Tag nicht vergessen. Er dachte oft daran. Zusammen besuchten wir den leeren Gefängnisflügel in Nürnbergs Justizpalast und saßen in einer Zelle, die derjenigen glich, in der sein Vater einsitzen musste. »Das Lustige ist ja«, sagte Niklas, »als sie kamen, um meinen Vater zur Hinrichtung zu holen, öffneten sie die Tür, und mein Vater kniete.« Niklas kniete sich hin, um es zu zeigen. »Er sagte zum Priester: ›Vater, meine Mutter – als ich ein kleiner Junge war –, meine Mutter schlug immer ein Kreuz über mir, jeden Morgen, wenn ich in die Schule ging.‹« Niklas schlug ein Kreuz auf seiner Stirn. »›Bitte tun Sie das jetzt auch‹, hatte er den Priester gebeten.«

Niklas fragte sich, ob das echt gewesen war. »Vielleicht war es einer jener Augenblicke, kurz vor der Hinrichtung, vor dem Tod ... er wusste, er würde die Nacht des 16. Oktober nicht überleben, vielleicht war es wirklich etwas Ehrliches, das einzige und letzte Ehrliche, was er tat.«

Niklas schwieg einen Augenblick. »Er wollte wieder ein unschuldiges Kind sein, so wie damals, als die Mutter das Zeichen über ihm machte.« Er hielt wieder inne und sagte dann: »Es ist das erste Mal, dass ich darüber nachdenke. Ich glaube, er wollte wieder ein kleiner Junge sein, der keines der vielen Verbrechen begangen hatte.«

Doch Niklas hatte keine Zweifel an der mangelnden Aufrichtigkeit beim Teileingeständnis der Schuld, das sein Vater im Gerichtssaal geliefert hatte, und keinen Vorbehalt, was den Tod durch den Strang betraf. »Ich bin gegen die Todesstrafe«, sagte er emotionslos, »außer für meinen Vater.« Während einer unserer Unterhaltungen erinnerte er sich an den Brief, den sein Vater am Abend vor der Hinrichtung an seinen Anwalt Dr. Seidl geschrieben hatte. »Er schrieb: ›Ich bin kein Verbrecher.‹« Niklas sprach die Worte mit Abscheu aus. »Also nahm er wirklich alles zurück, was er während des Prozesses gestanden hatte.«

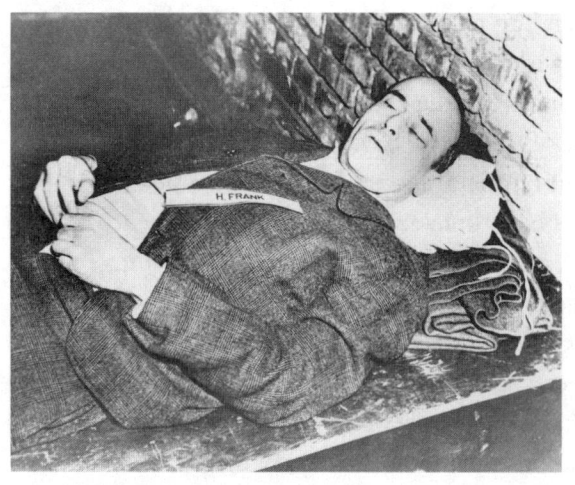

Hans Frank, ein paar Minuten nach der Hinrichtung, 16. Oktober 1946

Als wir über ihr letztes Treffen sprachen, das Gespräch mit dem Kaplan, die stille Stärke seiner Mutter, steckte Niklas die Hand in die Brusttasche seiner Jacke und holte ein paar Papiere heraus. »Er war ein Verbrecher«, sagte er leise und zog eine kleine Schwarzweißfotografie heraus, abgegriffen und verblasst. Er reichte sie mir. Ein Bild des Körpers seines Vaters, auf einem Feldbett, leblos, ein paar Minuten nach der Hinrichtung aufgenommen, mit einem Namensschild auf der Brust. »Jeden Tag schaue ich es mir an«, sagte Niklas. »Um mich daran zu erinnern, um sicher zu sein, dass er tot ist.«

Epilog
In die Wälder

Der Nürnberger Prozess hatte Konsequenzen.

Einige Wochen nach seinem Ende trat die Generalversammlung der Vereinten Nationen im ländlichen Teil des Bundesstaates New York zusammen. Auf der Tagesordnung für den 11. Dezember 1946 standen eine Menge Resolutionsentwürfe zur Schaffung einer neuen Weltordnung. Zwei davon bezogen sich auf den Prozess.

Im Bestreben, den Weg für eine internationale *Bill of Rights* zu ebnen, bestätigte die Generalversammlung, dass die Prinzipien des Völkerrechts, die im Statut des Internationalen Nürnberger Gerichtshofes anerkannt wurden – einschließlich der Verbrechen gegen die Menschlichkeit – Teil des Völkerrechts sind. Mit der Resolution 95 billigte die Generalversammlung Lauterpachts Ideen und entschied, in der neuen internationalen Ordnung einen Platz für das Individuum zu finden.

Die Generalversammlung nahm dann die Resolution 96 an. Diese ging über das, was die Richter in Nürnberg entschieden hatten, hinaus: Die Versammlung stellte fest, dass Genozid »das Existenzrecht ganzer Menschengruppen« leugne, und beschloss, sich über die frühere Entscheidung hinwegzusetzen und zu bekräftigen, »dass Genozid ein Verbrechen gemäß Völkerrecht ist«. Für Regionen, in die kein Richter zu gehen wagte, um dort einen Prozess zu führen, akzeptierten die entsprechenden Regierungen eine rechtliche Regelung, in die das Werk Lemkins Eingang gefunden hatte.

Die Resolution half Lemkin, sich vom »schwärzesten Tag« seines Lebens zu erholen. Mit neu gewonnener Energie bereitete er den

Entwurf einer Konvention über Genozid vor und versuchte, Regierungen in der ganzen Welt davon zu überzeugen, sein Dokument zu unterstützen. Es war eine harte Arbeit über einen Zeitraum von zwei Jahren. Am 9. Dezember 1948 nahm die Generalversammlung die Konvention über die Verhütung und Bestrafung des Verbrechens des Völkermordes an, den ersten Menschenrechtsvertrag der Neuzeit. Der Vertrag trat etwas über zwei Jahre später in Kraft und ermöglichte Lemkin, die letzten zehn Jahre seines Lebens der Aufgabe zu widmen, Länder zu ermutigen, der Konvention beizutreten. Als er 1959 in New York an einem Herzinfarkt starb, hatten Frankreich und die Sowjetunion unterzeichnet. Das Vereinigte Königreich schloss sich 1970 an, die Vereinigten Staaten kamen 1988 dazu, nach der Auseinandersetzung, die auf Präsident Reagans Besuch der Gräber von SS-Offizieren auf dem Friedhof in Bitburg gefolgt war. Lemkin starb kinderlos. Man sagt, dass nur wenige Menschen bei seinem Begräbnis anwesend waren, doch Nancy Ackerly erinnert sich anders. »Es waren etliche Personen da, nicht nur fünf oder sechs, wie von manchen vielleicht wegen der dramatischen Wirkung berichtet wurde«, sagte sie mir, und unter ihnen seien »nicht wenige Frauen mit Trauerschleier« gewesen. Er ist in Flushing, New York, begraben.

Hersch Lauterpacht kehrte einen Tag nach der Urteilsverkündung nach Cambridge zurück, um sich seiner akademischen Arbeit und seiner Familie zu widmen und Zeit mit Inka zu verbringen. Seine Arbeit *An International Bill of the Rights of Man* (Ein Internationales Gesetz für die Menschenrechte) inspirierte die Allgemeine Erklärung der Menschenrechte, die von der Generalversammlung der Vereinten Nationen am 10. Dezember 1948, einen Tag nach der Völkermordkonvention, angenommen wurde. Lauterpacht war enttäuscht, dass die Deklaration nicht rechtsverbindlich war, hoffte aber, dass sie die Türen zu einer kraftvolleren Entwicklung öffnen könnte. Diese Hoffnung erfüllte sich mit der Europäischen Konvention zum Schutz der Menschenrechte und Grundfreiheiten, die 1950 unterzeichnet wurde. Der Ankläger im Nürnberger Prozess, David Maxwell Fyfe, spielte eine Schlüsselrolle bei der Erarbeitung des Textes, der den ersten internationalen Menschenrechtsgerichtshof schuf, zu dem einzelne Individuen Zugang haben würden. Es folgten weitere regionale und globale Menschenrechtsdokumente, aber bisher ist kein Vertrag über Verbrechen gegen die Menschlichkeit zustande gekommen, der Lemkins Völkermordkonvention entspräche. 1955 wurde Lauterpacht zum britischen Richter am Internationalen Gerichtshof in Den Haag gewählt, trotz der Opposition einiger, die ihn nicht für britisch genug hielten. Er starb 1960 vor Beendigung seiner Amtszeit und ist in Cambridge begraben.

Lauterpacht und Lemkin haben als junge Männer in Lemberg und Lwów gelebt. Ihre Ideen haben globale Resonanz gefunden, ihr Vermächtnis ist weitreichend. Die Vorstellungen von Genozid und Verbrechen gegen die Menschlichkeit haben sich nebeneinander entwickelt, es ist eine Beziehung, die das Individuum und die Gruppe verbindet.

Es vergingen fünfzig Sommer, ehe die Idee von einem internationalen Strafgerichtshof Wirklichkeit wurde. Die Staaten hatten in unterschiedliche Richtungen geschoben und gezogen und waren nicht in der Lage gewesen, einen Konsens über die Bestrafung von internationalen Verbrechen zu finden. Das änderte sich schließlich im Juli 1998, ausgelöst durch Gräueltaten im früheren Jugoslawien und in Ruanda. In jenem Sommer stimmten auf einem Treffen in Rom mehr als 150 Staaten einem Statut für einen internationalen Strafgerichtshof zu. Ich durfte eine periphere Rolle bei den Verhandlungen spielen und mit einem Kollegen an der Präambel arbeiten, den einführenden Worten zum Vertrag, die motivierend wirken sollten. Im Hintergrund arbeitend, fügten wir eine einfache Zeile in die Präambel ein, die »die Pflicht eines jeden Staates« feststellte, »seine Strafgerichtsbarkeit über die für internationale Verbrechen Verantwortlichen auszuüben«. Die scheinbar unschuldige Zeile überlebte den Verhandlungsprozess, und mit ihr erkannten erstmals Staaten

Epilog

eine derartige Verpflichtung unter dem Völkerrecht an. Drei Generationen nachdem Henri Donnedieu de Vabres und Hans Frank 1935 in Berlin über die Idee eines internationalen Gerichtshofes debattiert hatten, wurde schließlich ein internationales Gericht gegründet, das die Macht hatte, über Genozid und Verbrechen gegen die Menschlichkeit zu richten.

Im September 1998, zwei Monate nachdem man sich über den IStGH geeinigt hatte, war Jean-Paul Akayesu der Erste, der jemals für das Verbrechen des Genozids verurteilt wurde. Das Urteil wurde vom Internationalen Strafgerichtshof für Ruanda gefällt.

Ein paar Wochen später, im November 1998, entschied das House of Lords in London, dass Senator Pinochet, der frühere Präsident von Chile, kein Recht auf Immunität vor der englischen Gerichtsbarkeit habe, weil die Folterungen, für die er verantwortlich gemacht wurde, ein Verbrechen gegen die Menschlichkeit waren. Es war das erste Mal, dass ein nationales Gericht eine solche Entscheidung fällte.

Im Mai 1999 wurde der serbische Präsident Slobodan Milošević als erstes amtierendes Staatsoberhaupt wegen Verbrechen gegen die Menschlichkeit im Kosovo angeklagt. Im November 2001, nachdem er aus dem Amt ausgeschieden war, wurden der Anklage Genozidvorwürfe in Verbindung mit Gräueltaten in Srebrenica, Bosnien, hinzugefügt.

Es vergingen sechs Jahre. Im März 2007 entzog ein Richter eines amerikanischen Bezirksgerichts John Kalymon seine amerikanische Staatsbürgerschaft. Warum? Weil er im August 1942 in der ukrainischen Hilfspolizei gedient hatte, die in der Großen Aktion Juden zusammengetrieben hatte. Er hatte bei der Verfolgung der Zivilbevölkerung geholfen und sich damit an einem Verbrechen gegen die Menschlichkeit beteiligt.

Im September 2007 urteilte der Internationale Strafgerichtshof in Den Haag, dass Serbien seine Verpflichtung gegenüber Bosnien und Herzegowina verletzt habe, weil es den Genozid in Srebrenica nicht verhindert hatte. Das war das erste Mal, dass ein Staat von einem internationalen Gericht verurteilt wurde, weil er gegen die Völkermordkonvention verstoßen hatte.

Im Juli 2010 wurde der sudanesische Präsident Omar al-Baschir als erstes amtierendes Staatsoberhaupt vom Internationalen Strafgerichtshof wegen Genozids angeklagt.

Zwei Jahre später, im Mai 2012, wurde Charles Taylor als erstes Staatsoberhaupt wegen Verbrechen gegen die Menschlichkeit verurteilt. Er erhielt eine fünfzigjährige Gefängnisstrafe.

2015 begann die Völkerrechtskommission der Vereinten Nationen, sich aktiv dem Thema Verbrechen gegen die Menschlichkeit zu widmen und die Voraussetzungen für ein mögliches Pendant zur Konvention über die Verhütung und Bestrafung des Völkermordes zu schaffen.

Es gibt immer neue Gerichtsfälle, so wie es immer neue Verbrechen gibt. Heute arbeite ich an Fällen, bei denen Genozid oder Verbrechen gegen die Menschlichkeit eine Rolle spielen. Sie beziehen sich auf Serbien, Kroatien, Libyen, die Vereinigten Staaten, Ruanda, Argentinien, Chile, Israel und Palästina, das Vereinigte Königreich, Saudi-Arabien und Jemen, Iran, Irak und Syrien. Anschuldigungen wegen Genozids und Verbrechen gegen die Menschlichkeit gibt es zahlreich rund um den Globus, selbst wenn die Ideen, die Lauterpacht und Lemkin inspirierten, sich auf verschiedenen Wegen ausbreiten.

Es hat sich eine inoffizielle Hierarchie entwickelt. In den Jahren nach dem Nürnberger Urteil gewann der Begriff Genozid in politischen Kreisen und in der öffentlichen Diskussion größere Zugkraft als das »Verbrechen der Verbrechen«, der Schutz von Gruppen stand über dem einzelner Individuen. Vielleicht war es die Kraft, die Lemkins Begriff innewohnt. Doch wie Lauterpacht befürchtet hatte, entstand nun ein Wettlauf zwischen den Opfern, in dessen Folge ein Verbrechen gegen die Menschlichkeit allmählich als das geringere Übel angesehen wurde. Das war nicht nur die unbeabsichtigte Konsequenz der parallelen Bemühungen von Lauterpacht und Lemkin. Die Beweisführung für das Verbrechen des Genozids ist schwierig,

Epilog

und in Prozessen habe ich selbst erlebt, wie der Zwang, den Vorsatz zu beweisen, eine Gruppe ganz oder teilweise zu vernichten, wie es die Genozidkonvention verlangt, unglückliche psychologische Folgen haben kann. Er fördert das Solidaritätsgefühl unter den Mitgliedern der Opfergruppe, während er negative Gefühle der Tätergruppe gegenüber verstärkt. Der Begriff »Genozid« mit seiner Konzentration auf die Gruppe hat die Tendenz, ein Gefühl von »denen« und »uns« zu steigern, verfestigt Gefühle der Gruppenidentität und kann so unabsichtlich genau die Zustände entstehen lassen, die er bekämpfen will: Mit dem Ausspielen einer Gruppe gegen die andere verringert man die Wahrscheinlichkeit einer Versöhnung. Ich fürchte, dass der Straftatbestand des Genozids die Verfolgung von Kriegsverbrechen und Verbrechen gegen die Menschlichkeit verfälscht hat, weil der Wunsch, als ein Opfer von Genozid ausgewiesen zu werden, die Ankläger unter Druck setzt, die Anklage wegen dieses Verbrechens zu erheben. Für manche wird die Bezeichnung als Genozidopfer »ein wesentlicher Bestandteil der nationalen Identität«, ohne dass damit zur Bewältigung historischer Dispute beigetragen wird oder Massenmorde weniger häufig werden. Es war keine Überraschung, dass ein Leitartikel einer führenden Zeitung anlässlich des hundertsten Jahrestages der türkischen Gräueltaten gegen die Armenier andeutete, das Wort »Genozid« sei nicht hilfreich, weil es »nationale Empörung anstachelt, statt der Art unbarmherziger Untersuchung der Geschichte, die das Land braucht«.

Doch trotz dieser Argumente bin ich geneigt zu akzeptieren, dass das Gefühl der Gruppenidentität eine Tatsache ist. Schon 1893 vermerkte der Soziologe Ludwig Gumplowicz in seinem Buch *La lutte des races* (Der Kampf zwischen den Rassen), dass »das Individuum, wenn es auf die Welt kommt, Mitglied einer Gruppe ist«. Diese Meinung besteht fort. Der Biologe Edward O. Wilson schrieb ein Jahrhundert später: »Unsere gewalttätige Natur ist fest verankert, weil Gruppe-gegen-Gruppe eine wesentliche Antriebskraft war, die uns zu dem gemacht hat, was wir sind.« Es scheint, als sei ein Grundele-

Epilog

ment der menschlichen Natur, dass »sich die Menschen gezwungen fühlen, zu Gruppen zu gehören und, wenn sie sich ihnen angeschlossen haben, sie als konkurrierenden Gruppen überlegen betrachten«.

Das stellt eine ernsthafte Herausforderung für unser System des Völkerrechts dar, das mit einer spürbaren Spannung konfrontiert ist: Einerseits werden Menschen ermordet, weil sie zufälligerweise Angehörige einer gewissen Gruppe sind; andererseits macht die Anerkennung dieser Tatsache durch das Gesetz die Möglichkeit eines Konflikts zwischen Gruppen wahrscheinlicher, weil das Gefühl für die Gruppenidentität gestärkt wird. Vielleicht erfasste es Leopold Kohr in dem harten Brief an seinen Freund Lemkin richtig, als er formulierte, dass das Verbrechen des Genozids am Ende eben die Bedingungen schaffte, die es zu lindern versuchte.

Was geschah mit den anderen Hauptpersonen der Geschichte?

Nachdem Miss Tilney in Vittel befreit worden war, arbeitete sie für die amerikanische Armee, ehe sie nach Paris zurückkehrte. Dort lebte sie zwei weitere Jahre und ging schließlich nach England zurück. In den 1950er Jahren reiste sie erneut, diesmal als Missionarin nach Südafrika, und 1964 wanderte sie in die Vereinigten Staaten aus. Ihr letztes Zuhause war in Coconut Grove, Miami, in der Nähe ihres Bruders Fred, des ehemaligen Bodybuilders und Verkäufers von diversen Mittelchen. Mir wurde erzählt, dass zu ihrem Bekanntenkreis auch Charles Atlas gehörte. Sie starb 1974. 2013 schickte ich das Material, das ich über sie entdeckt hatte, an die Holocaust-Gedenkstätte Yad Vashem in Jerusalem, zusammen mit zwei eidesstattlichen Erklärungen, eine von meiner Mutter, die andere von Shula Troman. Am 29. September 2013 wurde Miss Tilney als »Gerechte unter den Völkern« anerkannt.

Sascha Krawec, der von Miss Tilney vor der Deportation nach Auschwitz gerettet worden war, emigrierte in die Vereinigten Staaten, nachdem er in Vittel befreit wurde. 1946 reiste er per Schiff von Bremen nach New York. Mir ist es nicht gelungen, einen Hinweis auf sein weiteres Schicksal zu finden.

Epilog

Emil Lindenfeld blieb in Wien. Er verbrachte die letzten beiden Kriegsjahre bei nichtjüdischen Freunden und Familienangehörigen versteckt als »U-Boot«. Er heiratete 1961 wieder und starb 1969 in Wien, wo er auch begraben ist.

Otto von Wächter tauchte nach dem Krieg ab und wurde schließlich vom Vatikan aufgenommen. 1949 spielte er als Komparse im Film *La Forza del Destino* mit, der in Rom gedreht wurde. Später im gleichen Jahr starb er dort unter mysteriösen Umständen, als er – immer noch auf der Flucht und unter Anklage durch die polnische Regierung wegen Massenmords an mehr als 100 000 Polen in Lwów – unter dem Schutz des österreichischen Bischofs Alois Hudal stand. Sein Sohn Horst lebt mit seiner Frau auf Schloss Hagenberg und ist überzeugt, dass sein Vater ein guter Mann mit einem anständigen Charakter war, kein Verbrecher, auch wenn neue Beweise für Vergehen auftauchen, darunter die offensichtliche Entwendung eines Bruegel-Gemäldes und anderer Kunstwerke aus dem Krakauer Nationalmuseum im Dezember 1939.

Niklas Frank wurde ein hervorragender Journalist, der schließlich für den *Stern* als Auslandskorrespondent arbeitete. 1992 kehrte er nach Warschau in das Gebäude zurück, in dem er als Kind gelebt hatte, um Lech Wałęsa, den neu gewählten Präsidenten von Polen, zu interviewen. Er erzählte Wałęsa nicht, dass ihm der Raum, in dem das Interview stattfand, und der Tisch, an dem sie saßen, aus der Kindheit bekannt waren, weil sein Vater ihn dort herumgejagt hatte. Er lebt mit seiner Frau in einem kleinen Dorf nordwestlich von Hamburg und hat eine Tochter und drei Enkel.

Im Sommer 2014 reiste ich mit Niklas Frank und Horst von Wächter nach Lwiw. Im Zusammenhang mit der Herstellung unseres Films – *My Nazi Legacy: What Our Fathers Did* – besuchten wir die zerstörte Synagoge in Żółkiew, ein Massengrab in der Nähe und den Hörsaal der Universität, wo Hans Frank am 1. August 1942, in Anwesenheit von Otto von Wächter, eine große Rede gehalten hatte. Niklas überraschte uns, als er eine Kopie dieser Rede aus seiner Hosentasche zog und sie vorlas. Am darauffolgenden Tag nahmen wir an einer Gedächtnisveranstaltung zu Ehren der Toten der Galizischen SS-Division teil, die Otto von Wächter im Frühjahr 1943 gegründet hatte, der immer noch von der nationalistischen ukrainischen Randgruppe, die das Ereignis organisiert hatte, verehrt wurde. Horst sagte mir, das sei der beste Teil der Reise gewesen, weil alte und junge Männer zu ihm gekommen seien, um seinen Vater zu feiern. Ich fragte ihn, ob es ihn gestört habe, dass viele dieser Männer SS-Uniformen mit Hakenkreuzen trugen. »Warum sollte es?«, erwiderte Horst.

Leon und Rita verbrachten den Rest ihres Lebens zusammen in Paris, in der Wohnung in der Nähe der Gare du Nord, die ich aus meiner Kindheit kenne. Leon lebte bis 1997, fast das ganze Jahrhundert. Ihre Tochter Ruth heiratete 1956 einen Engländer und zog nach London. Sie hatte zwei Söhne, von denen ich der Erste war, und führte später ein Antiquariat im Zentrum Londons, das auf illustrierte Kinderbücher spezialisiert war. Ich studierte Jura an der Universität Cambridge und belegte dort 1982 ein von Eli Lauterpacht, Herschs erwachsenem Sohn, geleitetes Seminar über Völkerrecht. Im Sommer 1983, nach meinem Studienabschluss, kamen Leon und Rita nach Cambridge, und gemeinsam besuchten wir eine Gartenparty in Elis Haus. Seine Mutter Rachel, Lauterpachts Witwe, war dort, und ich erinnere mich sehr deutlich an ihre Bobfrisur. Ob sie und Leon sich unterhalten haben, weiß ich nicht, aber wenn sie es taten und die familiären Verbindungen nach Wien, Lemberg und Żółkiew zur Sprache kamen, dann hatte es Leon nicht für nötig erachtet, mir etwas vom Gesprächsinhalt mitzuteilen.

Im Herbst 1983 reiste ich nach Amerika, wo ich ein Jahr als Gastwissenschaftler an der Harvard Law School verbrachte. Im Frühjahr 1984 schrieb mir Eli Lauterpacht und lud mich ein, mich um eine akademische Stelle als wissenschaftlicher Mitarbeiter eines neuen Forschungszentrums zum Völkerrecht zu bewerben, das er an der Universität von Cambridge einrichtete. Damals und während des fol-

Epilog

genden Vierteljahrhunderts, in dem ein kollegiales Verhältnis sich zu einem freundschaftlichen entwickelte, war uns nicht bewusst, dass unsere Vorfahren vor über einem Jahrhundert in derselben Straße gelebt hatten. Dreißig Jahre vergingen, bevor Eli und ich erfuhren, dass sein Vater und meine Urgroßmutter in Żółkiew an entgegengesetzten Enden der Stadt in der Ost-West-Straße gewohnt hatten.

Und was ist mit Lwiw? 2010 habe ich es zum ersten Mal besucht und bin seitdem jedes Jahr wiedergekommen. Ein Jahrhundert nach seiner Blütezeit ist es immer noch eine wunderbare Stadt mit einer dunklen und geheimen Vergangenheit, in der die Einwohner die Leerräume nutzen, die andere hinterlassen haben. Seine großartigen Bauwerke, das Rauschen der Straßenbahnen, der Duft von Kaffee und Kirschblüten, das alles ist noch da. Das Völkergemisch, das im November 1918 die Straßen der Stadt belebte, ist weitgehend verschwunden, und Ukrainer sind nun die Hauptbewohner. Doch die Anwesenheit anderer ist noch immer spürbar. Man bemerkt sie, mit Wittlins Hilfe, in den Bauwerken, und man sieht sie bei genauer Beobachtung: im geflügelten Löwen, »der herausfordernd herabschaut« vom Türsturz des Hauses Rynok-Platz 14, wo er über einem aufgeschlagenen Buch steht, in dem die Worte »Pax Tibi Marce Evangelista Meus« (Friede sei mit dir, Markus, mein Evangelist«) zu lesen sind; in den verblassenden polnischen Straßenschildern und den eckigen, leeren Aussparungen, in denen einst eine Mesusa hing; im Fenster der alten ungarischen Kronen-Apotheke auf dem Bernardyński-Platz, der einst der schönste in ganz Galizien und Lodomerien war und der es nachts, beleuchtet und belebt wie eh und je, auch heute noch ist.

Nach diesen Besuchen verstehe ich die Worte der jungen Studentin besser, die mich auf meiner ersten Reise ansprach, um mir in gedämpftem Ton zu erklären, wie wichtig meine Vorlesung für sie persönlich gewesen sei. Im heutigen Lwiw, wo Lemkin und Lauterpacht vergessen sind, sind Identität und Herkunft komplexe, gefährliche

Angelegenheiten. Die Stadt bleibt »eine Schale voll Bitterkeit«, wie sie es in der Vergangenheit für so viele gewesen ist.

Das Gespräch mit der jungen Frau, die sich nach meiner Herkunft erkundigte, war nicht die einzige Gelegenheit, bei der mir in Lwiw eine solche Botschaft übermittelt wurde. In einem Restaurant, auf der Straße, nach einer Unterhaltung, in der Universität, in einem Café hörte ich, wie auf subtile Weise auf Fragen der Identität und des Hintergrunds angespielt wurde. Ich erinnere mich, Professor Rabinowitsch vorgestellt worden zu sein, dem bemerkenswerten Juristen an der Fakultät in Lwiw, der während der dunkelsten aller Zeiten Menschenrechtsgesetze lehrte. »Mit ihm sollten sie sprechen«, sagten mir mehrere. Die Bedeutung war klar, ein subtiler Hinweis auf seine Herkunft.

Irgendjemand machte mir den Vorschlag, in der Goldenen Rose zu speisen, im mittelalterlichen Zentrum, zwischen Rathaus und Stadtarchiv, im Schatten der Ruinen einer Synagoge, die 1582 errichtet und im Sommer 1941 auf Befehl der Deutschen zerstört worden war. Es präsentierte sich als jüdisches Restaurant, eine Kuriosität angesichts der Abwesenheit jüdischer Einwohner in der Stadt heutzutage. Als ich das erste Mal in Begleitung meines Sohnes an der Goldenen Rose vorbeiging, schauten wir durch ein Fenster und beobachteten eine Klientel, die den Eindruck machte, oberflächlich jedenfalls, aus den 1920er Jahren hierher versetzt worden zu sein, eine Reihe von Leuten mit großen schwarzen Hüten und anderen Kleidungsstücken, die man mit orthodoxen Juden verbindet. Wir waren entsetzt über diesen Ort, wo sich Touristen verkleiden konnten, indem sie schwarze Kleidung und Hüte von Haken direkt hinter der Eingangstür nehmen konnten. Das Restaurant bot auf einer Speisekarte ohne Preisangaben traditionelle jüdische Speisen an – zusammen mit Schweinswürsten. Am Ende der Mahlzeit forderte der Kellner die Gäste auf, über den Preis zu verhandeln.

Als ich in diesem Restaurant saß, nachdem ich schließlich genug Mut zum Hineingehen gefasst hatte (ein fünf Jahre währendes Bemühen), fragte ich mich wieder, ob ich den Ideen Lauterpachts oder denen Lemkins näherstand oder mich in gleichem Abstand zu beiden befand beziehungsweise mir beide gleichermaßen einleuchteten. Lemkin wäre vermutlich der unterhaltsamere Tischgenosse gewesen und Lauterpacht der intellektuell anspruchsvollere Gesprächspartner. Die beiden Männer teilten einen optimistischen Glauben an die Macht des Gesetzes, Gutes zu bewirken und Menschen zu schützen, und an die Notwendigkeit, die Gesetze zu ändern, um dieses Ziel zu erreichen. Beide waren sich einig über den Wert des einzelnen Menschenlebens und über die Wichtigkeit, Teil einer Gemeinschaft zu sein. Doch sie waren grundlegend verschiedener Meinung über den effektivsten Weg, wie der Schutz dieser Werte zu erreichen sei, ob man sich auf das Individuum oder auf die Gruppe konzentrieren solle.

Lauterpacht konnte sich nie mit der Idee des »Genozids« anfreunden. Bis an sein Lebensende äußerte er sich abschätzig sowohl über das Thema als auch – vielleicht in höflicherer Form – über den Mann, der es sich ausgedacht hatte, auch wenn er die richtungsweisende Qualität anerkannte. Lemkin fürchtete, dass die getrennten Projekte zum Schutz der individuellen Menschenrechte einerseits und zum Schutz von Gruppen und der Verhinderung von Genozid andererseits im Widerspruch zueinander stünden. Man könnte sagen, dass die Argumentationen der beiden Männer sich gegenseitig aufhoben.

Ich sah die Vorzüge beider Argumente, schwankte zwischen den beiden Polen, war in einem intellektuellen Schwebezustand gefangen. Deshalb stellte ich die Angelegenheit zurück und verwendete meine Energie darauf, den Bürgermeister von Lwiw dazu zu überreden, ein paar Schritte zu unternehmen, um an die Verdienste der beiden Männer und den Beitrag der Stadt zum Völkerrecht und zur Rechtsprechung zu erinnern. »Sagen Sie mir, wo wir Gedenktafeln anbringen lassen sollen«, sagte mir der Bürgermeister, und er würde sich darum kümmern. Zeige mir den Weg; zeige mir die Route.

Epilog

Ich würde mir Wittlin zum Führer nehmen, den Dichter hoffnungsvoller Idyllen, erfüllt von der Idee eines guten Einvernehmens unter Freunden, quer durch voneinander getrennte Gruppen, vom Mythos Galiziens und der Stadt der verschwundenen Kindheit meines Großvaters. Ich könnte auf dem Schlossberg starten und dann dahin gehen, wo alles begonnen hatte, ins Zentrum auf den Rynok-Platz mit seinem geflügelten Löwen. Ich könnte vorbeischlendern an kriegführenden Parteien, gegenüber von Lauterpachts Zuhause in der Teatralna-Straße mit seiner Eisentür, die Trzeciego-Maja-Straße entlang zum Zuhause von Inka Katz mit dem Fenster, aus dem sie die Verhaftung ihrer Mutter beobachtet hatte, vorbei an den Büros der Fakultät für Völkerrecht in der Universität, seit kurzem mit den Porträts von Lauterpacht und Lemkin geschmückt, und dann weiter zum alten Gebäude der juristischen Fakultät, die Straße hinauf, vorbei am Haus von Juliusz Makarewicz, die gewundenen Straßen hinauf in Richtung der großen St.-Georgs-Kathedrale, die auf dem Platz steht, wo Otto von Wächter seine Galizische SS-Division sammelte. Ein paar Schritte weiter, nicht mehr als einen Steinwurf den Hügel hinauf, könnte ich einen Moment vor dem Haus in der Stetyckich-Straße verweilen, in dem Leon geboren wurde.

Dann die Straße hinunter zurück zu dem Haus, in dem Lemkin in dem Jahr wohnte, als er mit einem Professor über armenische Angelegenheiten und das Recht von Staaten, ihre eigenen Bürger zu töten, diskutierte, dann weiter zum alten galizischen Landtag, in dem Frank im August 1942 seine mörderische Rede hielt, hinunter zum Opernhaus, vor dem Kinder mit Fähnchen und Hakenkreuzen gestanden hatten, zum Spielplatz des Sobieski-Gymnasiums, wo die Juden zusammengetrieben wurden, unter der Eisenbahnbrücke hindurch ins Ghetto und zu Lemkins erstem Zuhause, einem Zimmer in einem Mietshaus im ärmsten Stadtteil. Von dort ist es nur ein Katzensprung zur Janowska-Straße, wo Maurycy Allerhand die Frechheit hatte, einen Lagerwachmann zu fragen, ob er eine Seele habe, ein paar Worte, für die er mit dem Leben bezahlte, und weiter zum großen

Epilog

Bahnhof, von dem aus ich den Zug nach Żółkiew nehmen könnte und, wenn ich wollte, weiter nach Bełzec und zum Ende der Welt.

Ich nahm tatsächlich den Zug nach Żółkiew, wo Lyudmyla auf mich wartete, die Historikerin einer traurigen, erschöpften Stadt. Sie begleitete mich zu einem Ort am Stadtrand, der von den Behörden und den allermeisten Einwohnern ignoriert wird. Von ihrem Büro in der alten Burg von Żółkiew gingen wir auf der Ost-West-Straße immer geradeaus in die Richtung, die uns zu einer Waldlichtung bringen würde. Wir brachen von einem Grasflecken am westlichen Ende der langen Straße auf, wo einst das Haus meiner Urgroßmutter Malke gestanden hatte, gingen vorbei an den schönen katholischen und ukrainischen Kirchen und der zerstörten, die Seele anrührenden Synagoge aus dem 17. Jahrhundert, weiter zum Haus mit den Dielenbrettern, unter denen Clara Kramer sich versteckt hatte, genau gegenüber der alten Holzkirche, vorbei an der Kreuzung, an der Hersch Lauterpachts Geburtshaus gestanden hatte, wie ich jetzt weiß. Wir liefen weiter, einen und noch einen Kilometer, über Wiesen, durch eine Pforte, auf einen Pfad mit feinem Sand, vorbei an Eichen, umgeben vom Lärmen von Zikaden und Fröschen und dem Geruch nach Erde, und dann hinein in einen lichten Herbstwald, auf ein Gelände, wo Leon und Lauterpacht einst gespielt haben könnten. Wir verließen den sandigen Pfad, liefen über Gras und zwischen Sträuchern hindurch und kamen auf einer Waldlichtung an.

»Wir sind da.« Lyudmyla hatte leise gesprochen. Hier waren die Teiche, zwei große Sandgruben, angefüllt mit dunklem Wasser, Schlamm und sich im Wind neigendem Schilf, ein Ort, der nur durch einen einzelnen weißen Stein gekennzeichnet war. Er war als Ausdruck der Trauer und des Bedauerns errichtet worden, nicht von der Stadt, sondern von Bürgern als privater Akt des Gedenkens. Dort saßen wir im Gras, sahen das Sonnenlicht auf das dunkle, stille Wasser fallen, das sich in Gräben sammelte. Tief unten, seit über einem halben Jahrhundert unberührt, lagen die sterblichen Überreste der 3500 Menschen, von denen der längst vergessene Gerszon Taffet im

Sommer 1946 schrieb, jeder sei ein Individuum, doch zusammen seien sie eine Gruppe.

Die Knochen, die dort unten ruhten, vermischten sich, Leons Onkel Leibus, Lauterpachts Onkel David ruhten dicht beieinander an diesem Ort, weil sie zufällig der falschen Gruppe angehörten.

Die Sonne erwärmte das Wasser; die Bäume hoben mich empor, weg vom Schilf, zu einem indigoblauen Himmel. Genau dort, einen kurzen Moment lang, verstand ich.

Lwiw 2016

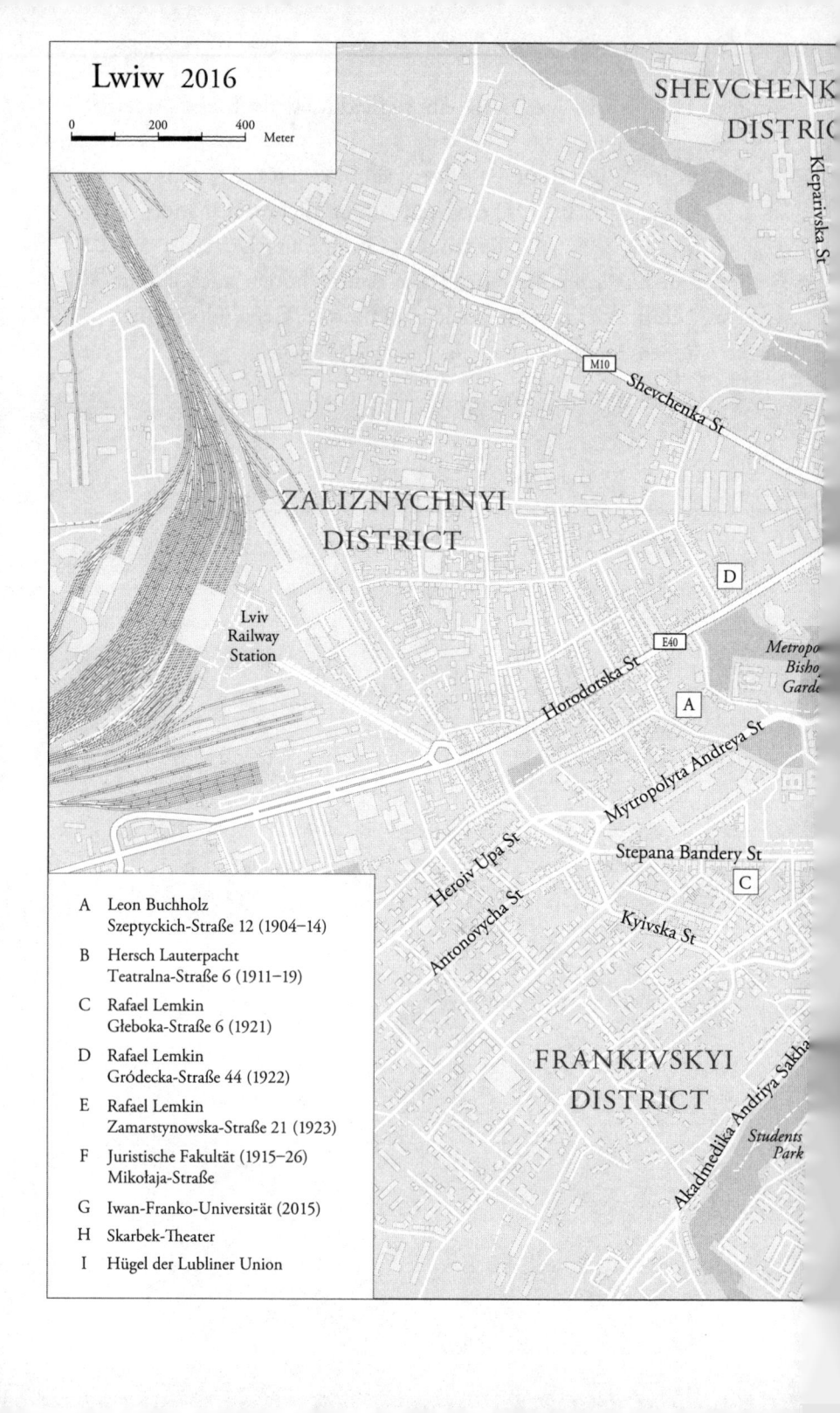

0 — 200 — 400 Meter

SHEVCHENK DISTRIC

Kleparivska St

M10
Shevchenka St

ZALIZNYCHNYI DISTRICT

Lviv Railway Station

D

E40

Metropo Bisho Garde

Horodotska St

A

Mytropolyta Andreya St

Heroiv Upa St

Stepana Bandery St

C

Antonovycha St

Kyivska St

FRANKIVSKYI DISTRICT

Akadmedika Andriya Sakha

Students Park

A Leon Buchholz
   Szeptyckich-Straße 12 (1904–14)

B Hersch Lauterpacht
   Teatralna-Straße 6 (1911–19)

C Rafael Lemkin
   Głęboka-Straße 6 (1921)

D Rafael Lemkin
   Gródecka-Straße 44 (1922)

E Rafael Lemkin
   Zamarstynowska-Straße 21 (1923)

F Juristische Fakultät (1915–26)
   Mikołaja-Straße

G Iwan-Franko-Universität (2015)

H Skarbek-Theater

I Hügel der Lubliner Union

Map

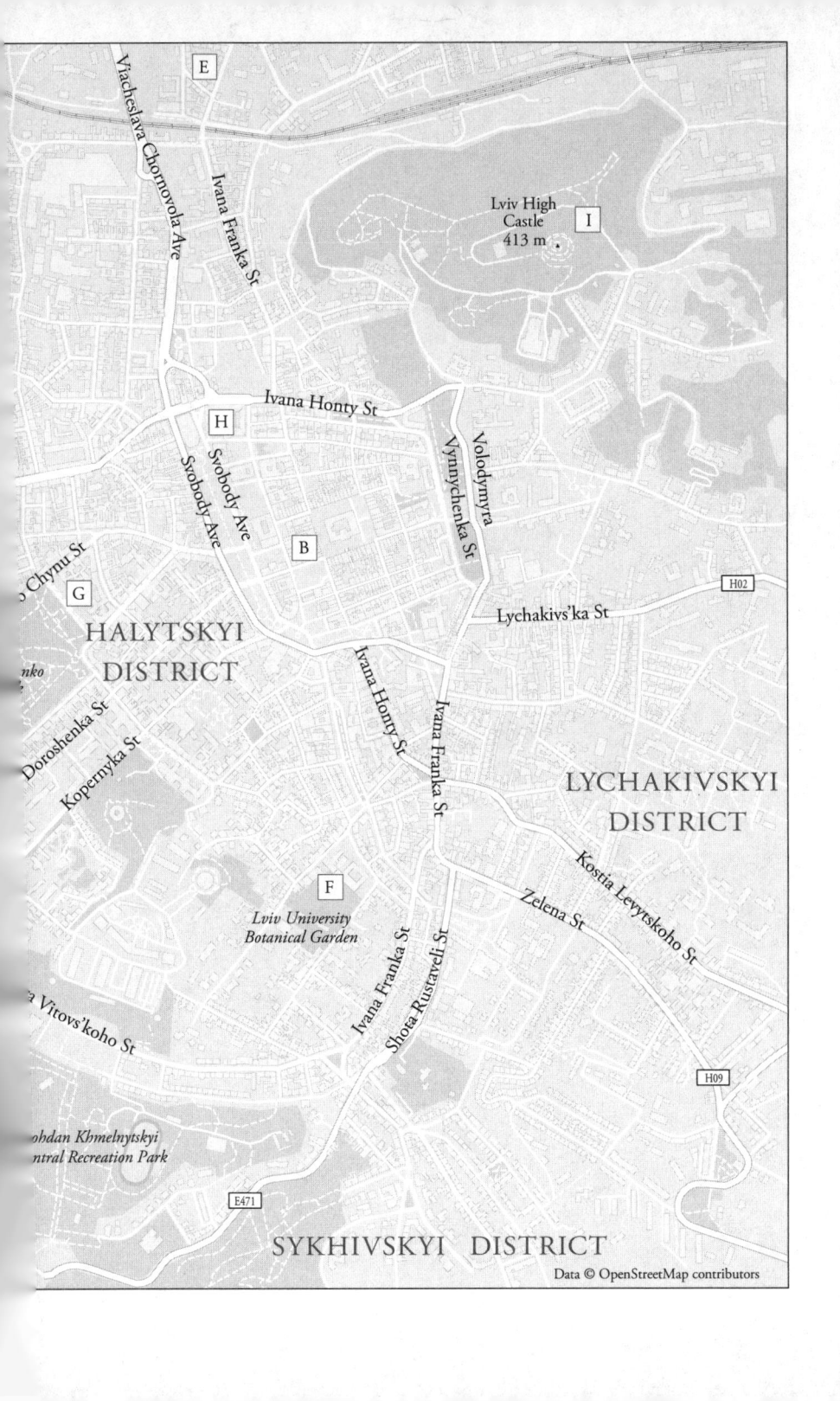

HALYTSKYI DISTRICT

LYCHAKIVSKYI DISTRICT

SYKHIVSKYI DISTRICT

- Lviv High Castle 413 m — I
- E
- Viacheslava Chornovola Ave
- Ivana Franka St
- Ivana Honty St
- Volodymyra Vynnychenka St
- H
- Svobody Ave
- Svobody Ave
- B
- Chynu St
- G
- Lychakivs'ka St
- H02
- Doroshenka St
- Kopernyka St
- Ivana Honty St
- Ivana Franka St
- F — Lviv University Botanical Garden
- Shota Rustaveli St
- Kostia Levytskoho St
- Zelena St
- Vitovs'koho St
- H09
- Bohdan Khmelnytskyi Central Recreation Park
- E471

Data © OpenStreetMap contributors

Dank

In den vergangenen sechs Jahren bin ich von vielen Personen und Institutionen unterstützt worden. In einigen Fällen war die Unterstützung umfangreich, in anderen war der Beitrag kleiner und beschränkte sich auf eine einzige Erinnerung oder, in einem Fall, auf ein einziges Wort. Ich bin allen äußerst dankbar, die zu einem Vorhaben beigetragen haben, das weit über das hinausgewachsen ist, was ich erwartet hatte, als ich nach Lwiw eingeladen wurde.

Mein besonderer Dank gilt den Familienangehörigen der vier Hauptpersonen dieser Erzählung. Meine Mutter Ruth Sands hat mich trotz der schmerzvollen Ereignisse auf außerordentliche und wunderbare Weise unterstützt. Meine Tante Annie Buchholz, die meinem Großvater über zwei Jahrzehnte sehr nahestand, war mit ihren Erinnerungen ähnlich großzügig. Andere Familienmitglieder – mein Vater Allan Sands, sein Kindheitsfreund und gleichzeitig der Neffe meines Großvaters, Emil Landes, und andere wie zum Beispiel Doron Peleg und Aldo und Jeannette Naouri – halfen mit, ein verschwommenes Bild klarer zu machen. Die Gelegenheit, so viele Stunden mit Sir Elihu Lauterpacht, meinem Lehrer und Mentor, zu verbringen, war erfreulich. Saul Lemkin, der letzte lebende Verwandte Raphaels, war immer freundlich, ebenso Niklas Frank, ein neuer und höchst unwahrscheinlicher Freund. Ich bin auch Horst von Wächter dankbar dafür, dass er mir großzügigerweise so viel Material zugänglich gemacht und Zeit gewidmet hat.

In gewisser Hinsicht könnte man von der Stadt Lwiw als fünfter Hauptperson des Buches sprechen, oder auch als erster. Zwei Perso-

Dank

nen haben mir als kundige Führer die Geheimnisse der Stadt, ihre Archive und Kaffeehäuser erschlossen und sind enge Freunde geworden: Dr. Iwan Horodosykyj von der Universität Lwiw war wunderbar, ein kluger, kenntnisreicher, nachdenklicher Jurist, der der Stadt sicher einmal Ehre machen wird; Dr. Sofia Dyak, Direktorin des Stadtgeschichtlichen Zentrums von Lwiw, hat mir die historischen Reichtümer und die Vielschichtigkeit der Stadt auf eine feinsinnige und unterhaltsame Weise nähergebracht. Unter den vielen anderen, die ich unmöglich alle erwähnen kann, muss ich Professor Petro Rabinowitsch und Professorin Oksana Holowko hervorheben, die mir die ganze Zeit zur Seite standen, Dr. Ihor Leman, der zum Militärdienst gegen Russland eingezogen wurde, als er gerade dabei war, seine eigene Arbeit über Lemkin und Lauterpacht fertigzustellen, Alex Dunai, Professorin Zoja Baran und Lyudmyla Baybula, die mutige und überaus hilfsbereite Archivarin von Schowkwa, ohne die ich niemals vom *borek* und seinen Geheimnissen erfahren hätte.

Kollegen am University College London – allen voran meine Dekanin, Professorin Hazel Genn, und Professorin Cheryl Thomas, Leiterin der Forschungsabteilung – haben mein ausferndes Schreibprojekt unterstützt; vom Wissen einer Reihe von begabten wissenschaftlichen Assistenten des UCL habe ich sehr profitiert: Remi Reichhold, die sich ein unauffindbares Dokument nicht vorstellen kann; Mariam Kizilbash und Luis Viveros, die bei der Fertigstellung der Schlussanmerkungen halfen; David Schweizer, der bei Fragen zur deutschen Kultur und Sprache half; Daria Zygmunt, die sich der polnischen Angelegenheiten annahm und das Originalexemplar von Wittlins *Moj Lwów* entdeckte; und Hejaaz Hizbullah, der aus den Dokumenten des Völkerbundes Gold schürfte. An anderen Stellen wurde ich unterstützt von Tessa Barsac (Paris), Noa Amirav (Jerusalem), Melissa Gohlke und Shaun Lyons (Georgetown), Eric Sigmund (Syracuse) und Aseem Mehta (Yale).

In Frankreich ermöglichte mir Lucette Fingercwaig einen besseren und persönlicheren Zugang zu *L'Armée du Crime*; Pastor Richard

Gelin öffnete das Archiv der Église Évangélique Baptiste im 14. Arrondissement; Catherine Trouiller von der Stiftung Charles de Gaulle erklärte ein Foto von 1944; Danielle Greuillet verschaffte mir Zugang zum Archiv von Meudon; und Jean-Michel Petit und Raymond Bétrémieux informierten mich über die Geschichte von Courrières.

In Polen berichtete mir Marek Kornat vom Instytut Historii Polskiej Akademii Nauk von Lemkins kurzer Zeit an Krakaus Jagiellonen-Universität; Dr. Janusz Fiołka half mir unermüdlich in und um Krakau; Arkadiusz Radwan, Jan Fotek, Grzegorz Pizoń und Aleksandra Polak vom Instytut Allerhanda stellten den Kontakt zur Familie von Maurycy Allerhand her, dem Lehrer von Lemkin und Lauterpacht. Dank auch an Dr. Adam Redzik von der Warschauer Universität, der führende Forscher der Geschichte der Universität Lwów in der Zeit, über die ich schreibe. Ewa Salkiewicz-Munnerlyn steuerte wertvolle Erkenntnisse über die polnische Gemeinschaft der Völkerrechtler in den Jahren zwischen den Weltkriegen bei, und Anna Michta und Joanna Winiewicz-Wolska waren meine Führerinnen im Wawel-Königspalast. Agnieszka Bieńczyk-Missala begutachtete Teile des Manuskripts, und Antonia Lloyd-Jones bot ihre Hilfe bei der Übersetzung aus dem Polnischen an.

In Österreich unterstützten mich die geniale Genealogin und Privatdetektivin Mag. Katja-Maria Chladek, Mag. Margaret Witek, die jetzige Direktorin des Brigittenauer Gymnasiums, das mein Großvater besuchte, die Botschafter Helmut Tichy, Emil Brix und die Botschafterin Elisabeth Tichy-Fisslberger sowie Karin Höfler am Dritte-Mann-Museum und Max Wälde, wissenschaftlicher Assistent an der Universität Wien.

Auch in Deutschland wurden mir Archive zugänglich gemacht mit der Hilfe von Dirk Roland Haupt (Außenministerium) und Rainer Huhle (Nürnberger Menschenrechtszentrum). Ich lernte den Nürnberger Gerichtssaal kennen dank Dr. Anne Rubesame, Michaela Lissowsky, Botschafter Bernd Borchardt (von der Internationalen Akademie Nürnberger Prinzipien) und Henrike Zentgraf (vom Memorium Nürnberger Prozesse). Dr. Norbert Kampe führte mich persönlich durch das Haus der Wannsee-Konferenz. Meine Schwierigkeiten beim Verständnis des Deutschen wurden zum Teil behoben von Kronanwalt Daniel Alexander, Professor Josef Bayer (Universität Konstanz), Sabine Bhose, David Cornwell, Professor Dr. Klaus von Heusinger (Köln), Dr. Geoffrey Plow und Eddie Reynolds.

Was die Prozesse angeht, so waren mir die Berichte aus erster Hand von Dr. Yves Beigbeder, von Hon. Lady Enid Dundas, Benjamin Ferencz und Siegfried Ramler von allergrößtem Nutzen. Die privaten Aufzeichnungen von Sir Geoffrey Lawrence, von seiner Frau Marjorie in Tagebuchform gebracht, wurden mir durch Lord und Lady Oaksey und Kronanwalt Patrick Lawrence zugänglich gemacht.

In Washington D. C. profitierte ich sehr vom Wissen und der Erfahrung der Mitarbeiter im United States Holocaust Memorial Museum, nicht zuletzt von Raye Farr, Anatol Steck und Leslie Swift. Im US-Justizministerium fanden Eli M. Rosenbaum und Dr. David Rich, die letzten Nazi-Jäger, wertvolle Dokumente.

Rosamunde Codling, die vorbildliche Archivarin der Surrey-Freikirche, und Pastor Tom Chapman verliehen Elsie Tilney deutliche Konturen. In Detailfragen wurde ich unterstützt von Susan Meister, Chris Hill, Elinor Brecher, der Nachrufredakteurin des *Miami Herald*, Jeanette Winterson und Susie Orbach, Sylvia Whitman und Germaine Tilney.

Die komplexen Zusammenhänge von DNA-Tests wurden mir von Max Blankfeld von Family Tree und Dr. Turi King von der Universität Leicester erklärt.

Die Landkarten wurden erstellt von Scott Edmonds, Tim Montenyohl, Alex Tait und Vickie Taylor von International Mapping, den Kartographie-Experten. Fotografische Hilfe leistete mein lieber Freund Jonathan Klein, der Meister des Pixels, und Matthew Butson, beide von Getty Images, sowie Diana Matar, die in der Lage ist, fast jeden Moment einzufangen.

Die internationale Gemeinschaft von Schriftstellern, Wissenschaftlern, Bibliothekaren, Archivaren und Museologen verhielt sich äußerst kollegial. Mein Dank geht an Elisabeth Åsbrink Jakobsen (Stockholm), Professor John Q. Barrett (St John's University), John Cooper (London), Professor David Crane (Syracuse University College of Law), Professor Jonathan Dembo (J.Y. Joyner Library, East Carolina University), Michelle Detroit (Jacob Rader Marcus Center of the American Jewish Archives), Tanya Elder (American Jewish Historical Society), Kristin Eshelman (Thomas J. Dodd Research Center, University of Connecticut), Professorin Donna-Lee Frieze (Deakin University), Dr. Joanna Gomula (Cambridge), Professor John-Paul Himka (University of Alberta), Dr. Martyn Housden (University of Bradford), Professor Steven Jacobs (University of Alabama), Valentin Jeutner (Cambridge), Dr. Yaraslau Kryvoi (University of West London), Kristen La Follette (Columbia Center for Oral History), Professor James Loeffler (University of Virginia), Marguerite Most (Goodson Law Library, Duke Law School), Nicholas Penny (National Gallery), Dr. Dan Plesch (SOAS), Professor Dr. Dieter Pohl (Universität Klagenfurt), Dr. Radu Popa (New York University), Andrew Sanger (Cambridge), Sabrina Sondhi (Arthur W. Diamond Law Library, Columbia University), Zofia Sulej (William Cullen Library, University of the Witwatersrand), Francesca Tramma (Fondazione Corriere della Sera), Dr. Kerstin von Lingen (Universität Heidelberg), Dr. Ana Filipa Vrdoljak (University of Technology, Sydney), Professor emeritus Arthur Wensinger (Wesleyan University).

Freunde und Kollegen – alte und neue – waren hilf- und kenntnisreich. Stuart Proffitt gab den Anstoß zu diesem Buch. James Cameron und Hisham Matar waren stets zur Stelle, wenn sie gebraucht wurden. Adriana Fabra, Sylvia Fano, Amanda Galsworthy, David Kennedy, Sean Murphy, Bruno Simma und Gerry Simpson überprüften Kapitel. Yuval Shany half, lang vermisste Mitglieder meiner Familie und ein lang vergessenes Manuskript zu finden. James Crawford half mir, wieder den Wald vor Bäumen zu sehen. Neue Einsichten entsprangen den Köpfen von David Charap, Finola Dwyer, David

Evans, Nick Fraser und Amanda Posey, als wir an unserem Film *What Our Fathers Did: A Nazi Legacy* arbeiteten. Aufführungen von *A Song of Good and Evil* mit Laurent Naouri, Guillaume de Chassy, Vanessa Redgrave, Emma Pallantt, Valerie Bezancon und Katja Riemann verhalfen mir zu unerwarteten Erkenntnissen. Eva Hoffman half mir, Leben und Erfahrungen einzuordnen, während Louis Begley (dessen Roman *Lügen in Zeiten des Krieges* eine frühe Inspiration darstellte), Robby Dundas, Michael Katz (der mir von Alex Ulam vorgestellt wurde), Clara Kramer, Siegfried Ramler, Bob Silvers, Nancy Steinson (Ackerly), Shula Troman und Inge Trott so freundlich waren, mir zu erzählen, was sie tatsächlich erlebt hatten. Anya Hurlbert half, ein Treffen mit Cecilia Gallerani zu arrangieren, während Tom Henry nützliche Lektüre über ihr langes Leben empfahl; Liz Jobey lieferte Hinweise zum Stil; Marco De Martino bereicherte mein Wissen über Curzio Malaparte; Christine Jennings besorgte Material zu Konferenzen längst vergangener Zeiten; Sara Bershtel entdeckte Sprachwissenschaftler; Göran Rosenberg machte mich mit Schweden bekannt; Dennis Marks und Sally Groves nahmen Richard Strauss auseinander; und Jonathan Sklar machte mich auf die Gefahren eines Geistes am Rande des Zusammenbruchs aufmerksam. In Dartington boten mir Celia Atherton und Vaughan Lindsay einen schönen Platz zum Schreiben.

Mein Dank gilt auch den Lesern, die sich der Mühe unterzogen haben, auf kleinere Fehler und Ungenauigkeiten hinzuweisen, die sich in die erste Auflage eingeschlichen hatten. Ich hätte das Manuskript nicht vollenden können ohne die sorgfältige wissenschaftliche Abschrift von Louise Rands, meiner Kollegin und lieben Freundin seit über drei Jahrzehnten, die den schier endlosen Strom von Interviews verschriftlichte.

Mein großzügiger, wunderbarer, ermutigender Agent Gill Coleridge widmete der Präsentation dieser miteinander verflochtenen Geschichten mehr Zeit als angemessen, ehe er den Stab an Georgia Garrett weitergab, von der ich nun zu meiner Freude betreut werde.

Ihnen beiden und allen hervorragenden Mitarbeitern von Rogers, Coleridge & White gilt mein tiefster Dank. Ich sende diesen auch über den Atlantik an Melanie Jackson in New York, die dafür verantwortlich ist, dass sofort ein Herausgeber gefunden wurde. Zufälligerweise hat Melanie ein familiäres Interesse an diesen Seiten, da ihr Vater und ihr Großvater beide darin vorkommen (und ich konnte mir mit ihrer Hilfe eine fundiertere Meinung darüber bilden, welche von zwei möglichen Bedeutungen ihr Vater im Sinn hatte, als er Lemkin in einem 1947 geschriebenen Brief »that bugger« nannte).

Victoria Wilson von Alfred A. Knopf war die perfekte Verlegerin. Furchterregend und fürsorglich, liebevoll und kritisch, drängte sie mich, mir beim Schreiben Zeit zu nehmen, wofür ich ungeheuer dankbar bin. Im fortgeschrittenen Schreibprozess hatte ich das Glück, mit Bea Hemming von Weidenfeld & Nicolson zusammenzuarbeiten, deren einfühlsame und intelligente Gedanken den Text sehr bereichert haben, selbst in einem späten Stadium. Die noch vorhandenen Mängel habe ich allein zu verantworten.

Zum Schluss danke ich aus tiefstem Herzen meiner engsten Familie, den fünf Menschen, die intensiv (vielleicht zu intensiv) mit den hellen und dunklen Seiten von Lwiw konfrontiert wurden. Leo, der Historiker, unterrichtete mich über die Pietisten; Lara, die Sozialwissenschaftlerin, gemahnte mich an mein außerordentlich falsches Bewusstsein; Katya, die Künstlerin, ermutigte mich, Orte und Dinge mit anderen Augen zu betrachten.

Und was Natalia betrifft, die uns so glücklich macht und unsere diversen Schrullen kennt und mit ihnen umzugehen weiß und die meine Obsession am stärksten zu spüren bekam: keine Dankes- oder Liebesbezeugung ist zu groß. Danke, danke, danke.

Quellen

Ich habe ein breites und vielfältiges Spektrum an Informationsmaterial zu Rate gezogen. Einiges davon ist erst kürzlich entdeckt worden – in den Archiven von Lwiw, über das Leben von Lauterpacht und Lemkin –, aber häufiger noch konnte ich mich auf die Arbeit anderer stützen, auf Quellen, die andere zutage gefördert haben. Dieses Material ist in den Anmerkungen dokumentiert, doch unter den vielen Quellen verdienen einige wegen ihrer Bedeutung und Qualität eine besondere Erwähnung.

Das Material, das das Leben meines Großvaters Leon Buchholz betrifft, befindet sich überwiegend in persönlichen und Familienarchiven und in den Erinnerungen besonders meiner Mutter und Tante. Folgende öffentliche Archive konnte ich nutzen: das Österreichische Staatsarchiv; das Zentralarchiv Historischer Dokumente in Warschau (Archiwum Główne Akt Dawnych); das Dokumentationsarchiv des österreichischen Widerstandes in Wien; das Wiener Stadt- und Landesarchiv; die Website von JewishGen; das Archiv von Yad Vashem, einschließlich der Zentralen Datenbank der Shoah-Opfer; und die Sammlungen des United States Holocaust Memorial Museum in Washington D. C.

Die Stadt Lemberg / Lwiw / Lwów ist Gegenstand vielfältiger Literatur, die wissenschaftliche Arbeiten historischer Natur und persönliche Memoiren umfasst. Von den wissenschaftlichen Arbeiten erschienen mir die Aufsätze in dem von John Czaplicka herausgegebenen Buch *Lviv: A City in the Crosscurrents of Culture* (Harvard University Press 2005) besonders wertvoll. Was die Memoirenliteratur angeht, so wird der Leser die zahlreichen Verweise auf Józef Wittlins *Moy Lwów* (Czytelnik, 1946) bemerkt haben, das in der Übersetzung von Klaus Staemmler, *Mein Lemberg*, 1994 beim Suhrkamp Verlag erschienen ist. Für die Ereignisse, die auf die deutsche Okkupation (1941–1944) folgten, war die Arbeit des Historikers Dieter Pohl eine Hauptquelle, darunter *Ivan Kalymon, the Ukrainian Auxiliary Police, and Nazi Anti-Jewish Policy in L'viv, 1941–1944: A Report Prepared for the Office of Special Investigations, US Department of Justice*, 31. Mai–*1944*, 2. Aufl. (Oldenbourg, 1997). Ich konnte mich stützen auf Philip Friedmans »The Destruction of the Jews of Lwów, 1941–1944«, in: *Roads to Extinction: Essays on the Holocaust*, hrsg. von Ada June Friedman (Jewish Publication Society of America, 1980), S. 244–321; Christoph Mick, »Incompatible Experiences: Poles, Ukrainians, and Jews in Lviv Under Soviet and German Occupation, 1939–44«, in: *Journal of Contemporary History 46*, Nr. 2 (2011), S. 336–363; Omer Bartov, *Erased. Vanishing Traces of Jewish Galicia in Present-Day Ukraine* (Princeton University Press, 2007); und Ray Brandon / Wendy Lower (Hrsg.), *The Shoah in Ukraine* (Indiana University Press, 2008).

Andere Memoiren, die ich zu Rate gezogen habe, sind Rose Choron, *Family Stories. Travels beyond the Shtetel* (Joseph Simon / Pangloss Press, 1988); David Kahane, *Lvov Ghetto Diary* (University of Massachusetts Press, 1990); Volodymyr Melamed, *The Jews in Lviv* (TECOP, 1994); Eliyahu Yones *Smoke in the Sand: The Jews of Lvov in the War Years, 1939–1944* (Gefen, 2004); Jan Kot, *Chestnut Roulette* (Mazo, 2008); und Jakob Weiss, *The Lemberg Mosaic* (Alderbrook, 2010). Die bemerkenswerte kartographische und fotografische Sammlung im Zentrum für Stadtgeschichte von Mittelosteuropa in Lwiw (http://www.lvivcenter.org/en/) bietet reichhaltiges Material und ist leicht zugänglich. Mit einiger Anstrengung ist im Regierungsarchiv von Oblast Lwiw eine Menge zu finden.

Über die Stadt Schowkwa / Żółkiew ist leider nicht so viel veröffentlicht worden, obwohl ihre lange Geschichte das nahelegen würde. Was die Ereignisse der 1930er und 1940er Jahre angeht, habe ich mich verlassen auf Gerszon Taffet, *The Holocaust of the Jews of Żółkiew* (Centralna Zydowska Komisja Historyczna, Łódź 1946); Clara Kramer, *Clara's War: One Girl's Story of Survival* (Ecco, 2009), dt: *Eine Handbreit Hoffnung. Die Geschichte meiner wunderbaren Rettung*, übers. v. Ursula Pesch, Droemer Verlag 2009; und Omer Bartov, »White Spaces and Black Holes: Eastern Galicia's past and present«, in: Ray Brandon/Wendy Lower (Hrsg.), *The Shoah in Ukraine* (Indiana University Press, 2008), S. 340–342.

Über das Leben von Hersch Lauterpacht ist viel geschrieben worden. Hauptquelle ist das enzyklopädische Referenzwerk seines Sohnes Elihu Lauterpacht, *The Life of Hersch Lauterpacht* (Cambridge University Press, 2010). Ich habe auch eine Reihe Essays herangezogen, veröffentlicht als »The European Tradition in International Law: Hersch Lauterpacht«, in: *European Journal of International Law* 8 (2) (1997). Eli Lauterpacht hat mir Zugang zum persönlichen Archiv seines Vaters gewährt, einschließlich Notizbüchern, Bildern, Korrespondenz und anderen Dokumenten, nicht zuletzt den Originalentwürfen der beiden Nürnberger Reden, die dieser 1945 und 1946 für Sir Hartley Shawcross schrieb.

Mehr noch wurde über Raphael Lemkin und den von ihm geprägten Begriff »Völkermord« geschrieben. Ich habe mich besonders auf Lemkins lange unveröffentlichte Memoiren verlassen (anfänglich auf eine Kopie des Manuskripts, das in der New York Public Library vorhanden war, später konnte ich mich auf die kürzlich von Donna-Lee Frieze veröffentlichte Version stützen, *Totally Unofficial*, Yale University Press, 2013). Nützlich waren die bahnbrechende Arbeit John Coopers *Raphael Lemkin and the Struggle for the Genocide Convention* (Palgrave Macmillan, 2008), die erste vollständige Biographie, William Koreys *An Epitaph for Raphael Lemkin* (Jacob Blaustein Institute, 2001) und die von Agnieszka Bienczyk-Missala und Slawomir Debski herausgegebene ausgezeichnete Aufsatzsammlung *Raphael Lemkin: A Hero of Humankind* (Polish Institute of International Affairs Warsaw, 2010); ebenso wie der hervorragende Artikel von

Quellen

John Q. Barrett, »Raphael Lemkin and ›Genocide‹ at Nuremberg, 1945–1946«, in: *The Genocide Convention Sixty Years After Its Adoption*, hrsg. von Christoph Safferling und Eckart Conze (Asser, 2010), S. 35–54. Andere Quellen, auf die ich mich gestützt habe, sind unter anderem Samantha Power, *A Problem from Hell. America and the Age of Genocide* (HarperCollins, 2003) und zwei Werke von Steven Leonard Jacobs, *Raphael Lemkin's Thoughts on Nazi Genocide* (Bloch, 2010) und *Lemkin on Genocide* (Lexington Books, 2012); Douglas Irvin-Erickson, *Raphaël Lemkin and the Concept of Genocide: A Political History of ›Genocide‹ in Theory and Law* (University of Pennsylvania Press, 2017), ist ein wichtiger Beitrag. Das Lemkin-Archiv ist gewissermaßen über die Vereinigten Staaten verstreut zu finden bei der Raphael Lemkin Collection, P-154, American Jewish Historical Society in New York; den Raphael Lemkin Papers, MC-60, American Jewish Archives in Cleveland; den Lemkin Papers, New York Public Library; der Rare Book and Manuscript Library, Columbia University; und dem Thomas J. Dodd Research Center at the University of Connecticut.

Die erste Darstellung von Hans Franks Leben, auf die ich gestoßen bin, und diejenige, die mich am meisten beeindruckt hat, ist die von seinem Sohn Niklas verfasste. Sie erschien 1987 unter dem Titel *Der Vater. Eine Abrechnung* (Bertelsmann). Ich habe mich gestützt auf Stanislaw Piotrowski (Hrsg.), *Hans Frank's Diary* (PWN Polish Scientific Publishers, 1961) und mit Hilfe übersetzter Auszüge auf das Manuskript, das Frank in seiner Nürnberger Gefängniszelle schrieb, *Im Angesicht des Galgens* (posthum von seiner Frau 1953 in München im Friedrich Alfred Beck Verlag veröffentlicht); Piotrowski behauptet, dass das von Frank autorisierte Manuskript und Typoskript geändert wurde, dass einige Sätze ausgelassen und andere »gegen die polnische Nation gerichtet« wurden. Ich habe sehr von Martyn Housdens gründlichem Buch *Hans Frank: Lebensraum and the Holocaust* (Palgrave Macmillan, 2003) und Dieter Schenks *Hans Frank: Hitlers Kronjurist und Generalgouverneur* (S. Fischer Verlag,

2006) profitiert, ebenso von Leon Goldensohns *The Nuremberg Interviews: Conversations with the Defendants and Witnesses* (Alfred A. Knopf, 2004). Eine ausführliche Darstellung von Franks täglichem Leben findet sich in seinen Tagebüchern *(Diensttagebuch)*, und englische Übersetzungen von Auszügen finden sich in Band 29 von *Trial of the Major War Criminals Before the International Military Tribunal*.

Was den Nürnberger Prozess angeht, so kann es keinen Ersatz geben für das Studium der Protokolle der Gerichtsverhandlungen und der dokumentarischen Beweise, die den Richtern vorlagen und die in zweiundvierzig Bänden von *Trial of the Major War Criminals Before the International Military Tribunal* (Nürnberg, 1947) und unter http://avalon.law.yale.edu/subject_menus/imt.asp bzw. unter www.zeno.org/Geschichte/M/Der+Nürnberger+Prozeß zu finden sind. Ich habe ausgiebigen Gebrauch gemacht von Robert H. Jacksons offiziellem *Report to the International Conference on Military Trials* (1945); den Robert H. Jackson Papers in der Library of Congress, Manuscript Division, Washington D.C.; und den vier umfangreichen Alben, die von Marjorie Lawrence angefertigt wurden und sich im Privatbesitz der Familie Lawrence in Wiltshire befinden.

Etliche zeitgenössische Berichte ragen heraus: R.W. Coopers *The Nuremberg Trial* (Penguin, 1946) ist ein persönliches Erinnerungsbuch des Korrespondenten der Londoner *Times*, fast genauso packend wie das *Nürnberger Tagebuch* von Gustave M. Gilbert, Psychologe der US-Armee, Fischer Taschenbuch Verlag 1962 (Originalausgabe 1947). Andere Texte, die man unbedingt lesen muss, sind drei Artikel im *New Yorker* von Janet Flanner, wiederveröffentlicht in: Irving Drutman (Hrsg.), *Janet Flanner's World* (Secker & Warburg, 1989), Martha Gellhorns Essay »The Paths of Glory«, in: *The Face of War* (Atlantic Monthly Press, 1994), und Rebecca Wests »Greenhouse with Cyclamens I«, in: *A Train of Powder* (Ivan R. Dee, 1955). Ich habe auch die Schriften von zwei Richtern konsultiert: Robert Falco, *Juge à Nuremberg* (Arbre Bleu, 2012) und Francis Biddle, *In Brief Authority* (Doubleday, 1962). Telford Taylor bietet einen umfangreichen

Überblick in *The Anatomy of the Nuremberg Trials* (Alfred A. Knopf, 1992) und wird auf nützliche Weise ergänzt von Ann Tusa und John Tusas *Nuremberg Trial* (Macmillan, 1983).

Schließlich muss ich eine Reihe anderer akademischer Werke erwähnen: Ana Filipa Vrdoljaks wichtigen Artikel »Human Rights and Genocide: The Work of Lauterpacht and Lemkin in Modern International Law«, in: *European Journal of International Law* 20 (2010), S. 1163–1194; William Schabas' *Genocide in International Law. The Crimes of Crimes* (Cambridge University Press, 2000); Geoffrey Robertsons *Crimes Against Humanity* (Penguin, 2012); M. Cherif Bassiounis *Crimes against Humanity in International Criminal Law* (Martinus Nijhoff, 2012); Sévane Garibians, *Le crime contre l'humanité au regard des principes fondateurs de l'Etat moderne: naissance et consécration d'un concept* (Bruylant, 2009); und Gerry Simpsons *Law, War and Crime: War Crime Trials and the Reinvention of International Law* (Polity, 2007). Was meine eigenen Arbeiten betrifft, habe ich mich auf zwei Werke bezogen – *From Nuremberg to The Hague. The Future of International Criminal Justice* (Cambridge University Press, 2003) und *Justice for Crimes Against Humanity*, mit Mark Lattimer (Hart, 2003) – und auf *Lawless World. Making and Breaking Global Rules* (Penguin, 2006).

Anmerkungen

Mottos

S. 7 ***Die kleine Stadt***: Joseph Roth, Juden auf Wanderschaft, Werke Bd. III, München 1976, S. 306.

S. 7 ***Nicht die Gestorbenen***: Nicolas Abraham, »"Aufzeichnung über das Phantom. Ergänzung zu Freuds Metapsychologie«, übersetzt von Max Looser, in: *Psyche*, 45. Jg. Heft 8, 1991, S. 692.

Prolog: Eine Einladung

S. 21 »***Auf, zu ...***«: R. W. Cooper, The Nuremberg Trial, London 1946, S. 272.

S. 22 »***Das ist ein glücklicher Raum ...***«: Am 16. Oktober 2014 begleitete uns ein Filmteam in den Gerichtssaal 600. Der Dokumentarfilm *What Our Fathers Did: A Nazi Legacy* beschäftigt sich mit zwei Sohn-Vater-Beziehungen (Niklas Frank und Horst von Wächter).

S. 25 »***Nicht die Gestorbenen ...***«: Nicolas Abraham, a. a. O.

S. 25 ***In Bücher, Karten, Fotos***: Joseph Roth, Lemberg, die Stadt, Werke Bd. III, München 1976, S. 840.

S. 25 ***Mich interessierten besonders***: Ebd.

S. 26 ***Das Parlament war verschwunden***: Jan II Kazimierz Waza (Johann II. Kasimir Wasa), * 1609, †1672, 1648–1668 König von Polen und Großfürst von Litauen.

S. 27 »***Wo seid ihr ...***«: Józef Wittlin, Mein Lemberg, Frankfurt am Main 1994, übersetzt von Klaus Staemmler, S. 12 f.

S. 27 ***sechs Jahrzehnte später***: Iwan Franko, * 1856 in Nahujewytschi, †1916 in Lemberg. Seit 1962 trägt die Stadt Stanislaw seinen Namen (Iwano-Frankowsk bzw. Iwano-Frankiwsk).

S. 28 »*Ich will keine Wunden ...*« und die folgenden Zitate: Józef Wittlin, a. a. O., S. 75., S. 19, S. 20.

S. 29 »*Wir wussten ...*«: David Kahane, Lvov Ghetto Diary, University of Massachusetts Press 1990, S. 57.

I Leon

S. 40 *Georgien, mein Mandant*: Am 1. April 2011 urteilte der Internationale Gerichtshof, dass der Fall nicht in seine Zuständigkeit fällt.

S. 41 »*aus dem gewellten Grün ...*« und die folgenden Zitate: Wittlin, a. a. O., S. 13 f.

S. 43 *Zum Lohn dafür*: Er wurde 1947 ins Gefängnis geworfen und starb 1950. »Czuruk Bolesław – The Polish Righteous«. Siehe http://www.sprawiedliwi.org.pl/en/family/580,czuruk-boleslaw (Stand: 10. 9. 2017).

S. 43 *Dr. Otto von Wächter*: Michael Melnyk, To Battle: The Formation and History of the 14th Galicien Waffen-SS Division, 2. Aufl., Helion 2007.

S. 44 *zu Ehren von*: Andrej Sheptyzkyj, 1865–1944; Philip Friedman, »Roads to Extinction« in: Ada June Friedman (Hrsg.), Essays on the Holocaust, Jewish Publication Society of America 1980, S. 191; John-Paul Himka, »Metropolitan Andrey Sheptytsky«, in: Yohanan Petrovsky-Shtern / Antony Polonsky (Hrsg.), Jews and Ukrainians, Littman Library of Jewish Civilization 2014, S. 337–360.

S. 44 *Im städtischen Archiv*: Staatsarchiv der Oblast Lwiw.

S. 46 *Das Warschauer Archiv*: Zentralarchiv Historischer Dokumente in Warschau (Archiwum Glowne Akt Dawnych w Warszawie).

S. 47 *Gegründet fünf Jahrhunderte früher*: Stanisław Żółkiewski (1547–1620).

S. 48 *Joseph Roth beschrieb den Grundriss*: Joseph Roth, Juden auf Wanderschaft, a. a. O., S. 306.

S. 48 *Es stand an der westlichen Stadtgrenze*: Kartei der Grundbesitzer von Zółkiew, 1879, Historisches Archiv von Lwiw, Abteilung 186, Mappe 1132, Vol. B.

S. 49 *Im Mai 1913*: Londoner Vertrag vom 30. Mai 1913, unterzeichnet von Bulgarien, Serbien, Griechenland, Montenegro und dem Osmanischen Reich.

S. 49 *Doch nur einen Monat später*: Friedensvertrag von Bukarest vom

10. August 1913, unterzeichnet von Serbien, Griechenland, Montenegro, Rumänien und Bulgarien.

S. 49 ***Im September 1914***: »Lemberg Taken, Halicz As Well«, *New York Times*, 5. September 1914.

S. 50 »***Was galt da ein einzelner Mord …***«: Stefan Zweig, Ungeduld des Herzens, Aufbau-Verlag Berlin 1971, S. 378.

S. 50 ***Das Kriegsarchiv in Wien***: Diese mündliche Auskunft erteilte mir der Direktor des Österreichischen Staatsarchivs am 13. Mai 2011.

S. 50 ***Vertrag von Saint-Germain 1919***: Der Vertrag von Saint-Germain vom 10. 9. 1919, unterzeichnet u. a. von Österreich, Großbritannien, Frankreich, Italien, Japan und den USA. Artikel 93 bestimmt: »Österreich hat den beteiligten alliierten oder assoziierten Regierungen unverzüglich die Archive, Register, Pläne, Titel und Urkunden jeder Art zu übergeben, die den Zivil-, Militär-, Finanz-, Gerichts- oder sonstigen Verwaltungen der abgetretenen Gebiete gehören.«

S. 51 ***Joseph Roth schrieb***: Joseph Roth, Juden auf Wanderschaft, a. a. O., S. 323.

S. 51 ***Bruno Kreisky inhaftiert war***: Bruno Kreisky (1911–1990), österreichischer Bundeskanzler von 1970 bis 1983.

S. 53 ***der Polnische Minderheitenvertrag***: Der Minderheitenschutzvertrag zwischen den Alliierten und Assoziierten Hauptmächten und Polen vom 28. Juni 1919, Artikel 4 and 12; verfügbar unter: www.europa.clio-online.de/quelle/id/artikel-3341 (Stand: 10. 9. 2017).

S. 54 »***Düften der Lemberger Konditoreien …***«: Wittlin, a.a.O, S. 67.

S. 58 »***Es gibt kein schwereres Los …***«: Joseph Roth, Juden auf Wanderschaft, a. a. O., S. 324.

S. 58 ***Es hatte einige Nazi-Minister***: »Ruhiger Verlauf des Tages zu erwarten«, *Neue Freie Presse*, 13. Mai 1933, S. 1; verfügbar unter: http://anno.onb.ac.at/cgi-content/anno?aid=nfp&datum=19330513&zoom=33 (Stand: 10. 9. 2017).

S. 59 ***Der österreichische Bundeskanzler***: Howard Sachar, The Assassination of Europe, 1918–1942: A Political History, University of Toronto Press 2015, S. 202.

S. 62 ***Hitler kündigte verschiedene Abkommen***: Otto Tolischus, »Polish Jews Offer Solution of Plight«, *New York Times*, 10. Februar 1937, S. 6.

S. 63 ***Der Anschluss folgte***: Guido Enderis, »Reich Is Jubilant, Anschluss Hinted«, *New York Times*, 12. März 1938, S. 4; »Austria Absorbed into German Reich«, *New York Times*, 14. März 1938, S. 1.

Anmerkungen

S. 64 ***Die »erste große Verletzung des Friedens«***: Friedrich Reck, Diary of a Man in Despair, *New York Review of Books* 2012, S. 51.

S. 64 ***Er stand neben Arthur Seyß-Inquart***: »Hitler's Talk and Seyss-Inquart Greeting to Him«, *New York Times*, 16. März 1938, S. 3.

S. 65 ***Zentralstelle für jüdische Auswanderung***: Doron Rabinovici, Instanzen der Ohnmacht: Wien 1938–1945. Der Weg zum Judenrat, Jüdischer Verlag, Frankfurt am Main 2001.

S. 65 ***Eine andere Kommission***: Curriculum vitae von Otto von Wächter, zusammengestellt von Horst von Wächter, Eintrag vom 11. Juni 1938.

S. 66 ***bei der Israelitischen Kultusgemeinde Wien***: Die Israelitische Kultusgemeinde Wien wurde 1852 gegründet und besteht noch heute. Siehe http://www.ikg-wien.at (Stand: 10.9.2017).

S. 66 ***In jener Nacht, am 9. November***: Rabinovici, a.a.O.

S. 67 ***Die einzige Spur***: Yad-Vashem-Datenbank (Julius Landes, geb. am 12. April 1911), nach Informationen aus dem Dokumentationsarchiv des österreichischen Widerstandes.

S. 68 ***Er hatte seine polnische Staatsangehörigkeit***: Frederick Birchall, »Poland Repudiates Minorities' Pact, League Is Shocked«, *New York Times*, 14. September 1934, S. 1; Carole Fink, Defending the Rights of Others, Cambridge University Press 2004, S. 338–341.

S. 73 ***Darunter waren spanische Republikaner***: Siehe Jean Brunon / Georges Manue, Le livre d'or de la Légion Étrangère, 1831–1955, 2. Aufl., Charles Lavauzelle 1958.

S. 73 ***»Atmosphäre der Korruption«***: Janet Flanner, »Paris, Germany«, *New Yorker*, Dezember 1940, S. 7, in: Irving Drutman (Hrsg.), Janet Flanner's World, Secker & Warburg 1989, S. 54.

S. 76 ***Darin wurde Polen***: Augur, »Stalin Triumph Seen in Nazi Pact; Vast Concessions Made by Hitler«, *New York Times*, 15. September 1939, S. 5; Roger Moorhouse, The Devils' Alliance: Hitler's Pact with Stalin, 1939–1941, Basic Books 2014.

S. 76 ***Im Juni 1941***: Robert Kershaw, War Without Garlands: Operation Barbarossa, 1941/42, Ian Allan 2008.

S. 77 ***Die Benutzung öffentlicher Verkehrsmittel***: Rabinovici, a.a.O.

S. 77 ***Im Oktober 1939***: Ebd.

S. 78 ***Der Archivar führte mich***: Vom Autor eingesehen; verfügbar unter: http://www.bildindex.de/obj16306871.html#home (Stand: 10.9.2017).

S. 79 ***Im Oktober 1941***: Rabinovici, a.a.O.

S. 79 *Unmittelbar am nächsten Tag*: Ebd.

S. 80 *Wir begnügten uns*: Dritte-Mann-Museum, siehe http://www.3mpc.net/samml.htm (Stand: 10. 9. 2017).

S. 80 *»Sie nehmen die ...«*: Aussage von Anna Ungar (geb. Schwarz), Deportation von Wien nach Theresienstadt im Oktober 1942, USC Shoah Foundation Institute, verfügbar unter https://www.youtube.com/watch?v=GBFFlD4G3c8 (Stand: 10. 9. 2017).

S. 80 *Sie und andere*: Aussage von Henry Starer, Deportation von Wien nach Theresienstadt im September 1942, USC Shoah Foundation Institute, verfügbar unter https://www.youtube.com/watch?v=HvAj3AeKIlc (Stand: 10. 9. 2017).

S. 81 *Er war unterschrieben*: Vom Autor eingesehen.

S. 81 *Unter ihren 1985 Leidensgenossen*: Zu den Einzelheiten von Malke Buchholz' Transport siehe http://www.holocaust.cz/hledani/43/?fulltextphrase=Buchholz&cntnt01origreturnid=1 (Stand: 10. 9. 2017); eine Liste aller Deportierten des Transports verfügbar unter http://www.holocaust.cz/transport/25-bq-terezin-treblinka/ (Stand: 10. 9. 2017).

S. 81 *Die nun folgenden Abläufe*: Siehe die fesselnde Studie von Gitta Sereny über Franz Stangl: Into That Darkness, Pimlico 1995 (dt.: Am Abgrund: Gespräche mit dem Henker, übersetzt von Helmut Röhrling, Piper Verlag 1995); über Treblinka das Erinnerungsbuch von Chil Rajchman, Treblinka: A Survivor's Memory, übersetzt von Solon Beinfeld, MacLehose Press 2011.

S. 82 *Bomba verweigerte die Antwort*: Verfügbar unter https://www.youtube.com/watch?v=JXweT1BgQMk (Stand: 10. 9. 2017).

S. 82 *»Ich war besessen ...«*: Claude Lanzmann, Der patagonische Hase. Erinnerungen, übersetzt von Barbara Heber-Schärer, Erich Wolfgang Skwara, Claudia Steinitz, Rowohlt Verlag 2010, S. 545.

S. 82 *Malke wurde am*: Siehe http://www.holocaust.cz/hledani/43/?fulltext-phrase=Buchholz&cntnt01origreturnid=1 (Stand: 10. 9. 2017).

S. 84 *Während eines unserer Gespräche*: Clara Kramer, Clara's War: One Girl's Story of Survival, mit Stephen Glantz, Ecco 2009; dt.: Eine Handbreit Hoffnung. Die Geschichte meiner wunderbaren Rettung, übersetzt von Ursula Pesch, Droemer Verlag, München 2009.

S. 86 *Sie wurden in einer Reihe*: Ebd., S. 124; Gerszon Taffet, The Holocaust of the Jews of Zółkiew, übersetzt von Piotr Drozdowski, Central Jewish Historical Committee, Lodz 1946.

S. 87 ***Ein Jahr zuvor***: Maurice Rajsfus, La rafle du Vél d'Hiv, Presses Universitaires de France 2002.

S. 88 ***Monsieur Louis Bétrémieux***: Telefongespräch mit M. Bétrémieux am 2. August 2012.

S. 88 ***Der größte Teil***: Die Union Générale des Israélites de France war per Gesetz vom 29. November 1941 als eine jüdische Zwangskörperschaft vom Generalkommissariat für Judenfragen der Vichy-Regierung geschaffen worden. Die UGIF wurde am 9. 8. 1944 aufgelöst.

S. 89 ***Im Februar 1943***: Asher Cohen, Persécutions et sauvetages: Juifs et Français sous l'occupation et sous Vichy, Cerf 1993, S. 403.

S. 89 ***Später in diesem Sommer***: Raul Hilberg, Die Vernichtung der europäischen Juden, Bd. 2, übersetzt von Christian Seeger, Harry Maor, Walle Bengs und Wilfried Szepan, Fischer Taschenbuch Verlag, Frankfurt am Main 1990, S. 665 f.

S. 90 ***Die Plastiktüte enthielt***: Das American Joint Distribution Committee war 1914 gegründet worden und existiert noch heute (siehe http://www.jdc.org [Stand: 10. 9. 2017]); der Mouvement National des Prisonniers de Guerre et Déportés war am 12. März 1944 durch die Vereinigung dreier Widerstandsorganisationen geschaffen worden und wurde von François Mitterrand geführt (siehe Yves Durand, »Mouvement national des prisonniers de guerre et déportés«, in: Dictionnaire historique de la Résistance, hrsg. von François Marcot, Robert Laffont 2006); das Comité d'Unité et de Défense des Juifs de France war gegen Ende 1943 als Gegenorganisation zur UGIF entstanden (siehe Anne Grynberg, »Juger l'UGIF (1944–1950)?«, in: Terres promises: Mélanges offerts à André Kaspi, hrsg. von Hélène Harter et al., Publications de la Sorbonne 2009, S. 509, Anmerkung 8.

S. 92 ***Viele Jahre später***: Die Brasserie, die 1927 öffnete, war ein berühmter Künstlertreffpunkt, u. a. von Pablo Picasso, Simone de Beauvoir und Jean-Paul Sartre.

S. 93 ***»Hinter Flouret ...«***: Nancy Mitford, Liebe unter kaltem Himmel, übersetzt von Reinhard Kaiser, Graf Verlag, München 2013.

S. 94 ***Unter den Hingerichteten***: Die Franc-Tireurs et Partisans de Main d'Oeuvre Immigrée waren 1941 gegründet worden; siehe Stéphane Courtois, Denis Peschanski, Adam Rayski, Le sang de l'étranger: Les immigrés de la MOI dans la Résistance, Fayard, 1989. Das Verfahren gegen die dreiundzwanzig Mitglieder vor dem deutschen Militärtribunal begann am 15. Februar 1944 im Hotel Continental.

Anmerkungen

S. 94 »*Es sind immer ...*«: siehe http://fr.wikipedia.org/wiki/Affiche_rouge#/media/File:Affiche_rouge.jpg (Stand: 10. 9. 2017).

S. 95 *Glück für alle*: Bonheur à tous, Bonheur à ceux qui vont survivre, Je meurs sans haine en moi pour le peuple allemande, Adieu la peine et le plaisir, Adieu les roses, Adieu la vie, Adieu la lumière et le vent.

S. 96 »*Solange ich keine ...*«: Max Kupferman an Leon Buchholz, 9. Mai 1945, vom Autor eingesehen.

S. 97 *Leon hätte einen davon*: Robert Falco, Anwalt (1882–1960). Seine Doktorarbeit von 1907 beschäftigte sich mit den Pflichten und Rechten der Zuschauer im Theater.

S. 97 »*Wenn ein Staat ...*«: Robert Borel, ›Le crime de génocide, principe nouveau de droit international‹, *Le Monde*, 5. Dezember 1945.

II Lauterpacht

S. 99 *Der einzelne Mensch*: Hersch Lauterpacht, »The Law of Nations, the Law of Nature, and the Rights of Man« (1943), in: British Institute of International and Comparative Law, Problems of Peace and War, Transactions of the Grotius Society 29, Oceana Publications 1962, S. 31.

S. 101 »*guten Rat und seine Expertise*«: Elihu Lauterpacht, The Life of Hersch Lauterpacht, Cambridge University Press 2010, S. 272.

S. 102 *Eine Geburtsurkunde*: Zentralarchiv Historischer Dokumente in Warschau.

S. 102 *Ein Familienfoto*: Elihu Lauterpacht, a. a. O., gegenüber S. 372.

S. 105 *Lauterpacht verließ Żółkiew*: Ebd., S. 19.

S. 105 *Epsom Derby*: »Lemberg's Derby«, *Wanganui Chronicle*, 14. Juli 1910, S. 2.

S. 106 *Buffalo Bill*: Charles Eldridge Griffen, Four Years in Europe with Buffalo Bill, University of Nebraska Press 2010, S. xviii.

S. 106 »*Ich höre die Lemberger Glocken ...*« und die folgenden Zitate: Wittlin, a. a. O., S. 76, S. 63 f.

S. 107 »*völlig ungeordnet ...*«: »Lemberg Battle Terrific«, *New York Times*, 4. September 1914, S. 3.

S. 107 »*kleinen Gebetsräume ...*«: »Russians Grip Galicia«, *New York Times*, 18. Januar 1915.

S. 107 »*einen wilden Freudentaumel ...*«: »Great Jubilation over Lemberg's Fall«, *New York Times*, 24. Juni 1915.

S. 107 *»taub« für den Lärm der Maschinen*: Elihu Lauterpacht, a. a. O., S. 20.
S. 107 *»phänomenal gutes Gehör ...«*: Ebd. S. 19.
S. 110 *Wir fanden eine nahezu lückenlose Reihe*: Staatsarchiv der Oblast Lwiw, Sammlung 26, Verzeichnis 15, Akte 171, S. 206 (1915–16, Winter); Akte 170 (1915–16, Sommer); Akte 172, S. 151 (1916–17, Winter); Akte 173 (1917–18, Winter); Akte 176, S. 706 (1917–18, Sommer); Akte 178, S. 254 (1918–19, Winter).
S. 111 *Von den frühen Lehrern*: Manfred Kridl / Olga Scherer-Virski, A Survey of Polish Literature and Culture, Columbia University Press 1956, S. 3.
S. 111 *mit der besten Note*: Staatsarchiv der Oblast Lwiw, Sammlung 26, Verzeichnis 15, Akte 393.
S. 112 *Wilhelm von Habsburg*: Timothy Snyder, The Red Prince: The Secret Lives of a Habsburg Archduke, Basic Books 2010.
S. 113 *»bei Tag und bei Nacht«*: Elihu Lauterpacht, a. a. O., S. 21.
S. 113 *Innerhalb einer Woche*: Der Vertrag von Warschau (Petljura-Piłsudski-Abkommen) wurde am 21. April 1920 unterzeichnet, hatte aber wenig Auswirkungen.
S. 113 *»1100 Juden ...«*: »1,100 Jews Murdered in Lemberg Pogroms«, *New York Times*, 30. November 1918, S. 5.
S. 114 *»gemeinsam mit denen ...«*: Elihu Lauterpacht, a. a. O., S. 23.
S. 114 *Andere wollten eine größere Autonomie*: Antony Polonsky, The Jews in Poland and Russia, Volume 3: 1914–2008, Littmann 2012; Yisrael Gutman et al. (Hrsg.), The Jews of Poland Between Two World Wars, Brandeis University Press 1989; Joshua Shanes, Diaspora Nationalism and Jewish Identity in Habsburg Galicia, Cambridge 2014.
S. 115 *Der Philosoph Martin Buber*: Asher Biermann, The Martin Buber Reader: Essential Writings, Palgrave Macmillan 2002.
S. 115 *ein frühes Aufflackern*: Elihu Lauterpacht, a. a. O., S. 21.
S. 115 *ein erstes Seminar über Völkerrecht*: Józef Buzek, 1873–1936.
S. 116 *»Würdest du nicht gern ...«*: Israel Zangwill, »Holy Wedlock«, in: Ghetto Comedies, William Heinemann 1907, S. 313.
S. 116 *»wie Gallert ...«* und die folgenden Zitate: Stefan Zweig, Die Welt von gestern, S. Fischer Verlag 2006, S. 334, S. 330.
S. 116 *»autonome Entwicklung der Völker ...«*: Ansprache vor dem US-Kongress am 8. Januar 1918; Margaret Macmillan, Paris 1919, Random House 2003, S. 495.
S. 117 *Curzon-Linie*: Elihu Lauterpacht, a. a. O., 20.

Anmerkungen

S. 117 **Die Curzon-Linie verlief**: R. F. Leslie und Antony Polonsky, The History of Poland Since 1863, Cambridge University Press 1983.

S. 117 **»Leben, Freiheit und Streben ...«**: Carole Fink, Defending the Rights of Others. The Great Powers, the Jews, and International Minority Protection, 1878–1938, Cambridge University Press 2008, S. 203 ff.

S. 118 **»Ungerechtigkeit und Unterdrückung«**: Fink, a. a. O., S. 154, Anmerkung 136.

S. 118 **Während darüber debattiert wurde**: Norman Davies, White Eagle, Red Star: The Polish-Soviet War, 1919–20, Pimlico 2003, S. 47.

S. 118 **»strengem Schutz«**: David Steigerwald, Wilsonian Idealism in America, Cornell University Press 1994, S. 72.

S. 118 **Da Lloyd George befürchtete**: Siehe den hervorragenden Bericht von Fink, a. a. O., S. 226–231, S. 237–257.

S. 118 **Artikel 93**: »Polen ist damit einverstanden, dass die alliierten und assoziierten Hauptmächte in einem mit ihm zu schließenden Vertrag die Bestimmungen aufnehmen, die sie zum Schutz der Interessen der nationalen, sprachlichen und religiösen Minderheiten in Polen für notwendig erachten, und genehmigt damit diese Bestimmungen.«

S. 119 **Doch der Polnische Minderheitenvertrag**: Artikel 12: »Polen ist damit einverstanden, dass insoweit die Bestimmungen der vorstehenden Artikel Personen einer völkischen, religiösen oder sprachlichen Minderheit betreffen, diese Bestimmungen Verpflichtungen von internationalem Interesse begründen und unter der Garantie des Völkerbundes gestellt werden.« Siehe http://www.europa.clio-online.de/quelle/id/artikel-3341 (Stand: 10. 9. 2017).

S. 119 **Wenige Tage nach Unterzeichnung**: Fink, a. a. O., S. 251.

S. 120 **»Jede Fraktion in Polen ...«**: Henry Morgenthau, All in a Lifetime, Doubleday 1922, S. 399.

S. 120 **»außerordentlich hübsche ...«**: Arthur Goodhart, Poland and the Minority Races, George Allen & Unwin 1920, S. 141.

S. 120 **»unfair wäre ...«**: Morgenthau, a. a. O., Anhang.

S. 120 **»Ich war nicht in der Lage ...«**: Elihu Lauterpacht, a. a. O., S. 16.

S. 121 **»schwarzen verschmitzten Gesichtern«**: Karl Emil Franzos, Aus Halb-Asien. Kulturbilder aus Galizien, der Bukowina, Südrußland und Rumänien, Concordia DVA Berlin 1901, S. 202 f.

S. 122 **Zwei Jahre später**: Bruce Pauley, From Prejudice to Persecution: A History of Austrian Anti-Semitism, University of North Carolina Press 1992, S. 82.

S. 122 »*Wenn ich in der Lage war ...*«: Hugo Bettauer, Die Stadt ohne Juden. Roman von übermorgen, Gloriette-Verlag 1922, S. 24.

S. 122 »*jeden Intellektuellen ...*«: Pauley, a. a. O., S. 104.

S. 122 *Er war jetzt an der juristischen Fakultät*: Elihu Lauterpacht, a. a. O., S. 26.

S. 123 »*wahrhaft wissenschaftlichen Geist*«: Hans Kelsen, »Tribute to Sir Hersch Lauterpacht«, ICLQ 10 (1961), reprinted in: *European Journal of International Law* 8, Nr. 2 (1997), S. 309.

S. 124 *Die Note überraschte Kelsen*: Ebd.

S. 124 *In einer Umgebung*: Norman Lebrecht, Why Mahler?, Faber & Faber 2010, S. 95.

S. 124 *Er wurde Präsident*: Elihu Lauterpacht, a. a. O., S. 22.

S. 125 »*vom Himmel gefallener ...*«: Arnold McNair, »Tribute to Sir Hersch Lauterpacht«, ICLQ 10 (1961), Wiederabdr. in *European Journal of International Law* 8, Nr. 2 (1997) S. 311; Paula Hitler, Interview vom 12. Juli 1945, siehe http://www.oradour.info/appendix/paulahit/paula02.htm (Stand: 10. 9. 2017).

S. 125 »*so ruhig, so freundlich ...*«: Elihu Lauterpacht, a. a. O., S. 31.

S. 126 *ob er es ernst meinte*: Ebd., S. 32.

S. 127 *An der LSE studierte er*: Ebd., S. 41.

S. 127 »*seine wahren Qualitäten*«: Ebd., S. 43.

S. 128 »*Bei unserem ersten Treffen*«: McNair, a. a. O., S. 312.

S. 128 »*starken europäischen Akzent*«: Elihu Lauterpacht, a. a. O., S. 330.

S. 129 *ein Werk von großer Bedeutung*: Ebd., S. 44.

S. 130 »*internationalen Fortschritt*«: Ebd., S. 55.

S. 131 »*durch und durch britisch ...*«: Philippe Sands, »Global Governance and the International Judiciary: Choosing Our Judges«, in: *Current Legal Problems* 56, Nr. 1 (2003), S. 493; Elihu Lauterpacht, a. a. O., S. 376.

S. 131 »*Leidenschaft für Gerechtigkeit*«: McNair, a. a. O., S. 312.

S. 131 »*zu Hause nicht besonders ...*«: Elihu Lauterpacht, a. a. O., S. 40.

S. 132 »*lackierten Nägel*«: Ebd., S. 157.

S. 132 »*Ich kann und muss ...*«: Ebd., S. 36.

S. 132 »*geistige Pestilenz ...*« und die folgenden Zitate: Adolf Hitler, Mein Kampf, Verlag Franz Eher Nachfolger 1925, S. 62, S. 69, S. 70.

S. 132 *Polen unterzeichnete einen Nichtangriffspakt*: Antony Alcock, A History of the Protection of Regional-Cultural Minorities in Europe, St Martin's Press 2000, S. 83.

S. 132 *Nürnberger Gesetze*: Die Nürnberger Gesetze wurden am 15. September 1935 einstimmig vom Reichstag angenommen. Siehe Anthony Platt / Cecilia O'Leary, Bloodlines: Recovering Hitler's Nuremberg Laws from Patton's Trophy to Public Memorial, Paradigm 2005.

S. 133 *1933 veröffentlichte er ein zweites Buch*: Martti Koskenniemi, Introduction to The Function of Law in the International Community, by Hersch Lauterpacht, Repr., Oxford 2011, S. xxx.

S. 133 *»Das Wohl eines Individuums ...«*: Lassa Oppenheim, International Law: A Treatise, Bd. 2, Disputes, War, and Neutrality, 6. Aufl., Hersch Lauterpacht (Hrsg.), Longmans 1944.

S. 133 *Die Verfolgung der Juden in Deutschland*: Reprint in: Hersch Lauterpacht, International Law, Bd. 5, Disputes, War, and Neutrality, Parts IX–XIV, Cambridge University Press 2004, S. 728–736.

S. 135 *scharfen Protestnote*: Oscar Janowsky Papers (undatiert 1900– und 1916–1933), Kap. 17, S. 367, vom Autor eingesehen; siehe James Loeffler, »Between Zionism and Liberalism: Oscar Janowsky and Diaspora Nationalism in America«, in: *AJS Review* 34, Nr. 2 (2010), S. 289–308.

S. 135 *»Ich habe nichts dagegen ...«*: Ebd., S. 389.

S. 136 *Lauterpacht lehnte es ab*: Elihu Lauterpacht, a. a. O., S. 80–81. Die Anfrage kam von Professor Paul Guggenheim.

S. 138 *Ende 1937*: Ebd., S. 82.

S. 138 *Philip Noel-Baker*: Ebd., S. 88

S. 138 *»Mein geliebter Sohn!«*: Ebd., S. 86

S. 139 *Der Tee wurde um halb fünf serviert*: Ebd., S. 424.

S. 139 *Weiter vorn*: »The Scenic View«, *Times Higher Education Supplement*, 5. Mai 1995.

S. 140 *Nr. 23 beherbergte Professor Frank Debenham*: G. P. Walsh, »Debenham, Frank (1883–1965)«, in: Australian Dictionary of Biography (1993), S. 602.

S. 140 *»flog der geliebte Hut aus dem Fenster ...«*: Elihu Lauterpacht, a. a. O., S. 85.

S. 140 *»Welcher geheime Witz ...«*: Ebd., S. 95.

S. 141 *Lumpersplash*: Ebd., S. 104.

S. 141 *Einladung der Carnegie Foundation zu einer Vorlesungstour*: Ebd., S. 106.

S. 142 *Lauterpacht verbrachte Zeit*: Ebd., S. 105.

S. 142 *»Tue dein Bestes ...«*: Ebd., S. 134.

S. 142 *»Ich werde in der ersten Januarwoche ...«*: Ebd., S. 131 f.

S. 143 *»Was wir brauchen«*: Ebd., S. 142.

Anmerkungen

S. 143 *Er bekam grünes Licht*: Ebd., S. 135.

S. 143 *Jackson übernahm einige dieser Ideen*: Lend-Lease Act, offiziell: An Act to Promote the Defense of the United States, Pub.L. 77–11, H.R. 1776, 55 Stat. 31, in Kraft: 11. März 1941.

S. 143 *Die New York Times*: »Text of Jackson Address on Legal Basis of United States Defense Course«, *New York Times*, 28. März 1941, S. 12.

S. 144 *Willkie nahm eine Einladung*: Elihu Lauterpacht, a.a.O., S. 137.

S. 144 *»Mein Lieber!«*: Brief David Lauterpachts an Hersch Lauterpacht, undatiert, Privatarchiv von Eli Lauterpacht.

S. 144 *Er beschäftigte sich intensiv*: Elihu Lauterpacht, a.a.O., S. 152.

S. 145 *Er sei ein »Segen«*: Ebd., S. 153.

S. 145 *Tod von Virginia*: Ebd.

S. 145 *einen seltenen Erfolg für Haile Selassie*: Ebd., S. 152.

S. 145 *»mit einer viel direkteren Angst …«*: Ebd., S. 156.

S. 145 *»der Wille und Einsatz«*: Ebd., S. 166.

S. 146 ›*Wir grüßen und küssen*‹: Brief Aron Lauterpachts an Hersch Lauterpacht, 4. Januar 1941, Privatarchiv von Eli Lauterpacht.

S. 146 *»Schreibe oft an meine Familie«*: Elihu Lauterpacht, a.a.O., S. 152.

S. 146 *»Massaker an den Professoren …«*: Christoph Mick, »Incompatible Experiences: Poles, Ukrainians, and Jews in Lviv Under Soviet and German Occupation«, in: *Journal of Contemporary History* 46, Nr. 336 (2011), S. 355; Dieter Schenk, Der Lemberger Professorenmord und der Holocaust in Ostgalizien, Dietz 2007.

S. 151 *»heroischen Kampf …«*: Elihu Lauterpacht, a.a.O., S. 176.

S. 151 *Lauterpacht bot seine Hilfe an*: Ebd., S. 180 und Anmerkung 43.

S. 151 *die für die Gräueltaten Verantwortlichen*: Punishment for War Crimes: The Inter-Allied Declaration unterzeichnet in St James's Palace, London, 13. Januar 1942; »Nine Governments to Avenge Crimes«, *New York Times*, 14. Januar 1942, S. 6 (mit dem Wortlaut der Erklärung).

S. 152 *United Nations War Crimes Commission*: Die Schaffung der United Nations Commission for the Investigation of War Crimes wurde am 17. Oktober 1942 verkündet. Siehe Dan Plesch, »Building on the 1943–48 United Nations War Crimes Commission«, in: Wartime Origins and the Future United Nations, hrsg. von Dan Plesch / Thomas G. Weiss, Routledge 2015, S. 79–98.

S. 152 *Churchill bevollmächtigte*: David Maxwell Fyfe, Political Adventure, Weidenfeld & Nicolson 1964, S. 79.

S. 152 »*den besten Instrumenten ...*«: »State Bar Rallied to Hold Liberties«, *New York Times*, 25. Januar 1942, S. 12; verfügbar unter: https://www.roberthjackson.org/wp-content/uploads/2015/01/Our_American_Legal_Philosophy.pdf (Stand: 10.9.2017).

S. 152 *Bette Davis*: Elihu Lauterpacht, a.a.O., S. 184.

S. 153 »*Singapur mag fallen ...*«: »›Pimpernel Smith‹ (1941): ›Mr V‹, a British Melodrama with Leslie Howard, Opens at Rivoli«, *New York Times*, 13. Februar 1942.

S. 153 »*Ich bin etwas deprimiert ...*«: Elihu Lauterpacht, a.a.O., S. 183.

S. 153 »*Gesetzgebung und Praktiken ...*«: Hersch Lauterpacht (Hrsg.), Annual Digest and Reports of Public International Law Cases (1938–1940), Butterworth 1942, S. 9:x.

S. 154 »*bestraft werden ...*«: »Jurisdiction over Nationals Abroad (Germany) Case, Supreme Court of the Reich (in Criminal Matters), 23 February 1938«, in: Hersch Lauterpacht (Hrsg.), Annual Digest and Reports of Public International Law Cases (1938–1940), a.a.O., S. 9:294, x.

S. 154 »*das Ohr der Regierung ...*«: Elihu Lauterpacht, a.a.O., S. 188.

S. 154 »*die Frage der sogenannten Kriegsverbrechen*«: Ebd., S. 183.

S. 154 *War Crimes Committee*: Ebd., S. 201.

S. 154 »*viel Gutes ...*«: Ebd., S. 204.

S. 155 *Bill of Rights*: Ebd., S. 199.

S. 159 *schickte er ein Memorandum*: Vom Autor eingesehen.

S. 160 »*Mir war danach ...*«: Elihu Lauterpacht, a.a.O., S. 220.

S. 160 *Zeichen »des Triumphes ...*«: Ebd., S. 234.

S. 160 »*historisches Ereignis*«: Ebd., S. 229.

S. 161 *Einrichtung eines internationalen Gerichtshofes*: Ebd.

S. 161 »*Stell dir das Arbeitszimmer ...*«: Ebd., S. 227

S. 161 »*die Hauptopfer der deutschen Verbrechen*«: Ebd., S. 247.

S. 162 *eine Rezension des Buches*: *Cambridge Law Journal* 9 (1945–6), S. 140.

S. 163 *Lwow, vor ein paar Monaten*: Serhii Plokhy, Yalta: The Price of Peace, Viking 2010, S. 168.

S. 164 »*Grundrechte des Menschen ...*«: Charta der Vereinten Nationen, San Francisco, 26. Juni 1945, Präambel.

S. 164 *Im Juni veröffentlichte*: Hersch Lauterpacht, An International Bill of the Rights of Man, Columbia University Press 1944.

S. 164 »*eher ein Echo der Vergangenheit ...*«: Hans Morgenthau, *University of Chicago Law Review* 13 (1945–46), S. 400.

S. 165 *so trafen sich die beiden Männer*: Jackson an Lauterpacht, 2. Juli 1945 (»Ich bin Ihnen dankbar für die Freundlichkeiten, die sie mir gestern erwiesen haben, und Mrs Lauterpacht für den köstlichen Tee. Ihre Bemerkungen über Jackson Junior haben mich sehr gefreut.«), Hersch Lauterpacht Archiv.

S. 165 »*hartnäckige und tiefe*«: Report of Robert H. Jackson, United States Representative to the International Conference on Military Trials (1945), S. vi (in der Folge als Jackson Report bezeichnet).

S. 166 *Die Amerikaner wollten:* »Redrafts of Definition of ›Crimes‹, submitted by Soviet Delegation, 23 and 25 July 1945«, und »Redraft of Definition of ›Crimes‹, submitted by American Delegation, 25 July 1945«, in: Ebd. S. 327, 373, 374.

S. 166 *Bei seiner Rückkehr nach London*: »Revised British Definition of ›Crimes‹, Prepared by British Delegation and Accepted by the French Delegation, 28 July 1945«, in: Ebd., S. 390.

S. 167 »*glatt wie ein Tennisplatz ...*«: Katherine Fite an ihre Mutter, 5. August 1945, in: War Crimes File, Katherine Fite Lincoln Papers, Container 1 (Korrespondenzen), Harry S. Truman Presidential Museum and Library.

S. 167 *Überschriften würden es*: William E. Jackson an Jacob Robinson, 31. Mai 1961, vom Autor eingesehen; Elihu Lauterpacht, a. a. O., S. 272 Anmerkung 20.

S. 167 *Der Begriff wurde auch*: Dan Plesch / Shanti Sattler, »Changing the Paradigm of International Criminal Law: Considering the Work of the United Nations War Crimes Commission of 1943–1948«, in: *International Community Law Review* 15 (2013), S. 1 und v. a. S. 11 ff.; Kerstin von Lingen, »Defining Crimes Against Humanity: The Contribution of the United Nations War Crimes Commission to International Criminal Law, 1944–1947«, in: Historical Origins of International Criminal Law: Volume 1, hrsg. von Morten Bergsmo et al., FICHL Publication Series 20, Torkel Opsahl Academic EPublisher 2014.

S. 168 »*das Schönste in England ...*«: Katherine Fite an ihre Mutter, 5. August 1945, ebd.

S. 168 »*Wir sollten Worte einfügen ...*«: »Notes on Proposed Definition of Crimes« und »Revision of Definition of ›Crimes‹, submitted by American Delegation, 31 July 1945«, in: Jackson Report, S. 394–395; »Ich möchte betonen, dass der Begriff von einem hervorragenden Gelehrten des internationalen Rechts vorgeschlagen wurde.« Ebd. S. 416.

S. 169 **Der Entwurf von Artikel 6**: Protokoll der Sitzung vom 2. August 1945, in: Jackson Report, S. 416.

S. 169 **Mord, Ausrottung, Versklavung**: Charter of the International Military Tribunal, in: Jackson Report, S. 422.

S. 170 **»empörten Weltgewissens«**: Elihu Lauterpacht, a. a. O., S. 274.

S. 170 **»Ich werde ab und zu ...«**: Ebd., S. 272.

S. 170 **»Daddy sagt nicht viel«**: Ebd., S. 266.

S. 171 **Das wurde am 6. Oktober**: »Protocol to Agreement and Charter, 6 October 1945«, in: Jackson Report, S. 429.

S. 171 **»Wir müssen einfach das Beste ...«**: Elihu Lauterpacht, a. a. O., S. 275.

III Miss Tilney aus Norwich

S. 179 **Freds Autobiographie**: Frederick Tilney, Young at 73 – and Beyond!, Information Incorporated, 1968. Frederick, der am 20. Juni 1920 eine zeitlich unbegrenzte Aufenthaltsbewilligung der Vereinigten Staaten erhielt, wurde von seinen Rezensenten wegen seiner »zeitlosen Ratschläge zur körperlichen Fitness« und seiner »Begeisterung für frisches Gemüse und Obstsäfte« empfohlen.

S. 180 **Darunter waren auch einige**: Im Archiv an der William Cullen Library der Universität von Witwatersrand in Johannesburg fanden sich sechs Briefe an und von Miss Tilney, die zwischen dem 27. August 1947 und dem 6. Oktober 1948 geschrieben wurden; siehe http://www.historicalpapers.wits.ac.za/inventory.php?iid=7976 (Stand: 10. 9. 2017).

S. 180 **»Elsie M. Tilney, née en 1893«**: Vom Autor eingesehen.

S. 181 **»furchtlos im Verfolgen ...«** und die folgenden Zitate: Robert Govett (1813–1901); siehe Dalby, W. J. »Memoir of Robert Govett.« Einleitung zu Robert Govett, On Galatians (Moses or Christ?). Thynne and Company, London, 1930.

S. 181 **Ich entdeckte ein Exemplar**: Verfügbar unter http://www.schoettlepublishing.com/kingdom/govett/surreychapel.pdf (Stand: 10. 9. 2017).

S. 183 **Dr. Codling begleitete mich**: Das Norfolk Records Office umfasst drei Sammlungen: FC76, ACC2004/230 und ACC2007/1968. Der

Online-Katalog ist verfügbar unter http://nrocat.norfolk.gov.uk (Stand: 10. 9. 2017).

S. 183 *von der »großartigen« Gastfreundschaft*: North Africa Mission Newsletter, März/April 1928, S. 25.

S. 183 *Irgendjemand machte ein Gruppenfoto*: North Africa Mission Newsletter, September/Oktober 1929, S. 80.

S. 184 *»Arbeit unter den jüdischen Menschen ...«*: Surrey Chapel, Missionary Prayer Meeting Notes, Mai 1934.

S. 184 *»ein Herr sie gerade noch rechtzeitig ...«*: Surrey Chapel, Missionary Notes, Oktober 1935.

S. 184 *»exotische Schönheit ...«*: Elsie Tilney, »A Visit to the Mosque in Paris«, in: *Dawn*, Dezember 1936, S. 561–563.

S. 185 *»Ich genoss das Privileg ...«*: *Trusting and Toiling*, 15. Januar 1937.

S. 185 *Sie sprach auf Versammlungen*: *Trusting and Toiling*, 15. September and 15. Oktober 1937.

S. 185 *»jüdische Studenten ...«*: *Trusting and Toiling*, 16. Januar 1939.

S. 186 *»besonders bewegend ...«*: André Thobois, Henri Vincent, Publications Croire et Servir, 2001, S. 67; dort wird ein Augenzeugenbericht aus *Le Témoin de la Vérité*, April–Mai 1939, zitiert.

S. 186 *»Menschen in Not ...«*: Thobois, a. a. O., S. 80.

S. 187 *»ihre jüdischen Schützlinge ...«*: *Trusting and Toiling*, 15. April 1940.

S. 187 *»deren Los ...«*: *Trusting and Toiling*, 15. Juli 1940.

S. 187 *»ständig an die Familie ...«*: Surrey Chapel, Note following prayer meeting, 6. August 1940; Foreign Mission Band Account (1940); *Trusting and Toiling*, 15. Oktober 1940.

S. 187 *»Grüße und beste Empfehlungen ...«*: Surrey Chapel Foreign Mission Band Account (1941).

S. 188 *Frontstalag 121*: Über das Lager in Vittel siehe Jean-Camille Bloch, Le Camp de Vittel: 1940–1944 (Les Dossiers d'Aschkel, undatiert); Sofka Skipwith, Sofka: The Autobiography of a Princess, Rupert Hart-Davis 1968, S. 233–236; Sofka Zinovieff, Red Princess: A Revolutionary Life, Granta Books 2007, S. 219–261; Joëlle Novic hat einen Dokumentarfilm über das Lager Vittel gedreht: *Passeports pour Vittel* (Injam Productions 2007), auf DVD erhältlich.

S. 188 *sie sehnte sich*: Surrey Chapel Foreign Mission Band Account (1942); *Trusting and Toiling*, 15. März 1943.

S. 188 *Es wurde behauptet*: Bloch, a. a. O., S. 18, S. 22 und Anmerkungen 12–13.

Anmerkungen

S. 188 *Im März wurde eine erste Gruppe*: Ebd., S. 20.

S. 189 *Großer Gesang*: Zinovieff, a. a. O., S. 251 (Der »Große Gesang« wurde eines von Sofkas Lieblingsgedichten, sie kopierte und verteilte das Gedicht mehrfach: »Weh mir, da ist nicht keiner mehr ... Und war mal 'n Volk. Vorbei!«).

S. 189 *»Wir hatten das Gefühl ...«*: Skipwith, a. a. O., S. 234.

S. 189 *»Erst nachdem das Lager ...«*: Ebd.

S. 189 *»unter großer Gefahr ...«*: Trusting and Toiling, 15. Dezember 1944, S. 123.

S. 189 *»außergewöhnlich tapferen Taten ...«*: Ebd.

S. 190 *»Sekretärin und Wirtin«*: Colonel A. J. Tarr an Miss Tilney, 18. April 1945; Captain D. B. Fleeman an Miss Tilney, 22. Mai 1945.

IV Lemkin

S. 199 *Angriffe auf nationale*: Raphael Lemkin, Axis Rule in Occupied Europe, Carnegie Endowment for International Peace 1944, S. xiii.

S. 201 *»Ich kenne ...«*: Nancy Steinson, Remembrances of Dr Raphael Lemkin, undatiert, vom Autor eingesehen.

S. 201 *Das Buch fand keinen Verleger:* Raphael Lemkin, Totally Unofficial, hrsg. von Donna-Lee Frieze, Yale University Press 2013, S. xxvi.

S. 202 *»Ich wurde geboren ...«*: Ebd., S. 3.

S. 202 *Wenn der Rechte*: Ebd.

S. 203 *Josef Lemkin umging das Gesetz*: John Cooper, Raphael Lemkin and the Struggle for the Genocide Convention, Palgrave Macmillan 2008, S. 6.

S. 203 *Bis an sein Lebensende*: Lemkin, Totally Unofficial, a. a. O., S. 17.

S. 203 *»Folter und Blutvergießen ...«:* J. D. Duff, Russian Lyrics, Cambridge University Press 1917, S. 75.

S. 204 *aufgeschlitzte und mit Bettfedern*: Paul R. Mendes-Flohr / Jehuda Reinharz, The Jew in the Modern World: A Documentary History, Oxford University Press 1995, S. 410.

S. 204 *sein erstes veröffentlichtes Buch*: Hayyim Bialik / Raphael Lemkin, Noach i Marynka, 1925, Wydawnictwo Snunit 1986. Englischer Titel: Behind the Fence.

S. 205 *»An eine Idee zu glauben ...«*: Lemkin, Totally Unofficial, a. a. O., S. xi.

S. 206 »*Mehr als 1,2 Millionen Armenier ...*«: Ebd., S. 19.
S. 207 »*das größte Verbrechen aller Zeiten*«: Vahakn N. Dadrian, The History of the Armenian Genocide: Ethnic Conflict from the Balkans to Anatolia to the Caucasus, Berghahn Books 2003, S. 421.
S. 207 »*Verbrechen gegen die Christenheit ...*«: Ulrich Trumpener, Germany and the Ottoman Empire, 1914–1918, Princeton University Press 1968, S. 201.
S. 207 »*Eine Nation ...*«: Lemkin, Totally Unofficial, a. a. O., S. 19.
S. 208 *Nach etlichen Stunden*: Staatsarchiv der Oblast Lwiw, Sammlung 26, Verzeichnis 15, Akte 459, S. 252–253
S. 208 *Protokol egzaminu*: Ebd.
S. 209 »*sehr konservativer Ort*«: Marek Kornat, »Rafał Lemkin's Formative Years and the Beginning of International Career in Inter-war Poland (1918–1939)«, in: Rafał Lemkin: A Hero of Humankind, hrsg. von Agnieszka Bieńczyk-Missala und Sławomir Dębski, Polish Institute of International Affairs 2010, S. 59–74; Auskunft von Professor Kornat in einer E-Mail an den Autor vom 3. November 2011.
S. 210 *Er belegte auch ein erstes Seminar*: Ludwik Ehrlich wurde am 11. April 1889 in Ternopil geboren und starb am 31. Oktober 1968 in Krakau.
S. 211 *sehr kleiner dunkelhäutiger Student*: »Says Mother's Ghost Ordered Him to Kill«, New York Times, 3. Juni 1921; »Armenian Acquitted for Killing Talaat«, New York Times, 4. Juni 1921, S. 1.
S. 212 »*Ich diskutierte diese Angelegenheit ...*«: Lemkin, Totally Unofficial, a. a. O., S. 20.
S. 213 *Lemkin kehrte zeit seines Lebens*: Herbert Yahraes, »He Gave a Name to the World's Most Horrible Crime«, in: Collier's, 3. März 1951, S. 28.
S. 213 »*einsamen, getriebenen ...*«: Robert Silvers im Gespräch mit dem Autor am 11. Dezember 2011 in New York City.
S. 214 *Wir trafen uns*: Altuğ Taner Akçam v. Turkey (application no. 27520/07), European Court of Human Rights, Urteil vom 25. Oktober 2011.
S. 215 »*Ermordet im Lager Janowska*«: Das Lager Janowska wurde im Oktober 1941 in einem nordwestlichen Stadtteil von Lemberg nahe einer Fabrik in der Janowska-Straße 134 errichtet. Siehe Leon Weliczer Wells, The Janowska Road, CreateSpace 2014.
S. 215 *Erznationalist*: Roman Dmowski, 9. August 1864 – 2. Januar 1939.

S. 216 ***Gemeinsam bewunderten wir***: Adam Redzik, Stanisław Starzyński, 1853–1935, Monografie Instytut Allerhanda 2012, S. 54.

S. 216 ***eine elegante, respekteinflößende***: Zoya Baran, »Social and Political Views of Julius Makarevich«, in: Historical Sights of Galicia, Materials of Fifth Research Local History Conference, 12. November 2010, Lviv, Ivan Franko Lviv National University 2011, S. 188–198.

S. 217 ***Er starb 1955***: Juliusz Makarewicz, 5. Mai 1872 – 20. April 1955.

S. 221 ***Es erinnerte ein bisschen***: Joseph Roth, Die Büste des Kaisers, Werke Bd. III, S. 192.

S. 222 ***Ungefähr um diese Zeit***: Raphael Lemkin / Tadeusz Kochanowski, Criminal Code of the Soviet Republics, in Zusammenarbeit mit Dr. Ludwik Dworzad, Magister Zdziław Papierkowski und Dr Roman Piotrowski; Vorwort von Dr. Juliusz Makarewicz, Seminar für Strafrecht, Jan-Kazimierz-Universität, Lwów 1926.

S. 222 ***Schwartzbards Prozess***: John Cooper, a. a. O., S. 16.

S. 222 ***»weißbärtige Juden ...«***: »Slayer of Petlura Stirs Paris Court«, *New York Times*, 19. Oktober 1927; »Paris Jury Acquits Slayer of Petlura, Crowded Court Receives the Verdict with Cheers for France«, *New York Times*, 27. Oktober 1927.

S. 222 ***»Sie konnten Schwarzbard ...«***: Lemkin, Totally Unofficial, a. a. O., S. 21.

S. 223 ***»Justizkariere«***: Ebd.

S. 223 ***Er veröffentlichte Bücher***: Siehe http://www.preventgenocide.org/lemkin/bibliography.htm (Stand: 10. 9. 2017).

S. 223 ***Im Frühjahr 1933***: Raphael Lemkin, »Acts Constituting a General (Transnational) Danger Considered as Offences Against the Law of Nations« (1933), siehe http://www.preventgenocide.org/lemkin/madrid1933-english.htm (Stand: 10. 9. 2017).

S. 223 ***Vorfeld eines Treffens, das im Oktober in Madrid***: Es handelte sich um die V. Internationale Konferenz für die Strafrechtsvereinheitlichung.

S. 224 ***»das Leben der Völker«***: Vespasian Pella, Vortrag für den Dritten Internationalen Strafrechts-Kongress, Palermo, 1933 (Kongressakten S. 737, S. 918), zitiert in: Mark Lewis, The Birth of the New Justice: The Internationalization of Crime and Punishment, 1919–1950, Oxford University Press 2014, S. 188.

S. 224 ***»Der Justizminister ...«***: Lemkin, a. a. O., S. 23. Obwohl Rappaport nicht namentlich erwähnt wird, passt er auf Lemkins Beschreibung des Anrufers.

S. 225 »*Es ist nicht schwer ...*«: *Gazeta Warszawska*, 25. Oktober 1933.

S. 225 **Während die New York Times**: Lemkin, Totally Unofficial, a. a. O., S. xii.

S. 226 **Lemkin versuchte**: Keith Brown, »The King Is Dead, Long Live the Balkans! Watching the Marseilles Murders of 1934« (anlässlich der Sixth Annual World Convention of the Association for the Study of Nationalities, Columbia University, New York, 5.–7. April 2001): verfügbar unter: http://watson.brown.edu/files/watson/imce/research/projects/terrorist_transformations/The_King_is_Dead.pdf (Stand: 10. 9. 2017).

S. 226 **Professor Malcolm McDermott**: Lemkin, Totally Unofficial, a. a. O., S. 155.

S. 226 f. **Simon berichtete**: Ebd., S. 28.

S. 228 »**Ich verstehe diese Haltung ...**«: Ebd., S. 45.

S. 229 **Ich habe das Gedicht gelesen**: zu einer möglichen Interpretation siehe Charlton Payne, »Epic World Citizenship in Goethe's Hermann und Dorothea«, in: *The Goethe Yearbook* 16 (2009), S. 11–28.

S. 232 »**ich werde es garantiert ...**«: Lemkin, Totally Unofficial, a. a. O., S. 64.

S. 232 »**Ich werde mein ganzes Leben lang ...**«: Lemkin an Monsieur le Directeur [Identität nicht bekannt], 25. Oktober 1939, Abschrift von Elisabeth Åsbrink Jakobsen zur Verfügung gestellt.

S. 233 **So etwas passiere**: Lemkin, Totally Unofficial, a. a. O., S. 65.

S. 233 **Bei einem Zwischenstopp**: Simon Dubnow, History of the Jews in Russia and Poland: From the Earliest Times Until the Present Day, Jewish Publication Society of America 1920.

S. 234 »**das blutrote Tuch ...**«: Jean Améry, Jenseits von Schuld und Sühne, Klett-Cotta 2002, S. 90.

S. 235 »**unwiderlegbaren Beweis**«: Lemkin, Totally Unofficial, a. a. O., S. 76.

S. 235 **Sein Bekannter versprach**: John Cooper, a. a. O., S. 37.

S. 236 **In diesen Gebieten**: siehe Lemkin, Axis Rule, a. a. O., S. 506; Lemkin, Totally Unofficial, a. a. O., S. 77.

S. 236 »**entscheidenen Schritte**«: Lemkin, Axis Rule, a. a. O., S. 524.

S. 237 **Für diejenigen, die am Leben blieben**: Lemkin, Totally Unofficial, a. a. O., S. 78.

S. 237 f. **Der mit kleinen polnischen Fähnchen:** Ebd., S. 82.

S. 238 **Nach zwei Tagen:** Ebd., S. 86.

S. 239 **Zerzaust und ungepflegt**: Ebd., S. 88.

S. 240 *Die beiden Männer*: Ebd., S. 96.
S. 240 »*Wie war's in Europa? ...*«: Ebd.
S. 241 *Den Gepäckträger überraschte*: Ebd., S. 100.
S. 241 *Eine wiedergewonnene Idylle*: John Cooper, a. a. O., S. 40.
S. 242 »*Wenn man Frauen, Kinder ...*«: Lemkin, Totally Unofficial, a. a. O., S. vii.
S. 242 *Richter Thaddeus Bryson*: Andrzej Tadeusz Bonawentura Kościuszko, 1746–1817, polnischer General, 1777–1783 Kämpfer im amerikanischen Unabhängigkeitskrieg.
S. 244 *Dort traf er sich*: Lemkin, Totally Unofficial, a. a. O., S. 106.
S. 244 *wurde Lemkin einem wichtigen Mann*: Ebd., 108.
S. 245 *Er solle öfter schreiben*: Brief vom 25. Mai 1951 (auf Jiddisch), American Jewish Historical Society, New York, Raphael Lemkin Collection, Box 1, Mappe 4.
S. 245 »*Verlieren Sie nicht den Mut ...*«: Lemkin, Totally Unofficial, a. a. O., S. 111.
S. 246 »*Es ist äußerst wichtig ...*«: Rede anlässlich seines goldenen Bühnenjubiläums in den USA 1941.
S. 246 *Im gleichen Monat*: »The Legal Framework of Totalitarian Control over Foreign Economies« (anlässlich der Section of International and Comparative Law of the American Bar Association, Oktober 1942).
S. 246 »*eine Herrschaft des Rechts*«: Robert Jackson, »The Challenge of International Lawlessness« (Rede vor der American Bar Association, Indianapolis, 2. Oktober 1941), in: *American Bar Association Journal* 27 (November 1941).
S. 248 »*Als ich diesen Vorschlag ...*«: »Law and Lawyers in the European Subjugated Countries« (Rede vor der North Carolina Bar Association), *Proceedings of the 44th Annual Session of the North Carolina Bar Association*, Mai 1942, S. 105–117.
S. 248 *nur Lemkins Name fehlte*: Actes de la 5eme Conférence Internationale pour l'Unification du Droit Pénal (Madrid, 1933).
S. 248 *Als sich Lemkins Arbeit*: Ryszard Szawłowski, »Raphael Lemkin's Life Journey«, in: Bieńczyk-Missala / Dębski, Rafał Lemkin: A Hero of Humankind, 43; Box 5, Mappe 7, MS-60, American Jewish Historical Society.
S. 249 *Warum sollte die Situation*: Lemkin, Totally Unofficial, a. a. O., S. 113.
S. 249 »*einen Farbigen zum Präsidenten ...*«: Norman M. Littell, My Roosevelt Years, University of Washington Press 1987, S. 125.

S. 250 *wurde Lemkin beschieden*: Lemkin, Totally Unofficial, a.a.O., S. 235, S. xiv.

S. 251 *Er schickte einen entsprechenden Vorschlag*: John Cooper, a.a.O., S. 53.

S. 251 *Er erklärte*: Franklin Roosevelts Erklärung vom 7. Oktober 1942.

S. 252 *Sie basierte auf*: Jan Karski, Story of a Secret State: My Report to the World, Georgetown University Press 2014.

S. 252 »*Wie glücklich ihr seid …*«: Littell, My Roosevelt Years, a.a.O., S. 151.

S. 253 *Er spielte mit*: Rare Book & Manuscript Library, Columbia University.

S. 255 »*Neue Konzepte verlangen …*«: Lemkin, Axis Rule, a.a.O., S. 79.

S. 255 *Ein Jahr zuvor*: Uwe Backes / Steffen Kailitz (Hrsg.), Ideokratien im Vergleich: Legitimation, Kooptation, Repression, Vandenhoeck & Ruprecht 2014, S. 339; Fritz Bauer Institut / Sybille Steinbacher (Hrsg.), Holocaust und Völkermorde: Die Reichweite des Vergleichs, Campus 2012, S. 171; E-Mail von Valentin Jeutner an den Autor vom 8. Januar 2014.

S. 256 *Er schätzte*: Lemkin, Axis Rule, a.a.O., S. 89.

S. 256 »*Mit der Einrichtung …*«: Proklamation vom 26. Oktober 1939, in: Lemkin, Axis Rule, a.a.O., S. 524.

S. 256 *Lemkin verbrachte die ersten paar Monate*: Georgetown Law School, final grades, 1944–1945, American Jewish Historical Society, New York, Raphael Lemkin Collection, Box 1, Mappe 13.

S. 257 »*War es etwas Organisches? …*«: Vasily Grossman, »The Hell of Treblinka«, in: Vasily Grossman, The Road, MacLehose 2011, S. 178.

S. 257 *Bei weiterer Untätigkeit*: »Report to Treasury Secretary on the Acquiescence of This Government in the Murder of the Jews« von Josiah E. Dubois für den Foreign Funds Control Unit of the US Treasury, 13. Januar 1944; Verordnungsentwurf für die Errichtung eines Komitees für Kriegsflüchtlinge für die »sofortige Befreiung und Rettung der europäischen Juden und anderer Opfer der Verfolgung« von Henry Morgenthau, John Pehle und Randolph Paul, an Präsident Roosevelt am 16. Januar 1944 übergeben; Rafael Medoff, Blowing the Whistle on Genocide: Josiah E. Dubois, Jr., and the Struggle for a US Response to the Holocaust, Purdue University 2009, S. 40.

S. 257 *Komitee für Kriegsflüchtlinge*: The German Extermination Camps of Auschwitz and Birkenau, 1. November 1944, American Jewish Joint Distribution Committee Archive.

S. 258 »*große Mehrheit des deutschen Volkes* ...«: »Twentieth-Century Moloch: The Nazi Inspired Totalitarian State, Devourer of Progress, and of Itself«, in: *New York Times Book Review*, 21. Januar 1945, S. 1.

S. 258 »*außerordentlich wertvoll*«: Brief Kohrs an Lemkin, 1945, American Jewish Archives, Cleveland, Box 1, Mappe 11, MS-60.

S. 259 **Lemkin nahm ungefähr**: Brief Lemkins an Jackson, 4. Mai 1945, Library of Congress, Washington, D. C., Jackson Papers, Manuscript Division, Box 98, Mappe 9.

S. 259 »*der seinen Fuß* ...«: Raphael Lemkin, »Genocide: A Modern Crime«, in: *Free World* 9 (1945), S. 39.

S. 259 **Auf dem Vormarsch nach Osten**: John Q. Barrett, »Raphael Lemkin and ›Genocide‹ at Nuremberg, 1945–1946«, in: The Genocide Convention Sixty Years After Its Adoption, hrsg. von Christoph Safferling and Eckart Conze, Asser 2010, S. 36, Anmerkung 5.

S. 260 **Diese Worte allein**: Brief Lemkins an Jackson, 4. Mai 1945.

S. 260 **Am 6. Mai**: *Washington Post*, 6. Mai 1945, B4.

S. 260 **Jackson dankte Lemkin**: Brief Jacksons an Lemkin, 16. Mai 1945, Jackson Papers; Barrett, a. a. O., S. 38.

S. 260 **Zwei Tage später**: Entwurf des Planungsmemorandums vom 14. Mai 1945, Box 107, Mappe 5, Jackson Papers; Barrett, a. a. O., S. 39.

S. 260 »*Vernichtung rassischer Minderheiten* ...«: »Planning Memorandum Distributed to Delegations at Beginning of London Conference, June 1945«, in: Jackson Report, S. 68.

S. 260 **Als sie darüber diskutierten**: Barrett, a. a. O., S. 40.

S. 261 **Es ging dabei um eine strittige**: Ebd., S. 40–41.

S. 261 **Dennoch müssen der jüngere Jackson**: H. B. Phillips (Hrsg.), Reminiscences of Sidney S. Alderman, Columbia University Oral History Research Office 1955, S. 818; Barrett, a. a. O., S. 41.

S. 262 »*Topmann* ...«: Phillips, a. a. O., S. 842, 858; Barrett, a. a. O., S. 41.

S. 262 »*Hintergrund-Arbeitsgruppe*«: Barrett, a. a. O., S. 41 und Anmerkung 27.

S. 262 »*alle Kriegsverbrecher* ...«: »Erklärung in Anbetracht der Niederlage Deutschlands und der Übernahme der obersten Regierungsgewalt hinsichtlich Deutschlands« vom 5. Juni 1945, Artikel 11(a): »Die hauptsächlichen Naziführer, die von den Alliierten Vertretern namhaft gemacht werden, und alle Personen, die von Zeit zu Zeit von den Alliierten

Vertretern genannt oder nach Dienstgrad Amt oder Stellung beschrieben werden weil sie im Verdacht stehen, Kriegs- oder ähnliche Verbrechen begangen, befohlen oder ihnen Vorschub geleistet zu haben, sind festzunehmen und den Alliierten Vertretern zu übergeben.«

S. 263 *aber es scheint auf Betreiben*: Barrett, a. a. O., S. 42.

S. 263 *»Persönlichkeitsprobleme«*: Ebd.

S. 263 *Colonel Bernays bot an*: Ebd.

S. 264 *Niemand sonst bot sich an*: Ebd.

S. 264 *Commander Donovans Büro*: Ebd. und S. 43–44.

S. 264 *Je eher Lemkin*: Donovan an Taylor, Memorandum, 24. September 1945, Box 4, Mappe 106, Jackson Papers; Barrett, a. a. O., S. 42.

S. 264 *ein hartnäckiger Bursche*: William E. Jackson an Robert Jackson, 11. August 1947, Box 2, Mappe 8, Jackson Papers; Barrett, a. a. O., S. 53.

S. 264 *Er schaffte es irgendwie*: Zu weiteren Einwänden in den Vereinigten Staaten siehe Samantha Power, A Problem from Hell: America and the Age of Genocide, überarb. Aufl., Flamingo 2010, S. 64–70.

S. 264 *Auch die Briten*: Telford Taylor, The Anatomy of the Nuremberg Trials, Alfred A. Knopf 1993, S. 103; Barrett, a. a. O., S. 45.

S. 265 *würden »nicht verstehen«*: Phillips, a. a. O., S. 818; Barrett, a. a. O., S. 45.

S. 265 *»Sie verübten …«*: Anklagepunkt 3 vom 8. Oktober 1945, Der Prozeß gegen die Hauptkriegsverbrecher vor dem Internationalen Gerichtshof Nürnberg, Nürnberg 1947, Bd. 1, S. 46–47; online abrufbar unter: http://www.zeno.org/Geschichte/M/Der+Nürnberger+Prozeß (Stand: 10. 9. 2017).

S. 266 *Das jahreslange Herumschleppen*: Vermerk der US Army Dispensary, 5 Oktober 1945, American Jewish Historical Society, New York, Raphael Lemkin Collection, Box 1, Mappe 13.

S. 266 *»Ich brachte Genozid …«*: Lemkin, Totally Unofficial, a. a. O., S. 68; Barrett, a. a. O., S. 46.

V Der Mann mit der Fliege

S. 272 *Milein Cosman stand im Mittelpunkt*: Milein Cosman, Malerin, geb. 1921 in Gotha, kam 1939 nach England.

S. 272 *die Witwe von Hans Keller*: Hans Keller, Musiker und Musikkritiker, geboren 1919 in Wien, gestorben 1985 in London. Ein Bericht vom

Anschluss Österreichs und seiner Verhaftung findet sich in: Hans Keller, 1975 (1984 Minus 9), Dennis Dobson 1977, S. 38 ff.

S. 272 *Inge Trott war neunzig*: Inge Trott, geboren 1920 in Wien, gestorben 2014 in London.

S. 277 *Von Hitlers Todeslagern in Stalins Gulags*: Alfred Seiler, From Hitler's Death Camps to Stalin's Gulags, Lulu 2010.

S. 278 *Alice' Eltern kamen nie wieder zusammen*: Ebd., S. 126.

VI Frank

S. 285 *Die Gemeinschaft hat Vorrang*: Hans Frank, Internationale Strafrechtspolitik (Vortrag des Reichsministers vom 21. August 1935 vor der Vollversammlung der Akademie für Deutsches Recht, beim 11. Internationalen Kongress für Strafrecht und Gefängniswesen).

S. 287 *Während er wartete*: Jackson Report, S. 18–41.

S. 288 *Nachdem seine Eltern sich getrennt hatten*: Martyn Housden, Hans Frank: Lebensraum and the Holocaust, Palgrave Macmillan 2003, S. 14.

S. 288 *Zwei Jahre später*: Ebd., S. 23.

S. 290 *Nach Hitlers Ernennung zum Reichskanzler*: Ebd., S. 36.

S. 290 *Vier Monate nach Hitlers Machtergreifung*: *Neue Freie Presse*, 13. Mai 1933, S. 1; »Germans Rebuked Arriving in Vienna«, *New York Times*, 14. Mai 1933.

S. 290 *Die Maßnahmen waren gezielt*: Housden, a. a. O., S. 49.

S. 291 *Franks kurz vor dem Besuch gehaltene Rede*: »Germans Rebuked Arriving in Vienna«, a. a. O.

S. 292 *»um die Gräber seiner Eltern zu besuchen«*: »Austrians Rebuff Hitlerite Protest«, *New York Times*, 16. Mai 1933, S. 1 und 8.

S. 292 *»als wären es zwanzigtausend«*: »Turmoil in Vienna as Factions Clash«, *New York Times*, 15. Mai 1933, S. 1 und 8.

S. 292 *Eine Woche nach Franks Abreise*: »Vienna Jews Fear Spread of Nazism«, *New York Times*, 22. Mai 1933.

S. 293 *Ein Jahr danach war Dollfuß tot*: Howard Sachar, The Assassination of Europe, 1918–1942: A Political History, University of Toronto Press 2014, S. 208–210.

S. 293 *Im August führte er den Vorsitz*: Tagungsbericht des 11. Internationalen Kongresses für Strafrecht und Gefängniswesen in Berlin, August 1935, hg. von Sir Jan Simon van der Aa, Bureau of International Penal and Penitentiary Commission 1937.

S. 294 **Richter Emil Rappaport**: Hans Frank, Internationale Strafrechtspolitik. App. 1 Verzeichnis der Teilnehmer.

S. 294 **jedoch nicht anwesend war**: Henri Donnedieu de Vabres, »La répression internationale des délits du droit des gens«, *Nouvelle Revue de Droit International Privé* 2 (1935) 7 (Vortrag für die Akademie für Deutsches Recht, Berlin, 27. Februar 1935).

S. 295 »**Vollkommene Gleichheit ...**«: Reck, Diary of a Man in Despair, a.a.O., S. 42.

S. 296 **Geoffrey Bing**: Geoffrey Bing, »The International Penal and Penitentiary Congress, Berlin, 1935«, in: *Howard Journal* 4 (1935), S. 195–198; »Nazis Annoyed: Outspoken Englishman«, *Argus* (Melbourne), 23. August 1935, S. 9.

S. 296 **Vier Jahre später**: Housden, a.a.O., S. 78.

S. 296 **Hitlers Erlass hielt fest**: Erlass des Führers und Reichskanzlers über die Verwaltung der besetzten polnischen Gebiete, 12. Oktober 1939, insbesondere §§ 3 (1) und 3 (2), verfügbar unter: http://www.verfassungen.de/de/de33–45/polengebiete39.htm (Stand: 10.9.2017).

S. 296 **In einem frühen Interview**: 3. Oktober 1939; William Shirer, The Rise and Fall of the Third Reich, Arrow 1991, S. 944.

S. 297 **Ab 1. Dezember mussten alle Juden**: Housden, a.a.O., S. 126 (Zitat aus Frank, Tagebuch, 10. November 1939).

S. 297 **Von Beginn seiner Herrschaft an**: Frank, Tagebuch, Auszüge in: Trial of the Major War Criminals, Vol. 29; Stanisław Piotrowski, Hans Frank's Diary, PWN 1961.

S. 297 **Als er Krakau verlassen musste**: Während des Prozesses sprach Frank von 43 Bänden (Trial of the Major War Criminals, Vol. 12:7), der polnische Prozessdelegierte Stanisław Piotrowski gab an, dass 38 Bände vorlagen, dass man aber nicht ausschließen könne, dass einige Bände verloren gegangen waren, als der Internationale Militärgerichtshof seine Arbeit in Nürnberg aufnahm. Siehe Piotrowski, Hans Frank's Diary, a.a.O., S. 11.

S. 297 »**alle Juden aus den neu erworbenen Reichsgebieten ...**«: Trial of the Major War Criminals, Vol. 3, S. 580 (14. Dezember 1945). In der Folge wird die englischsprachige Quelle angegeben (online verfügbar unter: https://www.loc.gov/rr/frd/Military_Law/NT_major-war-criminals.html). Die deutschen Prozessprotokolle sind unter dem jeweils angegebenen Datum verfügbar unter: http://www.zeno.org/Geschichte/M/Der+Nürnberger+Prozeß

S. 297 **Polen würden mit**: Housden, a. a. O., S. 119.

S. 299 **»Reichsminister Dr. Frank ...«**: Frank, Tagebuch, 2. Oktober 1940; Trial of the Major War Criminals, Vol. 7, S. 191 (8. Februar 1946).

S. 300 **Karl Lasch**: Karl Lasch (1904–1942).

S. 300 **Im Dezember 1941**: Frank, Tagebuch, 16. Dezember 1941, Kabinettstreffen; Trial of the Major War Criminals, Vol. 22, S. 542 (1. Oktober 1946).

S. 301 **Die Wannsee-Konferenz fand**: Mark Roseman, The Villa, the Lake, the Meeting: Wannsee and the Final Solution, Allen Lane 2002.

S. 301 **Das Protokoll der Konferenz**: Das Protokoll und weitere Dokumente sind auf der Website des Hauses der Wannsee-Konferenz verfügbar unter: http://www.ghwk.de/wannsee-konferenz/dokumente-zur-wannsee-konferenz/ (Stand: 10. 9. 2017).

S. 302 **Jedes Mal, wenn Frank**: Curzio Malaparte, Kaputt, übersetzt von Hellmut Ludwig, Paul Zsolnay Verlag, Wien 2005, S. 96.

S. 303 **Der Italiener berichtete**: Curzio Malaparte, »Serata a Varsavia, sorge il Nebenland di Polonia«, Corriere della Sera, 22. März 1942.

S. 304 **»Mein einziger Ehrgeiz ...«**: Malaparte, Kaputt, a. a. O., S. 82.

S. 310 **»Oh, er spielt ...«**: Ebd., S. 192.

S. 310 **»Und ich war verwundert ...«**: Ebd.

S. 312 **Ich kaufte ein Exemplar**: Der Besuch fand am 25. Januar 1942 statt, allerdings bleibt ungeklärt, ob Frank teilnahm; siehe Maurizio Serra, Malaparte: Vies et Légendes, Grasset 2011, S. 366.

S. 312 **»Schauen Sie diese Mauer an«**: Ebd., S. 228 f.

S. 316 **Im Juni und Juli**: Housden, a. a. O., S. 169–172. Die Reden wurden am 9. Juni in Berlin, am 1. Juli in Wien, am 20. Juli in München und am 21. Juli 1942 in Heidelberg gehalten.

S. 317 **Das Recht musste autoritär sein**: Niklas Frank, Der Vater. Eine Abrechnung, Bertelsmann Verlag, München 1987, S. 170.

S. 317 **»Eine feierliche ...«**: Ebd., S. 160 f.

S. 318 **Massenvernichtung eröffnete einen Weg**: Ebd., S. 212 f.

S. 318 **»Einzelheiten später ...«**: Ebd., S. 213.

S. 320 **Die Gazeta Lwowska berichtete**: Gazeta Lwowska, 1. August 1942, S. 2.

S. 321 **Franks Hauptaufgabe**: Dieter Pohl, Nationalsozialistische Judenverfolgung in Ostgalizien, 1941–1944, 2. Aufl., Oldenbourg Verlag, München 1997, S. 77–78.

S. 321 »*Die höheren SS-Chargen* ...«: Frank, Tagebuch, Konferenz der Distrikt-Standartenführer der NSDAP in Krakau, 18. März 1942, in: Trial of the Major War Criminals, Vol. 29, S. 507.

S. 322 *Schulkinder säumten*: Gazeta Lwowska, 2./3. August 1942, letzte Seite.

S. 322 *Am Abend weihte Frank*: Ebd.

S. 322 »*Und bei den aufwühlenden* ...«: Housden, a. a. O., S. 40–41, Zitat aus Niklas Frank, a. a. O., S. 35 f.

S. 323 »*Wir, die Deutschen* ...«: *Gazeta Lwowska*, 2./3. August 1942, letzte Seite.

S. 323 *Am darauffolgenden Samstagmorgen*: Frank, Tagebuch, 1. August 1942, in: Trial of the Major War Criminals, Vol. 29, S. 540–542.

S. 323 »*Ich bin hergekommen* ...«: Ebd.

S. 325 *Das Publikum applaudierte*: Ebd.

S. 325 *Nach seinem Erlass*: Erlass vom 15. Oktober 1941, unterzeichnet von Hans Frank, Artikel 1, 4(b). (»Juden, die den ihnen zugewiesenen Wohnbezirk unbefugt verlassen, werden mit dem Tode bestraft.«)

S. 325 »*Frank kam um neun* ...«: Tagebuch von Charlotte von Wächter, 1. August 1942, Privatarchiv Horst von Wächter.

S. 326 *Die »Große Aktion«*: Dieter Pohl, »Ivan Kalymon, the Ukrainian Auxiliary Police, and Nazi Anti-Jewish Policy in L'viv, 1941–1944«, Bericht für das Office of Special Investigations, US Department of Justice, 31. Mai 2005, S. 92; Pohl, Nationalsozialistische Judenverfolgung in Ostgalizien, a. a. O., S. 216–223.

S. 326 »*In Lemberg* ...«: Otto von Wächter an Charlotte, 16. August 1942, Privatarchiv Horst von Wächter.

S. 326 *Heinrich Himmler*: Peter Witte, Der Dienstkalender Heinrich Himmlers, 1941/42, Wallstein Verlag, Göttingen 2005, S. 521 (Eintrag vom 17. August 1942, 18.30 Uhr).

S. 326 »*Man sieht jetzt kaum* ...«: Frank, Tagebuch, 18. August 1942.

S. 331 *Das Buch hatte den*: Karl Baedeker, Das Generalgouvernement: Reisehandbuch, Verlag Karl Baedeker, 1943.

S. 332 *Lemberg bekam acht Seiten*: Ebd., S. 157–164.

S. 333 *Die Herausgeber erwähnten*: Ebd., S. 137, S. 10.

S. 334 *Ein Bericht war von dem Nazi-Jäger*: Simon Wiesenthal, The Murderers Among Us, Heinemann, 1967, S. 236–237. (»Ich sah ihn Anfang 1942 im Ghetto von Lwów. Er persönlich führte am 15. August 1942 das Kommando, als 4000 ältere Bewohner im Ghetto zusammengetrieben und zum Bahnhof gebracht wurden. Meine Mutter war unter ihnen.«)

S. 334 **Später entdeckte ich**: Narodne Archivum Cyfrove (NAC), verfügbar unter: http://audiovis.nac.gov.pl/obraz/12757/50b358369d3948f401ded5bffc36586e/ (Stand: 10. 9. 2017).

S. 334 **Der Richter urteilte**: United States v. John Kaymon, a.k.a. Ivan, Iwan, John Kalymon / Kaylmun, Case No. 04–60003, US District Court, Eastern District of Michigan, Judge Marianne O. Battani, Opinion and Order Revoking Order of Admission to Citizenship and Canceling Certificate of Naturalization, 29. März 2007. Abschiebungsanordnung wurde am 20. September 2001 von der Einwanderungsbehörde bestätigt; Kalymon starb vor seiner Abschiebung am 29. Juni 2014. Siehe Krishnadev Calamur, ›Man Tied to Nazis Dies in Michigan at Age 93‹, NPR, 9. Juli 2014.

S. 334 **Das Urteil stützt sich**: Dieter Pohl, »Ivan Kalymon«, a. a. O., S. 16, S. 27.

S. 334 **Das erste war eine Notiz**: Notiz vom 10. Januar 1942 über die Deportation der Juden aus Lemberg, unterschrieben von Oberst [Alfred] Bisanz.

S. 334 **Das zweite Dokument**: Befehl vom 13. März 1942 über den Arbeitseinsatz der Juden (in Kraft ab 1. April 1942).

S. 335 **So niederschmetternd**: Heinrich Himmler an SS-Gruppenführer Stuckart, 25. August 1942.

S. 338 **»Ich habe die Ehre ...«**: Frank, Tagebuch, 25. Januar 1943, Warsaw, International Military Tribunal, Nazi Conspiracy and Aggression, US Government Printing Office, 1946, Bd. 4, S. 916.

S. 338 **»Sie müssen weg«**: Frank, Tagebuch, 16. Dezember 1941; Trial of the Major War Criminals, Vol. 29, S. 503.

S. 338 **Im März**: Amon Göth, geb. am 11. Dezember 1908, hingerichtet am 13. September 1946 (Prozess und Verurteilung vor dem Obersten Nationalen Tribunal Polens in Kraków).

S. 339 **War das Ganze von SS-Gruppenführer**: Stroop-Bericht *(Das Warschauer Ghetto ist nicht mehr)*, Mai 1943, verfügbar unter: https://www.jewishvirtuallibrary.org/jsource/Holocaust/nowarsaw.html (Stand: 10. 9. 2017).

S. 339 **»der Massensterblichkeit ...«**: Frank, Tagebuch, 2. August 1943, siehe: Trial of the Major War Criminals, Bd. 29, S. 606 (29. Juli 1946).

S. 339 *»Alle anderen sind ...«*: Frank, Tagebuch, ebd.

S. 340 *»Wir sind also ...«*: Frank, Tagebuch, 25. Januar 1943.

S. 340 **Der Text**: Michael Kennedy, Richard Strauss: Man, Musician, Enigma, Cambridge University Press, 1999, S. 346–347.

S. 340 **Einige Stücke gingen**: Trial of the Major War Criminals, Vol. 4, S. 81 (18. Dezember 1945).

S. 342 **Das Bild**: *Die Dame mit dem Hermelin*, um 1489/90, Porträt der Cecilia Gallerani (1473–1536), Geliebte von Ludovico Sforza.

S. 345 *»eine Rasse ...«*: Frank, Tagebuch, 18. März 1944, Reichshof; Trial of the Major War Criminals, Vol. 7, S. 469 (15. Februar 1946).

S. 345 **Frank übte Vergeltung**: Housden, a. a. O., S. 209; Frank, Tagebuch, 11. Juli 1944.

S. 345 **Am 27. Juli**: Timothy Snyder, The Reconstruction of Nations: Poland, Ukraine, Lithuania, Belarus, 1569–1999, Yale University Press 2003, S. 177.

S. 346 **Am 1. August**: Norman Davies, Rising '44: The Battle for Warsaw, Macmillan, 2003.

S. 346 **Sein Tagebuch berichtete**: Frank, Tagebuch, 15. September 1944 (Gespräch mit Dr. Bühler).

S. 346 **Er schaute sich Filme an**: »Die Stadt ohne Juden«, 1924, Regie: Hans Karl Breslauer. Hans Moser spielt die Rolle des Rat Bernard.

S. 347 **von Bad Aibling**: Housden, a. a. O., S. 218.

S. 347 **Am 2. Februar**: Ebd.; Frank, Tagebuch, 2. Februar 1945.

S. 348 **Zwei Tage später**: Niklas Frank, a. a. O., S. 242 f.

S. 349 **Ein Fahrzeug**: Housden, a. a. O., S. 218.

S. 349 **Im Juni**: Beim ersten Treffen der britischen und amerikanischen Delegation am 21. Juni 1945 lag eine von David Maxwell Fyfe erstellte Liste von zehn möglichen Angeklagten vor, die nach ihrer Bekanntheit ausgewählt worden waren. Taylor, a. a. O., S. 85–86.

S. 349 **Die Einbeziehung**: Ebd., S. 89.

S. 350 **Dort wurde er verhört**: Ann Tusa / John Tusa, The Nuremberg Trial, Macmillan, 1983, S. 43–48.

S. 350 **Robert Ley**: John Kenneth Galbraith, »The ›Cure‹ at Mondorf Spa«, *Life*, 22. Oktober 1945, S. 17–24.

S. 350 *»unglaublich schwierig«*: Hans Frank, Gespräch mit einem amerikanischen Offizier, 4.–5. August 1945, verfügbar unter: http://www.holocaustresearchproject.org/trials/HansFrankTestimony.html (Stand: 10. 9. 2017).

S. 351 **Am Monatsende**: Am 29. August 1945 gaben die Ankläger eine »erste Liste von Kriegsverbrechern bekannt, die sich vor dem Internationalen Militärgerichtshof verantworten mussten«. Taylor, a. a. O., S. 8 (die Liste bestand aus 24 Namen).

S. 352 **Einige Tage danach**: Befragung von Hans Frank in Nürnberg am 1., 6., 7., 10. und 13. September und am 3. und 8. Oktober 1945 (durch Colonel Thomas A. Hinkel), verfügbar unter: https://newcatalog.library.cornell.edu/search?q=Hans+Frank (Stand: 10. 9. 2017).

VIII Nürnberg

S. 368 **Ley hatte Selbstmord begangen**: Taylor, a. a. O., S. 132, S. 165.

S. 369 **Die englisch gesprochenen Worte**: Ebd., S. 143; Tusa / Tusa, The Nuremberg Trial, a. a. O., S. 109–110.

S. 369 **Der Mann, der dem Gericht vorstand**: Trial of the Major War Criminals, Vol. 1, S. 1 (»Members and alternate members of the Tribunal«).

S. 369 **Ganz links**: Francis Biddle, In Brief Authority, Doubleday 1962; Praeger, 1976, S. 381.

S. 370 **Daneben John Parker**: Ebd., S. 372–373.

S. 370 **Die Franzosen saßen ganz rechts**: Tusa / Tusa, The Nuremberg Trial, a. a. O., S. 111; Guillaume Mouralis, Introduction, in: Robert Falco, Juge à Nuremberg, Arbre Bleu 2012, S. 13, Anmerkung 2, S. 126–127.

S. 370 **»einzig in der Geschichte der Rechtspflege der Welt ...«**: Trial of the Major War Criminals, Vol. 2, S. 30 (20. November 1945).

S. 371 **Zwischen dem 7. September 1941**: Ebd., S. 64.

S. 371 **Der ehemalige Generalgouverneur**: Taylor, Anatomy of the Nuremberg Trials, a. a. O., S. 132.

S. 371 **genehmigt, geleitet**: Trial of the Major War Criminals, Vol. 2, S. 75 (20. November 1945).

S. 372 **»Es war eine unvergessliche ...«**: Elihu Lauterpacht, a. a. O., S. 277.

S. 372 **»eine große Genugtuung«**: Ebd.

S. 373 **Alles, was noch existierte**: *Illustrated London News*, 8. Dezember 1945.

S. 378 **»Sagen Sie mir ...«**: Gustave M. Gilbert, Nürnberger Tagebuch, Fischer Taschenbuch Verlag, Frankfurt am Main 1962, S. 48.

S. 378 **Martha Gellhorn**: Martha Gellhorn, »The Paths of Glory«, in: The Face of War, Atlantic Monthly Press 1994, S. 203.

S. 379 »*Ich bekenne mich ...*«: Trial of the Major War Criminals, Vol. 2, S. 97 (21. November).
S. 380 »*Der Vorzug ...*«: Ebd., S. 98.
S. 380 »*Dass vier große Nationen ...*«: Ebd., S. 99.
S. 381 »*eine Rasse, die ausgetilgt werden muss*«: Ebd., S. 120.
S. 382 *The Old Issue*: Rudyard Kipling, The Old Issue, in: Collected Poems of Rudyard Kipling, Wordsworth Poetry Library, 1994, S. 307–309.
S. 382 »*ein großer persönlicher Triumph*«: Elihu Lauterpacht, a. a. O., S. 277.
S. 383 *Solche privaten Sorgen*: Ebd., S. 276.
S. 383 *Ich konnte lesen*: Vom Autor eingesehen.
S. 384 »*Die Völkergemeinschaft ...*«: Hersch Lauterpacht, »Draft Nuremberg Speeches«, in: *Cambridge Journal of International and Comparative Law 1*, Nr. 1 (2012), S. 48–49.
S. 385 *Er erlaubte sich*: Elihu Lauterpacht, a. a. O., S. 276.
S. 386 *Shawcross' juristische Argumente*: Ebd.
S. 387 »*Sie sprachen mit Überzeugung ...*«: Ebd., S. 278.
S. 388 »*Fühlen Sie nicht ...*«: Gilbert, a. a. O., S. 70; siehe auch John J. Michalczyk, Filming the End of the Holocaust: Allied Documentaries, Nuremberg, and the Liberation of the Concentration Camps, Bloomsbury 2014, S. 96.
S. 388 »*zu Texten ...*«: Janet Flanner, »Letter from Nuremberg«, *New Yorker*, 5. Januar 1946, in: Irving Drutman (Hrsg.), Janet Flanner's World, Harcourt Brace Jovanovich, New York 1979, S. 46–48.
S. 388 »*angestrengter Aufmerksamkeit*«: Janet Flanner, »Letter from Nuremberg«, *New Yorker*, 17. Dezember 1945; Drutman, a. a. O., S. 99.
S. 389 *Besucher wurden*: Ebd., S. 98.
S. 389 *Die Witwe eines Helden*: Sir Hugh Dundas, geb. am 22. Juli 1920, gestorben am 10. Juli 1995.
S. 390 *der amerikanische Richter*: Biddle, a. a. O.
S. 390 *der französische Richter*: Falco, a. a. O.
S. 392 *Die englischen Zeitungen*: David Low, »Low's Nuremberg Sketchbook No. 3«, *Evening Standard*, 14. Dezember 1945, verfügbar unter: http://www.cartoons.ac.uk/record/LSE1319 (Stand: 10. 9. 2017).
S. 392 »*Dass wir 1,2 Millionen Juden ...*«: Trial of the Major War Criminals, Vol. 3, S. 551 (14. Dezember 1945).
S. 394 *Die ganze Sache*: Tusa / Tusa, Nuremberg Trial, a. a. O., S. 294.
S. 394 »*Ich bin Richter ...*«: Donnedieu an Lemkin, 28. Dezember 1945,

Box 1, Mappe 18, Lemkin Collection, American Jewish Historical Society.

S. 395 ***Rappaport hatte den Krieg***: Law Reports of Trials of War Criminals, Selected and Prepared by the UN War Crimes Commission, Vols. 7, 14, verfügbar unter: http://www.loc.gov/rr/frd/Military_Law/law-reports-trials-war-criminals.html (Stand: 10.9.2017).

S. 398 ***Er sprach über lebhafte Träume***: Gilbert, a. a. O., S. 26 f.

S. 398 ***Gilbert scheute sich nicht***: Taylor, a. a. O., S. 548.

S. 398 »***Ich hörte ...***: Gilbert, a. a. O., S. 87 (22. Dezember 1945).

S. 399 »***Es ist, als steckten ...***«: Ebd., S. 118 f. (10. Januar 1946).

S. 401 »***aus der anderen Welt ...***«: Trial of the Major War Criminals, Vol. 8, S. 322 (27. Februar 1946).

S. 402 ***Er sah den Kommandanten***: Ebd., S. 328 (27. Februar 1946).

S. 403 ***Professor Redzik gab***: Adam Redzik, Stanisław Starzyński, 1853–1935, Monografie Instytut Allerhanda, 2012, S. 54.

S. 405 »***Wir betreten ...***«: Grossman, The Road, a. a. O., S. 174.

S. 406 ***Die Tagebücher waren benutzt***: Flanner, »Letter from Nuremberg«, 17. Dezember 1945; Drutman, a. a. O., S. 107.

S. 406 »***mindestens 2 500 000 Opfern***«: Trial of the Major War Criminals, Vol. 11, S. 415 (15. April 1946).

S. 406 »***kam uns nie ...***«: Gilbert, a. a. O., S. 252.

S. 407 ***Dr. Seidl stellte***: Trial of the Major War Criminals, Vol. 12, S. 2–3 (18. April 1946).

S. 407 ***Er empfinde***: Ebd., S. 7–8.

S. 408 ***Ein Schritt vorwärts***: Ebd., S. 19, S. 13.

S. 409 »***Tausend Jahre ...***«: Ebd.

S. 409 »***Haben Sie gehört ...***«: Gilbert, a. a. O., S. 269.

S. 409 »***Ich bin froh ...***«: Ebd., S. 268.

S. 409 »***Ich sagte, dass ...***«: Ebd., S. 269.

S. 409 ***Die anderen Angeklagten***: Ebd., S. 269–273.

S. 410 »***Ich habe keine Gemäldegalerien ...***«: Trial of the Major War Criminals, Vol. 12, S. 14, S. 40, S. 60 (18. April 1946).

S. 410 ***Franks Auftritt***: Yves Beigbeder, Gespräch mit dem Autor, 29. Juni 2012.

S. 411 »***unerwartetes Eingeständnis ...***«: Yves Beigbeder, »Le procès de Nurembourg: Frank plaide coupable«, *Réforme*, 25. Mai 1946.

S. 412 ***Später schickte ich***: Hans Frank, Internationale Strafrechtspolitik.

S. 412 »***Ein Nazi-Richter ...***«: Falco, a. a. O., S. 42.

S. 412 »*Er ist Katholik ...*«: Christopher Dodd, Letters from Nuremberg: My Father's Narrative of a Quest for Justice, Broadway Books 2008, S. 289.
S. 413 »*Vor ein paar Tagen ...*«: Gilbert, a. a. O., S. 272.

IX Das Mädchen, das sich nicht erinnern wollte

S. 421 *Dort waren sie*: Gabrielle Anderl / Walter Manoschek, Gescheiterte Flucht: Der Jüdische »Kladovo-Transport« auf dem Weg nach Palästina, 1939–42, Verlag für Gesellschaftskritik 1993. Siehe auch »The Darien Story«, The Darien Dilemma, verfügbar unter: http://www.dariendilemma.com/eng/story/darienstory/ (Stand: 10. 9. 2017); Dalia Ofer / Hannah Weiner, Dead-End Journey, University Press of America 1996.

X Urteil

S. 431 »*Ich wäre in jedem Fall ...*«: Elihu Lauterpacht, a. a. O., S. 293.
S. 431 »*Ein solider Realismus*«: Ebd., S. 285–286; Hersch Lauterpacht, »The Grotian Tradition in International Law«, in: *British Year Book of International Law* 23 (1946), S. 1–53.
S. 431 »*schrecklich aufschreie*«: Elihu Lauterpacht, a. a. O., S. 278.
S. 432 »*Wir wissen viel von dir*«: Lauterpacht an Inka Gelbard, 27. Mai 1946, Privatarchiv Eli Lauterpacht.
S. 433 »*der Hauptteil der Rede*«: Elihu Lauterpacht, a. a. O., S. 294.
S. 433 »*wie ein schlechtes Hollywood-Drehbuch*«: Steven Jacobs (Hrsg.), Raphael Lemkin's Thoughts on Nazi Genocide, Bloch 2010, S. 261.
S. 433 *Die Washington Post erwähnte ihn*: G. Reynolds, »Cosmopolites Clock the American Femme; Nice, but Too Honest to Be Alluring«, *Washington Post*, 10. März 1946, S4.
S. 434 *Kein Gedicht war*: Zur Verfügung gestellt von Nancy Steinson.
S. 435 »*die Nöte unterprivilegierter Gruppen*«: Lemkin an Eleanor Roosevelt, 18. Mai 1946, Box 1, Mappe 13, S. 5–6, Raphael Lemkin Papers, American Jewish Archives.
S. 435 *Ein ähnlicher Brief*: Lemkin an McCormick, 19. Mai 1946, Box 1, Mappe 13, 7–9, Lemkin Papers, American Jewish Archives.
S. 436 »*Ich habe Sie beide ...*«: Lemkin an Pinchot, 20. Mai 1946, Box 1, Mappe 13, 15–16, Lemkin Papers, American Jewish Archives.

Anmerkungen

S. 436 *»ein plötzlicher Ruf ...«*: Lemkin an Durward V. Sandifer, 20. Mai 1946, Box 1, Mappe 13, 13–14, Lemkin Papers, American Jewish Archives.

S. 436 *mit einem neuen Ausweis*: Ausweis des Kriegsministeriums, 22. Mai 1946, Box 1, Mappe 12, Lemkin Collection, American Jewish Historical Society; Peter Balakian, »Raphael Lemkin, Cultural Destruction, and the Armenian Genocide«, *Holocaust and Genocide Studies* 27, Nr. 1 (2013), S. 74.

S. 437 *Dort traf er*: Schwelb an Lemkin, 24. Juni 1946, Raphael Lemkin Papers, Rare Book and Manuscript Library, Columbia University.

S. 437 *dass er schon 800 000*: Trial of the Major War Criminals, Vol. 15, S. 164 (31. Mai 1946).

S. 437 *Mehr als 25 000*: Barrett, a. a. O., S. 48.

S. 438 *formal kein Mitglied*: Lemkin, Totally Unofficial, a. a. O., S. 235.

S. 438 *»die Kerle wegen Massenmordes ...«*: Power, a. a. O., S. 50.

S. 438 *als Kontaktstelle*: Raphael Lemkin Papers, Rare Book and Manuscript Library, Columbia University.

S. 439 *»wenn Völkern wie den Juden ...«*: Ebd.

S. 440 *»dass die Anklage keine ...«*: »The significance of the concept of genocide in the trial of war criminals«, Thomas Dodd Papers, Box/Mappe 387:8580, Thomas J. Dodd Research Center, University of Connecticut.

S. 440 *Lemkin traf sich Ende Juni*: Barrett, a. a. O., S. 47–48.

S. 440 *Es geschah am 25. Juni*: Ebd., S. 48–49.

S. 441 *»Sie wollten ...«*: Trial of the Major War Criminals, Vol. 17, S. 61 (25. Juni 1946).

S. 441 *»herzlichen Dank«*: John Cooper, a. a. O., S. 70.

S. 442 *Cooper bemerkte*: R. W. Cooper, a. a. O., S. 109.

S. 442 *»nach Polen zurückgerufen ...«*: Ebd., S. 110.

S. 443 *»einen äußerst wertvollen ...«*: Lauterpacht, »Draft Nuremberg Speeches«, a. a. O., S. 68.

S. 444 *»die Menschenrechte«*: Ebd., S. 87.

S. 444 *»aus keinem anderen Grund ...«*: Ebd., S. 74.

S. 444 *»unmittelbarer Urheber«*: Ebd., S. 76.

S. 445 *»Man erlebte, wie ...«*: Ebd., S. 110.

S. 447 *»Ich halte es natürlich ...«*: Elihu Lauterpacht, a. a. O., S. 295.

S. 447 *Am 10. Juli*: Ebd.
S. 447 *Dr. Alfred Thoma versuchte*: Trial of the Major War Criminals, Vol. 18, S. 90, S. 92–94 (9. Juli 1946).
S. 447 *Die überraschende Verteidigung*: Ebd., S. 112–113.
S. 448 *Rosenberg war gekränkt*: Ebd., S. 114–128.
S. 448 *»Ehrerbietig überreicht«*: Lemkin Papers, Rare Book and Manuscript Library, Columbia University.
S. 448 *Er blieb ein paar Tage*: 385th Station Hospital APO 124, US Army, Bericht über den Krankenhausaufenthalt von Raphael Lemkin, Box 5, Mappe 7, 23, Lemkin Papers, American Jewish Archives.
S. 449 *Es war auch nicht hilfreich*: Trial of the Major War Criminals, Vol. 17, S. 550–555 (5. Juli 1946).
S. 449 *Mit einer Ausnahme*: Ebd., Vol. 18, S. 140 (11. Juli 1946).
S. 449 *»fünfjährigen Kampf…«*: Ebd., S. 160.
S. 450 *Als Besatzungsmacht sei*: Ebd.
S. 450 *so sagte er den Richtern*: Ebd., S. 152.
S. 450 *Die Amerikaner zuerst*: Ebd., Vol. 19, S. 397–432 (26. Juli 1946).
S. 450 *Es folgten die Briten*: Ebd., S. 433–529 (26. u. 27. Juli 1946).
S. 451 *Dann äußerten sich*: Ebd., S. 530–618; Vol. 20, S. 1–14 (29. u. 30. Juli 1946).
S. 451 *Robert Jackson eröffnete*: Ebd., Vol. 19, S. 397.
S. 451 *»Tausend Jahre …«*: Ebd., S. 406 (26. Juli 1946).
S. 452 *Er benannte*: Ebd., S. 433–529.
S. 452 *»Wir sind sehr besorgt …«*: Elihu Lauterpacht, a. a. O., S. 295.
S. 452 *»Wenn ich nicht …«*: Ebd., S. 296.
S. 453 *Shawcross begann*: Trial of the Major War Criminals, Vol. 19, S. 437–457 (26. Juli 1946).
S. 453 *»… Ohne Geschrei oder Weinen …«*: Ebd., S. 507 (27. Juli 1946).
S. 454 *»Ich habe während …«*: Ebd.
S. 454 *»Der Vater zeigte:«*: Ebd.
S. 454 *»lebendigen Mitleids«*: Rebecca West, »Greenhouse with Cyclamens I«, in: A Train of Powder, Ivan R. Dee 1955, S. 20.
S. 454 *Shawcross richtete*: Trial of the Major War Criminals, Vol. 19, S. 446 (26. Juli 1946).
S. 455 *»Der verdammte Engländer«*: Housden, a. a. O., S. 231.
S. 455 *»Völkermord« angewandt auf*: Trial of the Major War Criminals, Vol. 19, S. 497 (27. Juli 1946).
S. 456 *»Das Völkerrecht hat in …«*: Ebd., S. 471–472 (26. Juli 1946).

S. 457 ***Das Individuum***: Ebd., S. 529 (27. Juli 1946).
S. 457 **»*Einheit, die letzten Endes* ...«**: Ebd., S. 472 (26. Juli 1946).
S. 457 ***Auf Shawcross folgte***: Ebd., S. 530–535 (29. Juli 1946).
S. 458 **»*fast total durchgeführt*«**: Ebd., S. 550.
S. 459 **»*Keiner der Angeklagten* ...«**: Ebd., S. 562.
S. 459 ***Er hatte keine Zeit***: Ebd., S. 570.
S. 459 **»*Wie unbegründet*«**: Ebd.
S. 460 ***Es enthielt die***: Taffet, Holocaust of the Jews of Zółkiew, Centralna Zydowska Komisja Historyczna, Łódź 1946.
S. 460 **»*Nachdem sie nackt ausgezogen* ...«**: Ebd., S. 58.
S. 461 **»*Dr. Henryk Lauterpacht* ...«**: Ebd., S. 8.
S. 462 ***Unter Lemkins Papieren***: Lemkin Papers, Rare Book and Manuscript Library, Columbia University.
S. 463 ***Dreihundert Völkerrechtler***: International Law Association, *Report of the Forty-First Conference, Cambridge* (1946), S. xxxvii–xliv.
S. 463 ***Er brach zusammen***: Vermerk über Raphael Lemkin (undatiert, erstellt nach Angaben Lemkins), Box 5, Mappe 7, MS-60, American Jewish Archives, Cleveland.
S. 463 ***Das war britischer Pragmatismus***: International Law Association, *Report of the Forty-First Conference*, S. 8–13.
S. 464 **»*die verbrecherische Philosophie* ...«**: Ebd., S. 25–28.
S. 464 **»*Wir können der Welt* ...«**: Barrett, a. a. O., S. 51.
S. 465 **»*Ich glaube, es ist* ...«**: John Cooper, a. a. O., S. 73.
S. 465 **»*bestimmtem Vorgehen* ...«**: »Genocide«, *New York Times*, 26. August 1946, S. 17.
S. 465 *mit »verletztem Erstaunen* ...«: Gilbert, a. a. O., S. 414.
S. 465 **»*das furchtbare Verbrechen* ...«**: Trial of the Major War Criminals, Vol. 22, S. 229 (29. August 1946).
S. 465 ***Trotz Jacksons Pressemeldung***: Ebd., S. 271–297 (30. August 1946).
S. 465 ***Die Franzosen dagegen***: Ebd., S. 300.
S. 466 ***Der sowjetische Ankläger***: Ebd., S. 321.
S. 466 ***Göring sprach zuerst***: Ebd., S. 366–368 (31. August 1946).
S. 466 **»*Selbst wenn ich es könnte* ...«**: Ebd., S. 373.
S. 466 ***Ribbentrop, Keitel***: Ebd., S. 382.
S. 466 **»*immer tiefer in Schuld* ...«**: Ebd., S. 384 (31. August 1946).
S. 467 **»*Jede nur mögliche Schuld* ...«**: Ebd., S. 385.
S. 467 **»*Wer wird diese Verbrechen* ...«**: Ebd.
S. 468 ***Als ihre Visa abliefen***: Gespräch mit Saul Lemkin.

S. 471 »*wenn man zu sehr betont ...*«: Schwelb an Humphrey, 19. Juni 1946, PAG-3/1.3, Box 26, United Nations War Crimes Commission, 1943–1949, Predecessor Archives Group, United Nations Archives, New York; zitiert in: Ana Filipa Vrdoljak, »Human Rights and Genocide: The Work of Lauterpacht and Lemkin in Modern International Law«, *European Journal of International Law* 20, Nr. 4 (2010): 1184n156.

S. 472 »*Meine Mutter schrieb ...*«: Gaston Oulmàn, geb. als Walter Ullmann am 5. Januar 1898, gest. am 5. Mai 1949, Rundfunkreporter und Journalist; siehe: Maximilian Alexander, Das Chamäleon, Verlagsgesellschaft R. Glöss, Hamburg 1978.

S. 475 **Khaki Roberts gehörte dazu**: Taylor, a. a. O., S. 103.

S. 475 **Lemkin war am 30. September**: John Cooper, a. a. O., S. 73.

S. 475 **Der erste Tag**: Trial of the Major War Criminals, Vol. 22, S. 411–523 (30. September 1946).

S. 477 »*über die nationalen Verpflichtungen ...*«: Ebd., S. 466.

S. 477 **Der sowjetische Richter**: Ebd., S. 497.

S. 478 **Sie seien machtlos**: Ebd., S. 498.

S. 479 »*Zweitausend schreckliche Kannibalen ...*«: West, a. a. O., S. 53–54.

S. 479 »*eine Puffmutter erinnerte*«: Ebd., S. 6, S. 58–59.

S. 480 **Der Richter Nikitschenko verurteilte**: Trial of the Major War Criminals, Bd. 22, S. 541 (1. Oktober 1946).

S. 480 **verstrickt in einer unerfreulichen Affäre**: Lorna Gibb, West's World, Macmillan 2013, S. 178.

S. 480 **Biddle kam zu Punkt drei**: Trial of the Major War Criminals, Vol. 22, S. 542–544 (1. Oktober 1946).

S. 480 »*Es mag auch wahr sein ...*«: Ebd.

S. 481 **wurden drei freigesprochen**: Ebd., S. 574, S. 584.

S. 482 **Von den ersten sechs**: Ebd., S. 588–589.

S. 482 **Rebecca West hielt den Moment fest**: West, a. a. O., S. 59.

S. 482 »*Tod durch den Strang*«: John Cooper, a. a. O., S. 272.

S. 484 **Richter Biddle war**: David Irving, Nuremberg: The Last Battle, Focal Point, 1996, S. 380 (dort »Notes on Judgement – Meetings of Tribunal«, Final Vote on Individuals, 10. September 1946, University of Syracuse, George Arents Research Library, Francis Biddle Collection, Box 14).

S. 484 »*Ich verdiente ...*«: Gilbert, a. a. O., S. 427.

S. 484 »*Ich hoffe, Sie werden ...*«: Elihu Lauterpacht, a. a. O., S. 297.

S. 485 »*Nürnberger Alptraum*«: Lemkin an Anne O'Hare McCormick,

19. Mai 1946, Box 1, Mappe 13, Lemkin Papers, American Jewish Archives.

S. 485 *»der schwärzeste Tag«*: William Schabas, »Raphael Lemkin, Genocide, and Crimes Against Humanity«, in: Agnieszka Bienczyk-Missala / Slavomir Debski, Hero of Humankind, Warsaw 2010, S. 233.

S. 486 **Der Papst reichte:** »Pope Asks Mercy for Nazi, Intercedes for Hans Frank«, in: *New York Times*, 6. Oktober 1946.

S. 486 *»die Stärkung des Völkerrechts ...«*: Truman an Lawrence, 12. Oktober 1946, Lawrence Privatarchiv, vom Autor eingesehen.

S. 486 *»Göring wurde als Erster ...«*: Lawrence Privatarchiv.

S. 486 **Er sagte ein paar letzte Worte**: Kingsbury Smith, »The Execution of Nazi War Criminals«, *International News Service*, 16. Oktober 1946.

S. 487 *»Ça, c'est beau«*: John Cooper, a. a. O., S. 301.

Epilog: In die Wälder

S. 491 **Mit der Resolution 95**: UN-Vollversammlung, Resolution 95 (»Affirmation of the Principles of International Law Recognized by the Charter of the Nürnberg Tribunal«), angenommen auf der 55. Plenarversammlung, 11. Dezember 1946.

S. 491 **die Resolution 96**: UN-Vollversammlung, Resolution 96 (»The Crime of Genocide«), angenommen auf der 55. Plenarversammlung, 11. Dezember 1946.

S. 492 **Am 9. Dezember 1948**: Convention on the Prevention and Punishment of Genocide, angenommen von der UN-Vollversammlung, 9. Dezember 1948, in Kraft 12. Januar 1951.

S. 492 **Diese Hoffnung erfüllte sich mit**: Convention for the Protection of Human Rights and Fundamental Freedoms, 4. November 1950, 213 *United Nations Treaty Series* 221.

S. 493 **mehr als 150 Staaten**: Rome Statute of the International Criminal Court, 17. Juli 1998, 2187 *United Nations Treaty Series* 90.

S. 494 **Im September 1998**: Prosecutor v. Jean-Paul Akayesu, Case No. ICTR-96–4-T, Trial Chamber Judgment (2. September 1998).

S. 494 **Ein paar Wochen später**: R v. Bow Street Metropolitan Stipendiary Magistrate, Ex Parte Pinochet Ugarte (No. 3) [1999] 2 All ER 97.

S. 494 **Im Mai 1999**: Prosecutor v. Slobodan Milosevic et al., Case No. IT-99–37, Indictment (IStGH, 22. Mai 1999).

Anmerkungen

S. 494 **Im November 2001**: Prosecutor v. Slobodan Milosevic, Case No. IT-01–51-I, Indictment (IStGH, 22. November 2001).

S. 494 **Im März 2007**: United States v. John Kaymon, Opinion and Order, 29. März 2007

S. 494 **Im September 2007**: Case Concerning Application of the Convention on the Prevention and Punishment of the Crime of Genocide (Bosnia Herzegovina v. Serbia and Montenegro) Judgment, *ICJ Reports* (2007), paras 413–15, 471(5).

S. 495 **Im Juli 2010**: Prosecutor v. Omar Hassan Ahmad Al Bashir, ICC-02/05–01/09, Second Warrant of Arrest (Pre-trial Chamber I, 12. Juli 2010).

S. 495 **Zwei Jahre später**: Prosecutor v. Charles Ghankay Taylor, SCSL-03–01-T, Trial Judgment (Trial Chamber II, 18. Mai 2012).

S. 495 **fünfzigjährige Gefängnisstrafe**: Prosecutor v. Charles Ghankay Taylor, SCSL-03–01-T, Sentencing Judgment (Trial Chamber II, 30. Mai 2012), S. 40.

S. 495 **2015 begann**: Professor Sean Murphy, »First Report of the Special Rapporteur on Crimes Against Humanity« (17. Februar 2015), UN International Law Commission, A/CN.4/680; siehe auch: Crimes Against Humanity Initiative, Whitney R. Harris World Law Institute, Washington University in St Louis School of Law, verfügbar unter: http://law.wustl.edu/harris/crimesagainsthumanity (Stand: 10. 9. 2017).

S. 495 **»Verbrechen der Verbrechen«**: David Luban, »Arendt on the Crime of Crimes«, in: *Ratio Juris* (2015) (forthcoming), ssrn.com/abstract=2588537.

S. 495 **entstand nun ein Wettlauf**: Elissa Helms, »›Bosnian Girl‹: Nationalism and Innocence Through Images of Women«, in: Retracing Images: Visual Culture After Yugoslavia, hrsg. von Daniel Šuber and Slobodan Karamanić, Brill 2012, S. 198.

S. 496 **»ein wesentlicher Bestandteil ...«**: Christian Axboe Nielsen, »Surmounting the Myopic Focus on Genocide: The Case of the War in Bosnia and Herzegovina«, in: *Journal of Genocide Research* 15, Nr. 1 (2013), S. 21–39.

S. 496 **Bewältigung historischer Dispute**: Timothy Snyder, Bloodlands: Europe Between Hitler and Stalin, Basic Books 2010, S. 405, S. 412–413.

S. 496 **»nationale Empörung anstachelt ...«**: »Turks and Armenians in Shadow of Genocide«, *Financial Times*, 24. April 2015.

Anmerkungen

S. 496 »*das Individuum, wenn es ...*«: Louis Gumplowicz, La lutte des races, Guillaumin,1893, S. 360.

S. 496 »*Unsere gewalttätige Natur ...*«: Edward O. Wilson, The Social Conquest of Earth, Liveright 2012, S. 62.

S. 498 **Später im gleichen Jahr**: Auslieferungsersuchen betreffend Dr. Gustav Wächter wegen Kriegsverbrechen, Wiesbaden, 28. September 1946: »Der Gesuchte ist des Massenmords schuldig (Erschießungen und Exekutionen). Unter seinem Kommando als Gouverneur des Distrikts Galizien haben mehr als 100 000 polnische Bürger ihr Leben verloren.« Wächter stand auf der Kriegsverbrecherliste des UNWCC – Central Registry of War Criminals and Security Suspects (CROWCASS), File No. 78416, 449, File Bd. 176, in the collection of the Institute of National Remembrance (Warsaw), available at United States Holocaust Memorial Museum, RG-15.155M (Records of investigation and documentation of the main Commission to Investigate Nazi Crimes in Poland, Investigation against Dr OTTO, WAECHTER Gustaw, Gauleiter of the Kraków district, then the district of Galizien, accused of giving orders of mass executions and actions directed against the Jewish people).

S. 498 **Sein Sohn Horst lebt**: Siehe Diana Błońska, »O Muzeum Narodowym w Krakowiew czasie drugiej wojny światowej, 28 Klio« in: *Czasopismo poświęcone dziejom Polski i powszechnym* (2014), S. 85, S. 119, Anmerkung 82 (»Das Museum erlitt große, unwiederbringliche Verluste durch die Ehefrau des Gouverneurs des Distrikts Krakau, Frau Wächter, eine ca. 35-jährige Wienerin mit kastanienbraunem Haar. Sie plünderte sämtliche Abteilungen des Museums, um den Palast ›Pod Baranami‹, Sitz des Gouverneurs, zu schmücken, und stahl die erlesensten Gemälde und die schönsten Stücke antiken Mobiliars, Militaria usw., obwohl der Museumdirektor ihr nahelegte, dies nicht zu tun. Etliche Stücke verschwanden, darunter Gemälde wie Bruegels *Der Kampf zwischen Karneval und Fasten*, [Julian] Fałats *Des Jägers Liebeswerben* und andere; viele kamen in stark beschädigtem Zustand zurück.« Zitiert nach: Archiv des Nationalmuseums von Krakau, Büro von [Feliks] Kopera, Brief an die Personalabteilung der Stadtverwaltung von Krakau vom 25. März 1946. »Ich weiß nicht, ob die Liste der Kriegsverbrecher Lora Wächter, die Ehefrau des Gouverneurs des Distrikts Krakau, aufführt, die im Potocki-Palast ›Pod Baranami‹ residierte. Sie fügte uns großen Schaden zu, indem sie zur Ausschmückung der Wächter'schen Residenz Gemälde stahl, darunter Meisterwerke von Julian Fałat und ein kostbares Gemälde von Bruegel *Der*

Kampf zwischen Karneval und Fasten – von denen das letztere und Fałats Gemälde verloren gegangen sind. Ich habe ihren Namen an die örtlichen Gerichte weitergegeben, als sie sich bei mir nach Details der Plünderungen erkundigten, und da ich nicht weiß, ob Frau Wächters Name auf der Liste ist, möchte ich hiermit seitens des Museums von ihren schädigenden Aktivitäten berichten«, zitiert in: Ebd., Dz. p. 407/46 Brief an die polnische Militärmission zur Erforschung deutscher Kriegsverbrechen in Bad Salzuflen, 9. Dezember 1946), übers. von Antonia Lloyd-Jones.

S. 500 »*der herausfordernd herabschaut*«: Wittlin, a. a. O., S. 11 f.

S. 501 *Irgendjemand machte mir*: Jan Kot, Chestnut Roulette, Mazo 2008, S. 85.

Bildnachweise

S. 27, 33, 46, 48, 52, 55, 59, 62, 64, 67, 71, 72, 78, 87, 93, 110, 173, 178, 211, 220, 267, 270, 280, 282, 344, 353, 357, 426: Professor Philippe Sands, QC

S. 43, 219: Diana Matar

S. 60, 285, 291, 303, 307, 315, 319, 376/377, 474: Niklas Frank

S. 83: Lyudmyla Baybula

S. 99, 103, 126, 134, 148, 375, 446: Professor Sir Elihu Lauterpacht, QC

S. 113: Stepan Haiduchock Collection, Krypiakevych Family Archive

S. 181: Surrey Chapel, Norwich

S. 192: Shula Troman

S. 199: Hans Knopf / Collier's Magazine

S. 205: Yaroslav Kryvoi

S. 206: YIVO Institute for Jewish Research

S. 216: Professor Adam Redzik

S. 243, 436: American Jewish Historical Society, New York, NY and Boston, MA

S. 254: Raphael Lemkin Papers, Rare Book & Manuscript Library, Columbia University in the City of New York

S. 322, 324, 335: Narodowe Archiwum Cyfrowe (NAC, Polnisches Staatsarchiv)

S. 329, 330, 458: Horst von Wächter

S. 341: DEA Picture Library / Getty Images

S. 365, 429, 483: Patrick Lawrence, QC

S. 373, 379: Getty Images

S. 415, 420, 422: Herta Peleg

S. 488: ullstein bild

Register

Abchasien 40
Abraham, Nicolas 25
Abtreibung 455, 464
Ackerly, Nancy (später Steinson) 201, 205, 229, 434, 492
Addis Abeba 145
Äthiopien / Abessinien 136, 153
Afghanistan 23
Afrikamission 180, 183
Aggression / Angriffskrieg 166 f., 294, 386, 476, 480 f.
Agid, Mathilde 43, 46
Agnetendorf (Jagniątków) 347
Akademie für Deutsches Recht 247, 293 f., 352, 412, 480
Akayesu, Jean-Paul 494
Akte der Barbarei und des Vandalismus (Lemkin) 223, 226, 232 f., 244
al-Baschir, Omar 495
Alderman, Sidney 260 f., 264 f., 371
Alexander I., König von Jugoslawien 226
Algerien 181, 183
Allerhand, Maurycy 112, 210, 215, 403, 503
Allgemeine Erklärung der Menschenrechte (1948) 492
Alliierte / Vier Mächte 96, 166, 168, 171 f., 262, 287, 345, 367–370, 382, 384
Am Abgrund (Sereny) 404
American Board of Mission to the Jews 185
American Jewish Committee 155
American Jewish Joint Distribution Committee 90, 95
Amnestiegesetz, polnisches 223
Angst 65, 75 f., 86, 96, 112, 145, 150, 155, 158, 227, 383, 472
Annual Digest and Reports of Public International Law Cases 133, 144
Anschluss Österreichs 38, 63, 65, 79 f., 86, 124, 175, 226, 273, 419, 425
Antarktis 140
Antigermanismus 440
Antisemitenbund 122
Antisemitismus 53, 58, 73, 183 ff., 197, 215, 222, 259, 288, 293, 295, 324, 439 f., 449
Araber 115, 185
Aragon, Louis 94
Argentinien 495
Armenier 167, 206 f., 212 ff., 242, 440, 496
Armut 121
Athenaeum Club, London 431

Atlas, Charles 179, 190, 497
Attlee, Clement 369
Au Pilori (Hetzblatt) 73
Auschwitz-Birkenau (Vernichtungslager) 81, 87, 90, 95, 188, 194, 298, 308, 333, 339, 351, 395, 408, 413, 469, 497
Auschwitz (Herzogtum) 26
Ausgerechnet Wolkenkratzer! (Film von Lloyd) 128
Ausrottung 169, 381, 406, 408, 444, 451, 457, 459
Ausschuss für Ökonomische Kriegführung (USA) 248, 252
Australien 65 f.
Auswärtiges Amt (BRD) 69
Auswanderung 65, 116, 147, 301, 339
Ausweisung 67 f., 70, 122, 168, 456
Axis Rule in Occupied Europe (Lemkin) 161, 252 f., 258 ff., 262, 264, 394, 433, 464
Azyaryska (Ozerisko) 202, 204 f.

Bach, Johann Sebastian 101, 107, 160 f., 351, 398, 442
Bad Aibling 317, 347
Bad Aussee 418, 424
Baedeker, Karl 331 f.
Baedeker-Reiseführer 331, 333
Baikalsee 238
Balkan 49, 479
Balkankrieg 49
Balzer, Oswald 111
Banat 121
Bancic, Olga 94
Bandera, Stepan 84

Baran, Zoya 216 ff.
Barbie, Klaus 89
Barcarès (Lager) 72 f.
Barker, Ernest 140
Barrikaden 113, 149, 221, 384
Baschkortostan 468
Basutoland 177
Baybula, Lyudmyla, »Luda« 84, 102 f., 105, 504
Bayern 259, 290, 293, 317, 346 f., 454, 472, 487
BBC 127 f., 272
Beck, Józef 68, 225
Beck, Valentin 84
Beethoven, Ludwig van 107, 125, 305, 322 f.
Behinderte 255
Beigbeder, Yves 410 ff., 484
Belgien 49, 73, 233 f., 386, 453
Belgrad 421 f.
Belvedere-Palast, Warschau 307, 310, 312
Bełzec (Vernichtungslager) 45, 91, 298, 326, 331, 333 ff., 504
Bergwerksunglück 87
Berlin 58, 125 f., 211, 235, 247 f., 262, 293, 299, 301, 303, 316, 331, 335, 394, 399, 412, 468 f., 484, 494
Berliner Kongress (1935) 299
Berliner Philharmonie 322
Bernays, Murray 263
Besançon 188
Besatzungszonen 262
Bétrémieux, Louis 88
Bettauer, Hugo 122
Beveridge, William 138
Bialik, Chaim 204, 222

Białystok 17, 202, 204, 206, 208
Biddle, Francis 151, 370, 390f., 398, 452, 480f., 484
Bill of Rights (H. Lauterpacht) 155, 159f., 164, 470, 491
Bing, Geoffrey 296
»biologisches Denken« 440
Birkenau → Auschwitz-Birkenau
Birkett, Norman 247, 370
Birobidschan 239
Bitburg 492
Bizet, Georges 136
Blum, Léon 37, 73
Bodensdorf 57, 61
Böhmen und Mähren 440
Böse Geister / Die Dämonen (Dostojewskij) 295
Bolschewismus 294
Bomba, Abraham 82
Borek-Wald bei Żółkiew 55, 86, 440
Bormann, Martin 172, 299, 351, 368
Bosnien und Herzegowina 121 f., 494
Bournemouth 183
Boussards (Familie) 92
Boykott 114, 294, 454
Brahms, Johannes 305
Brama Glinska, Żółkiew 83 f.
Brasilien 344
Bratislava 421
Braun, Eva 328
Braunes Haus, Wien 292
Břeclav (Lundenburg) 56
Bremen 497
Brierley, Penelope, »Lopey« 191 f.
Brigittenau 51

Brindisi 419, 423
Britain and the British People (Barker) 140
Britannien 486
British Empire 182
British War Crimes Executive 170, 475, 479
Broadway 152
Brody 112
Brok 405
Brooke, Dr. (Kleriker) 139
Bruegel, Pieter 374, 498
Brunner, Alois 79, 89 f., 188
Bryson, Thaddeus 242
Brzezany 223
Buber, Martin 115
Buchenwald (Konzentrationslager) 392
Buchholz, Amalie, »Malke« (geb. Flaschner) 17, 39, 45 f., 48, 51 f., 61 ff., 66, 75, 77, 81 f., 102, 279 f., 283, 299, 301, 318, 378, 400, 403, 405, 417 ff., 423 ff., 470, 504
Buchholz, Annie 41, 88
Buchholz, Emil 17, 45 f., 50, 97, 107, 425
Buchholz, Gusta → Gruber, Gusta
Buchholz, Jean-Pierre 38, 88, 92
Buchholz, Laura → Rosenblum, Laura
Buchholz, Leon 17, 24 f., 31, 33, 35–98, 106, 141, 147, 168, 175 f., 210, 271, 278–281, 283 f., 290, 326, 356 ff., 360, 363, 400, 417 ff., 423–427, 456, 475, 485, 499, 503 f.
Buchholz, Malke → Buchholz, Amalie

Buchholz, Pinkas 17, 39, 44 ff., 49 f., 52, 97, 147
Buchholz, Regina, »Rita« (geb. Landes) 17, 35–41, 63 f., 66 f., 69, 71 f., 77 ff., 87, 92, 98, 175 f., 186, 271, 275, 278–284, 299, 326, 355–358, 361, 363, 423, 427, 499
Buchholz, Ruth → Sands, Ruth
Bühler, Josef 301 ff., 346, 395
Bürgerrechte 164
Büste des Kaisers, Die (Roth) 221
Bukarest 121
Bukowina 121
Bulgarien 49
Bulletin de l'Union Générale des Israélites de France (UGIF) 88 f.
Bundesarchiv (BRD) 69
Bunke, Erwin 248
Buzek, Józef 115

Cambridge 101, 136, 138, 144, 160, 165, 259, 382, 432, 451, 470, 493, 499
Cambridge, International Law Association Conference (1946) 462 f.
Cambridge Law Journal 162
Cameron, David 384
Carmen (Bizet) 136
Carnegie-Stiftung für Internationalen Frieden 162, 251 f.
Carnegie Foundation for the Advancement of Teaching 141
Carré des Fusillés, Ivry 93 f.
Carton de Wiart, Henri 233
Chadecja (Christdemokraten Polens) 217
Chamberlain, Neville 141, 226 f.
Champetier de Ribes, Auguste 457

Chapman, Tom 182, 197 f.
Charlet (Sekretärin von Lemkin) 469
Charlottesville, Virginia, School of Military Government 251
Charta der Vereinten Nationen 164 f., 445, 456, 477
Charta, Artikel 6(c) 477
Chicago 233, 240 f.
Chile 23, 494 f.
China 143
Chladek, Katja-Maria 274 ff.
Chopin, Frédéric 85, 305, 309, 439
Churchill, Winston 152, 163 f., 166, 187, 389 f.
CIA 261
Cieszanów 46
City of Benares (Schiff) 142
Clara's War (Kramer) 84
Coconut Grove, Florida 180, 190, 497
Codling, Rosamunde 182 f., 194, 196
Cody, William Frederick, »Buffalo Bill« 106
Cohen, Leonard 406
Columbia University 201, 236, 253, 448, 462
Columbia University Press 164
Comité d'Unité et de Défense des Juifs de France 90
Comité Juif d'Action Sociale et de Reconstruction 95, 355
Cook, Arthur Bernard 140
Coolidge, Archibald 117
Cooper, Robert W. 21, 441 f., 486
Corriere della Sera (Zeitung) 302 f., 310

Cosman, Milein 272
Courrières 87
Cox, Alfie 105
Crick, Francis 272
Cricklewood, London 17, 129, 133, 145, 184
Cruze, James 128
Cunard White Star Line 141
Curie, Marie 439
Curzon-Linie 117, 209
Czartoryska, Izabela 342
Czartoryski-Museum, Krakau 342
Czuruk, Bolesław 42

da Vinci, Leonardo 287, 341 f., 410
Dachau (Konzentrationslager) 65, 350, 392, 454
Dänemark 234, 453
Daily Express 486
Daladier, Édouard 70, 73
Dame mit dem Hermelin, Die (da Vinci) 287, 341–347, 349
Danzig (Gdańsk) 138
Davidstern 44, 89, 91, 149, 236, 255, 297
Davis, Bette 152
Dawn, The (Zeitung) 183
De Gaulle, Charles 40, 93 ff.
Dean, Patrick 373
Debenham, Frank 140
Den Haag 40, 119, 130, 140, 244
Deportation 65, 77, 79 ff., 87, 89 ff., 169, 186, 188, 193, 251, 255, 295, 308, 312, 334, 378, 475, 480 f., 497
Deutsch-Polnischer Nichtangriffspakt 132, 225

Deutsche Arbeiterpartei (DAP) 288
Deutsche Arbeitsfront 350
Deutsche Reichsbank 481
Deutsches Reich 26, 39, 62, 70, 77, 79, 168, 228, 236, 262, 271, 316, 331, 338, 437 f.
Deutschland 71, 134 ff., 141, 153, 185, 197, 225–228, 236, 244, 262, 294 f., 325, 341, 437, 456, 463, 467, 470, 481
Deutschland-Lied 291
Devisenhandel 234
Die deutschen Vernichtungslager von Auschwitz und Birkenau (Morgenthau jr.) 257
Diensttagebücher (H. Frank) 287, 297, 347, 351, 378, 381, 383, 387 f., 398, 408 ff., 433, 449, 455, 459, 466, 476
Dietrich, Marlene 23
Diskriminierung 40, 115, 123 f., 133, 135, 148, 164, 217, 480
Displaced Persons 432
Djerba 184
Dmowski, Roman 215, 222, 224
Dodd, Thomas 410, 412, 439 f.
Döbling 418
Dönitz, Karl 410
Dollfuß, Engelbert 59, 290–293
Donnedieu de Vabres, Henri 294 f., 352, 369 f., 390, 394 f., 411 f., 482, 484, 484, 494
Donovan, James 263 f.
Doppelagenten 389
Dos Passos, John 389
Dostojewskij, Fjodor 295
Drancy 90

Dresden 342
Dritte Mann, Der (Film) 80
Drittes Reich 338, 461
Du Parcq, Herbert 226
Dubno 227, 453, 469
Dubnow, Simon 233 f.
Dubost, Charles 457, 459
Dürer, Albrecht 340, 410
Duke University, North Carolina 226, 233, 246, 252, 260, 370, 442
Dunai, Alex 45, 47
Dundas, Enid, »Robby« (geb. Lawrence) 389 ff., 393, 447, 486
Durban 177
Durham, North Carolina 241, 247, 301
Dvořák, Antonín 439

Ebersteins (Familie) 234, 237
École Saint-Lazare 73
Edward VIII., König von England 231
Ehrlich, Ludwik 210
Eichmann, Adolf 65, 78 f., 188, 271, 301 f.
Eichner, Hilda 60
Einstein, Albert 124, 439
Eiserner Vorhang 41
Elizabeth, New Jersey 83, 85
Elsass-Lothringen 455
Emerson, Ralph Waldo 439
Emigration 65 f., 79, 191, 217, 301, 421, 497
»Endlösung« 152, 155, 302 f., 318, 451
Entmenschlichung 236 f.
Entnationalisierung 136

Epsom Derby 105
Erster Weltkrieg 25, 29, 49, 112, 206, 249, 288, 393
Erzurum 211
erzwungene Emigration 301
Es gibt keinen jüdischen Wohnbezirk in Warschau mehr (Stroop) 339, 392
Estland 234
Eugenik 295
Europäische Konvention zum Schutz der Menschenrechte und Grundfreiheiten 492
Europäischer Gerichtshof für Menschenrechte (EGMR) 214

Falck-Hargarten 77
Falco, Robert 97, 370, 390, 411 f.
Fargo 240
Feldkirch 176
Fenske (Stenograf) 347
Ferencz, Benjamin 438
Ferré, Léo 95
Fiedler, Tadeusz 120, 210
Fiennes, Ralph 339
Finch, George 251 f.
Fingercwejg, Maurice 95
Fingercweig, Lucette 95, 485
Fingercweig, Lucien 95
Fink, Bertl 60
Fischer, Ludwig 310 f.
Fite, Katherine 168
Flamen 117
Flaschner, Ahron 46
Flaschner, Amalie → Buchholz, Amalie (Malke)
Flaschner, Isaac 39
Flaschner, Josel 46

Flaschner, Leibus 46, 63, 76, 82, 85, 326, 461, 505
Flaschner, Meijer 47
Flaschner, Nathan 46
Flaschner-Familie 47, 76, 82, 97, 104, 461
Florida 177, 179, 190, 276
Flouret, Marcel 93
Flüchtlinge 51, 53, 79, 86, 96, 121, 135, 138, 159, 185 f., 232 f., 257, 272, 328, 396, 475
Flushing, New York 276, 492
Folter 123, 164, 203, 224, 386, 494
Fondation Charles-de-Gaulle 93
Foreign Office (Großbritannien) 170
Fort Mont-Valérien 94
Franc-tireurs et partisans – main d'œuvre immigrée 94
Franco, Francisco 70, 230
Frank, Brigitte (geb. Herbst) 17, 289, 296 f., 304 f., 308, 310, 313, 317 f., 347 ff., 378, 398, 413, 472, 474, 481, 487
Frank, Hans 17, 19–22, 24, 27, 29, 58 ff., 76, 81, 109, 152, 155, 172, 221, 228, 245, 247, 256, 259, 285, 287–352, 431, 437, 444 f., 447, 449, 451, 454 f., 457, 459, 466, 472, 474, 476, 479 f., 482, 484, 486–489, 494, 498, 503
Frank, Karl 288
Frank, Lily 308
Frank, Niklas 21 f., 289, 297, 305–309, 314–317, 320, 327, 330 f., 333, 342–345, 347 ff., 367, 378, 404, 447, 472 ff., 487 ff., 498

Frank, Norman 314, 316, 342, 348
Frank, Sigrid 314
Frankfurter, Felix 142 f.
Frankl, André 185
Franko, Iwan 220
Frankreich 49, 70 f., 73, 77, 94, 117, 141, 151, 184, 187 f., 227, 234, 386, 453, 492
Franz, Kurt 402
Franz Ferdinand von Österreich-Este 49
Franz Joseph I., Kaiser 51, 105, 111, 221
Französische Armee 72
Franzos, Karl Emil 121
Frau des Künstlers, Die (E. Schiele) 47
Fremdenpass 39, 69, 77 ff.
Freud, Maria, »Mitzi« 81 f., 405
Freud, Pauline, »Pauli« 81 f., 405
Freud, Regina, »Rosa« 81 f., 405
Freud, Sigmund 81, 121 f., 130, 402
Fritzsche, Hans 410, 481
From Hitler's Death Camps to Stalin's Gulags (A. Seiler) 277
Frontstalag 121 180, 188
Function of Law in the International Community (H. Lauterpacht) 133
Furtwängler, Wilhelm 125, 272, 322

Galbraith, John Kenneth 350
Galizien 15, 26, 51, 56, 59, 109, 111, 117, 122, 136, 150, 152, 155, 300, 305, 308, 320, 323 f., 335 f., 499 f., 503

Galizischer Landtag 26f.
Gallerani, Cecilia 342f., 346, 410
Gamati, Madame 183
Gardes Françaises 73
Garfinkel, Sandra → Seiler, Sandra
Gaskammern 334, 401f., 455
Gassner, Emil 311
Gazeta Lwowska 320, 323
Gazeta Warszawska 224
Geburt der Tragödie, Die (Nietzsche) 255
Gefangene 116, 180, 193, 215, 345, 346, 350, 380, 443
Gefangenenaustausch 188
Gelbard, Inka → Katz, Inka
Gelbard, Marcele 129, 147
Gelbard, Sabina, »Sabka« (geb. Lauterpacht) 17, 102, 129, 156
gelber Stern 77, 919
→ Davidstern
Gelberg (Jude) 75
Gelin, Richard 186
Gellhorn, Martha 378
Generalgouvernement, Das (K. Baedeker) 331ff., 480
Generalgouvernement (Polen) 15, 109, 136, 150, 245, 256, 296–302, 320f., 323, 331f., 337
Genocide – A Modern Crime (Lemkin) 259
Genozid (Begriff/Straftat) 20, 22ff., 29f., 40, 97, 162, 171, 207, 214, 253, 255, 260, 263–266, 335, 352, 368, 370ff., 382, 384f., 387, 390, 393ff., 411, 433, 435, 438–442, 448, 451f., 455, 464f., 471, 494, 496 → Völkermord

Georgetown University, Law School 256
Georgien 40
Germanisierung 27, 236, 320, 441
Geschichte der Juden in Russland und Polen (Dubnow) 233
Geschlechterseparierung 455
Geschlechtsverkehr zwischen Deutschen und Juden 133, 153f., 248, 293
Gestapo 95, 166, 191, 195, 227, 317, 355, 449, 458, 461, 476
Getty Images, Archiv 374, 438
Ghana 296
Ghetto Comedies (Zangwill) 115
Ghettos 76, 90, 136, 157, 186, 237, 255, 282, 299, 312, 314ff., 325, 332f., 388, 407, 460, 480
Gilbert, Gustave 388, 398ff., 406, 409f., 413, 465, 484
Globocnik, Odilo 326
Goebbels, Joseph 328, 481
Göring, Hermann 172, 340, 350, 368, 371, 374f., 379, 387, 389, 391, 406, 409f., 438f., 444, 451, 466, 473, 479, 482, 486
Göth, Amon 339, 395
Goethe, Johann Wolfgang von 229
Goodhart, Arthur 120, 210, 463
Gorki, Maxim 222
Govett, Robert 180f.
Gräbe, Hermann 453
Gräueltaten/Grausamkeiten 56, 151f., 159, 161, 166f., 204, 224, 246, 249f., 253, 257, 261, 339, 350, 371, 382, 444, 456, 478, 480f., 493f., 496

Grau, Lilly 289, 317f., 320, 340, 347, 398
Graz 292
Greenberg, Haia 222
Greuillet, Danielle 74
Griechenland 49, 145, 386, 453
Grimsby 127
Grippeepidemie 206
Großbritannien 71, 117f., 127, 130, 141 ff., 145, 188, 227, 259, 432, 440, 492, 495
Großdeutsches Reich 63
Große Aktion 326, 334–337, 461, 494
Großer Gesang vom ausgerotteten jüdischen Volk (Katzenelson) 189
Grossman, Wassili 257, 405, 469
Großpolen 236
Gruber, Edith 52, 61, 66, 417, 419
Gruber, Gusta (geb. Buchholz) 17, 45 f., 49–52, 61, 63, 66 f., 80, 417, 421 f., 424 f.
Gruber, Herta 52, 60 f., 66, 417–420
Gruber, Max, »Mackie« 49–53, 56, 60 f., 63, 65 f., 80, 417 f., 421, 425 ff.
Gruber, Therese, »Daisy« 51, 61, 66, 417
Grundrechte der Menschen 164
Gruppe gegen Gruppe 496 f.
Gruppenzugehörigkeit / -identität 31, 496 f.
Guantánamo 23
Gumplowicz, Ludwig 496

Haager Konvention 244
Hagenberg (Schloss) 327, 333, 458, 498
Haile Selassie I. 136, 145
Hakenkreuz 39, 108, 176, 302, 323, 328, 339, 424, 499, 503
Halifax, E. F. L. Wood 187
Hamburg 305 f.
Harvard University 150 f., 499
Hauptmann, Gerhart 347
Haushofer, Karl 393 f., 442
Hawaii 352
Heald, Lionel 131
Heian Maru (Schiff) 239 f.
Heidelberger Universität 316
Heiliges Römisches Reich 47
Heimwehr (Home Guard) 141, 159
Herbst, Brigitte → Frank, Brigitte
Hermann und Dorothea (Goethe) 229
Heß, Rudolf 371, 378, 394, 449, 451, 466, 482
Heydrich, Reinhard 301, 303
»Himmelfahrtstraße« 82, 401
Himmler, Gudrun (später Burwitz) 327, 340
Himmler, Heinrich 297, 300, 305, 316 ff., 321, 326 ff., 330, 335 ff., 339, 351
Hindenburg, Paul von 58
Hinrichtung 93 ff., 151, 251, 308, 339, 444, 486–489
Hirschler, Blanca 346
Hitler, Adolf 19, 29, 53, 58, 62, 64, 70, 76, 95, 125, 132, 141, 146, 166, 184, 195, 223 f., 226 ff., 233, 235, 241, 244, 250, 258, 287–292, 295 f., 299, 317, 320,

324, 328 f., 340, 348, 351, 371, 388, 392, 398, 407, 440, 444, 449, 451, 465, 467 f.
Hitler, Paula 125
Hitler-Stalin-Pakt 76, 141, 146, 227, 245, 468
Hitlerjugend 73
Hitlerputsch (1923) 288
Hochverratsprozess, Leipzig 289
Hölle von Treblinka, Die (Grossman) 257, 405
Höß, Rudolf 395, 406 ff., 413
Hofbräuhaus, München 288
Hoffmann, Heinrich 328 f.
Hoffmann, Josef 330
Hold-Ferneck, Alexander 124
Holocaust Memorial Museum, Washington 78
Holy Wedlock (Zangwill) 116
Homosexualität / Homosexuelle 197, 253, 295, 348, 398
Horst-Wessel-Lied 291 f.
House of Lords, London 494
Howard, Leslie 152
Hruschewski, Mychajlo 218
Hudal, Alois 498
humanitäre Intervention 384, 456
Hunger / Hungertod 116, 255 f., 392, 480 f.

Identität 31, 384, 496, 500 f.
Ihor (Student) 108, 110, 207
Illustrated London News 373
Immunität 23, 387, 494
In der Stadt des Schlachtens (Bialik) 204
Indianapolis 246, 381

indianische Bevölkerung der USA 393, 442
Individual- vs. Gruppenrechte / -schutz 123 f., 132 f., 161 ff., 169, 235, 259, 293, 295, 352, 372, 383, 385 ff., 390, 399, 404, 409, 411, 443 f., 458, 461, 470 f., 477, 484, 493, 495, 502
Individualitätsverlust 295
Inflation 53, 56, 116, 121
Institut de Droit International 164
Intellektuelle 333, 339, 441, 443, 455, 480
International Bill of the Rights of Man (H. Lauterpacht) 160, 384, 492
International Law (Lassa Oppenheim) 133, 144, 153, 163
International Law Association 129
International Law Reports 133, 153
Internationaler Gerichtshof in Den Haag 130, 135, 165 f., 493
Internationaler Kongress für Strafrecht und Gefängniswesen 293
Internationaler Militärgerichtshof, Nürnberg 101, 352, 394
→ Nürnberger Kriegsverbrecherprozesse
Internationaler Seegerichtshof 306
Internationaler Strafgerichtshof (IStGH / ICC) 23, 443, 494 f.
Internationaler Strafgerichtshof für Ruanda 494
Irak 23, 495
Iran 23, 495
Irland 134
Israel 495
Israelitische Kultusgemeinde Wien 66

Italien 66, 136, 153, 160, 288, 302 f., 339
Ivry-sur-Seine 93 ff.
Iwan (Student) 108 ff., 207 f., 214

J (Zeichen für Juden) 69, 77, 176
Jackson, Robert H. 101, 142 f., 151 f., 154, 164, 166–170, 246, 259, 261 ff., 287, 301, 349, 370, 380 f., 383, 391, 393 f., 398, 435, 437 f., 440, 462, 465, 477
Jackson, William, »Bill« 165 f., 261, 264, 437
Jacoby (Münchner Richter) 413
Jagiellonen-Universität, Krakau 208
Jagniątków (Agnetendorf) 347
Jalta (Konferenz von 1945) 163, 262
Jan III. Sobieski (Johann III.), König von Polen 47, 292
Janowska (Lemberger Vernichtungslager) 215, 257, 326, 371
Janowsky, Oscar 135
Japan 151, 153, 237, 239 f.
Jaremtsche 320
Jefferson, Thomas 439
Jefferson Memorial, Washington D. C. 252
Jemen 495
Jerusalem 204, 497
Jesuiten 158
Jodl, Alfred 96, 389, 391, 410
Juden 19, 26, 28–31, 43 f., 47, 54, 58, 65 f., 75 ff., 79, 82, 84 f., 89, 94, 105, 112, 114 f., 117, 119, 122, 132 f., 135 f., 149, 153, 161, 168, 183 f., 186, 188, 191, 195–198, 202 ff., 214–217, 224, 226 ff., 253, 255, 265, 275, 282, 290, 293, 295, 297, 300 ff., 308, 311 f., 314, 316, 324, 332, 335 f., 338 f., 345, 363, 371, 378, 384, 396, 413, 439, 444, 455, 460 f., 469 f., 472, 478 f., 501, 503
»Judenfrage« 65, 302 f., 325, 449
»judenfrei« 332
Judgment at Nuremberg (Film) 22
jüdische Wanderung aus der Ostmark 1938–1939, Die (A. Eichmann) 78
Jüdischer Weltkongress 161
Jüdisches Autonomes Gebiet 238
Jugoslawien 23, 145, 346, 386, 419, 421, 453, 455, 493
Jurisprudenz der Dekadenz (H. Frank) 289 f.

Kagawa, Toyohiko 240
Kahlenberg-Schlacht 1683 47
Kain und Abel 439
Kalifornien 427
Kaltenbrunner, Ernst 368, 371, 391, 406, 466, 482
Kalter Krieg 23
Kalymon, John 334, 494
Kanada 188
Kapitulation 96
Kaputt (Malaparte) 310, 312, 314
Karajan, Herbert von 272, 322
Karawane, Die (Film von Cruze) 128
Karlsruhe 17, 288
Karski, Jan 252, 257
Kastration 295, 455
Katalanen 117

katholische Kirche / Katholizismus 80, 198, 352, 355, 398 f., 412
Katyn (Massaker) 339
Katz, Inka (geb. Gelbard) 102, 129, 146–150, 155–158, 326, 346, 396 f., 431 f., 471, 484, 503
Katznelson, Jizchak 188
Kaunas 233
Keitel, Wilhelm 466, 482
Keller, Hans 272
Kelsen, Hans 122 ff., 129, 138, 293
Kempner, Robert 211, 262, 438 f., 450
Kensington 389
Kerouac, Jack 142
KGB 217
Kiel 288
Kiew 205
Kindersterblichkeit 311
Kindertransporte 278
King's College, London 272
King, Archibald 244
King, Henry 485
Kintschel (Wiener Fotostudio) 269, 274
Kipling, Rudyard 382
Kladovo 421
Kleparów 28
Klimt, Gustav 121
Klosterneuburg 57, 61
Kniestrümpfe, weiße 59, 281, 292
Koch, Erich 299
Kohlrausch, Eduard 248
Kohr, Leopold 258, 440, 497
kollektive Verantwortung 466
Kollektivschuld 476

Kolonialismus 440
Komitee für Kriegsflüchtlinge (USA) 257
Kongo 23
Kongress (USA) 384
Konfiszierung des Eigentums 65, 237, 303, 340, 456
Konspiration 476
Konstantinopel 440
Konvention über die Verhütung und Bestrafung des Völkermordes 201, 253, 492, 495 f.
Koordinationskomitee für jüdische Studentenorganisationen 124
Kopernikus, Nikolaus 439
Kopytschynzi 275
Kornat, Marek
Kościuszko, Tadeusz 242
Kosovo 494
Kraffczyk, Helene (später Winter) 308
Krakau 208 f., 227, 296, 298 ff., 305, 313, 326, 331, 341, 343 f., 347, 350, 403
Krakau (Film) 314 f.
Krakau (Herzogtum) 26
Krakauer Ghetto 237, 308, 313 f., 329, 338, 349
Krakauer Nationalmuseum 498
Krakauer Zeitung 326
Kramer, Clara 83–86, 105, 146, 346, 396 f., 460 f., 504
Krawec, Sascha 189, 194, 196, 314, 497
Kreisky, Bruno 51
Krematorium 402
Kreutzer-Sonate (Beethoven) 107
Krieg, illegaler 166

Kriegsministerium (USA)   436 f.
Kriegsrecht / -gesetze   133, 166 f.
Kriegsverbrechen-Kommission der Vereinten Nationen   152, 161, 371
Kriegsverbrechen / Kriegsverbrecher   101, 152, 154, 159, 161, 165, 167, 251, 262, 265, 338, 370, 437, 443, 451, 476
Kriegsverbrecherprozess in Tokio   393
Krim   75, 108, 163
»Kristallnacht« (Novemberpogrome 1938)   66 f., 328, 462
Kritzendorf   61
Kroatien   40, 121, 495
Krolloper, Berlin   293
Krylow, Iwan   203
Kunstschätze   340 f., 347, 349, 410, 498 → Raubkunst
Kupferman, Max   57, 59 f., 425
Kutschera (Wiener Fotostudio)   283
Kyoto   239

L'affiche rouge (Ferré)   94
L'Aube de la Vie   74
La Forza del Destino (Film von Carmine Gallone)   498
La Guardia, Fiorello   389
Labour Party   166
Lamour, Dorothy   350
Landes, Antonia   63
Landes, Bernhard   63, 65
Landes, Emil   63, 65, 69 f.
Landes, Julius   63, 67
Landes, Pearl, »Fini«   63
Landes, Regina → Buchholz, Regina

Landes, Rosa   63, 66, 69, 77, 79, 81, 301
Landes, Susanne   63
Landes, Wilhelm   63, 65
Landhäuser, Otto   180, 188, 191, 193
Lanzmann, Claude   82
Lasch, Karl   300, 305, 307 f., 318, 321
Laski, Harold   142
Lausanne   140
Lauterpacht, Aron   17, 102, 133, 136, 138, 147, 155, 432
Lauterpacht, David, »Dunek« (Bruder von Hersch)   102, 129, 144, 156
Lauterpacht, David (Onkel von Hersch)   17, 85, 105, 146, 505
Lauterpacht, Deborah (geb. Turkenkopf)   17, 102, 133, 136, 138, 147
Lauterpacht, Elihu, »Eli«   17, 132, 134, 136–139, 141 f., 144 f., 151, 153, 160, 162 f., 306, 373, 383, 431, 443, 445, 447, 470 f., 499 f.
Lauterpacht, Erica   129
Lauterpacht, Gedalo   85 f., 461
Lauterpacht, Hersch   17, 19 f., 24, 29 ff., 56, 86, 98 f., 101–172, 202, 216 f., 221, 226, 235, 243, 246, 266, 272, 288, 292, 294, 301, 352, 369, 372–375, 378, 380, 382–387, 396 f., 403 f., 411, 431 f., 437, 440, 442–446, 451 ff., 457, 461, 463, 470, 475, 477 ff., 484, 491 ff., 495, 500, 502 ff.
Lauterpacht, Ninsia   129

Lauterpacht, Rachel (geb. Steinberg) 17, 125–129, 132, 134, 140 f., 144 f., 148, 151, 153, 160 f., 372 f., 383, 397, 431 f., 499
Lauterpacht, Sabina → Gelbard, Sabina
Lauterpacht-Familie 103 f.
Lawrence, Enid → Dundas, Enid
Lawrence, Geoffrey 369 f., 378 f., 389, 450, 467, 479, 482 f., 486
Lawrence, Marjorie 369, 479
»Lazarett« 401 f.
Le Figaro (Zeitung) 36
Le Havre 187
Le Monde (Zeitung) 96 f., 355
Le Populaire (Zeitung) 412
Leavenworth 240
Leben und Schicksal (Life and Fate, Grossman) 469
Lebensmittelrationierung 153, 237, 250, 256
Lebensraum 301, 394
Led Zeppelin 57
Lehman, Herbert 152
Lehmberg, Erich 211 f.
Leicester, Universität 361
Leih- und Pachtgesetz (Lend-Lease Bill 1941) 143
Leipzig 289, 399, 412
Lemberg (Lwiw, Lwów) 15 ff., 20, 22, 24–31, 37–40, 43 f., 46, 49 f., 52–55, 76, 97, 106–110, 112, 115 ff., 120, 133, 136, 141, 148, 150, 207, 227, 245, 272, 298, 300, 305, 318, 320 f., 326 f., 330–333, 335, 337, 340, 371 ff., 384, 395 f., 424, 493, 501

Lemberger Ghetto 122, 210, 325 f., 334
Lemberger Oper 322
Lemberger Pogrom 112 f., 257, 388, 447, 459 → Große Aktion
Lemberger Universität 29 f., 214, 216, 219 f., 252, 323 f.
»Lembergertum« 28
Lemkin, Bella 17, 202 ff., 206, 208, 226, 228–232, 234, 237, 245, 468 f.
Lemkin, Elias 17, 202, 228, 242, 468 f.
Lemkin, Isidor 228
Lemkin, Josef 17, 202 f., 208, 228, 230 ff., 234, 237, 245, 468 f.
Lemkin, Raphael 17, 20, 24, 29 ff., 56, 97, 161 f., 201–266, 272, 288, 292, 294, 297, 335, 352, 369, 385, 393 ff., 403 f., 411, 431, 433, 435–444, 447 f., 451 ff., 455, 461 f., 464 f., 468, 470, 475, 477 ff., 485, 491 ff., 495, 500, 502 f.
Lemkin, Samuel 17, 202, 206
Lemkin, Saul 226, 229 ff., 468 ff.
Leopoldsberg 57, 61
Leopoldstadt 51, 58, 77, 290
Lepsius, Johannes 212
Lettland 233 f., 238
Lewis, T. Elis 387
Ley, Robert 350, 368
Libanon 23
Libyen 23, 495
Lie, Trygve 435
Liebe unter kaltem Himmel (Mitford) 94
Life (Magazin) 350

Lindenfeld, Alice → Seiler, Alice
Lindenfeld, Emil (»Der Mann mit der Fliege«) 267, 269 f., 273–279, 281–284, 355, 361, 363, 498
Lindenfeld, Lydia (geb. Sturm) 275, 277 f.
Lindenfeld, Sara 275
Litauen 202, 234
Littell, Katherine 249 f., 252, 436
Littell, Norman 249, 436
Liverpool 142
Lloyd, Harold 128
Lloyd George, David 118
Lodomerien 26, 500
Łódź (Litzmannstadt) 79, 186, 419
London 23, 40, 49, 65 f., 126–129, 131 ff., 148, 226, 262 ff., 269, 275 ff., 292, 437, 499
London, Konferenz (1945) 260
London School of Economics and Political Science (LSE) 127, 130, 133, 136, 138
Longchamps de Bérier, Roman 115, 146, 210, 245, 300, 403
Los Angeles 406, 427
Louis, Joe 310
Low, David 392
Lubomirski-Sammlung 340
Luftwaffe 152, 227
Luizet, Charles 93
Luther, Martin 198
Luxemburg 49, 350, 386
Lwiw / Lwów → Lemberg
Lynchburg, Virginia 241
Lyons, Mrs. (Sekretärin von Lauterpacht) 383, 443

Machtergreifung 290, 308
Madison Square Garden, New York 249
Madrid 223 f., 230, 395, 442
»Mädchen im roten Kleid« 315, 349, 388
Mahler, Gustav 121, 124
Majdanek (Vernichtungslager) 298, 331, 339, 346, 408, 480
Makarewicz, Juliusz 111, 115, 207, 210, 216 ff., 221 ff., 403 f., 503
Malaparte, Curzio 302–305, 307, 309–312, 314, 316, 328, 330, 388
Mangin, S. 74
Mann, der zum Essen kam, Der (Film von William Keighley) 152
Manouchian, Mélinée 95
Manouchian, Missak 94 f.
Marx, Lina 90
Marxismus 107, 132
Massaker 118, 151, 447
→ Lemberger Pogrom
Massaker an den Armeniern 207, 212 f., 440
Massaker an den Professoren von Lwów 146
Massapequa, New York 276, 283
Massenmord 23, 252, 255, 385, 455, 496
Mathäser-Bräu, München 288
Matthäuspassion (Bach) 101, 161, 351, 398 f., 412, 442
Max (Genetiker) 362 f.
Maxwell Fyfe, David 152, 169, 370, 373 ff., 383, 391, 432, 440 ff., 452, 462, 464 f., 479, 492
Mazedonien 49
McCormick, Anne O'Hare 435

McDermott, Malcolm 226, 233, 237, 241, 243, 245
McDonald, James G. 135
McNair, Arnold 127–130, 138, 154, 170, 463
McNair, Marjorie 127 f.
Mein Kampf (Hitler) 132, 224, 227, 235, 328, 465
Meinl, Julius 54
Melfi, Edmond 73
Melmans (Familie) 86, 396, 432, 461
Melodija (Nadson) 204
Menschenhandel 224
Menschenrechtsbewegung/ -gesetze 20, 23, 116, 155, 445
Menschenrechtskonvention 53
Menschrechtskomitee der UN 435
Mentz, Willi 401 f., 405
Meudon 74, 92
Miami 178 ff., 190, 497
Miami Herald (Zeitung) 190
Michigan 334
Mickiewicz, Adam 42
Miesbach 349
Mildmay-Mission 183
Millenkovich, Max von 122
Milošević, Slobodan 494
Minderheitenschutz 53, 62, 97, 114 f., 117 ff., 123, 217, 225, 297
Misshandlung 212, 265, 476
Mitford, Nancy 94
Miżeryčy 204
Model of Sorrows, The (Zangwill) 115
Mohr (Stenograf) 347

Moj Lwów (Wittlin) 27
Molotow-Ribbentrop-Pakt 76, 146, 227 → Hitler-Stalin-Pakt
Mondorf-les-Bains 350
Mongolei 238
Montenegro 49
Montreal 229
Morgenthau jr., Henry 257
Morgenthau sen., Henry 119, 206, 215
Morgenthau-Bericht (1919) 257
Moser, Hans 346
Moskau 25, 237 f., 390, 468
Mounier, Pierre 370
Mouvement National des Prisonniers de Guerre et Déportés 90
München 288 f., 297, 316 ff., 413, 468 f.
München, Universität 289, 316, 394
Muni, Paul 252
Museen 341
Mussolini, Benito 302, 339
My Nazi Legacy: What Our Fathers Did (Film von D. Evans) 498
Mythus des 20. Jahrhunderts, Der (Rosenberg) 447

Nabeul 183
Nadson, Semyon 203, 238
Narutowicz, Gabriel 125
Nationaldemokratische Partei Polens (SND) 215, 224
Nationale Wiedergeburt Polens (NOP) 225
National Gallery, London 342
Nationalismus 114 f., 122, 294
Nationalsozialismus 258, 287, 294 f.

Nationalsozialisten 58 f., 65, 89, 96, 101, 132, 152 f., 159, 163, 197, 214, 227, 234, 249, 253, 258 f., 271, 277 f., 281, 287, 289 f., 292 f., 296, 306, 363, 384, 419, 424 f., 437, 440, 447, 451, 465, 476, 479
Nazi-Erlasse (Sammlung von R. Lemkin) 136, 234 f., 237, 242, 244 f., 247 ff., 251, 296 f., 299, 301, 325, 332, 340, 451, 453, 481
Neuchâtel, Schweiz 411
Neue Freie Presse 58 Neuhaus am Schliersee 287, 347, 487
Neurath, Konstantin von 440 f., 451
Neutralität 143
New York 38, 61, 66, 142, 151 f., 201, 276, 282, 389, 497
New York Review of Books 213
New York Times 28, 50, 107, 113, 120, 143, 152 f., 222, 257, 292, 338, 406, 435, 465
New Yorker, The (Magazin) 388
Niederlande / Holland 73, 234, 368, 386, 453, 455
Nietzsche, Friedrich 255
Nikitschenko, Iona 169, 390, 476 ff., 480
Nikolaus II., Zar 107
Nisko 67
Noach i Marynka (»Behind the Fence«, Bialik) 204
Noel-Baker, Philip 138, 161
Nordafrika-Mission 183 f., 187
North Carolina 245, 468
North Carolina Bar Association 247

Norwegen 134, 232, 234, 453, 455
Norwich 176 f., 179 f., 182
»Notwendigkeit, das Konzept des Genozids im Prozess zu entwickeln« (Lemkin) 438 f.
Novemberkämpfe 1918 149
Nowosibirsk 238
NSDAP 125, 288
NSDAP in Österreich 53, 59, 64
Nürnberg 101, 386, 389 f., 396 f., 431 f., 436 f.
Nürnberger Justizpapalast / Gerichtssaal 600 19, 21–24, 26, 172, 351 f., 365, 367, 376 f., 391, 438, 454 f., 466, 473, 475 f., 482, 486 f., 492
Nürnberger Kriegsverbrecherprozesse (Militärtribunal) 22 f., 26, 29, 56, 98, 207, 211, 259, 266, 368, 373, 375, 387, 394 f., 433, 452, 459, 461, 471–475, 482, 491
Nürnberger Rassengesetze (Ariergesetze) 132, 135, 153 f., 293, 295, 381, 454, 462
Nürnberger Statut 19, 261, 263, 478, 491

O'Connor, Richard, »Sixtus« 486 f.
Obama, Barack 384
Oberschlesien 136, 151, 236
Oberster Gerichtshof (USA) 142, 246, 259, 370
Oberstes Nationales Tribunal Polens (1946–48) 395
Österreich 57, 63, 111, 115, 121, 123, 185, 197, 291 ff., 301, 396, 432, 456

österreichisch-ungarische Armee 107, 109, 112, 185
Österreichisch-Ungarische Monarchie 15, 25 f., 49 f., 107 ff., 112, 114, 116, 221
Österreichische Spirituosenzeitung 57
Office of Strategic Services (OSS) 261, 263
Old Issue, The (Kipling) 382
Olga (Frau aus Schowkwa) 75 f., 141
Oppeln 347
Oppenheim, Lassa 133, 144, 153, 163
Orlander, Barich 102
Orpheus und Eurydike (Gluck) 346
Osmanen 47
Osmanisches Reich 49, 119, 207, 211
OSS (Office of Strategic Services) 261, 263
Ossiacher See 57
Ostgalizien 120
Ostjuden 51, 58, 122, 124
Ostpolen 209
Other Club 390
Oulman, Gaston 472
Ozerisko (Azyaryska) 202, 204

Paderewski, Ignacy 118 f., 245 f., 309
Palästina 66, 114 f., 372, 397, 417, 419, 421, 495
Palewski, Gaston 94
Panton, David 183 f., 197
Papen, Franz von 391, 481
Papua-Neuguinea 219

Paris 20, 24, 35 f., 38, 66, 70 f., 73, 87–92, 94 f., 118, 141, 175, 183, 186 f., 222, 271, 278, 281, 345, 355, 394, 475, 499
Paris Match 36
Pariser Friedenskonferenz (1946) 475
Parker, John 370, 452, 465
Parlament, britisches 384
Patrontasch, Artur 396 f., 461
Pearl Harbor (1941) 151, 248
Pedone (Verlag) 224, 233
Peleg, Doron 417 f., 421, 425
Peleg, Herta → Gruber, Herta
Pella, Vespasian 224, 248, 294
Pessach 138, 230
Pétain, Philippe 230
Peter II. von Jugoslawien 226
Petljura, Symon 222
Phillimore, Harry J. 452
Phillips Academy, Massachusetts 153
Piaski (Ghetto) 90 f.
Picture Post 374
Piller, A. 121
Piłsudski, Józef 119, 133, 209, 222, 304
»*Pimpernel*« *Smith* (Film von Leslie Howard) 152
Pinchot, Gifford 436
Pinochet, Augusto 23, 224, 494
Pinsk (Massaker 1919) 118
Piraterie 224, 464
Pius XII. (Papst) 486
Płaszów (Konzentrationslager) 308
Platen, August von 255
Plato 439
Plattensee 418

Ploumilliau 190
Plünderung 113, 241, 347, 476, 481
Pohl, Dieter 334
Polen (Staat) 19, 26, 43, 53f., 71, 75f., 112, 114, 117, 119, 121, 132, 141, 146, 151, 172, 217, 227f., 236, 275, 296, 300, 328, 351, 386, 395, 407, 435, 453, 470, 480f.
Polen (Volk) 20, 26, 30, 75, 112f., 255, 265, 296f., 300, 338, 371, 384, 439
Polesien 227
Polnisch-Litauischer Krieg 54
Polnisch-Sowjetischer Krieg 54, 208f.
Polnisch-Ukrainischer Krieg 28
Polnische Exilregierung in London 255, 333, 349
Polnischer Minderheitenvertrag (1919) 53f., 68, 118f., 123, 132, 136, 161, 217, 225, 246, 385, 404
Polnisches Institut für Internationale Angelegenheiten 403
Pont-sur-Yonne 73
Porter, Samuel 463f.
Porträt eines jungen Mannes (Raffael) 349
Pouponniere 74
Prag 56, 288
Pressbaum 57
Princip, Gavrilo 49
Private Law Sources and Analogies of International Law (Lauterpacht) 129
Propaganda 439, 481
Protestantismus 198
Przemyślany 403

Quo Vadis (Sienkiewicz) 205

Rabinowitsch, P. 501
Rache 380, 443
Rachmaninow, Sergei 203f.
Radetzkymarsch (Roth) 239
Raffael 349
Rafles 87
Rajzman, Samuel 400ff., 405f., 408, 450
Ramler, Siegfried 352
Rappaport, Emil 223f., 248, 294, 395, 435
Rassendiskriminierung 40, 133, 458
Rassengesetze → Nürnberger Rassengesetze
Rassenkampf, Der (Gumplowicz) 496
Rassenreinheit 132f.
Rassismus 439, 444
»Ratten« 311, 313f.
Raubkunst 340f., 347, 410, 498
Reagan, Ronald 492
Realismus und Prinzip 431
Rechtsstaatlichkeit 316
Reck-Malleczewen, Friedrich 64, 295
Redzik, Adam 403
Reform Club, London 226
Réforme (Zeitschrift) 411
Régiment de Marche de Volontaires Étrangers (RMVE) 72f.
Reichsgericht 153f.
Reichskanzler 290
Reichsstrafgesetzbuch 295
Reichstagsbrand 58, 290, 293
Reichstagswahl 58

Reichswehr 289
Reinhardt, Django 487
Rembrandt van Rijn 349
Renan, Ernest 439
Republikaner (USA) 144
Résistance 88, 93, 96, 395
Rheinland 453
Rhillip Academy, Andover 306
Ribbentrop, Joachim von 371, 388, 391 f., 410, 466, 482, 486
Richthofen, Wolfram von 347
Riedl, Edward 54
Riga 233 f.
»Ritualmord« 205
Roberts, Geoffrey Dorling, »Khaki« 265, 373, 475
Robertson, Edward G. 252
Rodin, Auguste 439
Römerbrief des Paulus 196 f.
Rom 23, 493, 498
Roosevelt, Eleanor 252, 435
Roosevelt, Franklin Delano 142 ff., 163, 250 ff., 257, 259, 348, 435
Rorfeld, Adam 403
Rosenbaum, Eli 262
Rosenberg, Alfred 244, 368, 371, 375, 378, 406, 410, 413, 447 f., 451, 466, 480, 482, 486
Rosenbergs (Familie) 86
Rosenblum, Bernard 52 f.
Rosenblum, Herta 79, 186, 417, 419–425, 427
Rosenblum, Laura (geb. Buchholz) 17, 45 f., 50, 52 f., 63, 79, 186, 417, 419, 423
Rote Armee 15, 163, 257, 345
Rotes Kreuz (Ukraine) 222
Rotfeld, Adam 403

Roth, Joseph (Schriftsteller) 25, 48, 51, 58, 221, 239
Roth, Joseph (Schulfreund Lauterpachts) 112 f.
Rothstock, Otto 122
Rouzet, Alain 74
Royal College of Music, London 125, 127
Royal Institute of International Affairs, London 145
Ruanda 23, 493, 495
Rudenko, Roman 459 f., 466
Rundstedt, Gerd von 259
Russen 50, 75, 84, 107, 110, 147, 149, 167, 202, 207, 231, 253, 368, 390, 439, 451, 467, 479
Russische Akademie der Wissenschaften 150
Russische Revolution 1917 121, 238
Russland 16, 40, 49, 75, 108, 117, 386
Ruthenen 332

SA 288, 476
Šabac 421
Säuberungen 290, 301, 459
Saint-Germain-en-Laye (Vertrag 1919) 50
Sajmište (Konzentrationslager) 422
Salzburg 292
San Francisco 164
Sandomierz 90
Sands, Ruth (geb. Buchholz) 17, 24, 38, 40, 66, 68, 71–74, 91, 175, 271, 499
Sarajewo 49
Sauckel, Fritz 409, 437

Saudi-Arabien 495
Schacht, Hjalmar 391, 481
Schama, Simon 140
Schamper (Fahrer von
 H. Frank) 287, 316, 347
Schauprozesse 369
Scheinmann, Madame 35
Scheptyzkyi, Andrej 44
Schiele, Egon 47
Schindlers Liste (Film) 315, 339, 395
Schirach, Baldur von 77, 299, 378
Schlacht am Kahlenberg 47
»Schlächter von Warschau« 349
Schlegelia wilsonii (Paradiesvogel)
 219 f.
Schlesien 296
Schliersee 287, 293, 348, 473
Schlyter, Karl 232, 234, 248
Schmeling, Max 310, 312
Schoberhof 293, 317, 347
Schostakowitsch, Dmitri 439
Schowkwa (Żółkiew) 15, 41, 45,
 75, 83
Schumacher, Ernst Friedrich 258
Schumann, Robert 106, 305
Schust, Roman 214 f., 218, 220
Schwartzbard, Samuel 222
Schweden 232 ff.
Schwelb, Egon 437, 471
Scott, Robert Falcon 140
Scott Polar Research Institute
 (SPRI, Cambridge) 140
Scythia (Schiff) 141
SD (NS-Sicherheitsdienst) 321, 476
Seattle 237, 240
Seichau / Sichów (Schloss) 347
Seidl, Alfred 371, 389, 407, 409 f.,
 448 ff., 458, 488

Seiler, Alfred 276 ff.
Seiler, Alice (geb. Lindenfeld)
 275–278
Seiler, Howard 276 f.Seiler,
 Sandra 276–279, 282 f., 361 ff.
Selbstmord 368, 394, 486
Serbien 40, 49, 421 f., 494 f.
Sereny, Gitta 404
Service d'Aide aux Réfugiés 185 f.
Sewastopol 108
Seyss-Inquart, Arthur 64 f., 368,
 458 f., 486
Sforza, Ludovico, Herzog von
 Mailand 342
Shakespeare, William 439
Shawcross, Hartley 168, 170 ff.,
 265, 372–375, 382 f., 385 ff., 391,
 431 ff., 442, 447, 452–457, 463,
 465, 477 f., 484
Shoah (Film von C. Lanzmann) 82
Sibirien 217
Sieben Jahre Pech (Film von
 E. Marischka) 346
Siegerjustiz 23
Sienkiewicz, Henryk 205
Sierra Leone 23
Silvers, Robert, »Bob« 213, 263
Simon, John 226
Simonis (Fotostudio) 419
Simpson, Wallis 231
Singapur 153
Sitscher Schützen 112
Skarbek-Theater, Lemberg 322
Skipwith, Sofka 189, 272
Skirmunts (Familie) 204
Sklaverei 136, 224, 236, 296, 476
 → Versklavung
Slowenien / Slowenen 121, 439

»small is beautiful« (Schumacher) 258
Smith, Adam 107
Sobibor (Vernichtungslager) 331
Sochi, Lea 60
Sofka: The Autobiography of a Princess (Skipwith) 189 f.
Soissons 73
Sokrates 439
Sommaire, Jean-Pierre 74
Souveränität, staatliche 212 f., 372, 386 f., 456, 484
Sowjetunion 26, 234, 296, 300, 453, 468, 492
Spanien 70, 73, 134
Spanischer Bürgerkrieg 153
Speer, Albert 172, 387, 391, 409 f.
Spielberg, Steven 315
Spinoza 439
Srebrenica 494
SS 80, 88, 108, 166, 227, 245, 321, 337, 350 f., 437, 453, 461, 465 f., 476, 492, 499, 503
St. James's Palace, London 151, 154, 251
Staatsbürgerschaft / -angehörigkeit 53 f., 68, 79, 119, 123, 133, 191, 206, 293, 334, 494
Stadt ohne Juden, Die (Film von Breslauer nach dem Roman von Bettauer) 122, 346
Ständiger Internationaler Gerichtshof (StIGH, Den Haag) 119, 130
Stalin, Josef 76, 141, 163, 238, 369, 468
Stangl, Franz 81, 404 f.
Starzyński, Stanisław 403

Statut des Nürnberger Militärtribunals 19, 166–169, 171, 261, 263, 478, 491
Stein, Walter 287, 349
Steinberg, Madeleine 194
Steinberg, Rachel → Lauterpacht, Rachel
Steiner, Leon 355–360
Steinhaus, Otto 67
Steinheil, Oskar 331 f.
Steinson, Nancy → Ackerly, Nancy
Sterilisation 295, 455, 464
Stern (Zeitschrift) 306
Stirling Castle (Schiff) 177
Stockholm 234 f., 250 f.
Stoß, Veit 341
Strauss, Richard 19, 272, 340
Streicher, Julius 295, 350, 391, 412, 444
Streim, Siegfried 81
Strisower, Leo 124
Stroop, Jürgen 339, 388, 392
Strophes pour se souvenir (Aragon) 94
Stuckart, Wilhelm 335
Stürmer, Der 295, 350
Sturm, Lydia → Lindenfeld, Lydia
Sudetenland 121, 141, 226, 278
Südafrika 165, 177, 180, 190, 497
Südossetien 40
Südpol 140
Südtirol 121, 418
Surrey-Freikirche Norwich 180–184, 187, 190, 194, 196 f.
Synagogen 76, 83, 150, 159, 332, 339, 425, 498, 501
Syrien 23, 384, 495

Taffet, Gerszon 460 f., 505
Tagebuch eines Verzweifelten (Reck-Malleczewen) 64
Tagebücher Hans Frank → *Diensttagebücher*
Talaat Pascha 207, 211 f.
Tarnopol / Ternopil 320
Tatra 111
Taylor, Charles 495
Taylor, Telford 261, 264, 465
Tehlirian, Soghomon 211 ff., 222, 262
Tel Aviv 417 f., 421
Terror 226, 478, 481
Tévé, Jocelyne (Deckname von Ruth Sanders) 74
Theresienstadt (Konzentrationslager) 81, 301, 378, 400, 403
Thoma, Alfred 447 f.
Thomas, David Winton 139
Thomaskirche, Leipzig 399, 412
Thorack, H. Claude 242, 247
Thule-Gesellschaft 288
Tilney, Albert 179 f., 182, 189, 195
Tilney, Desmond 177
Tilney, Edith M. 177
Tilney, Edna M. 177
Tilney, Elise May 177
Tilney, Elsie 39 f., 98, 175–198, 269, 284, 314, 355, 363, 419, 497
Tilney, Frederick 178 f., 190, 497
Tilney, Germaine 178 ff., 190
Tilney, Hannah 177
Time (Magazin) 115
Times, The (Zeitung) 132, 159, 183, 372, 441, 482, 486
Tixier, Adrien 93

Todesstrafe 237, 255, 299, 312, 325, 404, 452, 459, 482, 484, 486, 488
Tokio 393
Tokioter Prozesse (1946–48) 437
Tolischus, Otto 257 f.
Tolstoi, Leo 205, 439
Tomkiewicz, Benjamin 232
Totally Unofficial (Memoiren Lemkins) 201 f., 205 ff., 209, 211 ff., 231
Totenbeschauprotokoll 275
Tracy, Spencer 22
Träumerei (R. Schumann) 106
Trainin, A. N. 169
Transport Nr. Bq 402 und Nr. IV / 4 81
Treblinka (Vernichtungslager) 40, 81 f., 95, 298, 318, 331, 400 f., 404 f., 408, 450, 469 f., 480
Treblinka-Prozess 401
Trinity College, Cambridge 138, 140, 150, 168, 386 f., 470
Triumph der Liebe (Nadson) 203
Troman, Morley 191
Troman, Shula 190–194, 497
Trott, Inge 272 f., 356, 358 ff., 424
Truman, Harry S. 101, 164, 259, 348, 486
Trusting and Toiling (Zeitung) 184–187
Tschechen 121, 441, 467
Tschechoslowakei 121, 141, 441, 453
Tschernobyl 70
Tschetschenien 23
Tsuruga 239
Tuberkulose 277

Türkei/Türken 47, 167, 212, 214, 292
Tunesien 183 f.
Turk, Symcha 460
Turkenkopf, Deborah → Lauterpacht, Deborah
Tymchyschn, Jewgen 44

U-Boot 142, 151
UdSSR 275
Ufa 468
UGIF (Union französischer Juden) 89 f.
Ukraine 15 f., 26, 54, 163
Ukrainer 75, 112 f., 115, 209, 332, 500
Ulmann, Ernst Walter 90 f.
UN-Resolution 95 und 96 491
UN-Vollversammlung 464, 491 f.
UN → Vereinte Nationen
Unabhängigkeit der Richter 316 f.
Ungarn 73, 121
Union Générale des Israélites de France (UGIF) 88
United Nations War Crimes Commission (UNWCC) 152, 161, 167, 251, 437
Unterernährung, organisierte 260
Unternehmen Barbarossa (1941) 76, 245, 259, 300, 386, 468
Uranus (Schiff) 421
Urteilsverkündung im Nürnberger Kriegsverbrecherprozess 474 f., 482, 484 ff.

Vance, John 244, 246
Vancouver 240
Varsity (Studentenzeitung) 140

Vasseau, Ida 459
Vater, Der (N. Frank) 306
Vatikan 399, 498
Vélodrom d'Hiver, Paris 87
»Verbrechen der Verbrechen« 250
Verbrechen gegen das Völkerrecht 456 f.
Verbrechen gegen den Frieden 167, 370, 450, 452
Verbrechen gegen die Menschlichkeit (Straftatbestand) 19, 22 f., 29 f., 98, 166, 168–171, 207, 261, 263, 265 f., 352, 368, 370 ff., 381, 383 f., 386, 407, 433, 439, 442 f., 451, 453, 461, 471, 476 f., 480 f., 491, 493 ff.
Verein der Märtyrer von Żółkiew 150
Vereinigte Staaten (USA) 20, 28, 50, 66, 96, 117, 120, 141 ff., 145, 151, 154, 188, 234, 237, 240, 248, 277, 292, 334, 370, 434, 440, 442, 495
Vereinte Nationen (UN) 164 f., 251, 382, 411, 435, 445, 491 f., 495
Verfassung Österreichs 123, 293
Verfolgung 65, 134, 168 f., 197, 451, 456, 476, 478, 480, 494
Verfolgung der Juden in Deutschland, Die (H. Lauterpacht) 133
Vergeltung 260, 296, 345
Vermischung 295
Vermögensverkehrsstelle 65
Vernichtung/Massenvernichtung 23, 29 f., 45, 50, 82, 94, 97, 162, 164, 189, 206, 224, 226 ff.,

236 f., 242, 253, 255 ff., 260,
265 f., 282, 301, 316, 318, 333,
338, 408, 413, 432, 439–442,
451, 456, 460, 464, 480, 496
Versailler Friedensvertrag (1919) 25,
29, 53, 117 f., 123, 288, 449
Verschwörung 370, 450
Versklavung 169, 451, 456, 459,
466
Versöhnung 496
Vertreibung/Vertriebene 26, 81,
151, 239, 321, 344, 355, 438, 456,
477
Vierzehn-Punkte-Programm
(Wilson) 116
Vildrac, Charles 191
Vilnius 232 f.
Vincent, Henri 185 f.
Vinegrova 401
Vittel, Frontslag 180, 188, 190 ff.,
314, 497
Voegelin, Eric 124
Völkerbund 68, 117, 119, 124, 135,
217, 225, 244, 394
Völkergemeinschaft 246, 384, 386
Völkermord 255, 393, 437 f., 440 ff.,
455, 457 f., 462, 465 ff., 475, 481,
492 f., 495 → Genozid
Völkermord als ausschließliches
Kriegsverbrechen 455 f., 477 f.,
485
Völkermord als Verbrechen gemäß
Völkerrecht 491
Völkerrecht 56, 62, 114 f., 123 f.,
127, 129, 133 ff., 138, 142, 145,
155, 163 f., 167–170, 208, 210,
380, 382, 411, 444, 457, 465,
476 f., 484, 486, 491, 494, 502

Völkerrechtskommission der
UN 495
Völkerstrafrecht 29
Völkischer Beobachter (Zeitung)
289
Vogel, Stanley 266
Volksentscheid 65, 80
Volksgemeinschaft 287, 294 f.,
299
Vorbeugehaft 295
Vukovar 40

Wachau 61
Wächter, Charlotte von 312 f., 325,
327, 329, 336, 371
Wächter, Horst von 327 f., 330 f.,
333 f., 336 ff., 459, 498 f.
Wächter, Jacqueline von 327
Wächter, Otto von 43, 59, 64 f.,
152, 297, 302, 305, 308, 321, 323,
325 ff., 330, 333–337, 346, 447,
458 f., 498 f., 503
Waffen-SS 43, 59, 330, 476
Wałêsa, Lech 307, 498
Wallace, Henry 248 ff.
Wannsee-Konferenz (1942) 152,
155, 301 ff., 318
War Crime Office 261 f., 393
War Crimes Commission
(UNWCC) 152, 167, 264, 437
War Crimes Committee 154, 159,
161
Warschau 118, 129, 188 f., 191,
225 ff., 292, 296 ff., 305, 309 ff.,
331 f., 346, 403 f.
Warschauer Archiv 46
Warschauer Aufstand (Museum)
404

589

Warschauer Ghetto 188, 191, 237, 299, 311 f., 314, 329 f., 339, 388, 401, 444, 269, 271, 273 ff., 277 f., 281 f., 284, 290, 292, 299 f., 316, 328, 336, 356, 360, 378, 417 ff., 498
Washington, D. C. 142 f., 151, 243 f., 248 f., 252, 256, 266, 334, 393, 434
Wien, Universität 274, 327
Wiener Morgenzeitung 122
Wiesenthal, Simon 334
Washington Post 257, 260, 433, 437
Wigmore Hall, London 272
Wasserman (Violinenspieler) 106
Wilhelm von Habsburg (Wilhelm Franz von Habsburg-Lothringen) 112
Watson, James 272
Waugh, Evelyn 389
Wawel-Burg, Krakau 297, 301 f., 304, 306 f., 309, 318, 334 f., 338 f., 343, 345, 347
Wilkins, Maurice 272
Willkie, Wendell 144
Wilson, Edward O. 496
Webb, Sidney, und Beatrice 127
Wilson, Woodrow 28, 113, 116–119, 210
Wehrmacht 63, 145, 187, 227, 245, 288, 300, 389, 424, 476
Winfield, Percy 139 f.
Winfield on Tort (Winfield) 140
Weichselbaum, P. 66
Weidlich, Fritz 322 f.
Winter, Helene (geb. Kraffczyk) 308
Weißrussland 202, 204 f.
Wirtschaftskrise 1928 56
Welles, Orson 80
Witek, Margaret 51
Wellesley College, Massachusetts 145, 150 f.
Wittgenstein-Familie 283
Wittlin, Józef 27 ff., 41, 106, 500, 503
Wells, H. G. 164
Weltbund Jüdischer Studenten 124
Witwatersrand-Universität Johannesburg 180
Weltrechtsprinzip 224
Wensinger, Arthur 306
Wladiwostok 238 f.
Wernicke-Aphasie 360
Wohlstand der Nationen, Der (Smith) 107
Wesleyan University 306
West, Rebecca 454, 478 ff., 482
Wolhynien 227
Westminster Palace, London 148
Wołkowysk 204, 206, 227–230, 232, 245, 318, 469
Westukraine / Westukrainische Volksrepublik 26, 75, 109, 112, 222
Woltschkow, Alexander 369, 390
Wetherley, Grace 194 ff.
Woolf, Leonard 145
Widerstandsbewegung / -kämpfer 88, 93 f., 189, 252, 345, 350
Woolf, Virginia 145
Wren, Christopher 168
Wien 38 f., 41, 49, 51 f., 58, 60, 62 f., 70, 77, 79 f., 116, 120 f., 175,
Wright, Robert 475
Wróblewski, Bronisław 232

Yad Vashem, Jerusalem 497
Yale University, Law School 213, 263
Yokohama 239
Young at 73 and Beyond (F. Tilney) 179

Zalkauskas, Dr. (Richter) 233
Zangwill, Israel 115f., 120, 222
Zasavica 422
Zator (Herzogtum) 26
Zentner, Grete 60
Zentralstelle für jüdische Auswanderer 65
Zhovkva → Żółkiew
Zichenau 300
Ziedman (Feinkosthändler) 145
Zigeuner 255, 265, 295, 439, 455

Zionisten / Zionismus 114 f.
Zionistische Weltorganisation 264
Zivilbevölkerung / Zivilisten 118, 120, 133, 166 f., 169, 247, 260, 265, 478, 494
Zivilisation 106, 130, 207, 304, 323, 380, 382
Żółkiew 17, 39, 46 ff., 50, 52, 54 f., 75 f., 82, 84 ff., 97 f., 101 f., 104 ff., 117, 141, 146, 150, 227, 245, 298, 326, 332 f., 346, 395 f., 460 f., 469, 498, 500, 504
Żółkiewer Schloss 47, 49, 292
Żółkiewski, Stanisław 47, 49, 83
Zwangsarbeit / Zwangsarbeiter 237, 408, 437, 455, 480
Zweig, Stefan 116, 394